Schildkrötenbibliothek

Griechische, Dalmatinische und Italienische Landschildkröte

Testudo boettgeri, T. hercegovinensis und *T. hermanni*

HOLGER VETTER

Holger Vetter
Griechische Landschildkröte
Dalmatinische und Italienische
Landschildkröte
Schildkrötenbibliothek
Edition Chimaira
Frankfurt am Main 2006

ISBN 3-89973-502-1

1. Auflage 2006

Das Werk in der vorliegenden Bearbeitung einschließlich aller seiner Teile ist urheberrechtlich geschützt. Jede Verwertung ist ohne Zustimmung des Verlags unzulässig. Dies gilt insbesondere für Vervielfältigungen, Übersetzungen, Mikroverfilmungen und die Einspeicherung und Verarbeitung in elektronischen Systemen.

Für Schäden, die durch Nachahmung entstehen, können weder der Verlag noch der Autor haftbar gemacht werden.

© 2006 Chimaira Buchhandelsgesellschaft mbH
Verleger Andreas S. Brahm
Heddernheimer. Landstraße 20
60439 Frankfurt am Main
Telefon: +49 (0) 69-49 72 23
Telefax: +49 (0) 69-49 78 26
E-Mail: frogbook@aol.de
www.chimaira.de

Gestaltung/Satz: Aline Faure, Typesoup
Scans: Gerold Schipper
Lektorat: Gerold Schipper
Druck: DCM, Meckenheim
Bindung: Freitag, Kassel

INHALT

▶ **Vorwort** (ANDREAS NÖLLERT) 8

▶ **Danksagung** 9

▶ **Systematik** 10

Gattung Palärktische Landschildkröten – Testudo LINNAEUS, 1758 10
Testudo-hermanni-Artengruppe 11
Art Griechische Landschildkröte – Testudo boettgeri MOJSISOVICS, 1889 13
Art Dalmatinische Landschildkröte – Testudo hercegovinensis WERNER, 1899 15
Art Italienische Landschildkröte – Testudo hermanni GMELIN, 1789 16

▶ **Beschreibung** 19

Testudo-hermanni-Artengruppe 19
Morphologie und Färbung 19
Carapax 19
Plastron 20
Kopf und Gliedmaßen 21
Jungtierfärbung 24
Variabilität 24
Karyotyp 25
Größe und Gewicht 25
Geschlechtsunterschiede 26
Hörvermögen 29

Griechische Landschildkröte 29
Morphologie und Färbung 29
Carapax 29
Plastron 29
Kopf und Gliedmaßen 31
Variabilität 31
Größe und Gewicht 32
Geschlechtsunterschiede 33

Dalmatinische Landschildkröte 33
Morphologie und Färbung 33
Carapax 33
Plastron 34
Kopf und Gliedmaßen 36
Größe und Gewicht 36

INHALT

Italienische Landschildkröte — 36
Morphologie und Färbung — 36
Carapax — 36
Plastron — 36
Kopf und Gliedmaßen — 37
Variabilität — 38
Größe und Gewicht — 40

▶ **Verbreitung** — 42

Testudo-hermanni-Artengruppe — 42
Griechische Landschildkröte — 42
Dalmatinische Landschildkröte — 45
Italienische Landschildkröte — 49

▶ **Fossilfunde** — 58

▶ **Lebensraum** — 60

Vegetation — 60
Höhenverbreitung — 63
Klima — 64
Populationsdichte — 66
Altersstruktur — 67
Geschlechterverhältnis — 70
Aktionsradius — 71
Abwehrverhalten — 75

▶ **Tages- und Jahresrhythmus** — 76

Tagesrhythmus — 76
Jahresrhythmus — 79

▶ **Thermoregulierung** — 81

▶ **Ernährung** — 84

▶ **Fortpflanzung** — 92

▶ **Wachstum und Lebenserwartung** — 108

Wachstum — 108
Lebenserwartung — 110

INHALT

▶ **Krankheiten und Parasiten** — 112

▶ **Haltung** — 116

Allgemeines — 116
Haltung im Freilandterrarium — 119
Haltung im Innenterrarium — 129
Haltungsrichtlinien Österreich — 132
Fütterung — 134
Winterruhe — 139
Zucht — 147
Aufzucht — 155
Krankheiten — 162

▶ **Kulturgeschichte** — 168

Griechische Landschildkröte — 168
Italienische Landschildkröte — 174

▶ **Gefährdung** — 176

Testudo-hermanni-Artengruppe — 176
Griechische Landschildkröte — 182
Dalmatinische Landschildkröte — 190
Italienische Landschildkröte — 191

▶ **Schutzmaßnahmen** — 201

Testudo-hermanni-Artengruppe — 201
Griechische Landschildkröte — 206
Italienische Landschildkröte — 210

▶ **Adressen** — 227

▶ **Klimatabellen** — 229

▶ **Bibliographie** — 242

▶ **Internetquellen** — 324

▶ **Bildnachweis** — 325

Schildkröten sind ein Wunder der Evolution! Sie haben mit ihrem so kennzeichnenden Rücken- und Bauchpanzer wohl eine der beeindruckendsten körperlichen Schutzvorrichtungen entwickelt, die es unter den Wirbeltieren je gab. Eine »Erfolgskonstruktion«, die ihnen nahezu 300 Millionen Jahre Überleben ermöglichte – mit fast unveränderter »anatomischer Architektur«. Ihr Körperbau, die unterschiedlichsten Phänomene ihrer Lebensweise und die sprichwörtliche Langlebigkeit führten dazu, dass die Schildkröten in der Kulturgeschichte vieler Völker einen gewichtigen Platz einnahmen.

Dies hinderte den »modernen« Menschen jedoch nicht daran, durch großflächige Lebensraumzerstörung und millionenfaches Absammeln nahezu die Hälfte der heute rund 300 weltweit lebenden Schildkrötenarten an den Rand des Aussterbens zu bringen oder deren Fortbestand in hohem Maße zu gefährden. Das trifft auch für die Vertreter der *Testudo-hermanni*-Artengruppe zu, die vor allem zwischen den 1960er- und 1980er-Jahren als billiger Massenartikel z. B. aus den Balkanländern tonnenweise zunächst in unseren Warenhäusern, und viel zu oft, kurze Zeit später auf der Müllhalde landeten. Deshalb möchte ich an dieser Stelle zunächst zwei Persönlichkeiten erwähnen, die sich neben vielen anderen verantwortungsbewussten Naturfreunden mit ganzer Kraft gegen diese Entwicklung gewandt und sich um die Erhaltung und den Schutz der Paläarktischen Landschildkröten besonders verdient gemacht haben.

Durch die Freilandforschung von MICHAEL RODERICK KIRKBY LAMBERT Ende der 1960er-Jahre an den Landschildkröten Marokkos wurde das erschreckende Ausmaß des Raubbaus an diesen Kreaturen deutlich. Er schuf damit sicherlich eine wichtige Grundlage für den heutigen internationalen gesetzlichen Schutzstatus der Landschildkröten Europas und Nordafrikas.

WALTER KIRSCHE zog seit Beginn der 1960er-Jahre Paläarktische Landschildkröten in vorbildlichen Freilandterrarien regelmäßig und in enormer Zahl nach und dokumentierte die dabei gewonnenen Erkenntnisse penibel. Mit der vielfältigen Weitergabe seiner Erfahrungen legte er u. a. die Basis dafür, dass die heute in Terrarien gehaltenen Tiere nicht mehr der Natur entnommen werden, sondern aus planmäßigen Nachzuchten in menschlicher Obhut stammen. Der aufmerksame Leser wird vor allem den wissenschaftlichen Ergebnissen von WALTER KIRSCHE im vorliegenden Buch von HOLGER VETTER immer wieder begegnen.

Neben den sorgfältig recherchierten Daten zur Verbreitung, Biologie und Ökologie der *Testudo-hermanni*-Artengruppe stellt uns HOLGER VETTER auch die inzwischen vielen Schutzprojekte zur Erhaltung dieser einmaligen Naturdenkmale unserer europäischen Heimat vor, ermahnt zur Achtung vor diesen Tieren und leistet damit einen ausgezeichneten Beitrag zur Öffentlichkeitsarbeit im Artenschutz. Das macht seine Monographie für mich besonders wertvoll.

Bei der Lektüre des Bandes und vor allem bei der Formulierung des Vorwortes wurden erneut persönliche Begegnungen mit den Landschildkröten Europas wach – allen voran mit *Testudo boettgeri*. Bereits während der Studentenzeit in Jena zog es meine Frau und mich, angeregt durch unser Vorbild und unseren Freund, FRITZ JÜRGEN OBST aus Dresden, in das »Mekka« der ostdeutschen Herpetologen und Terrarianer, in die herrlichen und heute beinahe in Vergessenheit geratenen Naturräume Bulgariens. Mit Rucksack, Bandmaß, Waage, Notizbuch, Photoausrüstung und viel Enthusiasmus durchstreiften wir die Eichenwälder entlang der Schwarzmeerküste, die Wälder an den so prägnanten Lehmbergen bei Melnik oder die Landschaft um Sandanski auf der Suche nach Landschildkröten. Die erste in freier Natur beobachtete Griechische Landschildkröte bei Arkutino kam für uns einem Wunder gleich und sollte auch eine Weichenstellung für unser weiteres Leben sein.

Es war für mich deshalb eine ganz besondere Freude, das Vorwort für diesen ausgezeichneten Band aus der Feder von HOLGER VETTER schreiben zu dürfen. Ich wünsche ihm und der *Edition Chimaira* weitere Publikationen, die in so beeindruckender Weise diese »Wunder der Evolution« würdigen, ihnen Achtung erweisen und das hoffentlich auch bei einer möglichst breiten Öffentlichkeit bewirken.

ANDREAS NÖLLERT,
Jena, im Januar 2006

Danksagung

Bedanken möchte ich mich bei allen Freunden und Bekannten, die mir Bilder und Zeichnungen für dieses Buchprojekt zur Verfügung gestellt haben: HARALD ARTNER, SILVIA BLAHAK, ROGER BOUR, BERNARD BOUSSAC, HENRIK BRINGSØE, JACO BRUEKERS, BERNARD DEVAUX, MARKO DJURAKIC, BALÁZS FARKAS, ERWIN GONSCHOR, EDLEF HEIMANN, FELIX HULBERT, GÉRARD JAKUBOWICZ, HELMUT KANTZ, JÉR^{TM}ME MARAN, ALBERT MARTÍNEZ, FAMILIE DE MARCO, MANFRED MÜLLER, ANA PAUNOVIC, ALEXANDER PIEH, HANS-DIETER PHILIPPEN, GEORGI POPGEORGIEV, NEMANJA RISTIC, HANS-HERMANN SCHLEICH, HANS-ULRICH SCHMIDT, WOLFGANG SCHMIDT, BRUNO SEEGER, SHINTARO SEKI, ALEKSANDAR SUKIC, STEFAN THIERFELDT, MERCÈ VIADER, WOLFGANG WEGEHAUPT, FRITZ WÜTHRICH

Insbesondere möchte ich mich bei Andreas Nöllert bedanken, der neben mehreren Bildern auch das Vorwort zu diesem Band beigetragen hat.

Ebenso möchte ich mich bei ALINE FAURE für die Arbeit am Layout und bei ANDREAS S. BRAHM und GEROLD SCHIPPER für das Konzept zu der Buchreihe »Schildkrötenbibliothek« und dessen professionelle Umsetzung bedanken.

Mein besonderer Dank gilt meinen Eltern, IRIS ADLON-VETTER und GERHARD VETTER, die durch den Kauf eines Jungtieres von *Testudo boettgeri* vor nunmehr 25 Jahren mein Interesse an den Schildkröten weckten und mich bei der Ausübung meines Hobbys stets tatkräftig unterstützten.

Bad Kreuznach, im April 2006

HOLGER VETTER

Systematik

**Gattung Palärktische Landschildkröten –
Testudo** LINNAEUS, **1758**

Originalbeschreibung
LINNAEUS (1758): Systema naturae per regna tria naturae secundum classes, ordines, genera, species, cum characteribus, differentiis, synonymis, locis. – 10. Auflage, Band 1, Stockholm (Salvii): S. 197.
Typusart
In der Originalbeschreibung nicht genannt, später legte BELL (1828) *Testudo graeca* LINNAEUS, 1758 als Typusart fest
Synonyme
– *Chersus* WAGLER, 1830 (Typusart durch Monotypie: *Testudo marginata* SCHOEPFF, 1793)
– *Peltastes* GRAY, 1869 (Typusart: *Testudo graeca* LINNAEUS, 1758 – festgelegt durch LINDHOLM [1929]; nicht verfügbar, da der gleiche Name bereits 1807 von ILLIGER für eine Gattung der Hautflügler, 1838 von AGASSIZ für eine Gattung der Stachelhäuter und 1846 von FISCHER-WALDHEIM für eine Gattung der Geradflügler gewählt wurde)
– *Chersinella* GRAY, 1870 (Typusart: *Testudo graeca* LINNAEUS, 1758 – festgelegt durch LINDHOLM [1929])
– *Peltonia* GRAY, 1872 (nomen novum für *Peltastes* GRAY, 1869)
– *Medaestia* WUSSOW, 1916 (Typusart: *Testudo graeca* LINNAEUS, 1758 festgelegt durch MERTENS [1949])
Etymologie
Testudo = (lateinisch) Schildkröte
Trivialnamen
Deutsch: auch Eurasische Landschildkröten, Europäische Landschildkröten, Mediterrane Landschildkröten, Eigentliche Landschildkröten; **Englisch:** Palearctic tortoises (= Paläarktische Landschildkröten), Eurasian tortoises (= Eurasische Landschildkröten), European tortoises (= Europäische Landschildkröten), Mediterranean tortoises (= Mediterrane Landschildkröten), True tortoises (= Eigentliche Landschildkröten); **Französisch:** Tortues paléarctiques (= Paläarktische Schildkröten), Tortues eurasiennes (= Eurasische Schildkröten), Tortues européennes (= Europäische Schildkröten), Tortues méditerranées (= Mediterrane Schildkröten)

Testudo-hermanni-Artengruppe

Die *Testudo-hermanni*-Artengruppe zeichnet sich durch eine sehr deutlich ausgeprägte geographische Variabilität aus, vor allem bezüglich der Körpergröße, der Panzerform und verschiedener Färbungs- und Zeichnungsmerkmale. Trotzdem werden von der Wissenschaft bisher lediglich drei Formen unterschieden, deren systematischer Status in der Literatur unterschiedlich eingeschätzt wird. Die genetische Studie von VAN DER KUYL et al. (2002) zeigt, dass die morphologisch gut voneinander unterscheidbaren west- und osteuropäischen Angehörigen der Artengruppe voneinander unabhängige Evolutionslinien darstellen. Die Unterschiede sind nach den Ergebnissen dieser Studie allerdings geringer als zwischen anderen unstreitig als Arten eingestuften *Testudo*-Formen aus Europa und Nordafrika. Nach SQUALLI-HOUSSAINI & BLANC (1990) soll dagegen sogar eine große Ähnlichkeit zwischen den westeuropäischen Vertretern der *Testudo-hermanni*-Artengruppe und der *Testudo-graeca*-Artengruppe einerseits und den östlichen Formen der *Testudo-hermanni*-Artengruppe und den Steppenschildkröten der Gattung *Agrionemys* andererseits bestehen. Nach diesen beiden Autoren sollen die östlichen und westlichen Angehörigen der *Testudo-hermanni*-Artengruppe genetisch weiter voneinander entfernt sein als von der *Testudo-graeca*-Artengruppe bzw. von *Agrionemys*; diese Untersuchungsergebnisse müssen jedoch mit Vorsicht genossen werden, insbesondere weil sie sich bei *Testudo boettgeri* auf nur ein einziges Exemplar stützen und *Testudo hercegovinensis* gar nicht vertreten war, da deren eigenständiger Status zum Zeitpunkt der Untersuchung noch nicht bekannt war. Von den Systematikern werden aus den verschiedenen Untersuchungsergebnissen derzeit unterschiedliche Konsequenzen bezüglich des systematischen Status der Angehörigen der *Testudo-hermanni*-Artengruppe gezogen. Während PERÄLÄ (2002a, b, c) aufgrund ihrer deutlichen morphologischen Unterscheidbarkeit *Testudo hercegovinensis* Artstatus einräumt (genetische Untersuchungen an dieser Form stehen noch aus) und dies wie u. a. auch ARTNER (2000) auch für *Testudo hermanni* und *Testudo boettgeri* vermutet – ein Schluss, den auch BOUR (2004b) zieht –, stufen die meisten anderen Autoren alle drei Formen derzeit als Unterarten von *Testudo hermanni* ein. Ich folge hier wie PERÄLÄ (2002a, b, c) dem phylogenetischen Artkonzept und sehe die drei bislang anerkannten Formen als eigenständige Arten an, zumal z. B. laut PERÄLÄ (2002b) *Testudo boettgeri* und *Testudo hercegovinensis* dort, wo sich ihre Verbreitungsgebiete berühren, gemeinsam vorkommen sollen, ohne Mischlinge zu bilden (was allerdings noch nicht genau dokumentiert wurde), und auch bei einer Hybridisierung von *Testudo hermanni* mit beiden östlichen Verwandten in menschlicher Obhut häufig eine deutlich verminderte Fruchtbarkeitsrate beobachtet wurde. Wenn hier somit im Text von »*Testudo hermanni*« die Rede ist, sind damit stets nur die Landschildkröten aus Westeuropa gemeint.

Die meisten Fachleute sind sich einig, dass es bei den drei Formen nicht bleiben wird. Ich spreche daher hier vorsorglich zusammenfassend von einer westlichen (Frankreich, Italien, Spanien) und einer östlichen (Balkanhalbinsel) Populationsgruppe, wobei ersterer nach bisherigem Kenntnisstand vorläufig nur *Testudo hermanni*, letzterer vorerst *Testudo boettgeri* und *Testudo hercegovinensis* angehören. »Kandidaten« für den Rang als eigenständige Formen wären innerhalb der westlichen Populationsgruppe z. B. die Vorkommen auf Korsika und Sardinien sowie auf Sizilien und dem italienischen Festland FRITZ et al. (2005) stellten z. B. im Rahmen ihrer genetischen Studien Unterschiede zwischen Landschildkröten aus der Toskana und von Sardinien fest), und auch innerhalb der östlichen Populationsgruppe, die selbst auf engem Raum eine wesentlich größere geographische Variabilität aufweist als ihr westliches Gegenstück, kommen dafür mehrere Vorkommen in Frage (siehe Kapitel »Verbreitung«). Die Populationen aus dem Süden der Peloponnes z. B., die nach VAN DER KUYL et al. (2002) auch genetisch unterscheidbar sind, werden in naher Zukunft als neues Taxon wissenschaftlich beschrieben werden (BOUR 2004a). VAN DER KUYL et al. (2002) äußerten aufgrund der Ergebnisse ihrer genetischen Untersuchungen die Vermutung, dass die genetisch weniger variable westliche Populationsgruppe sich während der Eiszeit im Pleistozän auf ein einzelnes Rückzugsgebiet konzentrierte, möglicherweise auf den Süden des heutigen Italien (Sizilien); sie halten es allerdings für möglich, dass die Populationen des französischen Festlandes ein anderes Rückzugsgebiet hatten. Die stärkere genetische Variabilität der östlichen Populationsgruppe lässt daher darauf schließen, dass diese Schildkröten mehrere eiszeitliche Rückzugsgebiete hatten.

Die verwandtschaftliche Einordnung der Formen der Testudo-hermanni-Artengruppe innerhalb der paläarktischen Landschildkröten ist ebenfalls noch Gegenstand der Diskussion. Die diesbezüglichen Schlussfolgerungen von SQUALLI-HOUSSAINI & BLANC (1990) wurden bereits erwähnt. Während OBST & AMBROSIUS (1971) eine enge Beziehung zwischen den osteuropäischen Vertretern der Testudo-hermanni-Artengruppe und der Testudo-graeca-Artengruppe (Landschildkröten Klein- und Vorderasiens, Nordafrikas, des Kaukasus und Südosten Europas) sowie deutliche Unterschiede dieser Gruppierung im Vergleich zur Breitrandschildkröte (Testudo marginata SCHOEPFF, 1793) und zu den Steppenschildkröten der Gattung Agrionemys KHOZATSKY & MLYNARSKI, 1966 festzustellen glaubten, vermutete LYKAKIS (1974) eine engere Verwandtschaft zwischen der Testudo-hermanni-Artengruppe insgesamt und Testudo marginata. CHKHIKVADZE (1970) stellte die Testudo-hermanni-Artengruppe zusammen mit mehreren verwandten fossilen Formen in die von ihm in der gleichen Publikation aufgestellte Gattung Protestudo, die er für eng verwandt mit den Steppenschildkröten der Gattung Agrionemys hielt; diese Auffassung, die er 1989 erneut publizierte, vertraten später noch weitere Herpetologen aus der ehemaligen Sowjetunion. DE LAPPARENT DE BROIN (2001) kam zwar ebenfalls zu dem Ergebnis, dass die Testudo-hermanni-Artengruppe einen von den übrigen Testudo-Arten unabhängigen Verwandtschaftskreis bildet, stellte aber auch fest, dass die fossile Typusart von Protestudo – Protestudo bessarabica (RIABININ, 1915) aus dem oberen Miozän der Republik Moldau und der Ukraine – zu Agrionemys zu stellen ist, womit Protestudo ein jüngeres Synonym von Agrionemys ist. Aufgrund einer kladistischen Analyse vertrat GMIRA (1993a) sogar die Meinung, dass die Testudo-hermanni-Artengruppe gemeinsam mit den Steppenschildkröten in die Gattung Agrionemys zu stellen sei. Da diese Autorin aber ausschließlich Merkmale wie z. B. Größe, Proportionsverhältnisse und Färbung heranzog, ist diese von ihr angenommene Verwandtschaftsbeziehung nicht als hinreichend abgesichert anzusehen. Vor allem das in den Kladogrammen GMIRAS verwendete Merkmal des vermeintlich starren Bauchpanzers (Plastrons) der Testudo-hermanni-Artengruppe relativiert sich stark, wenn man bedenkt, dass viele Weibchen dieser Arten zumindest zur Eiablagezeit einen beweglichen Plastronhinterlappen besitzen. PERÄLÄ (2002a, c) kam wiederum nach der Analyse 61 morphologischer Merkmale zu dem Ergebnis, dass die Testudo-hermanni-Artengruppe innerhalb der Gattung Testudo (i. w. S.) die ursprünglichste Gruppierung darstellt, der nach Auffassung dieses Autors eindeutig der Status einer eigenen Gattung zukommt. Auch

FRITZ et al. (2005) fanden im Rahmen ihrer genetischen Untersuchungen Hinweise darauf, dass die Testudo-hermanni-Artengruppe etwas abseits der restlichen Testudo-Arten steht und die Steppenschildkröten (nach dem hier vertretenen Konzept also die Gattung Agrionemys) die Schwestergruppe zu allen anderen paläarktischen Landschildkröten, also nach derzeitigem Stand zur Gattung Testudo s. l., darstellen. PARHAM et al. (2006) kamen nach ihren genetischen Studien zu dem Ergebnis, dass die Testudo-hermanni-Artengruppe nicht zur Gattung Testudo s. s. zu stellen ist, konnten aber noch keine weitergehenden Aussagen zur genauen phylogenetischen Position der Arteengruppe innerhalb der von ihnen definierten Verwandtschaftsgruppe treffen, für die PARHAM in dieser Veröffentlichung die Bezeichnung Testudona aufstellt und zu der nach Angaben der Autoren neben der Testudo-hermanni-Artengruppe auch die Steppenschildkröten der Gattung Agrionemys, die Spaltenschildkröte Malacochersus tornieri (SIEBENROCK, 1903), die Asiatischen Landschildkröten der Gattung Indotestudo LINDHOLM, 1929 und die Arten der Gattung Testudo s. s. zu zählen sind. Testudo s. s. umfasst nach Angaben von PARHAM et al. (2006) nur die Testudograeca-Artengruppe und die nach ihrer Ansicht nahe verwandten Testudo marginata SCHOEPFF, 1739 und Testudo kleinmanni LORTET 1883 (einschließlich Testudo werneri PERÄLÄ, 2001);

eine nahe Verwandtschaft von Testudo marginata und Testudo kleinmanni vermuteten auch schon GMIRA (1993a, 1995) und VAN DER KUYL et al. (2002). Für diese beiden Arten steht der Gattungs- bzw. Untergattungsname Chersus WAGLER, 1830 (Typusart: Testudo marginata) zur Verfügung.

Hier wird die Testudo-hermanni-Artengruppe vorerst, der (noch?) ganz überwiegenden Literaturmeinung folgend, zur Gattung Testudo gestellt. Sollte die Ansicht zutreffen, dass der Artgruppe Gattungsstatus zukommt, so existiert derzeit keine verfügbare Gattungsbezeichnung. DE LAPPARENT DE BROIN (pers. Mittlg. an PARHAM et al. 2006) beabsichtigt jedoch, in absehbarer Zeit einen Gattungsnamen formell aufzustellen.

Art Griechische Landschildkröte – Testudo boettgeri MOJSISOVICS, 1889

Originalbeschreibung

MOJSISOVICS (1889): Zoogeographische Notizen über Süd-Ungarn aus den Jahren 1886–1888 – Zugleich ein III. Nachtrag zur »Fauna von Béllye und Darda«. – Mitteilungen des Naturwissenschaftlichen Vereins der Steiermark, Graz, **25**: S. 242.

Originalname

Testudo graeca var. boettgeri MOJSISOVICS, 1889

Lectotypus

Nummer 7836 im Naturmuseum und Forschungsinstitut Senckenberg in Frankfurt am Main, Deutschland, ein 16 cm langes Weibchen, wurde von BOETTGER (1893) zum Lectotypus bestimmt. BOETTGER bezeichnete das Exemplar zwar lediglich als »Typus«, doch da sich MOJSISOVICS (1889) bei der Erstbeschreibung der Art ausdrücklich auf mehrere Exemplare bezog, ist die Veröffentlichung von BOETTGER als Festlegung eines Lectotypus zu interpretieren (BOUR pers. Mittlg.).

Terra typica

Nicht angegeben

Abb. 1: Lectotypus von Testudo boettgeri (Nr. 7836 im Naturmuseum und Forschungsinstitut Senckenberg, Frankfurt/Main); Seitenansicht (R. BOUR).

14 SYSTEMATIK

Abb. 2&3: Lectotypus von *Testudo boettgeri* (Nr. 7836 im Naturmuseum und Forschungsinstitut Senckenberg, Frankfurt/Main); Carapax- und Plastronansicht (R. BOUR)

Terra typica designata

BOETTGER (1893): Orsova, Tal der Cerna, Banat (= Tal der Cerna bei Orsova, Bezirk Mehedinti, Rumänien)

Synonyme
– *Testudo graeca* var. *boettgeri* MOJSISOVICS, 1889
– *Testudo enriquesi* PARENZAN, 1932 (Holotypus: ein 20,5 cm langes Weibchen, nicht auffindbar; Terra typica: Conca di Elbassan, Skumbi, Albania = Ebene von Elbasan, Präfektur Elbasan, Albanien)
– *Testudo hermanni hermanni* – (WERMUTH 1952)
– *Protestudo hermanni hermanni* – (CHKHIKVADZE 1970)
– *Testudo hermanni boettgeri* – (BOUR 1987)
– *Agrionemys hermanni boettgeri* – (GMIRA 1993a)
– *Testudo boettgeri* – (BOUR 2004b)

Etymologie
boettgeri = benannt nach OSKAR BOETTGER (1844–1910), dem Gründer und ersten Direktor des Naturmuseums und Forschungsinstitutes Senckenberg in Frankfurt am Main, Deutschland.

Trivialnamen
Albanisch: Breshkë e zakonshme e tokës (= Gewöhnliche Landschildkröte), Breshkë (= Schildkröte), Breshkë toke (= Landschildkröte), Breshkë e ugareve (= Brachlandschildkröte); **Bulgarisch:** Schipoopaschata kostenurka, Schipoopaschata suchosjemna kostenurka, Grâcka kostenurka (= Griechische Schildkröte); **Dänisch:** Græsk landskildpadde (= Griechische Landschildkröte); **Deutsch:** auch Boettgers Landschildkröte, Griechische Testude, Östliche Griechische Landschildkröte, Eigentliche Griechische Landschildkröte, früher auch Gemeine Landschildkröte; **Englisch:** Boettger's tortoise (= Boettgers Landschildkröte), Eastern Hermann's tortoise (= Östliche Hermann-Landschildkröte), Balkans Hermann's tortoise (= Balkan-Hermann-Landschildkröte), Greek tortoise (= Griechische Landschildkröte), Spur-tailed tortoise (= Spornschwänzige Landschildkröte), Spur-tailed mediterranean land tortoise (= Spornschwänzige Mittelmeer-Landschildkröte); **Estnisch:** LTMunaeuroopa kilpkonn (= Südeuropäische Schildkröte); **Finnisch:** Kreikankilpikonna (= Griechische Schildkröte); **Französisch:** Tortue de Boettger (= Boettgers Schildkröte), Tortue d'Hermann des Balkans (= Balkan-Hermann-Schildkröte), Tortue d'Hermann orientale (= Östliche Hermann-Schildkröte), Tortue grecque (= Griechische Schildkröte); **Griechisch:** Chelóna i mesogeiakí (= Mittelmeerschildkröte), Onychochelóna (= Nagelschildkröte; bezieht sich auf den Hornnagel an der Schwanzspitze dieser Art); **Italienisch:** Testuggine di Boettger (= Boettgers Schildkröte), Tartaruga greca (= Griechische Schildkröte); **Ma-**

SYSTEMATIK 15

Abb. 4&5: Lectotypus von *Testudo hercegovinensis* (Nr. 1222 im Naturhistorischen Museum, Wien); Carapax- und Plastronansicht (R. BOUR)

zedonisch: Ridska schelka (= Griechische Schildkröte), Hermaniewa schelka (= Hermanni-Schildkröte); **Niederländisch:** Griekse landschildpad (= Griechische Landschildkröte); **Polnisch:** Zólw grecki (= Griechische Schildkröte); **Rumänisch:** Broascâ testoasâ din Dobrogea (= Dobrudscha-Landschildkröte), Broascâ testoasâ banateana (= Banat-Landschildkröte), Broascâ testoasâ de uscat; Testoasa lui Hermann; **Russisch:** Balkanskaja tscherepacha (= Balkanschildkröte); **Schwedisch:** Grekisk landsköldpadda (= Griechische Landschildkröte), Grekisk sköldpadda (= Griechische Schildkröte), Östlig grekisk landsköldpadda (= Östliche Griechische Landschildkröte); **Serbisch:** Sumska kornjaca; **Slowakisch:** Korytnacka zelenkastá; **Tschechisch:** Zelva recká (= Griechische Schildkröte), Zelva zelenavá; **Türkisch:** Trakya tosbagasi (= Thrakische Landschildkröte); **Ukrainisch:** Balkanska tscherepacha (= Balkanschildkröte); **Ungarisch:** Görög teknős (= Griechische Schildkröte)

Art Dalmatinische Landschildkröte – *Testudo hercegovinensis* WERNER, 1899

Originalbeschreibung
WERNER (1899): Beiträge zur Kenntnis der Reptilien- und Batrachierfauna der Balkanhalbinsel. – Wissenschaftliche Mittheilungen aus Bosnien und der Herzegovina, 6: S. 818.

Originalname
Testudo graeca var. *hercegovinensis* WERNER, 1899

Syntypen
Zwei Exemplare: Nummern 1222 (11,87 cm langer Panzer eines erwachsenen Männchens) und 1899 (montiertes Skelett) im Naturhistorischen Museum in Wien, Österreich; Nummer 1222 wurde von BOUR (1987) zum Lectotypus bestimmt.

Terra typica
bei Trebinje (= Umgebung von Trebinje, Serbische Republik, Bosnien und Herzegowina)

Synonyme
– *Testudo graeca* var. *hercegovinensis* WERNER, 1899
– *Testudo hermanni hercegovinensis* – (BLANCK & ESSER 2004)

Etymologie
hercegovinensis = benannt nach der Herzegowina, einer Landschaft im Süden Bosnien und Herzegowinas, in der die Terra typica der Art zu finden ist.

Trivialnamen
Englisch: Dalmatian tortoise (= Dalmatinische Landschildkröte), Hercegovina tortoise (= Herzegowina-Landschildkröte); **Französisch:** Tortue d'Herzégovine (Herzegowina-Schildkröte); **Italienisch:** Testuggine della Dalmazia (= Dalmatini-

sche Schildkröte); **Kroatisch:** *Cancara*; **Niederländisch:** *Dalmatische landschildpad*; **Slowenisch:** *Grska kornjaca* (= Griechische Schildkröte), *Balkanska zelva* (= Balkanschildkröte)

Art Italienische Landschildkröte – *Testudo hermanni* GMELIN, 1789

Originalbeschreibung
GMELIN (1789): *Caroli a Linné ... Systema Naturae per regna tria naturae, secundum classes, ordines, genera, species; cum characteribus, differentiis, synonymis, locis. Editio decimo tertia, aucta, reformata. Tom I. Pars III.* – Leipzig (Georg Emanuel Beer): S. 1041.

Abb. 6: Lectotypus von *Testudo hercegovinensis* (Nr. 1222 im Naturhistorischen Museum, Wien); Seitenansicht (R. BOUR)

Zwar wurde die Art erstmals bereits von SCHNEIDER (1783) anhand des späteren Holotypus' aus der Sammlung von JOHANNES (bzw. JEAN) HERMANN, einem Zoologen, Botaniker, Mediziner, Chemiker und Philosophen aus Straßburg, Frankreich, beschrieben, doch vergab SCHNEIDER keinen Namen, sodass die taxonomisch relevante Erstbeschreibung in der Arbeit von GMELIN (1789) zu sehen ist.

Originalname
Testudo hermanni GMELIN, 1789

In der Vergangenheit herrschte z. T. Verwirrung um den korrekten wissenschaftlichen Namen der Art. So wurde sie bis Anfang des 20. Jh. unter der Bezeichnung *Testudo graeca* LINNAEUS, 1758 geführt, während für die gesamte *Testudo-graeca*-Artengruppe (»Maurische Landschildkröte«) der Name *Testudo ibera* PALLAS, 1814 gebraucht wurde. *Testudo hermanni* GMELIN, 1789 wurde als jüngeres Synonym von *Testudo graeca* angesehen. Erst SIEBENROCK (1913) stellte fest, dass *Testudo graeca* und *Testudo hermanni* zwei verschiedene Arten sind, scheute sich aber vor einer Namensänderung, um den damals gut eingebürgerten Gebrauch der Artnamen nicht durcheinanderzubringen. FLOWER (1926) wies schließlich der Italienischen Landschildkröte den gültigen Namen *Testudo hermanni* zu und stufte *Testudo graeca* und *Testudo ibera* als Unterarten einer Art ein; nach PERÄLÄ (2002a, c) stellen alle Formen des *Testudo-graeca*-Komplexes allerdings eigenständige Arten dar.

Holotypus
Nummer 111 im *Musée de Zoologie der Université de Strasbourg* in Straßburg, Frankreich, ein 10,8 cm langes Plastron eines männlichen Tieres; die Katalognummer dieses Exemplares wird in der Literatur in der Regel mit 121 angegeben (z. B. IVERSON 1992), dies basiert jedoch auf einem Irrtum (BOUR pers. Mittlg.).

Lange Jahre war das Typusexemplar von *Testudo hermanni* verschollen, anhand dessen JOHANN FRIEDRICH GMELIN im Jahre 1789 die Art erstmals in die Wissenschaft eingeführt hatte. Dies führte dann zu einem Problem, als man feststellte, dass sich die westlichen und östlichen Populationsgruppen der *Testudo-hermanni*-Artengruppe derart unterscheiden, dass sie als verschiedene Unterarten bzw. nach der hier vertretenen Auffassung als eigenständige Arten gelten müssen. WERMUTH (1952) beschrieb anhand eines halbwüchsigen Weibchens von der spanischen Baleareninsel Mallorca, also aus dem westlichen Teil des Verbreitungsgebietes, die »neue« Unterart *Testudo hermanni robertmertensi*, da er

SYSTEMATIK

Abb. 7: Holotypus von *Testudo hermanni* (Nr. 111 im Musée de Zoologie der Université de Strasbourg, Straßburg); Carapaxansicht (R. BOUR).

Abb.8: Holotypus von *Testudo hermanni* (Nr. 111 im Musée de Zoologie der Université de Strasbourg, Straßburg); Plastronansicht (R. BOUR).

davon ausging, dass das verschollene Typusexemplar vom Balkan stammte. Im Jahre 1987 fand schließlich der französische Herpetologe ROGER BOUR das Plastron des Typusexemplares im Zoologischen Museum der Universität von Straßburg wieder – klar identifizierbar durch eine von SCHOEPFF (1793) veröffentlichte Farbtafel – und stellte fest, dass das Tier seinen Ursprung nicht wie bisher vermutet im Südosten, sondern im Südwesten Europas hatte. Später wurden im Übrigen auch der 13 cm lange Rückenpanzer (Carapax) und die anhängenden Extremitäten des Typusexemplares im gleichen Museum gefunden; sie befinden sich in einem hervorragenden Erhaltungszustand und untermauern BOURs auf der Analyse des Plastrons basierenden Erkenntnisse. Dies führte zu der wenig erfreulichen Situation, dass für die früher unter *Testudo hermanni hermanni* bekannte östliche Form der nächstältere Name *Testudo hermanni boettgeri* MOJSISOVICS, 1889 (heute *Testudo boettgeri*) in Kraft treten musste, während die westliche Form von *Testudo hermanni robertmertensi* in *Testu-*

Abb. 9: Holotypus von *Testudo hermanni* (Nr. 111 im Musée de Zoologie der Université de Strasbourg, Straßburg); Seitenansicht (R. BOUR).

do hermanni hermanni (heute *Testudo hermanni*) »umbenannt« werden musste. Ironischerweise ging so einerseits die Ehrung des berühmten deutschen Herpetologen und langjährigen Direktors des Frankfurter Naturmuseums und Forschungsinstitutes Senckenberg ROBERT MERTENS (1894–1975) als Namenspatron für die westliche Form taxonomisch-formell verloren, während andererseits gleichzeitig der Gründer und erste Direktor des Museums, OSKAR BOETTGER (1844–1910), nun als Namenspatron einer anderen, nunmehr »offiziell« anerkannten Form zu später Ehre kam. In der Praxis hat das Ganze zur Folge, dass die vor 1987 unter der Bezeichnung »*Testudo hermanni hermanni*« veröffentlichte Literatur auf die heutige *Testudo boettgeri* (und in vielen Fällen wohl auch auf die erst seit kurzem wieder anerkannte *Testudo hercegovinensis*) zu beziehen ist, die bis 1987 über »*Testudo hermanni robertmertensi*« veröffentlichten Daten jedoch auf die heutige *Testudo hermanni*. Noch komplizierter wird die Situation dadurch, dass sich nicht alle Autoren nach 1987 an diese neue Namensgebung gehalten haben und so oft nicht klar ist, ob nun westliche oder östliche Vertreter der *Testudo-hermanni*-Artengruppe gemeint sind. Auch sehr alte Literaturquellen sind oft recht verwirrend, da die Artengruppe dort regelmäßig unter der Bezeichnung »*Testudo graeca*« geführt wird, weil die Wissenschaft wie erwähnt lange Zeit nicht zwischen beiden Artenkomplexen unterschied.

Terra typica
Nicht angegeben
Terra typica designata
BOUR (1987): Collobrières, Massif des Maures, Var, France (= Collobrières im Maurengebirge, Département Var, Region Provence-Alpes-C™te d'Azur, Frankreich)
Synonyme
– *Testudo graeca Bettai* LATASTE, 1881 (Holotypus: Nummer 1947.3.4.54 im Natural History Museum in London, Großbritannien und Nordirland, ein 20,2 cm langes Weibchen; Terra typica: nicht angegeben)
– *Testudo graeca* – (BOULENGER 1889)
– *Testudo* (*Testudo*) *hermanni* – (WILLIAMS 1952)
– *Testudo hermanni robertmertensi* WERMUTH, 1952 (Holotypus: Nummer 37 468 im Naturmuseum und Forschungsinstitutes Senckenberg in Frankfurt am Main, Deutschland, ein 9,4 cm langes Weibchen; Terra typica: Gebirge nördlich von Arta, Insel Mallorca, Balearen = Gebirge nördlich von Artà auf Mallorca, Autonome Region Balearen, Spanien)

– *Protestudo hermanni robertmertensi* – (CHKHIKVADZE 1970)
– *Testudo hermanni hermanni* – (BOUR 1987)
– *Agrionemys hermanni hermanni* – (GMIRA 1993a)
– Bei der von ZAHND & PORTE (1961) verwendeten Bezeichnung »*Testudo ermania*« handelt es sich um eine irrtümlich falsche Schreibweise.

Etymologie
hermanni = benannt nach JOHANNES (bzw. JEAN) HERMANN (1738–1800), in dessen umfangreicher zoologischer Sammlung sich unter anderem auch das Typusexemplar dieser Art befand.

Trivialnamen
Baskisch: *Hermann dortoka* (= Hermann-Schildkröte); **Dänisch:** *Hermanns landskildpadde* (= Hermanns Landschildkröte); **Deutsch:** auch Robert-Mertens-Landschildkröte, Französische Landschildkröte, Robert-Mertens-Schildkröte, Mertens'sche Griechische Landschildkröte, Westliche Griechische Landschildkröte; **Englisch:** *Hermann's tortoise* (= Hermanns Landschildkröte), *Western Hermann's tortoise* (= Westliche Hermann-Landschildkröte); **Französisch:** *Tortue d'Hermann* (= Hermanns Schildkröte), *Tortue d'Hermann occidentale* (= Westliche Hermann-Schildkröte), *Tortue de Mertens* (= Mertens' Schildkröte), *Tortue française* (= Französische Schildkröte); **Galizisch:** *Tartaruga mediterránea* (= Mittelmeerschildkröte); **Italienisch:** *Testuggine di Hermann* (= Hermanns Schildkröte), *Testuggine comune* (= Gewöhnliche Schildkröte); **Katalanisch:** *Tortuga mediterrània* (= Mittelmeerschildkröte), *Tortuga de garriga* (= Garrigue-Schildkröte); **Maltesisch:** *Fekruna ta' l-art*; **Rumänisch:** *Testoasa lui Boettger*; **Sardisch:** *Tostòinu* (= Schildkröte), *Tostòini* (= Schildkröte); **Schwedisch:** *Västlig grekisk landsköldpadda* (= Westliche Griechische Landschildkröte); **Spanisch:** *Tortuga mediterránea* (= Mittelmeerschildkröte), *Tortuga hermanni* (= Hermanni-Schildkröte), *Tortuga de Hermann* (= Hermanns Schildkröte), *Galápago del Mediterráneo* (= Mittelmeerschildkröte)

BESCHREIBUNG

Beschreibung

**Testudo-hermanni-Artengruppe
Morphologie und Färbung**

Carapax
Der Rückenpanzer (Carapax) der zu dieser Artengruppe zählenden Schildkröten ist hoch gewölbt, von oben gesehen oval bis trapezförmig und besitzt steil abfallende Seiten. Seine höchste Stelle liegt hinter der Mitte. Im Nackenbereich befindet sich eine leichte Einkerbung, die hinteren Randschilde (Marginalia) sind abwärts gebogen und schwach gesägt und bei sehr alten Exemplaren manchmal deutlich ausgezogen. Der knöcherne Teil des Carapax besteht meist aus einer achteckigen Nackenplatte (Nuchale), acht Wirbelplatten (Neuralia; die hintersten drei sind meist sechseckig geformt), einer Steißplatte (Suprapygale), einer Schwanzplatte (Pygale), acht Paar Rippenplatten (Costalia) und elf Paar Randplatten (Peripheralia). Das hinterste Neurale wird häufig auch als erstes Suprapygale bezeichnet, das dann vor dem zweiten Suprapygale liegt, auf das wiederum das Pygale folgt. Anomalien und Abweichungen von diesem Grundschema kommen nicht selten vor. Über dem Knochenpanzer liegen meist ein langes, schmales Nackenschild (Cervicale), fünf schmale Wirbelschilde (Vertebralia), vier Paar Rippenschilde (Pleuralia) und elf Paar Randschilde (Marginalia); Abweichungen kommen jedoch auch hier häufig vor. Die Vertebralia sind breiter als lang, das fünfte ist vergrößert und deutlich breiter als die restlichen Vertebralia, lediglich das erste Vertebrale kann bei manchen Tieren annähernd ebenso breit sein. Die Vertebralia 2–4 sind deutlich schmaler als die Pleuralia 1–3. Das Schwanzschild (Supracaudale) ist meist geteilt (die Teilung kann auch nur auf der Außenseite vollzogen sein), in manchen Populationen aber bei mehr als der Hälfte der Tiere ungeteilt. Die Areolen der Vertebralia und Pleuralia sind oft erhaben, die Oberfläche des Carapax ist nur schwach reliefartig strukturiert; krankheitsbedingte Ausnahmen sind möglich, so z. B. schachtelförmig voneinander abgesetzte, buckelartige Einzelschilde, die durch Haltungsfehler entstehen. Wachstumsringe sind bei Jungtieren und halbwüchsigen Exemplaren erkennbar,

sie werden mit zunehmendem Alter aber immer undeutlicher. Die Grundfarbe des Carapax ist zitronen-, gold-, horn-, stroh- oder grünlichgelb bis olivfarben, gelborange oder dunkelbraun und zeigt meist eine auffällige dunkelbraune bis schwarze, unregelmäßige Fleckenzeichnung im vorderen und seitlichen Bereich der Vertebralia und Pleuralia und im vorderen und unteren Bereich der Marginalia. Die Areolen der Schilde sind überwiegend dunkel gefärbt. In manchen Fällen ist der Carapax einfarbig hell, selten völlig dunkel.

Anordnungsschema der Hornschilde auf dem Carapax

C = Cervicale
M = Marginalia
V = Vertebralia
P = Pleuralia
S = Supracaudalia

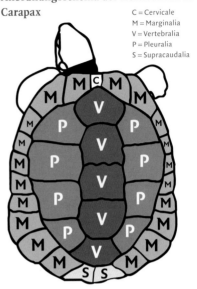

Anordnungsschema der Hornschilde auf dem Plastron

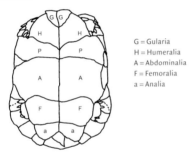

G = Gularia
H = Humeralia
A = Abdominalia
F = Femoralia
a = Analia

Nach WERMUTH (1952) besitzt *Testudo hermanni* einen höher gewölbten Panzer als die beiden anderen Arten. Während STEMMLER (1959) dies insbesondere für sardische Tiere bestreitet, bestätigt CHEYLAN (2001) wiederum, dass der Panzer osteuropäischer Angehöriger der *Testudo-hermanni*-Artengruppe leicht abgeflacht ist. Auch GUYOT & DEVAUX (1997a, b) ermittelten für Weibchen beim Verhältnis zwischen Carapaxlänge und Panzerhöhe einen deutlichen Unterschied zwischen Landschildkröten aus dem Albera-Gebirge und von Korsika einerseits und deren Verwandten aus Griechenland andererseits. Bei Männchen existieren nach diesen Autoren allerdings keine Unterschiede.

Plastron
Der Bauchpanzer (Plastron) der Tiere ist gut entwickelt; sein Vorderlappen ist allenfalls schwach aufgebogen, läuft nach vorne hin spitz zu und ist kürzer und schmaler als der Hinterlappen. Der knöcherne Teil des Plastrons besteht aus einem Entoplastron und je zwei Epi-, Hyo-, Hypo- und Xiphiplastra. Anomalien und Abweichungen kommen wiederum auch hier vor. Es sind jeweils ein Paar Kehl- (Gularia), Arm- (Humeralia), Brust- (Pectoralia), Bauch- (Abdominalia), Schenkel- (Femoralia) und Afterschilde (Analia) vorhanden. Zwischen den Analia befindet sich eine deutliche Einkerbung. Die Gularia sind verdickt und gleichmäßig abgerundet und stehen vorne nicht oder allenfalls leicht über den Vorderrand des Carapax hervor. Die Pectoralia sind relativ breit, ebenso die Brücken, auf denen jeweils ein kleines, von unten kaum erkennbares Hüftschild (Inguinale; kann auch völlig fehlen) und ein kleines Achselschild (Axillare) liegen. Die Länge der Mittelnaht

zwischen den Pectoralia entspricht in der Regel mindestens der halben Länge der Mittelnaht zwischen den Humeralia. Inguinalia und Femoralia berühren einander ebensowenig wie Axillaria und Humeralia. Die Grundfarbe des Plastrons und der Brücken ist zitronen-, gold- oder grünlichgelb bis gelborange und zeigt meist dunkelbraune oder schwarze, oft klar umrissene Flecken, die teilweise zu zwei breiten Längsbändern verschmelzen können.

Die Plastronformel der drei hier behandelten Arten lautet: Abdominalia > Humeralia > Analia > < Gularia > Femoralia > < Pectoralia.

Kopf und Gliedmaßen
Der Kopf der Schildkröten ist mittelgroß, die Schnauze springt nicht hervor. Der Alveolarkamm ist kräftig entwickelt, besitzt scharfe Kanten und endet vor der Kaufläche der Oberkieferknochen. Der Zungenkamm ist im hinteren Bereich stark ausgeprägt, kantig abgewinkelt und vor dem schwach ausgeprägten äußeren Fortsatz des Flügelbeins lang und spitz ausgezogen; er endet vorne abrupt und geht in einen mehr oder weniger gekrümmten Maxillarrand über. Die Schädelöffnung zwischen Augen- und Nasenhöhle ist von unten gesehen meist durch die Randleiste der Kaufläche der Oberkieferknochen verdeckt, die Öffnungen im Gaumenbein liegen neben und hinter dem äußeren Fortsatz des Flügelbeins. Das Quadratbein umschließt den Steigbügel. Der Oberkiefer weist einen Hakenschnabel auf. Präfrontal- und Frontalschuppen sind groß, sie können längsgeteilt oder in mehrere kleine Schuppen aufgelöst sein, die restlichen Kopfschuppen sind klein. Der Kopf ist im vorderen Bereich dunkel- oder graubraun bis schwarz gefärbt und wird nach hinten zu heller; die Kopfoberseite ist oft insgesamt etwas heller gefärbt. Der Unterkiefer ist in der Regel dunkel, Kehle und Hals sind hell gefärbt. Häufig befindet sich beiderseits unter dem Auge (im Bereich des Massetericums [der Schläfenschuppe]) ein scharf abgegrenzter, leuchtend gelber Fleck.

Die Vorderseite der Vorderbeine ist mit kleinen bis mittelgroßen, einander nicht überlappenden Schuppen in fünf bis zehn Längsreihen bedeckt, es sind jedoch auch größere Flächen ohne Schuppen vorhanden. Oberhalb des Vorderfußes liegen zahlreiche sehr kleine, einander nicht deutlich überlappende Körnerschuppen. Die Vorderfüße besitzen meist jeweils fünf, manchmal auch nur vier sichtbare Krallen; im letzteren Fall ist die fünfte Kralle dann in der Regel stark reduziert oder der Zeh zwar im Knochenskelett vorhanden, aber nicht von außen sichtbar. Auf Korsika ist bei 44,2 % der männlichen und 59,4 % der weiblichen Tiere eine fünfte, oft schwächere Kralle vorhanden, bei 4,2 % der Männchen und 12,5 % der Weibchen ist die Kralle sehr deutlich ausgeprägt und oft genauso stark wie die vierte Vorderkralle. Dieses Merkmal scheint geschlechtsabhängig zu sein, denn wie die Zahlen zeigen, ist die fünfte Kralle bei Weibchen deutlich häufiger zu finden. Auch eine einseitig abweichende Anzahl der Krallen kann vorkommen. Die Hinterfüße tragen jeweils vier Krallen. Die Fersen der Hinterfüße sind mit großen Schuppen bedeckt, die Oberschenkel tragen keine spornartig vergrößerten Horn-

Abb. 10: Charakteristisch für die Arten der *Testudo-hermanni*-Artengruppe ist der Hornnagel an der Schwanzspitze (W. WEGEHAUPT)

BESCHREIBUNG

Griechische Landschildkröte, *Testudo boettgeri*

Abb. 11&12: Bild links: *Testudo boettgeri*, Kopfportrait (J. MARAN), *Testudo boettgeri*, Rückansicht (E. HEIMANN)

Dalmatinische Landschildkröte, *Testudo hercegovinensis*

Abb. 15&16: Bild links: *Testudo hercegovinensis*, Kopfportrait (J. MARAN), *Testudo hercegovinensis*, Rückansicht (A. SUKIC)

Italienische Landschildkröte, *Testudo hermanni*

Abb. 19&20: Bild links: *Testudo hermanni*, Kopfportrait (J. MARAN), *Testudo hermanni*, Rückansicht (J. MARAN)

BESCHREIBUNG

Abb. 13: *Testudo boettgeri*, Plastronansicht (G. POPGEORGIEV)

Abb. 14: *Testudo boettgeri*, Carapaxansicht (A. PAUNOVIC)

Abb. 17: *Testudo hercegovinensis*, Plastronansicht (J. MARAN)

Abb. 18: *Testudo hercegovinensis*, Carapaxansicht (A. SUKIC)

Abb. 21: *Testudo hermanni*, Plastronansicht (F. WÜTHRICH)

Abb. 22: *Testudo hermanni*, Carapaxansicht (H.-U. SCHMIDT)

schuppen. Die Schwanzspitze weist einen längsgefurchten Hornnagel auf. Die Oberarme und die Hinterseite der Unterarme sind dunkel, die Vorderseite der Unterarme ist hell graubraun gefärbt. Hinterbeine und Schwanz sind ebenfalls hell graubraun gefärbt und zeigen im äußeren Bereich eine mehr oder weniger ausgedehnte dunkle Tönung.

Jungtierfärbung
Die Schlüpflinge sind auf ihrem Carapax wesentlich weniger kontrastreich gefärbt als ältere Artgenossen; sie zeigen dort eine Mischung aus Braun-, Schwarz- und Gelbtönen. Wenige Wochen alte Jungtiere weisen auf dem vorderen und mittleren Teil der Carapaxschilde eine dunkle Pigmentierung auf. Meist sind runde bzw. ovale dunkle Flecken besonders im mittleren Bereich der Vertebralia und Pleuralia ausgebildet, die im Falle der Pleuralia sehr oft mit dem dunkel pigmentierten Vorderrand verschmolzen sind. Das Plastron besitzt große schwarze Zeichnungselemente, die bei Exemplaren aus dem Westen des Verbreitungsgebietes meist größer sind als bei Tieren aus dem Osten. Frisch geschlüpfte Jungtiere von *Testudo hermanni* zeigen eine lebhafte Gelbfärbung an Kopf und Hals, an den Beinen und Weichteilen; später treten seitlich am Kopf dunkle Flecken auf. Die für westliche Tiere charakteristischen hellen Flecken unter den Augen sind anfangs noch weißlich und werden erst später gelb; die Weichteile sind gelblich, der Carapax bräunlich gefärbt. Dagegen wirken bei den Schlüpflingen der östlichen Populationsgruppe Kopf, Hals, Gliedmaßen und Weichteile sehr dunkel, kleinere helle Stellen finden sich nur vereinzelt an den Vorder- und Hinterbeinen; erst einige Monate nach dem Schlupf hellen sich die Farbtöne auf. Die Basis der Krallen der Vorderbeine ist bei Jungtieren aus dem Osten meist deutlich dunkler gefärbt als bei Artgenossen aus dem Westen (vor allem vom italienischen Festland). Aufgrund der oft etwas ungünstigen Lage im Ei besitzen manche Schlüpflinge einen sehr stark verformten Panzer, was sich aber in der Regel nach wenigen Wochen verliert. Die Adultfärbung setzt sich ab dem zweiten Lebensjahr relativ schnell durch. Bis zum fünften oder sechsten Lebensjahr ist der Carapax oval geformt und auch bei Männchen noch nicht in Höhe der neunten und zehnten Marginalia verbreitert.

Variabilität
Exemplare aus dem Küstenbereich sind in der Regel wesentlich heller gefärbt als ihre Artgenossen aus dem Landesinneren und den hö-

Abb. 23&24: Jungtier von *Testudo hermanni* von Menorca (Spanien); Carapax- und Plastronansicht (H.-U. SCHMIDT).

hergelegenen Bergregionen, was sich durch die unterschiedlichen klimatischen Bedingungen, die in den verschiedenen Lebensräumen herrschen, erklären lässt. Dunklere Schildkröten erwärmen sich schneller und sind so dem in den Gebirgen häufig etwas kühleren Klima angepasst. JOST (1998a, b) stellte fest, dass zumindest im Südosten von Korsika die Schildkröten aus trockenen Lebensräumen kleiner und heller gefärbt sind als ihre Artgenossen aus feuchteren Habitaten. Möglicherweise werden auch Form und Oberfläche des Panzers zumindest z. T. von Umweltbedingungen beeinflusst. Darauf deutet z. B. die insbesondere in Menschenobhut unter unzulänglichen Haltungsbedingungen oft zu beobachtende »Höckerbildung« hin. Im Norden der italienischen Insel Sardinien und im kroatischen Istrien wurden allerdings auch wildlebende Landschildkröten in der näheren Umgebung von Gewässern beobachtet, die ähnlich im Terrarium aufgezogenen Artgenossen kassettenförmig aufgebaute Carapaxschilde zeigten, während Exemplare aus trockenen Lebensräumen gleichmäßiger gewachsen waren.

Was die Unterscheidungsmerkmale der drei hier behandelten Arten betrifft, so ist zu sagen, dass diese ausgesprochen variabel sein können, sodass es nicht möglich ist, einen exakten, allgemeingültigen Bestimmungsschlüssel zu liefern. Vielmehr müssen alle Unterscheidungsmerkmale in ihrer Gesamtheit betrachtet werden.

Karyotyp

Die Körperzellen der Arten der *Testudo-hermanni*-Artgruppe enthalten jeweils 52 Chromosomen (20 metazentrische oder submetazentrische, zehn subtelozentrische und 22 akrozentrische Chromosomen).

Größe und Gewicht

Die Arten der *Testudo-hermanni*-Artgruppe erreichen eine Carapaxlänge von bis zu etwa

Abb. 25–27: Die kleinwüchsige Form von *Testudo boettgeri* aus dem Süden der Peloponnes wird in naher Zukunft als eigenständiges Taxon beschrieben werden. Hier ist ein Weibchen dieser »Zwergform« zu sehen. (J. MARAN)

35,7 cm, bleiben aber in der Regel deutlich kleiner (meist 20–24 cm). Das Gewicht erwachsener Tiere beträgt in der Regel 1–3 kg. Bei der Körpergröße bestehen zwischen den verschiedenen Arten z. T. sehr auffällige Unterschiede, deren Deutung auf das gesamte Verbreitungsgebiet bezogen allerdings nicht einfach ist. Die Angaben sind einerseits oft lückenhaft, andererseits wurden bei der Vermessung nicht immer die gleichen Methoden angewandt. Manche Autoren legten die Mindestgröße erwachsener Exemplare einfach willkürlich fest, was die Verwendbarkeit dieser Arbeiten zu Vergleichszwecken stark einschränkt.

Auf dem Balkan ist eine klare Beziehung zwischen der Maximalgröße erwachsener Tiere, dem Klima (vor allem der Temperatur) und der geographischen Lage einer Population erkennbar. Die größten Exemplare leben in den kühlsten Teilen des Verbreitungsgebietes, also im Norden bzw. in größeren Höhenlagen und in Wäldern, die kleinsten in den wärmsten Regionen, d. h. im Süden bzw. im Tiefland. Offenbar besteht auch ein Zusammenhang zwischen der Körpergröße der Schildkröten und der Beschaffenheit ihres Lebensraumes – je trockener das Biotop, desto kleiner anscheinend die Schildkröten.

Geschlechtsunterschiede

Männliche Exemplare der *Testudo-hermanni*-Artengruppe bleiben im gesamten Verbreitungsgebiet im Durchschnitt etwa 10–12 % kleiner als ihre weiblichen Artgenossen. Während männliche Tiere eine Carapaxlänge von maximal 31,4 cm erreichen, können Weibchen bis zu 35,7 cm lang werden. Das Gewicht erwachsener Weibchen beträgt im Normalfall bis zu 3 kg, das der Männchen in der Regel bis zu 1,5 kg. Die einzige Ausnahme, die dieser Regel offenbar widerspricht, resultiert aus einer Studie an einem Vorkommen von *Testudo boettgeri* am Eisernen Tor in Rumänien, wo die Männchen etwas größer als die Weibchen werden sollen; ganz hieb- und stichfest ist dieses Ergebnis allerdings nicht, da nur relativ wenige Tiere untersucht wurden.

Ein weiterer Geschlechtsunterschied besteht außerdem darin, dass der Carapax männlicher Exemplare, vor allem aus dem Osten des Verbreitungsgebietes, in Höhe der Marginalia 9–10 mehr oder weniger deutlich verbreitert ist, was bei Männchen von oben gesehen ein eher birnenförmiges Erscheinungsbild vermittelt, während die Weibchen eher oval geformt sind. Für jeweils 31 ausgewachsene Männchen und Weibchen von *Testudo hermanni* aus dem französischen Département Var ergaben sich folgende Proportionsverhältnisse: Carapaxlänge/Carapaxbreite (gemessen zwischen sechstem und siebtem Marginale) = 1,16–1,31 (durchschnittlich 1,27 ± 0,03) bei Männchen und 1,22–1,36 (durchschnittlich 1,31 ± 0,03) bei Weibchen; Carapaxlänge/maximale Panzerhöhe = 1,74–2,08 (durchschnittlich 1,90 ± 0,08) bei Männchen und 1,72–2,06 (durchschnittlich 1,92 ± 0,08) bei Weibchen.

Das Supracaudale ist bei Männchen an der Basis breiter und stärker gewölbt als bei Weibchen, es erscheint eher fünfeckig als trapezförmig. Das Plastron der Männchen ist leicht bis deutlich konkav eingedellt und im Vergleich zur Körperlänge kürzer als bei Weibchen. Der Plastronhinterlappen ist bei Männchen immer starr, bei Weibchen zumindest zur Eiablagezeit oft leicht beweglich, es ist jedoch bei beiden Geschlechtern kein Plastronscharnier vorhanden. Die Einkerbung zwischen den Analia ist bei männlichen Exemplaren breiter, das Verhältnis der Länge der Xiphiplastra zu ihrer Breite beträgt bei Männchen durchschnittlich 0,39 ± 0,04, bei Weibchen 0,59 ± 0,05. Männliche Angehörige der *Testudo-hermanni*-Artengruppe besitzen einen deutlich längeren, kräftigeren Schwanz als ihre weiblichen Artgenossen (etwa 26 %

BESCHREIBUNG 27

Abb. 28: Geschlechtsdimorphismus bei der Italienischen Landschildkröte (links Weibchen, rechts Männchen) (J. MARAN)

der Carapaxlänge im Vergleich zu ca. 14,3 %). Die Männchen tragen den Schwanz beim Laufen meist seitlich eingeschlagen; er reicht dann fast bis in die Kniekehle. Der Schwanz der Weibchen kann beim Laufen ausgestreckt getragen werden und reicht, wenn er eingeschlagen wird, nicht über den Rand des Supracaudale hinaus. Die Kloakenöffnung liegt bei Männchen näher an der Schwanzspitze; der Hornnagel an der Schwanzspitze ist deutlich stärker entwickelt (länger als die Krallen) als bei Weibchen (etwa so lang wie die Krallen).

AMIRANASHVILI (2000) stellte bei bulgarischen *Testudo boettgeri* weitere Unterschiede zwischen den Geschlechtern im Bau des Knochenpanzers fest. So sind die Peripheralia in Höhe der Brücken bei Männchen im Verhältnis schmaler und höher als bei Weibchen, die Naht zwischen den Hyo- und Hypoplastra ist bei Männchen um das drei- bis dreieinhalbfache länger als die Mittelnaht zwischen den Hypoplastra (bei den Weibchen um das 2,5– bis 2,8–fache. Bei männlichen Exemplaren kreuzt die Naht zwischen Humeralia und Pectoralia das Entoplastron, bei Weibchen folgt sie in der Regel in ihrem mittleren Abschnitt überwiegend der Naht zwischen Hyo- und Entoplastra. Bei Männchen sind die ersten und dritten Neuralia in aller Regel viereckig, das zweite achteckig und die fünf hintersten sechseckig geformt; bei Weibchen ist dies seltener der Fall, dort sind meistens die ersten, dritten und fünften Neuralia viereckig, die zweiten und vierten achteckig und die drei hintersten sechseckig. Die Zacken der Naht zwischen den Hypo- und Xiphiplastra sind bei Weibchen breiter als bei Männchen.

Erkennbar sind die oben aufgeführten äußeren Geschlechtsunterschiede in der Regel ab einer Carapaxlänge von etwa 10 cm, was einem Alter von ungefähr 4–7 Jahren entspricht. Mit einiger Erfahrung und entsprechend vielen Vergleichsexemplaren ist eine erste Prognose bezüglich der Geschlechtszugehörigkeit eines Tieres anhand der geschlechtsspezifischen Ausprägung des Hornnagels an der Schwanzspitze oftmals aber schon nach etwa einem Jahr möglich. In welchem Alter die Geschlechtsreife aber tatsächlich eintritt, ist noch nicht hinreichend bekannt. Von vielen Autoren wird als Maß für die Geschlechtsreife die Carapaxlänge und nicht etwa die Funktionsfähigkeit der Keimdrüsen verwendet. Nur aus Rumänien wurde eine Untersuchung bekannt, die sich auf die Größe der Hoden bezieht; ihr zufolge werden manche Männchen in diesem Land bereits im Alter von sieben Jahren geschlechtsreif, was dort einer Carapaxlänge von etwa 13 cm entspricht. Die meisten rumänischen Tiere sind allerdings erst im Alter von 8–9 Jahren fortpflanzungsfähig. Die von HERZ (2002) in Dalmatien (Kroatien) bei der Paarung beobachteten Männchen von *Testudo hercegovinensis* waren nicht größer als 10 cm. Auch in Griechenland ist bei manchen Populationen bereits ab 10 cm Carapaxlänge Paarungsverhalten zu beobachten, meist aber erst ab 11–15 cm. Bei 17 Vorkommen in diesem Land wurde festgestellt, dass das Alter bei Eintritt der Geschlechtsreife eng mit der Größe erwachsener Exemplare zusammenhängt, d. h. Angehörige kleinwüchsiger Populationen werden z. T. deutlich früher geschlechtsreif als großwüchsige Artgenossen. So werden z. B. Männchen aus einer kleinwüchsigen Population bei Kalamáta im Süden der Peloponnes bereits im Alter von durchschnittlich 6,4 Jahren geschlechtsreif, während ihre Geschlechtsgenossen aus einem großwüchsigen Vorkommen in der Umgebung von Deskáti im Zentrum des Landes dazu im Durchschnitt 14 Jahre benötigen; landesweit liegt der Durchschnitt in Griechenland bei 10,3 Jahren. Bei den insgesamt kleinwüchsigen französischen Schildkröten ist Paarungsverhalten dagegen erst ab einer Carapaxlänge von 12–13 cm zu beobachten, was einem Alter von ca. 10–12 Jahren entspricht; CASTANET & CHEYLAN (1979) gehen bei französischen Tieren sogar von einem Alter von zwölf (Männchen) bzw. 14 Jahren (Weibchen) bei Eintritt der Geschlechtsreife aus. Auch auf Korsika sind die Männchen etwa ab einer Carapaxlänge von 12–13 cm geschlechtsreif, doch sind die Tiere zu diesem Zeitpunkt offenbar erst 7–8 Jahre alt. Die im spanischen Ebro-Delta angesiedelten Schildkröten werden im Alter von 6–8 (Männchen) bzw. 8–10 Jahren (Weibchen) geschlechtsreif.

Weibchen werden deutlich später geschlechtsreif als ihre männlichen Artgenossen; in Griechenland und im westlichen Teil des Verbreitungsgebietes sind sie bei Erreichen der Geschlechtsreife etwa 2 cm länger als die Männchen. In Griechenland und auch in Rumänien wurden Röntgenuntersuchungen und Untersuchungen der Fortpflanzungsorgane weiblicher Exemplare durchgeführt. In Rumänien enthielten Weibchen ab einer Carapaxlänge von 15 cm Eier, das kleinste Weibchen mit Eiern in der Umgebung von Alíki etwa 50 km südwestlich von Thessaloníki im Nordosten Griechenlands war 14,2 cm lang; letzteres stellt allerdings wohl eher eine Ausnahme dar, da alle anderen dort geröntgten Weibchen mit einer Carapaxlänge von 14–15 cm nicht trächtig waren und die typische Größe geschlechtsreifer Weibchen hier offenbar wie in Rumänien mindestens 15 cm beträgt, was einem Alter von ca. elf Jahren entspricht. Wie bei den männlichen Tieren so hängt auch bei den Weibchen in Griechenland das Alter bei Eintritt der Geschlechtsreife mit der Größe erwachsener Tiere in der jeweiligen Population zusammen; ebenfalls wie bei den Männchen wurden die Mindest- und Maximalwerte wieder bei den Landschildkröten aus Kalamáta (durchschnittlich 7,2 Jahre) und Deskáti (durchschnittlich 16,6 Jahre) ermittelt, der Mittelwert liegt landesweit bei zwölf Jahren. In Südfrankreich war das kleinste Weibchen, das in der Natur bei der Eiablage beobachtet wurde, 14,5 cm lang, was vermutlich einem Alter von etwa 12–14 Jahren entspricht; in einer Freilandanlage aufgezogene Weibchen setzten dagegen bereits im Alter von zehn Jahren befruchtete Gelege ab. Auf Korsika beträgt die Carapaxlänge eierlegender Weibchen mindestens 15 cm, was einem Alter von etwa 8–9 Jahren entspricht. Zwei Weibchen von *Testudo hercegovinensis* im Besitz von HERZ (2005) setzten mit einer Carapaxlänge von 14 bzw. 14,5 cm und einem Gewicht von 660 bzw. 710 g erstmals Gelege ab.

Hörvermögen

Über die Bedeutung des Hörsinns bei Schildkröten ist bisher nur wenig bekannt. Was *Testudo boettgeri* betrifft, so existiert jedoch eine interessante Beobachtung von CHRISTIANSEN (1973) an mehreren Exemplaren dieser Art in einem Freilandterrarium. Den Tieren wurde ein Bündel frischen Löwenzahns gebracht, allerdings zu einem Zeitpunkt, als nur eine Schildkröte bereits aktiv war. Als dieses Exemplar jedoch damit begann, die knackigen Blätter zu fressen, kamen die anderen Tiere schnell aus dem Versteck. Da sie weder ihren fressenden Artgenossen noch den Löwenzahn gesehen haben konnten, wurden sie möglicherweise durch die Fressgeräusche angelockt.

Griechische Landschildkröte
Morphologie und Färbung

Carapax

Der Carapax ist von oben gesehen bei Weibchen oval, bei Männchen dagegen in etwa trapezförmig und in Höhe der Marginalia 9–10 deutlich verbreitert. Der höchste Punkt des Panzers ist mehr nach hinten verschoben. Die Unterseite der siebten Marginalia ist meist nach hinten gebogen und berührt die Inguinalia. Die Teilung des Supracaudale ist sehr variabel, z. B. bei Tieren vom Ohridsee, vom Prespasee, von der griechischen Insel Korfu und aus dem Nordosten Griechenlands in mehr als 50 % der Fälle ungeteilt, bei Exemplaren aus dem ehemaligen Jugoslawien (83,3 %), aus Bulgarien (82 %) und dem größten Teil Griechenlands (72,2 %) dagegen überwiegend geteilt. Die Panzergrundfarbe ist Stroh- oder Schmutziggelb bis Gelblichgrün, Olivgrün oder Hellbraun; die dunklen Färbungselemente des Carapax weisen eher unregelmäßige Umrisse auf, bedecken meist weniger als 50 % der Panzeroberfläche und sind auch oft nicht besonders kontrastreich von der Grundfarbe abgesetzt, sondern gehen eher allmählich, über braune oder graue Schattierungen, in sie über. Manche Exemplare sind einfarbig hell oder fast völlig dunkel. Das fünfte Vertebrale zeigt kein Schlüssellochmuster.

Plastron

Die knöchernen Hüftstreben des Plastrons sind nicht gegabelt. Das Verhältnis der Länge der Naht zwischen den Femoralia zur Länge der Naht zwischen den Pectoralia beträgt bei Männchen gewöhnlich 0,83–1,17, bei Weibchen meist 0,68–0,72. Das Verhältnis der Länge der Naht zwischen den Humeralia zur Länge der Naht zwischen den Femoralia beträgt bei Männchen 2,2–2,6, bei Weibchen 2,22–2,60. PERÄLÄ (2002b) bezweifelt allerdings generell den Nutzen der Längenverhältnisse der Abschnitte zwischen den einzelnen Plastronschilden bei der Unterscheidung der Arten des *Testudo-hermanni*-Komplexes, wobei die Verlässlichkeit dieses Merkmals bei Weibchen noch größer sei als bei Männchen; zwar sei dieses Merkmal innerhalb einer bestimmten Population jeweils konstant, aber eben nicht innerhalb der drei derzeit anerkannten Arten. Die Naht zwischen Humeralia und Pectoralia verläuft in der Regel annähernd gerade, V-förmig nach außen gewölbt oder wellenförmig, nur bei etwa 20 % der Tiere V-förmig nach innen gewölbt. Inguinalia sind meist vorhanden. Die Grundfärbung des Plastrons entspricht der des Carapax; das Plastron zeigt in der Regel zwei Längsreihen dunkler Flecken, von denen wenigstens jene auf den Gularia und Analia isoliert stehen. Die Plastronzeichnung ist jedoch sehr variabel und reicht von einem praktisch fehlenden Schwarzanteil (z. B. in Bulgarien) bis zur fast völligen Schwarzfärbung (vor allem auf der Peloponnes). Besonders in Griechenland ist bei der Plastronfärbung eine schrittweise Veränderung zu beobachten, indem von Nord nach Süd der Dunkelanteil merklich zunimmt; Exemplare von der Peloponnes besitzen wie erwähnt ein fast völlig schwarzes Plastron. Früher wurde angenommen, dass dies auf einen temperaturbedingten Selektionsdruck zurückgehen könnte, da evtl. ein Zusammenhang zwischen der Wärmeabstrahlung des Schildkrötenkörpers und der Ausdehnung der dunklen Plastronfärbung bestehe. Diese Theorie besagte, dass heller gefärbte Schildkröten aus dem kühleren Norden weniger Wärme abstrahlen als ihre dunkleren Artgenossen aus dem heißeren Süden. Diese These wurde allerdings durch die Untersuchung von NUSSEAR et al. (2000) widerlegt, die zeigten, dass die Plastronfärbung keine Auswirkung auf die Thermoregulierung der Schildkröten hat. Als Grund für die Färbungsunterschiede bleiben nur genetische Ursachen übrig, was auch erklärt, warum zwar Tiere aus dem Norden ein helleres Plastron besitzen, nicht aber Exemplare aus den ebenfalls kühleren Gebirgslagen im Süden des Verbreitungsgebietes.

Abb. 29: Weibchen der Griechischen Landschildkröte aus Marathea, Peloponnes (Griechenland) (A. NÖLLERT)

Kopf und Gliedmaßen

Der Kopf der Griechischen Landschildkröte ist eher stämmig und rundlich; meist ist kein gelber Fleck unter dem Auge vorhanden. BOUR (2004a) stellte fest, dass sich die Angehörigen der Testudo-hermanni-Artengruppe auch in der Beschuppung der Vorderseite der Unterarme unterscheiden. Bei montenegrinischen Exemplaren ist der Abschnitt um das Handgelenk in etwa dreieckig und mit mindestens sechs (Außenseite) bis zwölf (Innenseite) unregelmäßigen Reihen aus 12–15 sehr kleinen Schuppen bedeckt, darüber schließen sich ähnlich kleine Schuppen an, die z. T. hervorstehen können, und schließlich folgen die kleinen Schuppen des Oberarms. Entlang des Ellbogens liegen unregelmäßig geformte mittelgroße bis große Schuppen; entlang der Elle selbst liegt eine Reihe aus großen Schuppen, von denen aber keine das Handgelenk erreicht. Exemplare aus dem Süden der Peloponnes ähneln in der Beschuppung der Vorderseite der Unterarme eher französischen Testudo hermanni (s. u.). Der Abschnitt um das Handgelenk ist mit 5–6 Reihen aus 10–12 Schuppen bedeckt, der Bereich über dem Handgelenk ist relativ klein und mehr oder weniger rechteckig sowie mit leicht hervorstehenden Schuppen bedeckt.

Interessanterweise berichtete HIGHFIELD (1988b), dass alle von ihm untersuchten bulgarischen »Riesenexemplare« nur jeweils vier Krallen an den Vorderbeinen besaßen.

Variabilität

Die bereits erwähnte ausgeprägte geographische Variabilität innerhalb der östlichen Populationsgruppe ist bei der Körpergröße am offensichtlichsten, doch sind auch die Unterschiede in der Färbung z. T. sehr auffallend. Während z. B. manche griechischen Populationen eine sehr helle Färbung fast ohne Schwarzanteil aufweisen, sind in anderen Teilen des Landes beinahe völlig schwarze Tiere verbreitet. In Albanien soll etwa jede eintausendste Testudo boettgeri fast ganz schwarz gefärbt sein und nur wenige gelbe Flecken aufweisen. Diese gravierenden Unterschiede könnten allerdings zumindest teilweise auch auf altersbedingt »erhellte« bzw. »verdunkelte« Exemplare zurückzuführen sein. Manche Färbungsunterschiede sind jedoch eindeutig spezifisch für bestimmte Vorkommen. Einige Populationen der Peloponnes z. B. sind relativ dunkel gefärbt und zudem auffallend kleinwüchsig. Vor allem im Süden der Halbinsel erinnern die Tiere äußerlich an die westliche Populationsgruppe; so ähnelt z. B. eine südlich von Kalamáta lebende Population in der Plastronansicht sehr den westlichen Artgenossen. SOFSKY (1982) fand in der Umgebung von Édessa im Norden Griechenlands fast nur Tiere mit sehr dunklem, beinahe schwarzem Carapax und einer gelben Fleckenzeichnung beiderseits des Kopfes hinter dem Auge. ARTNER & ARTNER (1997) beschrieben eine kleinwüchsige Population (bis zu etwa 15,5 cm Carapaxlänge) aus küstennahen Trockengebieten im Nordosten Griechenlands, deren Angehörige eine ausgesprochen helle Grundfarbe aufweisen und z. T. sogar einen einfarbig gelben Panzer besitzen. Die auf der griechischen Insel Korfu lebenden Landschildkröten werden in der Regel zur östlichen Populationsgruppe gerechnet, doch kommen STUGREN & KAVVADIAS (1989) nach ihrer Studie aufgrund des hoch gewölbten Carapax, der kontrastreichen, gelbschwarzen Panzerzeichnung, der hellgelben Weichteilfärbung und des überwiegend schwarzen Plastrons dieser Tiere zu dem Schluss, dass die Korfu-Population evtl. eine Mischform zwischen östlicher und westlicher Populationsgruppe darstellt; interessanterweise sind bei diesen Schildkröten außerdem manchmal die für Testudo hermanni aus dem Westen des Verbreitungsgebietes typischen Längsbänder auf dem Plastron sowie der unter dem Auge liegende gelbe Fleck zu beobachten.

Größe und Gewicht

Was die Körpergröße betrifft, so weist diese Art eine enorme Variabilität auf. Alleine in Griechenland unterschieden z. B. WILLEMSEN & HAILEY (1999a) mindestens fünf verschiedene »Größentypen«, deren jeweiliges Verbreitungsgebiet relativ klein ist. Neben sehr kleinen und mittelgroßen Tieren sind auch ausgesprochen großwüchsige Exemplare bekannt. Mittelgroße Tiere wurden von Korfu (Männchen maximal 15 cm Carapaxlänge, Weibchen 19 cm), aus Mazedonien (Männchen maximal 19,6 cm, Weibchen 21,4 cm), von der griechischen Westküste (Männchen maximal 17,8 cm, Weibchen 20,6 cm), aus dem mittleren und nordöstlichen Griechenland (Männchen maximal 18,9–20,7 cm, Weibchen 21,1–21,7 cm) und von der Peloponnes (Männchen maximal 17,1–19,0 cm, Weibchen 18,0–19,5 cm) bekannt. Im Süden der Peloponnes werden männliche Exemplare im Durchschnitt 12,5 cm lang, Weibchen 14,7 cm. Von der Halbinsel wurde allerdings auch eine Population beschrieben, deren Endgröße für Männchen bei nur 10,5 und für Weibchen um 12 cm liegt. Populationen mit großen Exemplaren stammen aus dem Norden und Nordosten Griechenlands (Männchen maximal 21,2–23,8 cm, Weibchen 24,8–25,8 cm), aus Albanien (größtes Exemplar 26,4 cm, Geschlecht unbekannt), Bulgarien (Männchen maximal 31,4 cm, Weibchen 35,7 cm; größte bisher bekannte Exemplare der Art) und Rumänien (Männchen maximal 24,2 cm, Weibchen 23,3 cm).

Die durchschnittliche Carapaxlänge liegt in Griechenland bei etwa 15,2 ± 1,08 cm für Männchen und 17,0 ± 1,26 cm für Weibchen. Während erwachsene weibliche Exemplare in der Regel zwischen 1,5 und 3,0 kg

Abb. 30: Dieses Weibchen von *Testudo boettgeri* zeigt die auf Korfu typische gelbe Grundfärbung (J. BRUEKERS)

Abb. 31: Manche Populationen der Griechischen Landschildkröte fallen durch ihre abweichende Färbung auf, wie etwa dieses gelbliche, kleinwüchsige Tier aus dem Nordosten Griechenlands (H. ARTNER)

wiegen, erreichen Männchen meist ein Gewicht von nicht mehr als 1,5 kg (meist 0,8– 1,2 kg); das größte bisher bekannte Männchen (31,4 cm Carapaxlänge), das 1915 von dem Lehrer VASIL GEORGIEV nördlich der bulgarischen Stadt Kotel in einem Kalksteingebiet namens Urushkite Steni in 1.050 m Höhe gefangen wurde und sich heute ausgestopft unter der Nummer III–49/15 im Naturhistorischen Museum in Sofia befindet, wog zu Lebzeiten allerdings 6,5 kg. Von dem größten bisher bekannten Weibchen (35,7 cm Carapaxlänge), das BESHKOV (1997) am 05.07.1973 ebenfalls in Bulgarien in der Malashevska-Ebene gefangen hatte, liegen leider keine Gewichtsangaben vor. Möglicherweise erreicht *Testudo boettgeri* in Bulgarien sogar eine Carapaxlänge von 37 cm. Das

BESCHREIBUNG 33

fragliche Tier wurde von SHKORPIL (1897) in der Nähe des Dorfes Goljam Dervent im Südwesten der Region Burgas nahe der türkischen Grenze beobachtet, und von diesem Autor als »*Testudo graeca*« (heute *Testudo ibera*) bezeichnet, da er wie die meisten damaligen Autoren davon ausging, dass nur eine Landschildkrötenart in Bulgarien vorkommt. BURESH & TSONKOV (1933a) rechneten das Tier dagegen zu *Testudo boettgeri*. Da leider weder eine Zeichnung noch eine genauere Beschreibung dieser Schildkröte vorliegt und sowohl *Testudo boettgeri* als auch *Testudo ibera* in der Umgebung von Goljam Dervent vorkommen, wird sich die Artzugehörigkeit des Exemplares wohl nie klären lassen, weshalb es auch nicht als Inhaber des Größenrekords für die *Testudo-hermanni*-Artengruppe gelten kann.

Geschlechtsunterschiede

Zusätzlich zu den bereits oben genannten Geschlechtsunterschieden ermittelten WILLEMSEN und HAILEY (1999b) für griechische Exemplare einen geschlechtsspezifischen Unterschied bei der Plastronfärbung: Männchen besitzen eine im Verhältnis deutlich größere schwarze Plastronfärbung, die schwarzen Flecken sind 1,3 mal größer als bei weiblichen Tieren.

Dalmatinische Landschildkröte
Morphologie und Färbung

Carapax

Der Carapax ist von oben gesehen bei Weibchen oval, bei Männchen eher trapezförmig und in Höhe der Marginalia 9–10 deutlich verbreitert. Der höchste Punkt des Panzers ist mehr nach hinten verschoben. Die Unterseite der siebten Marginalia ist meist nicht nach hinten gebogen. Das Supracaudale ist in den meisten Fällen (82–92 %) geteilt, Die Panzergrundfarbe ist stroh- oder schmutziggelb bis bräunlichgelb, gelblichgrün, gelbolivfarben oder olivgrün, wobei auch bei dieser Art generell Exemplare aus dem

Abb. 32: Sehr hell gefärbtes Exemplar von *Testudo boettgeri* aus Griechenland (H. BRINGSØE)

Norden des Verbreitungsgebietes dunkler gefärbt zu sein scheinen als ihre weiter südlich vorkommenden Artgenossen. Die dunklen Färbungselemente des Carapax bedecken meist weniger als 50 % der Panzeroberfläche. Die Carapaxzeichnung junger Exemplare ist noch kräftig und klar abgegrenzt, die Wachstumsringe sind deutlich erkennbar. Diese Färbung verwischt jedoch mit zunehmendem Alter, was häufig bereits nach Eintritt der Geschlechtsreife beginnt; ältere Exemplare wirken dann recht farblos und besitzen eine eher graue Grundfärbung. Das fünfte Vertebrale zeigt häufig eine schwarz eingefasste, gelbe Figur in Form eines Schlüssellochs, so z. B. bei den 33 von WEGEHAUPT (2005) in Kroatien untersuchten Tieren in 65 % der Fälle.

Plastron

Die knöchernen Hüftstreben des Plastrons sind meist stark gegabelt. Inguinalia sind in der Regel nicht vorhanden, deren Platz wird meist von den seitlich verbreiterten Abdominalia eingenommen. WEGEHAUPT (2005) fand bei 61 % der 33 von ihm in Kroatien untersuchten Exemplare keine Inguinalia, bei 14 % waren Inguinalia einseitig, bei 25 % sogar beidseitig vorhanden. Das Verhältnis der Länge der Naht zwischen den Femoralia zur Länge der Naht zwischen den Pectoralia ist zu variabel, um als Unterscheidungsmerkmal herangezogen werden zu können, es tendiert jedoch eher zur Ausgeglichenheit. Die Naht zwischen Humeralia und Pectoralia weist eine nach innen gewölbte V-Form auf. Die Grundfarbe des Plastrons entspricht der

Abb. 33: Männchen von *Testudo hercegovinensis* aus Kroatien (W. WEGEHAUPT)

Abb. 34: *Testudo hercegovinensis* (links) unterscheidet sich von *Testudo boettgeri* (rechts) u. a. durch die meist fehlenden Inguinalia (J. MARAN)

Abb. 35: Jungtier von *Testudo hercegovinensis* aus Kroatien (J. MARAN)

des Carapax. Das Plastron weist zwei Längsreihen dunkler Flecken auf, von denen wenigstens jene auf den Humeralia und Analia isoliert stehen. Die Gularia sind fast immer, die Analia häufig fleckenfrei oder nur einseitig gefleckt.

Kopf und Gliedmaßen
Der Kopf der Art ist eher stämmig und rundlich; häufig ist ein gelber Fleck unter dem Auge vorhanden. Die von WEGEHAUPT (2005) an der kroatischen Adriaküste untersuchten Tiere wiesen ausnahmslos einen gelblich olivfarbenen Hinterkopf auf.

BOUR (2004a) standen für seine Untersuchung der Beschuppung der Vorderseite der Unterarme der Arten der *Testudo-hermanni*-Artengruppe keine Exemplare von *Testudo hercegovinensis* zur Verfügung.

Größe und Gewicht
Testudo hercegovinensis ist eine kleine bis mittelgroße Art. Bisher wurden Messergebnisse aus Montenegro (Männchen maximal 14–17 Carapaxlänge, Weibchen 17–19 cm) und Kroatien (Männchen maximal 14,5 cm, Weibchen 16,4 cm) sowie aus dem italienischen Naturreservat *Bosco della Mesola* (s. u.) (Männchen maximal 16,2 cm, Weibchen 18,4 cm) bekannt. Die durchschnittliche Carapaxlänge beträgt bei Männchen 12,6–13,5 cm, bei Weibchen 14,0–14,7 cm. Eines der weiblichen Präparate im Wiener Naturhistorischen Museum (Nummer 19368) ist allerdings länger als 20 cm, und EGER (2005) beschreibt ein Weibchen aus seinem Besitz, das eine Rückenpanzerlänge von 21,5 cm aufwies. Während weibliche Exemplare ein Gewicht von etwa 500–1.820 g erreichen können, werden männliche Tiere nicht schwerer als ungefähr 350–935 g.

Italienische Landschildkröte
Morphologie und Färbung

Carapax
Der Carapax ist bei beiden Geschlechtern von oben gesehen eher oval (bei Männchen manchmal aber deutlich trapezförmig) und in Höhe der Marginalia 9–10 nur schwach verbreitert. Der höchste Punkt des Panzers ist mehr zur Mitte hin verschoben. Die Unterseite der siebten Marginalia ist meist nach hinten gebogen und berührt die Inguinalia. Das Supracaudale ist bei französischen Exemplaren offenbar immer, bei sardischen Tieren fast immer (87,0–99,3 %) geteilt. Die Panzergrundfarbe ist leuchtend zitronen- oder goldgelb bis gelblich-ocker oder orange; die dunklen Färbungselemente des Carapax sind zu einem fast symmetrischen, kontrastreich abgesetzten Muster angeordnet, das oft mehr als 50 % der Fläche einnimmt. Das fünfte Vertebrale zeigt eine schwarz eingefasste Figur, die an ein Schlüsselloch erinnert. Panzergrundfarbe und Zeichnungsmuster sind bei Tieren aus Spanien und vom französischen Festland relativ konstant, bei Exemplaren von Korsika und Sardinien sowie vom italienischen Festland dagegen variabler.

Plastron
Die knöchernen Hüftstreben des Plastrons sind nicht gegabelt. Das Verhältnis der Länge der Naht zwischen den Femoralia zur Länge der Naht zwischen den Pectoralia beträgt bei Männchen meist 1,57–2,00, bei Weibchen in der Regel 0,92–1,55, das Verhältnis der Länge der Naht zwischen den Humeralia zur Länge der Naht zwischen den Femoralia beträgt bei Männchen 1,23–1,93, bei Weibchen 1,36–1,93. Die Naht zwischen Humeralia und Pectoralia verläuft V-förmig nach innen gewölbt. Inguinalia sind meist vorhanden. Die Grundfarbe des Plastrons entspricht der des Carapax; die dunklen Flecken des Plastrons sind längs

dessen Mitte zu zwei fortlaufenden Bändern vereinigt. Die Gularia zeigen keine dunkle Zeichnung.

Kopf und Gliedmaßen
Der Kopf der Italienischen Landschildkröte ist eher langgestreckt und weist gleichmäßige Konturen auf; unter jedem Auge liegt im Bereich des Massetericums meist ein scharf abgegrenzter, leuchtend gelber Fleck, der mit zunehmendem Alter verblasst.

Abb. 36: Weibchen von *Testudo hermanni* aus Ajaccio, Korsika (Frankreich) (J. MARAN)

Bei *Testudo hermanni* wird die Falte im Bereich des Handgelenks der Unterarme nur von 2–3 Reihen sehr kleiner, abgeflachter Schuppen (insgesamt etwa zehn) begrenzt. Entlang der vergrößerten Schuppenreihe auf dem Ellbogen liegen etwa 20 Schuppen, ebenso im Bereich über dem Handgelenk; die Schuppen entlang des Ellbogens sind deutlich größer als jene über dem Handgelenk, häufig ist die von den »Ellbogenschuppen« bedeckte Fläche auch deutlich größer, sodass die Vorderseite der Unterarme dann

Abb. 37: Bei diesem Weibchen von *Testudo hermanni* von Sardinien (Italien) ist der arttypische gelbe Wangenfleck deutlich zu erkennen (J. MARAN)

Abb. 38: Kopfbeschuppung einer weiblichen *Testudo hermanni* aus der Toskana (F. WÜTHRICH)

überwiegend mit großen, mehreckigen Schuppen bedeckt ist. Was die Größe der von den »Ellbogenschuppen« bedeckten Fläche betrifft, so konnte BOUR (2004a) keinen Zusammenhang mit der geographischen Herkunft oder der Geschlechtszugehörigkeit der untersuchten Tiere feststellen.

Variabilität

Diskutiert wurde verschiedentlich die Artzugehörigkeit der korsischen und sardischen Populationen, deren Angehörige wesentlich größer werden als etwa südfranzösische und spanische Tiere. Wie auch hier werden sie derzeit von den meisten Autoren *Testudo hermanni* zugerechnet, doch halten manche Fachleute die Landschildkröten dieser Inseln aufgrund ihrer morphologisch im Vergleich zu den südfranzösischen und spanischen Vorkommen starken Variabilität für eine »Mischform« aus *Testudo hermanni* und Balkantieren, die mit ihrem bei Männchen etwas trapezförmigen Panzer eher an die östliche Populationsgruppe, bezüglich der Längenverhältnisse der Plastronnähte mehr an die Populationen des französischen Festlandes und Spaniens erinnert (allerdings nehmen auch diesbezüglich

die männlichen Tiere eher eine vermittelnde Stellung ein). Die Färbung der korsischen und sardischen Exemplare entspricht auf dem Plastron und den Weichteilen ebenfalls mehr dem »Typus« von *Testudo hermanni* (wenn auch z. B. korsische Exemplare eine stärker fragmentierte Bänderzeichnung auf dem Plastron aufweisen als für *Testudo hermanni* üblich), fällt auf dem für die westliche Populationsgruppe relativ wuchtigen und flachen Carapax allerdings durch ihre weniger intensive Gelbtönung und die z. T. kleineren und weniger kontrastreich abgesetzten dunklen Zeichnungselemente auf, was erneut manchmal an die Tiere aus dem Osten des Verbreitungsgebietes erinnert. Die für *Testudo hermanni* typische Schlüssellochzeichnung auf dem 5. Vertebrale ist zumindest bei sardischen Tieren ebenfalls nicht immer eindeutig ausgebildet. Sardische Exemplare wirken außerdem durch die eher ausgefransten dunklen Zeichnungselemente des Carapax, die zudem noch mit gelben Einschnitten, Einschlüssen und kleineren Punkten versehen sind, insgesamt heller als ihre Artgenossen aus anderen Teilen des Verbreitungsgebietes, gelegentlich kommen aber auch ausgesprochen dunkle Exemplare vor. Sardische Exemplare sind auch in manchen anderen Merkmalen recht konstant, wie hinsichtlich der durchgehend relativ hellen, gelben Weichteil-

Abb. 39: Männchen von *Testudo hermanni* aus dem Albera-Gebirge in Katalonien (Spanien) (J. MARAN)

Abb. 40: Weibliche Italienische Landschildkröte aus der Toskana (Italien) (F. WÜTHRICH)

färbung, der Zahl der Krallen an den Vorderbeinen (meist vier) oder der Gelbfärbung der Krallen. Zusammenfassend kann man sagen, dass sich die Vorkommen auf Korsika und Sardinien zwar von den Populationen Südfrankreichs und Spaniens unterscheiden, insgesamt aber eher dem »westlichen« Grundmuster entsprechen. Die Zurechnung zu Testudo hermanni erscheint daher zumindest vorläufig gerechtfertigt, evtl. werden weitere Untersuchungen aber auch zu dem Ergebnis kommen, dass die Landschildkröten der beiden Inseln besser als Angehörige mindestens einer weiteren eigenständigen Form angesehen werden sollten.

Nicht endgültig geklärt ist auch die Situation auf Sizilien und dem südlichen italienischen Festland. WERMUTH (1952) äußerte die Vermutung, die Populationen seien eher Testudo boettgeri zuzurechnen, doch berichtete er selbst zwei Jahre später von einem Tier aus Kalabrien, das er eindeutig als Testudo hermanni zugehörig einstufte. STEMMLER (1968a) nahm an, dass die wenigen von ihm untersuchten Landschildkröten von der italienischen Westküste den Artgenossen von Korsika und Sardinien sehr nahe stehen und ebenso wie diese als Übergangsform zwischen Testudo hermanni und den Balkantieren gelten müssen. Eine weitere Variante war lange Zeit, die Populationen von Sizilien und aus Süditalien zur östlichen Populationsgruppe, die übrigen italienischen Vorkommen aber zu Testudo hermanni zu stellen. Von 137 von BRUNO (1986) untersuchten Exemplaren aus ganz Italien zeigten 32 % intermediäre Merkmale zwischen westlichen und östlichen Tieren, die meisten ähnelten aber entweder Testudo hermanni oder gehörten eindeutig zu ihr. Vor allem in den Regionen Apulien, Abruzzen und Marken sollen die Schildkröten dagegen eher dem Zeichnungsmuster östlicher Tiere am nächsten kommen. Nach diesen Untersuchungsergebnissen könnte in Italien also tatsächlich eine Mischzone zwischen beiden Populationsgruppen existieren. Andere Autoren stellten jedoch fest, dass italienische Exemplare aus verschiedenen Regionen (Apulien, Toskana, Latium, Molise) der westlichen Form entsprechen, abgesehen von den z. T. nachweislich künstlich angesiedelten Vorkommen von (wahrscheinlich) Testudo hercegovinensis in Emília-Romagna, Venetien und Friaul-Julisch-Venetien. BRUNO (1986) äußerte die Auffassung, die äußerlich teilweise an Exemplare aus dem Osten des Verbreitungsgebietes erinnernden italienischen Tiere resultierten aus einer Vermischung einheimischer Landschildkröten mit eingeschleppten Artgenossen vom Balkan. In einem Fall wurden z. B. in der Nähe von Bari in Apulien bei einer Straßenkontrolle im Kofferraum eines albanischen Wagens mehrere Exemplare osteuropäischer Vertreter der Artengruppe entdeckt. Da der Beamte, der die Kontrolle durchführte, nicht recht wusste, was er mit den Tieren tun sollte, ließ er sie in einem nahegelegenen Wald frei, von dem er wusste, dass dort zumindest in vergangener Zeit Landschildkröten lebten. Dass die dort existierenden Populationen wohl *Testudo hermanni* angehörten, interessierte den Polizisten weniger. Zusammenfassend kann man sagen, dass auf dem italienischen Festland der Einfluss der östlichen Populationsgruppe nur gering und, wenn überhaupt, nur im Nordosten von Bedeutung ist; der Haupteinschnitt zwischen westlicher und östlicher Populationsgruppe liegt sicherlich in der Poebene.

Was die sizilianischen Populationen betrifft, so konnte BRUNO (1986) 14 von 34 von dieser Insel stammenden Exemplaren anhand äußerlicher Merkmale nicht eindeutig *Testudo hermanni* zuordnen. Ein von STEMMLER (1968a) beschriebenes sizilianisches Tier besaß eine relativ blasse Grundfärbung, die an die Verhältnisse bei Balkantieren erinnerte, zeigte gleichzeitig aber auf dem Plastron durchgehende schwarze Bänder und weitere Merkmale, die für eine Zugehörigkeit zur westlichen Populationsgruppe sprachen. BALLASINA (1995a) bildet Landschildkröten von Sizilien ab, die kaum von italienischen, sardischen oder korsischen Tieren zu unterscheiden sind, im Vergleich zu südfranzösischen Artgenossen aber eine reduzierte, wenn auch immer noch ausgedehnte schwarze Zeichnung aufweisen; die Grundfarbe des Panzers erinnert an korsische und sardische Exemplare, das Plastron trägt die für die westliche Populationsgruppe typischen schwarzen Längsbänder. Wenig bekannt ist über die auf dem toskanischen Archipel und den Inseln Lampedusa, Linosa und Pantelleria lebenden Tiere, die allerdings derzeit generell zu *Testudo hermanni* gestellt werden.

Die im Nordosten Spaniens verbreiteten Schildkröten zeichnen sich durch einen größeren Schwarzanteil auf dem Carapax aus, als ihn etwa südfranzösische Exemplare oder auch Artgenossen von den Balearen besitzen; die Grundfärbung des Carapax ist überwiegend gelblich-ockerfarben, während südfranzösische Exemplare stärker orangefarben sind. Balearentiere weisen im Vergleich zu den Artgenossen vom spanischen Festland einen etwas »sattelrückigen« (d. h. im vorderen Bereich aufgewölbten), eher matt gelblichgrün gefärbten Carapax auf.

Größe und Gewicht

Testudo hermanni ist eine kleinwüchsige bis mittelgroße Art und erreicht eine Carapaxlänge von bis zu 25 (Weibchen) bzw. 19,6 cm (Männchen). Erwachsene Weibchen von *Testudo hermanni* erreichen in der Regel ein Gewicht von maximal etwa 1,5 kg. Mittelgroße Tiere wurden von den Inseln Korsika (Männchen maximal 18,0 cm [durchschnittlich 14,9 ± 0,87 cm], Weibchen 24,5 cm [durchschnittlich 17,9 ± 1,0 cm]) und Sardinien (Männchen maximal 19,6 cm [in der Regel 13–16 cm, Gewicht meist 400–700 g], Weibchen 20 cm [meist 15–19 cm, Gewicht gewöhnlich 580–1.200 g]) bekannt; was Sardinien betrifft, so stellten BASSU et al. (2003) fest, dass die Schildkröten dort deutlich kleiner und leichter bleiben als ihre Artgenossen auf der kleinen Insel Asinara vor der Nordwestküste der Hauptinsel. Die Vorkommen auf den Balearen wurden hinsichtlich der Körpergröße noch nicht eingehend untersucht, und so kommt es, dass stark widersprüchliche Angaben über die Körpergröße der Landschildkröten dieser Inseln existieren. So berichtete SCHMIDT (2000a) von einem etwa 25 cm langen Weibchen, das er in einer Gartenanlage auf Menorca fand. Nach anderen Autoren wiederum sollen Balearen-Tiere Exemplaren vom spanischen Festland (Männchen maximal 14–15 cm, Weibchen 16–18 cm) und aus Südfrankreich (Männchen maximal 16,6 cm [durchschnittlich 13,8 ± 0,59 cm], Weibchen 19,1 cm [durchschnittlich 15,9 ± 0,86 cm]; Gewicht 350–450 bzw. 550–1.000 g) ähneln, also eher kleinwüchsig sein; nach MASCORT (1997b) sollen Tiere von den Balearen sogar noch etwas kleiner bleiben als ihre Artgenossen vom spanischen Festland, und MERCHÁN & MARTÍNEZ (1999) nennen für Exemplare von Mallorca eine durchschnittliche Carapaxlänge von 11,0 cm für Weibchen und 10,6 cm für Männchen, bei einer Maximallänge von 20,0 bzw. 18,1 cm. Schwer zu beurteilen ist momentan auch die Situation in Italien. Nach BALLASINA & WILLEMSEN (1990) kommen in der Toskana relativ große Tiere vor, doch widerspricht dies den von CARBONE (1988) ermittelten Werten (Männchen maximal 15,8 cm [durchschnittlich 13 cm], Weibchen 17,3 cm [durchschnittlich 14,7 cm]). WEGEHAUPT (2003) erwähnt für eine mittelitalienische Population eine Maximalgröße von knapp 17 cm (Gewicht ca. 1.000 kg) für Weibchen und etwa 12,5 cm (Gewicht ungefähr 500 g) für Männchen. Kleinwüchsig sind die Vorkommen im Süden Italiens, in den Regionen Kalabrien und Apulien. Unklar ist bisher, wie groß sizilianische Angehörige dieser Art werden können.

Abb. 41: Paar der Italienischen Landschildkröte auf Menorca (Spanien); links ist das Weibchen zu sehen, rechts das Männchen (H.-U. SCHMIDT).

Verbreitung

Testudo-hermanni-Artengruppe
Die Angehörigen der Testudo-hermanni-Artengruppe sind neben der Breitrandschildkröte (Testudo marginata SCHOEPFF, 1793) die einzigen Schildkrötenarten, die ausschließlich auf dem europäischen Kontinent beheimatet sind. Bis zum Ende des Pliozäns (vor etwa 1,8 Millionen Jahren) war die Testudo-hermanni-Artengruppe (oder eine Vorläuferform) bis zum Süden Polens verbreitet, zog sich danach aber in die südlicheren Regionen Europas zurück, und seit etwa 10.000 Jahren ist sie auf die europäische Mittelmeerküstenregion beschränkt.

Heute findet man die Arten der Testudo-hermanni-Artengruppe im Süden Europas vom Nordosten Spaniens (Katalonien) und Süden Frankreichs im Westen über Italien, (vermutlich) Slowenien, Kroatien, Bosnien und Herzegowina, Serbien und Montenegro, Albanien, Mazedonien und Griechenland bis nach Bulgarien, Rumänien und in den europäischen Teil der Türkei im Osten. Mit zum Verbreitungsgebiet zählen zahlreiche Mittelmeerinseln, wie z. B. Mallorca, Menorca, Korsika, Sardinien und Sizilien, auf denen die Schildkröten aber z. T. vom Menschen angesiedelt wurden. Mit Ausnahme einiger Regionen auf dem Balkan liegt das Verbreitungsgebiet der Arten vollständig innerhalb des Mittelmeer-Bioklimas.

Griechische Landschildkröte
Das Verbreitungsgebiet der Griechischen Landschildkröte erstreckt sich von Montenegro, Albanien, dem Osten Serbiens und Mazedonien im Westen bis nach Bulgarien, Rumänien und in die Türkei im Osten. Nachweise für Zypern basieren auf vom Menschen eingeschleppten Exemplaren, natürliche Vorkommen existieren auf dieser Insel nicht. Die noch von PERÄLÄ (2002b) vermuteten Vorkommen der Art in Kroatien sind nach Erkenntnissen von SCHWEIGER (2005) und WEGEHAUPT (2005) offenbar Testudo hercegovinensis zuzurechnen.

Albanien: Die Art ist praktisch flächendeckend verbreitet, wahrscheinlich einschließlich der Inseln Sazan in der Bucht von Vlorë und Sverneci in der Bucht von Nartës, wobei die Nachweise von den Inseln aber noch nicht als gesichert gelten. Nach HAXHIU (1995b) existieren die größten Vorkommen im Shëngjini-Gebirge bei Lezhë, im küstennahen

VERBREITUNG

Abb. 42: Verbreitungsgebiet von *Testudo boettgeri*

Abb. 43: In Bulgarien (hier ein Habitat bei Melnik) ist *Testudo boettgeri* noch relativ weit verbreitet (A. NÖLLERT)

Abb. 44: Biotop von *Testudo boettgeri* in der Nähe des Korissión-Sees, Korfu, Griechenland (H. Kantz).

Abb. 45: In Griechenland (hier ein Lebensraum auf der Peloponnes) ist *Testudo boettgeri* die mit am Abstand häufigste Landschildkrötenart (J. Maran).

Divjaka-Schutzgebiet westlich von Lushnjë, im Taraboshi-Hügelland bei Shkodër und in der Umgebung von Libohovë im felsigen Hügelland an der Südostseite des Dropulli-Tales im Südwesten des Landes.

Bulgarien: *Testudo boettgeri* ist im gesamten Land zu finden.

Griechenland: Hier ist die Griechische Landschildkröte die am weitesten verbreitete Landschildkrötenart und in den meisten Teilen des Festlandes, einschließlich der Peloponnes, und auf mehreren kleineren und größeren Inseln (Korfu, Lefkas, Kephallenia, Provati, Zakynthos und Euböa) zu finden. Nur in extrem trockenen Teilen der Peloponnes in den Provinzen Argolís, Lakonien und auf der Maina-Halbinsel sowie in der Umgebung von Korinth ist die Art selten oder gar nicht anzutreffen; außerdem nimmt, je weiter man sich von Thessaloníki nach Osten bewegt, die Populationsdichte immer mehr ab. Mit Ausnahme von Euböa fehlt sie auf allen ägäischen Inseln. Bader & Riegler (2004) beobachteten in einem unzugänglichen militärischen Sperrgebiet in der Umgebung von Pefka auf Rhodos zwar eine Griechische Landschildkröte, doch handelte es sich mit Sicherheit um ein ausgesetztes Tier, denn auf dieser Insel existieren weitab des natürlichen Verbreitungsgebietes der Art keine wildlebenden Populationen von *Testudo boettgeri*.

Mazedonien: *Testudo boettgeri* ist hier weit verbreitet.

Rumänien: In diesem Land ist die Art von etwa 40 verschiedenen Fundorten aus der Umgebung des Eisernen Tores in den Bezirken Caras-Severin, Gorj und Mehedinti im Südwesten bekannt. Die Vorkommen hier werden durch die Ausläufer der Südkarpaten bei Bâile Herculane fast gänzlich in einen kleineren westlichen und einen größeren östlichen Abschnitt unterteilt. Ältere Berichte über

Vorkommen in der Dobrudscha und im Delta der Donau an der Schwarzmeerküste (Bezirke Constanta und Tulcea) wurden bisher in aller Regel auf eine Verwechslung mit der hier lebenden Eurasischen Landschildkröte (*Testudo ibera*) zurückgeführt, teilweise aber auch darauf, dass die Grenze zwischen Rumänien und dem Nachbarland Bulgarien früher weiter südlich verlief. IFTIME (2002) konnte jedoch von Juli 2001 bis Juli 2002 in der Dobrudscha in drei Fällen wildlebende Exemplare von *Testudo boettgeri* beobachten – ein erwachsenes Weibchen und ein adultes Männchen bei Bâneasa (15 km nördlich der bulgarischen Grenze) und ein weibliches, etwa drei- bis vierjähriges Jungtier bei Adamclisi. Dieser Autor vermutet daher, dass zumindest in diesem Teil der Dobrudscha kleine Populationen der Griechischen Landschildkröte existieren, die sich auch fortpflanzen; zum Vergleich: innerhalb von fünf Jahren fand IFTIME in der gleichen Region insgesamt etwa 50 Exemplare von *Testudo ibera*.

Serbien und Montenegro: Vom Süden der Republik Serbien und dem Kosovo aus dringt die Art über die Täler der Flüsse Vardar, Juzna Morava und Timok nordwärts bis in den Osten Serbiens an die Donau vor. Außerdem ist sie im äußersten Süden Montenegros bei Ulcinj zu finden.

Türkei: Hier ist die Art ausschließlich im europäischen Teil verbreitet. Entgegen den Angaben ATATÜRS (1995), der ein Vorkommen im Ostteil dieser Region verneinte, dringt sie ostwärts bis in die Provinz Istanbul vor.

Dalmatinische Landschildkröte

Das Verbreitungsgebiet der Dalmatinischen Landschildkröte erstreckt sich entlang der östlichen Adriaküste von (vermutlich) Slowenien, Kroatien, Bosnien und Herzegowina

Abb. 46: Griechische Landschildkröte aus Bulgarien (G. POPGEORGIEV)

VERBREITUNG

Abb. 47: Verbreitungsgebiet von *Testudo hercegovinensis* (? = fragliche natürliche Vorkommen)

und Montenegro. Das Vorkommen der Art im Nordosten Italiens und deren Herkunft ist noch nicht endgültig geklärt (s. u.). EISELT (1961) berichtete von Bemühungen, »*Testudo hermanni*« in der Umgebung von Wien sowie in der Nähe von Ferlach und Ponfeld bei Klagenfurt im österreichischen Bundesland Kärnten anzusiedeln; um welche der drei hier behandelten Arten es sich genau handelte, ist dem Artikel nicht zu entnehmen, doch kann man wohl davon ausgehen, dass man den klimatischen Gegebenheiten entsprechend auf Tiere aus dem nördlichsten Bereich des Verbreitungsgebietes der Artengruppe zurückgegriffen wurde, und somit auf Exemplare von *Testudo hercegovinensis*. Über den »Erfolg« der Aktion wurde später offenbar nicht mehr berichtet, aber man kann wohl mit gutem Gewissen davon ausgehen, dass es in Österreich heute keine wildlebenden Landschildkrötenpopulationen gibt. Das Gleiche gilt natürlich für die »Ansiedelung« von Landschildkröten bei Lohr am Main in Hessen, Deutschland, im Jahre 1911 (MERTENS 1947).

Bosnien und Herzegowina: *Testudo hercegovinensis* ist in Bosnien und Herzegowina in der eumediterranen Klimazone in Küstennähe und im Tal des Flusses Neretva zu finden; landeinwärts dringt sie bis in die Umgebung von Mostar, Trebinje und Bileca vor.

Italien: Bei den Nachweisen von Landschildkröten aus der Provinz Ferrara (Region Emília-Romagna), die ausschließlich auf das Delta des Po beschränkt sind (Naturreservat *Bosco della Mesola* und Santa Giustina), ist nicht ganz klar, ob sie natürlichen Ursprungs sind; in dem ca. 1.000 Hektar großen Naturreservat wurden zwar immer wieder auch Schildkröten vom Menschen angesiedelt, doch existieren oder existierten dort und in den Dünengebieten der Regionen Venetien und Friaul-Julisch-Venetien nach BALLASINA (1995a) möglicherweise auch natürliche Bestände. Nachweise aus der Umgebung von Triest werden meist auf vom Menschen angesiedelte Tiere zurückgeführt, doch ist angesichts der Nähe der Stadt zu den kroatischen Populationen nicht ganz auszuschließen, dass dort in den Küstenge-

Abb. 48: Dalmatinische Landschildkröte aus Kroatien (W. Wegehaupt)

VERBREITUNG

Abb. 49: Die meisten Vorkommen von *Testudo hercegovinensis* liegen in Kroatien (J. Maran)

Abb. 50: Typischer Lebensraum der Dalmatinischen Landschildkröte in Kroatien (W. Wegehaupt)

bieten einst natürliche Populationen existierten, die sich mit eingeschleppten Artgenossen vermischten. Die Vorkommen im Nordosten Italiens wurden bislang in aller Regel zu *Testudo boettgeri* gestellt, doch erscheint es aus zoogeographischen Erwägungen naheliegend, dass die Populationen tatsächlich zu *Testudo hercegovinensis* gehören (s. u.). Dies bedarf einer näheren Untersuchung; sollte es sich bei den Landschildkröten im Nordosten doch um Griechische Landschildkröten handeln, wäre dies ein weiteres Indiz für eine Ansiedlung der Tiere durch den Menschen. Gelegentlich in anderen Teilen Italiens erfolgte Nachweise von Landschildkröten der östlichen Populationsgruppe führt BALLASINA (1995a) wohl ganz zu Recht auf entkommene »Haustiere« zurück.

Kroatien: Hier lebt die Art ausschließlich in einem durchschnittlich 5–15 km schmalen Küstenstreifen entlang der Adriaküste, der ein mediterranes Klima aufweist. Außer auf dem Festland kommt sie mindestens auch auf den Inseln Hvar und Korcula vor der Küste von Dalmatien vor. Zwar ging PERÄLÄ (2002b) davon aus, dass die Art nördlich von Zadar wieder von *Testudo boettgeri* abgelöst wird, doch konnte dies durch neuere Untersuchungen widerlegt werden. So wiesen die von SCHWEIGER (2005) auf den weiter nördlich in der Kvarner Bucht liegenden Inseln Pag und Krk untersuchten Schildkröten in keinem Fall Inguinalia auf, und bei den an der nördlichen Adriaküste Kroatiens von WEGEHAUPT (2005) beobachteten Landschildkröten fehlten in 61 % der Fälle ebenfalls diese Plastronschilde. Dies lässt darauf schließen, dass auch die Vorkommen auf den beiden genannten Inseln, auf den Nachbarinseln Cres, Plavnik und Rab und auf dem Festland nördlich von Zadar (in Istrien nordwärts mindestens bis Rovinj) zu *Testudo hercegovinensis* zu stellen sind.

Serbien und Montenegro: In diesem Land ist die Art nur entlang der Küste der Republik Montenegro verbreitet, südwärts etwa bis Budva.

Slowenien: Die Frage, ob *Testudo hercegovinensis* in diesem Land vorkommt, ist noch nicht endgültig geklärt. FREYER (1842) z. B. ging davon aus, dass die Art in der Krain zu finden sei, während SIEBENROCK (1916) schrieb, dass in Slowenien niemals Landschildkröten gelebt hätten. Auch die meisten späteren Autoren verneinen die Existenz wildlebender Populationen in dem Land. TOME (1996) nahm an, dass Funde freilebender Exemplare dieser Art, vor allem in der Umgebung von Städten entlang der istrischen Küste, auf vom Menschen eingeschleppte Tiere zurückzuführen sind, die sich hin und wieder erfolgreich fortpflanzen sollen. Wenn man bedenkt, dass *Testudo hercegovinensis* an der zu Kroatien gehörenden Westküste Istriens zu finden ist, erscheint ein natürliches Vorkommen im nahen slowenischen Küstengebiet nicht unmöglich. Die in der Verbreitungskarte von BRUNO (1986) eingezeichneten Fundorte in der Umgebung der Hauptstadt Ljubljana basieren allerdings vermutlich irrtümlich auf fossilen Panzerfunden aus dem Pleistozän (s. u.).

Italienische Landschildkröte

Das Verbreitungsgebiet dieser Art ist heute stark fragmentiert, vor allem in Spanien und im Süden Frankreichs existieren nur noch isolierte Restvorkommen. Auf Korsika, Sardinien, Sizilien und auf dem italienischen Festland werden noch wesentlich größere zusammenhängende Regionen besiedelt. Nachweise für Malta aus jüngerer Zeit basieren auf vom Menschen eingeschleppten Exemplaren, natürliche Vorkommen von Landschildkröten existieren auf dieser Insel heute nicht mehr; die Berichte über künstlich angesiedelte Exemplare von *Testudo hermanni* stammen zudem

Abb. 51: Verbreitungsgebiet von *Testudo hermanni* (? = fragliche natürliche Vorkommen; * = in jüngerer Zeit vom Menschen (wieder-) angesiedelte Vorkommen)

auch schon aus den 1910er-Jahren und konnten seitdem nicht mehr bestätigt werden.

Verschiedene Autoren vermuten, dass *Testudo hermanni* auf Sardinien und Korsika vom Menschen angesiedelt wurde und begründen dies mit den fehlenden Fossilnachweisen; für Korsika wird *Testudo hermanni* außerdem in der Literatur erst seit dem 19. Jh. erwähnt. Eine Nachweislücke in der Fossilgeschichte alleine ist allerdings als Nachweis etwas dürftig, um die Landschildkrötenpopulationen der Inseln komplett auf eine Einschleppung zurückzuführen; allerdings weisen auch die Ergebnisse einer genetischen Studie von VAN DER KUYL et al. (2002) in diese Richtung. Das Vorkommen auf Sardinien und Korsika passt andererseits zoogeographisch in den westmediterranen Raum, und zudem ist die Italienische Landschildkröte auf beiden Inseln nicht nur kleinflächig verbreitet, wie es von künstlich angesiedelten Arten zu erwarten wäre und bei der auf Sardinien eingeschleppten *Testudo marginata* auch tatsächlich der Fall ist. Ein weiteres Argument für die Bodenständigkeit der sardischen und korsischen Bestände ist die Tatsache, dass sie sich äußerlich gut von den anderen Populationen des westlichen Mittelmeerraums unterscheiden lassen, und FRITZ et al. (2005) konnten zudem wie erwähnt durchaus genetische Unterschiede zumindest zwischen sardischen Landschildkröten und ihren Artgenossen aus der Toskana feststellen. Fossilfunde auf Korsika aus den letzten Jahren zeigen außerdem, dass die Vorkommen hier mindestens 157.000 Jahre alt sind.

Frankreich: *Testudo hermanni* war einst entlang der gesamten Mittelmeerküste des Landes verbreitet. Im 3.-5. Jh. n. Chr. existierten Landschildkrötenvorkommen noch unweit von Montpellier, in der Gebirgskette der Alpilles, bei Arles und im Gebiet der heutigen Stadt Marseille, wie Ausgrabungen im alten Hafen zeigten. Noch Mitte des 19. Jh. war die Art im Süden Frankreichs durchgehend vom Albères-Gebirge (Département Pyrénées-Orientales, Region Languedoc-Roussillon) an der spanischen Grenze bis zum Westen des Corbières-Gebirgslandes verbreitet. Zu Beginn des 20.

Abb. 52: Exemplar von *Testudo hermanni* aus Italien (A. Pieh)

Jh. war sie im Albères-Gebirge noch häufig zu beobachten, in den 1960er- und 1970er-Jahren dann dort aber fast verschwunden; heute muss man nach einem verheerenden Buschfeuer, das im Jahre 1986 beiderseits der Grenze mehrere Tausend Hektar natürlichen Lebensraum vernichtete, leider davon ausgehen, dass *Testudo hermanni* aus dem französischen Teil des Albères-Gebirges völlig verschwunden ist. Mindestens seit Beginn des 20. Jh. ist das Vorkommen in den Mauren- und Estérel-Gebirgsmassiven im Département Var (Region Provence-Alpes-Côte d'Azur) bekannt. Es reicht etwa von Hyères im Westen bis Agay im Osten und erstreckt sich über eine Fläche von etwa 750 km²; in diesem Gebiet existieren etwa zehn mehr oder weniger voneinander isolierte Populationen, die insgesamt eine Fläche von etwa 160 km² bewohnen. Nordwärts dringt die Art ungefähr bis zu einer Linie Carces-Draguignan-Fayence (von Westen nach Osten) vor. Die meisten Vorkommen konzentrieren sich auf die Region um Collobrières, La Garde Freinet, Gonfaron und Gogolin. Ob die nordwestlich des Berges Aurélien im Département Var lebende Population natürlichen Ursprungs ist, lässt sich derzeit nicht beurteilen; es wurden jedenfalls bereits Jungtiere gefunden. Ein zu Beginn der 1930er-Jahre aus der Umgebung des Dorfes Lamanon (Département Bouches-du-Rhône) gemeldetes Vorkommen konnte bisher nicht bestätigt werden. Auf den Hyères-Inseln starb die Art zu Beginn des 19. Jh. aufgrund der Fangtätigkeit der menschlichen Bevölkerung aus; Wiederansiedelungsversuche im Nationalpark auf der Insel Port-Cros im Jahre 1975 waren aufgrund mangelnder Bewachung der Schildkröten vor Tierfängern

Abb. 53: Auf dem spanischen Festland existieren nur noch wenige kleine Populationen von *Testudo hermanni*, so z. B. im Albera-Gebirge in Katalonien (J. MARAN)

Abb. 54: Auch in Frankreich ist das Verbreitungsgebiet der Italienischen Landschildkröte inzwischen sehr klein; hier ein Habitat bei Roquebrune sur Argens im Département Var (B. DEVAUX).

nicht erfolgreich. Auch Nachzuchtprojekte in Freilandgehegen auf Port-Cros und der Nachbarinsel Poquerolles scheiterten, da die vom Parkpersonal unkontrollierten Anlagen ebenfalls von Wilderern heimgesucht wurden. Mittlerweile gelang es allerdings der französischen Schildkrötenschutzorganisation SOPTOM, auf der zu 95 % vom Militär kontrollierten, etwa 1.000 Hektar großen Nachbarinsel Levant eine Population zu etablieren.

FRETEY (1975) und STREET (1979) berichteten von einer künstlich angesiedelten Population von Testudo hermanni im Département Calvados in der Normandie. Nach FRETEY (1975) wurden die Tiere bereits vor 1939 ausgesetzt. Über die heutige Situation dieser Schildkröten ist nichts bekannt.

Auf Korsika findet man die Schildkröten heute entlang der Süd- und Ostküste etwa vom Golo-Fluss im Nordosten bis zur Inselhauptstadt Ajaccio im Westen; einige isolierte Vorkommen existieren im Norden der Insel, z. B. am Kap Corse sowie bei Calvi und L'Île-Rousse. Bei den vereinzelt im Inselinneren gefundenen Exemplaren handelt es sich, vermutlich mit Ausnahme der Umgebung von Corte und des Tavignano-Tales, mit Sicherheit überwiegend um aus Gärten entlaufene oder ausgesetzte »Haustiere«.

Italien: Dies ist das Land mit den größten Restvorkommen der Art; insgesamt ist Testudo hermanni hier von 114 Lokalitäten bekannt. Man findet die Schildkröten sowohl auf dem Festland als auch auf den großen Inseln Sardinien und Sizilien und einigen kleineren Inselchen. Die beiden wichtigsten heutigen Verbreitungsschwerpunkte auf dem italienischen Festland liegen in den Regionen Toskana und Latium einerseits und Apulien andererseits. Ausgestorben sind die natürlichen Bestände in der Region Ligurien, dort bis Anfang der 90er-Jahre vereinzelt beobachteten Tiere wurden vom Menschen angesiedelt; heute werden dort systematisch südfranzösische Schildkröten wiederangesiedelt (s. u.). Zwar sind die Bestände im Norden der Toskana fast erloschen (ein Vorkommen gibt es noch im Regionalpark von San Rossore), doch existieren noch bedeutende Populationen südlich von Livorno, vor allem im *Maremma*-Nationalpark und im WWF-Schutzgebiet um den Burano-See. Weitestgehend unbekannt ist die Situation der Art in Umbrien; lediglich RAGNI et al. (2004) erwähnen Vorkommen der Art in dieser Region, ohne jedoch näher darauf einzugehen. In Latium sind lokal mehrere recht starke Vorkommen entlang der Küste beheimatet, so z. B. in den Bergen bei Tolfa, im *Circeo*-Park, auf dem Gelände des Landgutes *Castel Porziano* und im WWF-Schutzgebiet *Palo e Macchiagrande*. In der Provinz Rom existieren Vorkommen z. B. in dem relativ ungestörten Naturreservat *Decima Malafede* und den abgelegenen Regionalparks *Canale Monterano* und *Monti Lipini*. Selbst in Schutzgebieten im Stadtgebiet von Rom wurden Landschildkröten beobachtet, nämlich in den Naturreservaten *Tenuta dei Massimi* (hoher Anteil von landwirtschaftlich genutzten Flächen und Eichenwaldresten), *Monte Mario* (hügeliges Gelände mit Wäldern) und *Insugherato* (Einzugsgebiet des Flusses Acqua Traversa, schmale Täler mit Wäldern), die Tiere sind dort allerdings selten und müssen als gefährdet gelten, auch wenn zumindest im Falle des *Insugherato*-Reservates nachgewiesen werden konnte, dass sich die Schildkröten dort erfolgreich fortpflanzen. Fast ganz verschwunden ist *Testudo hermanni* aus der Region Kampanien; Restvorkommen existieren evtl. noch in der Umgebung von Caserta nördlich von Neapel, allerdings bezweifelt BALLASINA (1995a) den natürlichen Ursprung dieser Population und geht davon aus, dass es sich um Mischlinge zwischen Angehörigen verschiedener Arten der *Testudo-hermanni*-Artengruppe handelt. In der Region Kalabrien leben noch einige Populationen am Golf von Táranto, an der tyrrhenischen Seite der Region sind die Bestände dagegen fast erloschen. Kaum bekannt ist die Situation in der Region Basilikata, offenbar ist die Art hier nur im Küstengebiet beheimatet. In der Region Apulien existieren noch bedeutende Vorkommen, die allerdings in den letzten Jahren rapide geschrumpft sind; die größten Populationen leben hier noch im Murge-Gebirge, im *Gargano*-Nationalpark und wiederum am Golf von Táranto. Unklar ist die Verbreitung von *Testudo hermanni* in der Region Molise, doch gibt es anscheinend ein natürliches Vorkommen in den Tälern von Biferno und Cigno. Spärlich und örtlich sehr eng umrissen sind die Nachweise aus der Region Abruzzen; hier existieren einige ältere Meldungen aus den küstennahen Bereichen des Südostens. Offenbar hat die Art in der Region nur in einem Eichenwäldchen an der Küste bei Torino di Sangro Marina und im Naturreservat um den Serranella-See überlebt, das Vorkommen in La Pineta di Santa Filomena zwischen Montesilvano Marina und Pescara ist erloschen. Aus der Region Marken liegen aus neuerer Zeit nur die Untersuchungen von FIACCHINI (2004) bzw. FIACCHINI et al. (2004) vor. Ersterer beschäftigte sich mit der Herpetofauna der Provinz Ancona und fand Vorkommen der Art auf etwa 35 % der Fläche dieser Provinz. Zusammen mit seinen Kollegen beschreibt er in der gleichen Publikation ein Vorkommen im Naturpark *Gola della Rossa e di Frasassi*. Aus der Region Emília-Romagna existieren Berichte über Vorkommen an den Küsten der Provinz Ravenna, doch konnten diese nach 1979 nicht mehr bestätigt werden. Mit Ausnahme Süditaliens reicht das Verbreitungsgebiet selten mehr als 50 km von der Küste landeinwärts.

Möglicherweise ausgestorben ist *Testudo hermanni* mittlerweile auf der Insel Elba, wo sie noch im 19. Jh. sehr häufig anzutreffen war. Im Jahre 1999 wurde allerdings ein freilebendes Exemplar gefunden, das noch Hoffnung auf das Überleben einer kleinen Restpopulation lässt. Allerdings konnten PAWLOWSKI et al. (2004) während ihres Aufenthaltes auf Elba im Frühjahr 2003 weder Spuren dieser Schildkröten finden, noch war den Mitarbeitern des *Hydra-Institutes* in Fetovaia, die bereits seit einigen Jahren diverse Exkursionen durchführen, ein Vorkommen von Landschildkröten auf der Insel bekannt. Von mehreren Autoren wurde *Testudo hermanni* von den benachbarten Inseln Capráia, Monte Argentário und Pianosa gemeldet, doch ist über die derzeitige Situation dort nichts bekannt. Vom Menschen angesiedelt wurde die Art um 1960 auf der kleinen Insel Montecristo, doch war dieser Einbürgerungsversuch nicht erfolgreich.

Auf Sizilien existieren die größten Bestände vor allem in den Küstenregionen im Norden und Südosten der Insel. BALLASINA (1995a) ging zwar davon aus, dass nur einige wenige Reliktpopulationen überlebt haben, vor allem im Nordosten im *Nébrodi-Naturpark* und um den Ätna sowie im Nordwesten in den Provinzen Palermo und Trápani, doch liegen auch noch zahlreiche Nachweise aus dem Südosten Siziliens aus den Provinzen Ragusa und Siracusa vor. Am Ätna sind die natürlichen Vorkommen nach BALLASINA (1995a) erloschen, dort sollen die Schildkröten inzwischen nur noch in Gärten zu finden sein. Widersprüchliche Angaben gibt es über ein Vorkommen von *Testudo hermanni* auf den Liparischen Inseln (Inseln Lípari und Salina), über die Situation dort besteht derzeit Unklarheit. Populationen der Art wurden auch für die Inseln Lampedusa, Linosa und Pantelleria gemeldet, doch ist darüber wenig bekannt; da Lampedusa bereits auf dem afrikanischen Festlandssockel liegt und ebenso wie die beiden anderen Inseln nie mit dem europäischen Festland oder Sizilien in Verbindung stand, kann man wohl davon ausgehen, dass die auf den Inseln beobachteten Tiere vom Menschen angesiedelt wurden.

Sehr unzureichend untersucht ist die Verbreitung der Art auf Sardinien. Die meisten Fundnachweise beziehen sich auf den Nordwesten der Insel, wo relativ große Vorkommen existieren. Das bedeutet jedoch nicht unbedingt, dass die Tiere in anderen Teilen der Insel seltener sind oder gar fehlen, denn es könnte sich schlicht um ein Defizit an Nachweisen handeln. So gibt z. B. auch BRUNO (1986) an, dass die Italienische Landschildkröte auf Sardinien praktisch flächendeckend verbreitet ist. Nur ein Vorkommen im Nordosten der Insel, im Verbreitungsgebiet der dort vom Menschen angesiedelten *Testudo marginata*, wird von manchen Autoren verneint; es erscheint jedoch möglich, dass sich beide Arten wie auch in weiten Teilen Griechenlands nur vom Lebensraum her gegenseitig ausschlie-

Abb. 55: Die dichtesten französischen Vorkommen von *Testudo hermanni* sind heute auf Korsika zu finden; dieses Weibchen wurde in der Nähe von Ajaccio beobachtet (J. MARAN).

Abb. 56: Auf Mallorca wurde Testudo hermanni vermutlich von den Menschen der Jungsteinzeit angesiedelt (A. PIEH)

ßen, aber doch in der gleichen Region vorkommen. Auch für einige der kleinen Inselchen vor der Küste Sardiniens werden Vorkommen von Testudo hermanni erwähnt, so für Asinara, Piana di Asinara, Molara, Tavolara, La Maddalena, Caprera, Santo Stefano und Santa Maria, wobei zumindest für Asinara auch relativ neue Nachweise vorliegen (BORRI et al. 1988, BASSU et al. 2003). Die von MOCCI DEMARTIS (1987) erwähnten Vorkommen von Testudo hermanni auf Mal di Ventre gehen auf eine Fehlbestimmung zurück, da die in dem Artikel abgebildete Landschildkröte dem Testudo-graeca-Komplex zuzurechnen ist und von der Insel auch vom Menschen angesiedelte Vorkommen von Schildkröten aus dieser Verwandtschaftsgruppe bekannt sind. Nicht klar ist, ob es sich bei den Populationen auf den kleinen Inseln um natürliche Vorkommen oder um vom Menschen eingeschleppte Tiere handelt.

Spanien: Vor etwa 900.000 Jahren war die Verbreitung von Testudo hermanni auf der Iberischen Halbinsel noch wesentlich ausgedehnter als heute und erstreckte sich auch auf die Region um Coimbra an der Atlantikküste Portugals, das Betica-Gebirge im Südosten Spaniens sowie bis weit in den Norden der Halbinsel. Während der Jungsteinzeit (vor etwa 3.500–7.000 Jahren) besiedelte die Art noch ein geschlossenes Areal entlang der Mittelmeerküste von der spanischen Region Katalonien über Südfrankreich bis nach Italien, doch riss die Verbindung zwischen den heute isolierten Populationen später ab. So sind in Spanien natürliche Bestände heute nur noch in einem kleinen Gebiet an der nordöstlichen Mittelmeerküste anzutreffen. Noch bis zur Mitte des 19. Jh. war die Art über einen großen Teil der katalanischen Küste verbreitet, vom Ebro-Fluss im Süden bis zur französischen Grenze im Norden; insgesamt erstreckte sich das Verbreitungsgebiet entlang eines etwa 300 km langen Küstenstreifens. Zwar existieren aus diesem Gebiet auch heute noch zahlreiche Fundnachweise, so z. B. aus der Galera-Ebene, der Umgebung von Montsià und aus anderen Landstrichen in Katalonien, doch handelt es sich dabei größtenteils nicht mehr um natürliche Vorkommen, sondern um künstlich angesiedelte Tiere; das gleiche gilt für die vereinzelt aus der

Umgebung von València (Region Comunidad Valènciana) gemeldeten Landschildkröten und die in anderen Regionen (z. B. in Galizien) hin und wieder aufgegriffenen Einzelexemplare. Umstritten ist, ob das Vorkommen in der katalanischen Provinz Tarragona im Bereich des Unterlaufs und der Mündung des Ebro sowie bei Montsià noch natürlichen Ursprungs ist, denn dort (genauer gesagt auf einigen Inselchen im Naturpark *Delta de L'Ebre*) wurden Exemplare von *Testudo hermanni* in den letzten Jahren ebenso wie im Garraf-Gebirge südlich von Barcelona von Naturschützern angesiedelt (siehe Kapitel »Schutzmaßnahmen«). Das einzige mit Sicherheit natürliche Vorkommen existiert heute in der katalanischen Provinz Girona bei Alt Empordà im äußersten Osten der Pyrenäen; es existiert auf einer Fläche von etwa 350 km² und umfasst zwei Hauptareale: die Region um den Balmeta-Gebirgszug und das Tal von San Quirze im östlichen Teil des Albera-Gebirges. Die Populationsdichte ist hier allerdings sehr gering, es leben dort überwiegend sehr alte Exemplare und nur wenige Jungtiere, was auf eine sehr niedrige Fortpflanzungsrate schließen lässt.

Die Vorkommen auf den Balearensinseln Mallorca und Menorca werden seit dem 19. bzw. 18. Jh. in der Literatur erwähnt, die menorcinischen Tiere z. B. offenbar erstmals im Jahre 1752 vom damaligen britischen Gouverneur der Insel namens ARMSTRONG; da die ältesten Funde von *Testudo hermanni* auf diesen Inseln gerade einmal um die 3.000 Jahre alt sind, wird angenommen, dass die Art durch den jungsteinzeitlichen Menschen eingeführt wurde. BALLASINA et al. (2002) gehen im Übrigen davon aus, dass auch die Populationen auf dem spanischen Festland künstlich angesiedelt worden sein könnten, da sie im Rahmen ihrer Untersuchung genetische Parallelen zwischen spanischen und italienischen Landschildkröten feststellen konnten. Auf Mallorca ist *Testudo hermanni* in zwei größeren Vorkommen zu finden, im Nordosten im Bereich des Artá-Gebirges zwischen der Alcúdia-Bucht und Puerto Colom (etwa 250 km² Fläche) und im Süden beiderseits des Kap Blanc (ca. 180 km² Fläche); daneben existieren im Osten der Insel noch einige wenige isolierte kleine Restflächen naturbelassener Lebensräume auf dem Gelände für Schildkröten günstig bewirtschafteter Fincas, auf denen noch ein paar Exemplare leben. Während die Vorkommen am Kap Blanc, die von Küstennähe bis etwa 15 km landeinwärts reichen, relativ ungleichmäßig verteilt sind (im Hügelland an der Küste fehlen Landschildkröte stellenweise ganz, während die Dichte in anderen Regionen recht hoch ist), ist dies bei der größeren Population im Nordosten Mallorcas nicht der Fall. ROGNER (2005) fand die größte Population auf Mallorca südöstlich von Son Baulo, beginnend in den Dünen hinter dem gleichnamigen Hotel und der Punta de sa Barraca sowie an lichten Stellen des an die Dünen anschließenden Kiefernwaldes, auf ein weiteres bedeutendes Vorkommen stieß er zwischen Son Serra de Marina und Manacor (Cifre Nou und in der Umgebung des Barranco de Son Cifre). Auf Menorca ist *Testudo hermanni* in geringer Individuendichte entlang der Südküste zwischen Santa Galdana und Es Canutells und an der Nordküste auf einigen bewaldeten Hügeln bei Alayarens verbreitet. ESTEBAN et al. (1994) fanden in 31 der 48 Quadranten (je 5 km² groß), in die sie Menorca eingeteilt hatten, Landschildkröten. Ob *Testudo hermanni* einst auch auf den kleineren Balearensinseln Ibiza und Formentera in größerer Zahl lebte, ist nicht zweifelsfrei nachgewiesen; zumindest MALUQUER (1918) berichtete von Vorkommen auf Ibiza noch im 19. Jh. Bei den heute hin und wieder anzutreffenden Einzeltieren handelt es sich mit an Sicherheit grenzender Wahrscheinlichkeit um in jüngerer Zeit entlaufene »Hausschildkröten«, die auch auf Mallorca und Menorca immer wieder gefunden werden.

Fossilfunde

Die ältesten Fossilfunde, die der *Testudo-hermanni*-Artengruppe zuzurechnen sind, stammen aus der Übergangszeit zwischen Pliozän und Pleistozän (vor etwa 1,8 Millionen Jahren) Polens, Südfrankreichs, Mittelitaliens und Nordost- und Südostspaniens, evtl. auch des nördlichen Zentralspanien. AUFFENBERG (1974) stellte *Testudo canstadiensis* PLIENINGER, 1847 aus dem pleistozänen Sinterkalk Baden-Württembergs zur *Testudo-hermanni*-Artengruppe. Aus dem oberen Pliozän Polens wurde *Testudo szalai* MLYNARSKI, 1955 beschrieben, aus dem oberen Pliozän und unteren Pleistozän von Valdarno (Toskana, Italien) *Testudo globosa* PORTIS, 1890, aus dem unteren Pleistozän der südfranzösischen Kleinstadt Lunel-Viel und der Gracia-Höhle im Guell-Park in der Nähe der spanischen Stadt Barcelona *Testudo lunellensis* ALMERA & BOFILL, 1903. Ebenfalls aus dem unteren Pleistozän stammen Überreste von Landschildkröten, die in Frankreich in der Sartanette-Grotte bei Boucoiran im Département Gard entdeckt und von CHEYLAN (1973b) vorläufig zu *Testudo hermanni* gerechnet wurden. Diese Funde unterscheiden sich ebenso wie *Testudo lunellensis* kaum von den heute existierenden Exemplaren von *Testudo hermanni*, vielleicht mit Ausnahme der etwas dickeren Panzerknochen, was aber nur geringen taxonomischen Wert hat.

Aus dem mittleren und oberen Pleistozän (vor etwa 25.000–900.000 Jahren) wurden zahlreiche Überreste von Angehörigen der *Testudo-hermanni*-Artengruppe aus Siedlungen prähistorischer Menschen bekannt, denen sie als Nahrung dienten; so liegen aus dem mittleren Pleistozän Funde aus Südfrankreich (einschließlich Korsika [Grotte von Castiglione in Oletta]), Kroatien, Slowenien, Italien (einschließlich Sizilien), Portugal und Spanien (in Katalonien z. B. aus Barcelona, Llers, Crespià und Montjuic, Cau del Duc bei Torroella de Montgrí sowie aus dem Garraf-Gebirge) vor. Aus Frankreich wurden Fossilien aus dieser Zeit rhôneaufwärts bis Aven d'Orgnac an der Ardèche nachgewiesen, aber auch aus Gebieten westlich des Zentralmassivs, so aus der Fontéchevade-Grotte an der Charente und aus Abîmes de la Fage in Corrèze. In Montenegro, Italien (einschließlich der Inseln Elba und Lípari), Frankreich (mindestens zehn Fundstellen aus der Würmeiszeit nahe der

FOSSILFUNDE

Abb. 57&58: Fossile Panzerreste von *Testudo antiqua* BRONN, 1831 aus dem Miozän Deutschlands. Diese ausgestorbene Form war vermutlich nahe mit der *Testudo-hermanni*-Artengruppe verwandt (H.-H. SCHLEICH)

Mittelmeerküste und im Rh™netal aus Abri Moula an der Ardèche) und Portugal (Figueira-Brava-Grotte südlich der Hauptstadt Lissabon und Columbeira-Höhle in der Estremadura, beide etwa 30.000 bzw. 26.000–29.000 Jahre alt) liegen Fundorte von Landschildkrötenüberresten aus dem oberen Pleistozän. Vermutlich gehören die westeuropäischen Funde wie auch die Landschildkrötenfossilien aus dem Devil's-Turm in Gibraltar und aus der Horá-Höhle im spanischen Granada zur heutigen *Testudo hermanni*, die osteuropäischen zu *Testudo boettgeri* bzw. *Testudo hercegovinensis*. Eine Nachweislücke besteht für den Zeitraum zwischen 25.000 und 10.000 Jahren vor der heutigen Zeit; evtl. ist dies auf einen Rückgang der Schildkröten aufgrund eines letzten Kältehöhepunkts während der Eiszeit zurückzuführen. Landschildkröten erscheinen dann wieder in den jungsteinzeitlichen Fundschichten; auch auf Malta (einschließlich Gozo) sind subfossile Panzerfunde, die wohl der *Testudo-hermanni*-Artengruppe zu-

zurechnen sind, nachgewiesen. Die ältesten Funde auf den Balearen stammen ebenfalls aus der Jungsteinzeit (Talayot-Kultur) und sind wie erwähnt nur etwa 3.000 Jahre alt.

Lebensraum

Vegetation

Die Arten der *Testudo-hermanni*-Artengruppe besiedeln eine recht breite Palette verschiedener trockener bis leicht feuchter mediterraner Habitate, so z. B. sandige Heidegebiete, mit Pflanzen bestandene Dünen, offenes Waldland, Waldränder, felsige Abhänge und Buschlandschaften wie Macchia oder Garrigue, dringen z. T. aber auch bis an den Rand landwirtschaftlicher Flächen, auf Müllplätze und in Obstgärten vor. Eindeutig bevorzugt werden allerdings sonnige, trockene Lebensräume. Vermutlich waren diese Arten ursprünglich Bewohner der immergrünen mediterranen Eichenwälder, die das Mittelmeergebiet einst dominierten, aber bereits vor Jahrtausenden abgeholzt wurden und der heute für die Region typischen buschigen Vegetation Platz machen mussten.

Im westlichen Mittelmeerraum ist *Testudo hermanni* vor allem in steinigen Ebenen, Heidegebieten, küstennahen Dünenlandschaften und auf bewirtschafteten Weiden und Wiesen zu finden, bevorzugt in mehr oder weniger bewaldeten Regionen im Küstenhinterland. Der Bewuchs durch Bäume und Sträucher ist in der Regel sehr dicht, dominierende Pflanzenarten sind, je nach Art des Bodens, Stein- (*Quercus ilex*) oder Korkeiche (*Quercus suber*), z. T. auch Kastanien (*Castanea sativa*). In manchen Regionen, so etwa im südfranzösischen Maurengebirge und im italienischen Maremma-Nationalpark, werden auch lichte Kastanien-, Fichten- und Kiefernwälder (*Pinus pinaster, Pinus pinea*) besiedelt.

Auf der Baleareninsel Menorca sind die Tiere vor allem in Kalkschluchten und im Hügelland zu finden; während die Schluchten von z. T. recht hohen Bäumen bestanden sind, dominiert im Hügelland eine lückenhafte Macchia mit vereinzelten Aleppokiefern (*Pinus halepensis*), vor allem aber die Diss (*Ampelodesma mauritanica*), eine scharfkantige, stark kieselsäurehaltige Süßgrasart des westlichen Mittelmeerraumes. Relativ dicht ist die Vegetation dagegen in den Lebensräumen der Schildkröten auf Mallorca; charakteristisch ist hier neben den Aleppokiefern und der hohen Macchia, die sich vor allem aus Ölbäumen (*Olea europaea*), Kermeseichen (*Quercus coccifera*), Mastixsträuchern (*Pistacia lentiscus*) und Steinlinden der Gattung *Phillyrea* zusammensetzt, eine niedrige Strauch- und Krautschicht mit Rosmarin (Rosmarinus officinalis), Montpellier- und Weißlichen Zistrosen (Cistus monspeliensis und Cistus albidus), Gänseblümchen (Gattung Bellis) und der Diss. Im Albera-Gebirge sind Pflanzen wie die bereits genannten Zistrosen (außerdem noch die Salbeiblättrige Zistrose [Cistus salvifolius]), Heidekraut (Erica-Arten), der Kleinblütige Stechginster (Ulex parviflora), Pfriemenginster (Spartium junceum), der Mastixstrauch und der Dornginster (Calicotome spinosa) die Charakterarten im Lebensraum der Italienischen Landschildkröte. Die schattigeren Wäldchen der Region werden nur im Hochsommer aufgesucht, wenn die Strauchvegetation völlig verdorrt ist und die Schildkröten Schutz vor der sengenden Sonne suchen. Die Inselchen im Ebro-Delta bestehen aus Sanddünen, die durch sand- und salzliebende Pflanzen befestigt sind; außerdem wird die Region teilweise von einem kleinen Wald aus Aleppokiefern bedeckt, der ebenfalls für eine Befestigung des Sandbodens für die Feuchtigkeitsspeicherung sorgt.

Auf Korsika, dem französischen Festland und in den Pyrenäen bevorzugt Testudo hermanni Korkeichenwälder, die von Lichtungen unterbrochen werden. HIGHFIELD (1987a) nannte folgende Pflanzenarten, die er in Südfrankreich im Lebensraum der Schildkröten identifizierte: Echter Feigenkaktus (Opuntia ficus-barbarica), Fetthenne (Sedum reflexum), Weißer Mauerpfeffer (Sedum album), Schopf-Lavendel (Lavandula stoechas), Mittelmeer-Strohblume (Helichrysum stoechas), Palisaden-Wolfsmilch (Euphorbia characias), Skorpionsginster (Genista scorpius), Montpellier-Zistrose (Cistus monspeliensis), Stechwacholder (Juniperus oxycedrus), Weiden (Gattung Salix) und Brombeeren (Gattung Rubus). Auf Korsika sind die Tiere außerdem häufig auf traditionell bewirtschafteten Flächen zu finden, die durch das Nebeneinander vieler kleiner, z. T. mit Hecken und Baumgruppen bestandener Felder (z. B. Brachland,

Olivenhaine, Wiesen) gekennzeichnet sind. Hecken und Büsche bieten dort den Schildkröten Unterschlupf. Diese Kulturlandschaft wird in der Regel intensiv von Rindern und Schafen beweidet. Testudo hermanni fehlt auf der Insel dagegen in allzu dichter Macchia (hier Maquis genannt) und in Weinbergen und Kiwi- oder Zitrusplantagen, die keinerlei Schatten und nur wenig Nahrung bieten.

TREPTE (1993) beobachtete die Tiere in der Toskana in einer trockenen Macchiavegetation aus Gewöhnlichem Stechginster (Ulex europaeus), Rosmarin (Rosmarinus officinalis), Baumheide (Erica arborea), Myrte (Myrtus communis) und Sonnenröschen (Helianthemum apenninum). Im Nordwesten von Sardinien besiedelt Testudo hermanni bevorzugt die offene Garrigue, eine Zwergstrauchgesellschaft, in der aromatische Kräuter wie Thymian und stachelige Dornkugelbüsche gedeihen; häufig kann man schon aufgrund der in die Garrigue richtiggehend eingeschnittenen »Landschildkrötenpfade« auf ein Vorkommen schließen. Auf der Insel findet man die Tiere jedoch genauso in den sandigen Küstendünen, in meernahen Ebenen mit angrenzenden Hügelketten, in Flusstälern, auf bewirtschafteten Kulturflächen und in landeinwärts liegenden Schluchten und Hochebenen. Mit Sträuchern bewachsene Landschaften in der Umgebung von Wasserläufen sind neben strandnahen Dünen mit salzliebender Vegetation der bevorzugte Aufenthaltsort sizilianischer Landschildkröten. Testudo hermanni dringt auf der Sizilien jedoch sogar bis in die kahlen, steinigen, nur vereinzelt mit Farnkraut bewachsenen Höhenlagen des Nébrodi-Gebirges vor.

Abwechslungsreicher als im Westen des Verbreitungsgebietes sind die Lebensräume der beiden östlichen Arten. Korkeichen sind hier im Gegensatz zum westlichen Mittelmeerraum nicht zu finden. Besonders flexibel sind die Landschildkröten an der Ostküste der Adria, wo sie sowohl in mit Steineichen bestandenen Strauchlandschaften (Garrigue oder Phrygana) als auch im Hügelland (mit vereinzelt stehendem Odermennig [*Agrimonia eupatoria*], Feigenbäumen [*Ficus carica*], Ölbäumen [*Olea europaea*], Christusdorn [*Paliurus spina-christi*], Efeu [*Hedera helix*] und Flaumeichen [*Quercus pubescens*]), in dicht mit Mittelmeerzypressen (*Cupressus sempervirens*) bewachsenen Gebieten und auf landwirtschaftlichen Flächen (z. B. Olivenhainen) vorkommen, in der Umgebung des Skutarisees sogar in einer halbwüstenartigen Landschaft mit einem spärlichen Bewuchs aus Bäumen (Feigenbäumen [*Ficus carica*], Maulbeerbäumen [*Morus*-Arten], Robinien [Gattung *Robinia*], Birn- [Gattung *Pyrus*] und Zürgelbäumen [*Celtis australis*]) und Dornbüschen (Brombeeren der Gattung *Rubus* und Stechwinden der Gattung *Smilax*).

WERNER (1899) fand *Testudo hercegovinensis* in Bosnien und Herzegowina in Eichenwäldern in der Umgebung von Trebinje und in der Buschlandschaft am Fuße des Golo-Brdo-Berges. In Albanien ist *Testudo boettgeri* in küstennahen Kiefernwäldern (*Pinus halepensis*, *Pinus maritima*, *Pinus pinea*), in felsigem Hügelland mit Strauchvegetation (Granatapfelbäume [*Punica granatum*] und Mittelmeer-Brombeeren [*Rubus ulmifolius*]) sowie in niederen Gebirgslagen mit einem Bewuchs aus Orientalischen Hainbuchen (*Carpinus orientalis*), Hartriegel (*Cornus mas*), Christusdorn (*Paliurus spina-christi*), Flaumeichen (*Quercus pubescens*) und Pfriemenginster (*Spartium junceum*) beheimatet.

In Griechenland reicht die Spanne der Lebensräume von kaum mit Pflanzen bewachsenen Flussbetten, Sandflächen mit spärlicher Vegetation, Dünen, Äckern und Ackerrändern über Olivenhaine und Berghänge bis hin zu teilweise sehr lichten Steineichenwäldern, laubabwerfenden Eichenwäldern, Kiefernwäldern mit wenig bis reichlich Unterwuchs und sogar feuchten Auwäldern mit z. T. sehr dichter Vegetation. Wie bereits erwähnt waren vermutlich Eichenwälder der ursprüngliche Lebensraum von *Testudo boettgeri* und *Testudo hercegovinensis*; nachdem diese mit großer Gründlichkeit abgeholzt wurden, mussten sich die Arten an neue Habitate anpassen. In Mittelgriechenland werden heute so brachliegende Weinberge, von Hecken gesäumte Wiesen und lichte bis verbuschte Eichenwälder besiedelt, im Nordosten des Landes meiden die Tiere dagegen überwiegend die landwirtschaftlich genutzten Ebenen und leben im Hügelland auf trockenen Küstenheidelandschaften und Wiesen in der Nähe von Lagunen, auf stark beweideten Strauchheiden, in Nadelholzkulturen, dichter Macchia mit Dornsträuchern und Olivenhainen. In der Umgebung der Großstadt Thessaloníki ist *Testudo boettgeri* in küstennahen Gebieten mit Sandböden und salzliebenden Pflanzen wie Salzmelden (*Halimione*-Arten) und Gliedermelden (*Salicornia*-Arten) sehr häufig, daneben ist sie auf mit Binsen (*Juncus*-Arten) bestandenen Wiesen, trockenen Heiden mit Liliengewächsen, Beifuß-Büscheln (Gattung *Artemisia*), Stechendem Mäusedorn (*Ruscus aculeatus*), Weißdorn- (Gattung *Crataegus*), Labkraut- (Gattung *Galium*) und Brombeerarten (Gattung *Rubus*) sowie in Dünenlandschaften mit Strandhafer (*Ammophila arenaria*), Sanddisteln (*Eryngium maritimum*), Schneeweißer Strandfilzblume (*Otanthus maritimus*), Salzmelden (*Atriplex*-Arten) und Tamarisken (*Tamarix*-Arten) beheimatet. Ebenfalls zu den Lebensräumen dieser Schildkröten in jener Region gehören kesselförmig eingeschnittene Schluchten, die mit undurchdringlicher Macchia, die sich vor allem aus Eichen zusammensetzt, bestanden ist. In den Regionen Zentral- und Westmakedonien leben die Tiere in niedrigeren Höhenlagen vor allem in mit Eichen bestandenen Landschaften, in höheren Lagen an nach Süden exponierten Stellen. Auf der Peloponnes sind die Schildkröten häufig an der Küste auf einem Flickenteppich aus Garrigue, Wiesen, brachliegenden Zitrusplantagen, terrassenförmig angelegten Ölbaumplantagen und parkartigen Landschaften aus Ölbäumen, Naturhecken, Zypressen und kleinen Kiefernwäldern zu finden, ebenso im Umfeld des Menschen auf Schafweiden und in der unmittelbaren Umgebung von Ruinenanlagen. In Höhenlagen ab 1.100 m sind Griechische Tannen (*Abies cephalonica*) und Bergwiesen die dominierende Vegetationsform; dies stellt für *Testudo boettgeri* sicherlich einen extremen Lebensraum dar, der von den Tieren gerade noch so besiedelt werden kann. Nahe der Grenze zu Mazedonien sind die Tiere in einer Höhe von etwa 1.000 m auf saftigen Wiesen mit vereinzelten Baumgruppen aus Buchen (*Fagus sylvatica*) und Eichen (Gattung *Quercus*) anzutreffen.

In Bulgarien besiedelt *Testudo boettgeri* häufig Lichtungen, Schneisen und Wiesen in steinigen Eichen-Mischwäldern (z. B. bei Sveti Vlas, Slantschev Brjag, Kamtschija, Arkutino) und z. T. recht dichte Robinienwälder (*Robinia pseudo-acacia*) ohne jede Strauch- oder Krautschicht, auch Ulmen, Eschen und Weißbuchen gehören zur Vegetation der Lebensräume der Art. Außerdem ist die Griechische Landschildkröte in Bulgarien in größeren Parkanlagen (z. B. im Schlosspark Ewksinograd) zu finden, seltener dagegen an offenen, trockenen, licht mit Büschen bestandenen Hängen oder an Stränden (z. B. bei Slantschev Brjag, Nesebâr, Burgas, Krajmorie, Sozopol und Kavarna). Am Südrand der Dobrudscha kommt *Testudo boettgeri* an geröllfreien Küstenhängen und Sumpfrändern vor (z. B. bei Kavarna und Mihailbei). Am Eisernen Tor in Rumänien leben die Schildkröten in der offenen Landschaft in der Umgebung der Akazien- und Maulbeerbaumwälder des Hügellandes, seltener in den Wäldern selbst. Die Übergangszonen zwischen Grasland und Wald werden von den Schildkröten hier als Rückzugsgebiet während der heißesten Zeit des Tages genutzt. Die Tiere bevorzugen Lebensräume, die nicht eben sind, sondern eher Hanglagen mit einer Steigung von mindestens 5° aufweisen, da sie dort geeignete Nistplätze finden.

Höhenverbreitung

Die Angehörigen der *Testudo-hermanni*-Artengruppe sind generell eher Bewohner der Küstenebenen. Auf dem französischen Festland leben die meisten Tiere allerdings in den relativ unzugänglichen Gebirgslandschaften in 400–700 m Höhe. Auf Korsika ist die Mehrzahl der Landschildkröten in Höhenlagen zwischen 0 und 200 m zu finden, nur selten werden 600–900 m erreicht. Auf dem italienischen Festland erreicht *Testudo hermanni* 400–500 m Höhe, im Süden 800 m. Im Zentrum von Sardinien sind die Tiere bis in Höhen von 700–800 m anzutreffen, auf Sizilien sollen im Nébrodi-Gebirge sogar Höhenlagen bis zu 1.550 m besiedelt werden. In der spanischen Region Katalonien ist *Testudo hermanni* bis in etwa 600 m Höhe verbreitet.

Von der Mittelmeerküste bis auf etwa 1.200 m Höhe (Umgebung von Kisait im Drini-Bardië-Tal zwischen Kukës und dem Pastrik-Berg) erstreckt sich die Verbreitung von *Testudo boettgeri* in Albanien. In Bosnien und Herzegowina sind Landschildkrötenvorkommen auf Höhenlagen unter 500 m beschränkt, weshalb die in Talkesseln lebenden Populationen vollständig voneinander isoliert sind. In Bulgarien liegt der Höhenrekord bei etwa 1.400 m an der Nordseite des Belasica-Gebirges, die meisten Populationen sind allerdings unter 1.300 m zu finden; an den nach Südwesten gerichteten Berghängen in der Umgebung des Dorfes Vlahi in der Region Sofia erreichen die Schildkröten etwa 1.300 m, an der Nordwestseite des Slavyanka-Gebirges ca. 1.050 m. In der griechischen Region Westmakedonien dringt die Griechische Landschildkröte bei Néa Kotili bis in 1.400 m Höhe vor. In der Region um das Eiserne Tor in Rumänien sind die Tiere offenbar bis maximal 700 m Höhe zu finden. Nach Angaben von BARAN & ATATÜR (1998) erreicht

Testudo boettgeri in der Türkei Höhenlagen von 1.500 m, doch kann dies im europäischen Teil des Landes nicht zutreffen, da dort der höchste Punkt im Yildiz-Gebirge in nur etwa 1.030 m Höhe liegt. *Testudo hercegovinensis* ist in Bosnien und Herzegowina in Höhenlagen unter 500 m zu finden.

Klima
Außer in manchen Teilen Bulgariens, Griechenlands, Mazedoniens, Serbiens, Montenegros und Rumäniens sind die Arten der *Testudo-hermanni*-Artengruppe in ihrem Vorkommen fast ausschließlich auf Gebiete mit Mittelmeerklima beschränkt, das sich durch milde Winter, heiße, trockene Sommer und eine geringe Niederschlagsmenge auszeichnet; eine Ausnahme bildet z. B. das Reservat *Bosco della Mesola* im Nordosten Italiens mit seinen heißen, regnerischen Sommern und trockenen, kalten Wintern. Im Westen des Verbreitungsgebietes und an der Ostküste der Adria sinkt die Durchschnittstemperatur im Januar nicht unter 5 °C, im Juli liegt sie zwischen 22,5 und 25 °C. Auf dem mittleren Balkan, am Eisernen Tor in Rumänien, in Mazedonien, im Norden Bulgariens und in Serbien werden im Januar dagegen durchschnittlich

Abb. 59: Auf der Peloponnes (Griechenland) sind die Schildkröten häufig an der Küste auf einem Flickenteppich aus Garrigue, Wiesen und anderen Pflanzengemeinschaften zu finden (J. MARAN)

mindestens -2,5 °C erreicht, im Juli 20–27,5 °C. Im Juli fallen im Verbreitungsgebiet dieser Arten weniger als 50 mm Niederschlag, im Jahr sind es im westlichen Mittelmeerraum sowie in Bulgarien, Mazedonien und Rumänien nicht mehr als 800 mm, an der dalmatinischen Küste maximal 1.200–1.400 mm. Die jährliche Sonnenscheindauer beträgt im Durchschnitt 2.000–2.500 Stunden.

In wärmeren Regionen ist *Testudo boettgeri* deutlich seltener zu finden als *Testudo marginata*, in relativ kühlen Gebieten ist es dagegen umgekehrt; so leben z. B. am Berg Olymp in 600 m Höhe neben zahlreichen Griechischen Landschildkröten nur relativ wenige Breitrandschildkröten. Insgesamt kann man aber sagen, dass dort, wo *Testudo boettgeri* gemeinsam mit *Testudo marginata* vorkommt, erstere eher am Fuße der Hänge in feuchteren Habitaten lebt, während letztere in den höheren Lagen zu finden ist. In Bulgarien kommt die Griechische Landschildkröte stellenweise gemeinsam mit *Testudo ibera* vor; während Erstere in Eichenwäldern häufiger anzutreffen ist, dominiert Letztere in Strandbiotopen. Ähnliches ist im Nordosten Griechenlands zu beobachten, wo *Testudo boettgeri* offenbar eher bewaldete Biotope im Tiefland bevorzugt,

Abb. 60: Im Garraf-Gebirge (Spanien) sind Pflanzen wie z. B. Zistrosen, Heidekraut, Stech- und Dornginster die Charakterarten im Lebensraum vom *Testudo hermanni* (ARCHIV REPTILIA EDICIONES)

während *Testudo ibera* eher steileres, offeneres Gelände besiedelt. Es existieren jedoch auch Lebensräume auf der Chalkidiki-Halbinsel, wo es gerade umgekehrt zu sein scheint. In küstennahen Gebieten ist *Testudo ibera* häufiger in heißeren, trockeneren Lebensräumen zu finden als *Testudo boettgeri*, was bei der ersten Art auch mit einer deutlich höheren Körpertemperatur verbunden ist. Während die Eurasische Landschildkröte sich dort ganzjährig im küstennahen Heideland aufhält, ist dies bei *Testudo boettgeri* nur im Sommer der Fall.

Populationsdichte
Untersuchungen zur Dichte wildlebender Populationen der *Testudo-hermanni*-Artengruppe liegen aus verschiedenen Teilen des Verbreitungsgebietes vor. Vor allem in lichten Wäldern wird oft eine beträchtliche Populationsdichte erreicht; diese Lebensräume sind meist weit von menschlichen Siedlungen entfernt und genießen in einigen Fällen sogar in gewissem Umfang Schutz. Eine der am besten untersuchten Populationen von *Testudo boettgeri* lebt oder lebte in einem etwa 75 Hektar großen küstennahen Heidegebiet bei Alíki in der griechischen Region Zentralmakedonien. Pro Hektar wurden hier zu Beginn der 1980er-Jahre durchschnittlich 13,7–47,0 Tiere gezählt, auf besonders gut geeigneten, sandigen, mit Flechten und Kräutern bewachsenen Abschnitten teilweise sogar mehr als 150; dies stellt einen sehr hohen Wert dar, wie er bei Landschildkröten bisher nur selten festgestellt wurde. Die durchschnittliche Biomasse von mehr als zehn Jahre alten Tieren lag dort bei 26,27 kg pro Hektar, in den am dichtesten besiedelten Bereichen sogar bei 73 kg pro Hektar. Für Epanomí und Lágos, ebenfalls im Nordosten Griechenlands gelegen, ermittelten HAILEY et al. (1988), basierend auf Exemplaren mit mehr als 10 cm Carapaxlänge, eine Populationsdichte von jeweils zehn Schildkröten pro Hektar. Insgesamt ist die Populationsdichte an manchen Orten in Griechenland unnatürlich hoch, was HAILEY & WILLEMSEN (2000) auf die Dezimierung der natürlichen Raubfeinde zurückführten. Im Naturreservat *Bosco della Mesola* im Po-Delta, wo etwa 1.000 Landschildkröten leben, wurden durchschnittlich zwölf Landschildkröten pro Hektar gezählt. Für Populationen aus Kroatien, Montenegro und Rumänien wurden Durchschnittswerte von 80,9, 39,2–44,8 bzw. 44,5 Schildkröten pro Hektar errechnet. Die Biomasse könnte nach Einschätzung von CRUCE (1978), der allerdings nur erwachsene Tiere mit einem Durchschnittsgewicht ab 1,31 kg berücksichtigte, in Rumänien bei etwa 58,29 kg pro Hektar liegen, für Kroatien und Montenegro wurde eine Biomasse von 55,2 bzw. 39,9 kg pro Hektar ermittelt.

Deutlich geringer ist die Dichte der meisten diesbezüglich untersuchten Populationen von *Testudo hermanni*; der hohe Wert von bis zu 80 Schildkröten pro Hektar auf dem Gelände des privaten Schutzgebietes *Son Cifre des Baix* auf Mallorca stellt eine absolute Ausnahme dar. Im *Maremma*-Nationalpark in der Toskana wurden durchschnittlich 0,2–6,11 *Testudo hermanni* pro Hektar gezählt. Im Naturpark um das Garraf-Gebirge, wo auf einer Fläche von 160,25 Hektar Landschildkröten leben, wurde für 23,75 Hektar Fläche eine Populationsdichte von 10 Schildkröten pro Hektar ermittelt, auf der restlichen Fläche waren es zwei Tiere pro Hektar. Im Balmeta-Gebirgszug im Nordosten Spaniens sank die Populationsdichte seit dem Großbrand im Jahre 1986 kontinuierlich von 10,95 auf 2,4 Schildkröten pro Hektar ab, und FRANCH et al. (2002a) ermittelten nach einem weiteren großen Feuer in der Umgebung des katalanischen Örtchens Garriguella unter Einbeziehung der tot aufgefundenen Tiere eine Populationsdichte von im Durchschnitt nur 0,21 Schildkröten pro Hektar; im letzteren Fall spielt wahrscheinlich auch eine Rolle, dass es sich um eine Population am äußersten Rand der spanischen Vorkommen handelt. Diese Ergebnisse aus Spanien zeigen, dass Wald- und Buschbrände eine enorme Bedrohung für das Überleben von *Testudo hermanni* in diesem Land darstellen, für eine Art mit einem langen Lebenszyklus und einem langsamen Generationenwechsel. In einem Gebiet im Süden von Menorca wurde mit 9,4 Exemplaren pro Hektar ein vergleichsweise hoher Wert ermittelt. Für Korsika liegen Berechnungen von traditionell bewirtschafteten Ackerflächen im flachen Osten (durchschnittlich 3,2–11,7 [Spannbreite 2,1–13,8] Schildkröten pro Hektar) sowie Korkeichen- und Ölbaumwäldern im Süden der Insel (durchschnittlich 4,0–13,5 Exemplare pro Hektar) vor. Im Maurengebirge auf dem französischen Festland wurden Durchschnittswerte von 0,19–23,2 Landschildkröten pro Hektar (höchster Wert 42,7; Durchschnittswert zwei Schildkröten pro Hektar; Biomasse 0,04–14,8 kg pro Hektar) ermittelt, doch lassen sich diese Zahlen nicht auf die gesamte Region übertragen, denn hier sind die Populationen punktuell im Inneren großer Gebiete verteilt, die zu stark bewaldet sind, als dass eine genaue Erfassung der Vorkommen möglich wäre. Tatsächlich liegt die Populationsdichte in Südfrankreich vermutlich unter einer Schildkröte pro Hektar, wie z. B. auch CHEYLAN (1981b) nach einem großflächigen Waldbrand feststellen musste. Die Untersuchungen in Südfrankreich ergaben auf größeren Flächen deutlich geringere Populationsdichten als in optimalen Lebensräumen. Dies legt einerseits die Vermutung nahe, dass es sich bei den oben genannten teilweise sehr hohen Populationsdichten auf dem Balkan entweder um außergewöhnliche, von lokal besonders günstigen Umweltbedingungen beeinflusste Individuenkonzentrationen, oder aber schlicht um falsche Schätzungen handelt, die die zu- und abwandernden Schildkröten nicht richtig berücksichtigen. Andererseits sind gerade die aus der Umgebung von Alíki vorliegenden Zahlen als zuverlässig anzusehen, da sie auf einem geschlossenen Gebiet mit großer Fläche ermittelt wurden. Deshalb spricht trotz der erwähnten Unwägbarkeiten vieles dafür, dass die Populationsdichten auf dem Balkan tatsächlich deutlich höher sind als im westlichen Teil des Verbreitungsgebietes.

Altersstruktur

Der Anteil von Jungtieren an einer Population wird allgemein unterschätzt, was darauf zurückzuführen ist, dass die Wahrscheinlichkeit, ein zweijähriges Exemplar zu finden, aufgrund der kürzeren täglichen und jährlichen Aktivitätsperiode der Jungtiere etwa sechsmal geringer ist als bei einem erwachsenen Artgenossen (0,13 im Vergleich zu 0,81). Zwischen verschiedenen Populationen bestehen bezüglich des Jungtieranteils allerdings z. T. gravierende Unterschiede. Besonders niedrig ist die Zahl der Jungtiere bei den rückläufigen Vorkommen des südfranzösischen Maurengebirges (12–18 %) und im italienischen Maremma-Nationalpark (13 %). Häufiger sollen Jungtiere in der Maurenebene sein; 21 % der Tiere sollen hier eine Carapaxlänge von weniger als 11,5 cm aufweisen, was einem Durchschnittsalter von etwa neun Jahren entspricht. Noch höher ist die Zahl der Jungtiere im spanischen Albera-Gebirge; Schildkröten mit einer Carapaxlänge von bis zu 10 cm machten nach einer Untersuchung von FÉLIX et al. (1989) vor einem Waldbrand 30 % der Population aus, danach sogar 66 %. Nach einem weiteren Brand ermittelten FRANCH et al. (2002) in der Umgebung von Garriguella in Katalonien einen durchschnittlichen Jungtieranteil (Exemplare bis 10 cm Carapaxlänge) von nur noch 12 %. Auf Korsika ist der Anteil nicht geschlechtsreifer Exemplare an einer Population sehr hoch; eine Studie im Süden der Insel gelangte zu dem Ergebnis, dass dort 42,6 % der Landschildkröten maximal fünf, 21,6 % zwischen sechs und neun Jahre alt sind (HENRY et al. 1998). Auch mehr als die Hälfte der von WALLACE (1995) auf Menorca untersuchten Schildkröten waren Jungtiere.

Aus dem östlichen Teil des Verbreitungsgebietes, speziell aus Griechenland, liegen z. T. widersprüchliche Daten vor. Während in manchen Populationen nur wenige oder gar keine Jungtiere gefunden wurden – in einem alten Eichenwald bei Deskáti in Griechenland wurden z. B. seit den 1930er-Jahren keine Schildkröten im Alter von weniger als 20 Jahren beobachtet, HAILEY & WILLEMSEN (2000) ermittelten für eine griechische Population einen Jungtieranteil von 1 %, in Bulgarien kommen auf ein erwachsenes Weibchen 0,19 Jungtiere, SCHWEIGER (2005) fand auf der kroatischen Insel Pag nur vereinzelte subadulte Exemplare und Jungtiere und auch in der möglicherweise zu großen Teilen künstlich angesiedelten Population im Naturreservat *Bosco della Mesola* im Nordosten Italiens sind die meisten Tiere älter als 20 Jahre, mit einem Jungtieranteil von 7,84 % – sind diese an anderen Orten außerordentlich zahlreich, nicht selten zahlreicher als ihre erwachsenen Artgenossen. In neun Populationen aus mehr oder weniger stark landwirtschaftlich geprägten Regionen wurden 7.261 Schildkröten markiert, von denen allerdings nur etwa 20 % Jungtiere waren; in relativ unberührten, überwiegend

Abb. 61: Im Nordwesten von Sardinien (Italien) besiedelt *Testudo hermanni* bevorzugt die offene Garrigue (J. MARAN)

bewaldeten Gebieten wurden 1.276 Tiere markiert, und der Jungtieranteil lag sogar nur bei 3%. Bei 17 über fast ganz Griechenland verteilten Vorkommen zeigte sich deutlich, dass offenbar eine Verbindung zwischen dem Jungtieranteil und der Durchschnittsgröße erwachsener Weibchen besteht; Populationen mit relativ kleinen Weibchen weisen einen hohen Anteil von Jungtieren mit einer Carapaxlänge von bis zu 10 cm auf, in Beständen mit großen Weibchen sind dagegen nur wenige oder gar keine Jungtiere zu finden. Dieser Zusammenhang entzieht sich derzeit noch jeglicher Erklärung. STUBBS et al. (1985) stellten in der Population um bei Alíki in Griechenland auch deutliche Unterschiede zwischen Teilpopulationen fest. In einer Heidelandschaft waren z. B. 20,4 % der Schildkröten maximal fünf, weitere 39,6 % 6–10 Jahre alt. In einem anderen, größeren Heidegebiet dagegen gehörten den entsprechenden Altersgruppen nur 4 bzw. 18,7 % an; nach einem Flächenbrand stieg der Anteil noch nicht geschlechtsreifer Tiere geringfügig auf 25,9 % an. Viele Jungtiere wurden wiederum bei einer rumänischen Population gezählt; hier waren 47 % der Schildkröten noch nicht geschlechtsreif, was bei Weibchen einem Alter von maximal neun, bei Männchen von höchstens acht Jahren entspricht, und 31 % waren sogar jünger als fünf Jahre.

Abb. 62: Lebensraum der Italienischen Landschildkröte bei Stintino, Sardinien (Italien) (F. WÜTHRICH)

Die erwähnten Unterschiede beim Jungtieranteil zwischen den verschiedenen Populationen können derzeit noch nicht mit Sicherheit gedeutet werden. Man kann jedoch durchaus sagen, dass dem Ausmaß eine Bedeutung zukommt, in dem Gelege und Jungtiere Raubtieren zum Opfer fallen; dafür spricht z. B., dass der Anteil der Jungtiere mit einer Carapaxlänge unter 12 cm von vier gemeinsamen Vorkommen von *Testudo boettgeri* und *Testudo ibera* im Nordosten Griechenlands in etwa gleich ist.

Geschlechterverhältnis

Was das Geschlechterverhältnis innerhalb einer Population betrifft, so wurden deutliche jahreszeitliche, lebensraum- und altersbedingte Differenzen festgestellt, die aber vermutlich zumindest teilweise auf unterschiedliche Untersuchungsmethoden zurückzuführen sind. Theoretisch ließe sich die Struktur einer Population nur so verlässlich darstellen, indem man alle Exemplare einfangen und individuell markieren würde. Auch jahreszeitlich bedingte Unterschiede in der Aktivität der beiden Geschlechter üben einen Einfluss auf das Ergebnis einer Untersuchung zur Zusammensetzung einer Population aus.

In Südfrankreich kamen die meisten Studien zu dem Ergebnis, dass hier das Geschlechterverhältnis ausgewogen oder allenfalls leicht zugunsten der Weibchen verschoben ist; nur manche isolierten, stark dezimierten Vorkommen bestehen aus mehr weiblichen als männlichen Tieren (bis zu 1,7 Weibchen pro Männchen). Im spanischen Albera-Gebirge und auf den Balearen überwiegen die Weibchen dagegen deutlich (durchschnittlich 2,6 bzw. 2,4 Weibchen pro Männchen). In Italien (Toskana) ist das Geschlechterverhältnis offenbar wiederum einigermaßen ausgeglichen. Lediglich im Naturpark um das Garraf-Gebirge bei Barcelona überwiegen bei den diesbezüglich untersuchten Vorkommen der westlichen Populationsgruppe die männlichen Tiere (1,43 Männchen pro Weibchen); interessanterweise handelt es sich hier um eine vom Menschen wiederangesiedelte Population.

Im Gegensatz zu den oben beschriebenen Verhältnissen im westlichen Teil des Verbreitungsgebietes überwiegen in der östlichen Populationsgruppe die männlichen Tiere. So kommen z. B. in Kroatien 1,33 Männchen auf ein Weibchen, im Südosten Griechenlands an vier verschiedenen Fundorten sogar 2,1–6,3 (durchschnittlich 3,1). Zu ähnlichen Ergebnissen kam HAILEY (1990) bei Alíki im Nordosten Griechenlands (3,45 Männchen pro Weibchen). Lediglich CRUCE (1978) erhielt in Rumänien ein in etwa ausgewogenes Geschlechterverhältnis von 0,91 Männchen pro Weibchen, und auch WALLACE & WALLACE (1985a) ermittelten in Petrovac in Montenegro anhand einer Population aus 65 Landschildkröten ein Verhältnis von fast 1:1, MEEK (1989) kam für eine andere montenegrinische Population auf ein Verhältnis von 1,05 Männchen pro Weibchen. Ähnliches gilt für die Population im italienischen Naturreservat *Bosco della Mesola* (1,13 Männchen pro Weibchen).

Die Ursachen für die geschilderten Unterschiede konnten bislang ebensowenig wie die differierende Altersstruktur verschiedener Populationen ergründet werden. Für die griechische Population aus der Umgebung von Alíki existieren Erklärungsversuche (WILLEMSEN & HAILEY 2001b), die jedoch von den gleichen Autoren später z. T. wieder zurückgezogen wurden (siehe Kapitel »Wachstum und Lebenserwartung«). Das Geschlechterverhältnis veränderte sich hier im Laufe der Jahre etwas zugunsten der Weibchen; während im Jahre 1982 noch 4,1 Männchen pro Weibchen gezählt wurden, waren es 1988 2,4. Auch der Lebensraum spielt bei Alíki eine Rolle beim Geschlechterverhältnis innerhalb einer Population; während das Verhältnis in manchen Habitaten in etwa ausgeglichen ist, dominieren die Männchen an anderen Orten ganz eindeutig (bis zu 8,5 Männchen pro Weibchen auf mehreren isolierten kleinen Sandflächen). Weitere Faktoren, die das Geschlechterverhältnis beeinflussen, sind etwa die Entwicklung einer Population vor Beginn einer Studie, die Altersstruktur und die unterschiedlichen Überlebensraten männlicher und weiblicher Schildkröten. Eine höhere Überlebenswahrscheinlichkcit bei erwachsenen Männchen bedeutet in Kombination mit der bei Männchen früher eintretenden Geschlechtsreife für Populationen mit einem großen Anteil älterer Tiere automatisch einen größeren Anteil männlicher Exemplare.

Aktionsradius

Die Angehörigen der *Testudo-hermanni*-Artengruppe sind offenbar sehr heimattreue Arten. In der Toskana z. B. wurden bei *Testudo hermanni* 27 Exemplare beider Geschlechter nach zwei Jahren im Durchschnitt in einer Entfernung nur 50 m vom letzten Beobachtungspunkt gefunden (Männchen durchschnittlich 59 m, Weibchen 40 m). Ähnliches wurde auch aus Griechenland bekannt, wo nach zwei Jahren Studiendauer von 246 *Testudo boettgeri* nur sehr wenige Exemplare identifiziert wurden, die seit ihrer Markierung ihren Standort um mehr als 300 m verändert hatten; hier betrug die pro Tag im Durchschnitt zurückgelegte Distanz 80 m bei Männchen und 85 m bei Weibchen. STUBBS et al. (1985) berichteten, dass die Exemplare einer markierten Population von *Testudo boettgeri*, die eine schwere Brandkatastrophe überlebt hatten und ihren Lebensraum zunächst verlassen mussten, nach zwei Jahren wieder in ihr ursprüngliches Verbreitungsgebiet zurückgekehrt waren.

Sechsjährige Untersuchungen an 124 Exemplaren auf Korsika zeigten ebenfalls, dass die Tiere sich über mehrere Jahre fast immer im gleichen Gebiet bewegen. Die Nutzung der verschiedenen Abschnitte des »Territoriums« einer Schildkröte verläuft über das Jahr gesehen ungleichmäßig; die Aktivität konzentriert sich um die besten Futterplätze. Vier wenige Monate alte korsische Schildkröten wurden in 21, 30, 77 bzw. 79 m Entfernung von ihrem ursprünglichen Fundort wiederentdeckt. Ältere Jungtiere wandern dagegen offenbar etwas mehr, denn zwei- bis fünfjährige Studien auf Korsika zeigten, dass die Entfernungen der am weitesten auseinander liegenden Fundorte 122–411 m (durchschnittlich 230 m) betrugen, während die entsprechenden Werte erwachsener Artgenossen nur bei 122–268 m (durchschnittlich 184 m) lagen.

Alle genannten Daten liegen im Rahmen des normalen Aktionsradius'. Es gibt allerdings Hinweise auf Einzeltiere, die ein außergewöhnlich starkes Wanderbedürfnis besitzen. So wurde etwa ein zwölfjähriges Weibchen, das im 1981 im Maurengebirge markiert worden war, nach sechs Wochen Entfernung in mehr als 1,5 km und im folgenden Frühling in fast 3 km Entfernung vom ursprünglichen Fundort wiedergefunden; solche »Wandervögel« sind zwar die absolute Ausnahme, könnten aber eine wichtige Rolle beim Genaustausch zwischen benachbarten, aber weitgehend voneinander isolierten Populationen spielen.

Die Heimatbezirke besitzen in verschiedenen Teilen des Verbreitungsgebietes der *Testudo-hermanni*-Artengruppe folgende Größen:

Hügeliges, bewaldetes Gelände im südfranzösischen Maurengebirge: Männchen durchschnittlich 1,56 ± 0,70 Hektar, Weibchen 2,41 ± 0,92 Hektar;

Bewaldetes Gebiet in Südfrankreich: 0,3–2,2 Hektar;

Macchia im Küstenbereich der Toskana: Männchen 0,25–1,20 (durchschnittlich 0,65) Hektar, Weibchen 0,7–2,4 (durchschnittlich 1,49) Hektar;

Maremma-Nationalpark, Toskana: Männchen 1,7–3,3 Hektar, Weibchen 0,9–4,2 Hektar;

Macchia, Wälder und Heidelandschaft auf Korsika: Männchen 0,14–1,85 (durchschnittlich 0,84) Hektar, Weibchen 0,75–3,50 (durchschnittlich 1,37) Hektar;

Abb. 63: Italienische Landschildkröte aus der Umgebung von Gonfaron, Südfrankreich (B. Devaux)

Delta des Ebro in Spanien: erwachsene Männchen durchschnittlich 1,69 Hektar (halbwüchsige Tiere 0,47 Hektar), erwachsene Weibchen 0,74 Hektar (halbwüchsige Exemplare 0,89 Hektar);

Küstennahe Heidelandschaft und Sumpfgebiete bei Alíki im Nordosten Griechenlands: Männchen durchschnittlich 1,23 ± 0,39 Hektar, Weibchen 2,41 ± 0,67 Hektar.

LONGEPIERRE et al. (2001) stellten fest, dass der Aktionsradius französischer Landschildkröten während des Höhepunktes der Fortpflanzungssaison im Juni deutlich größer ist als bei deren griechischen Verwandten. Dies war allerdings nicht darauf zurückzuführen, dass die französischen Tiere größere Strecken zurücklegten, sondern darauf, dass in Frankreich mehr unterschiedliche Habitatformen genutzt werden als in Griechenland. Aus naturschutzrechtlicher Sicht bedeutet dies, dass zur erfolgreichen Erhaltung der französischen Bestände die Unterschutzstellung verschiedener benachbarter Biotope erforderlich ist, was solche Schutzmaßnahmen schwieriger macht.

Im italienischen Naturreservat *Bosco della Mesola* haben männliche Exemplare einen Aktionsradius von 4,4–8,0 (durchschnittlich 4,6) Hektar, bei Weibchen sind es 1,6–10,8 (durchschnittlich 7,4) Hektar; diese hohen Werte sind vermutlich durch das in diesem dichten Eichenwald geringere Nahrungsangebot mit nur vereinzelten krautbewachsenen Lichtungen und die relativ geringe Populationsdichte zurückzuführen. Die aufgeführten Studienergebnisse zeigen mit Ausnahme der Daten aus Spanien und dem *Bosco della Mesola* (interessanterweise handelt es sich möglicherweise in beiden Fällen um vom Menschen angesiedelte Populationen), dass der Aktionsradius der Männchen im Durchschnitt offenbar geringer ist als der der Weibchen, und zwar auch dann, wenn die Weibchen wie etwa in der Toskana und bei Alíki keine größeren Strecken zu den

Abb. 64: Dieses Jungtier von *Testudo hermanni* zeigt das für die meisten Landschildkröten typische Abwehrverhalten (H.-U. SCHMIDT)

Eiablageplätzen zurücklegen müssen. Vermutlich paaren sich die Weibchen in ihren größeren Territorien mit mehreren Männchen, was zu einem stärkeren Genaustausch führt.

In Griechenland (Alíki) legt *Testudo boettgeri* täglich Strecken von 1–450 m (Männchen durchschnittlich 80, Weibchen 85 m) zurück; während der jährlichen Aktivitätszeit sind es bei den Männchen insgesamt schätzungsweise 11,7 km, bei den Weibchen 12,1 km. Männliche Tiere sind im Mai, Juni und Oktober weniger wanderfreudig, die Weibchen im September und Oktober.

Für Exemplare aus der Toskana wurden tägliche Ortsveränderungen von durchschnittlich 14,7 m bei Weibchen und 29,2 m bei Männchen ermittelt, maximal waren es täglich etwa 100 m. Im Rahmen einer Radiotelemetriestudie kamen CALZOLAI & CHELAZZI (1991) ebenfalls in der Toskana zu etwas anderen Ergebnissen: Weibchen legen dort demnach durchschnittlich 7,3 ± 2,1 m pro Tag zurück, Männchen 10,5 ± 1,5 m. Männchen sind hier im Frühjahr und Herbst mehr unterwegs als Weibchen (täglich im Durchschnitt 8,2 m im Vergleich zu 1,8 m), im Sommer ist es eher umgekehrt (Männchen 22 m, Weibchen 44,7 m). Diese im Vergleich zu den Studienergebnissen aus Griechenland niedrigen Werte sind allerdings auf die Messmethode zurückzuführen. Bei den Untersuchungen in Italien wurde nämlich nicht die tatsächlich zurückgelegte Entfernung, sondern alle 24 Stunden die Distanz zwischen den jeweiligen Aufenthaltsorten der Schildkröten bestimmt. Die Messung der tatsächlich zurückgelegten Strecke kann mithilfe eines sogenannten »Ariadnefadens« vorgenommen werden; diesen Faden wickelt die Schildkröte bei der Fortbewegung von einer Spule ab und zieht so gewissermaßen eine Spur hinter sich her. Die Verfolgung eines solchen Fadens erbrachte für ein Männchen in der Toskana eine durchschnittliche tägliche Wanderstrecke von 80 m im April und Mai, für zwei Weibchen eine tägliche Strecke von im Durchschnitt 15,2 bzw. 18 m von Ende Juli bis August. Die pro Tag durchschnittlich zurückgelegte Strecke französischer Tiere betrug im Rahmen einer Untersuchung 150 m, der Maximalwert lag bei 500 m.

Trotz der Sesshaftigkeit der Angehörigen der *Testudo-hermanni*-Artengruppe existiert kein »echtes« Territorialverhalten, aggressive Auseinandersetzungen zwischen einzelnen Exemplaren haben nicht die dauerhafte Vertreibung anderer Artgenossen zum Ziel. Nach Angaben von CHEYLAN (1981b) teilt z. B. eine männliche *Testudo hermanni* auf Korsika ihren Lebensraum im Durchschnitt mit 24 Weibchen und 18,5 anderen Männchen.

Jahreszeitlich bedingte Wanderungen spielen bei den Angehörigen der *Testudo-hermanni*-Artengruppe ebenfalls so gut wie keine Rolle. In bewaldeten Lebensräumen müssen die Weibchen allerdings auf der Suche nach geeigneten Eiablageplätzen längere Strecken zurücklegen, meist 200–300 m, in Extremfällen aber auch deutlich mehr (in Südfrankreich z. B. bis zu 3 km). Außerdem wurden Schildkröten beobachtet, die zu bestimmten, nur saisonal verfügbaren Nahrungsquellen (Obst) wanderten. In Rumänien z. B. leben die meisten Exemplare im Frühjahr im Hügelland, wo Paarungen und Eiablagen stattfinden. Ab Mitte Juni wandern die erwachsenen Tiere entlang der Täler bis zu 1,5 km weit zu landwirtschaftlich bewirtschafteten Flächen; die Jungtiere bleiben derweil im Hügelland und legen höchstens Strecken von 250–300 m zurück. Ende Juli kehren die erwachsenen Schildkröten wieder in ihre Heimat zurück, um sich dort von den mittlerweile reifen Maulbeeren zu ernähren. Die in der Heidelandschaft in der Umgebung von Alíki im Nordosten Griechenlands lebenden Artgenossen wandern im Vergleich dazu nur wenig, um an saisonale Nahrungsquellen zu gelangen. In der Toskana behalten die Schildkröten stets ihre Kernterritorien bei, weiten ihren Aktionsradius im Sommer aber deutlich aus. Auf Korsika benutzen die Weibchen bestimmte Gebiete zur Eiablage, im Sommer bevorzugen dagegen sowohl sie als auch die männlichen Tiere eher kühle und feuchte Lebensräume; diese Standortveränderungen machen jedoch nicht mehr als 200–300 m aus und liegen daher innerhalb des normalen Aktionsradius'. Auf Mallorca leben die Schildkröten im feuchten Winter hauptsächlich im Hügelland, da ihre Lebensräume im Tiefland dann häufig überflutet werden; in der warmen Jahreszeit kehren sie dann in die tieferen Lagen zurück, wo die Vegetation üppiger ist und größere Nahrungsreserven bietet. Naturkatastrophen wie etwa Waldbrände können zwar auch weitere Wanderungen zu ungefährlicheren Orten auslösen, doch kehren die Tiere relativ schnell wieder in ihre alte »Heimat« zurück.

Als problematisch für den Erfolg vieler Wiederansiedelungsprojekte hat sich erwiesen, dass viele der in die Natur entlassenen Tiere anfangs große Strecken zurücklegten und dabei häufig die Naturschutzgebiete, in denen sie eigentlich heimisch werden sollten, verließen, und bei Erreichen menschlicher Siedlungen überfahren oder gefangen wurden. LIVOREIL et al. (2002) führten aus diesem Grunde eine Untersuchung durch, um die Ursachen dieser »Wanderfreudigkeit« zu ermitteln und zur Lösung des Problems beizutragen. Sie boten auf dem Gelände der Schildkrötenschutzstation SOPTOM im französischen Gonfaron einigen für die Auswilderung vorgesehenen Tieren eine längere Eingewöhnungszeit in größeren, naturnah eingerichteten Freilandanlagen (20 m²) und konnten feststellen, dass diese Schildkröten nach ihrer »Freilassung« in noch größeren Freilandanlagen (47 m²) deutlich kürzere Strecken zurücklegten und auch weniger Zeit mit Wanderaktivitäten verbrachten als zuvor ihre Artgenossen im freien Gelände. Auch wenn selbst noch so großzügige Freilandanlagen selbstverständlich nicht hundertprozentig mit den Bedingungen in freier Natur vergleichbar sind, lässt sich aus den Forschungsergebnissen doch schließen, dass es von Vorteil wäre, den Schildkröten zukünftig generell eine Anpassung an ihren zukünftigen Lebensraum unter kontrollierten Bedingungen zu ermöglichen.

Die Angehörigen der *Testudo-hermanni*-Artgruppe besitzen ein ganz hervorragendes Heimfindevermögen, bei dem offenbar der Geruchssinn eine wichtige Rolle spielt. Die Tiere kehren immer wieder zielstrebig zu ihren Versteckplätzen zurück. In der Toskana z. B. werden 30 % der Unterschlüpfe unter Gebüsch und 55 % in Kaninchenbauten während eines Jahres wiederholt aufgesucht, davon etwa 10 % mehr als dreimal. Nicht selten sind 2–3 Schildkröten in einem Versteck zu finden. Auch die große Treue der Weibchen zu bestimmten Eiablageplätzen und die zielgenaue Rückkehr zu ihren angestammten Territorien weisen auf die Existenz sehr guter Orientierungsmechanismen hin. Versuche zeigten, dass die Tiere nach einer Umsetzung schnell wieder zu ihrem gewohnten Lebensraum zurückfinden. Von 28 italienischen Exemplaren, die in 135–418 m Entfernung vom eigentlichen Fundort wieder freigelassen wurden, fanden alle innerhalb weniger Tage wieder zurück, interessanterweise auf dem direktesten Wege.

Abwehrverhalten
Die Arten der Testudo-hermanni-Artgruppe reagieren auf Bewegungen ab einer Entfernung von etwa 15–20 m. Überrascht man ein Tier, so zieht es in der Regel mit lautem Zischen Kopf und Beine in den Panzer zurück, der dann hörbar auf den Boden plumpst; seltener ergreifen diese Schildkröten bei Annäherung eines Feindes die Flucht. Hebt man ein Tier hoch, so zappelt es meist mit Vorderbeinen und Kopf heftig hin und her und entleert häufig den Inhalt seiner Blase.

Tages- und Jahresrhythmus

Tagesrhythmus
Die tägliche Aktivitätszeit der hier behandelten Arten variiert im Verlauf eines Jahres. Wichtigster Faktor ist dabei die Tageslänge. Zwischen Sonnenauf- bzw. -untergang und dem Anfang bzw. Ende der Aktivität liegen jeweils etwa 1–2 Stunden. Sobald morgens die ersten Sonnenstrahlen den Erdboden erreichen, verlassen die Schildkröten ihre Nachtquartiere, um sich aufzuwärmen, wobei sie ihren Panzer stets nach Südosten hin ausrichten, um der Sonne eine möglichst große Körperoberfläche zu präsentieren. Sobald eine ausreichende Körpertemperatur erreicht ist, begeben sich die Tiere auf Nahrungssuche. Abends ziehen sich die Schildkröten dann meist wieder zurück, wenn die Sonne den Boden nicht mehr erhellt, was wie erwähnt etwa 1–2 Stunden vor dem astronomischen Sonnenuntergang der Fall ist; nur während sehr warmer Monate, also hauptsächlich von Juli bis September, sind die Tiere bis zum Einbruch der Dunkelheit aktiv. Die täglichen Aktivitäten sind generell während der kühleren Monate (in Südfrankreich z. B. von März bis Mitte Mai sowie im Oktober und November) auf die Mittagsstunden beschränkt, wenn es dagegen sehr heiß ist (von Juni bis September) sind die Schildkröten vor- und nachmittags (vor allem vormittags) unterwegs und ziehen sich mittags in den Schatten zurück. In manchen Lebensräumen, vor allem in Wäldern, verschwimmen die sommerlichen zweigeteilten Aktivitätshöhepunkte allerdings häufig, da dort die Baumkronen die Auswirkungen des Sonnenlichts auf Lichtstärke und Temperatur abdämpfen, sodass eine gleichmäßigere Aktivität möglich ist.

CHEYLAN (1981b) unterteilt den Jahresablauf südfranzösischer *Testudo hermanni* in fünf Phasen: Erwachen aus der Winterruhe (März/April), Frühjahr (Mai/Juni), Sommer (Juli/August), Herbst (September bis November) und Winterruhe (Dezember bis Februar). Er unterscheidet dabei zwischen den von den Schildkröten für ihre Aktivitäten potentiell nutzbaren Tagesstunden und der tatsächlichen Aktivitätszeit. Letztere ist von der Tageslänge unabhängig. Sie ist von April bis Juni während der Paarungs- und Nistsaison deutlich länger als während der Sommermonate Juli und August und steigt dann im Oktober wieder leicht an, denn die Tiere versuchen dann, die sinkenden Temperaturen durch häufigere Sonnenbäder auszugleichen. Der von CHEYLAN am Beispiel Südfrankreich dargestellte Jahresverlauf bei Testudo hermanni ist, mit gewissen zeitlichen Verschiebungen, auch im restlichen Verbreitungsgebiet der Artengruppe erkennbar.

Erwachen aus der Winterruhe: Im März und April ist die Witterung in Südfrankreich noch sehr unbeständig, was noch keine regelmäßigen Aktivitäten erlaubt. Erst ab der zweiten Märzhälfte kommen etwa 60–75 % der Schildkröten häufiger hervor, allerdings nur während der wärmeren Tagesstunden, also ungefähr von 7–15 Uhr. In dieser Zeit verbringen die Tiere 70 % der Zeit außerhalb ihrer Unterschlüpfe mit Sonnenbädern, wobei sie sich gerne an Steinen oder Sträuchern aufstellen und Kopf und Extremitäten weit aus dem Panzer strecken, um möglichst viel der wärmenden Strahlung zu erhalten. Im April ist die Winterruhe schließlich für alle Schildkröten beendet, und die Paarungen beginnen; bei einer Umgebungstemperatur von 18 °C sind die Tiere etwa von 9–14 Uhr aktiv. Schlechtwetterperioden, einschließlich vereinzelter Schneefälle, sind während dieser Phase noch gang und gäbe. Die Tageslichtdauer liegt bei 11,15–13,00 Stunden, davon werden elf von den Tieren für Aktivitäten genutzt, die durchschnittliche Aktivitätsdauer beträgt allerdings nur 1,8 ± 0,6 Stunden. Etwa 47,6 % der Tage vergehen ohne jegliche Aktivität. Die durchschnittliche Umgebungstemperatur liegt bei 11 ± 7,3 °C. Es ist keine Seltenheit, dass einige Schildkröten in den ersten 8–10 Tagen nach der Winterruhe zunächst keinerlei Nahrung aufnehmen; dann aber werden sie allmählich aktiver und beginnen nach dem »Ankurbeln« des Stoffwechsels mit der Futteraufnahme.

Frühjahr: Aufgrund des stabileren Klimas und der längeren Tage sind die Schildkröten regelmäßig aktiv. Im Frühjahr ist der Tisch reich gedeckt, und eine große Auswahl an Futterpflanzen steht zur Verfügung. Dementsprechend verbringen die Tiere einen Großteil des Tages mit der Nahrungsaufnahme. Im Mai verschiebt sich bei steigenden Temperaturen der Aktivitätshöhepunkt auf 8 oder 9 Uhr. Die Tiere verbringen viel Zeit mit Nahrungssuche, Wanderungen und Paarungen, aber noch immer fast 70 % der Tagesstunden mit Sonnenbädern. Der Mai ist derjenige Monat, in dem die Tiere am längsten aktiv sind. Die Tageslichtdauer liegt bei 13,00–15,18 Stunden, davon werden 13 von den Tieren für Aktivitäten

Abb. 65: Testudo boettgeri in Griechenland (H. BRINGSØE)

genutzt, die durchschnittliche Aktivitätsdauer beträgt 4,8 ± 1,2 Stunden. Etwa 5,3 % der Tage vergehen ohne jegliche Aktivität. Die durchschnittliche Umgebungstemperatur liegt bei 20,1 ± 8,2 °C. Die Männchen sind zu dieser Jahreszeit besonders aktiv, da sie nach Weibchen Ausschau halten. Ab der letzten Maiwoche suchen die ersten Weibchen die Nistplätze auf, die meisten von ihnen schreiten jedoch erst im Juni zur Eiablage. Im Juni bewegt sich der Höhepunkt der Aktivität um 9 Uhr herum, ab 12 Uhr verringert sie sich wieder, und nur wenige Tiere bleiben bis zum Spätnachmittag aktiv. Sonnenbäder sind mit Ausnahme der ersten beiden Aktivitätsstunden deutlich seltener als bisher. Die letzten Exemplare ziehen sich gegen 17 Uhr in ihre Unterschlüpfe zurück, gleich nachdem der Boden nicht mehr direkt von der Sonne beschienen wird. In Montenegro verbringen die Schildkröten die Morgenstunden mit Sonnenbädern und bringen so ihre Körpertemperatur auf etwa 34 °C; während des restlichen Tages sind die Tiere mit der Nahrungsaufnahme, Paarungs- und Wanderaktivitäten beschäftigt.

Sommer: Mit dem Anstieg der Umgebungstemperaturen und dem Ende der Nistsaison gehen die Aktivitäten deutlich zurück. Die Tageslichtdauer liegt bei 13,13–15,18 Stunden, davon werden 13 von den Tieren für Aktivitäten genutzt, die durchschnittliche Aktivitätsdauer beträgt jedoch nur noch 2,4 ± 0,6 Stunden. Nun zeigen sich zwei Aktivitätshöhepunkte am Tag, einer von 7–10 Uhr (Beginn des täglichen Temperaturanstiegs, etwa 20–25 °C) und einer zwischen 15 und 17 Uhr, sobald die Sonne am Horizont verschwindet; SOFSKY (1982) beobachtete im Norden Griechenlands sogar bis etwa 20 Uhr aktive Landschildkröten. Nur 10–25 % der Tiere bleiben Ende Juli in Südfrankreich nach 11 Uhr außerhalb ihrer Verstecke. Der winterliche Unterschlupf wird gegen ein einfacheres Versteck in bzw. unter der Vegetation oder manchmal auch in Felsspalten getauscht. Sonnenbäder werden drastisch reduziert, die Schildkröten verbringen viel Zeit im Schatten der Pflanzen in einer Art »Halbschlaf«. Etwa 6,3 % der Tage vergehen ohne jegliche Aktivität; es handelt sich dabei im Gegensatz zu den vorangegangenen Phasen um die heißesten Tage. Die durchschnittliche Umgebungstemperatur liegt bei 26,4 ± 8,6 °C.

Herbst: Mit den ersten Regenfällen und den damit verbundenen sinkenden Temperaturen kommt es im September zu einem schrittweisen Aktivitätsrückgang, die Schildkröten fressen zunächst weniger und schließlich gar nichts mehr. Zwar sind noch genauso viele Tiere aktiv wie im Sommer, doch nehmen die Tage deutlich zu, an denen die Schildkröten bei schlechtem Wetter passiv bleiben. Etwa 20,6 % (November: 72,6 %) der Tage vergehen ohne jegliche Aktivität. Die durchschnittliche Umgebungstemperatur liegt bei 16,1 ± 6,7 (November: 9,1 ± 4,9) °C. Die Tageslichtdauer liegt bei 10,18–13,13 Stunden (November: 9,12–10,18), davon werden acht (Oktober, November) bis elf (September) von den Tieren für Aktivitäten genutzt, die durchschnittliche Aktivitätsdauer beträgt 2,5 ± 0,6 (November 0,4 ± 0,6) Stunden. Anfang September können sich die Schildkröten im Zeitraum von 7–17 Uhr außerhalb ihrer Verstecke aufhalten, aktiv sind sie meist aber nur während der warmen Vormittagsstunden von 8–12 Uhr. Die ersten 2–3 Stunden werden von 50–100 % der Tiere mit Sonnenbaden verbracht; es folgt eine kurze Aktivitätsphase, nach der sich gegen 12 Uhr fast alle Schildkröten in ihre Verstecke zurückziehen. Im Oktober verbringen die Tiere den größten Teil ihrer Aktivitätszeit mit Sonnenbädern, trotz häufiger Wärmeperioden sinkt die Aktivität abrupt ab. Nur noch 20–25 % der Exemplare sind noch gleichzeitig aktiv. Kurze Kälteperioden können die Aktivität vollständig unterbrechen. Die Nächte werden wieder regelmäßig in den unterirdischen Winterquartieren verbracht, die dann im November schließlich nur noch vereinzelt an warmen Tagen verlassen werden, fast ausschließlich um Sonnenbäder zu nehmen. Die meisten Schildkröten sind im November gegen 11 Uhr bei Umgebungstemperaturen von etwa 13 °C aktiv.

Jungtiere sind im Tagesverlauf kürzer aktiv als ihre erwachsenen Artgenossen; dies ist vermutlich ebenso wie die kürzere jährliche Aktivitätsperiode damit zu erklären, dass sie aufgrund ihrer geringeren Größe extreme Temperaturen (sowohl Hitze als auch Kälte) schlechter vertragen als ihre erwachsenen Artgenossen.

Der fortschreitende Rückgang der Vegetation in vielen Teilen Griechenlands führt dazu, dass sich den dort lebenden Landschildkröten immer weniger Unterschlupfmöglichkeiten bieten. Die Tiere sind daher gezwungen, vorhandene »Höhlen« als Unterschlupf zu nutzen. Oft werden aus diesem Grund in großen tiefen Höhlen nicht nur mehrere *Testudo boettgeri*, sondern auch Griechische Landschildkröten gemeinsam mit Breitrandschildkröten gefunden. Dies ist jedoch kein natürliches Verhalten und gibt aus diesem Grund auch keinen Hinweis auf ein mögliches Sozialverhalten dieser Tiere.

Jahresrhythmus

In Südfrankreich verlässt *Testudo hermanni* in der Regel Mitte März (frühestens am 21.01., spätestens am 15.04.) die Winterruheplätze unter Büschen, Laubhaufen, abgestorbenen Bäumen, größeren Steinen oder in (oft selbstgegrabenen) Erdhöhlen und zieht sich meist Ende Oktober oder im November (frühestens am 01.10., spätestens am 01.12.) wieder dorthin zurück; die Schildkröten sind hier im Durchschnitt 7,5 Monate des Jahres aktiv. Von November bis Februar währt die Winterruhe der Exemplare vom spanischen Festland. Auf Menorca beginnt die fünfmonatige Winterruhe Ende Oktober. Im Süden von Korsika kommen die Tiere in der Regel zwischen dem 15. und 20. März, seltener auch schon ab Ende Januar zum Vorschein; die Winterruhe beginnt hier meist in der zweiten Dezemberhälfte (frühestens am 25.11., spätestens am 25.12.), die durchschnittliche jährliche Aktivitätszeit beträgt neun Monate. Im Februar oder März, spätestens aber Anfang April, ist die Winterruhe in der Toskana zu Ende, sie beginnt Mitte November, und die durchschnittliche jährliche Aktivitätszeit beträgt 8–9 Monate. TREPTE (1993) konnte dort Tiere beobachten, die den Winter offenbar vergraben im Schlamm im Uferbereich eines Nebenflusses des Ombrone verbracht hatten. Auf Sardinien fällt die Winterruhe nach Aussagen von Einheimischen relativ kurz aus und ist häufig auch teilweise unterbrochen.

In Albanien, wo die Winterruhe etwa von Ende November bis Ende März währt, ist *Testudo boettgeri* ungefähr 8–9 Monate im Jahr aktiv. Bis in den März, z. T. auch bis Ende April erstreckt sich die Winterruhe in Bulgarien, die Aktivität der Tiere reduziert sich dann wieder deutlich ab Anfang September, und die letzten Schildkröten begeben sich Ende Oktober oder Anfang November wieder in die Winterruhe, wenn die Nachttemperaturen bereits auf 1–2 °C absinken können. Durchschnittlich 210 Tage pro Jahr sind die Schildkröten in der Umgebung von Alíki im Nordosten Griechenlands aktiv, wo die Winterruhe etwa Anfang November beginnt und Ende März endet; 95 % der hier lebenden Schildkröten sind von April bis Juni aktiv, nur 49 % dagegen von Juli bis Oktober. Rumänische Tiere sind von März bis Oktober aktiv, mit Schwerpunkten von April bis Juni und September bis Oktober. Tiere aus der Region um Sisesti begeben sich z. B. gewöhnlich Anfang Oktober (frühestens am 12.09., spätestens am 05.11.) zu den Winterruheplätzen, um sie Ende März oder Anfang April (frühestens am 24.03., spätestens am 10.04.) wieder zu verlassen; sie sind pro Jahr

6,0–6,5 Monate aktiv, die Hauptaktivitätszeit fällt hier in die ersten beiden Maiwochen. Diese Beobachtungen zeigen, dass z. B. das sehr milde Klima an der Südküste von Korsika den Schildkröten eine um rund zwei Monate länger andauernde Aktivität erlaubt als etwa ihren Artgenossen in Rumänien. Dies wirkt sich allerdings kaum auf die Nist- und Schlupfzeiten aus (siehe Kapitel »Fortpflanzung«), was möglicherweise durch das kontinentalere Klima auf dem Balkan bedingt ist.

Die Winterruhe von *Testudo hercegovinensis* währt nach Angaben von BLANCK & ESSER (2004) meist von Anfang November bis Mitte Februar.

Die Schildkröten sind nicht während der gesamten oben genannten Aktivitätszeiten anzutreffen. So sind die Tiere etwa in der Umgebung von Alíki nach Einschätzung von HAILEY (1989) im Durchschnitt nur 140 (ca. 67 %) von insgesamt 210 geeigneten Tagen aktiv. Ähnliche Erkenntnisse liegen aus Südfrankreich vor, wo die Schildkröten im März und April an 52,4 %, von Mai bis August an 93,7–94,7 % und im September und Oktober an 79,4 % der Tage aktiv sind. In Spanien fällt der Aktivitätsschwerpunkt im Frühjahr in den April, im Sommer gehen dann die Aktivitäten zurück, um sich im September wieder zu verstärken. Die in den sandigen, trockenen Küstenstreifen Sardiniens lebenden Tiere, die relativ hohen Temperaturen ausgesetzt sind, halten laut WEGEHAUPT (2004) je nach Temperatur eine regelrechte Sommerruhe. Von Ende Februar bis Ende Oktober durchgehend aktiv ist jedoch die möglicherweise eingeführte Population im italienischen Naturreservat *Bosco della Mesola*, was auf die verhältnismäßig niedrigen Sommertemperaturen in diesem, dem nördlichsten Teil des Verbreitungsgebietes der Artgruppe, zurückzuführen ist. Geschlechtsbedingte Unterschiede existieren bei der Gesamtdauer der jährlichen Aktivitätszeit nach CHEYLAN (1989) nicht; er führt anderslautende Angaben auf nicht verallgemeinerbare Zufallsbeobachtungen zurück oder hält sie aus anderen Gründen für zweifelhaft.

Jungtiere werden im Vergleich zu erwachsenen Exemplaren deutlich später aktiv (in Rumänien z. B. erst Ende April statt Ende März) und ziehen sich im Herbst auch früher in die Winterquartiere zurück, letzteres evtl. mit Ausnahme von Rumänien, wo gegen Ende der Aktivitätszeit mehr Jungtiere beobachtet wurden. Die kürzere Aktivitätsphase der Jungtiere ist vermutlich damit zu erklären, dass sie aufgrund ihrer geringeren Größe extreme Temperaturen (sowohl Hitze als auch Kälte) schlechter vertragen als ihre erwachsenen Artgenossen.

STUBBS & SWINGLAND (1985) verzeichneten bei französischen Tieren während der Winterruhe z. T. einen Gewichtsverlust von bis zu 7 %, bei den meisten Exemplaren jedoch eine leichte Gewichtszunahme. Dies nahmen diese Autoren als Hinweis auf eine zeitweise Aktivität während sonniger Wintertage, wie sie bereits auf Mallorca beobachtet wurde.

Abb. 66: Italienische Landschildkröte auf Sardinien (W. WEGEHAUPT)

Thermoregulierung

Die Angehörigen der Testudo-hermanni-Artengruppe nehmen erst ab einer Temperatur von 12–14 °C, meist aber erst ab 15–16 °C ihre Aktivitäten auf. Ist eine »Betriebstemperatur« von 29–30 °C erreicht, beginnen die Tiere mit der Fortbewegung und der Nahrungsaufnahme; VELENSKY (pers. Mittlg.) registrierte auf Korfu allerdings Nahrungsaufnahmen bei einer Körpertemperatur von 20,0–34,5 °C. Eiablagen erfolgen in der Regel ab einer Körpertemperatur von 32 °C, wurden aber auch schon bei 26 °C registriert. Die Vorzugstemperaturen liegen zwischen 25 und 30 °C, die unter natürlichen Bedingungen freiwillig tolerierten Höchstwerte bewegen sich bei 34–36 °C, in Einzelfällen sogar bei 39,9 °C. An der Obergrenze der Vorzugstemperatur ziehen sich die Tiere an ihre Ruheplätze zurück, um eine Überhitzung zu vermeiden. Die Temperaturwerte, die die Angehörigen der Testudo-hermanni-Artengruppe zumindest kurzfristig gerade noch überleben, liegen bei -2 bzw. +44 °C. Die Herzfrequenz liegt bei winterruhenden Exemplaren bei einer Körpertemperatur von etwa 5 °C bei nur noch vier Schlägen pro Minute.

Was die Körpertemperatur betrifft, so ermittelte MEEK (1984b) für Landschildkröten aus Montenegro Werte von 20,0–34,2 °C (durchschnittlich 29,3 °C), VELENSKY (pers. Mittlg.) maß auf Korfu im Mai eine Temperatur von 17,9–37,2 °C, PULFORD et al. (1984) errechneten für Exemplare aus dem französischen Maurengebirge eine mittlere Körpertemperatur von 28,5 °C; bei Jungtieren liegen die Werte im Durchschnitt deutlich niedriger als bei ihren erwachsenen Artgenossen. Die Körpertempera-

Abb. 67: Griechische Landschildkröten beim Sonnenbad (B. SEEGER)

tur während Balz und Paarung ist offenbar variabel; so wurden diese Verhaltensweisen innerhalb der gesamten Bandbreite des bevorzugten Temperaturbereiches beobachtet; dazu muss allerdings gesagt werden, dass die Paarungen an der Untergrenze der Vorzugstemperatur in Menschenobhut stattfanden. Die niedrigsten in der Kloake gemessenen Körpertemperaturen lagen bei -0,4 und +1,6 °C, letztere bei einer Umgebungstemperatur von -9 °C. Dort, wo *Testudo boettgeri* gemeinsam mit *Testudo ibera* vorkommt, nimmt sie in der Regel bei geringeren Durchschnittstemperaturen ihre Aktivitäten auf als die andere Art (im Juli und August 1,2 °C Unterschied). Widersprüchliche Angaben existieren beim Vergleich mit *Testudo marginata*; so ermittelte WILLEMSEN (1991) auf der Peloponnes bei *Testudo boettgeri* deutlich niedrigere Körpertemperaturen als bei der Breitrandschildkröte (im Mai z. B. maximal 34–35 °C im Vergleich zu 36–37 °C), während PANAGIOTA & VALAKOS (1992) in einer Freilandanlage in der griechischen Region Attika bei *Testudo boettgeri* etwas höhere Körpertemperaturen maßen. Es deutet einiges darauf hin, dass die Aktivität der Männchen in der Natur bei um durchschnittlich 2 °C höheren Körpertemperaturen als bei Weibchen abläuft; dieser Unterschied scheint im Spätsommer und Herbst stärker ausgeprägt zu sein, was mit den dann gesteigerten Paarungsaktivitäten der Männchen zusammenhängen könnte.

Die Angehörigen der *Testudo-hermanni*-Artengruppe verbringen während ihrer jährlichen Aktivitätsperiode durchschnittlich bis zu 60 % der aktiven Zeit mit der Regulierung ihrer Körpertemperatur; während kühlerer Jahreszeiten kann die Quote sogar auf bis zu 80 % ansteigen. Im Verlauf der Sonnenbäder am Vormittag steigt die Körpertemperatur schneller als die Umgebungstemperatur. Die Temperatur wird so ganz überwiegend durch das Verhalten der Tiere reguliert, die stets versuchen, ihrer Vorzugstemperatur nahe zu kommen; außerdem spielen physiologische Vorgänge eine Rolle, an denen

Drüsen mit innerer Sekretion und das Pinealorgan beteiligt sind, letzteres durch die Produktion der Botenstoffe Melatonin und Serotonin. Wie für Reptilien üblich, ist die Körpertemperatur der Schildkröten eng mit der Umgebungstemperatur verbunden, doch liegt die durchschnittliche Körpertemperatur bis auf wenige Ausnahmen ganzjährig über der Umgebungstemperatur, was darauf hindeutet, dass die Tiere zumindest in gewissem Umfang auch in der Lage sind, ihre Körpertemperatur physiologisch zu steuern. Hinsichtlich der Lufttemperatur beträgt der Unterschied etwa 5 °C, bei der Bodentemperatur ist er geringer. Während der Winterruhe z. B. ist die Körpertemperatur fast stabil und wird bei Frost über dem Gefrierpunkt gehalten, was eine innere Regulierung sehr wahrscheinlich macht. So überlebten in der Provence Exemplare, die sich mindestens 10 cm tief eingegraben hatten, während eines Kälteeinbruchs im Januar 1985 Umgebungstemperaturen von -18 °C. In einem Freilandterrarium in München überstanden einige Tiere den Winter des Jahres 1956, obwohl der Boden bei Temperaturen von 23 °C sehr tief gefroren war. Auch aktiven Exemplaren gelingt es, vor allem während der kühleren Jahreszeiten (April bis Juni und September bis Oktober) und bei bedecktem Himmel, ihre Körpertemperatur um etwa 4–8 °C über die maximale Umgebungstemperatur zu heben und sie dort auch zu stabilisieren; im Sommer ist der Unterschied geringer oder nicht vorhanden (-4,6 °C bis +2,6 °C), im Herbst dann wieder etwas stärker ausgeprägt (+2 bis +3,6 °C). Da dies also hauptsächlich im Frühjahr zu beobachten ist, besteht vermutlich ein Zusammenhang mit der saisonalen Aktivität der Mitochondrien, die im Mai und Juni gleichzeitig mit der größten stoffwechselbedingten Wärmeproduktion ihren Höhepunkt erreicht. Während der Winterruhe ist dagegen ein deutlicher Rückgang der Mitochondrien zu beobachten.

In aller Regel liegt die Körpertemperatur auch im Verlauf eines Tages einige Grad über der

Umgebungstemperatur. Während der Hauptaktivitätszeit von Mai bis Mitte September sind z. B. in Südfrankreich vier deutliche Abschnitte zu erkennen, und zwar die Nacht mit geringen Temperaturschwankungen (Körpertemperatur 7,8–31,3 °C [durchschnittlich 20,8–21,5 °C] von 1–7 Uhr), der Morgen mit einem raschen Temperaturanstieg um 1,4 °C pro Stunde von 7–10 Uhr, die je nach Monat und Witterung unterschiedlich lange Mittagsphase (Körpertemperatur im Durchschnitt um 30 °C, meist niedriger als die Umgebungstemperatur) und schließlich der Abend von 17–1 Uhr, mit einer um stündlich 0,7 °C bis auf die nächtlichen Werte sinkenden Körpertemperatur. Wesentlich komplizierter ist die Situation dagegen im November. Die morgendliche Aufwärmphase dauert dann wesentlich länger, die beständige Mittagsphase wird später erreicht und ist sehr kurz, die darauf folgende Temperaturabsenkung erfolgt sehr plötzlich. Während der Winterruhe ist die Körpertemperatur im Tagesverlauf in der Regel konstant, da die Tiere ruhig verharren und keine aktive Thermoregulierung durch Veränderung ihres Aufenthaltsortes vornehmen. Unmittelbar nach Verlassen der Winterquartiere verläuft die Körpertemperatur im Verlauf eines Tages nach CHEYLAN (1989) in einer glockenförmigen Kurve; die morgendliche Aufwärmphase ist durch einen starken Temperaturanstieg gekennzeichnet (4,5 °C pro Stunde), die Mittagsphase dauert nur 4–5 Stunden, die folgende Temperaturabsenkung ist deutlich und währt bis etwa 23 Uhr. Die Körpertemperatur liegt hauptsächlich während der Mittagsphase über der Umgebungstemperatur und nähert sich während der Aufwärm- und Abkühlphasen der Lufttemperatur. In der Toskana durchgeführte Studien (CHELAZZI & CALZOLAI 1986) zeigten übrigens, dass eine gute Ortskenntnis für die Regulierung der Körpertemperatur von großer Bedeutung ist; ortsfremde Schildkröten, die die Wissenschaftler bewusst außerhalb ihrer vertrauten Umgebung ausgesetzt hatten, brauchten bis zu drei Stunden (durchschnittlich zwei) länger zum Aufwärmen als ortsansässige Artgenossen. Diese Tatsache könnte wichtig für die Durchführung von Wiederansiedelungsprojekten sein; in diesem Zusammenhang ist insbesondere die Frage von Interesse, wie lange die Tiere für die Anpassung an einen neuen Lebensraum benötigen.

VELENSKY (pers. Mittlg.) ermittelte auf Korfu im Mai nächtliche Lufttemperaturen von 13–20 °C. Die Körpertemperatur der Schildkröten betrug beim Verlassen ihres nächtlichen Unterschlupfes 18,0–21,1 °C, bei der Rückkehr dorthin 24,3–34,3 °C. Die höchste gemessene Körpertemperatur von 37,2 °C wurde bei einer Lufttemperatur von nur 24 °C gemessen, was auf eine höhere Boden- als Lufttemperatur zurückzuführen ist; so lag die höchste gemessene Bodentemperatur unter einer aktiven Schildkröte bei 43,5 °C. VELENSKY (pers. Mittlg.) stellte fest, dass bei sehr hohen Bodentemperaturen noch überwiegend Jungtiere aktiv waren, während sich ältere Schildkröten dagegen in ihr Versteck zurückzogen. Insgesamt zog der tschechische Zoologe den Schluss, dass Boden- und Körpertemperatur für das Verhalten von Testudo boettgeri wichtiger sind als die Lufttemperatur.

MAYER (1996b) beschrieb eine weitere Art der Thermoregulierung. Er beobachtete, dass seine Tiere, wenn sie bei starker Sonneneinstrahlung auf den Rücken fielen, Kopf, Hals und Vorderbeine mit Speichel und das Hinterteil mit einer Flüssigkeit aus der Kloake befeuchteten; der Flüssigkeitsfilm erzeugt durch Verdunstung Kälte, die die Schildkröten vor Überhitzung schützt. Solch ein Verhalten wurde auch bei anderen Landschildkrötenarten aus Trockengebieten beobachtet, die großer Hitze ausgesetzt waren.

Die Angehörigen der Testudo-hermanni-Artengruppe machen in ihrer aktiven Zeit, also außerhalb der Winterruhe, 4–6 Atemzüge pro Minute.

Ernährung

Der Verdauungstrakt der hier behandelten Arten ist sowohl anatomisch als auch funktionell auf die Verwertung relativ gehaltloser, rohfaserreicher Nahrung ausgerichtet. Die Verdauung erfolgt hauptsächlich mittels Gärung, die im Blind- und Dickdarm von der Darmflora bewerkstelligt wird. Dazu benötigen die darin lebenden Mikroorganismen Rohfasern, die in der Natur in Form von Pflanzenfasern reichlich zur Verfügung stehen. Es handelt sich daher um ganz überwiegend pflanzenfressende Arten, die sich hauptsächlich von Wildkräutern, gelegentlich aber auch von den grünen Teilen der Holzgewächse ihres Lebensraums ernähren. Die »Beschaffenheit« der Nahrungspflanzen ist jahreszeitlichen Schwankungen unterworfen. Während die Schildkröten im Frühjahr in einer saftigen Pflanzenpracht wandeln, bewirken Niederschlagsmangel und hohe Temperaturen im Sommer, dass die vielfältige Bodenvegetation vertrocknet, sodass die Tiere dann mit dürren Pflanzen vorlieb nehmen müssen; dabei sinkt neben dem Wasser- auch der Eiweißgehalt, und die Nahrung wird zunehmend schwerer verdaulich. Von Beschaffenheit und Nährwert entspricht sie dann mehr oder weniger Heu. Die Verweildauer der Nahrung im Verdauungstrakt beträgt dann oft weit über zwei Wochen. Erst im Herbst, wenn Regen die Vegetation wieder zu neuem Leben erweckt, stehen den Schildkröten wieder grüne Futterpflanzen zur Verfügung.

Insgesamt wurden bisher mindestens 132 Arten von Gefäßpflanzen aus 46 Familien als Nahrungspflanzen identifiziert (CHEYLAN 2001); bevorzugt werden dabei jedoch Arten der Familien der Korbblütler (Asteraceae), Schmetterlingsblütler (Fabaceae) und Wegerichgewächse (Plantaginaceae), in geringerem Maße auch der Süßgräser (Poaceae), Hahnenfußgewächse (Ranunculaceae) und Gräser (Graminaceae). Die meisten dieser Pflanzen sind in offenen Lebensräumen zu Hause, etwa in Steppenlandschaften, auf Wiesen und Weiden. Kletterpflanzen und Arten mit harten oder dornigen Blättern werden in geringerem Umfang und meist nur zu bestimmten Jahreszeiten verzehrt; dazu zählen z. B. der Stechende Spargel (*Asparagus acutifolius*), der Klettenkrapp (*Rubia peregrina*), der Stechende Mäusedorn (*Ruscus aculeatus*), die Stechwinde (*Smilax aspera*) sowie der Efeu (*Hedera helix*) und die Echte Brombeere (*Rubus fruticosus*). Kaum gefressen werden auch die Blätter sehr harzhaltiger oder auffällig nach Harz riechender Bäume und Sträucher wie Stechwacholder (*Juniperus oxycedrus*), Phönizischer Wacholder (*Juniperus phoenicea*), Aleppokiefer (*Pinus halepensis*) und Mastixstrauch, ebenso wie die Teile einiger stark duftender Sträucher wie etwa der Myrte (*Myrtus communis*). Nur bei akutem Nahrungsmangel werden auch die Blätter von Hartlaubgewächsen wie Ölbäumen (*Olea europaea*), Schmalblättrigen Steinlinden (*Phillyrea angustifolia*), Gewöhnlichen Steinlinden (*Phillyrea media*), Steineichen (*Quercus ilex*), Korkeichen (*Quercus suber*) und Immergrünem Kreuzdorn (*Rhamnus alaternus*) verzehrt. Völlig verschmäht werden wie auch von den meisten anderen pflanzenfressenden Tierarten vermutlich alle Arten der Wolfsmilchgewächse der Familie Euphorbiaceae (sie produzieren eine giftige, milchartige Flüssigkeit), Zistrosen (Gattung *Cistus*), Heidekraut (Gattungen *Calluna* und *Erica*), aromatische und/oder duftende, oft stark behaarte und eine wachsartige Substanz ausscheidende Arten der Lippenblütler der Familie Lamiaceae (z. B. Lavendel der Gattung *Lavandula*, Rosmarin [*Rosmarinus officinalis*], Karst-Bergminze [*Satureja montana*] und Echter Thymian [*Thymus vulgaris*]) sowie manche Pflanzen der Korbblütler der Familie Asteraceae (z. B. Strohblumen der Gattung *Helichrysum* und Klebriger Alant [*Inula viscosa*]). Dagegen fressen die Schildkröten wiederum unbeschadet einige sehr giftige Pflanzen, wozu z. B. die Gemeine Schmerwurz (*Tamus communis*) und die meisten Aronstab-Arten (Gattung *Arum*) zählen; z. T. wird vermutet, dass einige dieser Pflanzen von den Schildkröten gezielt als Mittel gegen Darmparasiten, wie etwa Fadenwürmer, gefressen werden. Auch Kulturpflanzen zählen unter bestimmten Bedingungen zum Nahrungsspektrum der Tiere. Dies trifft für allem für die östliche Populationsgruppe zu, deren Angehörige häufig auf landwirtschaftlichen Flächen zu finden sind. Außerdem werden von den Tieren noch Pilze, selbst scharfe und unverdauliche, gefressen, so z. B. bevorzugt im Herbst im südfranzösischen Maurengebirge. Flechten und Moose werden ebenfalls gelegentlich verzehrt, wobei allerdings nicht auszuschließen ist, dass die Aufnahme eher zufällig erfolgt.

Was die verzehrten Pflanzenteile betrifft, so zählen hierzu sowohl Blätter und Stängel als auch Blüten und Früchte. Untersuchungen auf Korsika und in der Toskana erbrachten folgende Verteilung: 70 % Blätter, 18,6 % Blüten, 8,2 % Früchte und 3 % Stängel. Dies spiegelt nun nicht unbedingt die tatsächliche Nahrungsvorliebe wider, denn manche Pflanzenteile sind deutlich besser erreichbar als andere. Werden lediglich die am häufigsten gefressenen Pflanzenarten berücksichtigt, so liegt der Anteil der Blüten mit 34,4 % etwa doppelt so hoch wie oben angegeben, was ihre große Beliebtheit dokumentiert. Der geringe Anteil der Früchte ist vermutlich darauf zurückzuführen, dass sie für die Schildkröten nur schwer zu erreichen sind, denn z. B. auf Korsika kommen die Tiere vom Boden aus nur an die Früchte des Tyrrhenischen Aronstabes (*Arum pictum*) und einiger Wickenarten (Gattung *Vicia*) heran; die meisten anderen Früchte stehen erst dann zur Verfügung, wenn sie auf den Boden gefallen sind, so etwa Wacholder (Gattung *Juniperus*), Birnen und Brombeeren.

VINKE & VINKE (2004c) gehen davon aus, dass möglicherweise die ungesättigten Fettsäuren in den Samen und jungen Keimlingen von Pflanzen eine besondere Rolle in der Ernährung von Landschildkröten spielen könnten. Auch WILLIG (2005) beobachtete, dass ihre Griechischen Landschildkröten große Anstrengungen in Kauf nahmen, um an Samen von Gräsern, Ackerhellerkraut, Hirtentäschel, Wicken und selbst von Disteln zu kommen. Dieses Thema bedarf noch weiterer Untersuchungen.

Zum Teil existieren regionale Unterschiede bei der Wahl der Nahrungspflanzen. Auf Korsika werden von den in einem 17 Hektar großen Gebiet (lichter Wald mit Korkeichen und Ölbäumen sowie Trockenrasen mit Zistrosen) lebenden Landschildkröten etwa die Hälfte der dort vorkommenden Pflanzenarten gefressen, insgesamt 61 Arten. Dies sind mit Ausnahme sehr aromatischer oder hartblättriger Arten fast alle für die Schildkröten erreichbaren Pflanzen. Bevorzugt werden Arten der Korbblütler (Asteraceae), Schmetterlingsblütler (Fabaceae), Hahnenfußgewächse (Ranunculaceae), Aronstabgewächse (Araceae), Glockenblumengewächse (Campanulaceae), Windengewächse (Convolvulaceae) und Rötegewächse (Rubiaceae) (in dieser Reihenfolge), wobei in 62 % der beobachteten Nahrungsaufnahmen nur neun Pflanzenarten identifiziert werden konnten, die also offenbar zumindest in diesem Teil des Verbreitungsgebietes die Hauptnahrungspflanzen von *Testudo hermanni* darstellen: das Milchkraut (*Leontodon tuberosum*) und das Weichhaarige Schwefelkörbchen (*Urospermum dalechampii*) aus der Familie Asteraceae, die Vogelwicke (*Vicia cracca*) aus der Familie Fabaceae, die Brennende Waldrebe (*Clematis flammula*) aus der Familie Ranunculaceae, der Tyrrhenische Aronstab und der Gewöhnliche Aronstab (*Arum vulgare*) aus der Familie Araceae, das Berg-Sandglöckchen (*Jasione montana*) aus der Familie Campanulaceae, die Kantabrische Winde (*Convolvulus cantabrica*) aus der Familie Convolvulaceae und der Klettenkrapp (*Rubia peregrina*) aus der Familie Rubiaceae. Was Kulturpflanzen betrifft, so werden auf Korsika z. B. Feigen und Trauben gefressen. Bei südfranzösischen Tieren machen Rötegewächse etwa 25 %, Hülsenfruchtgewächse 20 %, Korbblütler 10 % und Hahnenfußgewächse 8 % der Nahrung aus.

Deutlich geringer als auf Korsika ist die Artenvielfalt der Nahrungspflanzen einer in einem 60 Hektar großen, mit Macchia bestandenen sandigen Küstengebiet in der Toskana lebenden Population. Hier konnten anhand von direkten Beobachtungen und Kotanalysen nur 27 Pflanzenarten identifiziert werden, was sicherlich auf den im Vergleich zur korsischen Studienpopulation gleichförmigeren Lebensraum zurückzuführen ist. Aber auch in der Toskana gehören die bevorzugten Nahrungspflanzen den Korb- und Schmetterlingsblütlern und den Hahnenfußgewächsen an; die Brennende Waldrebe wird von den Tieren ähnlich wie auf Korsika regelrecht gesucht, obwohl sie in der Toskana nur selten vorkommt.

Vergleichbar sieht es auch in Albanien aus, wo anhand von direkten Beobachtungen und Mageninhaltsanalysen Arten der Schmetterlingsblütler 24-mal, der Kürbisgewächse (Cucurbitaceae) 19-mal, der Windengewächse dreimal und der Rötegewächse zweimal als Nahrung identifiziert werden konnten. In diesem Land soll *Testudo boettgeri* zudem auf Melonenfeldern einen beträchtlichen Schaden anrichten, da sie sich dort an Früchten und Blättern gütlich tut; auch die Blätter und Früchte von Bohnen, Erbsen und Gurken finden sich auf der Nahrungspalette der Schildkröten. Außerdem fressen die Tiere auch Fallobst wie Birnen, Feigen, Maulbeeren, Brombeeren und die Früchte des Hartriegels.

In Spanien stellten LÓPEZ-JURADO et al. (1979) fest, dass die dort lebenden Landschildkröten u. a. auch die Früchte der Feigenkakteen (Gattung *Opuntia*), Affodillzwiebeln (*Asphodelus aestivus*), Einjährige Strandsterne (*Asteriscus aquaticus*) und Montpellier-Zistrosen (*Cistus monspeliensis*) fressen. Als Nahrungspflanzen mallorcinischer Tiere wurden vor allem Wegericharten der Gattung *Plantago* (30 %), Korbblütler (26 %) und Rötegewächse (10 %) identifiziert; das durchschnittliche Kalzium-Phosphor-Verhältnis beträgt 3,5:1, während der Eiweißgehalt bei 2,75 % liegt. Auf Mallorca werden z. B. auch Bartgras (Gattung *Hyparrhenia*), Gänseblümchen und die Früchte des Mastixstrauches und des Erdbeerbaumes (Arbutus unedo) verzehrt. Auch Studien aus Kroatien und Montenegro kommen zu ähnlichen Ergebnissen, die vor allem die Bedeutung der Schmetterlingsblütler im Nahrungsspektrum von Testudo boettgeri und Testudo hercegovinensis unterstreichen. In Montenegro z. B. werden überwiegend Schmetterlingsblütler wie der Raue Schneckenklee (Medicago polymorpha), die Igel-Segge (Carex echinata), die Gemeine Wicke (Vicia sativa), die Buschwicke (Vicia sepium), der Hopfenklee (Trifolium campestre) und verschiedene Wegericharten (Gattung Plantago) gefressen, daneben auch Hahnenfußgewächse wie die Brennende Waldrebe, der Wiesen-Hahnenfuß (Ranunculus acris), Aronstabarten (Gattung Arum), Gräser der Familie Graminaceae sowie Efeu (Hedera helix), Gänsefuß (Gattung Chenopodium) und Eberwurz (Gattung Aristolochium). Auch hier machen sich die Schildkröten häufig über Kulturpflanzen her, so z. B. über Kohlköpfe. In Kroatien verzehren die Tiere im Sommer hauptsächlich Schneckenklee, Hopfenklee, Wicken, Wegerich und Bitterkraut (Gattung Picris) sowie von den Bäumen gefallene Pflaumen, im Herbst dagegen überwiegend Thymian, Pilze der Art Agaricus arvensis und Äpfel. An der Nordküste Griechenlands fressen die Schildkröten im Frühjahr hauptsächlich die auf den zu dieser Jahreszeit grünen Wiesen wachsenden Schmetterlingsblütler und Süßgräser, wie etwa den Hornklee (Lotus peregrinus) und den Mittelmeerwegerich (Plantago maritima), aber auch die für Säugetiere giftige Meerzwiebel (Urginea maritima). Im Sommer bildet dann vor allem Binsen-Knorpelsalat (Chondrilla juncea) die Nahrung der Tiere, daneben auch die Blüten mehrerer Mohn-Arten (Gattung Papaver) und verschiedene Spezies der Hundskamillen (Gattung Anthemis). In Rumänien wandern die Griechischen Landschildkröten Ende Juni über gewisse Strecken, um in den Gärten reife Bohnen und Mirabellen zu verzehren.

Neben der pflanzlichen Hauptnahrung werden regelmäßig auch Wirbellose gefressen, allerdings in geringem Umfang. Am häufigsten sind noch Nackt- und Gehäuseschnecken sowie Regenwürmer und Raupen vertreten, sowohl unter natürlichen Bedingungen als auch in menschlicher Obhut. In der Toskana wurden Schneckenhäuser wiederholt im Kot der Schildkröten festgestellt, in Albanien kamen Untersuchungen des Mageninhalts zu einem ähnlichen Ergebnis. HAXHIU (1995a) zählte in Albanien in einem einzigen Landschildkrötenmagen bis zu 23 Schnecken. Aus der Toskana, Kroatien, Bulgarien und Südfrankreich wurde außerdem vom Verzehr von Käfern und Tausendfüßlern berichtet; im Kot bulgarischer Schildkröten wurden z. B. Deckflügel von Laufkäfern der Gattung Carabus festgestellt, bei einer Testudo hercegovinensis von der kroatischen Küste erbrachte eine Mageninhaltsanalyse neben pflanzlichen Überresten drei Tausendfüßler der Gattung Glomeris (Saftkugler) und einen Gliederfüßler unbestimmter Artzugehörigkeit.

Auch Aas wird von den Angehörigen der Testudo-hermanni-Artengruppe nicht als Nahrung verschmäht, ebensowenig wie der Kot anderer Tierarten (z. B. von Hunden, Kanin-

Abb. 68: Exkremente von Testudo hermanni (J. MARAN)

Abb. 69: Opuntienkakteen mit reifen Früchten auf Menorca (Spanien). Für Landschildkröten eine Delikatesse (H.-U. Schmidt)

Abb. 70: Auf Menorca sind manche Habitate mit leeren Schneckengehäusen übersät, die den Schildkröten als Kalziumlieferanten dienen (H.-U Schmidt)

ERNÄHRUNG

Abb. 71: Bulgarische *Testudo boettgeri* inmitten ihrer natürlichen Nahrungspflanzen (G. Popgeorgiev)

chen, Schafen oder Kühen); auf Campingplätzen sind auch die Exkremente des Menschen ein bei den Schildkröten beliebter »Leckerbissen«, in der Nähe menschlicher Siedlungen untersuchen die Tiere regelmäßig Müllhalden nach Fressbarem. Mithilfe des Geruchssinns nehmen die Tiere die genannten anrüchigen »Schmankerl« auch auf weite Distanz wahr. Auch Eierschalen, Knochen, Federn und kleine Kieselsteine wurden im Magen der Tiere gefunden; die gefressenen Kieselsteine helfen möglicherweise als »Magensteine« beim Zerkleinern der Nahrung, wie es bei Panzerechsen und Vögeln der Fall ist.

Über jahreszeitlich bedingte Veränderungen im Ernährungsverhalten der hier behandelten Arten ist kaum etwas bekannt.

Im ehemaligen Jugoslawien und auf Sardinien kann man die Schildkröten im Spätsommer besonders häufig in der Nähe von Brombeerhecken beobachten, deren Früchte sie genüsslich fressen; sie haben während dieser Zeit regelrecht blau verschmierte Mäuler. NOUGARÈDE (1998) berichtete, dass auf Korsika während der Blütezeit der einjährigen Pflanzen der Krautschicht im Mai und Juni etwa 30–35 verschiedene Blütenpflanzenarten gefressen werden, im Juli und August dagegen nur noch 3–12. Diese Zahl steigt dann Ende September nach dem durch die Regenfälle des Spätsommers hervorgerufenen Aufblühen weiterer Pflanzenarten wieder auf etwa 15. Insgesamt ist die Nahrungspalette der korsischen Schild-

Abb. 72: Griechische Landschildkröte auf einer saftigen Wiese (M. MÜLLER)

Abb. 73: Griechische Landschildkröte aus Bulgarien (G. POPGEORGIEV)

kröten aber mitten im Sommer und jeweils zu Beginn und am Ende eines Vegetationszyklus' am breitesten; die Tiere können es sich »leisten«, sich im Frühjahr, wenn das Nahrungsangebot reichlich und hochwertig ist, wählerischer zu zeigen, als im Sommer, wenn die zur Verfügung stehende Nahrung abnimmt. Was die zu den verschiedenen Jahreszeiten verzehrten Pflanzenarten betrifft, so handelt es sich im Frühling vor allem um einjährige reine Frühjahrspflanzen wie das Weichhaarige Schwefelkörbchen (Urospermum dalechampii), das Berg-Sandglöckchen (Jasione montana) und Wicken der Gattung Vicia. Im Sommer werden auf ausreichend feuchtem Grund noch immer einige wenige Pflanzen gefunden, z. B. wieder das Weichhaarige Schwefelkörbchen, der Kleine Ampfer (Rumex acetosella) und das Milchkraut (Leontodon tuberosum), auf Trockenrasen wird dann auch die Brennende Waldrebe gefressen, im Wald stehen nur noch die grünen Triebe des Klettenkrapp (Rubia peregrina) zur Verfügung. Im Herbst sind wieder mehr Wiesenpflanzen zu finden, so etwa der Tyrrhenische Aronstab und das Milchkraut, daneben außerdem die Früchte der Erdbeerpflanzen, der Pfirsich- (Gattung Prunus) und Birnbäume.

Die Augen sind eindeutig die bei der Nahrungssuche dominierenden Sinnesorgane der Schildkröten. Besonders angezogen werden die Tiere dabei von roten, orangefarbenen und gelben Blüten und Früchten. Daneben spielt sicherlich auch der Geruchssinn eine große Rolle, wie z. B. eine Beobachtung RUDLOFFs (1990) zeigt, der mehrere Exemplare in einer schwer zugänglichen Felsspalte beim Aasfressen antraf; BRINGSØE (1986) berichtete sogar von einer Testudo boettgeri, die stark duftende Trüffel der Gattung Arcangeliella aus dem Erdboden grub.

Die Wasseraufnahme erfolgt neben dem direkten Trinken aus Wasserstellen oder Bächen, das vornehmlich bei Jungtieren zu beobachten ist, vor allem über die Ernährung mit wasserhaltigen frischen Grünpflanzen. Während starker Regenfälle erheben die Schildkröten häufig ihr Hinterteil und pressen ihre Schnauze in den Erdboden, um aus den kleinen Pfützen zu trinken; meist urinieren sie gleichzeitig dabei.

Fortpflanzung

Zu Beginn der Paarungszeit vergrößern sich die Nebenhoden der Männchen deutlich, die Bildung der Spermien erreicht im Juli oder August ihren Höhepunkt. Die Spermienbildung ist hauptsächlich von der Umgebungstemperatur abhängig, weniger von der Sonnenscheindauer; in aller Regel setzt sie erst ab einer Temperatur von etwa 26 °C ein und kommt bei Werten ab 21 °C abwärts zum Erliegen. An in Mitteleuropa in Menschenobhut gepflegten männlichen Angehörigen der *Testudo-hermanni*-Artengruppe wurde festgestellt, dass sowohl Spermienbildung als auch Androgenspiegel im Vergleich zu wildlebenden Geschlechtsgenossen deutlich verändert ablaufen, selbst bei Freilandhaltung der Schildkröten.

Zwischen männlichen Exemplaren ist häufig Rivalitätsverhalten zu beobachten, vor allem nach Paarungen. Bei diesen Auseinandersetzungen kommt es zu Bissen und Rammstößen mit dem Panzer, manchmal wird der Gegner sogar auf den Rücken geworfen. Meist enden die Kämpfe aber durch die Flucht eines der Kontrahenten. Die bei den Rammstößen entstehenden knallenden Geräusche sind bis zu einer Entfernung von etwa 50 m zu hören.

Paarungen sind während der gesamten Aktivitätsperiode, überwiegend aber von März bis Mai und im August/September zu beobachten. Während manche Autoren die Ansicht vertreten, die Paarungsaktivitäten seien im Spätsommer stärker, konnten andere Fachleute keine Unterschiede im Vergleich zum Frühjahr erkennen. Die Paarung im Spätsommer scheint jedoch entscheidend für die Befruchtungsrate der Gelege des nächsten Jahres zu sein.

Die Balz beginnt in der Regel mit dem Beschnuppern des Weibchens (hauptsächlich des Kopfes und der Vorderbeine) durch das Männchen. Unterbrochen wird dies meist durch nickende Kopfbewegungen. Anschließend umkreist das Männchen das Weibchen und beschnüffelt es weiterhin mit mehr oder weniger weit hervorgestrecktem Kopf. Dann beginnt das Männchen meist damit, mit seinem Panzer durch rhythmische Vor- und Zurück-Bewegungen den hinteren Teil des Panzers seiner Partnerin zu rammen, doch nimmt dies bei den hier behandelten Arten nicht so breiten Raum ein wie bei anderen Arten der Gattung. Verharrt das Weibchen in dieser Phase mit eingezogenem Hals und Beinen, intensiviert das Männchen seine Balzversuche, wiederholt die Rammstöße mit dem Panzer und beißt in Kopf, Vorder- und Hinterbeine seiner potentiellen Partnerin. Die Bisse sind manchmal derart heftig, dass sogar Blut fließt. Schließlich besteigt das Männchen das Weibchen. Anschließend schiebt es seinen Schwanz unter den des Weibchens und tastet mit der Schwanzspitze nach der Kloakenöffnung des Weibchens; beim Eindringen des Penis' in die Kloake spielt offenbar der kräftige Hornnagel an der Schwanzspitze des Männchens eine Rolle. Wenn das Weibchen zwar aufgrund der Bisse und Rammstöße stehen geblieben, aber nicht paarungsbereit ist, ergreift es mit schnellen, ruckartigen Schritten die Flucht oder drückt den hinteren Panzerrand fest an den Boden und verhindert so eine erfolgreiche Paarung; läuft das Weibchen weg, so kann das Männchen auf den Hinterbeinen noch ein paar Schritte mehr oder weniger hüpfend folgen, rutscht aber schließlich ab, fällt herunter und nimmt die Verfolgung auf, wobei es versucht, seine Partnerin durch erneute Bisse und Rammstöße zum Stehen zu bringen, was aber nur selten zu einer Kopulation führt. Ist das Weibchen dagegen tatsächlich paarungsbereit, stemmt es die Hinterbeine hoch, zieht den Kopf und die Vorderbeine ein, streckt den Schwanz heraus und lässt die Paarung zu. Das aufgerittene Männchen stößt bei den Versuchen, die Kopulation einzuleiten, mit weit aufgerissenem Maul im Rhythmus der Körperbewegungen ein hohes, fiependes, quiekendes oder grunzendes heiseres Geräusch aus, das über große Entfernungen zu hören ist; es handelt sich dabei nicht um eine echte »Stimme«, sondern lediglich um eine Folge des ruckartigen Auspressens der Luft aus den Lungen. Da diese Lautproduktion ebenso wie das Aufreiten für die Männchen einen erhöhten Energieaufwand darstellt, wurde häufig spekuliert, dass die Lautäußerungen etwas über die Qualität aussagen könnten, anhand der Weibchen ihre Partner aussuchen. GALEOTTI et al. (2005) untersuchten daher experimentell in einer unter natürlichen Bedingungen gehaltenen Gruppe, ob die Paarungslaute von *Testudo hermanni* einen relevanten Stimulus für beide Geschlechter darstellen. Sie analysierten auch die Lautcharakteristika, um herauszufinden, ob sie und welche davon für die Partnerwahl oder zur Abschreckung von Rivalen entscheidend sind. Die Weibchen reagierten auf vorgespielte (Playback-)Laute, wohingegen Männchen diesen keine Aufmerksamkeit schenkten. Zudem zeigten sich Weibchen stark angezogen von kurzen, hohen Lauten, die in schneller Abfolge ausgestoßen wurden. Ebenso reagierten die Weibchen auf kurze (Dauer-)Laute. Es zeigte sich, dass die Männchen mit den besten Rufqualitäten einen höheren Hämatokritgehalt (rote Blutkörperchen) aufwiesen, sodass die Rufe durchaus etwas über die Fitness der Männchen zum Ausdruck bringen, was den Weibchen zur besten Partnerwahl für ihren Nachwuchs dienen kann. Dies ist die erste Studie, bei der eine Attraktionsfunktion für die Laute von Landschildkröten dokumentiert werden konnte.

In Griechenland zählte HAILEY (1990) 5–13 (durchschnittlich acht) Rammstöße des Männchens pro Minute. Ein über 20 Minuten beobachtetes Männchen führte nacheinander

Abb. 74: Die Balz verläuft bei *Testudo hermanni* oft recht heftig, das Männchen rammt und beißt seine potentielle Partnerin dabei (W. SCHMIDT)

133 Rammstöße aus, bis das Weibchen unter einen Busch flüchten konnte. Häufig kann man auch Männchen beobachten, die sich augenscheinlich auf dem Rücken eines Weibchens »ausruhen«; sie befinden sich dabei in einem regelrecht tranceartigen Zustand und streichen fast mechanisch mit den Vorderbeinen über den Carapax ihrer Partnerin, ohne auch nur den geringsten Paarungsversuch zu unternehmen.

Das der Paarung vorausgehende Werbeverhalten mit Beißen, Rammen und häufigen erfolglosen Paarungsversuchen dauert meist mehrere Stunden oder manchmal Tage. Die eigentliche Paarung währt 2–15 Minuten, in seltenen Fällen bis zu einer Stunde; die Ejakulation kann nach Beobachtungen von MORETTO (zit. in CHEYLAN 2001) bis zu fünf Minuten (!) dauern. War die Kopulation erfolgreich, so ist an beiden Kloaken deutlich eine schleimige Flüssigkeit zu erkennen.

In aller Regel paart sich ein Männchen im Lauf eines Jahres mit mehreren Weibchen und umgekehrt. Beobachtungen in menschlicher Obhut zeigten, dass die Männchen bei ihren Paarungsversuchen deutlich die größten Weibchen bevorzugen, während die Weibchen nicht derart wählerisch zu sein scheinen. Weibliche Tiere können nach einer Paarung mindestens zehn Monate lang (vermutlich sogar bis zu mehrere Jahre) Sperma speichern, wie die Ablage befruchteter Eier durch seit mindestens diesem Zeitraum ohne Geschlechtspartner lebende Weibchen gezeigt hat. Da jedoch die Spermienvitalität und -qualität abnimmt, reduziert sich der Anteil befruchteter Eier pro Gelege mit zunehmender Dauer.

Zwischen Paarung und Eiablage vergehen etwa 4–6 Wochen. Die Eiablagesaison erstreckt sich in Südfrankreich auf den Zeitraum von Ende April bis Anfang Juli, mit einem deutlichen Höhepunkt im Juni; manche Eiablagen finden aber sogar noch im September statt. Auf Korsika fällt die Nistsaison in die Monate Mai und Juni, mit einem Höhepunkt um den 10.06. herum; eine besonders frühzeitige Eiablage wurde auf der Insel unter Terrarienbedingungen bereits am 13. April beobachtet. SWINGLAND & STUBBS (1985) meldeten aus Griechenland eine Eiablage vom 30. April; auch hier ist aber der Juni der Hauptnistmonat, der späteste Zeitpunkt scheint der 16. Juni zu sein. In València, also etwas südlich des natürlichen Verbreitungsgebietes von *Testudo hermanni*, wurde in Menschenobhut eine Eiablage in der ersten Maihälfte beobachtet, die meisten Nistaktivitäten fielen allerdings auch hier in die Zeit zwischen Ende Mai und Ende Juni. Auch in Albanien und Kroatien finden Eiablagen im Mai und Juni statt, und in Rumänien erfolgen 75 % der Eiablagen Anfang Juni, insgesamt gesehen frühestens am 21. Mai und spätestens am 20. Juni. In Bulgarien wurden Eiablagen bisher im Juni und Juli beobachtet.

Eiablagen finden zu jeder Tageszeit, bevorzugt aber am späten Nachmittag oder abends statt. SWINGLAND & STUBBS (1985) beobachteten im französischen Maurengebirge 21 Eiablagen vor 12 Uhr, elf zwischen 12 und 16 Uhr und 33 nach 16 Uhr; viele Weibchen beendeten den Nistvorgang kurz vor Sonnenuntergang, andere aber erst weit nach Einbruch der Dunkelheit, z. T. sogar erst nach Mitternacht. Im CARAPAX-Zentrum im italienischen Massa Marittima (Toskana) finden die Eiablagen im Juni morgens ab etwa 9.30 Uhr, im Juli ab 8.50 Uhr statt, nachmittags ab ca. 15.30 Uhr im Juni und ab 18 Uhr im Juli; hier ist im Mai und Juni kein Unterschied in der Häufigkeit morgendlicher und nachmittäglicher Eiablagen festzustellen, während ab Juli die Zahl der Eiablagen am Morgen etwa das Doppelte der Eiablagen am Nachmittag beträgt. Zwischen 17 und 20 Uhr fanden die meisten der in Bulgarien beobachteten Eiablagen statt, ein Weibchen war sogar noch um 23 Uhr aktiv. In Rumänien werden die meisten Gelege nach Beobachtungen von CRUCE & RÂDUCAN (1976) zwischen

17 und 19 Uhr abgesetzt; diese beiden Autoren vermuten, dass so das Plündern der Gelege durch Elstern (*Pica pica*) und Saatkrähen (*Corvus frugilegus*) vermieden werden soll. Denkbar ist aber auch, dass eher die Umgebungstemperatur den Zeitpunkt der Eiablage bestimmt, denn während der Nistsaison herrschen in der Regel sehr hohe Temperaturen, und während der Mittagsstunden wäre das Weibchen im offenen, stark besonnten Gelände der Gefahr des Hitzetodes ausgesetzt; in der Nähe der Meteóra-Klöster (Griechenland) z. B. kann man im Juni auf offenem Feld jährlich tote, meist ältere Weibchen an den Nistplätzen finden, die offenbar an Überhitzung gestorben sind. Daher werden die Eiablagen häufig von warmen Sommerregen ausgelöst. BONIN et al. (1996) vermuten, dass außerdem auch die Tageslichtdauer den Zeitpunkt der Eiablage mit beeinflussen könne.

Legebereite Weibchen erscheinen sehr aktiv und energiegeladen. Zur Eiablage wählen sie vorzugsweise eine sonnige Stelle in offenem Gelände, meist an der Südseite von Hügeln, auf Waldlichtungen, aber auch auf Kulturland. Einen wichtigen Faktor stellt auch die Beschaffenheit des Bodengrundes dar, der gut grabbar sein muss; in der Regel handelt es sich daher um Sand oder lockere Erde, und meist ist der Bodengrund leicht feucht. Weinberge und Olivenhaine mit künstlich bewässertem, vor kurzem umgepflügtem Boden üben so häufig eine ungeheure Anziehungskraft auf die Weibchen aus. Oft wird die Nistgrube auch zwischen den Wurzeln niedriger Büsche ausgehoben, wo die Feuchtigkeitsverhältnisse offenbar besonders geeignet sind. Sonneneinstrahlung, Bodenbeschaffenheit und Pflanzenwachstum bestimmen die räumliche Verteilung der Gelege. Während in flachem, offenem, sandigem Gelände kein »System« bei der Nestverteilung zu erkennen ist, konzentrieren sich die Gelege im Hügelland und in waldreichen Gebieten an einigen wenigen, besonders gut geeigneten Stellen, sodass man dort oft 2–3 Gelege pro m² finden kann. Im bewaldeten Maurengebirge in Südfrankreich z. B. wandern die Weibchen regelrecht zu den wenigen Eiablageplätzen, um dort zwischen mehreren Stunden und einigen Tagen zu verbringen; dabei legen sie oft Entfernungen von bis zu etwa 3 km zurück. Gerade in solchen Gebieten bleiben die Weibchen »ihrem« Nistplatz oft über Jahre hinweg treu, andere setzen ihre Gelege dagegen an verschiedenen Stellen ab, nicht selten sogar innerhalb einer Nistsaison. Die Mindesttemperatur des Bodens muss an einem potentiellen Nistplatz nach Untersuchungen im CARAPAX-Zentrum offenbar 20 °C betragen (Spannbreite 20,0–36,2 °C).

Am Nistplatz angekommen, läuft das Weibchen zunächst unruhig hin und her und prüft mit der Nase gründlich Temperatur und Feuchtigkeit geeigneter Stellen; oft streckt es dabei den Kopf auch Richtung Sonne. Die ausgewählte Stelle wird zunächst mithilfe der Vorderbeine und des Plastrons gesäubert, danach hebt das Weibchen mit abwechselnden Bewegungen der Hinterbeine eine birnenförmige, etwa 6,0–7,5 x 7–10 cm große und 5–15 cm tiefe Nistgrube aus; die Größe der Nisthöhle ist von der Eizahl und der Größe des Weibchens abhängig und erst dann fertig, wenn die Krallen der Hinterbeine des Weibchens den Boden der Grube nicht mehr erreichen. Der Abstand von der Oberfläche der in der Grube liegenden Eier bis zur Erdoberfläche beträgt im Durchschnitt 7 cm. Viele Weibchen legen vor der eigentlichen Eigrube bis zu zehn »Probelöcher« an; anhand von Beobachtungen in menschlicher Obhut wurde ein Durchschnittswert von vier Versuchen pro erfolgreich abgesetztem Gelege ermittelt. Der Grund für den Abbruch eines Grabeversuchs ist nicht immer erkennbar, doch spielen meist Störungen von außen oder natürliche Hindernisse im Boden (z. B. Wurzeln oder Steine) eine Rolle; EVANS (1982) berichtete von einem Weibchen in menschlicher

Obhut, das aufgrund eines starken Gewitters die Eiablage für etwa zwei Stunden unterbrach und sie danach vollendete (zwei Eier vor und sechs nach dem Gewitter). Auch VINKE & VINKE (2004a) beobachteten, dass am Vortag begonnene Nistgruben wieder aufgesucht und fertiggestellt wurden, um in diese dann auch die Eier abzulegen; dies war häufig dann der Fall, wenn die Weibchen erst am Spätnachmittag mit dem Ausheben der Grube begonnen hatten. Je älter und erfahrener ein Weibchen ist, desto unkomplizierter verläuft offenbar der Nistvorgang, obwohl manche Tiere die Anlage von »Probenestern« auch über Jahre beibehalten. Das Anfeuchten der Erde mit Urin bzw. dem Inhalt der Analblasen, das bei anderen Schildkrötenarten regelmäßig zu beobachten ist, kommt bei den Angehörigen der *Testudo-hermanni*-Artengruppe nicht oder nur sehr selten vor. Unter natürlichen Bedingungen vergehen zwischen dem ersten Grabeversuch und der Eiablage bis zu 36 Stunden. Nach Beenden der Grabearbeiten sitzt das Weibchen bis zum Einsetzen der Wehen ruhig über der Grube. Vom Beginn des »ernsthaften« Grabevorganges bis zur Ablage des ersten Eies vergehen 30–385 Minuten (durchschnittlich 134 Minuten).

Die Eiablage selbst geht in der Regel recht zügig vonstatten, zwischen dem Absetzen der einzelnen Eier verstreichen meist nicht mehr als 60–90 Sekunden, durchaus aber auch bis zu fünf Minuten. Das Weibchen streckt während der Eiablage Kopf und Vorderbeine weit heraus, um dann das Pressen durch das Zurückziehen der Extremitäten in die Leibeshöhle zu unterstützen. Dieser Vorgang wird so oft wiederholt, bis das erste Ei aus der Kloake tritt. HEIM (zit. in MAYER 1996b) äußerte im Zusammenhang mit dem Legeprozess folgende recht interessante Vermutung: »In dem Moment, wenn das Ei ausgepresst wird, nimmt

Abb. 75: Paarungen sind bei *Testudo boettgeri* während der gesamten Aktivitätsperiode, überwiegend aber von März bis Mai und im August/September zu beobachten (G. POPGEORGIEV)

Abb. 76: Das Männchen von *Testudo hermanni* stößt während der Kopulation mit weit aufgerissenem Maul ein hohes fiependes, quiekendes oder grunzendes heiseres Geräusch aus (J. MARAN)

der Schwanz die Form eines »Gesichtes« an. Die Schwanzspitze mit dem Hornnagel wird zu einer Nase und zwei dunkle Schuppen auf dem Schwanz werden Augen. Der Panzer hat nun scheinbar hinten einen Kopf mit einem kurzzeitig aufgerissenen Maul. Die Ansicht vermag durchaus etwaige Eiräuber zu vertreiben.« Auch wenn diese Theorie einigmaßen plausibel klingt, konnte bislang kein Nachweis erbracht werden, dass sie ernst zu nehmen ist.

Die Eier werden nach dem Austritt durch den Schwanz abwärts gelenkt und mit den Hinterbeinen sachte auf dem Boden der Nistgrube ab- und zurechtgelegt, bis sie richtig platziert sind; dies soll nach SWINGLAND & STUBBS (1985) z. T. länger als 30 Minuten dauern, doch konnte ich dies bei meinen Tieren nie derart lange beobachten. Die Eier sind direkt nach der Ablage mit einem zähen Schleim bedeckt, der sie vor dem Zerbrechen beim Hinunterfallen in die Nistgrube schützt. Nach der Eiablage scharrt das Weibchen die Grube mit den Hinterbeinen wieder zu und stampft die Erde anschließend mithilfe der Hinterbeine und des Plastrons mit schier endloser Ausdauer wieder fest. Danach dreht das Weibchen sich oft mehrfach um die eigene Achse und verteilt dabei mit den Hinterbeinen Laub, Grashalme, kleine Steine, Zweige usw. auf der zugeschütteten Nistgrube; dies dauert im Durchschnitt etwa 15 Minuten. Da das Weibchen in der Regel keinerlei Spuren hinterlässt, ist der Nistplatz meist kaum zu erkennen. Schließlich entfernt sich das Tier mit steifen Hinterbeinen und ruckartigem, schwankendem Gang sichtlich angestrengt vom Ort der Eiablage; die meisten Weibchen fressen sofort nach einer Eiablage und nehmen dann in der Regel ein ausgiebiges Sonnenbad. Der gesamte Nistvorgang vom Ausheben der Grube bis zu deren vollständigem Verschluss währt verschiedenen Autoren zufolge je nach Bodenbeschaffenheit 1,5–6 Stunden.

Das Gelege der Angehörigen der *Testudo-hermanni*-Artengruppe besteht aus 1–18 (meist 4 6) Eiern. Für verschiedene Teile des Verbreitungsgebietes wurden folgende durchschnittlichen Eizahlen pro Gelege ermittelt: Spanien (Festland) 2,9 ± 1,1 (ältere Weibchen) bzw. 2,5 ± 0,9 (jüngere Weibchen), Mallorca 3–4, Südfrankreich 2,93 ± 0,84 (1–8, meist 2–3, durchschnittlich 2,8), Korsika 3,97 (1–8, meist 3–5), Griechenland 4,3 ± 1,13 (1–7), Bulgarien 4,0 (maximal sieben), Rumänien 6,4 (3–11); in Albanien wurden 4–9 Eier pro Gelege gezählt, auf Sardinien 4–7. Im Durchschnitt 4,2 Eier (1–6 Eier) umfassten 15 Gelege von in Valéncia in Menschenobhut gehaltenen Weibchen von *Testudo hermanni*. VINKE & VINKE (2004b) berichteten, dass ihre Weibchen von *Testudo hercegovinensis* pro Gelege in der Regel drei, im Höchstfall fünf Eier pro Gelege absetzten, nach BLANCK & ESSER (2004) besteht das erste Gelege des Jahres in der Regel aus 2–3, selten aus 4–6 Eiern, das (selten vorkommende) Zweit- oder Drittgelege nur noch aus 1–2. Ein Weibchen dieser Art produzierte einmal gleichzeitig acht legereife Eier, konnte diese jedoch nicht selbstständig ablegen; die Eier wurden mithilfe von *Oxytocin* ausgetrieben und zeigten deutlich Dellen, was darauf schließen lässt, dass in der Gebärmutter zu wenig Platz für diese hohe Zahl von Eiern war. Für *Testudo boettgeri* wurde aus deutscher Terrarienhaltung ein Durchschnittswert von 5,5 ± 1,34 (3–8) Eiern pro Gelege ermittelt, in den Niederlanden von EENDEBAK (2002) ein Mittelwert von sechs Eiern (2–15, bei Erstgelegen 2–4). Bei KIRSCHE (1967) setzten elf- bis vierzehnjährige Weibchen im ersten Gelege nach Eintritt der Geschlechtsreife 3–4 Eier ab, bei älteren Exemplaren waren es 5–8 Eier, der Mittelwert lag bei 7,6 Eiern pro Gelege. In Einzelfällen werden nicht alle Eier eines Geleges auf einmal abgesetzt, sondern auf zwei Nester verteilt; so erklären sich wohl bei *Testudo boettgeri* die meisten Funde von Gelegen aus nur 1–2 Eiern.

Die hartschaligen, weißen, fast kugelrunden bis leicht langgestreckten Eier der hier behandelten Arten sind etwas abgeflacht, was während der Eiablage wahrscheinlich die Passage durch das Becken erleichtert. Innerhalb eines Geleges sind Form und Größe der Eier sehr konstant, zwischen verschiedenen Gelegen eines Weibchens sind dagegen Unterschiede durchaus möglich. Je größer das Muttertier ist, desto breiter sind die von diesem Weibchen abgesetzten Eier; kein Zusammenhang besteht dagegen offenbar zwischen der Größe des Weibchens und dem Eigewicht. Dieser scheinbare Widerspruch lässt sich über die variable Eiform erklären: kleine Weibchen mit einem geringeren Beckendurchmesser produzieren mehr langgestreckte Eier, die jedoch das gleiche Gewicht aufweisen wie die rundlicheren Eier größerer Geschlechtsgenossinnen. Ein Zusammenhang besteht wiederum zwischen der Eizahl, dem Gelegegewicht und der Größe des Muttertieres; ein großes Weibchen von *Testudo boettgeri* mit einem Gewicht von 3,5 kg (das praktisch aber nur in menschlicher Obhut erreicht wird) kann nach Angaben von EENDEBAK (2002) jährlich ungefähr doppelt so viele Eier ablegen wie ein 2 kg schweres Tier. Außerdem ist das Volumen der einzelnen Eier offenbar bei Gelegen mit geringerer Eizahl etwas größer.

In verschiedenen Teilen des Verbreitungsgebietes der Angehörigen der *Testudo-hermanni*-Artengruppe wurden folgende durchschnittliche Eimaße ermittelt:

Südfrankreich: Eilänge 31,5 ± 0,59 mm (28–42 mm), Eibreite 24,6 ± 0,57 mm (22–27 mm), Eigewicht 15,7 ± 2,7 (12,1–18,8 g), Carapaxlänge der Muttertiere 16,0 ± 1,4 cm;

Korsika: Eilänge 34,7 mm (28,0–41,3 mm), Eibreite 27,8 mm (23,6–32,1 mm), Eigewicht 15,1 g (8–22 g), Carapaxlänge der Muttertiere 17,9 ± 1,4 cm;

Nordostspanien: Eilänge 34,5 mm (26,4–38,0 mm), Eibreite 25,2 mm (24–26 mm);

Kroatien: Eilänge 30,3 mm (26–35 mm), Eibreite 23,3 mm (23–24 mm);

Griechenland: Eilänge 37,6 ± 2,5 mm, Eibreite 27,97 ± 1,4 mm, Eigewicht 17,1 ± 2,3 g (10,5–23,5 g), Carapaxlänge der Muttertiere 19,1 ± 0,9 cm;

Rumänien: Eilänge 35,1–38,1 mm, Eibreite 28,6–28,8 mm, Eigewicht 18,1–18,3 g, Carapaxlänge der Muttertiere 19,1 ± 2 cm.

Die Eier von in València in menschlicher Obhut gehaltenen Weibchen von *Testudo hermanni* waren durchschnittlich 32,8 ± 9,3 mm (29,4–44,8 mm) lang, 28,3 ± 1,7 mm (25,0–33,9 mm) breit und 15,3 ± 3,0 g schwer. In Deutschland wurden für 17–19 cm lange weibliche *Testudo boettgeri* in Terrarienhaltung Durchschnittswerte von 32,9 ± 1,3 mm (28–37 mm) Eilänge, 26,5 ± 1,7 mm (23–30 mm) Eibreite und 13,7 ± 2,26 g (10–18 g) Eigewicht ermittelt.

Abb. 77: In Südfrankreich erstreckt sich die Eiablagesaison von *Testudo hermanni* auf den Zeitraum von Ende April bis Anfang Juli (J. MARAN)

Abb. 78–81: In Südfrankreich besteht ein Gelege von *Testudo hermanni* meist aus 2-3 Eiern (J. MARAN)

Das Gewicht eines Geleges macht im Durchschnitt 4–7 % des Gewichtes des Muttertieres aus. Folgende Durchschnittswerte wurden in unterschiedlichen Teilen des Verbreitungsgebietes ermittelt: Südfrankreich 46,13 g, Korsika 58,12 ± 22,40 g (38–79 g), Griechenland 73,38 ± 18,33 g. Das Volumen eines Eies beträgt ungefähr 35 ml. Die Eier bestehen zu 76,8 % aus Wasser, zu 6,6 % aus Lipiden und zu 16,7 % aus Trockenstoffen; der Energiegehalt eines Eies liegt im Durchschnitt bei ca. 5,3 kj pro Gramm. Die Schale macht 14,1 % des gesamten Eigewichtes aus; die Schalen von sechs von COOPER (1983) untersuchten, aus Nachzuchten in menschlicher Obhut stammenden Eiern wogen im Durchschnitt 2,65 g (0,93–4,27 g) und waren durchschnittlich 0,4 mm (0,29–0,55 mm) dick. Während der Inkubation ist bei den Eiern ein Gewichtsverlust von 30–40 % zu verzeichnen.

Zwischen zwei Eiablagen vergehen in Südfrankreich 10–31 (durchschnittlich 15–18) Tage, auf Korsika im Durchschnitt 16, in Italien 15–19, in Griechenland durchschnittlich mindestens zehn. Bei EENDEBAKS (2002) weiblichen *Testudo boettgeri* betrug dieser Zeitraum unter Terrarienbedingungen jeweils etwa 20 Tage, eine Zahl, die ich für meine Griechischen Landschildkröten bestätigen kann. Berichte über Nistintervalle von ca. 40 Tagen sind wahrscheinlich falsch und vermutlich darauf zurückzuführen, dass nicht alle Eiablagen beobachtet wurden. Wieviele Gelege in der Natur pro Weibchen und Jahr abgesetzt werden, ist kaum bekannt, da kaum einmal freilebende Weibchen über einen längeren Zeitraum beobachtet wurden. HAILEY & LOUMBOURDIS (1988) gingen nach der Zählung von Follikeln und Gelbkörpern in sezierten Tieren aus drei griechischen Populationen von 2–3 Gelegen pro Jahr aus; der Durchschnittswert lag in den drei Populationen bei 1,9, 2,4 und 2,4 Gelegen pro Jahr. Auch von Korsika und den Balearen werden bis zu drei Gelege pro Jahr gemeldet.

Nur zwei Gelege (ganz selten drei) jährlich im Abstand von jeweils 19–31 Tagen sind bisher aus dem Süden Frankreichs bekannt, im italienischen CARAPAX-Zentrum setzen die meisten Weibchen von *Testudo hermanni* alljährlich nur ein Gelege ab, und auch bei bulgarischen *Testudo boettgeri* ist offenbar ein Gelege pro Jahr die Regel. Bei *Testudo hercegovinensis* kommt es meist zu einer Eiablage pro Jahr, selten zu zwei und noch seltener zu drei. Auf dem spanischen Festland wurde eine durchschnittliche Gelegezahl von 1,1 pro Weibchen und Jahr ermittelt. Bei diesen Angaben muss natürlich berücksichtigt werden, dass deutliche jährliche und auch individuelle Unterschiede bestehen. Die höhere Durchschnittsgröße korsischer, griechischer und auch rumänischer Tiere und die durchschnittliche Eizahl der Gelege (s. o.) dieser Populationen deuten aber ebenso wie die Tatsache, dass Weibchen im Nordosten Griechenlands und in Rumänien regelmäßig ein drittes Gelege absetzen, auf eine höhere Fruchtbarkeit als bei den südfranzösischen Tieren hin. Nach BERTOLERO & CHEYLAN (2004) produzieren Weibchen von *Testudo hermanni* jährlich im Durchschnitt 6–9 Eier, wobei manche Weibchen allerdings nicht in jedem Jahr zur Fortpflanzung schreiten.

Im Nordosten Griechenlands (und vermutlich im gesamten Verbreitungsgebiet der *Testudo-hermanni*-Artengruppe) hängt die Zahl der Eier pro Weibchen und Jahr eindeutig mit der Größe des jeweiligen Muttertieres zusammen, wobei Exemplare mit einer Carapaxlänge um 17 cm die meisten Eier produzieren, nämlich etwa 9–10 pro Jahr; bei kleineren und jüngeren Tieren mit einer Carapaxlänge von 15–16 cm sind es dagegen im Durchschnitt nur 4–5 Eier pro Jahr. Letzteres gilt auch für sehr alte, große Tiere mit einer Carapaxlänge von mehr als 18 cm; dieses Nachlassen der Fruchtbarkeit alter Weibchen wurde auch in anderen Teilen des Verbreitungsgebietes, z. B. auf Korsika, beobachtet. Insgesamt liegt die Zahl der pro Jahr und Weibchen im Nordosten Griechenlands produzierten Eier bei 3–22, wobei die Durchschnittswerte aber je nach Population und Jahr schwanken. Bei Alíki werden im Durchschnitt jährlich von jedem Weibchen 7 ± 2,3 Eier abgesetzt, in Deskáti 14 ± 4,5, in

Abb. 82: Die Weibchen der *Testudo-hermanni*-Artengruppe heben eine bis zu 15 cm tiefe Nistgrube aus (W. WEGEHAUPT)

Litóhoro 10 ± 3,3. In Litóhoro z. B. wurden im Jahre 1985 pro Weibchen 11,9 Eier produziert, ein Jahr später dagegen »nur« noch 8,7. In Rumänien produziert eine weibliche *Testudo boettgeri* pro Jahr im Durchschnitt 10,8–12,2 Eier, wobei der erste Wert anhand von Eierstocknarben im Juli und August und letztere im März und April anhand von Eizellen mit einem Durchmesser von mehr als 1,7 cm ermittelt wurde. Bei KIRSCHE (1967) legten in Menschenobhut weibliche Exemplare der östlichen Populationsgruppe jährlich im Durchschnitt 13,1 Eier ab. Auf Korsika erbrachte eine Untersuchung an zwölf geschlechtsreifen Weibchen einen Jahresdurchschnitt von 7,6 Eiern, was angesichts der Größe korsischer Exemplare kein hoher Wert ist. Im südfranzösischen Maurengebirge produziert ein Weibchen jährlich durchschnittlich 6–8, in Ausnahmefällen sogar bis zu zehn Eier. Aus energetischer Sicht investiert ein Weibchen etwa 15 % seines gesamten Energiehaushaltes in seine Gelege.

Im Verlauf der Inkubation verändern befruchtete Eier ihre Farbe von einem eher blassen zu einem strahlenden Weiß; dies geschieht in der Regel innerhalb der ersten 14 Tage nach der Eiablage. Die ersten Blutgefäße sind bereits nach 6–8 Tagen erkennbar.

Nach einer erfolgreichen Paarung kann ein Weibchen mit den Folgegelegen noch befruchtete Eier absetzen (sogenannte *Amphigonia retardata*); röhrenförmige Eiweiß produzierende Drüsen dienen bei Weibchen dieser Art als Spermaspeicher. EENDEBAK (2002) führte diesbezügliche Untersuchungen an vier in Menschenobhut gehaltenen Weibchen von *Testudo boettgeri* durch. Die Tiere legten nach der Trennung von den Männchen nach dem ersten Gelege des Jahres insgesamt zwischen sieben und 17 Eiern ab, in der Regel im Rahmen eines weiteren Geleges, im Fall der 17 Eier in zwei Gelegen. Die Befruchtungsrate lag in zwei Fällen noch bei 100 %, bei den beiden anderen Weibchen bei 70 bzw. 86 %. Im folgenden Jahr setzten dann nur noch zwei der Weibchen jeweils zwei Gelege mit insgesamt acht bzw. neun Eiern ab, die aber alle noch befruchtet waren. Anschließend fanden keine Eiablagen mehr statt, bis die Weibchen wieder mit Männchen verpaart wurden. Daraus kann man schließen, dass die Fähigkeit, ohne Paarung befruchtete Eier zu produzieren, bei den Arten des *Testudo-hermanni*-Komplexes offenbar auf nur 1–2 Jahre beschränkt ist.

Die Inkubationsdauer hängt weitgehend von der Bruttemperatur ab. Zahlen aus der Natur liegen bisher nur aus Frankreich und Rumänien vor. So schlüpften auf Korsika nach 98 bzw. 115 Tagen Jungtiere aus zwei Gelegen; in einem Freilandgehege auf der Insel kamen Schlüpflinge aus vier weiteren Gelegen nach durchschnittlich 94 Tagen zum Vorschein, was in etwa auch den auf dem französischen Festland ermittelten Werten von im Durchschnitt drei Monaten (73–104 Tagen) entspricht. Aus Bulgarien sind natürliche Inkubationszeiten von 89–95 Tagen bekannt. Für Rumänien wurden Extremwerte von 110 und 124 Tagen gemeldet. Im italienischen CARAPAX-Zentrum schlüpfen die Jungtiere nach 69–103 Tagen. In Albanien wurden im Oktober Schlüpflinge gefunden, deren Panzer noch weich war.

Die für die Embryonalentwicklung notwendige langfristige Mindesttemperatur liegt bei 23–24 °C, die noch tolerierte langfristige Höchsttemperatur bei 35 °C, die in der Natur in der Nistgrube allerdings auch kaum für einen längeren Zeitraum unter- bzw. überschritten werden. DEVAUX (1996b) maß über einen Zeitraum von drei Monaten die Temperatur in etwa 8 cm tiefen Eigruben. Er ermittelte 18 °C als Tiefst- und 42 °C als Höchsttemperatur; im Durchschnitt pendelten die Temperaturen ziemlich genau um die 20 °C, am frühen Nachmittag oft um 10 °C darüber, in den frühen Morgenstunden oft 10 °C darunter. Nach EENDEBAK (2002) kann die Temperatur in der Nistgrube nachts bis zu etwa 15 °C höher sein als die Umgebungstemperatur. Was den Fortpflanzungserfolg betrifft, so wurde unter halbnatürlichen Bedingungen in einem Freilandgehege auf Korsika eine Schlupfquote von 93 % ermittelt; dabei muss man allerdings beachten, dass unter diesen Umständen keinerlei Raubtiere Zugriff auf die Gelege hatten, was aber in der freien Natur natürlich ganz anders aussieht.

Regenfälle zu Beginn oder in der Mitte der Inkubationszeit verlangsamen die Embryonalentwicklung, während Niederschläge gegen Ende der Brutdauer den Schlupf der Jungtiere beschleunigen. Der Schlupf fällt so in die Zeit der ersten Regenfälle des Spätsommers, da die Feuchtigkeit des Bodens den kleinen Schildkröten das Verlassen der Eigrube erleichtert. Schlüpflinge aus verschiedenen Gelegen mit unterschiedlichem Ablagedatum schlüpfen dann oft gleichzeitig. Zwar kann dies z. B. in Montenegro und in Südfrankreich bereits Ende Juli (um den 27. herum) der Fall sein, doch dauert es dort in aller Regel bis zum September. So wurden bei Saint-Raphaël im französischen Département Var am 01., 16., 19. und 26. September sowie am 01. Oktober Schlüpflinge gefunden, der früheste Schlupf fand in Var bisher am 01. August statt. Im Nordosten Griechenlands scheint der August ebenfalls der früheste Schlupfmonat zu sein. Auf Korsika kommen die meisten Schlüpflinge zwischen dem 15. September und 10. Oktober zum Vorschein, seltener auch schon ab Ende August. Im italienischen CARAPAX-Zentrum fällt der Schlupf der Jungtiere in die Zeit von August bis Oktober. In Kroatien fand MEEK (1985) Ende September frisch geschlüpfte Jungtiere. In Rumänien fällt der Schlupfzeitpunkt in die Zeit zwischen dem 20. September und der ersten Oktoberwoche, meist aber auf den 24.-30. September. Wie verschiedene Autoren berichten, verlassen die Jungtiere der hier behandelten Arten in besonders trockenen Jahren auch oft erst im nächsten Frühjahr die Nistgrube.

Die Schlüpflinge liegen quer zur Längsrichtung im Ei. Ihr Panzer ist beim Schlupf daher quer über die Mitte des Bauchpanzers von Brücke zu Brücke gefaltet, doch schon während des Schlupfvorganges beginnt die Entfaltung des Panzers. Vom ersten Anritzen der Eischale mithilfe der Eischwiele, wobei zunächst kleine, kaum erkennbare Haarrisse entstehen, bis zum Verlassen des Eies vergehen nach Beobachtungen verschiedener Autoren zwischen zwei Stunden und mehreren Tagen. In der Zwischenzeit verzehrt der Schlüpfling das ihn umgebende Eiklar fast vollständig, der noch verbliebene Rest des Dottersackes wird in die Bauchhöhle eingezogen. Durch Bewegungen der Vorderbeine und des Kopfes bricht das Jungtier ein kleines Stück der Schale heraus und versucht, das so entstandene Loch durch Bisse in die Eischale zu vergrößern. Mit Bewegungen der Vorderbeine und durch Drehen im Ei setzt es später dazu an, die Eischale zu sprengen, was nach mehreren anstrengenden Anläufen auch gelingt. Während des bis zu drei Tage andauernden Schlupfvorganges legt das Tier mehrere Ruhephasen von 1-3 Stunden Dauer ein. Zwischen dem Schlupf des ersten und des letzten Jungtieres eines Geleges können nach HIGHFIELD (1996a) durchaus bis zu zwölf Tage vergehen; durch die Erschütterungen, die das erste schlüpfende Jungtier auslöst, werden die Geschwister ebenfalls zum Schlupf animiert.

Durch gemeinsame Anstrengung gelingt es den Tieren leichter, sich aus der Nistgrube zu befreien. Das Verlassen der Eigrube in der Natur kann je nach Wetterlage trotzdem durchaus mehrere Tage dauern. Anschließend suchen die Jungtiere sofort das schützende Strauch- und Buschwerk auf. In den ersten 2–4 Tagen streckt sich der anfangs annähernd kreisrunde Panzer, und auch der »Nabel« im Plastron schließt sich. Da ihnen Hitze und Trockenheit stark zu schaffen machen, verbringen die Schlüpflinge den Großteil ihrer

Zeit versteckt unter Büschen (in Kroatien z. B. unter Pfriemenginster [*Spartium junceum*], in Montenegro unter Zwenken [Gattung *Brachypodium*]) oder Steinen in relativ feuchten Lebensräumen am Fuße von Abhängen, wo sich nach Regenfällen das Wasser sammelt. Ihre Panzerfärbung trägt dazu bei, dass die kleinen Schildkröten kaum von ihrer Umgebung zu unterscheiden sind. Erst ab einer Carapaxlänge von etwa 10–11 cm sind die Jungtiere in den gleichen Lebensräumen anzutreffen wie ihre erwachsenen Artgenossen.

Südfranzösische Schlüpflinge weisen eine Carapaxlänge von 3,0–3,37 cm (durchschnittlich 3,17 ± 0,035 cm) auf, korsische Tiere gleichen Alters sind 2,6–4,2 cm (durchschnittlich 3,65 ± 0,022 cm), spanische 3,3–3,9 cm (durchschnittlich 3,7 cm), italienische 3,2–3,8 cm (durchschnittlich 3,4 cm), kroatische 3,1–4,5 cm (durchschnittlich 3,85 cm), bulgarische 2,9–3,6 cm, rumänische 3,18–3,85 cm und griechische 2,2–4,4 cm (im Durchschnitt 3,81 ± 0,52 cm) lang. KIRSCHE (1967) ermittelte bei 14 in Menschenobhut geborenen Schlüpflingen von *Testudo boettgeri* eine Carapaxlänge von 2,8–3,3 cm (durchschnittlich 3,02 ± 0.037 cm). Schlüpflinge von *Testudo hermanni* sind etwa 2,2–3,7 cm breit und 1,5–2,2 cm hoch, gleichaltrige Artgenossen der östlichen Populationsgruppe weisen eine Breite von 3,4–3,7 cm auf. Korsische Schlüpflinge sind 5–20 g (durchschnittlich 12,7 ± 2,27 g), spanische 9,1–12,7 g (durchschnittlich 11,5 g), italienische 7,0–14,0 g (durchschnittlich 8,8 g), kroatische 10–19 g (durchschnittlich 15 g), griechische im Durchschnitt 9,6 ± 1,4 g, Nachzuchttiere der östlichen Populationsgruppe 6–30 g (durchschnittlich 7,6 ± 0,18 g) schwer. Schlüpflinge von *Testudo hercegovinensis* wiesen in menschlicher Obhut ein Gewicht von 6–7 g auf (HERZ 2005), nach BLANCK & ESSER (2004) soll das Gewicht der Schlüpflinge bei dieser Art durchschnittlich 12 g betrage. Bei allen drei Arten

Abb. 83: In Südfrankreich schlüpfen die meisten Jungtiere im September (J. MARAN)

macht das Gewicht der Schlüpflinge im Durchschnitt etwa 61,2 % des Eigewichtes aus.

Das Geschlecht der Jungtiere ist wie bei den meisten Schildkrötenarten von der Nesttemperatur während der Embryonalentwicklung abhängig, wobei das mittlere Drittel der Inkubationszeit ausschlaggebend ist. Der Scheitelpunkt, also die Temperatur, bei der etwa gleich viele Jungtiere beider Geschlechter schlüpfen, liegt nach Experimenten von EENDEBAK (1995) mit 515 Eiern von Testudo boettgeri offenbar bei 31,5 °C; darunter schlüpfen mehr Männchen, darüber mehr Weibchen. Bei der Studie von EENDEBAK schlüpften bei 25–30 °C aus allen Eiern Männchen, bei 31 °C aus 79 % der Eier, bei 32 °C nur noch aus 26 %, bei 33–34 °C schlüpften nur noch Weibchen. Dieser Autor stellte fest, dass zur Entwicklung von Weibchen mindestens für einen Zeitraum von 5–7 Tagen »weibliche Temperaturen« herrschen müssen, für die Erzeugung männlicher Exemplare ist ein deutlich längerer Zeitraum erforderlich. Bei FRITZ & PFAU (2002) schlüpften bei konstanten Temperaturen von 30–31 °C fast nur Männchen von Testudo boettgeri, überwiegend oder gar ausschließlich weiblichen Nachwuchs erhielten sie, indem sie in den ersten 40 Tagen der Inkubationszeit die Temperatur bei 32,5–34,0 °C hielten und dann auf 29,0–30,0 °C absenkten und ab etwa dem 45. Tag die Substratfeuchte erhöhten. EENDEBAK (1995) stellte fest, dass die Geschlechtszugehörigkeit bei Schildkröten, die während der Inkubationszeit ständig Temperaturen von 30–33 °C ausgesetzt waren, äußerlich oft erst relativ spät zu erkennen war, z. T. erst nach 8–10 Jahren. WEGEHAUPT (2003) gibt für Testudo hermanni und Testudo boettgeri folgende Scheiteltemperaturen an: Testudo hermanni 32,5 °C, Testudo boettgeri 31,5 °C für Populationen aus kühleren Gebieten im Landesinneren oder in größeren Höhenlagen und 32,5 °C für Tiere aus wärmeren Regionen. Der Scheitelpunkt bei Testudo hercegovinensis scheint deutlich niedri-

Abb. 84: Durch gemeinsame Anstrengung gelingt es den Jungtieren leichter, sich aus der Nistgrube zu befreien (B. DEVAUX)

ger zu liegen als bei *Testudo boettgeri*; bei VIN-KE & VINKE (2004b) befanden sich z. B. bei einer Inkubationstemperatur von 31,5 °C unter den in mehreren Jahren nachgezüchteten und bis zur Geschlechtsreife aufgezogenen Dalmatinischen Landschildkröten lediglich zwei Männchen.

Missbildungen kommen bei Schlüpflingen hin und wieder vor, vor allem bei Terrariennachzuchten, was darauf hindeutet, dass solche Veränderungen überwiegend auf unzureichende Inkubationsbedingungen und/oder eine nicht artgerecht Haltung und Ernährung der adulten Exemplare zurückzuführen sind. Betroffen sind meist das Skelett (z. B. ungleich ausgebildete Kiefer, überzählige Zehen oder reduzierte Gliedmaßen) und die Anzahl und Anordnung der Hornschilde. Letzteres scheint mit der Bruttemperatur zu Beginn der Embryonalentwicklung zusammenzuhängen und ist auch bei wildlebenden Tieren recht häufig zu beobachten. So weisen z. B. 2,4 % der Angehörigen einer Population in Montenegro, 11,1 % der Exemplare im französischen Département Var (Vertebralia 5 %, Pleuralia 3 %, Marginalia 2,5 %, Plastronschilde 0,6 %) und 10,9 % der Tiere auf Korsika (Vertebralia 6,8 %, Pleuralia 1 %, Marginalia 2,6 %, Plastronschilde 0,5 %) eine abweichende Panzerbeschilderung auf. Es sind sowohl überzählige oder miteinander verschmolzene Schilde als auch artuntypische, in der Regel asymmetrische Schildanordnungen zu beobachten. Interessanterweise stellte KIRSCHE (1967) bei allen fünf Nachkommen eines von ihm gepflegten Weibchens, das ein doppeltes Cervicale aufwies, die gleiche Fehlbildung wie bei dem Muttertier fest; das Weibchen wurde wiederholt mit einem Männchen verpaart, das ebenfalls ein doppeltes Cervicale besaß. Der gleiche Autor berichtete von einem weiteren Weibchen, bei dessen elf Jungtieren in drei aufeinanderfolgenden Jahren Missbildungen des gleichen Typs auftraten, nämlich Anomalien der Carapaxschilde und eine Reduktion der Zehenzahl, die Ursache blieb unklar; es war nicht möglich festzustellen, durch welches der sieben geschlechtsreifen Männchen die Befruchtung der Gelege erfolgt war, außerdem kann auch Spermienspeicherung vorgelegen haben, sodass das Auftreten eines einheitlichen Missbildungstypus' in drei aufeinanderfolgenden Jahren keine Erblichkeit beweist. Die Ausbildung von Anomalien ist offenbar geschlechtsunabhängig, die Gründe dafür sind noch nicht bekannt. Verschiedene Autoren gehen davon aus, dass es sich unter Terrarienbedingungen um die Folge zu hoher Dauertemperaturen während der Inkubation der Gelege, zu häufigen Hantierens beim Durchleuchten der Eier und/oder einer nicht artgerechten Haltung und Fehlernährung der Elterntiere handeln könnte. REISS (2004) führte die Schildanomalien seiner Schlüpflinge (jeweils fehlendes 5. Vertebrale) wiederum auf einen Erbgutfehler des Muttertieres zurück; etwa 30 % der Schlüpflinge aus den Gelegen dieses Tieres wiesen alljährlich nur vier oder ein stark verkleinertes 5. Vertebrale auf. Da mehrere männliche Tiere zur Befruchtung zur Verfügung standen, wurde das Muttertier für die Schildanomalien der Schlüpflinge »verantwortlich« gemacht, obwohl es selbst fünf normal ausgebildete Vertebralia besaß. Nach Erfahrung von REISS (2004) ist die Sterblichkeit von Jungtieren mit Schildanomalie größer als die der normal gewachsenen Jungtiere, weshalb der Autor davon ausging, dass möglicherweise noch weitere, äußerlich nicht erkennbare genetische Defekte vererbt wurden. Etwa 20 % der betroffenen Schlüpflinge überlebten das erste Lebensjahr nicht.

Ein Fall extremer Vielzehigkeit wurde bei einem Tier aus Terrarienhaltung im spanischen Katalonien beschrieben: es besaß am linken Vorderfuß acht, am rechten neun und an den Hinterfüßen jeweils sechs Zehen.

EENDEBAK (2002) stellte fest, dass die Anzahl der Krallen offenbar in gewissem Umfang vererblich ist; so schlüpften im Rahmen seiner Untersuchungen aus den Gelegen von Weibchen von *Testudo boettgeri* mit beiderseits fünf Krallen an den Vorderbeinen deutlich mehr Jungtiere mit der gleichen Krallenzahl, und auch Weibchen mit beiderseits vier Vorderkrallen brachten viermal mehr Nachkommen mit der gleichen Krallenzahl hervor als Jungtiere mit beiderseits fünf Vorderkrallen. Zu ähnlichen Ergebnissen kam dieser Autor im Übrigen bei der Vererbbarkeit eines ungeteilten oder geteilten Supracaudale des Muttertieres.

Auch Fehlfärbungen bei Angehörigen der *Testudo-hermanni*-Artengruppe wurden vereinzelt bekannt. So beschrieb z. B. WERMUTH (1971a) einen Albino mit komplett hell olivbrauner Färbung und leuchtend roten Augen, der aus Bosnien und Herzegowina in den deutschen Tierhandel gelangte. Das Tier fraß normal, mied aber helles Licht und lag oft in seinem Unterschlupf unter Zierkork; es lebte jahrelang zusammen mit ca. 20 anderen Landschildkröten im Garten der Familie WERMUTH, verschwand aber eines Tages spurlos. Dass albinotische Schildkröten »begehrt« sind, zeigt auch das Verschwinden eines weiteren solchen Exemplares, eines 6 cm langen Jungtieres, aus einer Haltung in Dortmund im Juni 2003 (ANONYMUS 2003f). Auch auf der Schildkrötenausstellung im Botanischen Garten von Basel im August 2000 waren drei albinotische Jungtiere der Griechischen Landschildkröten zu sehen. MARTÍNEZ & SOLER (2001) berichteten von einem amelanistischen Männchen mit sehr heller Panzer- und hellbrauner Augenfärbung.

Sowohl unter natürlichen als auch unter Terrarienbedingungen wurde bereits der Schlupf von eineiigen Zwillingen beobachtet. Solche Zwillinge sind deutlich kleiner als »normale« Geschwister. Auch Siamesische Zwillinge traten bei Angehörigen der *Testudo-hermanni*-Artengruppe bereits auf. REISS (2004) beschrieb einen doppelköpfigen Schlüpfling von *Testudo boettgeri*, der gleichzeitig eine Verwachsung der Gularia und einen im Bereich der vorderen und hinteren Vertebralia leicht deformierten Carapax aufwies. Das Tier war auch wesentlich kleiner als seine nicht missgebildeten Geschwister. Bei diesem Schlüpfling wurde die Motorik eingehend untersucht. Demnach war der rechte Kopf für die rechten Extremitäten zuständig, der linke entsprechend für die linken. Am ersten Tag nach dem Schlupf war die Fortbewegung des Tieres noch unkoordiniert, es konnte keine Richtung eingehalten werden, da die linken und rechten Beine nicht im typischen Wechselschritt der Schildkröten in Bewegung gesetzt wurden. Bereits am zweiten Tag hatte sich der Schlüpfling jedoch angepasst, um sich fortzubewegen. Die Fortbewegung erfolgte nun in einer Art »Hubschritt«: die beiden Vorderbeine wurden gleichzeitig nach vorne gesetzt und danach gemeinsam die Hinterbeine. Nach drei Tagen begann der Schlüpfling mit beiden Köpfen mit der Nahrungsaufnahme. Meist fraßen beide Köpfe gleichzeitig, es gab aber auch Situationen, in denen ein Kopf kein Interesse an der Nahrungsaufnahme zeigte.

Verschiedene Autoren, z. B. PETERS (1967) und KIRSCHE (1984b), gingen davon aus, dass *Testudo boettgeri* und *Testudo ibera* in Gebieten, in denen sich ihre Vorkommen überschneiden, vereinzelt hybridisieren; auch BASOGLU & BARAN (1977) und AMIRANASHVILI (2000) vermuteten dies, da nach diesen Autoren zumindest in der Türkei bzw. in Bulgarien vereinzelt Landschildkröten gefunden worden sein sollen, die Merkmale beider Arten zeigten. Solche Meldungen sind allerdings möglicherweise auf Exemplare von *Testudo ibera* mit geteiltem oder von *Testudo boettgeri* mit ungeteiltem Supracaudale zurückzuführen.

Wachstum & Lebenserwartung

Wachstum
Bei Schlüpflingen ist der Panzer nur sehr schwach verknöchert. Die Verknöcherung geht beim Carapax von einem an den Neuralia gelegenen »Wirbelzentrum« aus und breitet sich von dort nach vorne, hinten und zu den Seiten hin aus, sodass die zunächst freien Rippenbögen von oben nach unten immer weiter geschlossen werden. Die Knochenlücken (Fontanellen) zwischen Costalia bzw. Neuralia, Suprapygale und Peripheralia werden so immer kleiner. Gleichzeitig verschmelzen zunehmend auch die anfangs noch voneinander getrennten Peripheralia miteinander bzw. mit Nuchale und Pygale. Auf dem Plastron geht die Verknöcherung von einer vorderen und einer hinteren Knochenspange aus, die anfangs deutlich voneinander getrennt sind; die vordere Spange wird von den Epi- und Hyoplastra gebildet, die hintere von den Hypo- und Xiphiplastra. Von diesen Spangen dehnt sich die Verknöcherung mit voranschreitendem Wachstum in Richtung Plastronmitte aus, wodurch die letztlich in etwa T-förmige Knochenlücke in der Mitte des Plastrons immer kleiner wird. Bis Carapax und Plastron bis auf kleine Knochenlücken geschlossen sind, dauert es etwa 3–4 Jahre, allerdings mit großen individuellen Schwankungen; die letzten kleinen Lücken sind in der Regel im Alter von 5–6 Jahren verschwunden.

Jungtiere wachsen relativ schnell und konstant, doch verlangsamt sich dies nach Erreichen der Geschlechtsreife deutlich, und erwachsene Exemplare wachsen schließlich kaum noch. Die Angehörigen der hier behandelten Arten erreichen ihre relative Endgröße im Alter von etwa 15–20 Jahren, doch da Schildkröten lebenslang wachsen, sind sie zu diesem Zeitpunkt keineswegs ausgewachsen. Mit zunehmendem Alter nimmt das Wachstum jedoch ab, sodass nach dem Erreichen der relativen Endgröße oft kaum noch erkennbare und im hohen Alter nur noch ansatzweise Wachstumsringe um die Areolen der Panzerschilde ausgebildet werden. Auch eine Gewichtszunahme findet dann nur noch in einer Größenordnung von wenigen Gramm statt. Der Größenzuwachs ist stark vom Schlupfgewicht, dem Schlupfmonat und der Maximalgröße der jeweiligen Art bzw. Population abhängig. Ein geringeres Schlupfgewicht bzw. die geringere

Größe der Schlüpflinge aus späteren Gelegen des gleichen Jahres wird zwar im Verlauf der Jahre allmählich ausgeglichen, die Tiere bleiben jedoch immer etwas kleiner. Als Faustregel kann man davon ausgehen, dass ein Jungtier sein Schlupfgewicht bis zur Winterruhe in etwa verdoppelt und in den folgenden fünf Jahren pro Saison um ca. 50 % zunimmt; ab dem sechsten Jahr nimmt dieser prozentuale Zuwachs bis zum Erreichen der relativen Endgröße stark ab.

Weibliche Angehörige der Testudo-hermanni-Artengruppe wachsen schneller als ihre männlichen Artgenossen, osteuropäische Exemplare schneller als westeuropäische. Hauptursache für die Größenunterschiede zwischen den verschiedenen Populationen der östlichen Populationsgruppe sind offenbar weder die Größe der Schlüpflinge noch die Geschwindigkeit des Wachstums, sondern vielmehr die Wachstumsdauer. Angehörige einer kleinwüchsigen Population stellen das Wachstum früher ein und erreichen zugleich die Geschlechtsreife früher als ihre Artgenossen aus großwüchsigen Vorkommen. Diese Tatsache trifft auf die westliche Populationsgruppe dagegen nicht zu; so erreichen die Landschildkröten im Maurengebirge die Geschlechtsreife relativ spät, bleiben aber trotzdem klein, während ihre korsischen Artgenossen früh geschlechtsreif werden, danach aber erkennbar weiter wachsen.

Studien auf Korsika kamen zu dem Ergebnis, dass das Wachstum bei gleichen Klimabedingungen durch die zur Verfügung stehende Nahrung beeinflusst werden kann. Jungtiere, die über vier Jahre hinweg regelmäßig untersucht wurden, zeigten so sehr deutliche Unterschiede in den Zuwachsraten (1,17–1,85 mm pro Jahr), je nachdem, ob sie im Sommer Zugang zu Grünfutter hatten oder nicht.

ANDREU & LÓPEZ-JURADO (1998) kamen bei ihren Studien zu dem Ergebnis, dass spanische Tiere im Alter von einem Jahr im Durchschnitt eine Carapaxlänge von 4,2 cm aufweisen, nach zwei Jahren durchschnittlich 4,7 cm lang sind, nach drei Jahren 6,7 cm, nach vier Jahren 7,2 cm, nach fünf Jahren 9,4 cm, nach sechs Jahren 9,9 cm, nach sieben Jahren 11,0 cm und nach acht Jahren 12,3 (Männchen)

	Gewicht	Carapaxlänge
Schlupf	6–12 g	3,2–4,0 cm
vor der 1. Winterruhe	12–24 g	4,0–4,8 cm
vor der 2. Winterruhe	20–36 g	4,6–5,4 cm
vor der 3. Winterruhe	32–56 g	5,2–6,4 cm
vor der 4. Winterruhe	52–86 g	6,0–7,4 cm
vor der 5. Winterruhe	82–135 g	7,2–8,6 cm
vor der 6. Winterruhe	135–225 g	8,6–9,8 cm

WEGEHAUPT (2003) lieferte Wachstumsdaten von Jungtieren einer mittelitalienischen, relativ kleinwüchsigen Population

Alter in Jahren	1	2	3	4
Carapaxlänge in cm	4,6–5,8	5,2–7,4	7,0–8,9	9,8–9,9
Durchschnittliche Carapaxlänge in cm	5,2	6,4	8,0	9,9
Gewicht in g	19–40	27–77	72–130	170–173
Durchschnittsgewicht in g	38	54,5	103	171,5
Anzahl der untersuchten Jungtiere	12	7	4	2

VON COUTARD (2005) stammen Angaben über das Wachstum korsischer Jungtiere aus dem korsischen Schildkrötenzentrum A Cupulatta bzw. 11,5 cm (Weibchen). Insgesamt gesehen wachsen Jungtiere von *Testudo hermanni* in den ersten sechs Jahren in Südfrankreich etwa 1,05 cm, auf Korsika 1,23 cm und in Griechenland 1,0 cm pro Jahr, bis sie dann im Alter von sechs Jahren im Durchschnitt 9,5 cm, 11 cm bzw. 10,2 cm lang sind. Sardische Jungtiere sind nach Angaben von WEGEHAUPT (2004) im Alter von einem Jahr etwa 4,5–5,0 cm lang und 20–25 g schwer. Unter natürlichen Bedingungen wiegen Jungtiere im Alter von drei Jahren etwa 50 g, fünf Jahre später ca. 150 g.

Das Zählen der Wachstumsringe auf den Panzerschilden ermöglicht während der ersten Lebensjahre der Schildkröten eine recht zuverlässige Altersbestimmung, d. h. bei der Population im Ebro-Delta z. B. bis zu einem Alter von ca. sieben Jahren (also nur bei jungen und subadulten Exemplaren), bei südfranzösischen Tieren. bis zu einem Alter von etwa 10–12 Jahren bei Männchen und 12–14 Jahren bei Weibchen, bei manchen Vorkommen auf dem Balkan sogar bis zu einem Alter von 18–19 Jahren. Später ist die Altersbestimmung auf dieser Basis jedoch nur noch schwer möglich, denn die Wachstumsringe liegen dann sehr eng beieinander und können kaum noch unterschieden werden, und außerdem sind die Panzer älterer Exemplare in der Regel derart abgewetzt, dass sie praktisch völlig glatt sind. Eine weitere Methode der Altersbestimmung, die aus naheliegenden Gründen aber für den privaten Schildkrötenhalter eher nicht in Frage kommt, ist die Untersuchung der vor allem bei Querschnitten von Röhrenknochen deutlich sichtbaren Wachstumslinien, die sogenannte Skelettochronologie; mit dieser Methode ist das Alter der Tiere sogar bis zum Alter von etwa 20 Jahren bestimmbar, doch treten danach vergleichbare Probleme wie bei der Zählung der Wachstumsringe auf den Panzerschilden auf.

Das Gewicht der Schildkröten ist nicht während des ganzen Jahres konstant, es findet in aller Regel keine ständige Gewichtszunahme statt. Das jeweilige Höchstgewicht wird im Hochsommer erreicht, anschließend nehmen insbesondere erwachsene Exemplare bis zum Herbst wieder deutlich ab.

Lebenserwartung

Wie andere Landschildkrötenarten weisen auch die Angehörigen der *Testudo-hermanni*-Artengruppe nur eine geringe Fruchtbarkeit auf und werden erst relativ spät geschlechtsreif, was aber durch eine hohe Lebenserwartung ausgeglichen wird. Der Austausch der einzelnen Altersklassen geht nur langsam vor sich, das Gleichgewicht zwischen Zu- und Abgängen wird hauptsächlich durch die lange Lebensdauer der Tiere gewährleistet. Die höchste Sterblichkeitsrate weisen grundsätzlich die Jungtiere auf, und der jährliche Fortpflanzungserfolg einer Population hängt fast ausschließlich von der Zahl der erwachsenen Weibchen ab, wobei es erst an deren Lebensende zu einem deutlichen Rückgang der Fruchtbarkeit kommt (siehe Kapitel »Fortpflanzung«).

Was die Überlebensrate der Jungtiere betrifft, so überlebten 90,7 % der von PUCHADES LLORIS (1996) unter halbnatürlichen Bedingungen in einem Freilandgehege in der Umgebung von València untersuchten Schlüpflinge bis zum Beginn ihrer ersten Winterruhe, und während der Überwinterung selbst kam es zu keinerlei Ausfällen. Durch einen Zaun wurden zwar Raubsäuger von einem Zugriff auf die Schildkröten abgehalten, Vögel und Nagetiere hätten die Jungtiere aber durchaus erbeuten können. Für korsische Exemplare wurde in den ersten beiden Lebensjahren in der Natur eine Überlebensrate von 29–75 % (durchschnittlich 52 %) errechnet. Ihre drei- bis neunjährigen Artgenossen aus dem gleichen Gebiet im Süden der Insel wiesen eine noch höhere Überlebensrate von 79–93 % (im Durchschnitt 88 %) auf. Für das Maurengebir-

Abb. 85: Schlüpflinge von *Testudo hercegovinensis* sind im Durchschnitt etwa 3,9 cm lang (A. SUKIC).

ge in Südfrankreich geben STUBBS & SWINGLAND (1985) für Schildkröten mit einer Carapaxlänge von bis zu 10 cm eine Überlebensrate von 60 % an; dabei handelt es sich jedoch um einen Mindestwert, da weder die Streuung noch die Wahrscheinlichkeit eines Wiederfanges berücksichtigt wurden.

In der Population bei Alíki werden Männchen im Durchschnitt 20,6, Weibchen 19,1 Jahre alt; eine Generationsfolge benötigt somit rund 20 Jahre; dies entspricht etwa dem doppelten Alter bei Erreichen der Geschlechtsreife und dem dreifachen Alter bei Entwicklung der sekundären Geschlechtsmerkmale. Schätzungsweise 1 % der Schildkröten einer solchen Population erreicht ein Alter von 50 Jahren; dies gilt jedoch nur für Populationen, die einen hohen Jungtieranteil, aber kein ausgeglichenes Geschlechterverhältnis aufweisen, wie es bei *Testudo boettgeri* üblich ist. Die jährliche Überlebensrate liegt in der Alíki-Population bei Männchen schätzungsweise bei 91 %, bei Weibchen bei 88 %. Die höhere Sterblichkeit der Weibchen wurde z. T. auf Infektionen zurückgeführt, die durch Verletzungen während der Balz entstehen; bei sehr dichten Populationen, in denen sich beide Geschlechter regelmäßig beggenen, könnten die ständigen Paarungsversuche der Männchen z. B. zur Verletzung der empfindlichen Haut in der Schwanzregion der Weibchen durch den Hornnagel an der Schwanzspitze der Männchen und so zu Infektionen und schließlich zum Tod führen. HAILEY & WILLEMSEN (2003) nahmen diese von ihnen selbst geäußerte Vermutung (WILLEMSEN & HAILEY 2001b) allerdings wieder zurück und stellten fest, dass die von ihnen festgestellten Veränderungen der Populationsstruktur in keinem Zusammenhang zur vormals ermittelten Populationsdichte stehen. WILLEMSEN & HAILEY (2001b) ermittelten bei acht griechischen Populationen eine jährliche Überlebensrate adulter Tiere von 80–100 (durchschnittlich 88,6) %.

Die Überlebensraten von südfranzösischen (Collobrières) und korsischen (Porto-Vecchio) Exemplaren beider Geschlechter lassen mit durchschnittlich 96 bzw. 95 % vermuten, dass diese im Vergleich zu ihren östlichen Verwandten länger leben und sich auch länger fortpflanzen. Hier leben sowohl Männchen als auch Weibchen nach Erreichen der Geschlechtsreife im Durchschnitt noch weitere 13,5 Jahre; zum Vergleich: im griechischen Alíki sind es durchschnittlich 11,6 Jahre bei Männchen und 8,1 Jahre bei Weibchen, was bedeutet, dass die Schildkröten hier etwa 56 bzw. 42 % ihres Lebens nach Erreichen der Geschlechtsreife verbringen. Auch im Maurengebirge wurden relativ hohe Überlebensraten von durchschnittlich 95 % bei Männchen und 96,6 % bei Weibchen ermittelt.

BONIN et al. (1996) gingen bei freilebenden Exemplaren der *Testudo-hermanni*-Artengruppe von einer potentiellen Lebenserwartung von etwa 80 Jahren aus, vermuten allerdings, dass bereits 50- bis 60-jährige Exemplare eine seltene Erscheinung sind. Die meisten Exemplare dürften nach BOURDEAU & TRONCO (1992) maximal ein Alter von 20–30 Jahren erreichen.

Krankheiten & Parasiten

Die meisten der bei Angehörigen der Testudo-hermanni-Artengruppe identifizierten Viren gehören zu den Herpesviren, Familie Herpesviridae, Gattung Alphaherpesvirus. Bei in menschlicher Obhut lebenden Exemplaren wurden bisher Viren der Gattungen *Herpesvirus*, *Iridovirus* und *Paramyxovirus* sowie Antikörper gegen das *Sendaivirus* nachgewiesen, wobei die Schildkröten besonders für *Herpesvirus* anfällig zu sein scheinen. Herpesvirusinfektionen führen bei bei Angehörigen der Testudo-hermanni-Artengruppe schnell zum Tode; nur wenige Tiere überleben eine Infektion und erholen sich vollständig. Das steht im Gegensatz zu anderen europäischen Landschildkrötenarten. Deshalb wird schon seit Jahren die Theorie diskutiert, dass das Reservoir von Herpesviren in anderen Landschildkrötenarten wie z. B. *Testudo ibera* besteht und von diesen bei der Haltung in Menschenobhut auf die sehr empfänglichen Angehörigen der Testudo-hermanni-Artengruppe übertragen wird. Eine Untersuchung der deutschen Tiermedizinerin KARINA MATHES an 90 *Testudo hermanni* im »Schildkrötendorf« im französischen Gonfaron und an 93 wildlebenden Exemplaren im Maurengebirge erbrachte erfreulicherweise keinerlei Hinweise auf eine Herpesvirusinfektion (MATHES 1997). Diese Ergebnisse untermauern die oben genannte Theorie, dass die Angehörigen der Testudo-hermanni-Artengruppe keine natürlichen Wirte für dieses Virus sind und das Virus im Verbreitungsgebiet dieser Arten wahrscheinlich nicht natürlich vorkommt.

Die Tatsache, dass 7 % der in Gonfaron untergebrachten Schildkröten und 12 % ihrer wildlebenden Artgenossen des Maurengebirges im Rahmen der gleichen Untersuchung positiv auf Mykoplasmen getestet wurden, zeigt, dass diese auch in der Natur nicht ungewöhnlich sind und nicht automatisch gesundheitliche Folgen für die Schildkröten haben müssen, solange nicht weitere Faktoren (vor allem Stress) hinzutreten. Der amerikanische Tierarzt BOBBY COLLINS war wenige Jahre zuvor zu ähnlichen Ergebnissen gelangt.

Was die Innenparasiten der hier behandelten Arten betrifft, so dominieren eindeutig Fadenwürmer und darunter insbesondere die Pfriemenschwänze der Familie Oxyuridae. Eine Schildkröte mit gutem Gesundheits-

KRANKHEITEN & PARASITEN

Abb. 86: Halbwüchsige *Testudo hercegovinensis* mit Panzererkrankung aus Kroation (J. MARAN)

Abb. 87: Eine zu weiche, breiige Nahrung in menschlicher Obhut fördert die Entstehung eines sogenannten »Papageienschnabels« (A. NÖLLERT)

zustand beherbergt im Durchschnitt etwa 5.000–200.000 dieser Parasiten. Bisher wurden bei Testudo hermanni die Fadenwurmarten Aleuris numidica, Atractis dactyluris dactyluris, Medhiella microstoma, Medhiella stylosa, Medhiella uncinata, Tachygonetria bainae, Tachygonetria conica conica, Tachygonetria conica nicollei, Tachygonetria dentata dentata, Tachygonetria longicollis longicollis, Tachygonetria longicollis pusilla, Tachygonetria longicollis setosa, Tachygonetria macrolaimus palearcticus, Tachygonetria numidica, Tachygonetria robusta robusta und Thaparia thapari thapari identifiziert. Die am häufigsten vertretenen Arten waren bei sechs Schildkröten aus der Umgebung von Gonfaron Atractis dactyluris dactyluris (über 37 %), Tachygonetria longicollis longicollis (etwa 22 %), Tachygonetria conica conica (15 %) und Tachygonetria macrolaimus palearcticus (14 %). LONGEPIERRE & GRENOT (1999) stellten im Rahmen ihrer Studie fest, dass Exemplare mit Parasitenbefall ganz gezielt giftige Futterpflanzen fressen und damit die Parasiten erfolgreich bekämpfen. Die einzige diesbezügliche Studie aus dem Verbreitungsgebiet von Testudo boettgeri wurde in Albanien durchgeführt; dort wurden bisher nur die Fadenwurmarten Tachygonetria conica und Tachygonetria longicollis nachgewiesen. Über geographisch bedingte Unterschiede beim Befall mit Innenparasiten ist bisher jedoch noch nicht mehr bekannt. Bei der Haltung in Menschenobhut sollte jedoch beachtet werden, daß sich aufgrund des eingeschränkten Bewegungsradius die Schildkröten immer wieder mit ihrem eigenen Kot in Kontakt kommen und sich so die Parasitenbürde potenziert. Deshalb sollte hier der Wurmbefall regelmäßig überprüft und gegebenenfalls behandelt werden.

Zecken sind bei Schildkröten der östlichen Populationsgruppe häufig, bei ihren westlichen Verwandten dagegen nur selten zu finden. Das Ausmaß des Zeckenbefalls ist je nach Fundort unterschiedlich, doch sind Testudo boettgeri und Testudo hercegovinensis im Vergleich zu Testudo ibera und Testudo marginata deutlich weniger stark mit diesen Parasiten besetzt. In Griechenland ist eine Testudo boettgeri im Durchschnitt von 0,6–2,0 Zecken befallen (offenbar aber fast ausschließlich im Sommer), wobei erwachsene Schildkröten häufiger betroffen sind als Jungtiere und halbwüchsige Exemplare (40–60 % im Vergleich

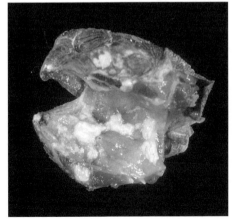

Abb. 88&89: Diese beiden Schildkröten weisen die für eine Herpesvirusinfektion typischen festhaften Beläge auf der Zunge und der Rachenschleimhaut auf. (S. BLAHAK)

KRANKHEITEN & PARASITEN

zu jeweils 5–20%), und Männchen wiederum häufiger als Weibchen (60% im Vergleich zu 40%). Dabei findet man an den Schildkröten fast alle Entwicklungsstadien der Parasiten. In Bulgarien wurden die Zeckenarten *Haemaphysalis taurica*, *Hyalomma aegyptium*, *Hyalomma excavatum* und *Hyalomma plumbeum* identifiziert, in Griechenland bisher nur *Hyalomma aegyptium*. Außerdem sind von der *Testudo-hermanni*-Artengruppe noch die Zeckenarten *Hyalomma anatolicum* und *Hyalomma marginatum* bekannt. Auch Milben (z. B. Arten der Gattung *Dermanyssus*) halten sich auf den Weichteilen der Schildkröten auf und saugen Blut. In Wunden sind darüber hinaus häufig Fliegenmaden der Gattung *Lucilia* zu finden; in manchen Populationen Griechenlands sind die Schildkröten massiv von diesen Parasiten befallen. Auch in der Freilandhaltung kann das geschehen, deshalb müssen die Tiere im Sommer daraufhin überprüft werden. Starker Fliegenmadenbefall kann zum Tode der Schildkröten führen.

Abb. 90: Zeckenbefall bei einer Landschildkröte (W. Schmidt)

Abb. 91: Bulgarische *Testudo boettgeri* mit massiver Missbildung im hinteren Bereich de Plastrons (G. Popgeorgiev)

Haltung

Allgemeines

Die Angehörigen der *Testudo-hermanni*-Artengruppe sind sicherlich die weltweit mit Abstand am häufigsten in Menschenobhut gepflegten Landschildkrötenarten, wobei ganz überwiegend die Angehörigen der östlichen Populationsgruppe gehalten und vermehrt werden. Schon im Mittelalter wurden in Klostergärten aus Italien mitgebrachte Landschildkröten gehalten, später waren sie in praktisch allen wandernden Menagerien zu besichtigen. Bereits im Jahre 1816 tauchten die ersten Exemplare im Wiener Tiergarten *Schönbrunn* auf, im Jahre 1860 wird die »Griechische Landschildkröte« im ersten Führer des Frankfurter Zoos erwähnt. Der Basler Zoo erhielt seine erste Schildkröte aus der *Testudo-hermanni*-Artengruppe im Jahre 1903.

Die hier behandelten Schildkrötenarten werden nach einiger Zeit der Haltung recht zahm und fressen ihrem Pfleger dann aus der Hand oder kommen ihm entgegen, wenn sie Futter erwarten. MEYER (1998) machte allerdings die Erfahrung, dass seine Exemplare von *Testudo hermanni* deutlich scheuer waren als ihre Verwandten aus der östlichen Populationsgruppe. Auf jeden Fall sollte man vermeiden, die Tiere (egal welcher Art) oft hochzuheben, denn dies tun in der Natur nur Fressfeinde. Hochgehoben werden erzeugt bei den Schildkröten daher in jedem Fall unnötigen Stress.

Bei sorgfältiger Pflege und Beachtung der Ansprüche dieser Tiere ist deren erfolgreiche Haltung und Zucht problemlos möglich. Die Nachzucht der Arten gelingt regelmäßig in großer Zahl, was eine Entnahme der Tiere aus der Natur heute überflüssig macht. Die Nachzuchtstatistik der *AG Schildkröten der Deutschen Gesellschaft für Herpetologie und Terrarienkunde e. V.* verzeichnete alleine von 2001 bis 2004 insgesamt 5.969 in Menschenobhut geschlüpfte Jungtiere von *Testudo boettgeri*, 921 Nachzuchten von *Testudo hermanni*, 49 Jungtiere von *Testudo hercegovinensis* (wobei sicherlich viele Nachzuchterfolge bei dieser erst vor wenigen Jahren »wiederentdeckten« Art fälschlich unter *Testudo boettgeri* geführt wurden) sowie fünf Tiere, die zwar der Artengruppe zuzuordnen sind, bei denen aber eine genaue Artenzuordnung fehlt (SCHILDE 2003, 2004a, b, 2005). Da leider nach wie vor nur ein gerin-

HALTUNG

ger Teil der Mitglieder und Interessenten der AG ihre Nachzuchten melden und sicher noch eine Vielzahl unorganisierter Züchter existiert, ist anzunehmen, dass alleine in Deutschland jährlich mindestens 10.000 Jungtiere von *Testudo boettgeri*, *Testudo hercegovinensis* und *Testudo hermanni* gezüchtet werden.

Leider landeten die meisten der in den vergangenen Jahrzehnten zu Tausenden eingeführten und durch Fang und Transport bereits geschwächten Exemplare in den Händen gutmeinender, aber völlig unwissender Tierfreunde, die die Schildkröten für ein paar Mark im Zoogeschäft erwarben. Die Tiere fristeten dann bei einer Fütterung mit z. B. Kopfsalat, Hackfleisch, Nudeln und Tischabfällen ein in der Regel trostloses und kurzes Dasein als »Kinderspielzeug« im Garten oder auf dem Fußboden in der Wohnung, bis der Tod sie schließlich erlöste; etwa 83 % der derart »gepflegten« Schildkröten überlebte den ersten Winter in Menschenobhut nicht, was von deren Besitzern aber meist nicht als sonderlich tragisch angesehen wurde, da man sich ja im Frühjahr für wenig Geld ein neues Tier kaufen konnte. Der Importstopp der EU führte mittlerweile dazu, dass die Arten heute deutlich seltener im Zoohandel auftauchen, und wenn, dann in Form von Nachzuchten; die stark gestiegenen Preise verhindern, dass die Tiere aus einer Laune heraus »einfach so« gekauft werden. Trotzdem werden immer noch viel zu viele Haltungs- und vor allem Fütterungsfehler gemacht, die den Schildkröten das Leben unter Terrarienbedingungen zur Qual machen, bis sie eines Tages viel zu früh sterben.

Von der gemeinsamen Haltung der drei Arten miteinander und mit anderen Schildkrötenarten sollte Abstand genommen werden. MAYER (1992a, b) schilderte die Vermischung von *Testudo hermanni* und *Testudo boettgeri*; er berichtete allerdings auch, dass sich die Tiere, wenn die Möglichkeit besteht, bevorzugt mit Partnern der gleichen Art paaren, und vermutet die Existenz gewisser Schlüsselreize (vermutlich geruchlicher Art), die Fehlpaarungen unter normalen Umständen ausschließen. Bei MAYERS Mischlingen zwischen beiden Populationsgruppen herrschte auf dem Panzer die dunkle Pigmentierung des (westlichen) Muttertieres vor, doch war das Schwarz nicht sehr intensiv, sondern ging eher ins Bräunliche über. Der Gelbanteil war relativ groß, die Grenzen zwischen heller und dunkler Färbung verschwammen etwas. Gliedmaßen und Weichteile erschienen hellgelb wie bei der westlichen Populationsgruppe, der für westliche Tiere typische gelbe Fleck unter dem Auge fehlte allerdings, nur 1–2 hellere Schuppen erinnerten an dieses Merkmal. Die dunklen Bänder auf dem Plastron waren deutlicher ausgeprägt als bei Angehörigen der östlichen Populationsgruppe, wirkten aber nicht ganz so breit und auch weniger intensiv schwarz als bei westlichen Exemplaren und waren bereits teilweise unterbrochen. Der gelbe Farbton des Plastrons entsprach dem des Muttertieres. Die Tiere wuchsen schneller als gleichaltrige »reinrassige« Artgenossen. In einem Falle kam es sogar zum Schlupf von Mischlings-Zwillingen. Auch VEIDT & FRITZ (2001) berichteten von Mischlingen zwischen *Testudo hermanni* und *Testudo boettgeri*. Die Mischlinge der beiden Autoren ähnelten wie die Exemplare MAYERS (1992a, b) mehr *Testudo hermanni*; die Naht zwischen Pectoralia und Femoralia war bei den Tieren etwa gleich lang. VEIDT & FRITZ (2001) stuften diese Tiere wie auch MAYER (1992a, b) als schnellwüchsig ein, außerdem als sehr robust und gut für die Terrarienhaltung geeignet, machten aber zu Recht darauf aufmerksam, dass die unkontrollierte Weitergabe der Mischlinge eine große Gefahr für den »reinrassigen« Bestand der Arten in Menschenobhut darstellt, wenn die Information über die Mischlingseigenschaft verloren geht. Es entsteht dann eine »Terrarienschildkröte«, die mit den ursprünglichen Wildformen genetisch nicht mehr identisch ist. Aus diesem Grunde wäre es begrüßenswert, wenn für Hybriden grundsätzlich keine Vermarktungsgenehmigungen erteilt würden. Kreuzungsexperimente können zur Überprüfung der Arten- oder Unterarteneigenschaft einer Form sinnvoll sein, sind aber nur unter entsprechenden wissenschaftlichen Bedingungen verwert- und vertretbar. Im Übrigen sind bei der Vermischung der Arten nicht selten schlecht befruchtete Gelege oder schwache Jungtiere die Folge.

Wie wichtig es ist, bei der Zusammenstellung von Zuchtgruppen möglichst darauf zu achten, dass die Tiere zusammen passen, zeigen verschiedene Beispiele. Die Existenz von *Testudo hercegovinensis* war bis vor wenigen Jahren weder Wissenschaftlern noch Terrarianern bewusst, die in menschlicher Obhut keineswegs selten anzutreffenden Angehörigen dieser Art wurden dann in menschlicher Obhut für kleine Exemplare von *Testudo boettgeri* oder helle *Testudo hermanni* gehalten und dementsprechend wie auch von EGER (2005) mit diesen Arten vergesellschaftet. Ein Halter von *Testudo boettgeri* berichtete VINKE & VINKE (2004a) von einem Weibchen, das grundsätzlich unbefruchtete Eier legte. Die Schildkröte unterschied sich äußerlich stark von ihren Artgenossen; sie war wesentlich kleiner und kräftiger gezeichnet als die anderen Tiere und erwies sich schließlich als eine Dalmatinische Landschildkröte. Die Männchen dieser Zuchtgruppe wurden nie bei Paarungsversuchen mit diesem Weibchen beobachtet. In einer Gruppe sehr kleiner *Testudo hercegovinensis* lebte auch ein sehr großes Weibchen unbekannter Herkunft (*Testudo boettgeri*?), auf das die Männchen der Gruppe so stark fixiert waren, dass sie sich mit den kleineren Weibchen nicht oder nur unzureichend paarten. Sämtliche Gelege dieser Gruppe blieben unbefruchtet. EGER (2005) beobachtete bei einem seiner Landschildkrötenmännchen, dass es sich des Öfteren im Freilandgehege verkroch, dort unter einem Strauch schlief und sich kaum noch in das Frühbeet wagte, um nicht von einem seiner Geschlechtsgenossen attackiert zu werden. Die restlichen Männchen kamen dagegen recht gut miteinander zurecht. Später zeigte sich, dass das scheue Tier das einzige *hercegovinensis*-Männchen in einer *boettgeri*-Gruppe war. Sobald das Tier von den anderen Männchen getrennt und gemeinsam mit artgleichen Weibchen gepflegt wurde, normalisierte sich sein Verhalten wieder. Fazit: man sollte generell versuchen, Lokalformen der Artgruppe selbst dann getrennt voneinander zu halten, wenn sie (noch) keinen wissenschaftlichen Namen tragen.

Unter Terrarienbedingungen kam es bei der gemischten Haltung mehrerer Arten nachweislich zu Bastarden zwischen *Testudo hermanni* und Schildkröten aus der *Testudo-graeca*-Artengruppe sowie zwischen *Testudo boettgeri* und *Testudo ibera* bzw. *Testudo marginata* und sogar zwischen *Testudo boettgeri* und den Arten der Gattung *Agrionemys*. Aus einem Gelege mit vier Eiern schlüpften bei KIRSCHE (1984b) nach einer Inkubationszeit von 70 bzw. 74 Tagen zwei lebensfähige Jungtiere aus der Verbindung zwischen einer männlichen *Testudo boettgeri* und einer weiblichen Steppenschildkröte, die aufgrund ihres Aussehens sofort als Bastarde erkennbar waren; die beiden verbliebenen Eier wurden nach 80 Tagen geöffnet und enthielten zwei abgestorbene, äußerlich normal erscheinende Embryos von 1,0–1,5 cm Größe. Die lebenden Schlüpflinge entsprachen in der Carapaxfärbung »echten« Jungtieren von *Testudo boettgeri*, wiesen aber die für Steppenschildkröten typische gelbbraune Haut und an allen Extremitäten nur vier Zehen auf. Der größere Bastard zeigte die für die Steppenschildkröte typische rundliche Panzerform, während die schmalere Panzerform des kleineren Geschwistertieres dem Aussehen von *Testudo boettgeri* entsprach; bei diesem Tier wies die Schwanzspitze einen deutlichen Hornnagel auf. Die kleinere Schildkröte wuchs sehr langsam, während das größere Exemplar im Wachstum sogar die Jungtiere von *Testudo boettgeri* übertraf; dessen Gewicht betrug nach sieben Monaten 170 g im Vergleich zu durchschnittlich 135 g bei den »reinrassigen« Griechischen Landschildkröten. Das kleinere Tier ging nach sieben Monaten ohne äußerlich erkennbare Krankheitssymptome ein, das größere starb nach einer Überwinterung im Freiland im Alter von einem Jahr und einigen Monaten; dies ist ein Hinweis darauf, dass Bastarde häufig eine geringere Vitalität aufweisen als »reinrassige« Tiere. Die Verbastardisierung von Angehörigen der *Testudo-hermanni*-Artengruppe mit Steppenschildkröten wurde auch noch von weiteren Haltern in Deutschland, aber auch aus Frankreich beschrieben. Auch bei ZIRNGIBL (2000) setzte eine weibliche *Agrionemys* nach der Paarung mit einer männlichen *Testudo boettgeri* ein Gelege aus vier Eiern ab; in dreien starben die Embryos voll entwickelt, aber stark missgebildet ab, aus dem vierten schlüpfte ein Jungtier, das sehr kleine Augen aufwies, die meistens geschlossen waren, und das nach etwa einem Jahr starb. Alle Hybriden ähnelten äußerlich mehr der Griechischen Landschildkröte als der Steppenschildkröte. Auch STEINLE (1977) hatte bereits von einer mutmaßlichen Hybridisierung beider Verwandtschaftsgruppen berichtet; er fand im Freilandterrarium ein Gelege aus acht Eiern, von denen fünf abgestorbene Embryos enthielten. In der Anlage lebten seit acht Jahren eine große männliche *Testudo boettgeri* und eine weibliche Steppenschildkröte. Da die beim Kauf etwa faustgroße Steppenschildkröte kaum Spermien über acht Jahre hinweg gespeichert haben konnte, muss man annehmen, dass es sich bei den Embryos um Bastarde handelte. MERTENS (1968a) erwähnte Bastarde zwischen *Testudo boettgeri* und *Testudo ibera*; von den sieben Eiern des Geleges schlüpfte nur ein Tier mit Hornnagel an der Schwanzspitze und ungeteiltem Supracaudale, wobei allerdings zu beachten ist, dass auch bei »reinrassigen« *Testudo boettgeri* relativ häufig ein ungeteiltes Supracaudale zu finden ist. HEIMANN (1990) pflegte über einen Zeitraum von vier Jahren Angehörige der östlichen Populationsgruppe gemeinsam mit Exemplaren von *Testudo ibera* in einem Freilandterrarium; bei *Testudo ibera* entwickelten sich nur in 48 % der Eier Jungtiere, bei den Angehörigen der *Testudo-hermanni*-Artengruppe gar nur in 37 %. Bei anschließender Einzelhaltung der beiden Arten stiegen die Quoten dann auf 93 bzw. 92 %. HEIMANN vermutete als Ursache der niedrigen Werte bei gemeinsamer Haltung artfremde Befruchtungen, die zum Absterben der Embryos in einem sehr frühen Entwicklungsstadium führten; die große Zahl unbefruchteter Eier kann daher auch täuschen, weil sehr frühe Embryonalstadien makroskopisch oft übersehen werden. Ein Mischling zwischen einer weiblichen *Testudo boettgeri* und einer männlichen *Testudo marginata* befindet sich unter der Nummer 41567 im *Staatlichen Museum für Tierkunde* in Dresden; das Tier schlüpfte gemeinsam mit vier Geschwistern aus einem im Juni 1996 bei MICHAEL REIMANN abgesetzten Gelege und ähnelte wie diese äußerlich sehr stark jungen Breitrandschildkröten.

Haltung im Freilandterrarium

Die Angehörigen der *Testudo-hermanni*-Artengruppe sind die wohl am besten für die Unterbringung in Freilandterrarien in Mitteleuropa geeigneten Landschildkrötenarten und unter diesen Bedingungen gut halt- und züchtbar; sie sollten so oft und so lange wie möglich der ungefilterten Sonnenstrahlung ausgesetzt sein. Eine ausschließliche Zimmerhaltung bietet keinerlei Vorteile und ist als nicht artgerecht abzulehnen.

Die Freilandhaltung ist in der Regel vom Frühjahr bis zum Spätsommer möglich. Nur während längerer Schlechtwetterperioden, d. h. wenn die Temperaturen längerfristig unter 12–15 °C sinken, empfiehlt sich die vorübergehende Unterbringung im Zimmerterrarium; deshalb sollte man die Tiere auch erst ab etwa Mitte Mai ins Freilandterrarium setzen, wenn sich die wärmere Temperaturen etwas stabilisiert haben. Wenn man sich für die Haltung dieser Art entscheidet, muss daher zu jeder Jahreszeit neben der Freilandanlage ein ausreichend großes und entsprechend eingerichtetes Zimmerterrarium (s. u.) zur Verfügung stehen.

Eine wesentlich bessere Lösung ist jedoch die Einbeziehung eines Gewächshauses oder eines hochwertigen Frühbeetkastens mit UV-durchlässigen Doppelstegplatten in die Freilandanlage, in die sich die Tiere nachts und während kühlerer Witterung zurückziehen können; dies hilft wesentlich mit, die in unseren Breiten relativ schwache Sonneneinstrahlung besser auszunutzen. Das Erdreich wird unter dem Frühbeetkasten bzw. dem Gewächshaus großräumig ausgehoben (wenn eine Freilandüberwinterung geplant ist mindestens 80 cm tief) und mit einem Gemisch aus humoser, ungedüngter Gartenerde (schimmelt nicht), Flusssand und Buchenlaub (verrottet nicht so schnell) aufgefüllt. Durch den erzielten Treibhauseffekt werden die Temperaturen auf einfache Art angehoben. Da die Tiere tagsüber aber jederzeit die Möglichkeit haben müssen, sich unter einer Wärmequelle auf ihre Stoffwechseltemperatur von 35 °C aufwärmen zu können, muss im Gewächshaus oder Frühbeetkasten eine Wärme spendende Lichtquelle installiert werden, in deren Zentrum eine Temperatur von

Abb. 92: Ein Beispiel für eine vorbildliche, gut strukturierte Freilandanlage für mediterrane Landschildkröten (B. Seeger)

mindestens 45–50 °C erreicht wird. Die Schildkröten können die ihnen angenehme Temperatur dann selbst wählen und sich zudem relativ schnell aufwärmen. Bewährt haben sich in diesem Zusammenhang 150- und 300-Watt-Halogenstrahler, die am einfachsten über eine Thermozeitschaltuhr einzuschalten sind. Eine künstliche Beheizung von Gewächshaus oder Frühbeet sollte allerdings nur bei länger anhaltender feuchtkühler Witterung stattfinden. Bei vielen Haltern hat es sich zudem hervorragend bewährt, bei Verwendung eines Frühbeetkastens diesen zwecks besserer Wärmespeicherung auf ein Fundament aus Steinen zu stellen; da der Frühbeetkasten dadurch auch höher wird, erleichtert dies gleichzeitig die Installation der Wärmestrahler. Auch bei einem teilweise gemauerten Gewächshaus erreicht man durch das größere Raumvolumen eine sehr verbesserte Wärmespeicherung. Eine interessante und ökonomische Variante der Beheizung eines kleineren Frühbeetkastens stellt nach BIDMON (in THIERFELDT 2004) ein teilweise eingegrabener, gefüllter Wasserkanister dar, in den ein Aquarienheizstab eingelassen ist; bei kühler Witterung heizt dieser das Wasser, das gleichmäßig und langanhaltend seine Wärme an die Umgebung abgibt, bei warmem Wetter erwärmt die Sonneneinstrahlung den Kanister. Abschließend muss noch darauf hingewiesen werden, dass im Gewächshaus bzw. Frühbeetkasten ein automatischer Fensterheber vorgesehen werden sollte, um die Schildkröten vor einer möglichen Überhitzung zu schützen, zumindest der Frühbeetkasten sollte immer auch teilweise im Schatten liegen.

Zusätzlich wird, um gerade im Frühjahr und Herbst ein nächtliches Absinken der

Abb. 93: Männchen von *Testudo boettgeri* auf einer üppigen »Futterwiese« (F. WÜTHRICH)

Temperatur unter 12 °C zu verhindern, eine Heizung z. B. in Form eines Elsteinstrahlers installiert, der ebenfalls über eine Thermozeitschaltuhr ein- und ausgeschaltet wird. Die Zeitschaltuhr wird so eingestellt, dass der Dunkelstrahler automatisch bei einer Temperatur unter 12 °C ein- und bei einer Temperatur über 15 °C wieder ausgeschaltet wird. Gewächshaus bzw. Frühbeetkasten werden nachts zum zusätzlichen Schutz vor Raubtieren verschlossen.

Da die Schildkröten dunkle, enge Verstecke bevorzugen, dient innerhalb des Gewächshauses bzw. Frühbeetkastens ein Schutzhaus oder ein sonstiger dunkler Unterschlupf den Tieren als Rückzugsmöglichkeit. Hier bietet sich z. B. die Verwendung einer Holzkiste mit aufklappbarem Deckel an, die mit dem oben erwähnten Gemisch aus ungedüngter Gartenerde (schimmelt nicht), Flusssand und Buchenlaub gefüllt wird; Heu schimmelt zu schnell und muss zu häufig ausgewechselt werden, eine reine Strohfüllung trocknet wiederum zu schnell aus.

Mit dieser Art der Freilandhaltung, die den Tieren auch ein ständiges Umsetzen ins Innenterrarium erspart, wurden bei *Testudo boettgeri*, *Testudo hercegovinensis* und *Testudo hermanni* gute Erfahrungen gemacht. Neuankömmlinge suchen den Unterschlupf in der Regel bald freiwillig auf, ansonsten müssen sie nachts oder während kühlerer Perioden eingesammelt und ins Gewächshaus bzw. den Frühbeetkasten gesetzt werden, bis sie auf den »Geschmack« gekommen sind.

Die Freilandanlage sollte möglichst am wärmsten Platz des Gartens an einer windgeschützten, ganztägig von der Sonne bestrahlten (nach Süden ausgerichteten) Hanglage eingerichtet werden; für die Aufwärmphase der Schildkröten ist insbesondere die Morgensonne sehr wichtig. In der Anlage selbst oder in deren unmittelbarer Nähe sollte sich kein Baum oder hoher Strauch befinden, die Schatten werfen. Die für die Tiere auch notwendigen Schattenplätze sollten möglichst kleinflächig sein. Selbstverständlich wird man für die Anlage eines Freilandterrariums auch keine Lokalität an einer sehr belebten Straße oder an einem sonstigen lauten Ort mit einem hohen Grad der Luftverschmutzung wählen. Bei der Wahl des Standortes von Gewächshaus oder Frühbeet muss darauf geachtet werden, dass auch bei Dauerregen kein aufsteigendes Grundwasser eindringen kann.

Was die Geräumigkeit angeht, so gilt, dass das Freilandterrarium nie zu groß gewählt werden kann, doch reicht bei geschickter Gestaltung für eine kleine Zuchtgruppe eine Anlage von 10 m², für ein Paar oder mehrere Jungtiere auch schon von 2–5 m² Größe; eine Unterteilung des Geheges oder ein Reservegehege muss allerdings von Anfang an in die Planung einbezogen werden. Wenn sich die Tiere jedoch zu einem Großteil selbst von Wildkräutern ernähren sollen, muss für ein Paar schon eine Anlage von mindestens 30 m² eingeplant werden. Zu bedenken ist, dass die Einrichtung von Freilandterrarien genehmigungspflichtig ist, wenn diese eine bestimmte Größe überschreiten; leider sind die Größen für eine Genehmigungspflicht der Bauäm-

Abb. 94: Blick auf den Eingangsbereich des Frühbeetes (F. WÜTHRICH)

HALTUNG 123

Abb. 95: Im Sommer muss das Frühbeet belüftet werden (B. SEEGER)

ter von Gemeinde zu Gemeinde verschieden. Außerdem besteht evtl. noch eine Genehmigungspflicht nach *Bundesnaturschutzgesetz* und je nach Bundesland noch aufgrund von Landesvorschriften. Nähere diesbezügliche Informationen sind bei den zuständigen Behörden erhältlich.

Zur Gestaltung von Freilandterrarien existiert eine ganze Reihe guter Fachliteratur, sei es in Form von Büchern wie z. B. von ZIRNGIBL (2000), WEGEHAUPT (2003) oder MINCH (2006), sei es in Form von Fachartikeln wie etwa von HOLFERT & HOLFERT (1999) oder SIMON (2000). Die Freilandanlage muss ausbruchssicher umfriedet werden, denn die Schildkröten können sich als wahre Kletterkünstler erweisen, auch wenn bei einem gut strukturierten, ausreichend großen Gehege selten »Fluchtversuche« unternommen werden; SCHLÜTER (2005) schreibt z. B., dass in freier Natur in Bulgarien ein Tier in etwa 1 m Höhe in einem Maschendrahtzaun angetroffen wurde. Die Höhe der möglichst etwas nach innen geneigten Umfriedung sollte mindestens 45 cm betragen, der obere Rand kann nach innen überstehen; da vor allem die Ecken der Umfriedung zum Klettern einladen (die Tiere steigen hauptsächlich dort auch gerne übereinander), sollten sie abgerundet sein und mit Brettern, Stein- oder Betonplatten bedeckt werden. Um ein Untergraben zu vermeiden, sollte die Umfriedung sicherheitshalber außerdem etwa 30 cm in den Boden eingelassen werden. Als Umfriedung eignen sich z. B. Betonplatten, Halbrohre oder Winkelelemente aus Beton, Natursteinmauern, Holzbalken oder -pallisaden, Kunststoff- oder Welleternitplatten; wegen der Wärmespeicherung stellen Stein- oder Betonmauern aber sicherlich das Optimum dar. Wenn die Umfriedung nicht schnurgerade verläuft und durch das Einbeziehen von Steinen, Wurzeln, niedrigen Erdhügeln, Senken und Pflanzen darüber hinaus unregelmäßig gestaltet wird, wird sie von den Schildkröten nicht als »Gefängnismauer«, sondern als Bestandteil ihres Lebensraumes angesehen. Glas scheidet nach meiner Ansicht ebenso wie ein Drahtzaun aus, da die Tiere sonst ständig an der Umfriedung entlanglaufen und versuchen, das Hindernis zu überwinden; Maschendrahtzäune können von den Schildkröten bis zu einer Höhe von mehr als einem Meter überklettert werden, und zwischen den Maschen hat sich schon manche Schildkröte stranguliert. Die häufig als Umfriedung eingesetzten Eisenbahnschwellen wurden seinerzeit mit Teeröl imprägniert und enthalten dieses oft noch nach Jahrzehnten in großer Menge; nachzuweisen sind auch noch alle schwer flüchtigen polyzyklischen aromatischen Kohlenwasserstoffe, die durch direkten Hautkontakt in den Körper gelangen und Krebs verursachen können. Da diese Stoffe vor allem bei höheren Temperaturen auch höhere Konzentrationen erreichen, sind Eisenbahnschwellen als Umfriedung für Freilandterrarien nicht geeignet. Es ist vorteilhaft, die Umfriedung mit einem Eingang zu versehen, um etwa mit einer Schubkarre in das Gehege hineinfahren zu können. Sehr wichtig sind auch Schattenplätze, an die sich die Schildkröten vor der Mittagshitze zurückziehen können; diesen Zweck erfüllen z. B. in die Freilandanlage eingepflanzte dichte Büsche. Sehr beliebt sind auch hohle Baumstämme, die in ihrem Inneren ein günstiges Mikroklima aufweisen. Von kleineren Tieren werden in das Gehege gelegte First-Dachpfannen gerne als Versteck genutzt, da diese auch gut die Wärme speichern.

Nicht ganz einfach ist die richtige Wahl der Bepflanzung, da viele Pflanzen von den Schildkröten gefressen oder schwer geschädigt werden und Gras längere Zeit Feuchtigkeit in der obersten Bodenschicht festhält, was durch Verdunstung zu einer Abkühlung des Erdbodens führt; die Freilandanlage darf daher nicht überwiegend mit Gräsern bepflanzt werden, zumal Gras von den Tieren meist auch nicht gefressen, sondern, wenn es zufällig mitgefressen wurde, sogar regelrecht ausgewürgt und mithilfe der Vorderbeine wieder aus dem Maul herausgezogen wird. Der ideale Bewuchs besteht aus harten, krautigen Gewächsen und nicht zu hohen Büschen, Sträuchern und Bäumen, wie etwa Kriechendem Wacholder, Bergkiefern, Flieder, Hibiskus, Hagebutten, Weinreben, Stachel-, Johannis- und Brombeeren, Weißdorn, Feigenbusch, Geißblatt, Maulbeerbäumen, Knöterich, Zuckerhutfichten und anderen kleinbleibenden Koniferen, Fingerkraut, horstbildenden Ziergräsern, Lavendel, Lungenkraut, Melden, Zistrosen, Erika, Rosmarin, Salbei, Thymian, Malven, Heidekraut, Johanniskraut, Goldfelberich, Palm- und Keulenlilien, Strohblumen, Mittagsblumen, Feigenkakteen, Agaven, Yucca-Palmen und Stechendem Ginster; nicht verwenden sollte man giftige Pflanzen wie etwa

Abb. 96: Geschützte Freilandanlage für Jungtiere (B. SEEGER)

HALTUNG

Abb. 97: Eine gute Strukturierung der Freilandanlage gehört mit zu den Anforderungen einer artgerechten Haltung (F. WÜTHRICH)

Abb. 98: Griechische Landschildkröten scheuen keine Mühen, um an begehrte Futterpflanzen zu gelangen (M. MÜLLER)

Eiben, Seidelbast und Oleander, und entlang der Umfriedung verzichtet man auf jegliche Bepflanzung, da die Tiere sie sonst unter Umständen als Kletterhilfe nutzen. Die übrige Anlage sollte einem Trockenhang mit möglichst abwechslungsreichen Futterpflanzen (z. B. Ehrenpreis, Luzerne, Weißklee, Wiesenklee, Hasenklee, Gelber Ackerklee, Schneckenklee, Hornklee, Hufeisenklee, Wundklee, Schafgarbe, Hirtentäschel, Taubnesseln, Zaunwicke, Ackerwicke, Vogelwicke, Sommerwicke, Winterwicke, Platterbsen, Brunnenkresse, Veilchen, Wilde Erdbeeren, Waldmeister, Hundsveilchen, Wilde Malven, Storchschnabel, Kratzdisteln, Gänsedisteln, Gänseblümchen, Ackerveilchen, Vergissmeinnicht, Rosen, Minze, Sonnenröschen, Scharfer Hahnenfuß, Gewöhnlicher Löwenzahn, Kleines Habichtskraut, Wilde Möhren, Pimpinelle, Esparsette, Lämmersalat, Wegwarte, Kreuzkraut, Ferkelkraut, Geißkraut, Labkraut, Weidenröschen, Spitzwegerich, Breitwegerich, Mehlige Königskerze, Kleiner Ampfer, Vogelmiere, Sternmiere, Kugelsteinwurz, Hauswurz, Strandwinde, Ackerwinde, Leimkraut, Ackersenf, Huflattich) gleichen. Dickblattgewächse wie Fetthenne und Mauerpfeffer werden von den Tieren gern als zusätzliche Leckerbissen angenommen. Den Schildkröten wird so die Möglichkeit geboten, in der Anlage ein natürliches Nahrungsangebot zu finden, das auf einer Magerwiesenvegetation basiert; in den Übergangsphasen im Frühjahr und Herbst muss allerdings regelmäßig zugefüttert werden, da der Bewuchs der Gehege wetterbedingt oder bei entsprechender Zahl der Schildkröten nicht ausreicht, um den Bedarf der Tiere zu decken. Ist die Freilandanlage groß genug, ist es sinnvoll, einen besonders stark beweideten Teil der Anlage abzuzäunen, damit die Pflan-

Abb. 99: Freilandanlage für halbwüchsige Landschildkröten (B. SEEGER)

zen sich wieder erholen und zugunsten eines erhöhten Rohfaseranteils ausreifen können.

Der Bodengrund des Freilandterrariums sollte möglichst locker und luftig sein, da er sich leichter erwärmt als ein fester, luftarmer Boden. Das bedeutet, dass eine Freilandanlage mit leichtem Sandboden tagsüber einige Grade wärmer wird als etwa ein feuchter Lehmboden. Wer also seine Freilandanlage auf einem eher schweren Boden anlegen will, sollte zumindest einen Teil der Fläche 20–40 cm tief abtragen und durch eine Sand-Kiesschicht ersetzen, die großzügig mit Dolomitkalk aus dem Gartenfachhandel vermischt wird, um so einen kalkhaltigen Boden zu schaffen, der gleichzeitig den Kalkgehalt der in der Anlage wachsenden Futterpflanzen erhöht; mit dem Aushubmaterial kann gleich das Gelände modelliert, d. h. je nach Größe der Anlage ein oder mehrere Hügel aufgeschüttet und Mulden bzw. Wege angelegt werden. Auf die Sand-Kies-Kalkschicht kann dann wiederum eine mehrere Zentimeter hohe Lage Mutterboden aufgebracht werden. Die Farbe des Bodengrundes sollte möglichst dunkel sein, da sich dunkle Böden durch geringere Reflexion der Strahlung besser erwärmen als helle Böden; entsprechend geeignete Stoffe (z. B. Lavalit, ein dunkles, poröses Vulkangestein) sind im Baustoffhandel in unterschiedlicher Körnung lieferbar und können ebenfalls untergemischt werden. Die verschiedenen Schichten vermischen sich mit der Zeit, und so entsteht ein wasserdurchlässiger, schnell abtrocknender, lockerer Untergrund. Eine Düngung des Bodens scheidet selbstverständlich aus; der Bodengrund muss vielmehr ähnlich wie in den Heimatländern der Schildkröten nährstoffarm gehalten werden, damit die Pflanzen in der Freilandanlage nicht zu saftigen Kalorienbomben heranwachsen, sondern wertvolles, nährstoffarmes und rohfaserreiches Futter ergeben.

Hügel, große Steine und Wurzeln sind als Gestaltungselemente und Sichtbarrieren einzubauen; raue Stellen sorgen für einen genügend starken Krallenabrieb. Die Bodenstruktur der Anlage sollte möglichst vielseitig sein. Vegetationsfreie oder -arme Zonen, in denen die Sonnenstrahlung bis an die Bodenoberfläche dringt (wichtig als Sonnenplätze und für die Entwässerung des Geheges, sollten sich daher vor allem in unmittelbarer Nähe des Unterschlupfes befinden) sollten sich mit dicht bepflanzten Abschnitten abwechseln und ergänzen; um ein schnelles Überwachsen dieser Flächen zu verhindern, kann man einen Teil der bewachsenen Flächen im Herbst oder zeitigen Frühjahr, wenn die Tiere sich nicht mehr oder noch nicht in der Freilandanlage befinden, umgraben. Dadurch werden an diesen Stellen ruhende Pflanzensamen in die obere Bodenschicht verbracht, und es entsteht ein anfangs recht lockerer, abwechslungsreicher Pflanzenbestand. Einige Stein- und Felsplatten dienen als Wärmespeicher an den Sonnenplätzen. Zur besseren Begehbarkeit für den Pfleger, und um keine versteckt sitzenden Schildkröten zu gefährden, verteilt man zweckmäßigerweise größere Natursteine so im Gehege, dass diese als Tritte verwendet werden können.

Ein Erdhügel von ein paar Quadratmetern Grundfläche und etwa 30–50 cm Höhe sollte in einem Gehege für weibliche Exemplare vorhanden sein; er dient den Tieren als Eiablageplatz. Zwar benötigen Weibchen der *Testudo-hermanni*-Artengruppe nicht unbedingt einen solchen Hügel und heben ihre Nistgruben gerne auch neben großen Steinen oder Büschen an, doch lassen sich die Eiablagen so besser auf eine bestimmte Stelle »kanalisieren« und kontrollieren. Im Gegensatz zu anderen Haltern berichtet allerdings MEYER (1998), dass die von ihm gepflegten Weibchen von *Testudo hermanni* eher flache Abschnitte der Freilandanlage zur Eiablage wählten und den bei den Weibchen der östlichen Populationsgruppe begehrten Nisthügel links liegen ließen. Ein sonnig gelegener Abschnitt des Hügels (Neigungswinkel 30–45 °) wird mit lockerer Gartenerde, Rindenkompost oder Humus aufgefüllt; dieses Substrat wird zur Gewährleistung einer guten Grabfähigkeit im Verhältnis von etwa 1:1 mit Sand vermischt. VINKE & VINKE (2004a) empfehlen, dem Hügel eine Bananenform zu geben und die äußere, längere Biegung nach Süden auszurichten, sodass die Weibchen bei der Anlage ihres Nistplatzes zwischen südöstlicher, südlicher und südwestlicher Lage wählen können. Die dunkle Farbe des Hügels sorgt für eine schnelle Erwärmung, was den Weibchen den Nistplatz ebenfalls schmackhaft macht, und wenn die unteren Bodenschichten heller sind als die oberste Schicht, hat dies außerdem den Vorteil, dass Eiablagen, die in Abwesenheit des Pflegers stattfinden, optisch leichter bemerkt werden. BIDMON (in THIERFELDT 2004) empfiehlt, den Nisthügel zusätzlich mit Basaltsteinen einzufassen, die einen sehr guten Wärmespeicher darstellen. Der Hügel sollte darüber hinaus mit niedrig wachsenden Sträuchern bepflanzt werden, sodass kleine, sonnige, windgeschützte Stellen auf dem Nisthügel entstehen; die Flächen, die Weibchen zur Eiablage nutzen, sollten frei von Pflanzen gehalten werden und eine Größe von maximal etwa 30 x 30 cm aufweisen. Während der Eiablagesaison wird der Nistplatz täglich mit Wasser übergossen und festgedrückt. Um sicherzustellen, dass auf der relativ kleinen Fläche bei der Eiablage nicht zuvor abgesetzte Gelege beschädigt werden, ist eine regelmäßige Kontrolle erforderlich. Der Hügel wird von den Schildkröten regelmäßig auch als Platz für Sonnenbäder benutzt. Männliche Tiere nutzen ihn außerdem als Aussichtsplattform, um ihr »Territorium« zu überblicken. Darüber hinaus bietet der Hügel einen Sichtschutz für Einzeltiere, die von ihren Artgenossen bedrängt werden, seien es rangniedrige Männchen auf der Flucht vor dominanten Geschlechtsgenossen oder Weibchen beim Rückzug von paarungswilligen Männchen; hinter dem Hügel können sie zumindest kurzfristig aus dem Blickfeld des stärkeren Artgenossen verschwinden. Durch einige große Steine, Baumstämme oder Wurzeln werden Hindernisse geschaffen, die die Schildkröten umwandern oder überklettern müssen; gleichzeitig haben die Tiere so Gelegenheit, sich aus dem Wege zu gehen.

Die Weibchen nehmen den Nistplatz nur dann an, wenn er die richtige Bodenfeuchtigkeit und -temperatur aufweist, was während kühler, verregneter Sommer problematisch sein kann. Es ist daher empfehlenswert, den Nisthügel entweder an einer Stelle anzulegen, die vor Witterungseinflüssen geschützt werden kann oder einen »Ersatzhügel« im Gewächshaus oder Frühbeetkasten anzulegen, wo man Temperatur und Feuchtigkeit leichter in den Griff bekommen kann. Einen plötzlichen Wettersturz kann man auch oft, wie z. B. HOLFERT & HOLFERT (1999) empfehlen, durch die Installation eines Wärmestrahlers und im schlimmsten Fall auch noch eines Regenschirms über dem betroffenen Weibchen ausgleichen. Befindet sich der Nistplatz im Frühbeet oder Gewächshaus, ist es ohnehin sehr hilfreich, in etwa 40 cm Höhe über der Eiablagestelle einen 200–Watt-Halogenstrahler anzubringen, denn so bringt man die Weibchen dazu, ihre Gelege in unmittelbarer Nähe dieser Wärmequelle abzusetzen.

Die Einrichtung eines Futterplatzes im Freilandterrarium ist nicht sinnvoll, da den Schildkröten so der Anreiz für die Futtersuche genommen wird. Die Tiere müssen sich dann zur Nahrungsaufnahme nicht einmal mehr bewegen, sie investieren ihre Energie nur noch ins Wachstum und nicht mehr wie in der Natur in aktive Nahrungssuche. Besser ist es, transportable Futternäpfe zu verwenden, die immer wieder an anderen Stellen der Anlage aufgestellt werden können und außerdem leicht zu reinigen sind. Noch saubere Futterreste können in der Anlage verbleiben und dort zu Heu vertrocknen, sie werden dann häufig sogar lieber gefressen als frisches Grün. Wasser muss jederzeit frisch angeboten und täglich ausgetauscht werden. Die Tiere trinken gerne badend und nehmen dabei zusätzlich Wasser über Haut und Kloake auf. Da die Schildkröten beim Baden regelmäßig Urin und Kot absetzen, muss das Wasserbecken täglich gereinigt werden. Das Wasserbecken darf nicht zu tief sein, um Ertrinkungsgefahr auszuschließen; am besten eignen sich daher große, flache Blumenuntersetzer aus Ton. Es gibt allerdings z. T. sehr erstaunliche Berichte über die erfolgreiche Wiederbelebung von Exemplaren, die nachweislich längere Zeit unter Wasser lagen; so fand z. B. WICHELHAUS (2002) zwei Wochen, nachdem sie versehentlich ein etwa zwei Monate altes Jungtier von *Testudo boettgeri* in einen Gartenteich fallen ließ, dieses Tier leblos an der Wasseroberfläche treibend, doch lief die kleine Schildkröte nach einigen Stunden einer langsamen, minimalen Erwärmung wieder umher und fraß einen Tag später bereits. RAU (1981) berichtete von einem Weibchen, das in einen 80 cm tiefen Teich gefallen war und dort tagelang im 5 °C kalten Wasser auf dem Grund lag. Beim Herausholen machte das Tier den Eindruck, ertrunken zu sein. Nachdem man aus dem Maul des Tieres Gras entfernt und mit dem Kopf nach unten Wasser aus der Schildkröte herausgeschüttelt hatte, erholte sich das Weibchen langsam. Es besaß zwar anfangs milchig trübe Augen und konnte deshalb offenbar Nahrung und andere Dinge optisch nicht wahrnehmen, war aber nach wenigen Wochen wieder völlig in Ordnung und zeigte auch wieder klare Augen. ROGNER (2005) vermutete, dass evtl. die Atemwege bei Landschildkröten, die ins Wasser fallen, direkt verschlossen werden, und die in den geschilderten Fällen niedrigen Wassertemperaturen dafür sorgten, dass der Stoffwechsel der Schildkröten auf äußerster Sparflamme lief und das Fehlen von Sauerstoff so keine tödlichen Folgen hatte.

Weitere ausführliche und detaillierte Informationen zu Anlage und Einrichtung von Freilandterrarien für Landschildkröten sind dem grundlegenden Werk von MINCH (2006) zu entnehmen.

Haltung im Innenterrarium

Besteht nicht die Möglichkeit, den Tieren für den Aufenthalt im Frühjahr und Herbst direkt im Anschluss an die Freilandanlage ein Gewächshaus oder einen Frühbeetkasten anzubieten, kommt man nicht umhin, die Tiere während dieser Zeit im Haus in einer trockenen, geheizten, geräumigen Innenanlage unterzubringen. Die alljährliche Phase der Umsetzung der Tiere von der Freilandanlage ins Innenterrarium im Herbst ist allerdings vor allem für die Schildkröten, aber auch für deren Pfleger oftmals sehr unangenehm; die Tiere fühlen sich eingefangen und versuchen, die Terrarienwände zu überklettern. Diese Phase kann mehrere Wochen dauern.

Was die Größe der Anlage betrifft, so sieht das vom *Bundesministerium für Ernährung, Landwirtschaft und Forsten* (heute das *Bundesministerium für Verbraucherschutz, Ernährung und Landwirtschaft*) in Auftrag gegebene Gutachten über die Mindestanforderungen an die Haltung von Reptilien für die gemeinsame Haltung von bis zu zwei Exemplaren als Mindestlänge des Terrariums die achtfache Panzerlänge des größten Tieres vor; die Terrarienbreite sollte ca. die Hälfte der Terrarienlänge betragen. Für die dritte und vierte im gleichen Behälter gepflegte Schildkröte sollte mindestens 10 %, ab dem fünften Tier 20 % mehr Grundfläche zur Verfügung stehen. BRABENETZ et al. (1996) fordern für 1–2 Tiere eine Mindestgehegefläche von 1,2 (westliche Populationsgruppe) bzw. 2 m² (östliche Populationsgruppe), für jedes weitere Tier weitere

Abb. 100: Beispiel für ein Zimmerterrarium zur Haltung junger *Testudo boettgeri* (B. SEEGER)

0,3 bzw. 0,5 m². Die detaillierten Mindestanforderungen, die die österreichische *Tierhaltungsverordnung* vorsieht, sind dem Abschnitt »Haltungsrichtlinien Österreich« zu entnehmen. ZIRNGIBL (2000) hält für ein Pärchen eine Fläche von mindestens 2 m² für angemessen, für eine Gruppe von 3–5 Jungtieren bis etwa 150 g Gewicht eine Fläche von 0,5 m². Diese Zahlen lassen erkennen, dass z. B. für die Unterbringung einer Zuchtgruppe aus 1–2 männlichen und 3–4 weiblichen adulten Schildkröten ein fast raumgroßes Terrarium notwendig ist!

Die Seitenwände des Terrariums sollten in ihrer Höhe mindestens der dreifachen Höhe der größten Schildkröte entsprechen; da die Tiere sich aber evtl. in einer Ecke des Terrariums sammeln und übereinander klettern können und dann durchaus eine der Schildkröten eine zu niedrige Seitenwand überwinden und aus dem Terrarium fallen kann, sollte sicherheitshalber eine nach innen ragende Abschlussleiste angebracht oder die Seitenwände erhöht werden.

Bezüglich des Standorts des Terrariums ist zu sagen, dass es zwar hell stehen, aber nicht der direkter Sonneneinstrahlung ausgesetzt sein sollte. Scheint die Sonne direkt in die Anlage, besteht die Gefahr der Überhitzung. Optimal ist ein Raum mit normaler Zimmertemperatur; wichtig ist, das dort nachts nicht ständig Temperaturen über 20 °C herrschen. Außerdem muss der Standort frei von Zugluft sein, wie sie z. B. auf Fensterbänken herrscht.

Was die Konzeption der Innenanlage betrifft, so geben MÄHN & WILMS (2001) sehr gute Hinweise. Bei der Einrichtung des Terrariums ist es von großer Bedeutung, dass sich darin ausschließlich Materialien befinden, die nicht schnell verwittern oder schimmeln. Da die Schildkröten gerne graben, sollte man ihnen einen Teil der Anlage dafür entsprechend einrichten, indem man ihn mit Sand oder einem Sand-Erde-Gemisch füllt und darüber als Licht- und Sichtschutz eine Blende oder noch besser eine aus gehobelten Brettern gezimmerte »Kunsthöhle« installiert, die nur wenig höher ist als die höchste im Terrarium lebende Schildkröte; das Substrat befeuchtet man von Zeit zu Zeit etwas, sodass es niemals nass, aber auch nie völlig trocken ist. Die restliche Bodenfläche bedeckt man am besten mit Bastelton, mit dem man nach eigenem Wunsch »Landschaften« modellieren kann, darüber kommt dann noch eine dünne Schicht aus Sand oder einem Sand-Erde-Gemisch. Der Ton wird feucht auf der Bodenfläche des Terrariums ausgebracht; er härtet nach dem Verarbeiten aus und bildet eine harte, verschleißfeste Oberfläche. Dabei kann eine besonders natürlich wirkende Gestaltung durch das langsame Ansteigen der Bodenfläche in den hinteren Bereich des Raumterrariums erzeugt werden; durch das Modellieren von Stufen wird der Bodengrund nach hinten hin immer höher, und im hinteren Bereich befindet sich dann auch der Eiablageplatz. Um die Luftfeuchtigkeit nachts etwas zu erhöhen sowie ein zu starkes Austrocknen des Bodengrundes und somit eine Staubbildung zu vermeiden, sollte man die Bodenfläche abends mit etwas Wasser besprühen. Der empfohlene feste Tonboden erleichtert die schnelle Reinigung, verhindert durch Absorption des Sprühwassers Staunässe und hat zudem die positive Eigenschaft, das aufgenommene Wasser durch Austrocknung langsam wieder in die Umgebung abzugeben; das Substrat in der Grabeecke ist bei Bedarf leicht auswechselbar. Viele Halter haben auch gute Erfahrungen mit einem Substrat aus Sand oder gewaschenem, rundkörnigem Kies gemacht, doch ist dann neben der täglichen Reinigung der regelmäßige komplette Austausch der Einstreu unbedingt erforderlich. Landschildkröten haben einen beachtlichen Stoffwechsel, und die Sauberhaltung des Terrariums erfordert vom Pfleger einen nicht zu unterschätzenden Arbeits- und Zeitaufwand. Von dem häufig ebenfalls als Bodengrund verwendeten Rindenmulch oder von Buchenholzspänen ist abzuraten, da dabei immer die Gefahr besteht, dass dieses Substrat von den Tieren versehentlich mit der Nahrung aufgenommen wird, was im Darmtrakt der Schildkröten zu Verletzungen bis hin zum Tod führen kann!

Wichtig ist, dass die Weibchen eine ausreichend tiefe Eiablagestelle vorfinden, um ihre Nistgrube anzulegen, wenn während ungünstiger Witterungsbedingungen in der Freilandanlage im Frühjahr ein Umsetzen ins Innenterrarium erforderlich ist; eine Tiefe von anderthalbfacher Carapaxlänge des größten Weibchens der Zuchtgruppe reicht in jedem Fall aus, auch wenn es selbstverständlich individuelle Abweichungen von dieser Regel gibt. Wenn diese Voraussetzung nicht gegeben ist, werden die Eier irgendwann einfach frei auf dem Boden abgelegt, wobei viele sofort zerbrechen. Gefüllt wird die Kiste oder Wanne mit einem Bodensubstrat aus einer Mischung von zwei Dritteln einfacher Garten- oder Walderde oder Rindenhumus und einem Drittel Flusssand. Um für eine ausreichende Helligkeit und Wärme auf dem Nistplatz zu sorgen, wird in einer Höhe von etwa 50 cm über der Mitte der Eiablagestelle ein leistungsstarker Halogenstrahler angebracht. Die Weibchen suchen sich dann den angenehmsten Platz aus. Beim Graben darf das Substrat nicht zu trocken sein, da insbesondere Rindenhumus sonst immer wieder in die Nistgrube nachrutscht; dann besteht die Gefahr, dass das Weibchen das Graben aufgibt. Aus diesem Grund hält man den Nistplatz durch regelmäßiges Besprühen mit Wasser immer leicht feucht; ist das Substrat allerdings zu nass, schreiten die Weibchen erst gar nicht zur Eiablage. Es ist empfehlenswert, den Nistplatz z. B. mit einer Schicht Hobelspänen abzudecken, um so eine eventuelle Grabetätigkeit leichter erkennen zu können.

Als Dekoration dienen einige größere Steine und Wurzeln, wobei erstere so fest gelagert werden müssen, dass sie nicht umgeworfen werden und dann die Schildkröten unter sich begraben können. Die Aufbauten reizen zum Klettern, und mit etwas Geschick lässt sich das Terrarium dadurch so gestalten, dass verschiedene Bereiche entstehen. Die Steine und Wurzeln fungieren außerdem als Hindernisse, die Zwischenräume bilden dann Wege, die von den Tieren bei ihren Wanderungen unterschiedlich stark frequentiert werden. Bei der Einrichtung der Anlage ist allerdings darauf zu achten, dass die Schildkröten an den Gegenständen gut vorbeikommen; eng darf es jedoch wie erwähnt in den Versteckplätzen sein, da die Tiere zu Wänden und Decke gerne Panzerkontakt haben. Eine kleine Wasserschale, die täglich gereinigt und mit frischem Wasser gefüllt wird, vervollständigt die Einrichtung.

Eine Bepflanzung des Terrariums ist nicht unbedingt erforderlich und unzweckmäßig, da viele Pflanzen von den Tieren als willkommene Bereicherung des Speisezettels angesehen werden; aus ästhetischen Gründen kann man aber bei ausreichender Größe des Zimmerterrariums durchaus ein paar Topfpflanzen, etwa Kakteen, Euphorbien, Kirschlorbeer (*Laurus nobilis*), Graslilien (Gattung *Chlorophytum*), Aloe (Gattung *Aloe*), Bogenhanf (Gattung *Sansevieria*), Drachenbäume (Gattung *Dracaena*), Dreimasterblumen (Gattung *Tradeskantia*) und Arten der Gattungen *Echeveria*, *Kalanchoe* und *Sedum*, für die Schildkröten möglichst unerreichbar einbringen. Zu vermeiden sind natürlich giftige Pflanzen, doch da zur Verträglichkeit von Pflanzen bei Schildkröten noch nicht allzu viel bekannt ist (eine Aufstellung definitiv unbekömmlicher Pflanzen findet sich bei DENNERT 2001), bleibt immer ein gewisses »Restrisiko«, wenn man neue Pflanzen »ausprobiert«.

Bei der Grundausleuchtung des Terrariums ist auf eine hohe Lichtintensität zu achten. HIGHFIELD (1996a) empfiehlt die Verwendung von 40-Watt-Vollspektrum-Leuchtstofflampen der Fabrikate *True-lite*® und *Sun-Glo*®. Diese Leuchtstofflampen kommen nicht nur dem natürlichen Tageslicht am nächsten, sondern enthalten zusätzlich einen UV-Anteil. Letzteres gilt auch für Metalldampf- (HQI) und Quecksilber-Hochdruckdampflampen (HQL), die ebenfalls zur Grundausleuchtung oder auch als lokale Licht- und Wärmequelle eingesetzt werden können. Zur Beheizung sind je nach Größe des Terrariums ein oder mehrere Strahler erforderlich. Tagsüber sollten die Temperaturen im Zimmerterrarium 20–35 °C, direkt unter dem Strahler lokal 35–50 °C, betragen; diese Werte werden in der Regel erreicht, wenn der Strahler etwa 20 cm über der Erde hängt. Nachts sollte eine Temperaturabsenkung auf 15–22 °C erfolgen. Im Innenterrarium ist zusätzlich eine Bestrahlung mit einer UV-B-Lampe (z. B. Osram® Ultra Vita Lux 300, Philips® TL 05, TL 09, TL 12) erforderlich, damit Vitamin D3 gebildet und das von den Tieren aufgenommene Kalzium mit dessen Hilfe verwertet werden kann. Die UV-Bestrahlung hat einen positiven Einfluss auf den Allgemeinzustand der Schildkröten, was sich z. B. durch erhöhte Aktivität und bessere Nahrungsaufnahme äußert. Die Lampe sollte in einem Abstand von etwa 70–75 cm über dem Terrarienboden installiert und bis zu dreimal wöchentlich schrittweise auf eine Bestrahlungsdauer von anfangs fünf auf bis zu 15 Minuten angeschaltet werden. Ein Teil des Terrariums sollte grundsätzlich schattiger und kühler als der übrige Bereich gehalten werden; dabei helfen z. B. Pflanzenkübel.

Haltungsrichtlinien Österreich

In Österreich schreibt die *Tierhaltungsverordnung* vom 17.12.2004 für die Pflege der hier behandelten Arten detailliert bestimmte Haltungsbedingungen vor, die von in diesem Land wohnhaften Haltern entsprechend berücksichtigt werden müssen. Aus diesem Grund seien diese Mindestanforderungen hier aufgeführt.

HALTUNG

Mindestmaße der Anlage:
1–2 Tiere bis 6 cm Carapaxlänge = 0,5 m² (jedes weitere Tier +0,2 m²); 6–12 cm = 1,0 m² (+ 0,4 m²); über 12 cm = 2,0 m² (+ 0,5 m²)

Zimmerterrarium:
Einrichtung: Strukturierung mit Pflanzen, Steinen und Ästen; Versteckplätze; Trinkmöglichkeit; HQI- und Wärmestrahler
Bodengrund: Lehmerde, Sand, zum Eingraben geeignet, stellenweise Schotter
Temperatur: Tagsüber 25–30 °C; lokale Erwärmung durch Wärmestrahler mit Temperaturen von 35–45 °C; Nachtabsenkung um ca. 10 °C; die Notwendigkeit der Einrichtung von warmen und kühlen Zonen ist nur bei *Testudo hermanni* erwähnt, gilt aber in der Praxis auch für die beiden anderen Arten
Beleuchtungsdauer: Je nach Jahreszeit täglich 6–14 Stunden; HQI-Strahler für hohe Beleuchtungsintensität; UV-Bestrahlung täglich

Luftfeuchtigkeit: 40–60 %; bei Jungtieren 60–80 %; täglich sprühen

Freilandterrarium:
Lage: Sonnig, windgeschützt
Einrichtung: Trockenes Schutzhaus ausgestattet mit Substrat zum Eingraben; Öffnung des Schutzhauses möglichst nach Osten bis Südosten; sonnige Plätze mit leicht abtrocknendem Bodengrund; Hügel für die Eiablage; Schattenplätze und Versteckmöglichkeiten unter kleinen Büschen, Stauden, Steinen, Wurzeln usw.; Wasserstelle; bei Jungtieren Gitterabdeckung als Schutz vor Vögeln und Raubtieren
Bodengrund: Blumenwiese, Lehmerde, Sand, stellenweise Schotter
Temperatur: Tagsüber mindestens 15 °C; nachts mindestens 10 °C
Besondere Hinweise:
Winterruhe 3–5 Monate bei 4–6 °C

Abb. 101: Auch im Innenterrarium ist eine abwechslungsreiche Fütterung mit Wildkräutern von großer Bedeutung (W. SCHMIDT)

Abb. 102&103: Negativ- (links) und Positivbeispiel für die Fütterung mediterraner Landschildkröten (F. HULBERT)

Fütterung

Die Hauptnahrung der Schildkröten sollte aus möglichst kalzium- (ca. 2 %) und rohfaserreichem (mindestens 12 %, besser 20–30 %) Pflanzenfutter bestehen, das keine leicht verdaulichen, ballaststoffarmen Bestandteile (wie zarte Salatblätter und Kräuter, Proteine, süßes Obst und Stärke) und kohlenhydratreichen Nahrungsmittel (wie Müsli, Brot, Gebäck, Nudeln oder Reis) sowie wenig Fett (maximal 10 %) und höchstens um die 20 % Eiweiß (Jungtiere um 25 %) enthält; alle Prozentangaben beziehen sich auf die Trockensubstanz. Das Verhältnis des Kalziumgehalts zum Phosphorgehalt der Nahrung sollte 1,5–2 : 1 betragen. Ist das Futter zu gehaltvoll, neigen die Tiere zur Verfettung, indem sie anfangs Fett in der Leber, später auch unter dem Bauchfell zwischen den Muskeln und unter der Haut speichern. Dieser Zustand ist schon an sich nicht gerade gesundheitsfördernd und kann zudem bei unsachgemäßer Überwinterung durch eine unvollständige Verbrennung des Fettes zu einer regelrechten Vergiftung und zum Tode führen. Gemüse enthält häufig einen zu hohen Anteil an Kohlenhydraten. Eine zu rohfaserarme Nahrung wird im als Gärkammer fungierenden Darm viel zu schnell zersetzt. Das Milieu im Darm verändert sich durch pH-Verschiebung, und es kann zu Alkohol- und Gasbildung kommen. Dadurch wird wiederum die verdauungsaktive Darmflora zum Teil erheblich geschädigt und oft durch weniger nützliche Keime wie etwa Kolibakterien oder Salmonellen ersetzt. Die Verweildauer des Futters wird zum Teil auf unter 24 Stunden verkürzt, die Nahrung wird nicht mehr ausreichend verdaut. Dies führt schnell zu Verdauungsstörungen und Durchfall und macht die Tiere offenbar anfälliger für den Befall mit Flagellaten und Würmern, die durch den weichen Kot nicht mehr mechanisch beseitigt werden. Die meisten Schildkröten versuchen instinktiv, den Durchfall durch das Fressen von Bodengrund wieder zu beseitigen, was wiederum zu schwersten Verstopfungen führen kann. Eine zu weiche, breiige Nahrung fördert auch die Entstehung eines »Papageienschnabels«, d. h. die Hornschneiden des Kiefers können sich nicht abnutzen und wachsen übermäßig stark, was schließlich zu einer starken Behinderung der Nahrungsaufnahme führt.

Was aber soll man den Tieren nun bieten? Erfahrungsgemäß werden die einheimischen Wildkräuter ebenso wie verschiedene Kulturpflanzen für landwirtschaftliche Nutz-

Abb. 104: Heucobs sind als rohfaserreiches, proteinarmes Beifutter gut geeignet (F. Hulbert)

tiere den Ansprüchen der Tiere gerecht. Generell werden besonders gerne Löwenzahnblüten von den Tieren angenommen, doch kann die Futterauswahl natürlich individuell sehr unterschiedlich sein. Als Nahrung für die Tiere bieten sich z. B. Löwenzahn-, Rosen- und Hibiskusblätter und -blüten, Luzerne, Weinlaub, Stiefmütterchen, Kohlrabi- und Rettichblätter, Disteln, Huf-, Stachel- und Mauerlattich, Rot- und Weißklee, Pfennig-, Ferkel-, Geiß- und Habichtskraut, Salbei, Gänseblümchen, Echter Beinwell, Frauenmantel, Hellerkraut, Hauswurz, Brenn- und Taubnesseln, Rainkohl, Ringelblume, Hirtentäschel, Klatschmohn, Raps, Gelber Senf, Futterlupinen, Fetthenne, Mauerpfeffer, Königs- und Nachtkerze, Vogelmiere, Spitz- und Breitwegerich, Ackerwinde, Platterbse, Kletten-Labkraut, Sigmarskraut, Bocksbart, Malven, Melisse, Meerrettich, Wegwarte, Schafgarbe, Sonnenhut, Storchenschnabel, Wicken, Vogelmiere, Knoblauchrauke, Waldmeister, Kamille, Giersch, Wiesenknopf, Brunnen-, Kapuziner- und Gartenkresse, Petersilie, Möhrenkraut,

Abb. 105: Eine Griechische Landschildkröte lässt es sich schmecken (B. Seeger)

Melonenblätter und junge Birken- und Maulbeerbaumblätter an.

Das sommerliche Hauptfutter kann in unseren Breitengraden in der kalten Jahreszeit nicht völlig ersetzt werden. Dann muss auch auf Stroh, Blattgemüse und Salat (z. B. Grün- und Markstammkohl, Italienischer Löwenzahn, Radicchio, Chicorée, Rucola, Mangold, Portulak, Fenchel, Keimlinge, Spinat, Romana-, Kopf-, Eisberg-, Endivien- und Feldsalat) als Basis ausgewichen werden, wobei Spinat und die genannten Kohlsorten nicht in großen Mengen angeboten werden sollten. Die Tiere fressen natürlich alles Grüne, das angeboten wird, aber in den genannten Gemüsen und Salaten ist der Faseranteil zu gering und muss deshalb angehoben werden. Es gibt verschiedene Möglichkeiten, den Faseranteil des Futters zu erhöhen und den Feuchtigkeitsanteil zu senken. Zum einen kann man das Grünfutter, statt es sofort frisch zu verfüttern, etwas anwelken lassen. Auch empfiehlt es sich, das Futter mit Heucobs mit hohem Rohfaser- und geringem Fett- und Eiweißanteil wie AGROBS® oder Reptosan H® zu vermischen (s. u.).

Früchte und Gemüse sollten nicht mehr als 5–10 bzw. 5–15 % des Futters ausmachen und nicht mehr als einmal wöchentlich angeboten werden. DENNERT (2001) hält von allen Obstsorten vor allem Brombeeren, Johannisbeeren, Ananas, Bananen, Kiwis, Feigen, Kaktusfeigen, Mangostane, Papayas und Orangen als Beifutter für geeignet, bei den Gemüsesorten sollte Radieschen, Bohnen, Zucchini, Kohlrabi und Möhren der Vorzug gegeben werden. Obst und Gemüse dienen hauptsächlich der Versorgung mit ausreichend Flüssigkeit; eine zu reichliche Fütterung mit Früchten birgt jedoch die Gefahr von Verdauungsstörungen in sich, die sich in Gestalt von Durchfall, von Koliken oder einem Befall mit Geißeltierchen und Eingeweidewürmern äußern können.

Wie im Kapitel »Ernährung« erwähnt, werden in der Natur (und im Freilandterrarium) gelegentlich auch Aas und Wirbellose gefressen, doch nicht in einem Ausmaß, das die Fütterung etwa von Katzen- oder Hundefutter rechtfertigen würde. Folgen einer zu proteinreichen Fütterung sind z. B. ein zu schnelles Wachstum (»Höckerbildung« auf dem Carapax) und Nierenschäden, Gicht und schließlich ein allzu früher Tod. Was handelsübliche Fertignahrung betrifft, so sind nur die rein pflanzlichen sogenannten Heucobs mit hohem Rohfaser- und geringem Fett- und Eiweißanteil wie AGROBS® und Reptosan H®, die genau auf die Bedürfnisse der Landschildkröten abgestimmt sind, als Beifutter empfehlenswert; über deren Nutzen aus veterinärmedizinischer und ernährungswissenschaftlicher Sicht berichtete DENNERT (2000a, b); alle anderen industriellen Trockenfuttersorten für Schildkröten sind aufgrund ihres hohen Eiweißanteils ebenso wie das bereits erwähnte Hunde- und Katzenfutter für diese Tiere absolut ungeeignet. Viele Halter berichten, dass ihre Schildkröten die genannten Heucobs anfangs nicht als Nahrung akzeptierten. VINKE & VINKE (2004b) lösten das Problem, indem sie die eingeweichten Cobs in der Gewöhnungsphase mit einem großen Schluck Multivitaminsaft vermischten und außerdem auf einen Anteil von etwa 5 kg eingeweichten Heucobs drei gute Handvoll »Matzinger® Hundevollkornflocken ohne Fleisch mit Gemüse« gaben. Die Tiere gewöhnten sich so nach kurzer Zeit an das neue Futter, und das Ehepaar VINKE konnte die »Zugaben« bald stark reduzieren und schließlich ganz weglassen. Andere Halter konnten mit ähnlichen »Rezepturen« vergleichbare Erfolge erzielen. Ein Vorteil der eingeweichten Heucobs ist auch, dass anhand der Spuren, die dieses Futter am Maul der Schildkröten hinterlässt, im Frühjahr leicht zu erkennen ist, ob alle Schildkröten nach der Winterruhe mit der Nahrungsaufnahme begonnen haben.

Da die Tiere auch mit pflanzlichem Eiweiß regelrecht »gemästet« werden können,

HALTUNG 137

sollten z. B. Löwenzahn und Klee, so beliebt sie bei den Schildkröten sind, nur sparsam gefüttert werden. Deshalb müssen jahreszeitliche Schwankungen im Nahrungsangebot, wie sie in der Natur stattfinden, auch in Menschenobhut nachvollzogen werden, denn vor allem sie führen neben der Proteinarmut der Nahrung dazu, dass Schildkröten im natürlichen Lebensraum gleichmäßige Wachstumsringe ansetzen und keine Höckerbildung aufweisen. Der feucht-kühle mitteleuropäische Sommer führt jedoch zu einem ständigen Angebot an frischem Grün, die Kälteeinbrüche verhindern gleichzeitig eine optimale Verdauung. So bleibt es dem Zufall überlassen, ob die Schildkröten gleichmäßig wachsen. Wie schon im Kapitel »Ernährung« erwähnt, stehen den Tieren im südeuropäischen Sommer überwiegend trockene Kräuter und Gräser zur Verfügung. Die Schildkröten sollten daher zwar im Frühjahr die jungen, eiweißreichen Pflänzchen abweiden können, sich im Sommer dann aber von ausgewachsenen, ballaststoffreichen und zugleich eiweißärmeren Pflanzen sowie angewelkten, vertrockneten und getrockneten Pflanzen sowie von Heu ernähren. Im Herbst, wenn in den Herkunftsländern der Tiere wieder stärkere Niederschläge fallen, sollten den Schildkröten dann wieder frischere, z. T. jüngere Kräuter zur Verfügung stehen. Dazu eignen sich besonders solche Wildkräuter, die als Pflanze überwintern, da sie auch im Herbst wachsen und keimen. Hierzu zählen z. B. Löwenzahn, Wegerich, verschiedene Kleearten, Knoblauchrauke, Rainkohl und Taubnessel (WILLIG 2005).

Abb. 106: Salat sollte nur hin und wieder als »Ersatzfutter« angeboten werden (F. HULBERT)

Abb. 107: *Testudo boettgeri* beim Fressen von Löwenzahn (W. SCHMIDT)

Abb. 108: Frisches Trinkwasser muss für die Schildkröten ständig verfügbar sein (Archiv *Chimaira*)

Gefüttert werden sollte morgens und am späten Nachmittag, nicht jedoch in großen Mengen. Durch schlechtes Wetter bedingte Fastentage sind völlig normal und einem langsamen und gesunden Wachstum der Tiere zuträglich. Fastentage trotz günstiger Witterung sind bei Pflanzenfressern allerdings unnatürlich.

Wenn man die Fütterungshinweise beachtet, bieten die genannten Futtermischungen Protein, Rohfaser und Spurenelemente in der optimalen Zusammensetzung, selbst für trächtige Weibchen und Schlüpflinge. Als zusätzliche Kalziumquelle dienen Sepiaschalen, Welpenkalk, Muschelgrit, Taubensteine, zerstoßene Eierschalen (wegen der Salmonellengefahr zuvor erhitzen) sowie ausgekochte, für längere Zeit im Komposthaufen oder im Garten vergrabene und so schön mürbe gewordene Knochen von Wildtieren (wegen der Möglichkeit der Einlagerung von Medikamenten keine Knochen von Masttieren!). Die Schildkröten können sich an diesen Kalziumquellen bei Bedarf selbst bedienen; entgegen einer in der Literatur weit verbreiteten Ansicht ist es nicht zu empfehlen, Kalkpräparate gleich welcher Art über das Futter zu streuen und die Tiere so praktisch zur Kalziumaufnahme zu »zwingen«, denn diesbezüglich ist die »richtige« Dosierung (noch?) nicht bekannt, und unter Umständen richtet man so mehr Schaden an, als es Nutzen bringt. Das Gleiche gilt für die routinemäßige Beimischung von Vitaminpräparaten.

Zwar trinken nicht alle Angehörigen der hier behandelten Arten regelmäßig, doch muss ihnen immer frisches Wasser zur Verfügung stehen.

Zum Abschluss noch eine kleine Anekdote zu den Angehörigen der *Testudo-hermanni*-Artengruppe als Gegenstand gerichtlicher Auseinandersetzungen. Vor einigen Jahren lebte eine Griechische Landschildkröte in einem Freilandterrarium in der Nähe von Mainz. Eines Tages erdreistete sich das Tier, bei einem Ausflug auf das Nachbargrundstück mehrere Löcher in knackig-grüne Salatköpfe zu knabbern. Der Nachbar tobte und verlangte umgerechnet etwa 20 EUR Schadenersatz, was der Besitzer der Schildkröte für übertrieben hielt. Die Streitfrage »Wieviel Salat mit welchem Geldwert verspeiste das Tier?« kam vor Gericht, das ein diesbezügliches Gutachten in Auftrag gab – bei niemand Geringerem als Professor BERNHARD GRZIMEK. Dessen Ergebnis nach eingehender Recherche: In einer Nacht schafft eine Landschildkröte dieser Größe Salat im Wert von umgerechnet etwa 1,10 EUR. Unbekannt ist die Höhe der Gerichts-, Gutachter- und Anwaltskosten.

Winterruhe

Zur Erhaltung der Gesundheit und Förderung der Fortpflanzungsbereitschaft müssen gesunde, kräftige Exemplare auf jeden Fall kühl überwintert werden; ansonsten kommt es außer zu negativen Folgen für die Gesundheit der Tiere zu einer mangelnden Synchronisation der Geschlechter, verbunden mit niedrigen Schlupfraten bis hin zum Ausfall ganzer Gelege. Etwa ab Mitte September sollten die Schildkröten im Gewächshaus oder Frühbeetkasten eingesperrt werden, um zu verhindern, dass sie sich unkontrolliert vergraben. Das Absinken der Temperaturen wird auf diese Weise deutlich abgemildert, sodass die Schildkröten bis weit in den Herbst hinein tagsüber ihre Vorzugstemperatur erreichen können. Dies ist der Zeitpunkt, zu dem alle Tiere noch einmal genau optisch untersucht werden müssen, um etwaige Verletzungen oder Krankheiten nach Möglichkeit noch vor der Winterruhe erkennen zu können; gerade erst von einer Erkrankung genesene Exemplare sollten nur eine verkürzte, kranke und/oder magere oder auch frisch importierte Tiere gar keine Winterruhe halten und im Zimmerterrarium weiter warm untergebracht werden. Bei weiblichen Schildkröten vergewissert man sich, ob sie nicht nochmals trächtig sind; ihnen ist dann natürlich noch die Eiablage zu ermöglichen.

Da es in Mitteleuropa schon im September häufig sehr kalt und regnerisch sein kann und ein ungeheiztes Frühbeet bzw. Gewächshaus dann keine ausreichenden Temperaturen bietet, muss den Schildkröten bis November gegebenenfalls eine künstliche Beheizung (ca. 4–6 Stunden täglich) und auch künstliches Licht geboten werden, wobei beides aber schrittweise reduziert werden muss. Die Tiere nehmen bei abnehmender Tageslichtlänge und -intensität und bei Nachttemperaturen, die durchaus schon einmal 3–7 °C erreichen sollten, immer weniger Nahrung auf und stellen sie nach und nach völlig ein. Bewegung, Thermoregulations- und Sozialverhalten finden nach wie vor statt, die Schildkröten heizen sich noch regelmäßig unter den Lampen auf und setzen eine Zeitlang auch weiterhin Kot ab, sie fressen nur nicht mehr. Wenn der Magen-Darm-Trakt schließlich annähernd entleert ist, bleiben die Tiere immer länger in ihren Verstecken und graben sich schließlich zur Winterruhe ein, z. T. mehr als 20 cm tief. Bei den Weibchen ist dies in der Regel deutlich früher der Fall als bei den Männchen, die sich z. T. noch bis Mitte/Ende September, wenn alle künstlichen Wärme- und Lichtquellen endgültig abgestellt werden, regelmäßig unter den Strahlern aufwärmen. Verschiedene Halter haben die Erfahrung gemacht, dass sich nicht alle Tiere selbstständig eingraben; in der Regel nützt es auch nichts, diese Schildkröten »zwangsweise« einzugraben, da sie meist wieder an die Erdoberfläche kommen. Die bessere Lösung ist es deshalb, diese Tiere dann im Haus zu überwintern.

In der Literatur wird oft gefordert, dass der Darm der Tiere mithilfe warmer Bäder vor der Überwinterung völlig entleert werden muss. Die meisten Fachleute sind sich jedoch heute einig, dass dies keineswegs erforderlich ist; vielmehr glaubt man inzwischen, dass einige bekannte Probleme (wie etwa Nahrungsverweigerung nach der Winterruhe und die damit verbundenen möglichen Folgeschäden aufgrund von Entkräftung) mit einer Schädigung der Darmflora als Folge der intensiven Kotabgaben während und nach den warmen Bädern vor der Winterruhe zusammenhängen könnten. Außerdem wird durch die Bäder der reduzierte Stoffwechsel wieder aktiviert und das Herz-Kreislauf-System stark belastet. In der Natur werden den Tieren auch keine warmen Bäder geboten, und trotzdem kommt es dort offenbar kaum zu Überwinterungsproblemen.

Sollten die Schildkröten unter einem starken Parasitenbefall leiden, ist dies vor der

Überwinterung jedoch ein ernsthaftes Problem, da die Würmer ihren Stoffwechsel aufrechterhalten, wenn die Schildkröten schon längst nichts mehr fressen. Die entstehenden Ausscheidungen können schließlich die Darmschranke der Schildkröten durchbrechen und eine unter Umständen tödlich endende Sepsis verursachen. Weitere Folgen können Darmverschlüsse nach der Winterruhe sein, wenn die Würmer im Blinddarm ein dichtes Knäuel gebildet haben, das den Darm blockiert. Eine Entwurmung unmittelbar vor der Winterruhe ist allerdings nicht zu verantworten, da eventuell die abgetöteten Würmer und/oder Einzeller nicht mehr ausgeschieden, aber vor allem die Wirkstoffe der Medikamente nicht mehr vollständig abgebaut werden können. Folgen können dann wiederum Leberschädigungen und Blutvergiftungen sein, die tödlich enden können. Eine Blutvergiftung ist oft auch äußerlich daran zu erkennen, dass sich unter den Hornschilden des Panzers großflächige, dunkelrote Einblutungen befinden, die auch bei Druckausübung nicht schwächer werden. Ideale Zeiten zur Parasitenbekämpfung sind daher Frühjahr oder Frühsommer, sie sollte spätestens 6–8 Wochen vor Beginn der Winterruhe abgeschlossen sein. Das oft (nicht nur vor der Winterruhe) praktizierte Einölen des Panzers ist absolut überflüssig.

Sind schließlich alle Tiere verschwunden und die Temperaturen dauerhaft tief, gräbt man die Schildkröten, wenn man sie im Haus überwintern möchte, vorsichtig aus und überführt sie in ihr Winterquartier; um sie dabei keinen zu großen Temperaturschwankungen auszusetzen, sollte das möglichst abends erfolgen. Die »natürlichere« Art der Überwinterung ist aber sicherlich die Überwinterung im Frühbeet oder Gewächshaus (s. u.), da sich die Tiere dort in ihrer gewohnten Umgebung eingraben und dort auch wieder erwachen können. Jungtiere mit einem Gewicht unter ca. 200 g sollten aber zur besseren Kontrolle generell im Haus überwintert werden.

Werden die Schildkröten in der Übergangszeit im Zimmerterrarium gepflegt, muss etwa acht Wochen vor dem geplanten Beginn der Winterruhe mit den entsprechenden Vorbereitungen begonnen werden. Zuerst werden die Lichtintensität und Beleuchtungsdauer langsam bis auf Null reduziert, die Tempera-

Abb. 109: Viele Halter überwintern ihre Landschildkröten erfolgreich im Frühbeet (F. WÜTHRICH)

tur schrittweise auf 10–12 °C gesenkt. Etwa zwei Wochen vor dem geplanten Beginn der Winterruhe wird die Fütterung eingestellt; auch durch das Betteln der Schildkröten darf man sich nicht dazu verleiten lassen, ihnen nochmals Futter zu reichen. Schließlich graben sich die Tiere im Terrariensubstrat ein.

Bewährt hat sich die Überwinterung in kalten, dunklen Räumen (z. B. Garagen, Schuppen, kalten Kellerräumen) oder auch im Gewächshaus oder im Frühbeetkasten; da die Temperatur im Gewächshaus oder Frühbeetkasten an sonnigen Wintertagen gelegentlich bis auf 20 °C steigen kann und solche Temperaturschwankungen während der Winterruhe auch in der Natur auftreten, halten z. B. WILMS & LÖHR (2000) die Überwinterung im Gewächshaus für »natürlicher« als eine Überwinterung bei konstant tiefen Temperaturen. Die Grundmauern sollten in diesem Fall nach FRIESLEBER (2005) allerdings mindestens 50 cm tief in die Erde versenkt werden und unter der Erde zusätzlich nach innen isoliert sein. Werden die Tiere im Frühbeet überwintert, wird der Bodengrund bereits im September umgegraben und aufgelockert sowie großzügig angefeuchtet, darüber wird schließlich noch Buchenlaub geschichtet; den Schildkröten schadet diese kurzfristige Feuchtigkeit nicht, da die Oberfläche rasch wieder abtrocknet, ab Mitte Oktober weist der Boden dann die optimale Feuchtigkeit für die Winterruhe auf, er ist nicht mehr nass, aber auch nicht trocken, und benötigt so während des Winters kein Nachfeuchten mehr. Das Frühbeet wird dann, wenn sich alle Schildkröten eingegraben haben, noch mit Stroh aufgefüllt und insgesamt noch einmal mit Laub und dann zum Schutz vor Regen und Schnee mit einer Plane bedeckt. Das Frühbeet sollte eine Grundfläche von mindestens 1 x 1 m aufweisen, da es dann besser vor einem Durchfrieren geschützt ist. Überwintert man die Tiere im Gewächshaus, so genügt es, das Schutzhaus mit Buchenlaub aufzufüllen. Der Vorteil einer Winterruhe im Gewächshaus oder Frühbeetkasten besteht darin, dass sie es neben dem recht geringen Arbeitsaufwand für den Pfleger auch den Schildkröten erlaubt, ihren Rhythmus selbst zu bestimmen; zumindest im Frühbeet sind die Kontrollmöglichkeiten allerdings relativ beschränkt. Wichtig bei der Überwinterung der Schildkröten im Freiland ist, dass Schutzmaßnahmen gegen Mäuse und Ratten nicht fehlen, so z. B. ein in den Boden eingegrabenes, engmaschiges Gitter; auf einen Betonboden als Ersatz sollte man verzichten, da ansonsten kein Feuchtigkeitsaustausch zwischen der Erde im Gewächshaus bzw. Frühbeetkasten und dem umliegenden Erdreich stattfinden kann. Bei dieser Art der Überwinterung im Freiland bleibt es selbst bei Außentemperaturen von -15 bis -20 °C direkt unter der Laubschicht bei 0 °C und in 20 cm Tiefe sogar noch bei 2–4 °C.

Die Überwinterung in kühlen Räumen erfolgt zweckmäßigerweise einzeln in einer Kiste, die frei im Raum etwas erhöht stehen sollte, damit der Frost nicht durch die Wand oder den Boden in die Kiste gelangen kann. Da die Schildkröten natürlich weiterhin atmen, darf die Kiste nicht luftdicht verschlossen werden. Es eignen sich z. B. Kisten aus unbehandeltem Holz, aber auch aus anderen Materialien (z. B. Mörtelwannen aus dem Baumarkt). Zum Schutz vor Mäusen und Ratten, und damit die Schildkröte beim Herumkrabbeln nicht herausfallen kann, wird die Kiste oben mit einem Drahtgeflecht abgedeckt. In die Kiste, deren Höhe etwa das Dreifache der Carapaxlänge ausmachen sollte, wird über eine Schicht Blähton, der vorher gewässert wird und dazu dient, die Luftfeuchtigkeit in der Überwinterungskiste zu erhöhen, ein Gemisch aus leicht feuchtem Buchenlaub, Gartenerde und Flusssand gefüllt. Auch andere Materialien eignen sich dafür, doch sollte auf staubende Substrate wie etwa Torf verzichtet werden. Insgesamt sollte die Substrathöhe etwa das Doppelte der

Carapaxlänge ausmachen, die Grundfläche der Überwinterungskiste sollte ungefähr das Vierfache der Panzerfläche der Schildkröte betragen. Das Substrat wird, nachdem man die Schildkröte darauf gesetzt hat, anschließend mit einer Schicht aus Buchenlaub abgedeckt. Bleibt eine Schildkröte trotz niedriger Temperaturwerte unruhig, und bewegt sie sich länger als ein paar Tage in ihrem Winterquartier, deutet dies möglicherweise auf eine Krankheit hin; das Tier muss dann unter genaue Beobachtung gestellt und gegebenenfalls tierärztlich behandelt werden. Von Zeit zu Zeit, etwa alle 3–4 Wochen, sollte man die Überwinterungskiste kontrollieren. Dabei prüft man, ob die Tiere noch eingegraben sind und die Feuchtigkeit des Substrates noch stimmt; das Substrat sollte feucht krümelig sein und darf nicht muffig riechen. Bei zu trockener Überwinterung kann es durch Austrocknen zu größerem Gewichtsverlust der Tiere kommen, und auch die Atemwege können geschädigt werden. Nasse Nasen und stark verklebte, eingefallene Augen sind im Frühjahr die Folge. Durch Übersprühen mit Wasser kann das Substrat nötigenfalls leicht angefeuchtet werden. Hierbei ist allerdings Fingerspitzengefühl gefragt, denn ist das Substrat andererseits zu nass, könnte es faulen und schimmeln, was für die Schildkröten wiederum ein Gesundheitsrisiko in Form von Haut- und Panzerschäden darstellen würde. Um mit ZIRNGIBL (2000) zu sprechen: »Nun können Sie nur noch hoffen, alles richtig gemacht zu haben«. Der Vorteil einer Überwinterung im Haus besteht in der guten Kontrollmöglichkeit und den meist konstanten Verhältnissen, der Nachteil in einer leider oft zu hohen Temperatur; bringt man die Überwinterungskiste in einem regensicheren Lichtschacht unter, muss auf Frostfreiheit geachtet werden, die gegebenenfalls über das Öffnen der Kellerfenster erreicht werden kann.

Abb. 110: Eine gute Überwinterungsmethode stellt die Winterruhe im Kühlschrank dar (S. THIERFELDT)

Gerade bei den Angehörigen der *Testudo-hermanni*-Artengruppe hat sich auch eine Überwinterung in ausrangierten (erschütterungsfreien!) Kühlschränken bewährt. Hierzu werden die Schildkröten wiederum einzeln in kleinen, luftdurchlässigen Boxen (mindestens dreimal so groß wie die jeweilige Schildkröte) untergebracht, die um die Tiere herum mit einem leicht feuchten Gemisch aus Sand, Erde und Buchenlaub aufgefüllt werden. Abgedeckt wird jede Box mit einem Deckel, der mit Luftlöchern versehen ist. In das unterste Fach des Kühlschranks stellt man eine mit Wasser gefüllte Schale, die für die nötige Luftfeuchtigkeit sorgt; eine weitere Möglichkeit zur Erhöhung der Luftfeuchtigkeit besteht darin, nasse Tücher zwischen die einzelnen Boxen zu legen. Die Schachteln werden dann im Kühlschrank gestapelt. Etwa alle 6–8 Wochen kontrolliert man das Substrat auf noch vorhandene Feuchtigkeit und feuchtet es gegebenenfalls wieder an. Durch das kurze Öffnen der Kühlschranktür im Abstand von 3–4 Tagen wird für eine ausreichende Belüftung gesorgt. Der Vorteil der »Kühlschrankmethode« besteht in der guten Kontrollmöglichkeit, den konstanten Verhältnissen, der leicht möglichen Steuerung von Dauer der Winterruhe und der Temperatur, Nachteile liegen vor allem in der mangelnden Vorbereitung der Tiere auf die Winterruhe und den bei größeren Beständen schnell auftretenden Platzproblemen. Bei der »Kühlschranküberwinterung« muss auch unbedingt daran gedacht werden, dass je nach Modell des Kühlschranks z. T. recht unterschiedliche Temperaturen im Inneren des Gerätes herrschen können; vor allem bei älteren Geräten ist z. B. die Rückwand häufig besonders kalt, weshalb die Überwinterungsboxen die Rückwand nicht direkt berühren dürfen. Auch von unten nach oben können in einem Kühlschrank Temperaturunterschiede von bis zu 2 °C herrschen. Aus den genannten Gründen müssen die genauen Temperaturen vor der Winterruhe an allen Stellen überprüft werden.

Nicht nur das Substrat in der Überwinterungskiste sollte regelmäßig kontrolliert werden, das Gleiche gilt auch für die Tiere selbst. Die Kontrolle erfolgt durch die optische Untersuchung der Schildkröten vor allem im Bereich der Nasenöffnungen, des Maules, der Augen und Augenlider sowie der Kloake, am Panzer muss auf Einblutungen geachtet werden. An den Augenlidern kann z. B. der Flüssigkeitshaushalt überprüft werden; das untere Lid

Abb. 111: Die Überwinterung im Kühlschrank bietet konstante Bedingungen und erleichtert die Kontrolle der Schildkröten (B. SEEGER)

darf keine tiefe Furche bilden, nicht verklebt oder eingesunken sein. Die Schildkröten sollten zudem im Abstand von wenigen Wochen gewogen werden, um einen eventuellen Gewichtsverlust festzustellen.

Tiere, bei denen erst kurz vor der geplanten Winterruhe festgestellt wird, dass sie aus medizinischen Gründen warm überwintert werden müssen, sind nur schwer aus ihrer hormonell bedingten »Ruhestimmung« zu bekommen. In solchen Fällen muss die Beleuchtungsdauer wieder auf 12–14 Stunden verlängert werden, wobei sehr lichtintensive Lampen verwendet werden müssen. Durch den Einsatz von Strahlern müssen lokal Temperaturen von 40–45 °C erreicht werden, um den Tieren einen »Sonnenplatz« zur Erwärmung ebenso wie kühlere Rückzugsmöglichkeiten bieten zu können. Gelingt es trotzdem nicht, die betroffenen Schildkröten von einer Ruhephase »abzuhalten«, so empfiehlt es sich nach BAUR & HOFFMANN (2004), diese Tiere, indem man ihrer hormonellen »inneren Uhr« folgt, nur wenige Wochen kühl zu überwintern,

danach die Temperaturen wieder zu erhöhen und die Schildkröten so wieder in »Frühjahrsstimmung« zu versetzen. Hält man die Tiere zwangsweise »wach«, kommt es ansonsten zu einem raschen Abbau der Körperreserven, da die Schildkröten während dieser Zeit noch keine Nahrung aufnehmen. In jedem Fall sollte bei der Lösungsfindung ein Tierarzt beteiligt werden, der auch die weitere Behandlung der erkrankten Schildkröten übernimmt.

Die Winterruhe sollte bei Temperaturen von 2–8 °C (am besten 3–7 °C) erfolgen; ein kurzfristiger(!) Temperaturabfall auf +0,5–1 °C hat nach Erfahrungen verschiedener Halter keine negativen Folgen, doch sollte man solche Temperaturbereiche sicherheitshalber vermeiden. Oberhalb von 8 °C kommt wiederum der Leberstoffwechsel nicht vollständig zum Erliegen, was häufig eine so genannte »Posthibernale Anorexie« (nach der Winterruhe auftretendes Auszehrungssyndrom) zur Folge hat (s. u.). Es empfiehlt sich der Einsatz eines digitalen Thermometers mit Außenfühler, der direkt zur Schildkröte in das Substrat gesteckt wird. In den Übergangszeiten und während eines Wärmeeinbruchs im Winter sind kurzfristige Temperaturschwankungen für artgerecht ernährte Tiere kein Problem; steigen die Temperaturen allerdings über einen längeren Zeitraum auf 12 °C und mehr an, so können die Tiere wieder erwachen und an die Oberfläche kommen. Was die Dauer der Winterruhe betrifft, so sollte sie für *Testudo hermanni*, *Testudo hercegovinensis* und Exemplare von *Testudo boettgeri* aus wärmeren Teilen des Verbreitungsgebietes dieser Art etwa drei, für Angehörige von *Testudo boettgeri* aus kühleren Regionen Südosteuropas vier bis fünf Monate betragen.

Steigen im Frühjahr die Temperaturen wieder auf Werte um 12–15 °C, beginnen die Schildkröten schon nach kurzer Zeit damit, sich in ihrem Winterquartier zu bewegen. Wenn nicht mehr mit Frost zu rechnen ist, kann man, wenn man seine Tiere im Freiland

Abb. 112: Jungtiere von *Testudo boettgeri* kurz nach dem Verlassen ihrer Winterruheplätze (B. SEEGER)

überwintert hat, die dicke Schicht Laub um das Frühbeet entfernen, und die ersten warmen Tage lassen die Schildkröten erwachen; das Stroh und ein Großteil der Laubschicht werden aus dem Frühbeet entfernt, nur eine dünne Laubschicht bleibt noch liegen. Das Laub sollte nun nur noch an ein bis zwei Stellen höher aufgehäuft sein, um den Tieren noch Versteckmöglichkeiten zu bieten, solange sie noch nicht vollständig aktiv sind. In einer Ecke wird das Laub vollständig entfernt und durch eine frisch gefüllte Wasserschale und Kräuterheu ersetzt. Auch bei der Überwinterung im Gewächshaus erwachen die Schildkröten im Frühjahr durch die zunehmende Intensität der Sonneneinstrahlung und die damit verbundenen steigenden Temperaturen in der Regel von selbst. Die im Keller oder im Kühlschrank überwinterten Tiere können direkt ins Frühbeet, Gewächshaus oder Terrarium überführt werden. Im Frühbeetkasten werden die Tiere dann mit Buchenlaub abgedeckt, im Gewächshaus in die Schutzhäuser gesetzt. Wieder sollte das Umsetzen zur Vermeidung stärkerer Temperaturschwankungen nachts erfolgen. Der Frühbeetkasten bzw. das Gewächshaus kann dann an sonnigen, frostfreien Tagen schon wieder geöffnet werden, um den Tieren natürliches Sonnenlicht zu bieten, und um zu verhindern, dass sich der Kasten bzw. das Haus zu schnell aufwärmen. Wenn die Nachttemperaturen mithilfe eines Elsteinstrahlers wieder ca. 15 °C erreichen und auch tagsüber unter Einsatz der Halogenstrahler für ausreichend Wärme gesorgt wird, kommt bald die erste Schildkröte hervor, um sich aufzuwärmen. Nun wird auch die restliche Laubschicht aus dem Frühbeetkasten entfernt. Meist werden bei schönem Wetter schon wieder die ersten Sonnenbäder im Freien genommen. Bei schlechtem Wetter bleiben die Türen des Unterschlupfes geschlossen, damit die Schildkröten diesen nicht verlassen und sich unbemerkt irgendwo in der Freilandanlage vergraben können, wo sie dann der nassen, kühlen Witterung ausgesetzt sind.

Nach der Winterruhe sollten die Schildkröten, wenn sie wieder aktiv geworden sind, lauwarm gebadet werden, um ihnen einen Ausgleich des Flüssigkeitsverlustes während der Winterruhe, das Ausspülen angesammelter Stoffwechselprodukte aus den Nieren und die Aufnahme ihrer Aktivitäten zu erleichtern. Auch in der Natur sind die Schildkröten im Frühjahr heftigen, kurzen Regenschauern ausgesetzt, nach denen die Tiere in tiefen Pfützen sitzen und ausgiebig trinken; mitteleuropäische Frühjahrsregen sind dagegen zu langanhaltend und mit einer starken Abkühlung der Umgebungstemperatur verbunden, sodass die Schildkröten das Nass nicht nutzen können und sich stattdessen in ihrem Unterschlupf aufhalten. In menschlicher Obhut haben verschiedene Autoren gute Erfahrungen mit ca. 30 °C warmem Kamillentee als »Badewasser« gemacht.

Sind die Schildkröten nach der Winterruhe vorerst in einem Zimmerterrarium untergebracht, werden erst nach ein paar Tagen die Beleuchtung des Terrariums eingeschaltet und die Wärmezufuhr langsam erhöht; die Beleuchtungsdauer wird, entsprechend der natürlichen Tageslichtdauer, langsam von acht auf zwölf Stunden täglich gesteigert. Bald wird wieder mit der Nahrungsaufnahme begonnen. Bleibt eine Schildkröte nach der Winterruhe appetitlos, hat dies einen niedrigen Blutzuckerspiegel zur Folge. Diese Tiere haben einen niedrigen Glykogengehalt in der Leber und sollten tierärztlich versorgt werden. Ohnehin sollten die Schildkröten im Frühjahr genau in Augenschein genommen werden, um mögliche Verletzungen und Krankheiten schon früh erkennen und behandeln zu können; auch jetzt sollten wieder Nasenöffnungen, Maul, Augen und Augenlider sowie Kloake und Panzer eingehend begutachtet sowie das Gewicht vor und nach der Winterruhe verglichen werden. Der Gewichtsverlust während der Winterruhe sollte maximal 5 % betragen; ein Verlust von mehr als 5 % deutet auf eine zu trockene Überwinterung hin, und mehr als 15 % sind gesundheitsgefährdend.

In den 70er-Jahren zeichnete der britische Tierarzt Dr. OLIPHANT JACKSON Gewicht und Größe gesunder und kranker Angehöriger der *Testudo-hermanni*-Artengruppe und von Exemplaren aus der *Testudo-graeca*-Artengruppe auf und kam zu dem Ergebnis, dass es ein optimales Körpergewicht gebe, das als Kriterium für die Gesundheit, aber auch als Qualitätsmerkmal für die Winterruhe herangezogen werden könne (u. a. JACKSON 1978a, b). Er entwickelte aus den Daten ein Kurvendiagramm, mit dessen Hilfe jeder Besitzer von Schildkröten der genannten Arten ermitteln können sollte, ob seine Tiere im Verhältnis zu ihrer Körpergröße zu leicht oder zu schwer sind oder »Idealgewicht« aufweisen. Dieses Diagramm wird in der Literatur als »JACKSON-Index« oder »JACKSON-Kurve« bezeichnet und war für viele unerfahrene Tierhalter und Tierärzte ein vermeintlicher Rettungsanker, denn endlich schien man das Kriterium für die Beurteilung des Gesundheitszustandes einer Schildkröte gefunden zu haben, ohne lange und aufwändige Laboruntersuchungen durchführen zu müssen. Dazu ist zu sagen, dass es gewiss nicht ausreichend ist, alleine dem Gewicht derart viel Bedeutung bei der Ermittlung des Gesundheitszustandes eines Tieres beizumessen, denn es ist gerade bei Schildkröten von verschiedenen Faktoren abhängig. So kann z. B. eine erwachsene *Testudo boettgeri* durchaus 50 ml Urin auf einmal absetzen, was in etwa auch einem Gewicht von 50 g entspricht. Trächtige Weibchen, die aufgrund ihrer von Eiern fast ausgefüllten Leibeshöhle nur noch wenig fressen können, wirken trotzdem sehr schwer. Auch ein Mensch, der Idealgewicht aufweist, ist wohl kaum alleine deshalb automatisch völlig gesund. Es ist daher unerlässlich, außer dem Gewicht auch noch weitere wichtige Merkmale zur Beurteilung des Gesundheitszustandes einer Schildkröte heranzuziehen, vom Erscheinungsbild der Augen und Nasenöffnungen über die Konsistenz von Kot und Urin bis hin zum allgemeinen Verhaltensbild. JACKSON hat aber wenigstens erreicht, dass viele Tierhalter (zumindest in Großbritannien) ihre Tiere regelmäßig wiegen und so bei gravierenden Abweichungen doch schneller einen Hinweis auf Gesundheitsmängel erhalten als ohne Ermittlung des Gewichtes. MÜLLER & SCHWEIGER (2002) führten eine der Studie von JACKSON vergleichbare Untersuchung durch (allerdings unter Einbeziehung auch von *Testudo marginata*, *Testudo kleinmanni*, *Testudo werneri* und Steppenschildkröten der Gattung *Agrionemys*) und kamen zu ähnlichen Ergebnissen. Diese beiden Autoren waren sich der Schwächen der »JACKSON-Kurve« durchaus bewusst, sie haben aber sicherlich Recht, wenn sie schreiben, dass ein Indexwert unter dem von ihnen und JACKSON ermittelten Minimum auf jeden Fall ein Grund ist, den Gesundheitszustand des jeweiligen Tieres näher zu untersuchen. In einem solchen Fall sind die Haltungsbedingungen zu überprüfen. Sind Haltungsfehler nicht auszumachen, müssen Erkrankungen ins Kalkül gezogen werden. MÜLLER & SCHWEIGER (2002) entwickelten aus den von ihnen gewonnenen Daten eine Übersicht über das sogenannte Mindestüberwinterungsgewicht, also das Gewicht, das Landschildkröten mindestens aufweisen sollten, um guten Gewissens kalt überwintert zu werden. Da diese Übersicht im Vergleich zu den von MÜLLER, SCHWEIGER und JACKSON ermittelten Indizes leichter verständlich ist und auch eher praktischen Wert besitzt, sei sie hier wiedergegeben (berücksichtigt wurden nur Tiere zwischen 10 und 27,9 cm Carapaxlänge, da kleinere bzw. größere Exemplare in nicht ausreichender Anzahl untersucht wurden):

Mindestgewicht für die kalte Überwinterung bei Landschildkröten	
Größenklassen (in mm)	Mindestgewicht (in g)
100–109	187
110–119	250
120–129	336
130–139	395
140–149	540
150–159	625
160–169	790
170–179	884
180–189	998
190–199	1.000
200–209	1.160
210–219	1.360
220–229	1.480
230–239	1.545
240–249	1.625
250–259	2.050
260–269	2.300
270–279	2.430

Zucht

Die Nachzucht der hier behandelten Arten gelingt wie bereits erwähnt vielen Haltern mittlerweile regelmäßig und in großer Zahl, z. T. über mehrere Generationen, und ist bei Beachtung der Ansprüche dieser Schildkröten an eine artgerechte Haltung nicht mit besonderen Schwierigkeiten verbunden. Insbesondere von *Testudo boettgeri* werden heute mehr Jungtiere nachgezogen als von verantwortungsbewussten Haltern aufgenommen werden können. Die meisten Nachzuchten sind allerdings männlichen Geschlechts, da die Temperaturwerte, die während der Inkubation die Ausbildung weiblicher Tiere bedingen (siehe Kapitel »Fortpflanzung«) in der Literatur in der Regel zu niedrig angegeben werden.

Balz und Paarung sind während der gesamten Aktivitätsperiode zu beobachten, deutliche Höhepunkte bilden jedoch die Zeit kurz nach der Winterruhe und der Spätsommer. Da die Tiere unter natürlichen Bedingungen im Herbst eine zweite Paarungszeit haben und in Mitteleuropa der Herbst oft früher einsetzt und länger dauert als in Südeuropa sowie manchmal auch der Sommer eher ein vorgezogener Herbst ist, kann diese temperaturabhängige Paarungszeit bei suboptimalen Haltungsbedingungen allerdings sowohl zur falschen Zeit auftreten als auch zu lange oder zu heftig ausfallen.

Unter den Männchen herrscht zumindest während der Paarungszeit eine recht feste Rangordnung, die anfänglich durch Beißen und Rammstöße festgelegt wird, daher kommt es nur selten bei schwülwarmem Wetter zu kurzen Revierkämpfen oder Rangeleien, ansonsten arrangieren sich die Tiere miteinander, weshalb männliche Tiere durchaus ganzjährig miteinander vergesellschaftet werden können. Das Rivalitätsverhalten verläuft unter Terrarienbedingungen allerdings oft äußerst brutal, wenn ein fremdes Männchen in die Gruppe eingeführt wird. Dies deutet auf ein gutes Wiedererkennungsvermögen hin. ZIRNGIBL (2000) bezeichnet Exemplare aus dem Westen des Verbreitungsgebietes als diesbezüglich insgesamt deutlich ruhiger als ihre östlichen Verwandten.

Die Männchen sind oft regelrecht paarungswütig und rammen und beißen alles, was auch nur entfernt einer Schildkröte ähnelt. Daher ist bei der Zusammenstellung einer Zuchtgruppe darauf zu achten, dass die Weibchen in der Überzahl (3–5 pro Männchen) sind, da sie sich sonst den ständigen Nachstellungen durch die Männchen nicht entziehen können, was eine permanente Stresssituation für beide Geschlechter, vor allem aber für die Weibchen, darstellt. Die Weibchen suchen z. B. kaum noch Sonnenplätze auf, da sie dort

Abb. 113: *Testudo boettgeri* wird regelmäßig von Privathaltern in menschlicher Obhut nachgezüchtet (J. MARAN)

sofort wieder Kopulationsversuchen ausgesetzt wären; sie kommen kaum noch zur Nahrungsaufnahme, werden krankheitsanfällig und sterben im schlimmsten Falle schließlich. Sichtschutz und ausreichend vorhandene Versteckmöglichkeiten bieten den Weibchen Rückzugsgelegenheiten. So kann man in der Freilandanlage z. B. einige »Schutzhöhlen« vorsehen, z. B. in Form von Ziegelsteinen, auf die man eine sicher befestigte Steinplatte legt. Diese Höhlen dürfen nur etwas höher als der Panzer der Tiere sein, damit sich verfolgte Weibchen bei Bedarf darin zurückziehen und den Männchen entkommen können. Außerdem sollten Möglichkeiten geschaffen werden, die Tiere nötigenfalls zumindest vor den Eiablagen und noch für einige Zeit danach in der zweiten Sommerhälfte nach Geschlechtern getrennt unterzubringen. Ohnehin ist es (nicht nur) bei diesen Arten besser, die Tiere ganzjährig nach Geschlechtern getrennt zu halten und nur im Frühjahr direkt nach der Winterruhe für drei Wochen und dann noch einmal im Spätsommer kurzfristig zu Paarungszwecken zu vergesellschaften. Wenn die Weibchen wieder ohne die Männchen in ihrer angestammten »Frauengruppe« sind, zeigen sie deutlich mehr Aktivität, fressen besser und leben nicht mehr so zurückgezogen. Für eine erfolgreiche Befruchtung reichen die wenigen Tage des Zusammenseins mit den Männchen aus; die männlichen Tiere fressen während dieser Zeit kaum und kopulieren mehrmals täglich mit den Weibchen. Anscheinend sind auch die Weibchen eher paarungsbereit, wenn sie nicht ständig mit den Männchen zusammen sind, und die Zahl der befruchteten Eier steigt. Auf jeden Fall sollten die Männchen kurz vor bzw. während der Eiablage von den Weibchen separiert werden, denn insbesondere während dieser Zeit sind verstärkt Paarungsversuche zu beobachten, die dann die Weibchen bei der Nistplatzsuche stören und in der Folge zu Legenot oder zum Verwerfen der Eier führen können. Bereits eine relativ kurzfristige Verzögerung der Eiablage kann dazu führen, dass die Embryonalentwicklung endet. Auch gesundheitliche Folgen für die Weibchen (z. B.

schwere Verletzungen des Eileiters) sind zu befürchten, wenn sie im hochträchtigen Zustand Paarungsversuchen ausgesetzt sind, da dann die Eischalen häufig Risse bekommen und die Eier beim Pressen des Weibchens zerbrechen. Selbst beim Ausheben der Nistgrube werden die Weibchen nicht selten belästigt, und in einigen Fällen schritten die Männchen schließlich sogar während der Eiablage zur Paarung, was zum Abbruch des Legevorgangs, zur Legenot oder zum Verwerfen der Eier führen kann. Selbst ansonsten eher zurückhaltende Männchen können offenbar der Verlockung eines eierlegenden Weibchen kaum widerstehen, was nach Auffassung von CASARES (1995) daran liegen könnte, dass unmittelbar nach der Eiablage wieder ein Eisprung stattfindet.

Die zweite Paarungszeit im Spätsommer deutet sich in menschlicher Obhut dadurch an, dass die Weibchen mehrmals täglich untereinander aufreiten und dabei sogar das Maul aufreißen, wie es für Männchen typisch ist. Zu diesem Zeitpunkt werden die Männchen dann wieder in das Gehege der Weibchen gesetzt. Sobald ausreichend viele Männchen vorhanden sind, hört das geschilderte Verhalten sofort auf, und die Weibchen nehmen nur noch passiv an der Balz teil. Die Balz fällt dann in der Regel deutlich kürzer aus, die Weibchen sind offenbar auch wesentlich paarungsbereiter als im Frühjahr. Nach dieser wiederum etwa dreiwöchigen Phase nimmt die Paarungsbereitschaft der Männchen stark ab, und sie können bis zur Winterruhe bei den Weibchen verbleiben, wenn keine generell getrennte Haltung vorgesehen ist.

Schwierig in Zuchtgruppen zu integrieren sind häufig Exemplare, die zuvor einzeln gehalten wurden. Laut VINKE & VINKE (2004a) hat z. B. der Landschildkrötenhalter GERHARD WAGNER die Erfahrung gemacht, dass einzeln gehaltene Männchen meist hyperaktiv und aggressiv und daher kaum noch für Zuchtzwecke einsetzbar sind, während Weibchen nach der Vergesellschaftung mit anderen Schildkröten eher passiv reagieren und häufig sogar die Nahrungsaufnahme einstellen. Selbst Jungtiere zeigen nach der Erfahrung dieses Halters nach wenigen Jahren der Einzelhaltung häufig ein vermindertes Wachstum, Störungen bei der Nahrungsaufnahme (z. B. Bildung von Futterpräferenzen bis hin zur Futterverweigerung) und keine oder eine gestörte Sexualprägung. Der sehr erfahrene Schildkrötenhalter HANS-JÜRGEN BIDMON stellte dagegen fest, dass einzeln gehaltene Jungtiere in den ersten sechs bis sieben Jahren stets schneller wachsen als gleichaltrige Artgenossen in Gruppenhaltung. Hier besteht demnach noch einiger Forschungsbedarf.

Eiablagen finden in menschlicher Obhut etwa 5–7 Wochen nach der Winterruhe statt, in der Regel im Mai oder Juni, oft aber auch schon ab Mitte April und/oder bis in den August hinein. Pro Jahr sind mehr als ein Gelege möglich, MITCHELL (2004) registrierte in einem Jahr bei einer seiner weiblichen *Testudo boettgeri* nicht weniger als sechs Gelege mit insgesamt 35 Eiern (6/7/6/5/6/5) im Abstand von jeweils 22 Tagen bis vier Monaten. Bereits Tage vor der Eiablage wandern trächtige Weibchen unruhig auf der Suche nach einem geeigneten Nistplatz umher, beschnuppern potentielle Eiablageplätze, nehmen z. T. Erde mit dem Maul auf und scharren an diesen Stellen

Abb. 114: Gut geeignete Eiablageplätze im Freilandterrarium sind sehr begehrt (J. MARAN)

mit den Vorder- und Hinterbeinen. Finden sie keinen geeigneten Nistplatz, werden die Tiere unruhig und versuchen, aus der Anlage auszubrechen. Alte, erfahrene Weibchen wählen oft immer wieder den gleichen Nistplatz, während junge und neu erworbene Tiere zu wiederholten »Probegrabungen« neigen. Während manche Weibchen ein paar Tage vor der Eiablage keine Nahrung mehr zu sich nehmen, gehen andere noch bis kurz vor der Eiablage ans Futter. Manche Weibchen verhalten sich während dieser Zeit wie paarungsbereite Männchen, bringen jede Schildkröte, die ihnen über den Weg läuft, durch Bisse und Rammstöße zum Stehen und besteigen sie sogar; oftmals sind dann sogar die paarungstypischen Laute zu hören, die ansonsten die Männchen von sich geben.

Weibchen, die durch ihr Verhalten eine Eiablage ankündigen, sollte man im Freilandterrarium gut beobachten, um die Gelege möglichst direkt bergen zu können. Unter Terrarienbedingungen vergehen zwischen dem ersten Grabeversuch und der Eiablage durchschnittlich zwei, manchmal aber auch bis zu acht Tage. Störfaktoren wie etwa mangelnde Eiablageplätze, Wetterstürze oder permanent balzende Männchen können allerdings zu einer Legenot führen, die unbedingt tierärztlich festgestellt (z. B. durch Röntgenaufnahmen) und behandelt werden muss. Allzu aufdringliche Artgenossen kann man etwa dadurch abhalten, dass man einen Drahtkorb als Schutz über das nistende Weibchen stülpt. In aller Regel finden die Eiablagen an einem besonders warmen Tag statt, an dem gleichzeitig die Luftfeuchtigkeit erhöht ist, wie es z. B. nach einem Frühjahrs- oder Sommergewitter der Fall ist. Nicht vergrabene oder wahllos im Gehege oder in der Schutzhütte abgesetzte Eier erweisen sich in der Regel als nicht befruchtet. Der zeitliche Abstand zwischen zwei Eiablagen eines Weibchens deckt sich unter Terrarienbedingungen einigermaßen mit den Beobach-

Abb. 115: Abnormal großes (5,3 x 3,1 cm), unbefruchtetes Ei einer *Testudo hermanni* aus der Umgebung von Ajaccio, Korsika (Frankreich) (J. MARAN)

tungen aus dem natürlichen Verbreitungsgebiet und beträgt nach verschiedenen Autoren 14–30 Tage.

Zwar ist eine Zeitigung im Freiland grundsätzlich möglich, wenn das Gelege im Frühbeet oder Gewächshaus abgesetzt wurde (s. u.), doch schlüpfen aufgrund der relativ niedrigen Durchschnittstemperatur dann ausschließlich männliche Jungtiere. Die Eier werden daher, nachdem man die Nistgrube vorsichtig mit einem Löffel geöffnet und die Eier mithilfe eines Pinsels freigelegt hat, aus der Grube entnommen und mit einem weichen Bleistift an der obersten Stelle markiert, um sie anschließend in einen Brutapparat zu überführen. Dabei ist ein Drehen der Eier kurz nach der Ablage noch unproblematisch.

Als Brutbehälter eignen sich z. B. Grillenoder Heimchendosen aus dem Futtertierhandel, die etwa zur Hälfte oder zu zwei Dritteln mit Inkubationssubstrat (Sand, *Vermiculite*, *Perlite*, feiner Kies oder ein Gemisch aus Gartenerde und Sand im Verhältnis 2:1) gefüllt werden. Die Eier werden in flache Mulden des nur wenig feuchten (Wasserpotential nach KÖHLER [2004] -400 bis -600 Kilopascal) Substrates gelegt oder zu einem Drittel eingegraben; sie dürfen nicht vollständig in feinem Substrat eingegraben werden, da sonst der Gasaustausch behindert wird und Sauerstoffmangel und eine erhöhte Kohlendioxidkonzentration zu verfrühtem Schlupf, einem Absterben der

HALTUNG 151

Abb. 116: Dieses unbefruchtete Gelege wurde aus einem an Legenot verstorbenen Weibchen aus der Umgebung von Ajaccio, Korsika (Frankreich) geborgen (J. MARAN)

Embryos kurz vor dem Schlupf oder zu Missbildungen führen. Der Inkubator sollte selbstverständlich keinen Erschütterungen, Zigarettenrauch oder Ähnlichem ausgesetzt sein.

Im Freilandterrarium belassene Gelege entwickeln sich in Mitteleuropa in der Regel nicht bis zum Schlupf, doch wurden aus klimatisch begünstigten Gebieten auch Ausnahmen bekannt; so schlüpfte z. B. am 20.09.1992 in Nonsbach im unteren Inntal in Oberösterreich ein Jungtier von Testudo boettgeri aus einem in einem Garten abgesetzten Gelege. ZAPLETAL (2002) beschrieb den Schlupf von drei Jungtieren der gleichen Art im September 2001 aus einem Gelege, das unbemerkt im Bodengrund eines Frühbeetkastens deponiert worden war; diese Jungtiere zeigten interessanterweise im Unterschied zu ihren Geschwistern aus anderen Gelegen fast völlig schwarze Extremitäten und einen sehr kontrastreich gefärbten Carapax, was ZAPLETAL auf die starken Temperaturschwankungen während der Inkubations-

zeit zurückführte (bei vielen Reptilienarten mit großem Verbreitungsgebiet findet man dunklere Farbvarianten im »kühleren« Teil des Vorkommens, so auch bei Testudo boettgeri, siehe Kapitel »Beschreibung«). ZAPLETAL (2002) vermutete, dass das Gelege Anfang bis Mitte Juni 2001 abgesetzt wurde, als sich die Familie im Urlaub befand, und kommt so zu einer Inkubationszeit von etwa 105 Tagen, was in etwa der Brutdauer unter natürlichen Bedingungen entspricht (siehe Kapitel »Fortpflanzung«). Die »Frühbeet-Schlüpflinge« zeichneten sich durch eine erstaunliche Agilität aus. Der »Jahrhundertsommer« des Jahres 2003 brachte zahlreiche weitere Meldungen von »Naturbruten« in Mitteleuropa, sei es in der Schweiz (dort alleine wurden 41 Naturbruten von Testudo boettgeri gemeldet, ohne Berücksichtigung der warmen Regionen Westschweiz und Tessin, aus denen keine Meldungen vorlagen), in Österreich oder Deutschland (z. B. ANONYMUS 2003a, BAUER 2003, Kundert 2003b, BRAUN 2004, NEUMANN & WENNING 2004, WICHELHAUS 2004, WÜTHRICH 2004); verschiedene Halter berichteten sogar, dass ihre Tiere in diesem Jahr aufgrund der großen Hitze und Dürre eine mehrwöchige »Sommerruhe« einlegten. Eine Schildkrötenliebhaberin aus dem schweizerischen Kanton Aargau schilderte, wie im Sommer 2003 selbst aus zu Dekorationszwecken in einem Setzkasten im Zimmer ihrer Tochter deponierten Eiern Jungtiere schlüpften (ANONYMUS 2003a). Die ersten im Freiland inkubierten Schlüpflinge wurden gegen Ende Juli gefunden, die meisten aber im August und September. Mehrfach wurde berichtet, dass die Jungtiere nach einem der im Jahre 2003 seltenen Regengüsse, die die trockene, harte Erdkruste aufweichten, schlüpften. Manche der Schlüpflinge wurden aber auch erst im Frühjahr 2004 aufgefunden, hatten also sogar unbeschadet im Freien überwintert. Die maximale Anzahl gefundener Schlüpflinge lag bei 21 lebenden und einer unbekannten Anzahl von Krähen und Elstern geraubten Tieren in einer Anlage im schweizerischen Bern. In rund einem Viertel der schweizerischen Meldungen waren Ausfälle zu verzeichnen. Einige Jungtiere fielen wie erwähnt Raubfeinden wie Krähen, Elstern und Mardern zum Opfer, andere wurden auf einem benachbarten Parkplatz überfahren. Ein Tier wurde von der Katze des Nachbarn lebend »apportiert« und trug lediglich eine kleine Bisswunde davon. Vergleicht man die Anzahl der jeweils gefundenen Schlüpflinge mit der durchschnittlichen Gelegegröße, kann man davon ausgehen, dass weit mehr Verluste zu beklagen waren, als gemeldet wurden. In der Schweiz stammten die meisten Meldungen von Naturbruten aus Orten, die weniger als 600 m ü. NN liegen, nur in einem Fall wurde eine Naturbrut im Wallis in 670 m Höhe beobachtet. Offenbar handelte es sich in allen Fällen der Naturbrut um Exemplare von *Testudo boettgeri* (möglicherweise teilweise auch von *Testudo hercegovinensis*, die ja bis heute noch unerkannt bei vielen Haltern als »Griechische Landschildkröte« gepflegt wird). Insgesamt ist zu sagen, dass Naturbruten in klimatisch begünstigten Regionen Mitteleuropas auch in der Vergangenheit schon vereinzelt vorkamen, eine derartige Häufung wie 2003 aber bisher noch nicht zu verzeichnen war.

Bereits nach wenigen Wochen kann man beim Durchleuchten der Eier feststellen, ob eine Entwicklung stattfindet. Meist zeigt sich schon nach ein paar Tagen in der Mitte des Eies ein matter, weißer Fleck, der sich nach und nach wie eine »Bauchbinde« über das ganze Ei zieht. Der Fleck zeigt die Lage der Keimscheibe mit dem darunter liegenden weißen Dotteranteil an. Nach etwa zwei Wochen ist der auf dem Dotter ruhende Embryo beim Durchleuchten des Eies bereits als mehrere Millimeter großer dunkler Fleck erkennbar, an der Innenseite der Schale haben sich feine, verzweigte Blutgefäße gebildet. In der Folgezeit nimmt der Embryo stetig an Größe zu,

Abb. 117: Nach der Ablage werden die Gelege geborgen und in einen Inkubator überführt (W. WEGEHAUPT)

nach etwa vier Wochen ist er bereits als kleine Schildkröte erkennbar. Nach sieben Wochen ist ein Durchleuchten dann häufig nicht mehr möglich, da der Embryo bereits das gesamte Ei ausfüllt. Bald darauf bilden sich im oberen oder auch im seitlichen Bereich des Eies kleine Luftblasen. Im Verlaufe der Entwicklung wird das Ei schwerer, weshalb sich die Entwicklung durch Gewichtskontrollen auf einer vortemperierten Waage leicht überprüfen lässt. Bei Kontrollen des Entwicklungsstandes dürfen die Eier der hier behandelten Arten wie die aller Schildkrötenarten keinesfalls gedreht oder übermäßig erhitzt werden, da es sonst zu einem Absterben der Embryos kommen kann. Direkt nach der Eiablage beginnt der schwere Dotter sich abzusenken, sodass er nach etwa einer Woche unten im Ei liegt. Da der entstehende Embryo auf dem Eidotter ruht, würde er beim Drehen des Eies von diesem erdrückt. Zum Durchleuchten sollte daher eine Glühlampe mit maximal 25 Watt Leistung oder besser noch eine kleine Taschenlampe Verwendung finden. Es ist jedoch zu sagen, dass nicht ständig mit den Eiern hantiert werden sollte; möglicherweise sind einige der immer wieder auftretenden Anomalien der Schlüpflinge darauf zurückzuführen.

Versehentlich beschädigte Eier können in der Regel dann noch problemlos in-

Abb. 118: Um eine Veränderung der Lage der Eier zu vermeiden, sollte deren Oberseite beim Ausgraben entsprechend markiert werden (W. SCHMIDT)

kubiert werden, wenn die Eischale lediglich einen Sprung oder eine kleine Delle aufweist und die innere und äußere Eihaut noch intakt sind. Sollte die Bruchstelle verschmutzt sein, muss sie gereinigt werden, wobei größere Schmutzpartikel entfernt werden und die Stelle anschließend mit feuchtem Küchen- oder Toilettenpapier abgetupft wird. Zur Sicherheit kann die Stelle noch mit einem Antiseptikum behandelt werden (Spitacid oder Sterilium), das aber natürlich nicht ins Ei gelangen darf. Anschließend wird die Stelle mit (auf 30–32 °C abgekühltem!) Paraffin bedeckt, um einen zu hohen Flüssigkeitsverlust und das Eindringen von Pilzen und Bakterien zu verhindern, wobei man darauf achten muss, nicht mehr als ein Drittel des Eies auf diese Weise zu »versiegeln«, da ansonsten der Gasaustausch durch die Schale zu stark behindert wird. Bei sehr kleinen Bruchstellen genügt unter Umständen auch ein Stückchen Klebeband. Eine genaue Anleitung zum Schließen der Eischale mit Paraffin gibt ROGNER (2005). Sollte der Schlüpfling am Ende der Inkubationszeit ausgerechnet an dieser Stelle versuchen, die Eischale zu öffnen, sollte der Pfleger ausnahmsweise einmal helfend beim Öffnen der Schale einschreiten. Die »Paraffin-Methode« kann selbstverständlich auch dann angewandt werden, wenn man die Eischale »vorsätzlich« geöffnet hatte,

weil man das Ei für verdorben hielt und dabei dann doch auf einen noch lebenden, aber noch unterentwickelten Embryo stößt.

Die Inkubationszeit beträgt bei einer Luftfeuchtigkeit von 65–90 % (überwiegend 70–80 %) und einer Bruttemperatur von 25–34 °C etwa 40–140 Tage, ist also häufig deutlich kürzer als unter natürlichen Bedingungen (siehe Kapitel »Fortpflanzung«). Dies erklärt sich hauptsächlich dadurch, dass die Gelege in Menschenobhut meist bei mehr oder weniger konstanten Temperaturen gezeitigt werden; viele Züchter arbeiten zwar mit einer nächtlichen Absenkung der Inkubationstemperatur, doch ist dies nicht unbedingt erforderlich, und eine Einflussnahme auf das Geschlecht der Nachzuchten ist dann kaum noch möglich (s. u.). Auch in der Natur sind die Temperaturen in der Nistgrube relativ konstant, da dort Schwankungen der Umgebungstemperatur stark zeitverzögert bis gar nicht ankommen. Bei einer Inkubationstemperatur zwischen 25 und 26 °C ist die Zeitigungsdauer lang (in der Regel über 80 Tage), zwischen 28 und 34 °C kürzer (meist 50–80 Tage). Da man in den wenigsten Fällen weiß, aus welcher Region die gepflegten Tiere bzw. deren Vorfahren stammen, sollte man, wenn man auf die Inkubation weiblicher Tiere Wert legt, sicherheitshalber die Inkubationstemperatur eher über 32,5 °C ansetzen (siehe Kapitel »Fortpflanzung«).

Die Jungtiere eines Geleges schlüpfen in der Regel innerhalb eines Zeitraums von etwa drei Tagen, es wurden aber auch längere Zeiträume von bis zu neun Tagen beobachtet. VINKE & VINKE (2004a) berichteten sogar, dass eines ihrer Jungtiere mit 16 Tagen Verspätung aus einem Gelege schlüpfte, aus dem alle Geschwistertiere bereits »pünktlich« nach 59–60 Tagen geschlüpft waren, was allerdings ein einmaliges Vorkommnis blieb. EENDEBAK (1995) zeigte, dass zwischen der Inkubationsdauer und der Bruttemperatur zumindest bei einer konstanten Temperatur kein lineares

Verhältnis besteht; die Kurve zeigt bei etwa 27,5 °C einen deutlichen Knick. So sehr man möglicherweise versucht ist, den Jungtieren nach Ablauf der »normalen« Inkubationszeit beim Schlupf zu »helfen« oder einen Schlüpfling, der bereits mehrere Tage im geöffneten Ei sitzt, aus der Schale zu »pellen«, so sehr sollte man sich zurückhalten. Die Tiere nutzen in der Regel lediglich die Zeit, um sich vollständig zu entwickeln und geeignete Schlupfbedingungen abzuwarten. Bei Störungen können die Schlüpflinge zu früh die Eihüllen verlassen, der dann ungeschützte Dottersack kann dabei beschädigt oder mit Substrat beschmutzt werden. Verletzungen des Dottersackes können ebenso tödlich sein wie Substrat, das zusammen mit dem Dottersack in die Bauchhöhle gesogen wird. Sollte ein Jungtier tatsächlich Schwierigkeiten beim Schlupf haben, deutet dies in aller Regel auf krankhafte Störungen unterschiedlicher Art hin; die Schildkröte wäre in der Natur zum Tod verurteilt, und auch in menschlicher Obhut bleiben solche Jungtiere in der Entwicklung stets hinter ihren Geschwistern zurück und sterben häufig ohnehin nach wenigen Monaten. Schlupfprobleme deuten grundsätzlich auf eine nicht artgerechte Haltung und Ernährung des Muttertieres hin und sollten stets Anlass zur Überprüfung der Haltungsbedingungen sein.

Was die Befruchtungsrate betrifft, so waren von 741 der von zehn Weibchen stammenden und von EENDEBAK (1995) untersuchten Eier von *Testudo boettgeri* 515 befruchtet, von denen wiederum 312 zum Schlupf gelangten. Dies entspricht einer Befruchtungsrate von 69,5 % und einer Schlupfquote von 42,1 %. HAILEY & LOUMBOURDIS (1988) ermittelten unter Terrarienbedingungen bei der gleichen Art eine Befruchtungsrate von 89,2 % und eine Schlupfquote von 79,4 %, HEIMANN (1986) errechnete für seine Griechischen Landschildkröten eine Befruchtungsrate von 46,7–66,6 % (wobei 2,5 % der befruchteten Eier frühzeitig abgestorbene Embryos enthielten oder nicht lebensfähige Missbildungen hervorbrachten). KIRSCHE (1997) beobachtete über einen Zeitraum von sechs Jahren sechs seiner Weibchen der östlichen Populationsgruppe und zählte während dieses Zeitraumes insgesamt 58 Gelege mit 424 Eiern, von denen aus 326 auch Jungtiere schlüpften (Schlupfrate 76,9 %). COUTARD (2005) ermittelte für die von den weiblichen *Testudo hermanni* im korsischen Schildkrötenzentrum A Cupulatta abgesetzten Gelege eine Befruchtungsrate von 83 %. Die ersten Gelege junger Weibchen sind oft noch zu 100 % unbefruchtet, was aber nicht in jedem Fall zutreffen muss; sind die Eier solcher Weibchen befruchtet, schlüpfen daraus aber häufig nur sehr kleine, nicht lebensfähige oder sich sehr langsam entwickelnde Jungtiere. MEYER (1998) berichtete von einem Gelege aus drei Eiern von einem schon länger geschlechtsreifen Weibchen von *Testudo hermanni*, aus dem zwei normal große Jungtiere und ein »Zwerg« von 2,7 cm Carapaxlänge und 6 g Gewicht schlüpften. Das Ei, aus dem das kleinwüchsige Jungtier schlüpfte, wies keine abweichenden Maße auf. Das winzige Jungtier war sehr lebhaft und fraß ständig, wuchs aber kaum und war im Alter von etwa sechs Monaten gerade einmal 2,9 cm lang und 7 g »schwer«.

Abb. 119: Jungtier kurz nach dem Schlupf im Inkubator (W. SCHMIDT)

Abb. 120: Je nach Inkubationsbedingungen schlüpfen die Jungtiere nach etwa 40-140 Tagen (W. SCHMIDT)

Offenbar ist die Sterblichkeitsrate der Embryonen von der Zeitigungstemperatur abhängig. Die niedrigste Sterblichkeitsrate (20–30 %) wurde zwischen 26 und 32 °C festgestellt, bei 25, 33 und 34 °C lag sie bei etwa 50 %, bei 24 und 35 °C bei 100 %; die Jungtiere, die konstant im untersten Temperaturbereich erbrütet wurden, waren generell klein, schwach und kaum in der Lage, aus eigener Kraft die Eischale zu verlassen. Einer weiteren Arbeit von EENDEBAK (2002) sind zusätzliche Daten zu Auswirkungen der Inkubationstemperatur zu entnehmen. Was *Testudo hercegovinensis* betrifft, so darf die Inkubationstemperatur nach Erfahrung verschiedener Halter nicht zu hoch sein. So stellt z. B. EGER (2005) fest, dass bereits bei einer Temperatur von 31,5 °C ein hoher Prozentsatz der Schlüpflinge Schildanomalien aufwies. Von 93 Nachzuchten wiesen 32 (34,5 %) eine mehr oder weniger auffällige Schildanomalie auf, zudem betrug die Schlupfrate lediglich 54 %, der Anteil abgestorbener Embryonen war mit 24 % wiederum sehr hoch. Bei den von EGER (2005) unter den gleichen Bedingungen inkubierten Gelegen von *Testudo boettgeri* und *Testudo hermanni* lagen dagegen die Schlupfrate bei mehr als 70 bzw. 80 %, der Anteil abgestorbener Embryonen bei 14 bzw. 8 %.

Aufzucht

Die Aufzucht der jungen Schildkröten ist bei einer abwechslungsreichen Fütterung nicht

Abb. 121: Nach dem Schlupf trinken die Jungtiere ausgiebig (B. SEEGER)

Abb. 122: Jungtier von Testudo boettgeri mit frisch geschlossener Nabelspalte (G. POPGEORGIEV)

Abb. 123: Jungtier von Testudo hercegovinensis (W. SCHMIDT)

sonderlich problematisch. So lange, bis der evtl. vorhandene Dottersackrest aufgebraucht ist und sich das Plastron geschlossen hat, sollten die Tiere möglichst »steril« auf feuchten Tüchern oder Haushaltspapier gehalten werden. Ist der Dottersack noch sehr groß, kann man den betroffenen Schlüpfling mit Klebeband auf einer entsprechend großen Rolle fixieren werden, sodass der Dottersack frei nach unten in den Hohlraum der Rolle hängen kann. Ist der Bauchnabel schließlich geschlossen, werden die Schlüpflinge in eine Schale mit warmem Wasser (ca. 30–32 °C) gesetzt, wobei der Wasserstand nur wenige Millimeter betragen darf, damit die Tiere problemlos den Kopf aus dem Wasser strecken können. Die kleinen Schildkröten trinken häufig erst einmal ausgiebig und können dann in den Aufzuchbehälter überführt werden.

Bis zu einem Alter von etwa vier Jahren ist die Unterbringung der Jungtiere in einer normal strukturierten Freilandanlage nicht möglich, da sie dort förmlich verloren gehen würden. Die jungen Schildkröten führen bis zu diesem Alter ein sehr verstecktes Dasein. Sie kommen nur am Vormittag und Nachmittag kurz aus ihren Verstecken heraus, wärmen sich auf, nehmen Nahrung zu sich und graben sich bald wieder ein oder ruhen im lichten Dickicht. Da die Jungtiere aufgrund ihrer geringen Größe stark durch Überhitzung und Austrocknung gefährdet sind und auch Fressfeinde eine Bedrohung darstellen, finden längere Sonnenbäder noch nicht statt. Bei entsprechender Witterung ist aber eine Freilandhaltung in übersichtlichen Kleingehegen (z. B. Frühbeetkästen) möglich, wo die Tiere unter günstigen Bedingungen von Mai bis September verbleiben können. Bei Frühbeeten wird einer der beiden Deckel entfernt und durch eine Bespannung mit Kaninchendraht ersetzt, damit das Sonnenlicht eindringen kann und Fressfeinde wie Marder, Ratten, Mäuse, Krähen, Elstern, Amseln, Hunde und Katzen abgehalten werden können. Gerade die eigenen Haustiere werden als Gefahr für die Schildkröten meist unterschätzt; während Katzen in den meisten Fällen auch tatsächlich die Schildkröten ignorieren, ist dies bei vielen Hunden jedoch anders, wie die vielen Bissverletzungen junger und subadulter Schildkröten zeigen, die in den Tierarztpraxen behandelt werden müssen – sofern sie noch behandelbar sind.

Eine ganz andere, aber leider in den vergangenen Jahren zunehmende Gefahr sind

HALTUNG

Abb. 124: Halbwüchsige Griechische Landschildkröte (S. SEKI)

menschliche »Raubtiere«, also jene Zeitgenossen, die illegal auf die Grundstücke von Schildkrötenhaltern eindringen und dort z. T. bereits komplette Bestände gestohlen haben. Abgesehen von dem mehr als unangenehmen Gefühl, Opfer einer Straftat geworden zu sein und Tiere von oft nicht unerheblichem materiellem Wert verloren zu haben, wird der verzweifelte ehemalige Besitzer sich auch um das Wohlergehen der Schildkröten sorgen. Hilfreich bei der möglichen Wiederbeschaffung der Schildkröten können die im Rahmen der Fotodokumentation (siehe Kapitel »Schutzmaßnahmen«) angefertigten Aufnahmen sein, da sie als Eigentumsnachweis dienen und den Fahndungserfolg beschleunigen können. Damit es erst gar nicht so weit kommt, ist die Sicherung der Freilandanlagen durch eine allseitige Umzäunung, Schlösser an den Frühbeeten und Gewächshäusern sowie gegebenenfalls weiterreichende Maßnahmen wie mit Bewegungsmeldern gekoppelte Scheinwerfer, Alarmanlagen und Videokameras empfehlenswert.

Wie für die erwachsenen Tiere, so muss auch für die Jungtiere während der Übergangszeit im Frühjahr und Herbst sowie während länger anhaltender sommerlicher Schlechtwetterperioden eine Wärmelampe installiert werden. Um das Ausbrechen der kleinen Schildkröten zu verhindern, gräbt man den Frühbeetkasten entweder ca. 10 cm in die Erde ein oder füllt ihn in der gleichen Höhe mit Erde auf. Einer oder mehrere große Steine halten die im Verlaufe des Tages aufgenommene Hitze lange, geben sie nur langsam an die Umgebung ab und dienen so als Wärmespeicher. Ein mit dem Spaten ausgestochenes Stück Wiese kann nach dem Abweiden leicht durch ein neues Stück ersetzt werden; alternativ dazu kann man z. B. Weißklee aussähen. Der Boden ist ständig leicht feucht zu halten und darf nie ganz austrocknen; bei zu trockener Aufzucht deformiert der Panzer trotz ausreichender Vi-

Abb. 125: Jungtier von *Testudo boettgeri* aus Rujan, Serbien und Montenegro (N. RISTIC)

Abb. 126: Jungtier von *Testudo hermanni*, Albera-Gebirge, Katalonien (Spanien) (J. MARAN)

tamin- und Mineralstoffversorgung. Damit der Boden aber nicht ständig nass ist, sondern nur von unten »durchfeuchtet«, bohrt man am besten an verschiedenen Stellen des Frühbeetes kleine Löcher in die Erde, in die man dann das Wasser gießt. Hin und wieder kann man außerdem durch das Übersprühen des Frühbeetes mit warmem Wasser einen kurzen Regenschauer simulieren, den die kleinen Schildkröten regelrecht genießen. Verschiedene Autoren machten gute Erfahrungen damit, zumindest den größten Teil der Bodenfläche des Frühbeetes mit einer mehrere Zentimeter dicken Lage Stroh zu bedecken, die die Krautschicht imitiert, in der sich die Jungtiere in freier Natur aufhalten. Die kleinen Schildkröten verkriechen sich gerne darin und graben regelrechte Gangsysteme. Unter dem Stroh entsteht ein relativ feuchtes Mikroklima, das die jungen Landschildkröten benötigen; das Stroh muss allerdings regelmäßig auf etwaigen Schimmelbefall kontrolliert und notfalls ausgetauscht werden. Die Jungtiere fühlen sich unter dem Stroh auch sicher vor Raubfeinden, und sie können sich leichter wieder aufrichten, wenn die auf den Rücken fallen sollten. Als natürliche Versteckmöglichkeiten und Sonnenschutz eignen sich außerdem z. B. Erika oder klein bleibende Straucharten, daneben sind weitere Unterschlupfmöglichkeiten z. B. in Form von Korkrindenstücken oder halbierten Blumentöpfen erforderlich. Ideal ist natürlich wie bei den erwachsenen Tieren ein kleines Schutzhaus mit aufklappbarem Dach.

Eine kleine Wasserschale (am besten wieder ein Blumenuntersetzer aus Ton, Durchmesser etwa 10 cm) darf nicht fehlen, sollte aber nicht an den Wänden des Frühbeetes untergebracht werden, da die Jungtiere bei ihren Wanderungen entlang der Gehegebegrenzungen ansonsten ständig durch die Schale laufen und das Wasser so schnell verschmutzt. Wichtig ist zumindest im ersten Lebensjahr, dass man den Boden des Untersetzers mit groben Kieselsteinen bedeckt, damit die Tiere den Trinknapf problemlos verlassen und sich, wenn sie einmal auf den Rücken fallen, eigenständig wieder umdrehen können. Die kleinen Schildkröten sollten zudem regelmäßig gebadet werden, um dem erhöhten Feuchtigkeitsbedarf Rechnung zu tragen; da es im Sommer auch im Mittelmeerraum wolkenbruchartig regnen kann (siehe z. B. die Berichte von SCHMIDT [2000a, b, 2004a, b] über die Landschildkröten Menorcas), entspricht dies durchaus auch den natürlichen Gegebenheiten. Dabei darf man es allerdings auch nicht übertreiben; WEGEHAUPT (2003) empfiehlt einen Rhythmus von sechsmal monatlich im Frühjahr (bis einschließlich Juni), zweimal monatlich im Juli und August und viermal monatlich ab September.

Ist man aus irgendwelchen Gründen dazu gezwungen, die Jungtiere während der Übergangszeiten im Frühjahr und Herbst über längere Zeit im Zimmerterrarium zu pflegen, so muss dessen Einrichtung und technische Ausstattung im Großen und Ganzen den oben beschriebenen Bedingungen entsprechen. Als Bodensubstrat eignet sich für das Zimmerterrarium der Jungtiere Gartenerde, die man alle zwei Tage mit warmem Wasser anfeuchtet; dabei darf man auch hier nur soviel Wasser verwenden, dass die Erde nicht ständig nass ist, sondern im Laufe des Tages wieder abtrocknet.

Während ihres ersten Lebensjahres ernähren sich die Jungtiere ausschließlich von grünen Pflanzenteilen und verschmähen meist sowohl Blüten als auch Früchte; ansonsten erhalten sie die gleichen Futtermittel wie ihre erwachsenen Artgenossen. Wichtig ist auch, dass die Tiere nicht zu schnell wachsen; eine Höckerbildung auf dem Carapax wird so vermieden. Die kleinen Landschildkröten fressen direkt nach dem Schlupf oft Sandkörner, vermutlich als Verdauungshilfe, die erste »echte« Nahrungsaufnahme findet aber meist erst 1–3 Tage nach dem Schlupf statt.

Zwar überwintern viele Halter ihre Jungtiere im ersten Jahr nicht, doch sollte man bedenken, dass die Winterruhe in der Natur auch jungen Schildkröten nicht erspart wird und aus

Abb. 127: Jungtier von *Testudo hermanni* aus Ajaccio, Korsika (Frankreich) (J. MARAN)

diesem Grunde auch den jüngsten Exemplaren angeboten werden sollte; auch eine verkürzte Winterruhe von vier bis sechs Wochen ist besser als gar keine. Ansonsten wachsen die Tiere unnatürlich schnell und erkranken früher oder später. Fritz & Pfau (2002) berichteten, dass die Tiere, wenn ihnen eine Winterruhe geboten wird, nicht nur einen glatten Panzer entwickeln, sondern auch eine wesentlich hübschere Färbung besitzen als ihre künstlich im Zimmer aufgepäppelten Altersgenossen. Die Winterruhe kann im Terrarium erfolgen, das Substrat wird zu diesem Zweck erneuert und gut angefeuchtet; der Behälter muss zugluftsicher, aber nicht luftdicht abgedeckt werden. Die Kühlschranküberwinterung ist allerdings bei Jungtieren der Kellerüberwinterung vorzuziehen, da die kleinen Schildkröten bei den unvermeidlichen Temperaturschwankungen im Keller durchaus einmal wach werden können, was wegen ihrer geringen Reserven riskanter als bei ihren großen Artgenossen ist. Im Kühlschrank bleiben die Kleinen dagegen ruhig, und es gibt kaum Verluste. Trotz aller Vorkehrungen kann es durchaus vorkommen, dass das ein oder andere Jungtier die erste Winterruhe nicht überlebt, doch entspricht dies einer natürlichen Auslese, denn Kümmerlinge oder schwache Tiere würden auch ohne Winterruhe meist über kurz oder lang eingehen.

Einen Monat nach der Winterruhe sollten die Schlüpflinge erste Anzeichen eines Wachstums zeigen. Das langsame Wachstum in der Natur sollte durch eine sparsame Fütterung auch in menschlicher Obhut angestrebt werden, denn nur so können sich die Jungtiere gesund entwickeln. Zwar ist auch der Panzer sogenannter »Dampfaufzuchten« häufig

	Tier 1	Tier 2	Tier 3	Tier 4	Tier 5
Alter 1 Tag					
Gewicht in g	7,0	7,5	8,0	8,0	6,0
Carapaxlänge in mm	31,0	32,0	33,0	31,0	30,0
Carapaxbreite in mm	28,0	27,0	29,0	27,0	25,0
Panzerhöhe in mm	18,0	18,0	19,0	18,0	19,0
Alter 12 Monate					
Gewicht in g	38,0	25,0	70,0	43,0	66,0
Carapaxlänge in mm	52,0	48,0	65,5	55,0	63,0
Carapaxbreite in mm	48,5	41,7	58,0	49,0	56,0
Panzerhöhe in mm	31,5	26,8	37,5	33,8	39,3
Alter 24 Monate					
Gewicht in g	68,0	48,0	210,0	96,0	225,0
Carapaxlänge in mm	61,4	56,0	98,0	72,0	97,0
Carapaxbreite in mm	55,5	49,0	83,0	65,0	84,5
Panzerhöhe in mm	38,0	33,8	49,0	40,8	54,3

hochgewölbt und relativ glatt, doch ist der unter den Hornschilden liegende knöcherne Teil des Panzers dann trotzdem recht porös und dauerhaft geschädigt. In aller Regel ist der Panzer zu schnell wachsender Tiere aber nicht natürlich geformt, er ist zu flach, höckerig oder unförmig. Die Höcker sind nicht nur ein ästhetisches Problem, sondern wirken sich auch schädlich auf die inneren Organe der Schildkröten aus. Da die Lungen direkt unter dem Rückenpanzer liegen, leidet insbesondere das Lungenvolumen unter einer solchen Höckerbildung, und auch die Wirbelsäule ist mehr oder weniger stark verkrümmt. Auffällig schnell wachsende Exemplare sollten einzeln gehalten und durch das Anbieten von mehr ballaststoffreicher Nahrung auf »Sparflamme« gesetzt werden. Im Sommer kann man für alle Jungtiere eine Trockenperiode nachahmen, indem man ihnen als Nahrung ausschließlich Heu anbietet; zur besseren Aufnahme kann das Heu mit einer Schere zerkleinert werden.

KIRSCHE (1967) veröffentlichte zwei Tabellen zum Wachstum von Jungtieren der östlichen Populationsgruppe, eine zum Körperwachstum von fünf Exemplaren während der Aufzucht und eine zum Körpergewicht von zehn Tieren in Beziehung zum Lebensalter (Tabellen S. 160, 161). Auch diese Daten zeigen, dass die meisten Jungtiere in Menschenobhut viel zu schnell wachsen.

Bei der Tabelle auf S. 161 ist noch zu erwähnen, dass die Gewichtsbestimmung (Angabe in g) immer jeweils am 1. Mai durchgeführt wurde; der Buchstabe a steht für den ersten Paarungsversuch, b für die erste Eiablage und c für das Ausheben einer Eigrube ohne Eiablage des jeweiligen Tieres.

Alter	Tier 1 (weibl.)	Tier 2 (weibl.)	Tier 3 (weibl.)	Tier 4 (weibl.)	Tier 5 (weibl.)	Tier 6 (weibl.)	Tier 7 (weibl.)	Tier 8 (weibl.)	Tier 9 (männl.)	Tier 10 (männl.)
1 Tag	?	?	7,5	8,0	6,0	7,5	6,5	7,0	8,0	8,0
8 Monate	?	?	24	45	44	26	14	21	22	19
2 Jahre	?	?	40	166	169	41	40	28	58	46
3 Jahre	95	55	49	231	255	79	58	40	88	78
4 Jahre	180	120	66	305	320	116	75	65	134	120
5 Jahre	246	160	95	380	375	183	78	104	158 a	148 a
6 Jahre	340	240	122	550	485	200	136	120	275	285
7 Jahre	430	300	126	640	565	355	158	165	255	290
8 Jahre	510	380	200	885	790	365	185	200	345	410
9 Jahre	605	445	228	855	715	500	230	250	420	500
10 Jahre	718	515	255	1.090	950	640	–	–	440	560
11 Jahre	820	620	315	1.285 b	1.010	710	–	–	470	590
12 Jahre	770	630	335	1.290	1.050	800	–	–	–	–
13 Jahre	870 c	620	–	–	–	–	–	–	–	–
14 Jahre	920 b	650	–	–	–	–	–	–	–	–

SCHIPPAN (2004) vermaß und wog die von ihr nachgezüchteten Exemplare von *Testudo boettgeri* über einen Zeitraum von mehreren Jahren und kam bezüglich des Gewichtes zu folgenden Werten: Schlüpflinge 15–30 g, ein Jahr 30–60 g, zwei Jahre 40–100 g, drei Jahre 80–200 g, vier Jahre 150–300 g.

Zehnjährige Exemplare von *Testudo boettgeri* wiegen in menschlicher Obhut etwa 850 g und weisen eine Carapaxlänge von ca. 15 cm auf, weitere zehn Jahre später sind es ungefähr 1,6 kg bzw. 20 cm. In menschlicher Obhut erreichen die männlichen Schildkröten im Alter von gewöhnlich etwa 4–8 Jahren die Geschlechtsreife, die Weibchen meist mit 8–14 Jahren; die Geschlechtsunterschiede sind oft bereits bei dreijährigen Tieren erkennbar.»Probepaarungen«, die häufig schon in diesem Alter zu beobachten sind, sind allerdings nicht dazu geeignet, Aussagen über das Geschlecht der beteiligten Tiere treffen zu lassen, da auch Weibchen in diesem Lebensstadium das Aufreiten auf Artgenossen zu üben scheinen. Selbst nur wenige Monate alte Tiere wurden bereits beim gegenseitigen Besteigen beobachtet; Auslöser und Bedeutung dieses Verhaltens sind noch unbekannt. Eines der Nachzuchtweibchen von HEIMANN (1992) wuchs von 1984 (3,4 cm Carapaxlänge, 12 g Gewicht) bis 1990 auf 18 cm Carapaxlänge und 1.250 g Gewicht heran, erwies sich bereits im Alter von 6,5 Jahren als geschlechtsreif und setzte im gleichen Jahr ein Gelege aus sieben Eiern ab, aus denen sechs Jungtiere schlüpften; die frühe Geschlechtsreife ist in diesem Falle darauf zurückzuführen, dass die Nachzuchten den Winter ohne Ruhephase im Zimmerterrarium verbrachten. Bei KIRSCHE (1984a) erreichte ein Nachzuchtweibchen der zweiten Generation die Geschlechtsreife wie bereits oben ersichtlich erst nach 14 Jahren, da er seine Schildkröten in Berlin ganzjährig im Freiland hielt.

Krankheiten

Insgesamt sind die hier behandelten Arten recht robuste Pfleglinge, die im Sommer auch kühlere Temperaturen ohne größere Probleme überstehen und durchweg unempfindlicher sind als etwa die nordafrikanischen Vertreter der *Testudo-graeca*-Artengruppe. Nichtsdestotrotz sollte man seine Tiere stets gut beobachten und regelmäßig wiegen, da jede Änderung des Verhaltens bzw. des äußeren Erscheinungsbildes ebenso wie ein ständiger Gewichtsverlust Anzeichen einer beginnenden Erkrankung sein können. Gesunde Landschildkröten aus der *Testudo-hermanni*-Artengruppe sind während ihrer Aktivitätszeit sehr lebhaft, sie zeigen eine große Neugier und sind ständig auf Nahrungssuche. Der Panzer erwachsener Exemplare ist hart und trocken, die Haut löst sich durch die natürliche Häutung lediglich in kleinen Fetzen (vor allem bei Jungtieren). Die Nasenlöcher der Tiere sind im Normalzustand trocken, das Gleiche gilt für die Kloake. Der Kot gesunder Exemplare ist länglich geformt, kompakt und mit Fasern durchsetzt sowie dunkelgrün bis schwarz gefärbt. Weicher, schmierender Kot deutet auf Verdauungsprobleme hin. Sobald sich auffällige Veränderungen an einer Schildkröte zeigen, sollte ein in der Behandlung von Schildkröten erfahrener Tierarzt aufgesucht werden, keinesfalls sind eigenmächtige Versuche mit Medikamenten durchzuführen; die Wahrscheinlichkeit, dass man mit einer falschen Dosierung und Verabreichung noch größeren Schaden anrichtet, ist viel zu groß. Adressen erfahrener Tierärzte kann man z. B. bei den unten genannten Organisationen (siehe Kapitel »Adressen«) bekommen. Überhaupt ist es empfehlenswert, die Tiere wenigstens einmal im Jahr während ihrer Aktivitätsperiode von einem Tierarzt untersuchen zu lassen.

Bei Jungtieren wird häufig eine Erweichung des Panzers beobachtet. Der Verlauf der Krankheit ist oft akut, und die Tiere sind dann trotz unterschiedlicher Behandlungsverfahren in vielen Fällen nicht mehr zu retten. Mikroskopische Untersuchungen ergeben als Ursache dann eine ungenügende Knochenbildung. Als Ursache wurde von ZWART (2002) bei sechs untersuchten jungen Landschildkröten eine Dickdarmentzündung diagnostiziert, die durch Innenparasiten wie Cryptosporidien, Balantidien und Geißeltierchen ausgelöst wurde. Durch diese Entzündung wurde die Aufnahme von Kalzium aus dem Darm erschwert, es wurden keine festen Knochen mehr gebildet, und der Panzer wurde oder blieb weich. Auffallend war, dass bei vier Tieren gleichzeitig eine Nierenerkrankung vorlag. Zwei dieser Schildkröten besaßen angeborene Zystennieren, bei den beiden anderen Exemplaren bestanden erworbene Nierenentzündungen, in einem Fall sogar eine ausgeprägte Gelenkgicht. Nierenleiden führen ebenfalls zu Störungen bei der Kalziumaufnahme. Die genannten Parasiten werden nach Auffassung von ZWART (2002) wahrscheinlich schon vor dem Schlupf aufgenommen. Der Autor konnte experimentell nachweisen, dass sich die Problematik bei einer Inkubation in mit handelsüblichen Mikrowellengeräten sterilisiertem Substrat um etwa die Hälfte reduzieren lässt.

Erkrankungen als Folge von Erkältungen sind selten und zeigen in der Regel einen leichteren Verlauf. Schwerwiegende Schnupfen und Lungenentzündungen treten praktisch nur bei groben Haltungsfehlern auf, etwa bei der Unterbringung der Tiere auf zugigen Balkons, oder wenn die Schildkröten »Freigang« im Haus genießen. Häufiger treten eitrige Entzündungen der Haut auf, die vermutlich das Ergebnis einer zu feuchten Haltung sind. Behandlungsversuche (z. B. mit antibiotischen Salben) können natürlich nur dann Erfolg haben, wenn gleichzeitig auch die Haltungsbedingungen verbessert werden.

Innenparasiten haben praktisch alle Landschildkröten, und sie werden von gesunden Tieren in aller Regel ohne Beeinträchtigung des Wohlbefindens verkraftet; problematisch wird jedoch ein zu starker Befall, der insbesondere durch falsche Ernährung und durch die Haltung zu vieler Schildkröten auf engem Raum begünstigt wird. Vor allem Spulwürmer, Fadenwürmer oder auch Hexamiten können dann für die Tiere gefährlich werden. Äußerlich ist den Schildkröten ein Befall mit Parasiten meist nicht anzusehen, sehr stark befallene Exemplare magern jedoch ab, werden apathisch und sterben ohne Behandlung schließlich. Nachdem ein Parasitenbefall durch einen Tierarzt mithilfe eines Kloakenabstriches oder einer möglichst frischen Kotprobe festgestellt wurde, ist die Verabreichung eines Wurmmittels per Magensonde oder Injektion erforderlich. Frische Kotproben ergeben sich meist ganz von selbst auf der Fahrt zur alljährlichen Untersuchung, da die Tiere während des Transportes zur alljährlichen Routineuntersuchung in der Regel Kot absetzen.

Die Tiere sind außerdem sehr anfällig für Herpesvirusinfektionen und müssen diesbezüglich wohl zu den empfindlichsten Landschildkrötenarten gezählt werden. Nicht selten werden im Falle einer Erkrankung ganze Bestände dahingerafft, so geschehen z. B. 2003 im Aachener Zoo, offenbar ausgelöst durch einen Neuzugang. Oft bricht die Krankheit schon innerhalb der ersten Wochen nach der Ansteckung aus, und viele Tiere versterben innerhalb der folgenden sechs Wochen. Dies darf aber nicht zu der Annahme verleiten, dass symptomfreie Exemplare herpesfrei sein müssen! Herpesviren vermehren sich auch in den Eiern, die dadurch meist absterben. Offenbar verhält es sich so, dass hauptsächlich die Vergesellschaftung von Angehörigen der *Testudo-hermanni*-Artengruppe mit Formen aus der *Testudo-graeca*-Artengruppe und vor allem *Testudo ibera* verantwortlich für das Auftreten einer Herpesvirusinfektion ist; MATHES (1997) stellte im Rahmen ihrer Untersuchungen im »Schildkrötendorf« in Gonfaron, im Maurengebirge und in Marokko fest, dass Schildkröten aus dem *graeca*-Komplex zu einem großen Teil Träger von Herpesviren sind, während *Testudo hermanni* in keinem Falle positiv getestet wurde. Dies ist ein weiteres schlagendes Argument für die dringend erforderliche getrennte Unterbringung dieser Arten. Bei der Untersuchung 35 verschiedener Virenstämme, gewonnen aus sechs Schildkrötenarten (darunter Angehörige der *Testudo-hermanni*-Artengruppe), wurde festgestellt, dass sich die Virenstämme in zwei Gruppen aufteilen lassen, wobei bei den hier behandelten Schildkröten der sogenannte »Testudo-Typ« nachgewiesen wurde, der offenbar der pathogenere von beiden ist (BLAHAK 2004a). Vermutlich kam der »Testudo-Typ« aus der Türkei nach Europa, denn Angehörige der *Testudo-graeca*-Artengruppe überleben eine Infektion mit diesem Virus meistens, was bedeuten könnte, dass sich das

Abb. 128 & 129: Schlüpfling von *Testudo boettgeri* mit atypischer Färbung (J. MARAN)

Abb. 130: Albinotisches und normal gefärbtes Jungtier von *Testudo boettgeri* (H.-D. Philippen)

Immunsystem dieser Arten möglicherweise auf diesen Krankheitserreger eingestellt hat. Die Angehörigen der Testudo-hermanni-Artengruppe überstehen eine Infektion dagegen häufig nicht, das Immunsystem dieser Arten dürfte den Virenstamm nicht »kennen«, und es kann sich nicht dagegen wehren. Sichere Anzeichen für eine Infektion sind dicke weiße Beläge im Maul und auf der Zunge, zudem leiden die Tiere unter starken Schluckbeschwerden. Die Schildkröten zeigen unkontrollierte Bewegungen der Extremitäten, gehen z. T. rückwärts und verlieren das Bewusstsein; in diesem Stadium ist allerdings bereits das Gehirn geschädigt und keine Rettung mehr möglich. Manche Tiere fielen auch buchstäblich von einer Sekunde zur anderen tot um, ohne zuvor irgendwelche Anzeichen einer Erkrankung gezeigt zu haben. Genau das ist auch das Tückische an dieser Krankheit, dass infizierte Tiere lange Zeit völlig gesund erscheinen können; die Krankheit bricht erst dann aus, wenn das Immunsystem der infizierten Schildkröte aus irgendeinem Grund (z. B. andere Erkrankung, Stress) geschwächt ist, und erst ab diesem Zeitpunkt sind auch die Erreger nachweisbar, z. B. über einen Abstrich der Rachenschleimhäute. Trotzdem kann die betroffene Schildkröte zuvor bereits die Krankheit weiter verbreitet haben. Bei Schildkröten, bei denen die Krankheit noch nicht ausgebrochen ist, ist die Herpesinfektion nur durch die Anwesenheit der im Blut gebildeten Antikörper möglich. Da die Bildung dieser Antikörper jedoch monatelang dauern kann, sollten neu erworbene Tiere grundsätzlich mindestens ein Jahr in Quarantäne gehalten und während dieser Zeit regelmäßig untersucht werden, bevor sie mit Artgenossen vergesellschaftet werden. Noch ist Herpes bei Landschildkröten bedauerlicherweise nicht heilbar, man kann lediglich die Symptome behandeln. Selbst wenn die Symptome wieder verschwunden sind, bleiben betroffene Schildkröten lebenslang Träger des Virus', die Krankheit kann immer wieder ausbrechen. Dies bedeutet für diese Tiere lebenslange Einzelhaltung oder, wie es von manchen Haltern bereits praktiziert wird, die Unterbringung in reinen »Herpesgruppen«; eine Nachzucht mit solchen Gruppen ist allerdings nicht anzuraten, da eine Weitergabe der Infektion an die Jungtiere möglich und sehr wahrscheinlich ist. Menschen und andere Haustiere sind durch »Schildkrötenherpes« nicht gefährdet, insbesondere die Halter der Tiere können jedoch unfreiwillig die Krankheit von befallenen auf gesunde Tiere übertragen, wenn sie hygienische Mindeststandards nicht beachten. Die Devise muss also lauten: zuerst die gesunden Tiere versorgen und erst dann, nach einer entsprechenden Desinfektion, die kranken oder möglicherweise erkrankten Schildkröten. Immer wieder festzustellen sind bei falsch gehaltenen Landschildkröten auch Maulfäule und Lebererkrankungen, die ebenfalls jeweils durch Viren verursacht wurden.

Ein auch und vor allem unter Terrarienbedingungen immer wieder auftretendes Problem sind Bissverletzungen, die rivalisierende oder paarungswütige Männchen ihren Artgenossen beibringen, ebenso paarungsbedingte Verletzungen (meist tief unter der Haut sitzende Abszesse) im Schwanz- und Kloakenbereich der Weibchen, die in der Regel durch den Hornnagel an der Schwanzspitze der Männchen verursacht wurden, aber auch Wunden im Kloakenbereich der Männchen; die Tiere sollten regelmäßig auf Wunden kontrolliert werden, nicht zuletzt, weil auf die nässenden Stellen sonst Fliegeneier abgelegt werden, aus denen nach etwa 1–2 Tagen Maden schlüpfen, die sich im Gewebe festsetzen und sich von dort aus in tiefere Gewebeschichten fressen. In einem solchen Fall sind alle Maden zu entfernen und die Wunden mit einer desinfizierenden Lösung zu behandeln; je nach Umfang der Entzündung empfiehlt sich zusätzlich die Verabreichung von Antibiotika durch einen Tierarzt. Baytril®, unbestritten ein hervorragendes Antibiotikum gegen Bakterien bei Warmblütern, sollte bei Schildkröten nicht eingesetzt werden. Baytril® kann unter einer Körpertemperatur von 37 °C, die von Schildkröten selten erreicht wird, nephrotoxisch wirken. Es kann nachweislich zu Kondensationskernen aus Harnsäure in den Glomeruli und den proximalen Tubuli der Nieren kommen. Im weiteren Verlauf kann sich sogar Kalziumphosphat anlagern, was zum Verschluss der Tubuli führt. Die Tiere sterben erst Jahre nach der Behandlung mit Baytril® qualvoll an Nierengicht, die dann aufgrund des fehlenden zeitlichen Zusammenhanges nicht mehr mit der Behandlung mit dem Antibiotikum in Verbindung gebracht WIRD (JENNEMANN pers. Mittlg.).

Leider bleiben manche Tiere nach der Winterruhe apathisch, verweigern die Nahrungsaufnahme und zeigen neben einem übermäßigen Gewichtsverlust eine trockene Haut, tiefliegende, tränende oder verklebte Augen und manchmal auch Nasenausfluss und gerötete Mundschleimhäute. Charakteristisch ist bei vielen Exemplaren außerdem ein gerötetes Plastron. Diese Veränderungen wurden von WIECHERT (2000) als Zeichen eines aus der Bahn geratenen Stoffwechsels interpretiert. Ursache für die krankhaften Veränderungen ist offenbar eine zu warme oder zu trockene Überwinterung, in Frage kommt aber auch eine Vorerkrankung, die vor der Überwinterung noch nicht erkannt wurde und erst während der Winterruhe, wenn der Organismus stärker mit Stoffwechselprodukten belastet wird und die allgemeine Abwehrkraft herabgesetzt ist, voll zum Tragen kam. In leichten Fällen dieser sogenannten »Posthibernalen Anorexie« (kurz PHA) sollen täglich mehrmalige Flüssigkeitsgaben (bis 40 ml täglich pro kg Körpergewicht) mit 5 % Glukose, aber auch schon Mineralwasser helfen. Empfehlenswert sind außerdem tägliche warme Bäder zur Kontrolle des Urin- und Kotabsatzes, natürliches Sonnenlicht und/oder besonders helle künstliche Lichtquellen; die Umgebungstemperatur sollte konstant bei etwa 28–30 °C liegen. Tierärztlich unterstützt werden kann die Therapie durch Verabreichung verschiedener Aufbaupräparate. In leichten Fällen beginnen die Schildkröten nach einigen Tagen wieder mit der Nahrungsaufnahme. Verklebte Augen werden durch lange Bäder und das Auftragen von Vitamin-A-Augensalbe geöffnet bzw. offen gehalten. Befindet sich auf den Augen eine käsige Masse, muss diese unter Umständen vom Tierarzt durch Spülungen oder mit einem Instrument entfernt werden, die Augen müssen anschließend noch mehrere Tage mit einiger Antibiotikasalbe behandelt werden. Nicht zu vergessen ist schließlich, mithilfe einer Blutuntersuchung die genaue Krankheitsursache abzuklären.

Die Angehörigen der *Testudo-hermanni*-Artengruppe können bei artgerechter Haltung in menschlicher Obhut durchaus ein Alter von 80–120 Jahren erreichen (verbürgt ist bisher ein Alter von 115 Jahren für eine *Testudo boettgeri*), auch wenn dies sicherlich die Ausnahme darstellt; Berichte über Tiere mit einem Alter von mehr als 50 Jahren sind keine Seltenheit. Zumindest in vergangener Zeit hatten die meisten Exemplare jedoch nicht die Chance, ein solches Alter zu erreichen; ernährungsbedingte Krankheiten führten z. B. dazu, dass die mittlere Lebenserwartung einer in Menschenhand geschlüpften Schildkröte aus der *Testudo-hermanni*-Artengruppe etwa in Großbritannien in den 1980er-Jahren bei nur 1,75 Jahren lag.

Zum Thema Schildkröten- bzw. Reptilienkrankheiten gibt es mittlerweile auch deutschsprachige Bücher, die dem interessierten Schildkrötenhalter (und dessen Tierarzt!) zur vertiefenden Lektüre empfohlen werden können: z. B. ACKERMAN (2000a + b), KÖHLER (1996), EGGENSCHWILER (2000b), SASSENBURG (2000, 2006).

Kulturgeschichte

Griechische Landschildkröte
Bereits im Altertum spielten die Angehörigen der *Testudo-hermanni*-Artengruppe eine Rolle in der Kultur der Menschen, so z. B. als Motiv auf Handelsgewichten aus der griechischen Antike. DUMOULIN (1994) beschreibt die Funde von Panzern und Panzerbruchstücken, die *Testudo boettgeri* zuzuordnen sind, an archäologischen Grabungsstätten in Griechenland. Oft sind von den Panzern nur noch die knöchernen Bestandteile erhalten. Von einigen Fundorten sind Panzer mit Bearbeitungsspuren, wie Bohrungen und anderen Einwirkungen von Werkzeugen, bekannt geworden. Bei fast allen diesen Exemplaren lässt sich eine ehemalige Verwendung als Resonanzkörper von sogenannten *Chelyes* (= »Schildkröten«, antiken Saiteninstrumenten) nachweisen; einige wenige Funde von Schildkrötenpanzern lassen sich aus zeitlichen und technischen Gründen allerdings nicht als Teile von Instrumenten deuten.

In der Antike spielten Landschildkröten bzw. deren Teile eine Rolle als Medikament gegen die verschiedensten Leiden. So wurden das Fleisch und die Galle der Tiere als Gegengift gegen Schlangenbisse und Skorpionsstiche sowie als Mittel gegen epileptische Anfälle empfohlen. Schildkrötenblut wurde bei verschiedenen Augenkrankheiten, so z. B. dem Grauen Star, angewendet und soll auch gegen Zahnschmerzen wirken, wenn man sich dreimal im Jahr den Mund damit spült. Das Blut wurde außerdem in schmerzende Ohren geträufelt und bei Haarausfall auf den Kopf gerieben. Es soll auch gegen Kopfschmerzen und Geschwüre helfen, wenn man es, wie PLINIUS und auch NIKANDROS berichteten, aus dem mit einem Kupfermesser abgetrennten Kopf der Tiere in einer neuen Tonschale auffängt (SÜSS & MALTER 1991). Die Reihe dieser seltsam anmutenden (und zum Wohle der Schildkröten natürlich keinesfalls zur Nachahmung empfohlenen) Heilmethoden ließe sich noch weiter fortsetzen; viele der Rezepte sind mit altem Volksglauben verbunden. Auch zur »Gefahrenabwehr« wurden Schildkröten von den Griechen eingesetzt: die Tiere wurden auf dem Rücken liegend lebend begraben, um so Hagel und Ungeziefer abzuhalten.

Aus der griechischen Antike sind verschiedene Erzählungen und Mythen über-

KULTURGESCHICHTE

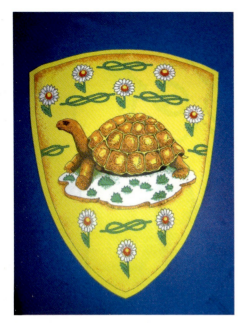

Abb. 131: Banner des »Schildkrötenviertels« von Siena (Archiv Chimaira)

Abb. 132: Weinetikett aus der Provinz Grosseto, Italien (Archiv Chimaira)

Abb. 133: Musikinstrument aus dem Panzer einer mediterranen Landschildkröte (B. DEVAUX)

liefert, deren tierische Hauptdarsteller vermutlich *Testudo boettgeri* war. Als z. B. der griechische Philosoph ZENO über ein Gedankenexperiment nachdachte, benötigte er als Wettlaufkonkurrenten des schnellen Läufers ACHILL ein besonders langsames Lebewesen und kam so auf die Schildkröte: »Stell Dir vor, der Schnellläufer ACHILL läuft mit der Schildkröte um die Wette. Er ist freundlich und gibt dem langsamen Tier einen gehörigen Vorsprung. ‚Die habe ich bald eingeholt', denkt er. Aber so leicht geht das gar nicht. ZENO rechnet vor: ACHILL läuft los, und wenn er an der Stelle angekommen ist, wo die Schildkröte eben noch war, dann ist das Tier mittlerweile nicht viel, aber doch ein Stück weitergelaufen. Jetzt geht das Spiel von vorne los; ACHILL holt weiter auf, aber wenn er wieder da ist, wo gerade noch die Schildkröte war, ist diese wieder ein kleines Stück weitergelaufen«. Und so setzt sich das weiter fort, immer ist die Schildkröte ein (zugegebenermaßen immer kleineres) Stück weitergelaufen, der schnelle ACHILL holt sie nach dem Gedankenspiel ZENOS nie ein.

In einer griechischen Fabel von AESOP wird erzählt, wie Schildkröte und Hase einen Wettlauf veranstalteten (SÜSS & MALTER 1991). Der Hase verspottete die Schildkröte wegen ihrer Faulheit und nannte sie lahm. »Höre, Du Schnellläufer«, entgegnete die Schildkröte, »ich werde Dich im Wettlauf besiegen«. »Das ist leicht gesagt«, erwiderte der Hase«, »aber wenn Du den Kampf wagst, wirst Du etwas erleben«. Der Fuchs steckte die Bahn ab. Die Schildkröte wusste, wie schwerfällig sie war, doch wartete sie nicht lange und machte sich gleich auf den Weg. Der übermütige Hase verließ sich auf seine Schnelligkeit, ließ sich Zeit und schlief unterwegs ein. Die Schildkröte lief beharrlich und ausdauernd am schlafenden Hasen vorbei ins Ziel:

»Ein langsam Schildkrott überwindt den Hasen der da laufft sonst geschwind.«

Später wurde aus der Schildkröte ein Igelpaar, und der leichtsinnige Hase hetzt sich zwischen den wartenden Stachelträgern zu Tode.

Eine von den alten Griechen gelobte »Tugend« der Schildkröten war neben der eben angeführten Ausdauer auch deren »Gelassenheit«; dies spiegelt sich z. B. in der Redensart: »Sich so wenig stören lassen wie eine Schildkröte von Mücken« wider.

ROSCHERS (1884) Mythenlexikon ist folgende Geschichte zu entnehmen: DRYOPE, die einzige Tochter des Königs, hütete am Fluss Oita die Herden ihres Vaters. Die Nymphen dieser Gegend liebten sie sehr und nahmen sie als Gespielin in ihren Kreis auf. Von ihnen lernte sie tanzen und singen. Als einst APOLLON sie tanzen sah, verliebte er sich in sie und verwandelte sich, um sich ihr zu nähern, in eine Schildkröte. Voll Neugier und Zuneigung nahm das Mädchen sie auf den Schoß, und flugs verwandelte sich APOLLON in eine Schlange. Die Nymphen flohen, APOLLON war am Ziel seiner Wünsche – das Ergebnis der folgenden Ereignisse war ein Sohn, den DRYOPE AMPHISSOS nannte. Die Schildkröte als ein in den Augen der alten Griechen besonders hässliches Tier – ein krasser Gegensatz zum Gott der Schönheit, dem Anführer der Musen und Herrscher der Himmelssphären. Aber vielleicht ist das gerade das Erfolgsrezept nach dem alten Schema »Die Schöne und das Biest«.

Abb. 134: Poststempel aus Gonfaron (Frankreich) von 1993

Überraschend dann aber die zweite Verwandlung. Die Schildkröte macht nur die Avancen, knüpft nur die Beziehung – den eigentlichen »Job« aber erledigt die Schlange (SÜSS & MALTER 1991).

Bei den alten Griechen war die Schildkröte außerdem wie in vielen Kulturkreisen ein Sinnbild für Fruchtbarkeit, doch mutierte sie schließlich zum Symbol der Züchtigkeit und Häuslichkeit. Im Tempel zu Elis standen zwei Venusstatuen, die eine mit Namen VENUS URANIA (= die Himmlische) mit dem Fuß auf einer Schildkröte, die andere, VENUS PANDEMOS, auf einem Bock sitzend. Bei VENUS URANIA solle man an die Beschützerin der Ehe denken, an Häuslichkeit, die der Frau zukomme, schrieb der antike Schriftsteller PLUTARCH. Die Schildkröte war jetzt nur noch ein Bildzeichen für »gezähmte Weiblichkeit«, für »Haus-Frau«. An die Tür des hochzeitlichen Schlafzimmers befestigte man im alten Griechenland eine Schildkröte als Erinnerung an die Tugend der Häuslichkeit. Die beiden VENUS-Typen könnte man mit SÜSS & MALTER (1991) modern umschreiben mit: VENUS URANIA steht für die Frau als Besitz, VENUS PANDEMOS für die Frau als selbständige Partnerin.

Die Schildkröte spielte zudem eine Rolle in einem Sprichwort, das die alten Griechen benutzten, wenn sie etwas für besonders unwahrscheinlich hielten: »Eher fliegt eine Schildkröte«. Eine »fliegende« Schildkröte hatte allerdings eine fatale Wirkung – sie fiel im Jahre 456 v. Chr. in Gela auf Sizilien dem griechischen Dichter AISCHYLOS auf den Kopf und tötete ihn. Man hatte dem Dichter sogar geweissagt, dass er an einem bestimmten Tag von einem herabfallenden Gegenstand getötet werde. Als dieser Tag nahte, setzte sich AISCHYLOS schlauerweise ins Freie unter den wolkenlosen, blauen Himmel und wähnte sich in Sicherheit. Und genau da ereilte ihn sein Schicksal. Ein Bartgeier hatte eine Schildkröte in die Luft getragen und sie fallen lassen. Manche Greifvögel haben die »Angewohnheit«, Schildkröten auf diese Weise zu knacken, um so an ihr Fleisch zu gelangen (siehe Kapitel »Gefährdung«); meistens suchen die Vögel für das Fallenlassen der Schildkröten Felsen aus – der »Todesgeier« hatte offenbar die die in der Sonne glänzende Glatze des alten AISCHYLOS mit einem solchen verwechselt. Niemand entrinnt seinem Schicksal – in diesem Sinne wird der Tod des AISCHYLOS als mahnendes Beispiel z. B. in den Moralbüchern des 18. Jh. dargestellt. Glatzenträger können außerdem aus der Geschichte lernen, dass es bei Exkursionen (nicht nur) im Mittelmeerraum durchaus von Vorteil sein kann, eine stabile Kopfbedeckung aufzusetzen.

Im *Musée d'Orsay* hängt ein sehr schönes Gemälde von GUSTAVE MOREAU (1826–1898). Darauf sieht man eine junge Frau am Fuße eines Felsens, die eine Leiher spielt, auf der der Kopf des ORPHEUS ruht; auf der rechten Seite des Bildes befinden sich zwei *Testudo boettgeri*.

Auch im Bereich der Philatelie spielt *Testudo boettgeri* als Motiv eine Rolle. So gab z. B. Albanien am 10.08.1966 eine Markenserie mit Reptilienmotiven heraus, bei der die 10-Qindarka-Marke (Michel-Nr. 1083, Scott-Nr. 957) laut Beschriftung zwar eine »*Testudo graeca*« (also vermutlich *Testudo ibera*) zeigen soll, doch handelt es sich bei dem abgebildeten Tier laut BOUR (pers. Mittlg.) um eine *Testudo boettgeri*,

Abb. 135: Poststempel des »Village des Tortues« von 1994

zumal *Testudo ibera* in Albanien nicht vorkommt. In Aserbaidschan erschien am 12.06.1995 eine fünfteilige Markenserie mit Schildkrötenmotiven, von denen die 300–Manat-Marke (Michel-Nr. 227, Scott-Nr. 524, **Abb. 139**) eine *Testudo boettgeri* zeigt, die in dem Land gar nicht vorkommt. Am 12.09.1996 wurde in Rumänien im Rahmen einer Serie über einheimische Tiere eine 150–Leu-Marke (Michel-Nr. 5209, Scott-Nr. 4122, **Abb. 140**) mit einer Griechischen Landschildkröte als Motiv herausgegeben. Unsicher ist das Ausgabejahr einer »Markenserie« mit Schildkrötenmotiven aus dem westafrikanischen Staat Guinea; die »Marken« der 18–teiligen Serie, die zusammenhängend in zwei Kleinbögen gedruckt wurde, zeigen allerdings den Aufdruck »Postes 1998«. Alle »Marken« besitzen einen Nominalwert von 150 Guinea-Franc, eine zeigt eine sehr schöne *Testudo boettgeri* (**Abb. 143**). Bei diesen »Marken« handelt es sich allerdings lediglich um sogenannte Vignetten, markenähnliche Druckerzeugnisse, die keinerlei Frankaturkraft haben und zum Schaden der Sammler von unseriösen Agenturen hergestellt werden; aus diesem Grunde haben die Marken der Serie noch keine Michel-Nr. Bulgarien veröffentlichte am 08.10.1999 eine vierteilige Briefmarkenserie mit Schildkrötenmotiven; die 30-Lew-Marke (Michel-Nr. 4427, Scott-Nr. 4095) soll eine *Testudo boettgeri* darstellen, doch hat es ganz den Anschein, als sei die Bildunterschrift mit der der 10–Lew-Briefmarke (Michel-Nr. 4425, Scott-Nr. 4093) vertauscht worden, die laut Text eine

Abb. 136: Bulgarische Telefonkarte mit *Testudo boettgeri* als Motiv

Abb. 137: Spanische Telefonkarte mit Abbildung von *Testudo hermanni* von 1997

»*Testudo graeca*« (aufgrund ihres Herkunftslandes also wieder eine *Testudo ibera*) zeigen soll. Definitiv um Vignetten handelt es sich bei zwei am 24.11.1999 erschienenen Druckerzeugnissen aus Angola, die Blockausgaben mit jeweils drei »Briefmarken« mit Schildkröten imitieren sollen. Auf allen »Marken« ist ein »Nominalwert« von 3.500.000 Kwanza aufgedruckt, eine davon zeigt eine *Testudo boettgeri*. Diese beiden Vignetten sind bildgleich mit Ausgaben der russischen Teilrepublik Karatscha-Tscherkessien aus dem Jahre 2000, die nicht Mitglied im Weltpostverein ist. Am 09.05.2001 veröffentlichte Ungarn im Rahmen einer Serie über die

KULTURGESCHICHTE 173

Abb. 139: 3-Franc-Briefmarke aus Frankreich mit Ersttagsstempel 1991

Abb. 138: Briefmarkenserie aus Monaco 1991

Abb. 140: 300-Manat-Briefmarke aus Aserbaidschan 1995

Abb. 141: 150-Leu-Briefmarke aus Rumänien 1996

Abb. 142: 1-Peseta-Briefmarke aus Spanien 1974

Abb. 143: 70-Forint-Briefmarke aus Ungarn 2001

Abb. 144: 150-Guinea-Franc-Vignette aus Guinea vermutlich von 1998

Abb. 145: 1.500-Madagaskar-Franc-Vignette 2001

Tiere Europas eine 70-Forint-Briefmarke (Michel-Nr. 4671, Scott-Nr. 3759, **Abb. 142**) mit der Darstellung einer *Testudo boettgeri*. Auch auf Telefonkarten wurde *Testudo boettgeri* bereits als Motiv verewigt, so in Bulgarien (**Abb. 135**) und der Volksrepublik China.

Italienische Landschildkröte

Im Pariser *Louvre* befinden sich wundervolle silberne Salzstreuer aus der Zeit König LUDWIG XIV, die die Form einer Landschildkröte (vermutlich *Testudo hermanni*) aufweisen. Eine große silberne Schale im gleichen Museum, die zwischen 1550 und 1560 von dem Nürnberger Künstler WENZEL JAMNITZER angefertigt wurde und sich ebenfalls in der Sammlung des Sonnenkönigs befand, zeigt neben verschiedenen anderen Tieren auch drei junge Landschildkröten, die vermutlich gleichfalls ein Abbild der Italienischen Landschildkröte darstellen. Ebenso im *Louvre* ist das Gemälde »Paradies auf Erden« des niederländischen Malers JAN BRUEGEL (1568–1625) zu finden, auf dem man mit etwas Mühe auch eine Landschildkröte entdecken kann, bei der er sich wahrscheinlich um eine *Testudo hermanni* handelt; sie befindet sich in der Nähe des rechten Vorderbeines der auf dem Bild ebenfalls dargestellten Kuh. Ein weiteres Gemälde des *Louvre* mit einer *Testudo hermanni* stammt von PIETER CLAESZ (1597–1660); es handelt sich um das »Stillleben mit Musikinstrumenten« aus dem Jahre 1623, auf dem neben verschiedenen Lebensmitteln und Streichinstrumenten im Vordergrund auch eine sehr detailliert gezeichnete Landschildkröte zu erkennen ist. Im Keller des LOUVRE stieß man auch auf eine Skizze des großen LEONARDO DA VINCI; sie heißt »Die Frau und die Schildkröte« und zeigt eine Frau, die eine *Testudo hermanni* in den Händen hält. Der Künstler ließ in einer späteren Version dieses Gemäldes die Schildkröte weg, veränderte die Armhaltung der Frau und es entstand – die »Mona Lisa«. Eine Darstellung der Italienischen Landschildkröte findet sich auch auf einer Säule des Klosters von Saint Genis des Fontaines.

DUPRÉ (1998) führt den Leser ihres Artikels durch Florenz und zeigt ihm die verschiedenen Formen der künstlerischen Darstellung, die *Testudo hermanni* in der toskanischen Hauptstadt gefunden hat, sei es in Form von Fresken, Skulpturen (z. B. die Obelisken auf der *Piazza Santa Maria Novella* oder der »Schildkrötenbrunnen« in den *Boboli-Gärten*), Fenstermalereien oder Salz- und Pfefferstreuern. In der gleichfalls toskanischen Stadt Siena hat *Testudo hermanni* einen Ehrenplatz als Symbol eines der 22 historischen Stadtviertel. Das soziale, kulturelle und religiöse Leben der Bürger Sienas konzentrierte sich seit Anfang des 14. Jahrhunderts auf die einzelnen Stadtviertel, denen auch die Loyalität ihrer Bürger galt. Heute sind nur noch 17 Viertel übrig, deren Rolle nicht mehr die gleiche ist wie in vergangener Zeit, doch noch immer findet man in den Straßen Symbole, die darüber informieren, in welchem Viertel man sich gerade aufhält. Die 17 verbliebenen Stadtviertel werden in drei Gruppen eingeteilt; das »Schildkrötenviertel« Tartuca liegt gemeinsam mit den durch Adler, Schnecke, Welle, Panther und Wald symbolisierten Vierteln im Südwesten der Stadt. Das Viertel ist an seinem blaugelben Banner mit der Schildkrötenabbildung erkennbar und steht unter der Schirmherrschaft des HEILIGEN ANTONIUS VON PADUA, eines Franziskanermönchs aus dem frühen 13. Jahrhundert, zu dessen Ehren die Einwohner des Viertels im 16. Jahrhundert eine Kirche errichteten. Seit dem Mittelalter treten die Viertel im Rahmen des *Palio* gegeneinander an, eines Pferderennens, das häufig mehr duch die Tricks der Reiter entschieden wird als durch die Geschwindigkeit der Pferde. Zu diesem Anlass dominieren die Banner der Viertel und die farbenfrohen historischen Gewänder der Turnierteilnehmer das Stadtbild.

Auch *Testudo hermanni* taucht in jüngerer Zeit immer wieder einmal als Briefmarkenmotiv auf. Auf einer 300–CFA-Franc-Marke (Michel-Nr. 579 [Block 50], Scott-Nr. 292 F) des Tschad vom 01.04.1973, die einem der Musik gewidmeten Markenblock entstammt, ist das oben genannte Gemälde »Stillleben mit Musikinstrumenten« abgebildet (das Geburtsjahr des Malers wird allerdings fälschlich mit 1590 angegeben). Ein Jahr später, am 03.07.1974 veröffentlichte Spanien eine Markenserie mit Reptilienmotiven; auf der 1–Peseta-Marke (Michel-Nr. 2087, Scott-Nr. 1819, **Abb. 141**) ist laut Text eine »*Testudo graeca*« zu sehen, doch handelt es sich bei dem Tier laut BOUR (pers. Mittlg.) eher um eine *Testudo hermanni*. Am 14.09.1991 erschien im Rahmen einer französischen Markenserie über geschützte Tierarten auf einer 3–Franc-Marke (Michel-Nr. 2854, Scott-Nr. 2262, **Abb. 138**) eine Abbildung einer Italienischen Landschildkröte; rechts über der dargestellten Schildkröte weist eine stilisierte Abbildung außerdem auf das meist geteilte Supracaudale von *Testudo hermanni* hin. Unter Schirmherrschaft des WWF erschien in Monaco am 07.11.1991 im Rahmen einer Serie zum weltweiten Naturschutz eine vierteilige Markenserie (Michel-Nr. 2046–2049, Scott-Nr. 1778–1781, **Abb. 137**), die zusammenhängend im Viererstreifen oder -block gedruckt wurde und *Testudo hermanni* aus vier verschiedenen Perspektiven zeigt. Die Zeichnungen sind von hervorragender Qualität und sehr realistisch. Eine der jüngsten »Briefmarken« mit einer *Testudo hermanni* als Motiv stammt aus Madagaskar und wurde im Jahre 2001 herausgegeben; zwölf Marken wurden zusammenhängend in zwei Kleinbögen gedruckt, die es beide auch in geschnittener Form gibt. Die Italienische Landschildkröte ist auf einer der sechs »Marken« zu sehen, die einen Nominalwert von 1.500 Madagaskar-Franc besitzen; bei dieser optisch recht ansprechenden Serie handelt es sich allerdings lediglich um Vignetten (**Abb. 144**).

Im Jahre 1993 stellte die Gemeindeverwaltung von Gonfaron einen Poststempel vor, den sie mit finanzieller Unterstützung von SOPTOM herstellte; er repräsentiert die Sagen, den Wein und die Schildkröten des Ortes. Ein Jahr später bekam SOPTOM selbst einen eigenen Stempel, der das Logo der Station, deren Namen und Postadresse zeigt; der Stempel wurde im Jahre 2005 optisch etwas »aufgefrischt«. Die spanische Telefongesellschaft *CabiTel* gab im März 1997 eine Telefonkartenserie mit dem Titel »*Fauna Ibérica*« heraus; die 2.000–Pesetas-Karte zeigt auf beiden Seiten verschiedene Ansichten einer *Testudo hermanni*, ein kurzer Text auf der Rückseite der Karte informiert über Verbreitung und Lebensraum der Art in Spanien.

Auch auf den Etiketten von Weinflaschen wurde *Testudo hermanni* bereits verewigt, so z. B. auf dem Etikett des leichten, fruchtigen »*Vin de Pays des Maures*«, der im Jahre 1992 von der Winzergenossenschaft von Gonfaron auf den Markt gebracht wurde. Es zeigt die Zeichnung dreier Landschildkröten in den Weinbergen sowie einen fliegenden Esel, das Symbol Gonfarons. Im Jahre 2000 folgte der eher würzig-kräftige »*Tortues Passion*«, ein »*Château de Campuget*« der »*Costières de Nîmes*«, auf dessen Etikett die Fotografie einer sehr schönen Italienische Landschildkröte sowie ein Hinweis auf die l'*Association de Protection et de Sauvegarde des Tortues* zu sehen ist. Aus der Provinz Grosseto (Toskana, Italien) stammt ein Rotwein der Marke »*Motta*«, auf dessen Etikett u. a. eine stilisierte Landschildkröte in der Mitte eines Lorbeerkranzes dargestellt ist. Der produzierende Weinbaubetrieb trägt den Namen »*La Tartaruga*« und produziert mehrere Rotweine und einen weißen Chardonnay namens »*Tartaruga*«. Das gleiche Etikett wird außerdem für das Olivenöl und den Honig des Gutes verwendet.

Gefährdung

Testudo-hermanni-Artengruppe

Die Arten der *Testudo-hermanni*-Artengruppe werden von der IUCN (*Internationale Naturschutzunion*) unter der Bezeichnung »Testudo hermanni« in die Unterkategorie »Near threatened« (= »*Beinahe gefährdet*«) der Gefährdungskategorie »*Lower Risk*« (= »Geringes Risiko«) ihres Rotbuches (2006; www.redlist.org) eingestuft. Das bedeutet, dass diese Arten noch nicht von Naturschutzmaßnahmen abhängig, aber nahe daran sind, als gefährdet eingestuft zu werden. Zwar sind die Vorkommen in großen Teilen des Verbreitungsgebietes noch immer sehr individuenstark, in vielen Gebieten sind die Bestände in den letzten Jahrzehnten jedoch drastisch zurückgegangen, und lokale Populationen sind als bedroht einzustufen. Die für Land- und Süßwasserschildkröten zuständige Spezialistengruppe der IUCN führt die Arten in Anhang X ihres Aktionsplanes, weil sie bereits Gegenstand von Schutzmaßnahmen sind. Der Europarat stuft die Arten als »*Rare*« (= »*Selten*«) ein.

Die gefährlichste Phase im Leben einer Schildkröte ist die, wenn sie sich noch im Ei befindet, denn zahlreiche Raubtiere warten nur darauf, die Gelege der Tiere zu plündern; die meisten Studien kommen zu dem Ergebnis, dass mehr als die Hälfte der Gelege von Nesträubern zerstört werden. In der Umgebung von Alíki in Griechenland wurden dagegen gar keine Verluste von Gelegen bekannt, und auch bei künstlich angelegten Nestern fielen dort trotz der Anwesenheit von Dachsen und Rotfüchsen nur 10–20 % der Eier Raubfeinden zum Opfer; in bewaldeten Regionen Griechenlands ist die Zahl der von Nesträubern zerstörten Gelege allerdings deutlich höher und nähert sich den Werten an, die in Südfrankreich und im italienischen *Maremma-Nationalpark* ermittelt wurden. In der Maurenebene wurde der Anteil der von Raubfeinden geplünderten Gelege auf 6,9–33,3 % geschätzt; in der Provence wurden während einer Studie neun von 23 Gelegen in der ersten Nacht nach der Eiablage von Dachsen und Steinmardern zerstört, nach fünf Tagen waren es insgesamt 15, nach 37 Tagen 22 Gelege. Bei 45 künstlich angelegten Nestern kam man zu ähnlichen Ergebnissen: 22 waren nach der ersten Nacht zerstört, 33 bis zum vierten und 37 bis zum 37. Tag. Während einer anderen Untersuchung in der Provence lag der Anteil der innerhalb von 13 Tagen geplünderten Gelege bei einer hohen Gelegedichte bei 34,4–98,0 %, bei weiter verstreut liegenden Gelegen bei 47,0–66,6 %. Im italienischen *Maremma-Nationalpark* fallen etwa 86 % der Gelege Nesträubern zum Opfer, auf Korsika waren 83 % einiger in der Umgebung von Porto-Vecchio künstlich angelegter Nester nach 17 Tagen zerstört.

Auch in den ersten Lebensjahren sind die Ausfälle noch sehr hoch, gehen jedoch mit zunehmender Körpergröße und Verknöcherung des Panzers zurück. Zu den Tierarten, die Gelegen und/oder Jungtieren nachstellen, gehören Mönchsgeier (*Aegypius monachus*), Steinadler (*Aquila chrysaetos*), Schreiadler (*Aquila pomarina*), Bartgeier (*Gypaetus barbatus*), Seeadler (*Haliaeetus albicilla*), Schmutzgeier (*Neophron percnopterus*), Kolkrabe (*Corvus corax*), Nebelkrähe (*Corvus cornix*), Rabenkrähe (*Corvus corone*), Saatkrähe (*Corvus frugilegus*), Eichelhäher (*Garrulus glandarius*), Elster (*Pica pica*), Weißkopfmöwe (*Larus cachinnans*), Gewöhnliches Stachelschwein (*Hystrix cristata*), West- und Ostigel (*Erinaceus europaeus* bzw. *Erinaceus concolor*), Wanderratte (*Rattus norvegicus*), Hausratte (*Rattus rattus*), Waldmaus (*Apodemus sylvaticus*), Steinmarder (*Martes foina*), Europäischer Dachs (*Meles meles*), Mauswiesel (*Mustela nivalis*), Waldiltis (*Mustela putorius*), Goldschakal (*Canis aureus*), Haushund (*Canis familiaris*), Rotfuchs (*Vulpes vulpes*), Braunbär (*Ursus arctos*) und Wildschwein (*Sus scrofa*). Selbst Nattern wurden bereits beim Fressen von jungen *Testudo hermanni* beobachtet. Schlüpflinge werden aufgrund ihres weichen Panzers in der Regel vollständig gefressen, sodass man keine Überreste mehr finden kann; nur Vögel hacken meist ein Loch in den Panzer, um so an das Fleisch der Schildkröten zu gelangen.

Igel sind bisher ausschließlich als Nesträuber bekannt geworden, und auch Dachse, Füchse, Steinmarder, Waldiltisse, Goldschakale, Ratten und Wildschweine plündern regelmäßig die Gelege der hier behandelten Schildkrötenarten. In Frankreich spielt diesbezüglich der Steinmarder die Hauptrolle, auf Korsika vermutlich der Westigel, das Mauswiesel und der Rotfuchs.

Halbwüchsigen und erwachsenen Exemplaren werden nur noch wenige der oben genannten Arten gefährlich, vor allem die Haushunde, Wildschweine, Stachelschweine, Bären und Greifvögel. Letztere spielen vor allem auf dem Balkan eine Rolle, wo sowohl die Schildkröten als auch die Vögel relativ häufig sind; aus dem westlichen Mittelmeerraum ist bisher nur ein Fall auf Korsika bekannt, bei dem bei einem Steinadlerpaar *Testudo hermanni* 50–90 % der Nahrung ausmachte (CHEYLAN 2001). Die Vorliebe der auf dem Balkan lebenden Greifvögel für Landschildkröten nimmt z. T. erstaunliche Ausmaße an; so berichtete z. B. ANDRINOS (1987) aus Griechenland, dass Adler für die Aufzucht eines oder mehrerer Jungvögel etwa 90–100 Schildkröten zum Horst bringen. Manche Greifvögel, wie etwa Schmutzgeier und Seeadler, aber auch Rabenvögel und Möwen erbeuten offenbar ganz überwiegend Jungtiere und tote Exemplare. Bartgeier und Steinadler haben eine ganz besondere Methode entwickelt, um auch den Panzer größerer Exemplare zu knacken. Sie tragen die Schildkröten hoch in die Luft und lassen sie schließlich fallen, sodass der Panzer beim Aufprall, z. B. auf Felsen, oft regelrecht zerplatzt.

Haushunde stellen vor allem in manchen Teilen des südfranzösischen Maurengebirges ein Problem für die dort lebenden Landschildkröten dar; hier weisen viele *Testudo hermanni* von den Streunern verursachte Narben oder frische Verletzungen auf, vom angefressenen oder zerbissenen Panzer bis hin zu verstümmelten Gliedmaßen. SCHWEIGER (1992a) und TREPTE (1993) fanden in der Toskana relativ viele Schildkröten mit amputierten Gliedmaßen; die beiden Autoren schrieben diese Verletzungen den zahlreich vorhandenen Stachelschweinen zu. Die im Lebensraum der Schildkröten oft sehr häufigen Hausratten vergreifen sich wie andere Nagetiere auch vor allem an schlafenden oder winterruhenden Schildkröten; da von den Ratten vor allem die äußeren Teile der Extremitäten und die Ränder des Carapax beschädigt werden, sind sie als Übeltäter meist schnell zu identifizieren. Während manche Schildkröten diese Verletzungen überleben, werden andere schließlich vollständig ausgefressen, sodass nur noch der Panzer übrig bleibt.

Die größte Bedrohung für die natürlichen Bestände der Angehörigen der Testudo-hermanni-Artengruppe geht heute von der Zerstörung ihrer Lebensräume aus. Bereits während der mittleren Jungsteinzeit, etwa 4.000 v. Chr., begann der Mensch mit der Veränderung der natürlichen Landschaft des Mittelmeerraumes; die meisten Täler wurden kultiviert, Hügellandschaften regelmäßig brandgerodet, um den Viehherden Weidemöglichkeiten zu erschließen. Im 18. Jh. führten die Bevölkerungsexplosion und die Modernisierung landwirtschaftlicher Methoden zu einer schnellen Ausweitung der vom Menschen genutzten Flächen. Nur wenige Gebirgszüge blieben lange Zeit von der Kultivierung durch den Menschen verschont, so das Albères-/Albera-Gebirge in den östlichen Pyrenäen, die Mauren- und Estérel-Gebirgsmassive im südfranzösischen Département Var und manche Kalksteingebirge in den französischen Regionen Languedoc-Roussillon und Provence-Alpes-CTMte d'Azur (z. B. die Berge Clape, Gardiole, Sainte-Victoire und Sainte Baume). Die sehr hohe jährliche Überlebensrate wildlebender Exemplare (siehe Kapitel »Wachstum und Lebenserwartung«) wird durch menschliche Aktivitäten immer stärker negativ beeinflusst; dies gilt vor allem für die im Mittelmeergebiet mit schöner Regelmäßigkeit fahrlässig oder absichtlich gelegten Wald- und Buschbrände. Die Auswirkungen eines Feuers auf die lokale Schildkrötenpopulation sind im Einzelfall von verschiedenen Faktoren abhängig, so etwa der Vegetationsdichte vor Ort, der Windstärke und -richtung, der Steigung des Geländes, der Tages- und Jahreszeit. Zwar sind die Angehörigen der Testudo-hermanni-Artengruppe insgesamt gesehen dadurch offenbar weniger stark gefährdet als etwa Testudo ibera oder Testudo marginata, da sie in Lebensräumen zu finden sind, die weniger häufig von Feuern betroffen sind, doch gibt es Ausnahmen. Feuer wirkt zwar nur kurzfristig, aber leider oft sehr nachhaltig auf die Bestände ein, je nach Vegetationsdichte. So fielen einem Flächenbrand in der offenen Landschaft von Albera in Spanien schätzungsweise 30 % der dort ansässigen Landschildkröten zum Opfer, in der küstennahen Heidelandschaft bei Alíki im Nordosten Griechenlands überlebten 40 % der ursprünglich etwa 3.000 Tiere eine starke Feuersbrunst nicht. In den stärker bewaldeten Gebieten auf Korsika und im Süden Frankreichs kommen während der Brände schätzungsweise sogar 69,5 bzw. 88 % der Landschildkröten ums Leben. Die Zahl der Schildkröten, die bei den Feuern sterben, ist offenbar abhängig von der Dichte der Vegetation des betroffenen Lebensraumes und dem Ausmaß des Brandes. Besonders durch das Feuer gefährdet sollen in Spanien die Jungtiere und die erwachsenen Weibchen sein; zumindest letzteres konnte für die bei Alíki in Griechenland lebenden Tiere nicht bestätigt werden, auch hier hatten allerdings die Jungtiere die höchste Sterblichkeitsrate zu verzeichnen. Große Exemplare überleben einen Brand häufig, indem sie sich in eine Erdmulde drücken und das Feuer über sich hinwegziehen lassen; auch sie tragen aber sehr häufig starke Brandwunden zumindest im hinteren Bereich des Carapax davon, wobei z. T. sogar die gesamte Horn- und Oberhautschicht verbrennt und die Panzerknochen hervortreten, was die Schildkröten aber nicht selten überleben.

Auch der boomende Tourismus im Mittelmeerraum wirkt sich negativ auf die Lebensbedingungen der Tiere aus. Während der Bau von Feriensiedlungen quantitativ insgesamt zwar nur zu einem relativ niedrigen Prozentsatz für den Verlust von Lebensräumen verantwortlich ist, gehen qualitativ dabei doch vor allem entlang der Küstenregionen wichtige Habitate verloren.

Neueren Erkenntnissen zufolge wirkt sich auch der Einsatz von Unkrautbekämpfungsmitteln offenbar nachteilig auf die Schildkrötenbestände aus. Die Folgen des Einsatzes von *Grammoxon* und *Atrazin* für die Schildkröten sind noch unbekannt, 2.4 D und 2.4.5 T sind jedoch erwiesenermaßen tödlich für die Tiere. So war z. B. in der Umgebung von Olympia auf der Peloponnes, nachdem dort im Jahre 1980 mit dem Einsatz dieser Mittel begonnen wurde, zu beobachten, dass jährlich bis zu 34 % der Schildkröten mit einer Carapaxlänge ab 10 cm starben, was etwa dem Dreifachen der natürlichen Sterblichkeit entspricht. Die todgeweihten Schildkröten wirkten äußerlich fast völlig normal, waren auch nicht untergewichtig, wiesen aber in den meisten Fällen geschwollene Augen und stark verstopfte obere Atemwege auf und bewegten sich kaum noch vom Fleck. Keines dieser Tiere wurde jemals wieder beobachtet; wie die vergifteten Tiere letztendlich starben, konnte nicht festgestellt werden. Auch die Zahl der beobachteten Jungtiere unter 10 cm Länge nahm um etwa die Hälfte ab. WILLEMSEN & HAILEY (2001a) führten dies auf eine direkte Vergiftung der Tiere durch die Unkrautvernichtungsmittel zurück und befürchteten, dass so manche Population beim weiteren Einsatz der Chemikalien dem Untergang geweiht sein könnte. Tatsächlich war die untersuchte Population bis 1984 fast gänzlich erloschen, was die Autoren eher auf die hohe Sterblichkeit als auf eine Abwanderung der Schildkröten zurückführten, da den Beobachtungen zufolge mehr Tiere in das Gebiet eingewandert waren, als es verlassen hatten. Die Sterblichkeitsrate in dem untersuchten Gebiet ähnelte insgesamt jener nach einem starken Buschfeuer; der Einsatz der Unkrautbekämpfungsmittel ist jedoch potentiell deutlich gefährlicher, da er häufiger und in kürzeren Intervallen stattfindet als die Brände. Andere Berichte gingen auch davon aus, dass der Einsatz von Schädlingsbekämpfungsmitteln sich negativ auf die Fruchtbarkeit der Schildkröten und die Überlebensfähigkeit der Embryos auswirkt, doch konnte dies bisher noch nicht durch entsprechende Untersuchungsergebnisse belegt werden. Auf Korfu ging die Zahl der aufgefundenen Griechischen Landschildkröten als Folge der Ausweitung des Olivenanbaus und des damit verbundenen verstärkten Einsatzes von Pestiziden und Fungiziden von 1980 bis 1984 von 284 auf 159 zurück. HILL (2003) schrieb dagegen, die Art sei auf der ganzen Insel (wieder?) in teils hoher Individuendichte und in einem breiten Spektrum unterschiedlicher Lebensräume anzutreffen.

Der Verzehr der Tiere durch die einheimische Bevölkerung stellt insgesamt gesehen keine Gefahr für den Fortbestand der Art dar, sehr wohl aber für das Überleben einzelner Populationen; so werden in manchen Balkanländern noch immer Landschildkröten von Hirten am Lagerfeuer geröstet. Dazu werden die bedauernswerten Tiere meist einfach bei lebendigem Leib mit einem Stock aufgespießt und in der Glut gegart, letztendlich auseinandergebrochen und das Muskelfleisch verzehrt. In der griechischen Stadt Lárissa wurden um 1970 noch Landschildkröten für eine Suppenfabrik gesammelt, wobei allerdings *Testudo marginata* aufgrund ihrer Größe *Testudo boettgeri* vorgezogen wurde. Gelitten haben die wildlebenden Bestände der Balkanhalbinsel auch unter den Kriegen, die die Region im 20. Jh. heimsuchten, beginnend mit dem 1. Weltkrieg und endend mit dem Kosovokrieg.

Sowohl die Soldaten als auch die leidende und hungernde Zivilbevölkerung »bedienten« sich dieser leicht verfügbaren Proteinquelle; aus dem 1. Weltkrieg liegen Berichte vor, die besagen, dass sich z. B. französische Soldaten während ihres Aufenthaltes in Griechenland vor dem Schlachten der Tiere regelmäßig mit »Schildkrötenrennen« vergnügten und den Sieger dann in der Regel zumindest vorerst vor dem Kochtopf verschonten. In Spanien und Italien, wo die ärmeren Bevölkerungsschichten in vergangenen Jahrhunderten ebenfalls durch Schildkrötenfleisch ihren dürftigen Speiseplan bereicherten, kommt dies heute kaum noch vor. Die Öffnung des Eisernen Vorhangs hatte allerdings zur Folge, dass offenbar auch »Spezialitätenrestaurants« in Tschechien und anderen osteuropäischen Ländern Gefallen an Landschildkröten gefunden haben und sich illegal ganze Wagenladungen der Tiere besorgen; so wurden z. B. am 16.05.1997 473 aus Griechenland stammende Landschildkröten an der slowakisch-tschechischen Grenze beschlagnahmt, die von den beiden Schmugglern für den Verkauf an solche Restaurants vorgesehen waren. 150 Tiere waren in einem einzigen großen Koffer untergebracht, die restlichen Schildkröten waren auf einen weiteren Koffer und zwei Plastiktüten verteilt, 16 waren bereits tot. Die überlebenden Tiere wurden vorerst im Zoo der slowakischen Hauptstadt Bratislava untergebracht und vorbildlich vom dort angestellten Personal gepflegt, sodass »nur« weitere 34 Exemplare starben. Leider waren die griechischen Behörden nicht bereit, den Rücktransport der Schildkröten zu finanzieren, sodass es schließlich erst vier Monate später durch die gemeinsame Anstrengung der Forstverwaltung von Thessaloníki, verschiedener Jagdverbände und des slowakischen Umweltministeriums möglich war, die Tiere zurück nach Griechenland zu bringen, wo sie in den Wäldern in der Umgebung von Thessaloníki wieder in die Freiheit entlassen wurden.

Abb. 146: Brandopfer in Südfrankreich (B. DEVAUX)

Jahrzehntelang wurden zudem Abertausende von Schildkröten der hier behandelten Arten gefangen, die für den internationalen Tierhandel bestimmt waren; dabei können weniger dichte Populationen durchaus bereits durch geringe Sammelaktivitäten stark beeinträchtigt werden. Bei den noch vor wenigen Jahren skandalösen und undurchsichtigen Transportumständen (s. u.) ist es nicht verwunderlich, dass z. B. nach Auskunft des Zentralverbandes Zoologischer Fachgeschäfte e. V. aus der zweiten Hälfte des 20. Jh. »statistisches Material über Landschildkröten nicht zur Verfügung steht«; in Exportländern, wie etwa im ehemaligen Jugoslawien, wurde jedoch die devisenbringende traurige Fracht sehr wohl registriert. Im Jahre 1971 exportierte alleine das damalige Jugoslawien 400.727 Exemplare von *Testudo boettgeri* und *Testudo hercegovinensis*, überwiegend zu Dutzenden in Holzkisten zusammengepfercht; ca. 10.000 Tiere wurden zu Banjos verarbeitet. Haupteinfuhrländer waren 1971 Deutschland (124.236 Schildkröten), Belgien (90.060), die Niederlande (60.945), Italien (50.691), Frankreich (36.201), Großbritannien (22.737), die Schweiz (9.942), Österreich

Abb. 147: Auch auf Korsika fallen Landschildkröten regelmäßig Buschbränden zum Opfer (J. MARAN)

(ca. 5.373) und Dänemark (870); die Gesamteinfuhr der genannten Staaten war jedoch schon bedeutend höher, wenn man nur Importe aus Bulgarien und Griechenland hinzurechnet. Großbritannien führte von 1965 bis 1977 etwa 347.000 Exemplare der hier behandelten Arten ein, 1978 ca. 10.000 Exemplare aus der Türkei und etwa 70.500 aus dem ehemaligen Jugoslawien, 1979 5.003 und von 1980 bis 1983 insgesamt noch 22.500 Tiere ein. Frankreich war im Jahre 1967 Bestimmungsort von etwa 60.000 *Testudo boettgeri* und *Testudo hercegovinensis* aus den Balkanländern; insgesamt führte das Land zu dieser Zeit innerhalb von vier Jahren ca. 165.000 Angehörige der *Testudo-hermanni*-Artengruppe ein. Die Schweiz importierte von Juli 1975 bis Dezember 1980 insgesamt 16.365 Schildkröten dieser Arten. Ab den 1960er-Jahren führten auch die USA regelmäßig Exemplare der drei Arten ein, so z. B. von 1989–1997 insgesamt 5.354 Tiere. Zwischen 1977 und 1999 wurden international insgesamt (offiziell) 227.971 Landschildkröten aus dem *Testudo-hermanni*-Komplex gehandelt. Nachdem der Handel mit Wildfängen zumindest legal in Europa kaum noch möglich ist, spielt das Absammeln der Schildkröten keine so große Rolle mehr, auch wenn man als Tourist vor allem in den Nachfolgestaaten des ehemaligen Jugoslawien noch immer illegal aber trotzdem meist völlig offen Exemplare (in der Regel Jungtiere) von *Testudo boettgeri* und *Testudo hercegovinensis* zum Kauf angeboten bekommt. Leider können viele Urlauber der Versuchung nicht widerstehen und kehren mit einer oder mehreren Schildkröten im Gepäck wieder nach Hause zurück, wobei sie sich der Rechtswidrigkeit ihres Tuns in der Regel durchaus bewusst sind, was sich z. T. auch darin zeigt, dass so mancher frischgebackene Schildkrötenbesitzer es sich unterwegs noch einmal anders überlegt. Wer z. B. nach Ferienende mit dem Zug aus Bulgarien zurück in die ehemalige DDR fuhr, konnte immer wieder erleben, wie einige Schildkröten schon unterwegs aus den Abteilfenstern geschleudert wurden; wenn sie nicht gleich auf dem Schotter zerschellten, sondern sich nach ihrer Landung in fremder Umgebung wiederfanden, so gelang es ihnen oft durchaus, dort noch ein paar Jahre – bis zum nächsten strengen Winter – auszuhalten. Die in den letzten Jahren vermehrt im Zoohandel auftauchenden »Farmzuchten« aus Slowenien sind auch eher fragwürdiger Herkunft; niemand weiß so genau, wo diese Farmen sich eigentlich befinden sollen.

Bereits die Fangmethoden schädigten in vergangener Zeit die Schildkröten oft derart, dass sie kaum noch eine Überlebenschance hatten. In Griechenland z. B. hatten die Landwirte vielerorts auf ihren Feldern eine große Kiste stehen, in die sie alle Schildkröten warfen, die sie während der Arbeit auf dem Feld fanden. Sobald die Kiste voll war, wurde sie zu einem größeren Sammelplatz gebracht und geleert. Dort wurden die Tiere dann mit Mistgabeln in noch größere Kisten geschaufelt und entweder auf dem Land- oder Wasserweg nach Nord- und Mitteleuropa transportiert. Die lebensnotwendige Feuchtigkeit erhielten die Tiere während der tagelangen Transportfahrten in Form von Fäkalien der über ihnen liegenden Artgenossen. Beim Großhändler angekommen, bestand das untere Drittel des Stapels nur noch aus einer blutigen, stinkenden Masse, das mittlere Drittel war ebenfalls tot, und nur die obersten Schildkröten lebten noch und gelangten schließlich bereits geschwächt in die Hände der Käufer. Aufgrund ihres damals noch sehr bescheidenen Preises von teilweise nicht mehr als umgerechnet etwa 2,50–5,00 EUR landeten 99 % der Schildkröten als »Spieltiere« bei in der Schildkrötenhaltung völlig unerfahrenen Personen. Schon innerhalb des ersten Jahres starben durch unsachgemäße Haltung so mehr als 80 % aller importierten Landschildkröten, nach fünf Jahren waren nach einer Untersuchung von BLATT & MÜLLER (1974) nur noch etwa 1,8 % der Tiere am Leben. Die überlebenden Tiere wurden dann nicht selten, wenn ihr Besitzer das Interesse an ihnen verloren hatte, einfach ausgesetzt oder dem nächstgelegenen Zoo »geschenkt«; alleine der Züricher Zoo erhielt so z. B. in den Jahren 1974 und 1975 221 bzw. 228 unerwünschte Landschildkröten. Bereits vor dem EU-Importstopp forderte daher z. B. OBST (1980), die Masseneinfuhren zu beenden. Gleichzeitig befürwortete er aber die Freigabe streng kontingentierter kleiner Mengen sorgfältig gefangener und transportierter Tiere für die Pflege und Zucht durch ernsthaft interessierte Liebhaber.

Das Importverbot der EU hat leider teilweise auch negative Nebenwirkungen. Da der Verkauf der Schildkröten heute, abgesehen von den vereinzelten illegalen Verkäufen an Touristen, in großem Stil nicht mehr möglich ist, werden die Tiere von der Bevölkerung mancher Balkanländer heute als praktisch wertlos angesehen und vielerorts vorsätzlich getötet, z. T. auf grausame Art und Weise. So wurden Fälle bekannt, in denen Erdlöcher ausgehoben und mit lebenden Schildkröten aufgefüllt wurden, die dann mit Benzin übergossen und verbrannt wurden. Mancherorts werden die Tiere bei Straßenarbeiten kurzerhand als eine Art »lebender Schotter« mit in den Straßenbelag eingearbeitet. In Griechenland ballern z. T. »Sportschützen« auf die Schildkröten, wenn sie zuvor Pech bei schnelleren Zielen (z. B. seltenen Vögeln) hatten. Solchen barbarischen Aktivitäten steht man einfach rat- und hilflos gegenüber; allenfalls mit großangelegten Informationskampagnen und letztlich drastischen Strafandrohungen durch den Gesetzgeber könnte man dem evtl. beikommen.

Griechische Landschildkröte

In **Albanien** ist *Testudo boettgeri* in vom Menschen nicht beeinträchtigten Gebieten noch immer weit verbreitet und häufig sowie in allen Größenklassen vertreten, doch verschlechtert sich die Situation der Bestände seit den 70er-Jahren stetig. HAXHIU (1995b) berichtete, dass die Tiere vor allem im Zentrum des Landes mutwillig getötet werden, hauptsächlich von Schäfern, die in den Schildkröten Nahrungskonkurrenten für ihre Herden sehen. Von der menschlichen Bevölkerung verzehrt werden die Tiere nur sehr selten; HAXHIU (1985) berichtete zwar Mitte der 1980er-Jahre, die Albaner nutzten die Schildkröten regelmäßig als Nahrung für sich und ihre Haustiere, doch gab er zehn Jahre später an, diese Aussage habe er auf Veranlassung durch die damalige kommunistische Regierung getroffen, die unbedingt Angaben über den ökonomischen Nutzen der Tiere veröffentlicht wissen wollte (HAXHIU 1995a). Vielmehr stellt die größte Bedrohung für die albanischen Vorkommen wie auch in den anderen Herkunftsländern die Dezimierung und Zerstörung ihrer Lebensräume dar. Seit den 60er-Jahren wurden überwiegend im ursprünglich mit Macchia bestandenen Gebirgsland Tausende Hektar Wald und Buschland abgeholzt, um Ackerflächen, Weinbergen und Obstplantagen Platz zu machen. Da die Abholzmaßnahmen meist im Winter stattfanden, wurden die in Winterruhe befindlichen Schildkröten in großer Zahl durch die Arbeitsmaschinen getötet; manche Tiere überlebten ihre schweren Verletzungen, sodass heute vielerorts Landschildkröten mit verheilten Panzerschäden unterschiedlicher Form, Größe und Tiefe zu beobachten sind, stellenweise machen die derart verletzten Exemplare bis zu 16% einer Population aus. Die sozio-ökonomischen Veränderungen, die nach dem Fall des Eisernen Vorhangs auch in Albanien stattgefunden haben, die offenen Märkte spiegeln sich auch in der zurückgehenden Landwirtschaft des Landes wider, die Vegetation in vielen einstmals abgeholzten Gebieten erholt sich langsam wieder. Nach wie vor eine Bedrohung für die Landschildkröten Albaniens stellen die regelmäßigen Wald- und Buschbrände dar. Die Anzahl der Brände hat seit Anfang der 90er-Jahre deutlich zugenommen. Die meisten davon werden absichtlich gelegt, z. B. von Schäfern, die so eine »Verjüngung« der Vegetation und damit eine Verbesserung der Weidemöglichkeiten für ihre Herden erreichen wollen. Viele natürliche Lebensräume fallen auch dem zunehmenden Straßen- und Siedlungsbau zum Opfer, und so manche Schildkröte verliert ihr Leben im Straßenverkehr. Bis zu Beginn der 90er-Jahre wurden die Schildkröten z. T. in großem Stil eingesammelt, um zu Hühner- und Schweinefutter verarbeitet zu werden. Wie alle Reptilien genießen auch Schildkröten in Albanien einen schlechten Ruf und sind in den Volkssagen ein Symbol für das Böse, dementsprechend gestaltet sich häufig auch der Umgang der einheimischen Bevölkerung mit den Tieren. Nach dem Zusammenbruch des alten Regimes fand nach HAXHIU (1995b) ein Schmuggel der Tiere zunächst in sehr geringem Umfang durch die Flüchtlinge statt, die sich auf meist hoffnungslos überfüllten Schiffen und Booten auf den Weg nach Italien machten. Wie »Artenschutz« dann manchmal aussehen kann, zeigt folgende Begebenheit: Eines der Boote mit Flüchtlingen aus Albanien wurde in italienischen Gewässern aufgebracht. Neben Rauschgift und Waffen wurde auch eine Reisetasche mit mehreren *Testudo boettgeri* bei den Albanern gefunden. Die italienischen Behörden verweigerten dem Besitzer der Tasche deren Mitnahme, unter Hinweis auf den Schutzstatus der Tiere und die fehlenden Einfuhrpapiere. Der Albaner entledigte sich des Problems, indem er die Tasche samt Inhalt ins Meer »entsorgte«. In den folgenden Jahren waren in Albanien dann verstärkte Schmuggelaktivitäten zu beobachten, so wurden z. B. bereits 1995 etwa 400 Griechische Landschildkröten illegal aus diesem Land nach Italien exportiert; die Tiere wurden von den italienischen Behörden beschlagnahmt und nach Albanien zurückgebracht. Auch auf dem US-amerikanischen Markt tauchten in den letzten Jahren immer wieder albanische Landschildkröten auf, die zu sehr hohen Preisen gehandelt wurden.

In **Bulgarien** war *Testudo boettgeri* einst weit verbreitet und häufig anzutreffen, so z. B. im Tiefland zwischen dem Stara-Planina- und dem Sredna-Gora-Gebirge. Heute ist die Art durch menschliche Einflüsse überall im Rückgang begriffen und lokal, vor allem in den dichter besiedelten Küstenbereichen und stark landwirtschaftlich genutzten Ebenen und Tälern, bereits ausgerottet. Die an den höher gelegenen bewaldeten Berghängen existierenden Bestände sind zwar weniger stark betroffen, doch sind die Schildkröten heute auch aus manchen Teilen der Hochebenen im Westen Bulgariens, wo einzelne kleine Populationen lebten, verschwunden; die genauen Gründe hierfür sind nicht bekannt, doch handelt es sich auch hier zweifellos um das Resultat menschlicher Aktivitäten. Am Südrand der Dobrudscha ist *Testudo boettgeri* mittlerweile sehr selten anzutreffen, möglicherweise ist sie dort bereits ausgestorben. Die wahrscheinlich größte Individuendichte wird noch an den Südhängen des Emine-Balkans erreicht. In Bulgarien, das zu den ärmeren Nationen Europas zählt, stellt der Verzehr der Tiere durch die einheimische Bevölkerung selbst heute noch ein oft unterschätztes Problem dar. Während der Verzehr von Schildkröten bis zum 1. Weltkrieg weitestgehend auf Plovdiv und Umgebung beschränkt war, nahm dies Anfang der 1940er-Jahre stark zu, als viele Schildkröten nach Deutschland exportiert, aber auch an bulgarische Restaurants geliefert wurden. Mit Beginn der 1960er-Jahre wurden von der bulgarischen Landbevölkerung zudem Blut, Fleisch, Gelege und andere Teile der Schildkröten vermehrt als »Medizin« gegen Krebs, vor allem Leukämie, eingesetzt; z. T. fingen Angehörige oder »Ärzte« der Kranken Dutzende oder gar Hunderte von Landschildkröten zu diesem Zweck. Ein ehemaliger Bürgermeister von Chukarevo in der Region Burgas schätzte, dass 90 % der in der Umgebung des Dorfes lebenden Landschildkröten zwischen 1941 und 1944 gefangen wurden, und sein Amtskollege aus dem benachbarten Drama berichtete, dass 1942 und 1943 Händler aus Plovdiv Schildkröten in so großer Zahl fingen, dass sie die Populationen der Umgebung um etwa 90 % dezimierten. Meist wurden die größeren Exemplare erbeutet, da sie leichter zu finden waren. In stark von den Schildkrötenfängern heimgesuchten Gebieten waren die meisten überlebenden Schildkröten daher klein und entweder noch nicht oder gerade erst geschlechtsreif; die Altersstruktur der betroffenen Populationen ist vermutlich bis heute noch nicht wieder ausgeglichen. Mitte des 20. Jh. war der Verzehr von Schildkröten hauptsächlich in den östlichen Ausläufern des

Abb. 148: Diese korsische *Testudo hermanni* überstand einen Brand in einem Hasenbau (J. MARAN)

Stara-Planina-Gebirges, in den östlichen Rhodopen, in Svilengrad und Strandzha zu beobachten, also in Gebieten, in denen die Tiere auch heute noch häufiger vorkommen, aber die Landschildkröten wurden auch an Abnehmer und Restaurants in den Städten Pazardzik, Sofia, Burgas, Varna, Stara Zagora und Plovdiv geliefert. Plovdiv und benachbarte Städte, wie z. B. Rakovski, waren das Zentrum des Schildkrötenverzehrs; hier standen Landschildkröten Ende der 1970er-Jahre bei bis zu 98 % der Bevölkerung regelmäßig auf dem Speiseplan. Von mehreren Hundert zufällig ausgewählten Bewohnern bulgarischer Städte gaben während dieser Zeit etwa 35–40 % an, bereits Schildkrötenfleisch gegessen zu haben; überwiegend Männer hatten damit schon Bekanntschaft gemacht, die meisten davon während ihres Militärdienstes.

Lange Zeit stammten die meisten der gefangenen Landschildkröten aus dem Osten Bulgariens, doch verlagerten die Fänger in den 1960er-Jahren ihre Tätigkeiten in den Süd- und Nordwesten des Landes, nachdem die Bestände im Osten stark reduziert worden waren. Während der 1970er-Jahre kamen die meisten Tiere daher aus den Regionen Sofia und Montana, in denen noch intakte Populationen zu finden waren. In der Region Sofia selbst wurden und werden kaum Schildkröten gegessen, der größte Teil der Bevölkerung lehnt dies sogar kategorisch ab. In den Ebenen von

Petric, in den Ausläufern der Malashevska-, Ograzden-, Pirin- und Belasica-Gebirge führte der intensive Schildkrötenfang während der 1970er-Jahre dazu, dass schließlich Exemplare über 20 cm Carapaxlänge nur noch in Höhenlagen von 900–1.400 m zu finden waren, wo die Populationsdichte zu gering war, als dass sich ein kommerzieller Fang lohnen würde.

Auch heute ist der Verzehr der Schildkröten zumindest bei den ärmeren Bevölkerungsschichten und hauptsächlich bei der katholischen Minderheit noch immer (bzw. wieder) keine Ausnahme, wobei erneut die Region um Plovdiv den Schwerpunkt bildet; IONEV (1999) fand z. B. oft die Überreste von Schildkrötenpanzern in den Lagerfeuern der Zigeuner. Auch in den Restaurants steht *Testudo boettgeri* wieder häufiger auf der Speisekarte als in den letzten Jahrzehnten, vor allem in Haskovo, Blagoevgrad und Harmanli. In manchen Landesteilen verzichtet die Bevölkerung außerdem noch immer nicht auf die »medizinische« Verwendung der Schildkröten. Zum Teil werden die Schildkröten auch zu Hunderten aus Rumänien über die Grenze geschmuggelt, um sie dem Verbrauch durch den Menschen zuzuführen. Nicht selten werden die Tiere zu diesem Zweck über Monate »vorrätig« gehalten, bis die nächste Familienfeier naht. Verkauft werden die Schildkröten zu Stückpreisen von umgerechnet etwa 2–5 EUR.

Ein Problem stellen mittlerweile auch die zahlreichen Wildschweine dar, die hauptsächlich in den Regionen Burgas, Montana, Plovdiv und Haskovo sowie im Osten des Stara-Planina-Gebirges überwiegend den jüngeren Schildkröten nachstellen; in manchen Teilen des Landes, z. B. in der Umgebung der Dörfer Rabisha (Region Montana) und Daskotna (Region Burgas) stehen die Schildkrötenbestände aus diesem Grunde offenbar kurz vor dem Erlöschen. Der Ausbau von mensch-

Abb. 149: Dieses junge Weibchen von *Testudo hermanni* von Korsika hatte sich bei einem Brand nicht tief genug eingegraben (J. MARAN)

lichen Siedlungen, Industrieanlagen und touristischen Einrichtungen wirkt sich natürlich ebenfalls nicht gerade förderlich auf die Schildkrötenpopulationen der Umgebung aus. Der Hauptgrund für den Rückgang der Landschildkröten in Bulgarien ist aber sicherlich in der Vernichtung der Lebensräume durch das Abholzen der natürlichen Vegetation, das Abbrennen von Stoppelfeldern, den Einsatz schwerer landwirtschaftlicher Maschinen sowie die anschließende Anlage von Monokulturen zu suchen. Entlang der Meeresküste und in manchen Gebieten im Landesinneren führte der Fang halbwüchsiger Schildkröten zum Zwecke des Verkaufs an einheimische und ausländische Urlauber zum Rückgang der Bestände; dies konnte bis heute leider nicht ganz abgestellt werden. In verschiedenen Dörfern, z. B. in Kran in der Region Haskovo, werden Landschildkröten bis heute zudem zu so »geschmackvollen« Gegenständen wie Lampen und Aschenbechern verarbeitet.

Die größten bulgarischen Populationen von *Testudo boettgeri* existieren heute noch in der Struma-Ebene, in der Umgebung von Strandzha, im Osten der Rhodopen und im bulgarischen Teil Thrakiens, was auf die dort vorherrschenden Umweltbedingungen, die praktizierten traditionellen Formen der Landwirtschaft, vor allem aber auf die im Jahre 1970 erlassene und zumindest bis vor wenigen Jahren gültige Verordnung 1578 der Forstverwaltung zurückzuführen ist, die den Fang von Landschildkröten in der Region Haskovo untersagte. Die verbliebenen Bestände sind allerdings klein und voneinander isoliert und müssen als stark gefährdet gelten. Heute sind bedauerlicherweise gerade in der genannten Region die meist in Banden organisierten Tierfänger unterwegs, die die Schildkröten illegal für den internationalen Tierhandel (die Tiere werden dann in der Regel über die Grenze nach Griechenland und in die Türkei geschmuggelt) und für den bulgarischen Lebensmittelmarkt fangen.

In **Griechenland** ist die Art nach wie vor weit verbreitet, und obwohl auch hier ein allgemeiner Bestandsrückgang zu verzeichnen ist, existieren vor allem im Nordosten noch immer gesunde Populationen. Die Zukunftsaussichten für *Testudo boettgeri* sind jedoch auch hier nicht ungetrübt. Die küstennahen Heidelandschaften sind sehr anfällig für Brände, die meist von Menschen verursacht wurden, ob versehentlich oder gezielt zur Brandrodung. Die Brände haben z. T. katastrophale Auswirkungen auf die dort ansässigen Schildkrötenvorkommen. Die Pflanzengemeinschaft, die ein Gebiet nach einem Wald- oder Buschbrand erobert, bietet nach einer Untersuchung von WILLEMSEN & HAILEY (1989) zumindest vorerst keine Lebensgrundlage für *Testudo boettgeri*, sodass es den Schildkröten oft über mehrere Jahre nicht möglich ist, eine von einem Feuer heimgesuchte Region erneut zu besiedeln. Die Population bei Alíki, eines der größten und dichtesten Vorkommen von *Testudo boettgeri*, bestand zu Beginn der 1980er-Jahre aus etwa 5.000 Exemplaren, doch hatten der entgegen behördlichen Zusagen durchgeführte Ausbau touristischer Einrichtungen und die Erweiterung von Weideflächen einen starken Bestandsrückgang zur Folge. So wurden z. B. in einer Nacht- und Nebelaktion am 19.07.1980 in der Umgebung von Alíki mithilfe von Brandrodung und Bulldozern 150 Hektar Natur zerstört, nachdem die zuständigen Behörden aufgrund eines Umweltgutachtens den Bau von Ferienbungalows abgelehnt hatten; die Betreiber des Vorhabens schufen so Tatsachen und Bauland, und ca. 1.400 Landschildkröten und zahlreiche andere Tiere fanden den Tod. Erfreulicherweise untersagten die Behörden trotzdem die Bebauung, und dank des Zutuns der Universität von Thessaloníki wurde das Gelände schließlich sogar unter Polizeischutz gestellt. Trotzdem nahm die Zahl der Schildkröten bis etwa 1990 weiter langsam aber stetig ab, was vermutlich auf den Rückgang der Futterpflanzen der Tiere aufgrund der Salzgewinnung und der daraus resultierenden Austrocknung der Heidelandschaft zurückzuführen war. Der Bestand an Dachsen nahm in jener Zeit stark zu, was zu einem hohen Verlust von Gelegen und Jungtieren führte; nur noch 1% der beobachteten Schildkröten waren Jungtiere. Seit Anfang der 90er-Jahre erholt sich die Population wieder leicht. Sie lebt mittlerweile innerhalb eines vollständig eingezäunten Schutzgebietes (für Wasservögel), das nur mit behördlicher Genehmigung zugänglich ist.

In den Ebenen im Norden Griechenlands ist Weizen die am weitesten verbreitete Kulturpflanze, und noch immer ist es leider üblich, dass die Bauern ihre Felder nach der Ernte abbrennen. Die oft ausgedehnten Brände greifen häufig auf die natürliche Vegetation zwischen den Weizenfeldern über, sodass die dort einst lebenden Landschildkröten heute praktisch verschwunden sind. Selbst die felsigen Hügel der Region, die ihre ursprüngliche Garriguevegetation bewahrt haben, werden von den Feuern häufig nicht verschont. Auf einem Teil eines Hügels in der Umgebung von Kilkís z. B., auf dem eine große Population von *Testudo boettgeri* und ein kleineres Vorkommen von *Testudo ibera* beheimatet sind, wütete in den 1980er-Jahren ein Buschfeuer; als Ergebnis dieses Brandes waren noch lange Zeit die Überreste zahlreicher Landschildkröten zu finden, die der Katastrophe nicht entgehen konnten. Sollten die Bauern nicht bereit sein, mit dem Abbrennen der abgeernteten Felder aufzuhören, könnte dies eine ernsthafte Gefahr für das Überleben der Griechischen Landschildkröte im Weizengürtel Griechenlands darstellen. Auch die noch immer weit verbreitete Unsitte, Müll wild abzulagern und anzuzünden, schafft für die Schildkröten, die im Abfall nach Nahrung und Versteckplätzen suchen, tödliche Fallen. In Griechenland werden Landschildkröten außerdem hin und wieder von den Landwirten mit Felsstücken erschlagen, da der Glaube weit verbreitet ist, dass diese Tiere Schaden an den Nutzpflanzen, vor allem den wohlschmeckenden jungen Melonenpflanzen, anrichten.

Wie die Vorkommen von *Testudo boettgeri* in landwirtschaftlich geprägten Gebieten im Süden Griechenlands zeigen, stellen traditionelle Formen der Landwirtschaft für die Art keine Bedrohung dar, sondern wirken sich im Gegenteil offenbar sogar förderlich aus; der Wechsel hin zu modernen Agrarwüsten dagegen hat für die Schildkröten wie auch in anderen Ländern in der Regel sehr negative Auswirkungen und führt dazu, dass das Überleben zahlreicher Vorkommen der Griechischen Landschildkröte in diesem Teil des Verbreitungsgebietes eher fraglich ist. In der Umgebung von Olympia auf der Peloponnes wurde eine *Testudo-boettgeri*-Population von 1975 bis 1984 näher untersucht; während dieses Zeitraums wurden insgesamt 879 Griechische Landschildkröten markiert. Ab 1980 begannen die Bauern damit, Hecken niederzubrennen, was für die darunter Unterschlupf suchenden Schildkröten häufig den Tod bedeutete.

In der Umgebung von Kalamáta gingen große Teile natürlicher Lebensräume durch den Bau von Häusern und touristischen Einrichtungen verloren; für die Landschildkrötenbestände der Region besteht für die Zukunft wenig Hoffnung. In der Nähe von Sparta wurde eine einzige Population der Griechischen Landschildkröte entdeckt, und dies auf einer alten Obstplantage; dieses kleine, aber dichte Vorkommen wird zweifellos irgendwann der Rekultivierung der Plantage zum Opfer fallen, wenn diese nicht unter Schutz gestellt wird. Dies würde das Ende der vermutlich größten Population in der Ebene von Sparta bedeuten. Manchmal haben selbst relativ geringfügige Einschnitte in die natürlichen Lebensräume der Art schlimme Folgen; so war z. B. ein Studiengebiet in der Nähe der Meteóra-Klöster

188 GEFÄHRDUNG

Abb. 150: Nicht immer ist die Todesursache eindeutig zu klären, so z. B. bei dieser *Testudo boettgeri* aus Loutra Kilini, Griechenland (F. WÜTHRICH)

lange Zeit nur mithilfe von Reiteseln erreichbar, bis im Sommer 1984 der Bau von Straßen auch den Zugang mit Autos und Traktoren ermöglichte. Während der Straßenbauarbeiten wurden zahlreiche Hecken zerstört, was zwar nur einen kleinen Teil des Gebietes betraf, für die unter den Hecken ruhenden Landschildkröten aber wiederum verheerende Folgen hatte. Der zunehmende Verkehr auf den neuen Straßen fordert seitdem regelmäßig weitere Todesopfer (nicht nur) unter den Schildkröten. Einheimische machen auch keinen Hehl daraus, dass sogar gelegentlich Tiere absichtlich überfahren werden. Auch der Einsatz moderner landwirtschaftlicher Maschinen wie etwa Mähmaschinen und Pflügen wirkt sich nachteilig auf die Tiere aus; so gingen z. B. die Landschildkrötenbestände in der Umgebung von Arfai, Antirrion und Préveza sehr stark zurück, nachdem sich diese Maschinen in ihrem Lebensraum breitmachten. Ein weiteres Problem speziell in der Umgebung menschlicher Siedlungen stellt die Unsitte dar, in zunehmendem Maße Müll in der Landschaft abzuladen. Dies hat meist eine starke Zunahme der Wanderratten zur Folge, die jungen Schildkröten praktisch keine Überlebenschance lassen und selbst erwachsenen Exemplaren nicht selten tödliche Verletzungen an den Extremitäten beibringen. Da *Testudo boettgeri* im Süden Griechenlands hauptsächlich in Kulturlandschaften in der Nähe menschlicher Siedlungen vorkommt, stellt die Rattenplage vor allem in diesem Teil des Landes ein ernsthaftes Problem für die Schildkröten dar. So wurden z. B. in der Umgebung von Olympia ab 1978 vermehrt Angriffe von Ratten auf die Schildkröten beobachtet, und ab 1982 waren kaum noch junge *Testudo hermanni* zu finden; seit 1984 sind dort Ratten täglich in großer Zahl zu »bewundern«.

Im Gegensatz zu anderen Mittelmeerländern gab es in Griechenland nie einen Handel mit Landschildkröten in großem Stil. Im Jahre 1984 berichteten allerdings die Einwohner eines kleinen Dorfes in einem abgelegenen Teil des griechischen Zentralgebirges, ein Händler habe nach Landschildkröten gefragt und ihnen 50 Drachmen (umgerechnet etwa 15 Cent) pro Tier geboten; dieser »Spitzenpreis« war jedoch nicht dazu geeignet, die Leute zum Schildkrötenfang zu veranlassen. Durch die EU-Gesetzgebung ist zumindest der legale Markt inzwischen völlig zum Erliegen gekommen, und illegale Transaktionen finden zwar statt, aber zumindest in Griechenland offenbar in nur geringem Umfang. Allerdings berichteten RICHARDS & RICHARDS (1990), dass zumindest noch 1989 so mancher Bewohner der Insel Korfu Landschildkröten »vorrätig« hielt, um sie vor allem an deutsche und italienische Touristen zu verkaufen; auch getrocknete Land- und Wasserschildkröten wurden hier als Reiseandenken angeboten. Im November 1996 wurde ein österreichischer Staatsbürger in Wien verhaftet, nachdem er illegal 450 *Testudo boettgeri* eingeführt hatte, die aus der Umgebung des griechischen Berges Kíssavos stammten; er plante, die Tiere für umgerechnet etwa 250–850 EUR (!) pro Stück an Liebhaber zu verkaufen. 48 der Schildkröten starben bereits während des Transportes, die restlichen Tiere wurden im Wiener Tiergarten *Schönbrunn* untergebracht. Am 19.06.1997 wurden 377 der Schildkröten in Begleitung eines Pflegers nach Thessaloníki geflogen, 25 blieben aufgrund ihres noch schlechten Zustandes in Wien. Die Tiere wurden wenig später bei Ambelákia und Spiliá am Fuße des Berges Kíssavos wieder in die Freiheit entlassen.

Die ehemalige jugoslawische Republik **Mazedonien** war ein weiteres Hauptziel der Schildkrötenfänger. Genauere Daten über die Situation der Vorkommen in diesem Land liegen bislang jedoch nicht vor.

In **Rumänien** waren zumindest die Populationen im Grenzbereich zu Serbien jahrzehntelang vor dem Zugriff des Menschen sicher. Da während der Herrschaft des kommunistischen Regimes immer wieder rumänische Bürger versuchten, sich über die »grüne Grenze« ins damalige Jugoslawien abzusetzen, errichteten die Behörden zahlreiche Straßensperren, und der Zutritt in die Grenzregion war neben den wenigen Dorfbewohnern nur Personen mit Regierungsgenehmigung möglich. Seit dem Ende des Kommunismus auch in Rumänien im Jahre 1990 hat sich die Situation stark verändert. Das Gebiet ist nun frei zugänglich. Die Einwohner der Grenzregion zu Serbien scheuen sich in der Regel davor, die Schildkröten anzufassen, da sie glauben, dass diese Tiere sie mit den schlimmsten Krankheiten infizieren können. Erwischt ein Bauer allerdings eine Landschildkröte auf seinem Land, dreht er sie meist auf den Rücken und überlässt sie der »Gnade Gottes«. Auch werden immer wieder Tiere illegal als »Haustiere« gefangen. Mittlerweile wurde aus Rumänien ein drastischer Rückgang der wildlebenden Bestände gemeldet, die hier z. B. in manchen Regionen durch die durch die Anlage künstlicher Seen verursachte Überschwemmung ihrer Lebensräume, aber auch durch andere Formen der Biotopzerstörung gefährdet sind.

Es gibt nur wenige Studien über die rumänischen Populationen der Art, und viele Informationen in der Literatur haben sich als falsch oder ungenau erwiesen (ROZYLOWICZ et al. 2003). Es liegen kaum Daten über die Verbreitung von *Testudo boettgeri* in diesem Land vor, und Angaben über die Biologie und die Lebensweise rumänischer Tiere sind noch spärlicher. Nicht zuletzt aus diesem Grunde wurden bisher kaum Maßnahmen getroffen, um die Bestände zu erhalten.

Abb. 151: Dem Straßenverkehr fallen regelmäßig auch Landschildkröten zum Opfer, hier ein Beispiel von der Peloponnes, Griechenland (J. MARAN).

Die Populationen **Serbiens und Montenegros** waren in vergangener Zeit bevorzugtes Ziel von Tierfängern. In Serbien wurden Landschildkröten, die ihr Winterquartier verließen, in vergangener Zeit häufig bereits von den Dorfbewohnern erwartet, die die Tiere dann zu speziellen Sammelstationen brachten, wo sie sie gegen eine geringe Entlohnung von umgerechnet etwa 50 Cent verkauften. Die in der Hauptstadt Belgrad ansässige Exportfirma GRUDA sorgte dann für die Ausfuhr der Tiere in die Länder Mittel- und Nordeuropas. Alleine für das Jahr 1978 liegen Berichte über jeweils etwa 100.000 Schildkröten vor, die GRUDA nach Deutschland bzw. Großbritannien verfrachtete. Die Schildkrötenladungen, die sich, in Holzkisten gepfercht und auf Lastwagen gestapelt, auf den mehrtägigen Weg nach Norden machten, bestanden nicht selten aus bis zu etwa 12.000 Tieren. In manchen Teilen Montenegros existieren noch stabile Populationen; hier wurden z. B. zu Beginn der 1980er-Jahre in einem 2 km² großen Gebiet 125 Exemplare gezählt. Doch auch hier führt der stete Verlust von Lebensraum zur zunehmenden Isolation der verbleibenden Bestände. Außerdem bestand eine in vergangener Zeit leider weit verbreitete Unsitte darin, dass sich Einwohner Belgrads, die zur Erholung an die Küste der Republik Montenegro fuhren, häufig Landschildkröten als lebende Souvenirs oder auch zum Ausstopfen mitnahmen. Dass der illegale Fang von Landschildkröten auch heute noch eine ernsthafte Bedrohung für so manche Population darstellen kann, zeigt die Verhaftung eines Schmugglers im Mai 2005 durch den kroatischen Zoll; der Mann wollte nachts die Grenze von Serbien nach Kroatien überschreiten und wurde von den Dienst habenden Zollbeamten überprüft. In seinem Gepäck fanden sich insgesamt 504 Griechische Landschildkröten, die der Mann seinen Angaben zufolge in den beiden vorangegangenen Monaten in serbischen Wäldern gefangen hatte. Er wollte die Tiere Freunden in Deutschland als »Gartendekoration« mitbringen. Der Schmuggler wurde zu einer Freiheitsstrafe verurteilt und muss außerdem mit einer Geldbuße rechnen; die Schildkröten wurden vorübergehend in einer Auffangstation untergebracht und später an Serbien zurückgegeben.

In der **Türkei** war die Art offenbar noch nie besonders häufig. Hier sind die Bestände zudem durch die Intensivierung der Landwirtschaft im Rückgang begriffen.

Dalmatinische Landschildkröte

Testudo hercegovinensis ist aufgrund ihres relativ kleinen Verbreitungsgebietes vermutlich die am stärksten gefährdete der drei hier behandelten Arten. In den 60er- und 70er-Jahren des 20. Jh. wurden gerade in ihrem Verbreitungsgebiet ganze Landstriche für den internationalen Tierhandel leergefangen.

Die Populationen in **Bosnien und Herzegowina** litten in den vergangenen Jahrzehnten stark unter der Tätigkeit der Tierfänger, die Schildkröten für den internationalen Tierhandel absammelten, was zu einem deutlichen Rückgang der Bestandszahlen führte.

Wie in anderen Ländern so wurden auch in **Kroatien** Tausende von Landschildkröten abgesammelt, die dafür bestimmt waren, später für wenig Geld an Touristen oder an professionelle Tierhändler verkauft zu werden. Drehscheibe für den Handel mit Landschildkröten waren die Hafenstadt Zadar und die Region um die Dörfer Murvica und Policnik nordöstlich der Stadt. Von Beginn der 60er bis zu den frühen 1980er-Jahren wurden schätzungsweise 60.000 lebende Exemplare in diesem Gebiet verkauft, was einen starken Rückgang der Bestände mit sich brachte. Auch auf den kroatischen Inseln, so z. B. auf Cres, ist *Testudo hercegovinensis* durch das frühere illegale Absammeln, aber auch durch die zahlreichen wegbegrenzenden Legesteinmauern auf den extensiv bewirtschafteten Weiden als stark gefährdet einzustufen. Seit dem EU-Importstopp, insbesondere jedoch seit der blutigen Abspaltung Kroatiens von der ehemaligen jugoslawischen Föderation, ist aber eine deutliche Erholung vieler kroatischer Populationen zu beobachten, vorwiegend in den seit dem Krieg noch immer mit Landminen übersäten, inzwischen verwilderten Grenzregionen. Besonders in den Randbereichen der Minenfelder konnte z. B. WEGEHAUPT (2005) in relativ kurzer Zeit viele Schildkröten unterschiedlicher Altersklassen finden. Auch diese Bereiche werden aber natürlich eines Tages von den Minen geräumt werden müssen, was für die Natur wiederum nachteilig sein wird. Aufgrund der felsigen Struktur vieler dieser Landstriche sind Minenräumfahrzeuge jedoch nur bedingt einsetzbar, viele Landwirte behelfen sich damit, die Gebiete gezielt abzubrennen, um durch die Minen durch das Feuer auszulösen, was für die meisten dort lebenden Schildkröten natürlich den Tod bedeutet, die wenigen Überlebenden tragen meist schwere Verletzungen davon. Die Tiere werden zudem von den Landwirten noch immer als Schädlinge und auch als Nahrungskonkurrenten ihrer Schaf- und Ziegenherden angesehen und nach wie vor erschlagen. WEGEHAUPT (2005) untersuchte gemeinsam mit seinem Sohn Anfang Mai 2005 insgesamt 20 verschiedene mutmaßliche Schildkrötenhabitate an der kroatischen Adriaküste und wurde nur in neun Biotopen fündig. In landwirtschaftlich genutzten Gebieten sind so heute bereits häufig keine Landschildkröten mehr zu finden. SCHWEIGER (2005) fand auf der Insel Pag speziell im Norden zahlreiche Landschildkröten; ein Problem für die regelmäßige Fortpflanzung der Art dort dürften seiner Auffassung nach allerdings die Legesteinmauern sein, die die gesamte Insel überziehen. Viele der so entstehenden Parzellen können nur durch Überklettern der Mauern erreicht werden, sodass die Schildkröten dort oft »gefangen« sind. Trotz intensiver Suche konnte SCHWEIGER in vielen dieser »Gärten« nur jeweils eine Schildkröte finden, fortpflanzungsfähige Gruppen waren nur vereinzelt anzutreffen.

Bezüglich der Situation der Art in **Serbien und Montenegro** gilt das zu *Testudo boettgeri* Geschilderte.

Italienische Landschildkröte

Noch während der Jungsteinzeit war die Italienische Landschildkröte entlang der gesamten Mittelmeerküste des Festlands von **Frankreich** verbreitet und drang auch deutlich weiter nordwärts vor, als dies heute der Fall ist. Seitdem hatten die Bestände einen starken Rückgang zu verzeichnen, was sowohl auf klimatische Veränderungen als auch auf den Einfluss des Menschen zurückzuführen ist. Heute muss *Testudo hermanni* in Frankreich als stark bedroht angesehen werden; zwar ist ihr Verbreitungsgebiet in den letzten Jahrzehnten offenbar nicht gravierend weiter geschrumpft, doch nimmt die Dichte der verbliebenen Populationen kontinuierlich ab. Im Estérel-Gebirge ist *Testudo hermanni* als Folge der verheerenden Waldbrände in den letzten Jahrzehnten so gut wie ausgestorben; es sind praktisch keine für die Landschildkröten geeigneten Lebensräume mehr übrig, und es existieren nur noch kleine Restbestände in den weniger betroffenen Regionen im Westen des Gebirgszuges in der Umgebung von Saint-Raphaël. Einigermaßen stabile Populationen existieren nur noch im Maurengebirge (vor allem in höhergelegenen Bereichen) sowie auf Korsika. Das Maurengebirge entging jahrhundertelang der Kultivierungswut der einheimischen Bevölkerung, da sich hier arabische Piraten niedergelassen hatten, die erst im 11. Jh. n. Chr. vertrieben wurden. Das Gebirge wurde dann im 19. Jh. lange Zeit von Holzfällern und Schafherden heimgesucht, geriet nach dem 1. Weltkrieg aber weitgehend wieder aus dem Blickfeld. Die heimische Tier- und Pflanzenwelt profitierte jahrzehntelang davon, bis Städtebau und Tourismus sich um 1950 entlang der Mittelmeerküste ausbreiteten und ihre Fühler auch bis ins Maurengebirge ausstreckten. Die ersten Wohnhäuser entstanden inmitten des Gebirges, und Straßen wurden selbst bis in die entlegensten Winkel der Region gebaut; ursprünglich als Zugangserleichterung für Feuerwehrleute bei Waldbränden gedacht, führte der Straßenbau insgesamt zu einer stärkeren Präsenz des Menschen in der Region und in der Folge zu vermehrten statt verminderten Waldbränden und einer Zunahme der illegalen Schildkrötenfänge.

Die Angaben von CHEYLAN (1981a), der die Zahl der Schildkröten im Maurengebirge auf der Basis eines kleinen Studiengebietes in der Maurenebene auf nur etwa 10.000 hochrechnete, konnten vier Jahre später von STUBBS & SWINGLAND (1985) glücklicherweise nicht in dieser Form bestätigt werden; die beiden letzteren Autoren zeigten, dass die durchschnittliche Individuenzahl in Höhenlagen unter 300 m höher ist als von CHEYLAN (1981a) vermutet, hielten die Situation aber dessen ungeachtet für besorgniserregend. Eine Zählung, die zwischen 1991 und 1994 durchgeführt wurde, lieferte die folgenden Schätzungen: 85.000 Schildkröten auf etwa 200 km² Fläche bzw. eine Populationsdichte von 0,4 Schildkröten – das reicht nicht, um eine effektive Fortpflanzung zu sichern. 20.000–30.000 Schildkröten sind auf einem »Kerngebiet« von etwa 30 km² zu finden, was einer durchschnittlichen Populationsdichte von etwa 0,7–1,1 Schildkröten pro Hektar entspricht. Da allerdings manche Abschnitte dieses Kerngebietes nur sehr dünn oder gar nicht besiedelt sind, andere wiederum eine sehr hohe Bestandsdichte aufweisen, ist dieser Durchschnittswert nur von geringer praktischer Bedeutung. Auf zusätzlichen 70 km² Fläche leben schätzungsweise 25.000–50.000 weitere Schildkröten, und am Rande des südfranzösischen Verbreitungsgebietes sind auf ca. 60 km² schließlich noch 5.000–10.000 Exemplare zu finden. Die neueren Schätzungen bezüglich der Gesamtzahl der südfranzösischen Landschildkröten sind zwar deutlich höher als die von CHEYLAN (1981a) ermittelten Zahlen, aber immer noch relativ niedrig, wenn man bedenkt, dass das von den Tieren besiedelte Gebiet insgesamt ca. 200 km² groß ist. Noch bedenklicher ist allerdings, dass mehr als ein Drittel der Gesamtpopulation in weniger als 20% des südfranzösischen Verbreitungsgebietes lebt. Dieser Umstand lässt vermuten, dass die Bestände im größten Teil des Areals zurückgehen und ohne erhaltende Maßnahmen ein Schrumpfen des Verbreitungsgebietes bis auf die Größe des Kerngebietes zu befürchten ist. Zudem ist der Anteil alter Exemplare an den südfranzösischen Populationen sehr hoch, Jungtiere wurden außerhalb der großen Vorkommen nur selten beobachtet. Vermutlich gibt es in Frankreich mehr Exemplare in Menschenobhut als in freier Natur. Eine zweite Schätzung, die 2001 begonnen und 2005 abgeschlossen wurde, wird einen Vergleich erlauben, um den wirklichen Status der Art besser einschätzen zu können; die Ergebnisse lagen bei Drucklegung leider noch nicht vor (deren Veröffentlichung ist für Anfang 2006 geplant), erste Resultate zeigten jedoch bereits, dass der Lebensraum der Schildkröten erneut geschrumpft ist und einige große Populationen auf Privatgrund leben.

Um sich der Situation von *Testudo hermanni* in Südfrankreich bewusst zu werden, muss man sich in Erinnerung rufen, dass der größte Teil des von ihr bevorzugten Lebensraumes heute nicht mehr existiert. Vermutlich waren die Schildkröten einst in niedrigeren Höhenlagen weit verbreitet. Der größte Teil der südfranzösischen Küstenebenen ist heute jedoch vom Menschen zersiedelt und kultiviert und durch den Bau von Straßen, Eisenbahnlinien und Kanälen zerschnitten worden; dass die

GEFÄHRDUNG

Schildkröten heute im Maurengebirge häufiger vorkommen als in der Maurenebene, ist also wahrscheinlich auf die Vorliebe des Menschen für das Tiefland als Siedlungsstätte zurückzuführen. Während die Ebenen für die Schildkröten immer weniger bewohnbar wurden, blieben die Gebirgsausläufer größtenteils verschont bzw. wurden in einer Form genutzt, die den Tieren zuträglich war. Schaf- und Ziegenherden hielten das Buschwerk niedrig und ermöglichten einen verstärkten Wuchs der Wildkräuter in den lichten Korkeichenwäldern. Dies führte dazu, dass Waldbrände in den Gebirgsausläufern selten wurden und auch die Kontrolle von Raubtieren wie Dachsen, Mardern und Füchsen leichter wurde, was den Schildkröten ideale Nistbedingungen in Olivenhainen und auf anderen Waldlichtungen bot, da kaum noch Verluste durch Raubtiere zu befürchten waren. Mittlerweile verschlechtert allerdings der Rückgang der Viehzucht und der traditionellen Landwirtschaft vielerorts die Lebensumstände der Landschildkröten wieder im gleichen Maße, wie sie sich für die potentiellen Nesträuber verbessern. Vor allem die Steinmarder, Dachse und Wildschweine haben sich oft geradezu darauf spezialisiert, die auf den erneut spärlicher werdenden Nistplätzen konzentriert abgesetzten Schildkrötengelege aufzuspüren und zu plündern; in manchen Gebieten werden so bis zu 90 % der Gelege vernichtet. Die mangelnde Beweidung durch Viehherden führt dazu, dass das Buschwerk wieder höher wird, die Brandgefahr durch trockenes Unterholz abermals steigt und das Nahrungsangebot für die Schildkröten durch die spärlicher werdenden Wildkräuter schrumpft. Die Gründe für den Wandel sind vor allem in sozialen und ökonomischen Veränderungen nach dem 1. Weltkrieg zu suchen; seitdem ist die Landbevölkerung stark zurückgegangen, und demzufolge auch die Viehhaltung. Das Management der Wälder obliegt dem *Office National de Forêt*, der Nationalen Forstbehörde, deren Hauptinteresse darin besteht, Feuerschneisen anzulegen, die aber nicht den Ehrgeiz besitzt, die Lebensbedingungen für die heimische Tierwelt zu verbessern.

Die im Süden Frankreichs regelmäßig auftretenden und leider nicht selten absichtlich von Grundstücksspekulanten zur Landgewinnung gelegten Waldbrände, die ganze Landstriche verwüsten und alles Lebendige,

Abb. 152: Derart unheilvolle Begegnungen finden auf den Straßen Südfrankreichs leider immer wieder statt (B. DEVAUX)

was nicht schnell genug flüchten kann (und dazu gehören nun einmal auch Landschildkröten), töten, sind eine große Bedrohung für die verbliebenen Bestände von *Testudo hermanni* dar. In früherer Zeit, als Feuer großen Ausmaßes eine Region alle 30–50 Jahre einmal aufsuchten, stellte dies für die Pflanz- und Tierwelt kein Problem dar; im Gegenteil, die Brände vernichteten größere Bäume und dichtes Gestrüpp und erzeugten einen fruchtbaren Boden für die nachwachsende, niedere Vegetation, die der sich erholenden Schildkrötenpopulation eine hervorragende Nahrungsgrundlage bot. Zwischen diesen Großbränden kam es seit undenklichen Zeiten regelmäßig zu kleineren sommerlichen Feuern; bereits die Griechen, die vor 3.000 Jahren vor der Küste am Fuße des Maurengebirges zwischen den heutigen Städten Toulon und Fréjus kreuzten, sahen, wie die Feuer riesige Wälder schwärzten. Die Griechen waren im Übrigen auch diejenigen, die im Zusammenhang mit dem Gebirgsmassiv und dessen Umgebung den Begriff *maurun* benutzten, was soviel wie »dunkel« oder »schwarz« bedeutet. Die Gebirgslandschaft brannte so in Tausenden von Jahren immer wieder. Brände sind in diesem Lebensraum notwendig, damit sich dieser regenerieren und verjüngen kann, sie begünstigen u. a. die Durchlüftung des Erdbodens und das Neuwachstum der Vegetation. Die für die Mittelmeerküste typischen Korkeichen sind an die Feuer angepasst und benötigen periodisch auftretende Brände regelrecht, um gut zu wachsen. Die Feuer bringen so durchaus Vorteile für die Schildkröten und das Ökosystem mit sich, solange sie in größeren Abständen auftreten. Im Département Var wurden in den 1970er-Jahren nicht weniger als 103.450 Hektar Macchia und Kiefernwälder vernichtet (seit 1956 sind es alljährlich im Durchschnitt ca. 38.000 Hektar); alleine den katastrophalen Bränden vom August 1979 fielen etwa 7.000 Hektar Wald und ungefähr 20 % aller auf dem französischen Festland lebenden *Testudo hermanni* zum Opfer. Im Jahre 1990 starb sogar fast jede dritte Landschildkröte des Maurengebirges auf diese Weise, insgesamt etwa 25.000; dabei wurden durch die Brände außerdem etwa 15.000 Hektar Wald und Buschland vernichtet. Durch die Waldbrände während des »Jahrhundertsommers« des Jahres 2003 starben in der Region um die kleine Stadt Vidauban neben sechs Menschen zwischen 3.500 und 5.000 Schildkröten; die von Brandstiftern Mitte Juli und Ende August gelegten Feuer breiteten sich durch die große Trockenheit und die vorherrschenden Winde rasend schnell aus und vernichteten erneut ca. 20.000 Hektar Wald und Buschland und mehr als 5.000 Hektar Landschildkröten-Lebensraum. Bezieht man Korsika mit in die Betrachtung ein, so fallen jedes Jahr im Durchschnitt 4 % des französischen Lebensraumes von *Testudo hermanni* Waldbränden zum Opfer. Nach CHEYLAN (1984) sind heute etwa 90 % aller Waldbrände menschlichen Ursprungs, und davon 25 % eine Folge der Leichtsinnigkeit der Touristen. Zwischen den beiden großen Bränden von 1990 und 2003 brannten glücklicherweise keine Gebiete, in denen es große Schildkrötenbestände gibt, was es den Landschildkröten erlaubte, sich fortzupflanzen, die Zahl geschlechtsreifer Tiere zu erhöhen und so den Fortbestand der Populationen zu sichern. In Gebieten, in denen es zuvor gebrannt hatte, so z. B. in der Maurenebene, wurde früher beobachtet, dass die Tiere nach 3–4 Jahren von angrenzenden Regionen aus die verbrannten Flächen zurückeroberten. Es fand somit eine zwar langsame, aber stetige Wiederbesiedelung statt, und nach ungefähr zehn Jahren wies eine von Bränden heimgesuchte Region wieder einen großen Teil ihre ursprünglichen Lebensräume und Wildtiere auf.

Mit den schon fast alljährlich auftretenden großen Feuern der heutigen Zeit kommt die Natur dagegen nicht mehr mit. Bedrohlich werden sie insbesondere dann, wenn andere Faktoren wie der Siedlungs- und Straßenbau, die Zersplitterung natürlicher Lebensräume sowie die durch andere Ursachen bedingte Ausdünnung der Schildkrötenbestände hinzukommen. Insbesondere das Zusammenspiel von Bränden und Siedlungsbau, d. h. von Feuer und zunehmend isolierten »Habitatinseln« wirken sich verheerend auf die Schildkrötenbestände aus. Südfrankreich wurde im Verlauf der letzten 50 Jahre mit Ferienanlagen, Golfplätzen und vor allem Industriegebieten und Schnellstraßen regelrecht zugebaut, sodass die natürlichen Lebensräume der Schildkröten zerschnitten wurden und vereinzelte Inseln geeigneten Lebensraums zurückließen, die Heimat für jeweils mehrere Tausend Landschildkröten sind. Kommt es in einer solchen Habitatinsel jedoch zu einem Brand, wie eben in Vidauban im Jahre 2003, besteht keine Möglichkeit mehr zur Wiederbesiedelung durch Schildkröten, da die nächste »Insel« zu weit entfernt ist. Da *Testudo hermanni* in Südfrankreich nur selten bis in Höhenlagen von mehr als 400 m vordringt, stellen die Gebirge hier eine wirksame Verbreitungsgrenze für die Schildkröten dar, und die einzige Kontaktmöglichkeit zwischen den Populationen besteht entlang der Gebirgsausläufer und in der Ebene – und genau diese Kontaktmöglichkeit ist häufig abgeschnitten. Letztlich ist dies somit das Todesurteil für die betroffene Population, der Lebensraum der Art wird immer kleiner und kleiner, und die Schildkröten verschwinden.

Tourismus und Umweltverschmutzung sind weitere Gefahrenquellen für die französischen Bestände; nicht wenige Schildkröten sterben z. B. alljährlich auf den Straßen Südfrankreichs. In der Provence werden die Tiere noch immer von Touristen, Jägern und Pilzsammlern mitgenommen; nach Schätzungen von DEVAUX (2004a) verschwinden jährlich ca. 2.000 Landschildkröten alleine in den Koffern von Touristen! Gelegentlich werden die Schildkröten sogar aus den Zoos der Region oder aus dem *Village des Tortues* (s. u.) gestohlen. Das Absammeln für den kommerziellen Tierhandel, das auch in Frankreich in den vergangenen Jahrzehnten in großem Stil betrieben wurde, spielt nach Verabschiedung der strengen europäischen Schutzvorschriften keine Rolle mehr, denn nur noch vereinzelt fangen hauptberufliche Tierhändler illegal Landschildkröten. Auch in Frankreich selbst erfreute und erfreut sich *Testudo hermanni* aber einer fragwürdigen Beliebtheit als »Gartenschildkröte«; dieser »Brauch« wurde aus den nordafrikanischen Kolonien ins Mutterland importiert und hatte zumindest zu Beginn weniger mit Tierliebe und mehr mit der angeblichen Fähigkeit der Schildkröten zu tun, den Garten ihrer Besitzer von Schnecken jeder Art zu befreien. Bereits zu Beginn des 19. Jh. wurden alljährlich im Juni und Juli Hunderte von von Korsika und Sardinien stammenden Landschildkröten im Hafen von Marseille ausgeladen und später auf dem Markt von Beaucaire an Tierhändler aus ganz Frankreich und den Nachbarländern verkauft. Es überrascht daher nicht, dass bereits zu jener Zeit die ersten entlaufenen oder ausgesetzten Einzeltiere in ansonsten »schildkrötenfreien« Regionen auftauchten.

Ein Verzehr der Schildkröten durch die Einheimischen, wie er in vergangenen Jahrhunderten (z. B. noch zu Beginn des 20. Jh. als freitägliche Fastenspeise in Klöstern und mangels anderer Nahrungsmittel auch während der beiden Weltkriege) in Südfrankreich vielerorts zu verzeichnen war, findet heute nicht mehr statt. Angehörige der Kriegsgeneration berichten, dass sie die Schildkröten damals komplett mit Panzer im Feuer grillten und vorzugsweise die Leber und das wenige Fleisch an den Extremitäten verzehrten. Später wurden die Tiere z. T. in Fischgeschäften zum Kauf angeboten, was aus gesundheitlichen Gründen aber bald untersagt wurde. Ein während des

2. Weltkrieges ins Maurengebirge geflüchteter deutscher Deserteur baute eine Art »Legebatterie« für Schildkröten auf und bereitete sich aus den Gelegen der Tiere im Frühsommer Omelettes zu. Die Schildkrötenpopulationen der Inseln Port-Cros und Poquerolles wurden nach Angaben von DEVAUX (1997a) bereits im Jahre 1811 von den Soldaten NAPOLÉONS, die sich in der Region niedergelassen hatten, fast komplett »aufgefressen«; einige wenige überlebende Tiere wurden hier noch um 1850 beobachtet, zu Beginn des 20. Jh. waren die Bestände aber schließlich völlig erloschen.

Ein Problem neueren Datums ist die mögliche Vermischung wildlebender Populationen von *Testudo hermanni* mit vom Menschen ausgesetzten Exemplaren anderer Arten; so wurden z. B. aus der Umgebung von Les Mayons bereits Angehörige von *Testudo boettgeri* inmitten eines Vorkommens von *Testudo hermanni* entdeckt. GUYOT & PRITCHARD (1999) z. B. fanden zwischen Mai und Oktober 1995 auf einer etwa 35–40 Hektar großen Fläche bei Les Mayons 35 Angehörige von *Testudo hermanni*, aber auch sieben Exemplare, die entweder »reinrassige« Angehörige der östlichen Populationsgruppe waren oder möglicherweise auch Mischlinge zwischen westlichen und östlichen Tieren darstellten; PERÄLÄ (2002b) geht allerdings davon aus, dass es sich aufgrund der von ihm an französischen Tieren festgestellten Variationsbreite des Längenverhältnisses zwischen Femoralia und Abdominalia, das den beiden genannten Autoren als Bestimmungsmerkmal diente, auch um Fehlbestimmungen handeln könnte. GUYOT & PRITCHARD (1999) erwägen mehrere Möglichkeiten der Reaktion auf dieses von ihnen angenommene Problem:
– Nichtstun,
– Tötung der Tiere,
– Auswilderung in Gebieten, deren ursprünglicher Schildkrötenbestand ausgerottet wurde,
– Unterbringung in Menschenobhut ohne eine Möglichkeit der Fortpflanzung.

Das Unterlassen eines Eingriffs könnte nur dann erfolgreich sein, wenn *Testudo hermanni* besser an das Leben im Süden Frankreichs angepasst wäre als ihre Artgenossen aus dem Osten des Verbreitungsgebietes und so letztendlich einen möglichen Wettbewerb gewinnen würde. Die östlichen Tiere sind jedoch insgesamt deutlich größer als die Schildkröten aus dem Westen und haben durch ihre höhere Eizahl pro Gelege ein größeres Fortpflanzungspotential. Obwohl der Fang wildlebender Landschildkröten in Frankreich generell untersagt ist, sollte es daher z. B. Wissenschaftlern im Rahmen ihrer Forschungsarbeiten erlaubt sein, nicht heimische Exemplare oder Mischlinge der Natur auf Dauer zu entnehmen. Die Tötung der Schildkröten scheidet aus ethischen und Tierschutzgründen aus. Die Ansiedlung solcher Tiere in Regionen, deren Schildkrötenbestände vernichtet wurden, klingt verlockend, stößt aber auf Schwierigkeiten; zunächst müssten jene Faktoren, die zum Verschwinden der einheimischen Schildkröten führten, beseitigt werden. Die praktikabelste Lösung wäre daher wohl die dauerhafte Unterbringung der Schildkröten bei zuverlässigen Privathaltern.

Dass die Situation der Bestände auf **Korsika** noch als relativ gut einzustufen ist, führt CHEYLAN (1995) vor allem auf den geringen Druck zurück, der dort von der menschlichen Bevölkerung auf die Schildkröten und deren Lebensräume ausgeht, was sich z. B. in der traditionellen Art der Landwirtschaft äußert, die auf der Insel betrieben wird (oder wurde) und im Einklang mit der Natur steht. Außerdem fehlen auf Korsika Raubfeinde wie Elster, Dachs und Marder, die sich vor allem gerne an den Gelegen und den jungen Schildkröten vergreifen; eine Gefahr stellen allerdings die verwilderten Hausschweine dar, die sich mit den einheimischen Wildschweinen vermischt haben und weder Jungtiere noch Gelege der Schildkröten verschmähen. Auch auf Korsika bieten außerdem Brände (vor allem um Porto-Vecchio, Saint Trinité und Sotta), menschliche Siedlungstätigkeit, der illegale Fang der Schildkröten durch Touristen (hauptsächlich um Porto-Vecchio und Casinca), der Straßenbau und der wachsende Tourismus Anlass zur Besorgnis, und auch hier ist die traditionelle Form der Landwirtschaft immer mehr auf dem Rückzug. So mancher Landwirt und Landarbeiter sieht die Schildkröten außerdem noch immer als Nahrungskonkurrenten für sein Vieh an; Funde von erschlagenen Schildkröten und Exemplaren mit Panzerverletzungen zeigen, dass wohl des öfteren eine *Testudo hermanni* durch eine Spitzhacke oder Schaufel den Tod findet. Unter den Veränderungen, die die Natur der Insel in den letzten Jahren hinnehmen musste, sind vor allem der Bau von Industrieanlagen in der Umgebung von Bastia und der Ausbau menschlicher Siedlungen in der Region von Casinca, Porto-Vecchio, Bonifacio und am Golf von Valinco hervorzuheben. Geringe oder keine Sorgen muss man sich daher auch auf Korsika derzeit nur um jene Populationen von *Testudo hermanni* machen, die in Gebieten leben, die kaum von Touristen aufgesucht und selten von Feuern heimgesucht werden sowie dünn besiedelt sind, so z. B. in der Umgebung von Aléria, in der Ebene von Stabiacciu, in der Region um Figari und an der Mündung des Rizzanese-Flusses.

Nur noch in kleinen, verstreuten Populationen ist *Testudo hermanni* im größten Teil Italiens zu finden. Aus zahlreichen Küstengebieten ist sie verschwunden, gesunde Bestände leben hauptsächlich noch in Nationalparks sowie auf privatem Landbesitz. In Latium z. B. existieren zwar noch einige zahlenmäßig starke Populationen, doch gibt es auch einige Gebiete, die in vergangener Zeit stark von Tierfängern heimgesucht wurden, und deren Schildkrötenbestände derzeit durch Wiederansiedelungsprogramme aufgestockt werden. Verantwortlich für den Rückgang der Art ist heute vor allem die Umwandlung wertvoller Küstenlandschaften in Bauland. Auf Sardini-

Abb. 153: Landschildkröten überstehen oft selbst ausgesprochen massive Panzerverletzungen, so auch diese bulgarische *Testudo boettgeri* (G. POPGEORGIEV)

en sind die dichtesten Vorkommen in den unmittelbar an den Küstenstreifen angrenzenden Tälern und den Hügellandschaften zu finden; aufgrund der sandigen, steinigen, oft sehr felsigen und flachgründigen Böden sind diese weitläufigen, hauptsächlich mit Garrique bedeckten Flächen land- und weidewirtschaftlich kaum nutzbar, und Tourismus ist bislang nur sehr spärlich an den wenigen durch Straßen und Fahrwegen zugänglichen Meeresbuchten vorhanden. Erst in den letzten Jahren ist besonders der Nordosten der Insel vor allem für Italiener vom Festland zum beliebten Ferienziel geworden, es existieren neben verschiedenen Nobelanlagen des AGA KHAN an der Costa Smeralda erst relativ wenige Hotelanlagen mit der erforderlichen Infrastruktur, aus der sich für die Schildkröten nachteilige Folgen ergeben. Wo die Tiere noch einen relativ ungestörten Lebensraum haben, scheinen die Bestände noch recht stabil zu sein.

In vergangenen Jahrhunderten spielte auch der Verzehr der Tiere durch die einheimische Bevölkerung eine Rolle beim Rückgang der Populationen; im 19. Jh. z. B. wurden Landschildkröten regelmäßig auf Märkten angeboten, und in manchen Fällen wurde eine regelrechte »Zucht« zu Schlachtzwecken betrieben. Noch zu Beginn des 20. Jh. landeten wie auch in Südfrankreich regelmäßig Landschildkröten als freitägliche Fastenspeise in den Kochtöpfen der Klöster. Auf Sardinien sollen Landschildkröten noch vor wenigen Jahrzehnten tonnenweise zu Fleischbrühe und Suppe verarbeitet worden sein. Von 1968 bis 1970 wurden laut BRUNO (1971b) auf dem italienischen Festland insgesamt ca. 54.200 Land- und Süßwasserschildkröten für den Tierhandel gefangen; auf Sizilien waren es im gleichen Zeitraum 7.500 Schildkröten, auf Sardinien 5.230. Heute spielen der Verzehr durch den Menschen und der Tierhandel im Vergleich zur Vernichtung der natürlichen Lebensräume keine Rolle mehr bei der Gefährdung der wildlebenden

Bestände von *Testudo hermanni*, auch wenn natürlich immer noch die ein oder andere Schildkröte bedauerlicherweise ihren illegalen Weg in die Terrarien von »Liebhabern« findet (alljährlich werden im Durchschnitt 5–6 Personen beim widerrechtlichen Schildkrötenfang oder -export erwischt). Offenbar hat dazu auch unfreiwillig die Arbeit des CARAPAX-Schutzzentrums (siehe Kapitel »Schutzmaßnahmen) beigetragen, die nicht nur die Aufmerksamkeit Naturinteressierter auf die italienischen Schildkrötenpopulationen zog, sondern möglicherweise auch erst die Begierde so manchen Terrarianers weckte, der es mit den Gesetzen nicht ganz so genau nimmt. Selbst Schildkrötendiebstähle und Diebstahlsversuche im Schutzzentrum selbst sind wie auch in seinem französischen Pendant SOPTOM immer wieder zu beobachten.

Die Ausbreitung der Wildschweine in **Italien**, einschließlich der Inseln, hat dazu geführt, dass in manchen Regionen sämtliche Gelege der Schildkröten zerstört werden; die Gelege von *Testudo hermanni* werden in offenem Gelände abgesetzt, oft recht konzentriert an einer Stelle, sodass den Eiräubern (neben den Wildschweinen vor allem Füchsen und Mardern) die Suche leicht gemacht wird. Die Schweine pflügen z. B. auf Sardinien ganze Gebiete um, fressen Gelege und Jungtiere und sogar ausgewachsene Schildkröten mitsamt dem Panzer. Auf Sardinien stellen auch verwilderte Haushunde ein ernsthaftes Problem für die Schildkröten dar; die Pflanzen- und Tierwelt im Nordosten der Insel leidet zudem in zunehmendem Maße unter der Entwicklung des Tourismus in der Region, und auch die expandierende Landwirtschaft vernichtet so manches kleine Paradies (ein trauriges Beispiel dafür schilderten VINKE & VINKE 2002b). In den Flusstälern und Ebenen im Inneren der Insel wurden weitläufige landwirtschaftliche Nutzflächen geschaffen, die die Lebensräume der Schildkröten zerschneiden; die Tiere werden hier duch Maschinen getötet, von den Bauern als Schädlinge erschlagen oder durch Spritzmittel und Überdüngung vergiftet, geeignete Nistplätze sind nicht mehr vorhanden oder werden umgepflügt. Ein Einheimischer schilderte WEGEHAUPT (2004) freimütig, die einfachste Methode, eine Landschildkröte zu töten, sei die, das Tier auf den Rücken zu drehen und mit einem Stock auf den herausgestreckten Kopf zu schlagen. Von den immer mehr zunehmenden Brandrodungen zur Gewinnung von Weideland und Ackerflächen und den vielen fahrlässig oder vorsätzlich verursachten Flächenbränden werden auch auf Sardinien alljährlich zahlreiche Schildkröten getötet. Durch die in den letzten Jahren immer mehr ausbleibenden Regenfälle und die dadurch im Sommer entstehende Trockenheit sind besonders in den Küstengebieten im Nordwesten immer mehr an Wassermangel eingegangene Italienische Landschildkröten aufzufinden; im Herbst 2003 fand WEGEHAUPT (2004) in einem abgelegenen Lebensraum in unmittelbarer Meeresnähe allein 15 vertrocknete adulte Exemplare außerhalb ihres Unterschlupfes. Auf Elba ist das mutmaßliche Aussterben von *Testudo hermanni* vermutlich zumindest auch auf die vielen auf der Insel lebenden Ratten zurückzuführen.

Nur die Langlebigkeit der erwachsenen Tiere hat so manche italienische Population bisher vor dem Aussterben bewahrt. Schutzmaßnahmen sind daher dringend notwendig, vor allem, wenn man bedenkt, dass etwa 90 % aller wildlebenden Exemplare von *Testudo hermanni* in Italien beheimatet sind. BALLASINA (1995a) geht außerdem davon aus, dass zahlreiche Angehörige der östlichen Populationsgruppe, die über den Tierhandel nach Italien gelangten, von ihren Besitzern in die Freiheit entlassen wurden und sich mit den einheimischen Schildkröten vermischten, sodass so manches italienische Vorkommen nicht mehr als genetisch rein gelten könne; dies betreffe vor allem die Bestände in der Toskana, in Latium und Kampanien. Solche Mischlinge seien praktisch nicht zu erkennen, da sie in der Färbung in der Regel *Testudo hermanni* ähnelten und nur in der Körpergröße den Angehörigen der östlichen Populationsgruppe entsprächen, was durch die Tatsache, dass auch auf dem italienischen Festland recht großwüchsige Populationen existierten, noch weiter verkompliziert werde. BALLASINA (1995a) hält es daher für unbedingt erforderlich, nach einer genetischen Studie (zwecks Feststellung des Genotypus von *Testudo hermanni*) eine Reihe »biogenetischer Reservate« einzurichten und die dort existierenden Populationen mit Schildkröten der gleichen Herkunft aufzustocken.

Im Nordosten **Spaniens** existieren noch sechs Populationen mit insgesamt schätzungsweise 5.000 Landschildkröten. Die Bestände sind im Vergleich zu vergangenen Jahrzehnten deutlich geschrumpft und weisen meist eine nur noch geringe Dichte auf; aus vielen Regionen ist die Art ganz verschwunden. Neuere Untersuchungen erbrachten jedoch auch an manchen Stellen eine recht hohe Dichte erwachsener Exemplare und eine erhebliche Anzahl von Jungtieren und halbwüchsiger Schildkröten. Gründe für den Rückgang der Art in Spanien sind auch hier vor allem die regelmäßig auftretenden Feuersbrünste (die den Boden austrocknen und das Wachstum einiger besonders widerstandsfähiger Pflanzen fördern, was den Lebensraum der Schildkröten völlig verändert), die Auswirkungen der Landwirtschaft und in vergangener Zeit der Fang der Schildkröten für den Tierhandel; alleine in den 1970er-Jahren wurden in Spanien pro Jahr etwa 10.000–15.000 Landschildkröten gefangen. Zum Teil wurden die Schildkröten auch von den Einheimischen als »Haustiere« gehalten; dies kommt heute seltener vor, doch werden die Schildkröten noch immer in den größeren Städten auf dem Schwarzmarkt, im Südosten Spaniens auch von »fliegenden Händlern«, angeboten. FÉLIX et al. (1989) schätzten die Dichte einer Population in einem Tal auf 10,95 Schildkröten pro Hektar, bevor ein Waldbrand im Jahre 1986 25.000 Hektar Wald und fast den gesamten Lebensraum dieser Population vernichtete, was etwa 3.000 Schildkröten (ca. 30 % der Tiere) das Leben kostete, vor allem an der Südseite des Gebirgsmassivs. Am Morgen des 06. August 2000 brach in der Nähe des katalanischen Dorfes Garriguella, in dem das »*Centre de Reproducció de la Tortuga de L'Albera*« (CRT) (siehe Kapitel »Schutzmaßnahmen«) untergebracht ist, ein riesiges Buschfeuer aus, das mehr als 30 Stunden lang wütete und 5.800 Hektar Land (hauptsächlich Korkeichenwald und mediterranes Buschland) verwüstete. Zwar ist diese Region nur relativ dünn von Landschildkröten besiedelt, doch zeigte sich im Rahmen einer zehntägigen Untersuchung, dass 80 % der Tiere den Bränden zum Opfer gefallen waren. Wenn man sich diese Zahlen ansieht, dann ist zu befürchten, dass die gesamten spanischen Restbestände durch wiederkehrende ausgedehnte Feuer sehr stark dezimiert oder gar ausgelöscht werden könnten.

Noch vor wenigen Jahrzehnten war *Testudo hermanni* in weiten Teilen im Osten **Mallorcas** verbreitet. Zu Beginn der 1980er-Jahre wurde die Zahl der Tiere auf der Insel noch auf mehr als 20.000 geschätzt; auf dieser Insel spielte ebenso wie auf der Nachbarinsel Menorca das Absammeln der Schildkröten für den Tierhandel eine große Rolle. Anfang der 1980er-Jahre wurden alljährlich ca. 300–400 von Mallorca stammende Landschildkröten zu diesem Zweck gefangen, ganz überwiegend für den Zoohandel auf dem spanischen Festland. Weniger häufig tauchten die Tiere als ausgestopfte Souvenirs auf Märkten auf. Da Wildschweine, Füchse und Dachse auf den Balearen nicht vorkommen, droht den Schildkröten von dieser Seite keine Gefahr, sehr wohl aber von den regelmäßig auftretenden Busch- und Waldbränden und dem unersättlichen Massentourismus, der auf Mallorca ebenso wie auf Ibiza ein Stück unberührtes Land nach dem anderen in eine Art moderne »Entertainmentwüste« zu verwandeln droht. Alleine im Sommer des Jahres 1981 wurden im Osten Mallorcas etwa 300 Hektar Habitat durch Brandstiftung zerstört, alljährlich gingen Anfang der 1980er-Jahre so schätzungsweise 500 Hektar Lebensraum verloren. Auf Mallorca werden außerdem mehr und mehr alte Fincas aufgekauft und von ihren neuen Besitzern mit Mauern umgeben, die es den auf diesem Land lebenden Schildkröten oft unmöglich machen, ihre angestammten Nist- und/oder Weideplätze zu erreichen; kleine Lücken in der Ummauerung würden hier schon viel bewirken. Auch die zum Schutz der Fincas eingesetzten frei herumlaufenden Wachhunde erweisen sich immer wieder als große Gefahr für die Schildkröten. Zwischenzeitlich stellte auch eine auf den Balearen herrschende Rattenplage ein ernsthaftes Problem vor allem für die jungen Schildkröten dar. Alles in allem sind die verbliebenen Populationen Mallorcas noch stabil, das Verbreitungsgebiet der Art ist jedoch mittlerweile sehr stark fragmentiert. Auf Menorca hat die Populationsdichte vielerorts in den letzten Jahren stark abgenommen, nachdem auch diese lange Zeit vom Massentourismus verschonte Insel zunehmend ins Visier der Reiseunternehmen geriet. Aus der Umgebung von Siedlungen sind die Tiere z. T. völlig verschwunden; ein einziger Händler exportierte zwischen 1965 und 1976 ca. 5.000 Landschildkröten jährlich von der Insel. In abgelegeneren Gegenden Menorcas ist jedoch erfreulicherweise ein deutlicher Anstieg der Individuenzahl zu verzeichnen, was auf die Erholung mancher Populationen nach den intensiven Absammelaktionen der Tierfänger hindeutet.

Schutzmaßnahmen

Testudo-hermanni-Artengruppe
Die hier behandelten Arten stehen (unter der Bezeichnung »*Testudo hermanni*«) in CITES-Anhang II und Anhang A der Verordnung Nr. 338/97 der Europäischen Union, außerdem fallen sie unter EU-Verordnung Nr. 1808/2001, das Bundesnaturschutzgesetz (»*streng geschützt*«) und die Bundesartenschutzverordnung (Anlage 6). Für den deutschen Halter bedeutet dies: Der Besitz, der Kauf, die Zurschaustellung und die kommerzielle Vermarktung von *Testudo boettgeri*, *Testudo hercegovinensis* und *Testudo hermanni* sind grundsätzlich verboten. Eine Ausnahme hiervon ist nur unter bestimmten Voraussetzungen, hauptsächlich für in der EU gezüchtete oder rechtmäßig aus Drittländern in die EU gelangte Exemplare, möglich; benötigt wird eine Ausnahmegenehmigung vom Besitz- und Vermarktungsverbot (EU-Bescheinigung Nr. 224), die die zuständige Landesbehörde ausstellt. Für vor Inkrafttreten der EU-Artenschutzverordnung bereits vorhandene Schildkröten genügt eine Bescheinigung über den legalen Erwerb oder die legale Einfuhr der Tiere. Für eine vorgesehene Veräußerung eines Tieres, für dessen Kauf nur eine einmalige Aufhebung des Vermarktungsverbotes erteilt wurde, muss man diese erneut beantragen.

Um als Nachzuchttiere anerkannt zu werden, müssen die Schildkröten in kontrollierter Umgebung geschlüpft sein, das heißt die Elterntiere und die Nachzuchttiere dürfen dieses Territorium nicht verlassen und fremde Tiere nicht eindringen können. Die Tiere stellen eine geschlossene Zuchtgruppe dar, und die Elterntiere wurden nach den zum Zeitpunkt des Erwerbs gültigen Vorschriften legal erworben. Außerdem erhalten die Schildkröten Futter und Schutz vor Raubtieren und Krankheiten.

Sollen Tiere der Anhang-A- und Anhang-B-Arten sowie nach der Bundesartenschutzverordnung geschützte Exemplare ausgeführt oder wiederausgeführt werden, ist eine Ausfuhrgenehmigung oder Wiederausfuhrbescheinigung beim *Bundesamt für Naturschutz* zu beantragen.

Schildkröten der hier behandelten Arten dürfen nur nach vorheriger Erteilung einer Einfuhrgenehmigung durch das *Bundesamt für Naturschutz* in Bonn importiert werden. Grundsätzlich dürfen Wildexemplare nicht für kommerzielle und private Zwecke eingeführt werden. Die Einfuhr gezüchteter Exemplare ist in bestimmten Fällen möglich. Die Einfuhrgenehmigung ist an die entsprechenden Ausfuhrdokumente des Exportstaates (CITES-Dokumente) gebunden und wird außerdem nur erteilt, wenn vom Import der Tiere kein negativer Einfluss auf die Erhaltung der Art ausgeht und die Einfuhr zum Zweck der Arterhaltung oder zu Forschungs- und Bildungszwecken und damit zur Arterhaltung beiträgt. Die Einfuhrgenehmigung und die Dokumente des Herkunftslandes sind der zuständigen Zollstelle bei der Abfertigung vorzulegen. Durch die wissenschaftliche Behörde wird geprüft, ob die Voraussetzungen für eine artgemäße Haltung beim Antragsteller gegeben sind. Die Haltung der Arten ist nach der *Bundesartenschutzverordnung* nur Personen erlaubt, die die erforderliche Zuverlässigkeit und ausreichende Kenntnisse über die Haltung und Pflege der Tiere aufweisen und über die erforderlichen Einrichtungen verfügen, die Gewähr dafür bieten, dass die Tiere nicht entweichen können und die Haltung den tierschutzrechtlichen Vorschriften entspricht; die erforderliche Eignung kann z. B. durch den Erwerb des Sachkundenachweises von DGHT und VDA dokumentiert werden (siehe www.sachkundenachweis.de). Die Schildkröten müssen zudem bei der nach Landesrecht zuständigen Behörde unverzüglich nach Beginn der Haltung schriftlich gemeldet werden, danach auch jeder weitere Zu- und Abgang (Schlupf, Todesfälle, genehmigte Veräußerungen). Die Anzeige muss Angaben über Zahl, Art, Alter, Geschlecht, Herkunft, Verbleib, Standort, Verwendungszweck und Kennzeichen der Tiere enthalten. Ein Standortwechsel der Tiere wegen Umzug, Verlegung des Geheges o. ä. muss der zuständigen Landesbehörde unverzüglich gemeldet werden. Für Wildexemplare, für die ein Haltungsort festgelegt wurde, muss vor einem Transport an einen neuen Standort beim *Bundesamt für Naturschutz* eine Genehmigung eingeholt werden. Ausgenommen davon sind Besuche beim Tierarzt, wenn das Tier danach wieder an den festgelegten Standort zurückgebracht wird.

Darüber hinaus kann die zuständige Landesbehörde verlangen, dass der rechtmäßige Erwerb der Schildkröten nachgewiesen wird. Es gilt hierbei der Grundsatz der freien Beweisführung. Deshalb sollten sämtliche Belege über den Erwerb aufgehoben werden: Einfuhrdokumente, Vorlagebescheinigungen, behördliche Meldebestätigungen und CITES-Bescheinigungen können als Nachweis dienen. Auch Bescheinigungen des Züchters/Verkäufers können als Nachweis herangezogen werden. Sie sollten – wie auch Kaufbelege, Schenkungs- oder Tauschbelege – möglichst viele eindeutige Angaben enthalten: Deutscher und wissenschaftlicher Artname, Schlupfdatum, Geschlecht des Tieres (wenn erkennbar), Name und Anschrift des Züchters, Angaben zu den Aufzeichnungsdokumenten beim Züchter (»Zuchtbuch«), Angaben zu den Elterntieren, bei Importtieren außerdem Hinweise zur Einfuhrgenehmigung wie Genehmigungsnummer, Datum der Einfuhr und Ursprungsland des Tieres. Belege, die nur den Kauf einer Schildkröte ausweisen oder nicht ausführlich genug erscheinen, sollten vom Käufer nicht akzeptiert werden. Sollten Behörden unzumutbare Forderungen für den Nachweis stellen, kann auch Widerspruch eingelegt werden. Schließlich ist es nicht möglich, jegliche Belege, die nicht von Behörden ausgestellt wurden, notariell bestätigen zu lassen.

Die *Bundesartenschutzverordnung* schreibt zudem vor, dass Reptilienarten des Anhangs A der EU-Verordnung zu kennzeichnen sind. Im Falle der hier behandelten Arten sind die Exemplare laut *Bundesartenschutzverordnung* per Mikrochip (Transponder) zu kennzeichnen, alternativ ist eine Dokumentation anzufertigen; die Wahl der Art der Kennzeichnung obliegt dem Halter. Eine Dokumentation muss eine zeichnerische oder fotografische Darstellung individueller Körpermerkmale enthalten, die eine Identifizierung ermöglicht; im Falle der hier behandelten Arten handelt es sich bei den genannten Merkmalen um die Konturen der Carapaxschilde und die Kreuzungspunkte der Bauchschilde. Diese Darstellung ist um eine Beschreibung des Tieres zu ergänzen, die zumindest Angaben zu Größe und Länge, Gewicht, Geschlecht und Alter, sowie eine Beschreibung vorhandener Besonderheiten umfassen muss. Die Dokumentation ist in solchen Zeitabständen zu wiederholen, dass mögliche Änderungen der Körpermerkmale nachvollziehbar sind. Eine Mehrfertigung der ersten Dokumentation hat der Halter der Anzeige bei der zuständigen Landesbehörde beizufügen, weitere Dokumentationen sind der Behörde auf Verlangen vorzulegen.

Fotoaufnahmen müssen scharf, bildfüllend und gut ausgeleuchtet sein. Der Carapax muss senkrecht von oben aufgenommen werden (ohne seitliche Neigung), sodass sowohl das Cervicale als auch das fünfte Vertebrale abgebildet werden. Aufnahmen des Plastrons müssen so angefertigt werden, dass dessen Oberfläche im rechten Winkel (wiederum ohne seitliche Neigung) zur Kamera positioniert wird. Als Unterlage für die Aufnahmen wird kariertes Papier mit einer Kantenlänge von 1 cm empfohlen (Kopiervorlage bei ROGNER 2005). Bei den drei hier behandelten Arten werden zur individuellen Erkennung der Schildkröten nach BENDER (2001a) elf unterschiedliche Merkmale herangezogen. Auf dem Carapax spielen die Formen der seitlichen Nähte des Cervicales zu den Marginalia (insgesamt neun Merkmalsausprägungen) und der Naht zum ersten Vertebrale (16 unterschiedliche Nahtformen) sowie die Konturen der Nähte des fünften Vertebrale zu den beiden Pleuralia und zum vierten Vertebrale (ebenfalls 16 Nahtformen) eine Rolle; die einzelnen Merkmalsvariationen werden mit verschiedenen Zahlen versehen, damit sie problemlos in ein Merkmalsprotokoll (»Reptilienpass«) eingetragen werden können. Auf dem Plastron sind fünf weitere Merkmale zu finden, nämlich die Form der »Kreuzung«, die beim Zusammentreffen der verschiedenen Plastronschilde an der Mittellinie des Plastrons gebildet wird; hier konnten zehn verschiedene »Kreuzungsformen« ermittelt werden. Bei Schildkröten über 500 g Gewicht muss nach fünf Jahren eine neue Bilddokumentation erfolgen, bei Schildkröten unter 500 g jeweils nach einem Jahr, weil noch nicht bekannt ist, welche und wieviele individuelle Merkmale bei Jungtieren zu finden sind und wie schnell sich solche Merkmale verändern können; als Anhaltspunkte, um auch bei Jungtieren individuelle Merkmale zu finden, sollten vorerst die gleichen Merkmale wie bei erwachsenen Schildkröten beachtet werden. Da bisher aber noch keine definitive Aussage darüber getroffen werden kann, ob solche Merkmale schon beim Schlupf vorhanden sind und ob bzw. wie sie sich bis zum Erreichen der Geschlechtsreife verändern, wurde es notwendig, diesbezüglich eine detaillierte Untersuchung durchzuführen und die bei Schlüpflingen dokumentierten Merkmale über einen Zeitraum von etwa 4–5 Jahren regelmäßig erneut zu erfassen. Dabei war es von großer Bedeutung, diese Methode bei einer statistisch ausreichenden Anzahl von Jungtieren anzuwenden, um den Ansprüchen einer wissenschaftlichen Untersuchung gerecht zu werden. Bisher war es so, dass mangels Erfahrungen über die notwendigen Abstände von Wiederholungsfotos weder die Besitzer der Schildkröten noch die Vollzugsbeamten der zuständigen Behörden wussten, wann sie was zu tun hatten, um sich bezüglich der seit 01.01.2001 bestehenden Dokumentationspflicht auch für Jungtiere der drei hier behandelten Arten rechtlich abzusichern. Aus diesem Grund gründete die AG Schildkröten der *Deutschen Gesellschaft für Herpetologie und Terrarienkunde* im März 2001 eigens den *Arbeitskreis Fotodokumentation von Jungtieren*, der alle notwendigen Aufgaben wie Organisation, Koordination, Anwerben von Mitgliedern des Arbeitskreises, Informationsverbreitung und Darstellung der Aktivitäten des Arbeitskreises in Zeitschriften und anderen Medien übernahm. Ziel des Arbeitskreises war es, während der ersten 2–3 Lebensjahre möglichst viele Jungtiere (etwa 200–300) mit Ausnahme der Winterruhe im Abstand von jeweils 6–8 Wochen zu fotografieren, um den Zeitpunkt des ersten Fotos festzulegen und die Abstände für Wiederholungsfotos zu bestimmen. Alle Mitglieder des Arbeitskreises konnten auf die Mailingliste des Projektes im Internet zugreifen, in der die aktuellen Termine bekannt gegeben wurden und ein reger Austausch über die Haltung der Jungtiere unter Züchtern und Haltern stattfand. Das Projekt wurde ab dem 15.08.2002 gemeinsam von DGHT und *Bundesministerium für Umwelt, Naturschutz und Reaktorsicherheit* finanziert und vom *Bundesamt für Naturschutz* begleitet (F+E-Projekt »Individualerkennung von juvenilen Landschildkröten«, FKZ 802 86 070); es ist mittlerweile abgeschlossen, die Ergebnisse der Studie stehen kurz vor der Veröffentlichung.

Die Vermarktung von Nachzuchten innerhalb der EU erfordert grundsätzlich eine Genehmigung der zuständigen Vollzugsbehörde; die Nachzuchten müssen in kontrollierter Umgebung innerhalb einer geschlossenen Zuchtgruppe geschlüpft sein und von legal erworbenen Elterntieren abstammen. Als Genehmigung für eine Vermarktung sollte eine sogenannte Züchterbescheinigung beantragt werden; mit dieser Bescheinigung können Anhang-A-Nachzuchten ohne weitere Genehmigung im gesamten EU-Raum durch den jeweiligen Inhaber gehandelt werden. Sie ist für Nachzuchttiere von Anhang-A-Arten auch das wichtigste Dokument, um den rechtmäßigen Erwerb und Besitz nachzuweisen.

Bei der Ausfuhr aus der EU sind dem Zoll eine Ausfuhrgenehmigung oder eine Wiederausfuhrbescheinigung (zu erteilen durch das *Bundesamt für Naturschutz*) vorzulegen; grundsätzlich muss eine tierschutzgerechte Versendungsform gewährleistet sein.

Die zuständigen Behörden sind entsprechend der EU-Durchführungsverordnung verpflichtet, einen bestimmten Zeitrahmen für die Ausstellung von Dokumenten einzuhalten. So muss eine Vollzugsbehörde innerhalb von vier Wochen nach Eingang des vollständigen Antrags entscheiden. Deshalb sollte man darauf achten, immer sämtliche erforderliche Unterlagen einzusenden und bei Formblättern alle Fragen zu beantworten. Verzögerungen müssen akzeptiert werden, wenn Konsultationen mit Drittstaaten erforderlich werden oder wissenschaftliche Entscheidungsgrundlagen durch die Behörde eingeholt werden müssen. Die ausgestellten Dokumente sind nicht auf Dauer gültig. Einfuhrgenehmigungen in die EU sowie Ausfuhrgenehmigungen oder Wiederausfuhrbescheinigungen aus der EU sind höchstens sechs Monate gültig. Nicht genutzte Dokumente müssen an die Behörde zurückgegeben werden.

Testudo boettgeri, Testudo hercegovinensis und *Testudo hermanni* stehen außerdem (wie-

SCHUTZMASSNAHMEN 205

Abb. 154 & 155: Beispiel für die Fotodokumentation auf Karopapier (B. SEEGER)

derum unter der Bezeichnung »Testudo hermanni«) in Anhang II der Berner Konvention von 1979, die alle Unterzeichnerstaaten verpflichtet, geeignete rechtliche und verwaltungstechnische Maßnahmen zum strengen Schutz dieser Arten und ihrer Lebensräume zu ergreifen. Untersagt sind Fang, Tötung und sonstige Nutzung der Tiere, deren absichtliche Störung sowie die Beeinträchtigung ihrer geschützten Habitate. Zu den Unterzeichnerstaaten gehören mittlerweile fast alle europäischen und viele afrikanische Länder.

Die Europäische Union hat die hier behandelten Arten (erneut zusammengefasst unter der Bezeichnung »Testudo hermanni«) als im europäischen Teil des EU-Gebietes geschützte Arten von »gemeinschaftlichem Interesse« in die Anhänge II und IV ihrer Fauna-Flora-Habitat-Richtlinie (92/43/EWG) von 1992 aufgenommen, die die Forderungen der Berner Konvention und weiterer Konventionen in europäisches Recht umsetzt. Die EU-Mitgliedsstaaten verpflichten sich damit, die notwendigen Maßnahmen zu ergreifen, um ein strenges Schutzsystem für diese Arten zu etablieren; verboten sind der Fang und die vorsätzliche Tötung von Wildexemplaren, die absichtliche Störung der Tiere vor allem während der Fortpflanzungs- und Überwinterungszeiten, die vorsätzliche Zerstörung oder Entnahme von Eiern aus der Natur sowie jede Beschädigung oder Vernichtung der Fortpflanzungs- oder Ruhestätten. Untersagt sind ebenso Besitz, Transport, Handel, Tausch sowie das Anbieten zum Verkauf oder Tausch von aus der Natur entnommenen Exemplaren; vor Beginn der Anwendbarkeit dieser Richtlinie rechtmäßig entnommene Tiere sind davon ausgenommen. Die Mitgliedsstaaten führen ein System zur fortlaufenden Überwachung des unbeabsichtigten Fangs oder Tötens der Arten ein. Anhand der gesammelten Informationen leiten die Mitgliedsstaaten diejenigen weiteren Untersuchungs- oder Erhaltungsmaßnahmen ein, die erforderlich sind, um sicherzustellen, dass der unbeabsichtigte Fang oder das unbeabsichtigte Töten keine signifikanten negativen Auswirkungen auf die Arten haben. Das Netzwerk Natura 2000 soll bei der Umsetzung der Richtlinie insoweit behilflich sein, als unter seinem Dach Habitate von besonderer Bedeutung unter Schutz gestellt, erhalten bzw. wiederhergestellt werden sollen.

Die Arten werden auch durch nationale Gesetze geschützt, deren Durchsetzung in den meisten Ursprungsländern aber leider stark zu wünschen übrig lässt. Wenn man sich ansieht, wie groß die Variabilität von Testudo hermanni und Testudo boettgeri ist (siehe Kapitel »Beschreibung«) und Artenschutz auch als Erhaltung der ganzen genetischen Spannbreite einer Art versteht, dann kommt man schnell zu dem Ergebnis, dass Schutzmaßnahmen möglichst im ganzen Verbreitungsgebiet der Testudo-hermanni-Artengruppe ergriffen werden müssen und nicht auf einige wenige große »Vorzeigepopulationen« begrenzt werden dürfen. Zu den notwendigen Schutzmaßnahmen gehören z. B. die Eindämmung des illegalen Fanges der Schildkröten und die Schaffung weiterer Schutzgebiete. Den illegalen Fang einzelner Schildkröten z. B. durch Touristen wird man nie ganz vermeiden können, weshalb es von großer Wichtigkeit ist, die Hauptvorkommensgebiete der Tiere für die Öffentlichkeit völlig zu sperren. Für die Schaffung zusätzlicher Schutzgebiete kämen vor allem die Lebensräume der Schildkröten auf Mallorca und Menorca in Frage. Untersuchungen zur Eignung bestimmter Gebiete müssen allerdings vorsichtig und mit Fingerspitzengefühl durchgeführt werden, um Kurzschlussreaktionen vorzubeugen wie im Falle von Alíki in Griechenland geschehen (siehe Kapitel »Gefährdung«), wo Einheimische durch Brandstiftung versuchten, Tatsachen zu schaffen und die Gründung eines Naturschutzgebietes zu verhindern.

Mehrere Schildkrötenschutzorganisationen (CARAPAX, SOPTOM, C.R.A.R.C., CRT und Son Cifre de Baix; nähere Erläuterungen zu den einzelnen Organisationen s. u.) gründeten im Jahre 1992 in Zusammenarbeit mit dem zypriotischen Fischereiministerium und der Universität von Pisa eine Dachorganisation (TORMED), um vor allem die Wiederansiedelungsaktionen besser koordinieren zu können, aber auch um z. B. Schildkröten untereinander austauschen zu können, wenn etwa die Unterbringung von Angehörigen einer bestimmten Art oder Unterart in dem einen Zentrum besser möglich ist als in den anderen. Seit 1999 weist TORMED organisatorische Strukturen wie Satzung und Vorstand auf (erster Präsident war THIJS KRAMER von Son Cifre de Baix) und hat seinen offiziellen Sitz in Brüssel. Die Ziele der Organisation bestehen darin, ein »Gütesiegel« für Schildkrötenschutzzentren zu vergeben, die europäische Öffentlichkeit über ihre Arbeit zu informieren, Lobbyarbeit in Brüssel und den europäischen Hauptstädten zu betreiben, Natur- und Artenschutzkonzepte zu entwickeln und Wiederansiedelungsprojekte voranzutreiben. TORMED zeichnet bisher für mehrere internationale Operationen in Italien, Frankreich, Griechenland, Marokko, Tunesien und Albanien verantwortlich, insgesamt wurden bisher etwa 6.000 Schildkröten in Schutzgebieten ihrer Herkunftsländer ausgewildert. In vielen Fällen finden die Wiederansiedelungen in Regionen statt, die zuvor von einer Feuersbrunst heimgesucht wurden, die die ansässige Landschildkrötenpopulation vernichtete; so soll vermieden werden, dass die ausgewilderten Tiere die Struktur einer bereits vorhandenen Population destabilisieren. So wurden z. B. Anfang Oktober 1997 mithilfe der britischen Fluggesellschaft Virgin 250 Landschildkröten (200 Testudo boettgeri und 50 Testudo ibera) von Frankreich (SOPTOM und Zoo von Chizé), Italien (CARAPAX), Belgien (R.A.N.A.) und den Niederlanden (Reptilienzoo Iguana in Vlissingen) kostenlos nach Griechenland transportiert, nachdem sie zuvor einer tierärztlichen Untersuchung unterzogen und für gesund befunden worden waren. Die Tiere, die aus Beschlagnahmungen und aus Privatbesitz stammten, wurden in einer Region nördlich von Thessaloníki in die Freiheit entlassen, in der seit einem vernichtenden Waldbrand einige Jahre zuvor keine Schildkröten mehr lebten. Während die Testudo ibera im trockenen Hügelland ausgewildert wurden, setzte man die Griechischen Landschildkröten in den feuchteren Tälern aus. Trotz allen guten Willens, der durch solche Aktionen dokumentiert werden soll, kann nur immer wieder betont werden, wie problematisch dieses Vorgehen ist, Tiere unbekannter Herkunft in die Natur zu entlassen.

Griechische Landschildkröte

Im Bericht der Societas Europaea Herpetologica (1994) über die bedrohten Amphibien- und Reptilienarten Osteuropas wird die Art als relativ weit verbreitet eingestuft. In diesem Bericht werden zwar auch Vorschläge zu verschiedenen Schutzmaßnahmen formuliert, doch zeigte sich schnell, dass in den Ländern des ehemaligen »Ostblocks« kaum Basiswissen über Natur- und Artenschutz vorhanden ist, sodass die Umsetzung dieser Maßnahmen dort bis heute zu wünschen übrig lässt.

Einige der Vorschläge der SEH lauteten:
Beschluss entsprechender gesetzlicher Vorschriften in den Herkunftsländern, speziell bezüglich des Schutzes der Lebensräume und des Verbots der direkten Verfolgung der Schildkröten;
Sensibilisierung der einheimischen Bevölkerung;
Schaffung verschiedener Schutzgebiete, z. B. in den bulgarischen Waldgebieten in den Rhodopen nahe der Grenze zu Griechenland und dem dortigen Vorkommen im Einzugsgebiet des Evros;
Feldforschungsarbeiten und ökologische Untersuchungen zur Identifizierung besonders großer Populationen, um frühzeitig Schutzmaßnahmen ergreifen zu können.

In **Albanien** gilt es nach Angaben von HAXHIU & ORUÇI (2002) vor allem, die ablehnende Haltung der einheimischen Bevölkerung gegenüber Reptilien im Allgemeinen und Schildkröten im Besonderen aufzuweichen. Die genannten Autoren organisierten aus diesem Grund in den letzten Jahren wiederholt Gesprächsrunden, an denen vor allem Kinder und Studenten teilnahmen. Ein Raum des Naturhistorischen Museums der Hauptstadt Tirana ist der Präsentation der Landschildkröten des Landes vorbehalten, Ausstellungsstücke sind hier z. B. Schildkrötengelege und getötete Exemplare. Kinder und Jugendliche aus allen Teilen Albaniens nahmen die Sammlung bereits in Augenschein. Zudem wurde ein Film über die Bedeutung der Schildkröten, über ihre Gefährdung und die Möglichkeiten zu ihrem Schutz vor Waldbränden, dem Straßenverkehr und der mutwilligen Tötung gedreht. Diese Maßnahmen sind natürlich bei Weitem noch nicht ausreichend, und die wenigen albanischen Naturschützer sind auf finanzielle Unterstützung für ihre Projekte dringend angewiesen. Ebenfalls von Bedeutung wäre eine wesentlich stärkere Durchsetzung der bestehenden gesetzlichen Schutzvorschriften durch die Behörden.

In **Bulgarien** ist *Testudo boettgeri* gesetzlich geschützt. Fang, Besitz und Transport der Tiere sind verboten, bei Zuwiderhandlung drohen Geldstrafen von bis zu 5.000 EUR, Gefängnisstrafen von bis zu drei Jahren und die Beschlagnahme des Kraftfahrzeuges, das bei der Begehung der Straftat benutzt wurde. Im Jahre 2004 wurde tatsächlich die erste Geldstrafe gegen einen Wilderer ausgesprochen, der am 15.05.2003 gemeinsam mit einem Komplizen in der Umgebung des Dorfes Ovcharovo im Bezirk Harmanli 14 Landschildkröten gefangen hatte. Während der Komplize nach Griechenland fliehen konnte, stimmte der angeklagte Wilderer nach einer Absprache mit der Staatsanwaltschaft der Zahlung einer Geldstrafe von immerhin 500 EUR zu. Die Schildkröten wurden in einer abgelegenen Region in den östlichen Rhodopen ausgewildert. Die Durchsetzung der gesetzlichen Schutzvorschriften bedarf allerdings noch immer einer deutlichen Verbesserung; dazu zählt auch eine strengere Kontrolle des Touristengepäcks, in dem noch immer regelmäßig Landschildkröten ihre unfreiwillige Reise nach West- und Mitteleuropa antreten. Von Bedeutung wäre außerdem eine Kampagne zur Aufklärung der Bevölkerung, dass Schildkrötenprodukte nicht zur Heilung von Krankheiten geeignet sind. In Gebieten, in denen Wildschweine überhand nehmen und den Fortbestand von Schildkrötenbeständen gefährden, sollte außerdem über entsprechende Maßnahmen wie z. B. eine stärkere Bejagung der Schweine nachgedacht werden. Da vor allem in den Ebenen kaum noch geeignete natürliche Lebensräume existieren, ist derzeit an die Wiederansiedelung von Landschildkröten in diesen Regionen nicht zu denken. Seit 2002 besteht in Banya ein kleines Forschungszentrum, das sich die Erforschung und Erhaltung der Landschildkröten der Region (*Testudo* *boettgeri* und *Testudo ibera*) und derer Lebensräume zum Ziel gesetzt hat. Das Studiengebiet ist insgesamt etwa 80 km² groß und grenzt im Süden an die Schwarzmeerküste, im Westen an die Autobahn Burgas-Varna und im Norden an den Fluss Ghin; dort wurden 57 Griechische Landschildkröten und eine *Testudo ibera* über ein Jahr hinweg beobachtet. In einer 2000 m² großen Freilandanlage leben zehn *Testudo boettgeri*, die von diesen Tieren abgesetzten Gelege werden künstlich inkubiert. Die aus den Eiern schlüpfenden Jungtiere werden anschließend im Rahmen einer Langzeitstudie in einem kleineren Gehege gehalten und beobachtet, um so mehr über die Lebensweise der bulgarischen *Testudo boettgeri* zu erfahren. Der Initiator des Forschungszentrums, IVO EVSTIATEV IVANCHEV, empfiehlt die Einrichtung weiterer kleiner spezialisierter Zentren und die gezielte Erhaltung bestimmter ausgewählter Populationen mithilfe der Auswilderung zu diesem Zweck nachgezüchteter Exemplare. Ein weiteres Ziel der Schutzbemühungen ist es, die einheimische Bevölkerung von der Notwendigkeit des Natur- und Artenschutzes zu überzeugen.

Gesetzlichen Schutz genießt die Griechische Landschildkröte auch in **Griechenland**. Obwohl *Testudo boettgeri* im Vergleich zu den anderen Landschildkrötenarten des Landes fast als »Kulturfolger« bezeichnet werden kann, wird so manches Vorkommen, dessen Lebensraum vom Menschen verändert wird, dies nicht überleben. Der beste Weg, die Art nachhaltig zu schützen, wäre daher auch in Griechenland der Erhalt ihrer Lebensräume, was vor allem im Süden des Landes die Schaffung vieler relativ kleiner Schutzgebiete erforderlich machen würde. Bereits Empfehlung Nr. 26 des *Ständigen Ausschusses der Berner Konvention* aus dem Jahre 1991 legte der griechischen Regierung nahe, das Habitat der Population von *Testudo boettgeri* in Alíki unter gesetzlichen Schutz zu stellen, um eine weitere Beeinträchtigung der dortigen Lebensräume zu verhindern. Das Land benannte dann im Rahmen von *Natura 2000* zahlreiche schutzwürdige Habitate, in denen unter anderem auch die Griechische Landschildkröte beheimatet ist, so z. B. auch das etwa 1.400 Hektar große Feuchtgebiet um Alíki, zu dem ein schmaler Streifen mit Dünen und weitläufige Heidelandschaften gehören. In jenen Gebieten, in denen die Zahl der Jungtiere von *Testudo boettgeri* sehr gering ist, wäre es naheliegend, an eine Dezimierung der Raubtiere zu denken, doch scheidet diese Maßnahme aus, da z. B. auch Marder und Dachse in Griechenland zu den gefährdeten Tierarten zählen. Eine praktikablere Möglichkeit wäre etwa die Empfehlung von WILLEMSEN (1995), in bewaldeten Gebieten Lichtungen zu schaffen, auf denen die Schildkröten geeignete Nistplätze finden. Eher unrealistisch erscheint die Möglichkeit, dass die Bauern zu den traditionellen Formen der Landwirtschaft zurückkehren könnten; besonders wichtig wäre jedoch auf jeden Fall die Reglementierung oder noch besser völlige Einstellung der Brandrodung. Völlig verboten werden müsste der Einsatz der Unkrautvernichtungsmittel 2.4 D und 2.4.5 T, die nicht nur tödlich für die Schildkröten, sondern auch schädlich für die Gesundheit der menschlichen Bevölkerung sind und darüber hinaus in vielen Gebieten durch Vernichtung der Vegetation der Erosion Vorschub leisten. Die oft völlig sinnlose Zerstörung der natürlichen Vegetation, vor allem der Hecken in landwirtschaftlichen Gebieten, sollte ebenfalls unterbunden werden; die Erhaltung der Hecken ist für Landschildkrötenpopulationen aus Kulturlandschaften überlebenswichtig. Ein Erhaltungszuchtprogramm wie in Frankreich wird derzeit in Griechenland (wie wohl in allen Heimatländern der östlichen Populationsgruppe) für nicht notwendig erachtet. Unter anderem um den Schildkrötenschutz bemüht ist jedoch der deutsch-griechische Tier- und

SCHUTZMASSNAHMEN 209

Abb. 156&157: Hinweisschilder entlang der Autobahn bei Gonfaron, Südfrankreich (B. DEVAUX).

Umweltschutzverein O AETOS, der sich unter Vorsitz des in Griechenland lebenden Deutschen BERND PITZER z. B. um die Aufklärung in den Schulen der Region um den Sitz des Vereins am Fuße des Olymp kümmert und einige Großbauern überreden konnte, Landschildkröten aus ihren Feldern in Kübeln zu sammeln anstatt sie wie bisher zu erschlagen. Die gesammelten Schildkröten werden dann in einem großen umzäunten Olivenhain oder im nahegelegenen Gebirge wieder in die Freiheit entlassen. Auch in stark vom Tourismus betroffenen Regionen, wo die Tiere nach Beobachtung der Vereinsmitglieder sehr häufig von vor allem osteuropäischen Touristen gefangen werden, werden die Schildkröten schließlich von O AETOS abgesammelt und an ungestörteren Stellen wieder ausgesetzt. In Néa Póri z. B., einem aus dem Boden gestampften Touristenort, drängen die umfangreichen Baumaßnahmen, die dem dortigen Sumpfgebiet mit Salzwiesen und Flusslandschaften immer näher rücken, die Landschildkröten in eine Sackgasse, aus der es kein Entrinnen gibt; im Osten liegt das Meer, im Süden und Westen fließt ein Fluss, der in etwa 1 km Entfernung von der Küste parallel zum Strand verläuft und dann in die Ägäis mündet, von Norden rücken die Baumaschinen in breiter Front an. Dort sammelten PITZER und sein Team alleine in den Jahren 2001 und 2002 etwa 170 Griechische Landschildkröten ein und setzten sie jenseits des Flusses in ca. 800 m Entfernung wieder aus. Tiere, die z. B. beim Straßenbau durch Baumaschinen verletzt wurden, werden solange gepflegt, bis sie wieder ausgewildert werden können. Finanziert wird die Arbeit des Vereins durch Spenden und den Erlös von Exkursionen in die Region um den Olymp, die BERND PITZER für naturinteressierte Touristen anbietet, sowie aus den Einnahmen aus dem Gleit- und Drachenfliegercamp, das der Deutsche gemeinsam mit einer Freundin betreibt. Am 15. September 2004 wurde O AETOS zur offiziellen nordgriechischen Auffangstelle für Schildkröten und andere Reptilien des staatlichen *Hellenic Wildlife Hospital* ernannt. Das *Hellenic Wildlife Hospital* hat es sich zur Aufgabe gemacht, kranken und verletzten Wildtieren zu helfen und diese nach ihrer Genesung wieder auszuwildern. Die Organisation verfügt an mehreren Orten Griechenlands über Hilfskräfte, deren Aufgabe es ist, solche Wildtiere dorthin zu senden. Das Hospital war bislang allerdings hauptsächlich auf die Behandlung von Vögeln ausgerichtet. Leider kommt von Seiten des griechischen Staates nur der Auftrag, verletzten und kranken Wildtieren zu helfen, finanzielle Mittel werden dafür nicht zur Verfügung gestellt.

Auch in **Rumänien** ist *Testudo boettgeri* streng geschützt, doch gilt auch für dieses

Land, dass die Durchsetzung der Vorschriften noch eher lasch gehandhabt wird. Die Region um das Eiserne Tor, in der Populationen vorkommen, ist ein Naturpark mit einer Fläche von 128.160 Hektar.

Italienische Landschildkröte
Die IUCN empfiehlt zum Schutz dieser Art die Erstellung eines Planes zur Kontrolle der weiteren Entwicklung von Tourismus, Land- und Forstwirtschaft in den Herkunftsländern, die Überwachung und Erweiterung von Nistmöglichkeiten sowie die Verminderung des Drucks durch Nesträuber (wie z. B. Wildschweine). Als besonders wichtig werden zudem die Vermeidung einer weiteren Fragmentierung der Lebensräume durch den Bau von Straßen und Eisenbahnlinien und die Eindämmung des Rückgangs der natürlichen Vegetation (Macchia, Garrigue) durch Wald- und Buschbrände, durch die Intensivierung und Ausweitung der Landwirtschaft, durch Waldrodung, Zersiedelung, Tourismus (z. B. den Bau von Ferienhäusern und -dörfern) sowie den Bau von Sport- und Freizeitanlagen (z. B. Golfplätzen). Unbedingt vermieden werden sollte in den wichtigsten Habitaten der Art der Einsatz von schweren Maschinen während des Sommers, da durch die Maschinen häufig Schildkröten getötet oder verletzt und deren Gelege zerstört werden. Eingestellt werden sollte der Einsatz von Schädlingsbekämpfungsmitteln in allen Habitaten der Tiere und in benachbarten Pufferzonen. Unbedingt kontrolliert werden müssten der illegale Fang der Schildkröten und der Handel mit ihnen. Auf der anderen Seite muss unbedingt davon abgesehen werden, Schildkröten, die nachgewiesenermaßen nicht aus der jeweiligen Population stammen (also z. B. Tiere aus anderen Herkunftsländern oder gar Exemplare aus Terrarienhaltung), in den natürlichen Lebensräumen freizulassen; die Ausnahme bilden hierbei Projekte, in deren Rahmen Gebiete, aus denen die Schildkröten mittlerweile völlig verschwunden sind, mit Artgenossen aus benachbarten Regionen wiederbesiedelt werden sollen, also z. B. die Freilassung von Tieren aus dem spanischen Albera-Gebirge im französischen Albères-Gebirge bzw. von Landschildkröten aus Südfrankreich in der italienischen Region Ligurien.

Frankreich hat *Testudo hermanni* bereits im Jahre 1970 unter gesetzlichen Schutz gestellt. Jeglicher Handel mit den Tieren, deren Tötung und Aussetzung sind ebenso verboten wie die Zerstörung derer Gelege und die Beeinträchtigung derer Lebensräume. Transportiert werden dürfen die Schildkröten nur mit schriftlicher Genehmigung der zuständigen Veterinärbehörde, und dies nur zu nicht kommerziellen Zwecken. Empfehlung Nr. 26 des *Ständigen Ausschusses* der *Berner Konvention* aus dem Jahre 1991 enthielt den Appell an die Regierung des Landes, ein Naturreservat im Lebensraum der Italienischen Landschildkröte im Maurengebirge und in der Maurenebene einzurichten und so weitere Gefahren für den Fortbestand der letzten Vorkommen der Art auf dem französischen Festland abzuwenden, ein staatlich unterstütztes Zucht- und Wiederansiedelungsprogramm zu gründen und auch den Habitaten der wichtigsten Populationen auf Korsika einen angemessenen Schutz angedeihen zu lassen. Auch die IUCN empfahl der französischen Regierung, im Rahmen des Netzwerkes *Natura 2000* wichtige Lebensräume von *Testudo hermanni* im Maurengebirge, in der Maurenebene und auf Korsika unter besonderen Schutz zu stellen und ehemals von der Art besiedelte Gebiete im Maurengebirge und im Albères-Gebirge für Wiederansiedelungen zu renaturieren; mittlerweile wurden sechs Gebiete mit Vorkommen von *Testudo hermanni* auf dem Festland und 15 auf Korsika zu Schutzgebieten erklärt, wobei drei davon von besonders großer Bedeutung für den Fortbestand der Art sind (ein großes Reservat liegt z. B. in der Umgebung von Porto-Vecchio auf Korsika). Die

Wiederansiedelungsprogramme selbst sollten nach Auffassung der IUCN so lange wie nötig weitergeführt werden, insbesondere im Maurengebirge und auf der Insel Levant.

Bereits im Herbst 1985 war als Reaktion auf die besorgniserregenden Studienergebnisse bezüglich der Situation der Populationen auf dem französischen Festland durch Privatinitiative die Schildkrötenforschungsorganisation »La Station d'Observation et de Protection des Tortues des Maures« (SOPTOM) gegründet worden. Im September 1986 veröffentlichte die Organisation ihr Artenschutzprogramm, das unter anderem den Bau einer speziellen Forschungsstation auf einem etwa einen Hektar großen Gelände am Rande des kleinen Dorfes Gonfaron (Département Var) in der Maurenebene vorsah und eine großangelegte Spendenaktion zur Folge hatte. Das Projekt nahm durch die Arbeit vieler Freiwilliger sowie zahlreiche Spenden (z. B. der Ford-Werke und der Landwirtschaftskammer des Départements Var jeweils in Höhe von umgerechnet etwa 3.500 EUR) und den zweckgebundenen Verkauf von Souvenirs schnell Gestalt an. Die Haupteinnahmequelle war ein »Patenschaftsprogramm«, das bis heute existiert; zahlreiche Personen haben die Patenschaft für einzelne Schildkröten übernommen. Am 28.05.1988 wurde die Station unter dem Namen »Village des Tortues« (= »Schildkrötendorf«) in Anwesenheit des britischen Naturforschers und Schriftstellers GERALD DURRELL durch den Bürgermeister von Gonfaron offiziell für den Besucherverkehr geöffnet; der Bau des Dorfes kostete umgerechnet etwa 25.000 EUR, und nur durch die schon erwähnte kostenlose Arbeit Freiwilliger aus dem In- und Ausland konnten die finanziellen Belastungen derart niedrig gehalten werden. Bereits im ersten Sommer konnte das Personal von SOPTOM etwa 25.000 Interessierte, darunter viele Schulklassen, begrüßen, sicherlich nicht zuletzt aufgrund der hervorragenden Medienarbeit, die zu einer großen Resonanz vor allem in der französischen Öffentlichkeit führte. 1993 kamen bereits 65.000 Besucher, und die Einnahmen von SOPTOM betrugen umgerechnet etwa 250.000 EUR; das Projekt kann sich so bis heute selbst finanzieren und ist auf keinerlei staatliche »Finanzspritzen« angewiesen. Unter den zahlreichen Spendern, die immer wieder gerne Geld für die Ziele SOPTOMs zur Verfügung stellen, ist vor allem die British Chelonia Group hervorzuheben, die unter anderem mit umgerechnet 1.800 EUR den Bau eines kompletten Aufzuchtgeheges finanzierte. Im Jahre 1996 erweiterte die Station ihre Fläche auf zwei Hektar, und die Besucherzahl lag seitdem jährlich regelmäßig zwischen 100.000 und mehr als 150.000.

Das »Schildkrötendorf« ist mit einem audiovisuellen Vortragsraum mit 60 Sitzplätzen, einem Diorama, Unterbringungsmöglichkeiten für die Wintermonate, einem »Fossilienrundgang« (mit lebensgroßen Darstellungen fossiler Schildkrötenarten), einer Brut- und Aufzuchtstation sowie mit zahlreichen Freilandanlagen ausgestattet; im Empfangsgebäude besteht die Gelegenheit zum Erwerb von Souvenirs. Die Besucher bewegen sich im Dorf auf leicht erhöhten Wegen, sodass sie die Schildkröten gut sehen können, ohne die Tiere aber zu stören. An mehreren Stellen informieren verschiedene Hinweistafeln in Deutsch, Englisch und Französisch über verschiedene Aspekte der »Schildkrötologie« und die Arbeit von SOPTOM, das überlebensgroße, im Querschnitt dargestellte Kunststoffmodell eines Weibchens bei der Eiablage zeigt anatomische Details des Schildkröteninneren.

In den naturnahen Freianlagen des Dorfes leben mehrere hundert Landschildkröten überwiegend südfranzösischer Herkunft, die aus menschlicher Obhut stammen und von ihren Besitzern abgegeben wurden und nun im Rahmen eines Zuchtprogrammes mit für die Erhaltung ihrer Art sorgen. Nicht eine einzige wildlebende Schildkröte wurde gefangen, um auf der Station gehalten zu werden. Die geschlechtsreifen Männchen und Weibchen werden zu Paarungszwecken im »Reproduktions-Areal« vergesellschaftet. Nach erfolgter Paarung werden die Weibchen dann in spezielle Gehege gesetzt, um sie vor Belästigungen durch die Männchen zu schützen und ihnen eine ungestörte Eiablage zu ermöglichen. Diese Gehege werden mehrmals täglich gründlich nach Gelegen abgesucht, die dann ausgegraben und künstlich inkubiert werden. Jungtiere, die in der Station schlüpften oder von ihren Besitzern dort abgegeben wurden, werden bis zum Alter von fünf Jahren aufgezogen, bis sie groß genug sind, um vor den meisten Raubtieren sicher zu sein. In der Station selbst werden zum Schutz vor Raubtieren die verschiedensten Mittel eingesetzt, von Netzen und Gittern bis hin zu Tigerkot(!), den der Zoo von Mont Faron liefert, und der, an verschiedenen Stellen des Dorfes platziert, Mardern und Füchsen suggerieren soll, dass es für sie besser wäre, das Gelände der Station zu meiden. In einem speziellen Gehege finden die für die Auswilderung vorgesehenen Jungtiere dann eine Umgebung vor, die der natürlichen sehr ähnelt. Sie werden dann schließlich nach der etwa sechsmonatigen Eingewöhnungsphase in diesem Gehege gemeinsam mit »überzähligen« erwachsenen Artgenossen in geeigneten Lebensräumen freigelassen. Seit Ende der 1990er-Jahre wird den Tieren ein Mikrochip in eine Hautfalte eines Hinterbeines gepflanzt, um sie jederzeit wieder erkennen zu können. Die Auswilderungspraxis ist nicht ganz unumstritten, da offenbar z. T. herpeskranke Tiere in die Natur entlassen werden, was natürlich katastrophale Auswirkungen auf die wildlebenden Bestände haben kann. GAGNO (2001) kommt nach seiner Studie zu dem Ergebnis, dass die Auswilderung von Italienischen Landschildkröten, die zeitweise in menschlicher Obhut lebten, nach einer mindestens einjährigen Quarantäne und anschließend mindestens zweijährigen gesonderten Unterbringung mit keiner gesundheitlichen Gefahr mehr für die wildlebenden Artgenossen verbunden ist; diese Auffassung ist jedoch ebenfalls nicht unumstritten. Im Jahre 1997 eröffnete SOPTOM mehrere Gehege, in denen in Menschenobhut geschlüpfte Mischlinge der westlichen und östlichen Populationsgruppe untergebracht sind. Diese Tiere können nie in der Natur ausgewildert werden, doch existieren noch keine Pläne, wie mit diesen Schildkröten verfahren werden soll.

Die Zahlen der von SOPTOM ausgewilderten Nachzuchten steigerte sich kontinuierlich, so waren es alleine im Jahre 1990 750 Exemplare; im Jahre 1998 beherbergte die Station insgesamt 1.800 Jungtiere. Bis 2005 wurden bereits mehr als 10.000 Landschildkröten in die Freiheit entlassen, so z. B. auf der Insel Levant im Hyères-Archipel, wo es gelang, nach der Ausrottung der Art durch den Menschen erneut eine Population zu etablieren; dort wurden auf einem Gebiet von 950 Hektar Größe von 1990 bis 1998 insgesamt 1.100 Landschildkröten ausgewildert, davon etwa ein Drittel halbwüchsige und zwei Drittel erwachsene Tiere (45 % Männchen, 55 % Weibchen). Die Tiere werden regelmäßig untersucht, und es wurde eine sehr niedrige Sterblichkeitsrate von 3 % verzeichnet. Bereits im Jahre 1992 fanden die ersten Fortpflanzungsaktivitäten statt, und es konnten frisch geschlüpfte Jungtiere beobachtet werden. Allerdings scheinen alle oder zumindest die meisten Jungtiere Raubfeinden, vermutlich hauptsächlich Ratten, zum Opfer zu fallen, da bisher keine halbwüchsigen Tiere beobachtet werden konnten, die mittlerweile aber in größerer Zahl vorhanden sein müssten (LIVOREIL 2003). Aufgrund der militärischen Präsenz ist die Insel für die Öffentlichkeit nicht zugänglich, was die Gefahr eines Buschfeuers sehr stark mindert.

SOPTOM dient zudem als Ausgangspunkt und Anlaufstelle für Feldstudien in der Region, die entscheidenden Aufschluss über das Leben von *Testudo hermanni* liefern. Im Rahmen des Artenschutzprogrammes wurden und werden gefährdete Lebensräume der Art und für eine Wiederansiedelung der Tiere geeignete Gebiete ermittelt, Nistplätze geschaffen, existierende Schildkrötenpopulationen überwacht und erforderliche Schutzmaßnahmen erarbeitet und durchgeführt.

Seit 2001 existiert unter dem Dach von SOPTOM das »*Centre de Recherche et de Conservation des Chéloniens*« (CRCC), das die Schutzbemühungen um *Testudo hermanni* koordinieren und forcieren soll; derzeit ist das CRCC hauptsächlich mit genetischen Studien befasst. Außerdem bietet seit 1989 eine »Schildkrötenklinik« Gelegenheit für Labor- und tiermedizinische Arbeiten; hier werden jährlich etwa 300 erkrankte oder verletzte Schildkröten behandelt und gesund gepflegt – eines der Hauptprobleme sind neben Bronchitis, Verbrennungen und Knochenbrüchen Panzerschäden durch Mähmaschinen, Feuer oder Verkehrsunfälle, die z. T. mit Polyesterharz und Fiberglas repariert werden, Produkten, die sehr widerstandsfähig und wasserdicht sind. Diese »Prothese« hält so lange, bis der Panzer sich in einigen Jahren selbst erneuert hat, und fällt dann von alleine ab. Sobald es den Schildkröten wieder besser geht, kommen sie aus Sicherheitsgründen in ein Quarantäne-Gehege (das sich allerdings nach Angaben von LOEHR [2002] in keinem allzu guten Zustand befindet); wenn sich dann zeigt, dass alles in Ordnung ist, werden die Tiere schließlich in ein »normales« Gehege umgesetzt. Je nach Schwere der Verletzung

Abb. 158: Freilandanlagen für Schildkröten im *Centro de Recuperación de Anfibios y Reptiles de Catalunya* in Masquefa, Spanien (A. MARTÍNEZ)

werden die Schildkröten später ausgewildert oder verbringen ihr Leben in der sichereren Umgebung eines Geheges. Die auf der Station lebenden Schildkröten werden halbjährlich einer Entwurmung unterzogen.

»Bürgermeister« des »Schildkrötendorfes« in Gonfaron ist der französische Naturschützer BERNARD DEVAUX, der sein Geld einst als Designer für Brunnen und Fernsehgeräte, mit Schriftstellerei, Rundfunksendungen und Vorträgen verdiente. Einschneidend für sein Leben war der Militärdienst in Algerien in den Jahren 1959–1961. Er war so von der Sahara und ihren Reptilien beeindruckt, dass er beschloss, Tierfilmer zu werden. Er kaufte und renovierte ein altes Bauernhaus in der Provence, um dort zu leben und zu arbeiten; dieser Ort war es auch, an dem die erste mehr zufällige Begegnung mit dem britischen Biologen DAVID STUBBS stattfand, der zu jener Zeit in der Provence eine Untersuchung über die Restbestände von *Testudo hermanni* durchführte. Die beiden wurden schnell Freunde, und bis zur gemeinsamen Gründung von SOPTOM und dem »Schildkrötendorf« (unter Mitarbeit des französischen Herpetologen JEAN-PIERRE POUVREAU) war es nur noch ein kleiner Schritt.

Schnell war sich das Team von SOPTOM darüber klar, dass effektive Naturschutzarbeit nur mit der Unterstützung und in Zusammenarbeit mit der Bevölkerung und den Behörden möglich sein würde. Aus diesem Grunde betreibt die Organisation sowohl auf nationaler als auch internationaler Ebene eine intensive Öffentlichkeitsarbeit über Zeitungen, Radio und Fernsehen. Medienkampagnen informieren die Öffentlichkeit u. a. darüber, dass die Schildkröten nicht im heimischen Garten geschützt werden müssen, sondern in der Provence, neben den Korkeichen der Garrigue. Zum Programm gehören neben Führungen im Dorf selbst z. B. die Veröffentlichung von Büchern, Videos, DVDs, Postern und Informationsbroschüren und das Halten von Vorträgen; das Flaggschiff ist aber sicherlich die Fachzeitschrift »*La Tortue*«, die viermal jährlich erscheint und inzwischen international einen hervorragenden Ruf genießt. Der mittlerweile hohe Bekanntheitsgrad der Station ist eine starke Ausgangsposition für die Naturschützer, die bei Gesprächen mit lokalen Behörden deren Bereitschaft zum Umweltschutz nur durchaus beeinflussen können; der Bau einer Teststrecke durch den Reifenhersteller *Michelin* mitten im Lebensraum der Schildkröten konnte verhindert werden, indem der öffentliche Druck auf das Unternehmen immer mehr verstärkt wurde und die Naturschutzorganisation *Le Conservation du Littoral* schließlich das für den Bau vorgesehene Gelände erwarb. Nicht abgewehrt werden konnte dagegen der Bau der Autobahn 57 zwischen Le Cannet und Toulon in den Jahren 1989 und 1990, der den Lebensraum einer der vier größten verbliebenen Schildkrötenpopulationen stark in Mitleidenschaft zog, doch war es der damals noch jungen Organisation möglich, zumindest Schutzmaßnahmen zugunsten der betroffenen Population durchzusetzen. So wurden zwischen Mai 1989 und Oktober 1990 auf einer 4 km langen und 100 m breiten Fläche entlang der Autobahnbaustelle 300 Schildkröten aufgesammelt und ein Jahr in einem 1.500 m² großen, naturnahen Gehege auf der Station von SOPTOM untergebracht; 1990 konnten dann nach Beendigung der Bauarbeiten 284 Exemplare (100 Männchen, 169 Weibchen, 15 halbwüchsige Tiere) wieder in die Freiheit entlassen werden, nachdem man zuvor mit Unterstützung der regionalen Autobahngesellschaft ESCOTA entlang eines 4 km langen Abschnitts der Autobahn einen Zaun errichtet und zwei Tunnel angelegt hatte, die den Schildkröten ein gefahrloses Unterqueren der Straße ermöglichen. Der Mittelstreifen der Autobahn ist dort, wo die Tunnel liegen, offen, sodass Licht (leider aber auch sehr viel Abfall) einfallen kann und die Schildkröten nicht von

Abb. 159: Die »Schildkrötenklinik« des Schildkrötendorfes in Gonfaron, Frankreich (B. DEVAUX)

der Dunkelheit abgeschreckt werden. SOPTOM kümmert sich um den Unterhalt der Tunnel und säubert sie regelmäßig. Von 1993 bis 1995 in dieser Region durchgeführte Feldstudien zeigten, dass die Population zum größten Teil ansässig blieb, wenige Tiere abgewandert waren und nur fünf Schildkröten ihr Leben auf der Autobahn verloren hatten. Sehenswert ist die Autobahnraststätte von Sigues – sie ist ganz den Schildkröten des Maurengebietes gewidmet, mit einer großflächig bemalten Mauer, Spielgeräten in Schildkrötenform und Informationstafeln über die Biologie der Tiere und das »Schildkrötendorf«. Als Hinweis auf SOPTOM wurden entlang der Autobahn hintereinander jeweils drei riesige Tafeln aufgestellt: ein Ei, dann die schlüpfende Schildkröte (das von MARC CHEYLAN entworfene SOPTOM-Symbol) und schließlich eine Schildkröte mit dem Schriftzug »Tortue des Maures«.

Den Besuchern der Station wird das Gefühl vermittelt, Teil des Schutzprogrammes zu sein; während der Führungen über das Gelände erfahren sie sehr viel über die Gefährdung wildlebender Landschildkröten und die Arbeit von SOPTOM. SOPTOM genießt heute – von den umstrittenen Auswilderungsaktionen abgesehen – großes internationales Ansehen und weltweite Unterstützung; sie war das erste europäische Projekt dieser Art, das offiziell von der IUCN anerkannt wurde. Die französische Regierung und die EU-Behörden wurden nicht zuletzt durch die Aktivitäten von SOPTOM auf die Problematik des Schildkrötenhandels aufmerksam. Im Jahre 1995 war SOPTOM Gastgeber eines internationalen Kongresses zum Thema Schildkrötenschutz, an dem 230 Fachleute aus 36 Ländern teilnahmen, die Folgeveranstaltung fand unter Schirmherrschaft der Organisation im Juni 2003 im Senegal statt. SOPTOM hat ihre Aktivitäten mittlerweile sowohl national (Bau eines »Schildkrötendorfes« auf Korsika [s. u.], Finanzierung des Meeresschildkröten-Schutzgebietes in Les Hattes in Französisch-Guayana) als auch international (Bau je eines »Schildkrötendorfes« zur Zucht der Spornschildkröte [*Centrochelys sulcata*] in Senegal bzw. der Strahlenschildkröte [*Astrochelys radiata*] und der Gewöhnlichen Spinnenschildkröte [*Pyxis arachnoides*] auf Madagaskar) stark ausgedehnt.

Die Station liegt heute inmitten des größten und wichtigsten französischen Schutzgebietes, das der Erhaltung der Italienischen Landschildkröte gewidmet ist; es ist insgesamt 33.485 Hektar groß und umfasst neben der größten Landschildkrötenpopulation des Landes auch weite Flächen lichter Wälder und Macchia. Darüber hinaus gab die französische Regierung im Juni 2005 bekannt, dass sie die Einrichtung dreier »Waldreservate« plant, von denen eines im Maurengebirge liegen wird.

Im Rahmen ihres Einsatzes für die Erhaltung der natürlichen Lebensräume von *Testudo hermanni* arbeitet SOPTOM eng mit der *Conservatoire et Etude des Ecosystèmes de Provence* (CEEP) zusammen, einer Organisation, die sich seit den 70er-Jahren den Schutz und das Management der Naturräume dieser Region zum Ziel gesetzt hat und zu diesem Zweck z. B. in großem Umfang Landbesitz erwirbt, um diesen unter Schutz zu stellen, und Abkommen mit Landbesitzern und Behörden trifft. Die Organisation besitzt in der Region so mittlerweile elf Grundstücke mit einer Gesamtgröße von 460 Hektar. Durch den Erwerb »Grüner Aktien« zum Preis von jeweils 35 EUR kann man sich an der Naturschutzarbeit von CEEP beteiligen. Seit 2005 erfährt SOPTOM zudem Unterstützung durch die Naturschutzorganisation *Noé-Conservation*, die verschiedene Forschungsprojekte sowohl finanziell als auch personell unterstützt.

Auch im Albères-Gebirge an der Grenze zu **Spanien** ist SOPTOM in den letzten Jahren aktiv geworden. Die einst dort ansässigen Landschildkrötenbestände sind zwar offenbar spätestens seit dem großen Feuer im Jahre 1986 erloschen, doch leben noch immer einige Angehörige der Population in Menschenobhut, und mithilfe dieser Schildkröten hofft SOPTOM, die Bestände erneut aufbauen zu können. Im Jahre 1995 unterstützte die Gemeinde Argelès-sur-Mer SOPTOM dabei, sich an die Bevölkerung der Stadt zu wenden, um Listen der in Menschenobhut lebenden Schildkröten zu erstellen und die Menschen um die »Spende« ihrer Schildkröten oder zumindest derer Gelege zu bitten. Genetische Untersuchungen mithilfe des Pariser *Muséum Nationale d'Histoire Naturelle* sollen sicherstellen, dass nur tatsächlich aus der Region stammende Schildkröten für das Projekt zur Verfügung stehen. Es ist geplant, nach Abschluss einer Machbarkeitsstudie auf dem Parkgelände um das Schloss Valmy eine Zuchtstation einzurichten, die mit Unterstützung von SOPTOM von der Gemeinde Argelès-sur-Mer betrieben und von einer sachkundigen Person geleitet werden soll. Es ist vorgesehen, einen Teil der Station der Öffentlichkeit zugänglich zu machen, allerdings nur Anlagen, in denen Schildkröten untergebracht sind, die aufgrund ihrer Herkunft oder aus anderen Gründen nicht in das Zuchtprojekt integriert werden können. Bereits im Mai 1998 wurde hier eine Dauerausstellung eröffnet, die Interessierte über die Biologie der einheimischen Schildkröten, die Gründe für deren Gefährdung bzw. Verschwinden und die Schutzvorhaben aufklären soll. Informationsveranstaltungen in Schulen und für die lokale und nationale Presse finden regelmäßig statt. Die dem Zuchtprogramm entspringenden Jungtiere sollen nach einigen Jahren in geeigneten Lebensräumen, nach denen derzeit noch gesucht wird, und die dann möglichst zu Naturschutzgebieten erklärt werden sollten, ausgewildert werden.

Auch im Estérel-Gebirge sind zukünftig Wiederansiedelungen geplant, dort laufen derzeit Machbarkeitsstudien, um geeignete Gebiete für die Auswilderung von Landschildkröten zu identifizieren. Das Gebirge ist bereits ein von der nationalen Forstbehörde ONF bewachtes Schutzgebiet. Wie alle Wiederansiedelungsprojekte muss es vom Umweltministerium gebilligt und von wissenschaftlichen Forschungsprojekten begleitet werden.

Zukünftig wird SOPTOM ihren Schwerpunkt vermehrt auf den Erhalt der Lebensräume der Schildkröten legen. Eine Art kann man nicht retten, wenn nicht gleichzeitig ihre Lebensräume und darüber hinaus ihre natürliche Umwelt geschützt werden. Die Notwendigkeit dieses Vorhabens zeigt z. B. die Tatsache, dass die Zahl der Landschildkröten in der Umgebung von Les Mayons durch menschliche Aktivitäten ungeachtet aller Wiederansiedelungsprojekte in der Region von etwa 800 im Jahre 1981 auf 65 im Jahre 1999 sank. Heute wird z. B. in manchen Regionen regelmäßig der Baumbestand ausgedünnt, um so einem Waldbrand die Ausbreitung zu erschweren und der Feuerwehr gleichzeitig den Zugang zu erleichtern. Ein lichterer Baumbestand ermöglicht zudem einen stärkeren Wuchs der Gräser und Kräuter, was wiederum den Schildkröten eine bessere Nahrungsgrundlage bietet. Ziel muss es sein, langfristig die natürliche Landschaft des Maurengebirges und des umliegenden Tieflandes nachhaltig zu schützen und zu erhalten. Dazu ist die Einbindung der Behörden

Abb. 160: STÉPHANE GAGNO behandelt einen Patienten mit massiven Panzerbrüchen in der »Schildkrötenklinik« in Gonfaron, Frankreich (B. DEVAUX).

auf Départementebene, der Gemeinden und der Forstverwaltung ebenso notwendig wie die Unterstützung von SOPTOM durch andere Naturschutzorganisationen. Es ist jedoch alles andere als sicher, ob der Ankauf von Land, die Ausweisung von weiteren Reservaten und die Eindämmung des Städtebaus eine wirkliche Erfolgschance haben; sie werden zwar langfristig für den dauerhaften Schutz von *Testudo hermanni* notwendig sein, sind aber mindestens ebenso unpopulär.

Mit welchen manchmal etwas abenteuerlichen Vorkommnissen das SOPTOM-Personal hin und wieder zu tun hat, soll hier durch das folgende Beispiel veranschaulicht werden: Am 14.05.1998 erhielt die Station einen Anruf aus Avignon, in dem der Gesprächspartner mitteilte, er habe vor Kurzem drei Landschildkröten im Maurengebirge gefangen und wolle die Tiere nun in etwa einer Stunde zurückbringen. Die Naturschützer schenkten dem Anruf keine große Aufmerk-

Abb. 161: Die Initiatoren des Centro de Recuperación de Anfibios y Reptiles de Catalunya im spanischen Masquefa, J. SOLER und A. MARTÍNEZ (A. MARTÍNEZ).

samkeit, doch hörten sie kurze Zeit später ein Motorengeräusch über ihren Köpfen. Als sie nach der Ursache des Geräusches forschten, sahen sie einen Hubschrauber, der im Begriff war, auf einem der Station benachbarten Feld zu landen. Der Pilot stieg aus, drückte den verdutzten SOPTOM-Leuten drei Landschildkröten und umgerechnet etwa 170 EUR in die

Hand und verschwand so schnell wieder, wie er gekommen war.

Auf **Korsika** existieren wie erwähnt im Rahmen des Netzwerkes NATURA 2000 15 Schutzgebiete, in denen auch große Populationen von *Testudo hermanni* zu finden sind, so z. B. bei Terrenzana, Pinia und am Urbino-See an der Ostküste, bei Lavu Santu, Santa Giulia, Bruzzi, Saint-Jean, Roccapina und am Chevanu-See im Südosten und im Bereich von Belvédère-Campomoro und am Kap Senetosa im Südwesten. Das Schutzgebiet »*Mucchiatana*« z. B., ein schmaler Küstenstreifen von nur 170 Hektar Größe, umfasst Naturlandschaften wie Wacholderdickichte, Busch- und Grasland und Macchia. In den bereits bestehenden Naturreservaten sollte der konkrete Bedarf für weitergehende Schutzmaßnahmen für die Tiere ermittelt werden, sei es die Verminderung der Brandgefahr durch Ausdünnen der Vegetation und kontrollierte Beweidung durch Viehherden, eine Zugangsbeschränkung für Einheimische und Touristen oder nötigenfalls auch die Aufstockung der wildlebenden Bestände im Rahmen von Wiederansiedelungsprojekten. Dabei könnte auch die Vernetzung mehrerer Schutzgebiete eine Rolle spielen. Im großen *Agriates-Schutzgebiet* im Nordwesten der Insel leben keine Landschildkröten, doch könnte das Gebiet später evtl. als Ziel für Auswilderungsprojekte dienen. In Moltifao im Zentrum der Insel wurde im Juni 1997 ein »Schildkrötendorf« nach dem Vorbild des Dorfes in Gonfaron eröffnet. Finanziert wurde es von der Nationalparkverwaltung, der korsischen Regionalregierung und vor allem von SOPTOM. Unterhalten wird es heute von der Nationalparkverwaltung. Die »Stammpopulation« bestand aus 120 Schildkröten, durch die Entwicklung eines Zuchtprogrammes und die Planung von Naturschutzaktivitäten soll früher oder später an den Erfolg des »Mutterhauses« in Gonfaron angeknüpft werden.

In **Italien** leben mehrere Populationen in Schutzgebieten, so z. B. im *Maremma-Nationalpark* an der Küste der Toskana und im Naturreservat um den Serranella-See in der Region Abruzzen. Empfehlung Nr. 26 des *Ständigen Ausschusses der Berner Konvention* aus dem Jahre 1991 enthielt den Appell an die italienische Regierung, darüber hinaus den Schutz der Lebensräume wichtiger Populationen von *Testudo hermanni* sicherzustellen. Auch die IUCN empfahl dem Land, im Rahmen des Netzwerkes Natura 2000 wichtige Lebensräume von *Testudo hermanni* auf dem Festland, im Nordosten Sardiniens, auf Elba und verschiedenen anderen Inseln unter besonderen Schutz zu stellen und ehemals von der Art besiedelte Gebiete für Wiederansiedelungen zu renaturieren; manche solcher Schutzgebiete wurden bereits eingerichtet (so z. B. ein schmaler Küstendünenstreifen nördlich von Marina di Grosseto in der Toskana mit Kiefern- und Wacholderbewuchs), weitere werden folgen. Bereits seit 1985 arbeitete die belgische Naturschutzorganisation *International R.A.N.A Foundation (Reptiles and Amphibians in Nature)* gemeinsam mit dem WWF an der Entwicklung eines Zucht- und Wiederansiedelungsprogrammes für die Italienische Landschildkröte. Drei Jahre später wurde von R.A.N.A zu diesem Zweck das (heute nicht unumstrittene) Artenschutzprojekt CARAPAX gegründet. In der Nähe der kleinen Stadt Massa Marittima (Region Toskana) existiert nun seit Juli 1989 die von R.A.N.A in Zusammenarbeit mit der *Europäischen Union* und der toskanischen Regionalregierung sowie mit Unterstützung des italienischen Umweltministeriums gegründete Schildkrötenstation mit dem gleichen Namen. Das CARAPAX-Zentrum hat eine Größe von etwa 15 Hektar, ein speziell der Erhaltung von *Testudo hermanni* gewidmetes Naturschutzgebiet in der Nähe ist 35 Hektar groß. Das Zentrum bemüht sich um die Erhaltung aller italienischen Schildkrötenarten und ihrer Lebensräume und die

Schärfung des Bewusstseins der Bevölkerung für die Bedürfnisse und die Gefährdung dieser Tiergruppe. Das besondere Augenmerk von CARAPAX gilt dabei *Testudo hermanni*; von dieser Art werden seit 1990 insgesamt 13 wildlebende italienische Populationen wissenschaftlich untersucht, die zwei größten sogar ununterbrochen. Bewirtschaftet wird das Zentrum von acht Personen, die von R.A.N.A. bezahlt werden, zusätzlich von etwa 100 freiwilligen Helfern pro Jahr, die ihren Weg aus der ganzen Welt nach Massa Marittima finden, gegen einen geringen Beitrag Kost und Logis erhalten, und ohne die die Arbeit im Zentrum und im Lebensraum der Schildkröten nicht zu leisten wäre. Was die finanziellen Grundlagen betrifft, so werden jährlich etwa 300.000 EUR benötigt.

Um die wildlebenden Bestände auf lokaler Ebene genetisch »rein« zu halten, werden die Schildkröten im Zentrum nach durch Flüsse oder andere geographische Barrieren voneinander getrennten Regionen separat untergebracht. Mitte der 1990er-Jahre existierten auf der Station für *Testudo hermanni* zwölf Quarantänegehege, in denen die Schildkröten nach Geschlechtern untergebracht werden, 19 Gehege für die Zuchtgruppen der verschiedenen Regionen, 13 Gehege für die Eiablage, 24 Gehege für Schlüpflinge, sechs Aufzuchtgehege für bis zu zweijährige Tiere und 18 Gehege für drei- bis sechsjährige Exemplare. Neben dem Zucht- und Wiederansiedelungsprogramm kümmert sich CARAPAX vor allem um die Sensibilisierung der Öffentlichkeit in Form von Zeitungsartikeln, Fernsehsendungen und Vorträgen für die jährlich etwa 25.000 Besucher (davon ca. 35 % Schulkinder) des Zentrums.

Da die Art in Ligurien ausgestorben ist, versucht CARAPAX dort mit südfranzösischen Tieren (ein Grundstock von 30 Exemplaren wurde bereits 1994 von der französischen Schwesterorganisation SOPTOM zur Verfügung gestellt) in isolierten Regionen wie z. B. auf Inseln wieder Landschildkröten anzusiedeln; man entschied sich für französische Tiere, weil man davon ausging, dass die ursprünglichen ligurischen Schildkröten diesen aufgrund der geringen geographischen Distanz genetisch näher standen als ihren Artgenossen aus anderen Teilen Italiens.

Die Bestände im Norden der Toskana (Regionalpark von San Rossore) werden mit Unterstützung der Parkdirektion und des Naturhistorischen Museums der Universität von Pisa wissenschaftlich überwacht. Eine Zuchtgruppe im CARAPAX-Zentrum produziert alljährlich etwa 35–50 Jungtiere, die alle nach San Rossore gebracht werden. Es ist jedoch nicht ganz klar, ob die Schildkröten des Parks natürlichen Ursprungs sind, denn San Rossore gehörte einst zum Landbesitz der italienischen Könige, die hier verschiedene Tierarten ansiedelten, wie etwa Kamele, aber auch Schildkröten aus der *Testudo-graeca*-Artengruppe und *Testudo marginata*.

Als genetisch noch rein gelten die Populationen im Zentrum und Süden der Toskana. Auf der Station schlüpfen jedes Jahr etwa 300 Jungtiere aus dieser Region, die seit 1994 (damals ungefähr 200 Exemplare) im Alter von sechs Jahren in die Freiheit entlassen werden; man wartet so lange, da der Verlust von Gelegen und kleineren Jungtieren durch die allgegenwärtigen Wildschweine sehr hoch ist (WILLEMSEN [1995] fand hier keine Schildkröten im Alter von 0–8 Jahren) und man den Schildkröten eine Überlebenschance geben will. CARAPAX hält auch innerhalb der zentral- und südtoskanischen Populationsgruppe Tiere aus isolierten Gebieten wie dem *Parco di Montioni* und aus der Umgebung Siena sowie (vermutlich) von der Insel Elba getrennt voneinander; das gleiche gilt für Schildkröten aus der Umgebung von Florenz, da dieses Vorkommen doch relativ weit von den restlichen Populationen der italienischen Westküste entfernt ist und möglicherweise vom Menschen etabliert wurde. Von jenen isolierten Populationen erzielt CARAPAX alljährlich insgesamt etwa 100 Nachzuchten pro Jahr. Für die Landschildkröten aus dem südlich des Flusses Ombrone gelegenen Teil der Toskana (*Maremma-Nationalpark*) besteht ebenfalls ein gesondertes Zucht- und Wiederansiedelungsprojekt, das mit einem Programm zur Dezimierung der Wildschweine einhergeht.

In der Region Latium wurden leider immer wieder Landschildkröten unbekannter Herkunft ausgesetzt, sodass die hier lebenden Bestände nicht mehr als genetisch »rein« gelten können. Auf der CARAPAX-Station schlüpfen jedes Jahr ungefähr 70 Jungtiere aus dieser Region.

Kompliziert ist die Situation in der Region Kampanien, denn hierher gelangten in den letzten Jahrhunderten über den Hafen von Neapel regelmäßig Landschildkröten aus anderen Teilen des Verbreitungsgebietes, die dann hier von ihren Besitzern in die Freiheit entlassen wurden. BALLASINA (1995a) geht davon aus, dass in der Region keine genetisch »reinen« Bestände mehr leben. CARAPAX produziert alljährlich etwa 30–40 Jungtiere dieser Population, die auf Ersuchen der Regionalverwaltung und verschiedener Naturschutzorganisation auch in die Natur entlassen werden, um die wildlebenden Bestände wieder aufzustocken, so z. B. im *Vesuv-Nationalpark*.

Da sich die Landschildkröten aus dem Osten und Westen der Region Kalabrien nach Angaben von BALLASINA (1995a) deutlich voneinander unterscheiden, werden diese auf der Station ebenfalls getrennt voneinander untergebracht. Von der westlichen Form, die stark unter der Zersiedelung ihrer natürlichen Lebensräume leidet, werden jährlich etwa 50–60 Jungtiere nachgezogen, von der östlichen (Hauptgefahr: Wildschweine) mehrere Dutzend. In Zusammenarbeit mit der Universität von Kalabrien erarbeitet CARAPAX ein Wie-

Abb. 162: Anschauliche Modelle informieren die Besucher des Schildkrötendorfes in Gonfaron über die Biologie von *Testudo hermanni* (B. DEVAUX)

deransiedelungsprojekt für den *Pollino-Nationalpark*.

Ungefähr 75 Jungtiere züchtet CARAPAX alljährlich von den Landschildkröten aus dem *Gargano-Nationalpark* in der Region Apulien. Im Aufbau befindlich ist noch eine Zuchtgruppe aus dem Murge-Gebirge in der gleichen Region; die Bestände hier wurden nach Angaben von BALLASINA (1995a) in besonderem Maße von deutschen Terrarianern geplündert. Auf lange Sicht hofft die CARAPAX-Leitung, mithilfe nachgezüchteter, ausgewilderter Tiere die im Murge-Gebirge lebenden Populationen wieder zu vergrößern und eine Reihe der im Kapitel »Gefährdung« erwähnten »biogenetischen Reservate« zu schaffen.

Was den Osten der Insel **Sizilien** betrifft, so sammelten Mitarbeiter des WWF in vergangener Zeit regelmäßig Landschildkröten ein, deren Lebensraum kurz darauf zugebaut wurde. Eine Zuchtgruppe diesen Ursprungs wurde im CARAPAX-Zentrum untergebracht und produziert ca. 40 Jungtiere pro Jahr. Die restlichen Tiere wurden einem Zuchtprogramm auf der Insel selbst zugeführt, und CARAPAX arbeitet daran, die hier von WWF, *Associazione Erpetológica Siziliana* und *Ente Fauna Siziliana* durchgeführten Aktionen besser zu koordinieren. Kaum Beachtung finden bisher die Populationen im Westen und Süden der Insel; auf der CARAPAX-Station schlüpfen alljährlich nur einige wenige Jungtiere aus diesen Regionen, weitere Exemplare werden von verschiedenen Personen im Auftrag des WWF gehalten.

Die sardischen Landschildkröten werden auf der Station nur in geringer Zahl gehalten und gezüchtet (etwa 50 Jungtiere pro Jahr), da die Situation der Art auf dieser Insel noch als recht gut eingeschätzt wird.

Seit einigen Jahren nimmt CARAPAX auch Angehörige von Schildkrötenarten auf, die gar nicht in Italien vorkommen; die Unterbringung dieser Tiere ist für die Station mittlerweile zu einem nicht unerheblichen Platzproblem geworden, und man ist dazu übergegangen, auch außerhalb Italiens Wiederansiedelungen durchzuführen. Leider legt CARAPAX in anderen Ländern nicht derart strenge Maßstäbe an die Wiederansiedelung von Schildkröten an wie in Italien selbst. Das führt dazu, dass in anderen Staaten des Mittelmeerraums oft Tiere völlig willkürlich »wiederangesiedelt« werden (in diesem Zu-

Abb. 163: Die Zuchterfolge in Gonfaron lassen für die Zukunft der französischen Landschildkrötenbestände hoffen (B. DEVAUX)

sammenhang sollte man dann wohl besser von »ausgesetzt« sprechen), ungeachtet ihrer meist völlig unbekannten Herkunft. Dazu gehört z. B. auch die Freilassung von 289, 364, 296 bzw. 133 *Testudo boettgeri* aus (hauptsächlich belgischer) Terrarienhaltung in den Jahren 1991, 1994, 1995 bzw. 2001 in Griechenland. Diese völlig undurchdachten Aktionen mögen zwar gut gemeint sein, sind aber absolut unverantwortlich und bergen neben der Gefahr der »genetischen Umweltverschmutzung« (man denke z. B. an die erst kürzlich »wiederentdeckte« *Testudo hercegovinensis* und die gerade auch von CARAPAX ansonsten so stark beachtete geographische Variabilität von *Testudo hermanni*) durch die mögliche Einschleppung von Krankheitskeimen auch ein gravierendes gesundheitliches Risiko für die ortsansässigen Schildkröten. Aus diesem Grund ist die Aussetzung von Tieren, deren Herkunft nicht bekannt ist, rundweg abzulehnen, wie auch die Mitgliederversammlung der *AG Schildkröten* der *Deutschen Gesellschaft für Herpetologie und Terrarienkunde* in einer Resolution vom März 2001 im Falle der *Testudo-graeca*-Artengruppe befand. Nicht zuletzt aufgrund der Wiederansiedelungsproblematik ist der Ruf des CARAPAX-Zentrums daher in der Fachwelt sehr umstritten; verschiedentlich wurden außerdem sogar Berichte über Massensterben unter den hier untergebrachten Schildkröten bekannt, was z. T. regelrecht zu Geruchsbelästigungen geführt haben soll. Vor einigen Jahren wurde die Aufmerksamkeit des Zentrums bedauerlicherweise zum Leid der Schildkröten auf Störche und Esel ausgedehnt, doch was den Besuchern Abwechslung bringt, überfordert offensichtlich das hauptsächlich aus Praktikanten aus verschiedenen Ländern bestehende Pflegepersonal.

An dieser Stelle seien noch ein paar grundsätzliche Bemerkungen zur Wiederansiedelung von Schildkröten erlaubt: Jede Form von Wiederansiedelung bekämpft nur die Symptome, nicht aber die Ursachen des Rückgangs der betroffenen Arten. In der Fachwelt ist die Ansicht weit verbreitet, dass Wiederansiedelungsversuche für eine nicht unmittelbar vom Aussterben bedrohte Art wie z. B. *Testudo hermanni* keine geeignete Schutzmaßnahme darstellen, evtl. mit Ausnahme experimenteller Projekte. Wenn die Zerstörung der Lebensräume von *Testudo boettgeri*, *Testudo hercegovinensis* und *Testudo hermanni* in dem Tempo der letzten Jahre und Jahrzehnte weitergeht, dürften eines Tages ohnehin mehr Schildkröten existieren als für Wiederansiedelungsversuche geeignete Habitate. Die IUCN, die in den vergangenen Jahren Wiederansiedelungsprojekte für verschiedene Schildkrötenarten unterstützte, von denen viele aus den genannten medizinischen und genetischen Gründen inzwischen zumindest vorläufig gestoppt wurden, empfiehlt heute, bei nicht akut gefährdeten Schildkrötenarten dem Schutz wildlebender Populationen größte Priorität einzuräumen.

In **Spanien** existieren seit 1973 gesetzliche Vorschriften zum Schutz von *Testudo hermanni*; Ziel der Unterschutzstellung war es, den Handel mit den Tieren zum Erliegen zu bringen, der den Fortbestand der verbliebenen wildlebenden Populationen gefährdete. Doch auch nach Erlass der Gesetze kam der Handel nicht direkt zum Erliegen, nur langsam nahmen importierte Angehörige der östlichen Populationsgruppe und anderer Arten oder Gattungen (z. B. Steppenschildkröten der Gattung *Agrionemys* oder Dosenschildkröten der Gattung *Terrapene*) die Rolle der einheimischen Landschildkröten ein. Seit 1990 gilt *Testudo hermanni* als Art von »besonderem Interesse«, in Katalonien ist Privatpersonen der Besitz von Italienischen Landschildkröten generell untersagt, was auch für Nachzuchten gilt. Empfehlung Nr. 26 des *Ständigen Ausschusses der Berner Konvention* aus dem Jahre 1991 legte der spanischen Regierung darüber hinaus nahe, die Lebensräume der Art in der Dünenlandschaft von Serra Nova und in der Umgebung von Artá auf Mallorca unter Schutz zu stellen. Auch die IUCN empfahl dem Land, im Rahmen des Netzwerkes *Natura 2000* wichtige Lebensräume der Italienischen Landschildkröte auf Mallorca, Menorca und im Albera-Gebirge besonders zu schützen und ehemals von der Art besiedelte Gebiete im Albera-Gebirge für Wiederansiedelungen zu renaturieren; sechs Schutzgebiete wurden daraufhin bereits eingerichtet. Die Wiederansiedelungsprogramme selbst sollten nach Auffassung der IUCN so lange wie nötig weitergeführt werden, insbesondere im Albera-Gebirge.

Auf **Mallorca** unterhält die Regionalregierung der Balearen ein kleines Studienprojekt, das Daten zur Biologie der Schildkröten sammelt; der Bau einer Auffang- und Zuchtstation ist geplant. Seit dem 28. September 1978 besteht im Zentrum der Insel außerdem das private Schildkrötenreservat *Son Cifre de Baix*, etwa 10 km vor der Stadtgrenze von Manacor; in dem etwa 25 Hektar großen Schutzgebiet kümmert man sich ausschließlich um das Wohlergehen dieser Art. Hier lebten im September 1990 mehr als 1.260 Exemplare von *Testudo hermanni*, und es wurden erfreulicherweise Jungtiere aller Altersklassen gefunden. Auf dem Gelände befinden sich u. a. ein großes (ca. 5.000 m²) und mehrere kleinere Gehege, um nötigenfalls einige Schildkröten zu separieren, etwa im Rahmen von Untersuchungen oder zur Unterbringung von vom Zoll beschlagnahmten Tieren, die auf die Wiederansiedelung in ihrem angestammten Lebensraum warten. Das Schutzgebiet, das auf dem Privatgrund des niederländischen Ehepaares KRAMER liegt, das sich in hervorragender Weise um den Erhalt der Schildkrötenpopulation kümmert, wurde (z. T. etwas notdürftig) mit einer Mauer, streckenweise auch mit einem Zaun, umgeben, um verwilderte Schweine, Schafe und Ziegen vor dem Eindringen abzuhalten, denn erstere verschmähen junge Schildkröten als Leckerbissen nicht, und letztere werden von der saftigen Vegetation des Schutzgebietes angezogen, die während mancher Jahreszeiten stark mit den vertrockneten Pflanzen jenseits der Mauern kontrastiert; zahlreiche schadhafte Stellen am Gemäuer zeugen von den Versuchen vor allem der Ziegen, den »Schutzwall« zu überwinden. Auf dem Gelände des Reservates wurden Feuerschneisen mit einer Gesamtlänge von etwa 1.200 m gezogen, um den Ausbruch verheerender Brände zu vermeiden; außerdem werden diese Schneisen, die regelmäßig von Hand oder maschinell von Pflanzenbewuchs befreit werden, von den Schildkröten bevorzugt als Nistplätze genutzt. Eine kleine restaurierte Finca dient Biologen als Stützpunkt für Exkursionen. *Son Cifre de Baix* ist für Besucher nicht zugänglich; bereits im Jahre 1983 wurde aufgrund fehlender permanenter Überwachung beschlossen, das Schutzgebiet aus dem Blickpunkt der nationalen und internationalen Öffentlichkeit zu nehmen, um nicht »Schildkrötenfreunde« auf unliebsame Ideen zu bringen. Seit einigen Jahren besteht auf der Insel außerdem die Organisation »*Amics de les tortugues/Amigos de las tortugas*« (A.D.L.T), die es sich zum Ziel gesetzt hat, die Bevölkerung und die Behörden über die Gefährdung und Bedürfnisse der Schildkröten zu unterrichten, den Schutz der Lebensräume zu verbessern, die Haltungsbedingungen in Privathand zu untersuchen und sich allgemein um den Schutz von Schildkröten in der ganzen Welt einzusetzen. Unter anderem soll zu jeder über den Tierhandel verkauften Schildkröte ein Informationsblatt ausgegeben werden, in dem die artgerechte Haltung beschrieben wird. Die Halter der Tiere werden, sofern bekannt, außerdem aufgesucht und über die artgerechte Haltung aufgeklärt, im Bedarfsfall wird auch Hilfestellung geleistet. Die Behörden sollen davon überzeugt werden, dass beschlagnahmte Schildkröten nicht in Naturreservaten in

Trockengebieten ausgesetzt werden dürfen, die noch nie Lebensraum von *Testudo hermanni* waren, da dies etwa 70 % der Tiere nicht überleben. Die Eigentümer der Ländereien, auf denen Schildkröten leben, sollen auf die im Kapitel »Gefährdung« thematisierte Problematik des Mauerbaus angesprochen werden. Zur Verbesserung der Lebensbedingungen der Schildkröten werden auf dem Gelände der Fincas Tränken aufgestellt.

Auch auf der Nachbarinsel **Menorca** ist der Fang der Schildkröten wie in ganz Spanien verboten; SCHMIDT (1999) berichtet von einem Fall, in dem ein Tourist versuchte, ein Jungtier in der Hosentasche durch den Zoll zu schmuggeln – er wurde jedoch erwischt und musste umgerechnet etwa 165 EUR Geldbuße zahlen.

Fast das gesamte Verbreitungsgebiet von *Testudo hermanni* auf dem spanischen Festland wurde im Jahre 1986 zum Schutzgebiet erklärt, doch ging der Fang der Tiere leider weiter, anfangs in geringem Umfang, später aufgrund der zunehmenden Tourismuszahlen in der Region wieder in stärkerem Ausmaß. Auch in Katalonien existieren Schutzprojekte, die sich dem Wohl von *Testudo hermanni* verschrieben haben und mittlerweile vom katalanischen Umweltministerium koordiniert werden. Eines davon, das im Oktober 1984 von der katalanischen Regionalregierung in Mas Pòlit im zwei Jahre später eingerichteten Albera-Naturpark gegründete Albera-Projekt (»Centre de Reproducció de la Tortuga de L'Albera – CRT«), beschäftigt sich mit der Erhaltung und Nachzucht der einzigen noch existierenden Bestände natürlichen Ursprungs im Nordosten Spaniens; da an diesem Standort aber sehr viele Schildkröten entwendet wurden, verlagerte man die Zuchtstation schließlich im Jahre 1992 nach Garriguella im äußersten Süden des spanischen Vorkommens, wo dem Projekt von der katholischen Kirche in einer relativ ungestörten Region eine Einsiedelei mitsamt dem dazugehörigen Grundbesitz übereignet wurde. Die Projektleitung obliegt der im November 1992 gegründeten Organisation »Amics de la Tortuga de L'Albera«, in Zusammenarbeit mit der biologischen Fakultät der Universität von Barcelona und der *Sociedad Herpetológica de Catalunya*. Die Organisation setzt sich u. a. für die Verbesserung des gesetzlichen Schutzes der Schildkröten und ihrer Lebensräume ein und überwacht in Zusammenarbeit mit den Naturschutzbehörden die Einhaltung der bereits existierenden Vorschriften. Mitte der 1990er-Jahre lebten in der Station etwa 80 erwachsene Landschildkröten, von denen keine der Natur entnommen wurde; mittlerweile schlüpfen pro Jahr ca. 150–200 Jungtiere im Inkubator, wobei in dem weitläufigen Hauptgehege nicht alle Gelege aufgefunden werden. Im Jahre 1997 wurden etwa 200 dreijährige Jungtiere in von der katalanischen Regionalregierung unter Schutz gestellten Gebieten in die Natur entlassen, weitere Wiederansiedelungen folgten. Dabei werden die Jungtiere der separat gehaltenen Zuchtgruppe, deren Angehörige von Privatpersonen zur Station gebracht oder nach behördlichen Beschlagnahmen dort untergebracht wurden und daher unbekannter Herkunft sind, in einem bislang nicht mehr von Landschildkröten besiedelten Reservat in der Umgebung von Barcelona ausgewildert. Mit zu den Aufgaben des Projektes gehört auch die Durchführung von Informationsveranstaltungen an Schulen und für die Öffentlichkeit, um das Bewusstsein der einheimischen Bevölkerung für die Gefährdung und Bedürfnisse der Schildkröten zu schärfen. Seit März 1994 ist die Station aus diesem Grunde für die Öffentlichkeit zugänglich, und in einem eigens eingerichteten »Klassenzimmer« können sich Schulklassen und andere Gruppen über die Arbeit der Station informieren. Jährlich werden neben den Schülern etwa 10.000 Besucher gezählt.

Auch im Naturpark um das Kap de Creus in Katalonien, aus dem die ursprünglichen

Landschildkrötenbestände aufgrund zahlreicher Waldbrände in den letzten Jahrzehnten völlig verschwanden, wurden vor einigen Jahren mehrere Exemplare ausgewildert, die mit Sendern ausgestattet wurden, um ihre Anpassung an den neuen Lebensraum zu untersuchen und die Eignung des Naturparks für ein Wiederansiedelungsprojekt zu ermitteln. Seit 2002 werden nun auch Nachzuchttiere aus der CRT-Station ausgewildert.

Das zweite Zentrum, das »*Centro de Recuperación de Anfibios y Reptiles de Catalunya*« (C.R.A.R.C.), hat seinen Sitz in Masquefa; betrieben wird es von der *Commissió Medi Ambient Ajuntament de Masquefa* (kurz COMAM) in Zusammenarbeit mit verschiedenen katalanischen Behörden und der *Liga para la Defensa del Patrimonio Natural* (DEPANA). Es befasst sich mit der Erforschung und dem Schutz der gesamten heimischen Tierwelt. Seit 1993 werden im Naturpark um das Garraf-Gebirge in den Gebirgslandschaften von L'Avellana und Mossons südlich von Barcelona Schildkröten ausgewildert, wobei es sich bei den im Mossons-Gebirge lebenden Tieren um eine Studienpopulation handelt, die in einem 2–3 Hektar großen Gehege lebt, und anhand der man die Lebensweise der in die Natur entlassenen Exemplare und deren Anpassungsfähigkeit untersucht. Im Mai 1997 konnte C.R.A.R.C. seine neuen, größeren Einrichtungen eröffnen, zu denen jetzt auch eine »Schildkrötenklinik«, ein kleines Museum und Quarantäneanlagen gehören. Das Garraf-Gebirge gehört zur Gebirgskette entlang der katalanischen Küste und ist ca. 20 km von Barcelona entfernt; es gehörte einstmals zum Verbreitungsgebiet von *Testudo hermanni* und offenbar zu jenen Regionen, aus denen die Art zuletzt verschwand. Ziel ist es auch hier, die Art in einem Teil ihres ursprünglichen Verbreitungsgebietes wiederanzusiedeln, eingesetzt werden dabei Schildkröten, die vor ihrer Beschlagnahmung bzw. freiwilligen Übergabe an das Projekt z. T. über Jahrzehnte als »Haustiere« in Gärten in und um Barcelona lebten und ursprünglich überwiegend aus dem Gebiet selbst oder von den Balearen stammten. Die Tiere, die zur Freilassung bestimmt sind, verbringen drei Monate der Quarantäne im Zentrum und werden währenddessen veterinärmedizinisch untersucht; sie haben in großen Freilandanlagen die Gelegenheit, sich an die Lebensbedingungen in freier Natur zu gewöhnen. Die ersten 29 Schildkröten trafen im Juni 1992 im Zentrum ein, im September 1993 wurden dann die ersten sechs Exemplare in die Natur entlassen. Die Tiere wurden mit Funksendern ausgestattet, sodass ihr Aufenthaltsort mittels Empfangsantennen ausfindig gemacht werden konnte. Im April 1994 zerstörte ein Waldbrand 4.800 Hektar des Naturparks. Vier der ausgewilderten Schildkröten verbrannten, zwei trugen schwere Verletzungen davon und starben später in der Station, wohin man sie zur Behandlung gebracht hatte. Im Juli 1995 wurden erneut 17 Schildkröten (davon waren neun mit Sendern ausgestattet) in einem nicht von den Bränden beeinträchtigen Teil des Naturparks ausgesetzt. In einer Studie über die Erfolgsaussichten des Projekts, bei der Parameter wie Gewicht und Fortpflanzungsaktivität aufgenommen wurden, zeigte sich, dass 80 % dieser ausgewilderten Tiere das erste Jahr in Freiheit überlebten und sich in dieser Zeit maximal 550 m vom Ort der Freilassung entfernt hatten. Im Jahre 1996 wurden 53 weitere Schildkröten freigelassen, bis zum Jahre 2005 waren es dann insgesamt 598 Exemplare. Mittlerweile wurden bereits Schlüpflinge in der Natur beobachtet (bis zum Jahre 2005 waren es 76), die auch dort belassen werden, um ihnen eine optimale Anpassung an ihren Lebensraum zu ermöglichen. Insgesamt wurden im Jahre 2005 701 Landschildkröten in der Region gezählt, die Sterblichkeitsrate wird auf 25,1 % geschätzt. Da sich gezeigt hat, dass das Geschlechterverhältnis derzeit deutlich zugunsten der Männchen verschoben ist (siehe Kapitel »Lebensraum«), sollen zukünftig überwiegend weibliche Tiere ausgewildert werden. Weitere Wiederansiedelungsaktionen sind in den katalanischen Montserrat- und Cadiretes-Gebirgen geplant.

Von 1987 bis 2001 wurden von der »Estación Biológica Parc Natural del Delta de l'Ebre« insgesamt 90 erwachsene Exemplare von *Testudo hermanni* auf Inselchen im Naturreservat *Punta de la Banya* innerhalb des Naturparks *Delta de L'Ebre* angesiedelt. Davon wurden 44 von 1987 bis 1988 auf einem »Flickenteppich« mehrerer meist miteinander verbundener Inseln mit einer Gesamtfläche von 5,8 Hektar freigelassen; die Weibchen waren zwecks hoher Fortpflanzungsquote deutlich in der Überzahl. Die zweite Population wurde auf einer 2,8 Hektar großen Insel freigesetzt (neun Tiere 1990, fünf 1993). Man arbeitete mit Tieren, die in der Region um Montsià gefangen wurden, aber auch mit Schildkröten unbekannter Herkunft; die Station hier erhielt zur Verwirklichung ihrer Ziele von den katalanischen Behörden beschlagnahmte Schildkröten und solche, die im Zoo von Barcelona abgegeben oder gezüchtet wurden, außerdem machten regelmäßig Privatleute, die ihrer »Hausschildkröte« überdrüssig wurden, ihre Tiere der Station zum »Geschenk«. So existiert im Naturpark um das Delta des Ebro heute wieder eine kleine künstliche Population, die seit 1991 ständig unter Beobachtung steht. Im Rahmen der dort geführten Untersuchungen zeigte sich, dass 94 % der ausgewilderten Weibchen und 95 % der Männchen überlebt haben. Bis 1995 wurden hier 222 Jungtiere gezählt, deren Überleben durch die geringe Zahl von Raubfeinden, die das Gebiet nur selten erreichen, erleichtert wurde. Heute weist die Population des Naturparks eine deutlich höhere Dichte auf als andere wildlebende Bestände, sie dehnt ihr Verbreitungsgebiet aus, und auch in den neu von den Tieren erschlossenen Gebieten wurden bereits Jungtiere gefunden. Eine Modellrechnung zeigte allerdings, dass die Population in der derzeitigen Größe vermutlich nur 50 Jahre überdauern wird (und dies auch nur mithilfe der Freilassung in Menschenobhut geschlüpfter Jungtiere) und generell kleine Populationen mit weniger als 100 Exemplaren auf Dauer nicht überlebensfähig sind, wenn pro Jahr 1–2 adulte Weibchen sterben oder der Population auf andere Weise verloren gehen. Man plant, manche der Tiere später in Teilen Spaniens wieder anzusiedeln, in denen die Art einst wildlebend vorkam, allerdings nicht bei Alt Empordà, um die dort lebende Population genetisch rein zu halten. LOEHR (2002) äußert nicht ganz zu Unrecht Unverständnis darüber, warum man nicht mit der »Neugründung« von Landschildkrötenpopulationen in verschiedenen Reservaten wartete, bis man dazu »überzählige« Nachzuchttiere mit Ursprung Albera-Population verwenden kann, um so die »genetische Reinheit« der spanischen Festlandsbestände insgesamt zu wahren.

In der Umgebung von València besteht das *Centro de Protección y Estudio del Medio Natural* (CPEMN), das von der Regionalregierung der Autonomen Region Comunidad Valènciana unterhalten wird und in dem unter anderem auch *Testudo hermanni* nachgezüchtet wird. Die Nachzuchten sollen später in einem Naturpark in der Region ausgewildert werden.

Auch im Naturpark »Desert de les Palmes« in der Umgebung von Castellón-Benicàssim in der gleichen Autonomen Region existiert eine Landschildkrötenpopulation, die im Schildkrötenzentrum »Mas de les Tortugues« in einem 4.900 m² großen Gehege unter halbwegs natürlichen Bedingungen an das Leben in Freiheit gewöhnt werden soll. Eine weitere Organisation, die sich um die Erhaltung von *Testudo hermanni* in Spanien bemüht, ist die »Asociación de Naturalistas del Sudeste« (A.N.S.E) in Cartagena.

ADRESSEN 227

Asociación de Naturalistas del Sudeste
C/Medieras
6. Entslo. Izqda.
30201 Cartagena (Murcia)
Spanien
E-Mail: anse-cartagena@wanadoo.es
Internet: www.asociacionanse.org

Bundesamt für Naturschutz
Konstantinstraße 110
53179 Bonn
E-Mail: pbox-bfn@bfn.de
Internet: www.bfn.de

CARAPAX Center
CP 34
58024 Massa Marittima
Italien
E-Mail: info@carapax.org
Internet: www.carapax.org

Centre de Reproducció de la Tortuga de L'Albera
s/n Santuari de la Mare de Déu del Camp
17780 Garriguella (Girona)
Spanien
E-Mail: crt@wanadoo.es
Internet: www.tortugues.org

Centro de Protección y Estudio del Medio Natural
Conselleria de Medi Ambient
Avenida dels Pinars, 106
46012 El Saler (València)
Spanien

Centro de Recuperación de Anfibios y Reptiles de Catalunya
C/Santa Clara
s/n 08783 Masquefa (Barcelona)
Spanien
E-Mail: Crarc_Comam@hotmail.com

dauvi-Verlag
Jenseitsstraße 79
50127 Bergheim
E-Mail: redaktion@dauvi.de
Internet: www.schildkroeten-im-fokus.de
Zeitschrift: Schildkröten im Fokus
(Erscheinungsweise vierteljährlich)

Deutsche Gesellschaft für Herpetologie und Terrarienkunde e. V.
Geschäftsstelle
Postfach 1421
53351 Rheinbach
E-Mail: gs@dght.de
Internet: www.dght.de
Zeitschriften: SALAMANDRA, Salamander, *elaphe*
(Erscheinungsweise alle vierteljährlich), MERTENSIELLA
(Supplementreihe, Erscheinungsweise unregelmäßig)

Deutsche Gesellschaft für Herpetologie und Terrarienkunde e. V. – AG Schildkröten
Druslachstraße 8
67360 Lingenfeld
E-Mail: ag-schildkroeten@dght.de
Internet: www.ag-schildkroeten.de
(englisch: www.radiata.de)
Zeitschriften: RADIATA, RADIATA english edition, MINOR (Erscheinungsweise alle vierteljährlich)

Die AG Schildkröten unterhält u. a. einen »Arbeitskreis Mediterrane Landschildkröten«, der sich folgende Ziele gesetzt hat:
- Erfahrungs- und Wissensaustausch von Haltern mediterraner Landschildkröten
- Unterstützung der Mitglieder und Anfänger
- Optimierung der Haltungs-, Zucht- und Aufzuchtbedingungen unter naturnahen Voraussetzungen
- Deckung des Bedarfs für die Heimtierhaltung aus deutschen Nachzuchten (Vermeidung von Farming bzw. Ranching)
- Eingehende Untersuchungen der Arten (Unterarten, Lokalformen)
- Bildung von Zuchtbüchern mit Tieren, deren Herkunft bekannt ist
- Schutz der Europäischen Landschildkröten in den Heimatländern, nicht durch unkontrolliertes Auswildern von Nachzuchten, sondern durch Erhaltung von noch intakten Biotopen, um langfristig den Bestand im Lebensraum zu sichern
- Zusammenarbeit mit Behörden und Tierschutzorganisationen bei der Umsetzung von gesetzlichen bzw. tierschutzrechtlichen Belangen

Wer sich für die Arbeit des Arbeitskreises interessiert und sie unterstützen möchte, der wende sich bitte an dessen Leiter:
CHRISTOPH FRITZ
Fax: 01212-510216511
E-Mail: christophfritz@web.de
Internet: www.dght.de/ag/schildkroeten/akeuropland.htm

Estación Biológica Parc Natural del Delta de l'Ebre
Plaza 20 de Maig
s/n 43580 Deltebre (Tarragona)
Spanien
Internet: www.ebre.com

European Studbook Foundation
Die *European Studbook Foundation* hat unter anderem auch für diese Arten ein Zuchtprogramm gestartet. Ziel des Programmes ist es, möglichst viele in Europa lebende Exemplare der hier behandelten Arten in einem Zuchtbuch zu erfassen und so den Erhalt einer gesunden Population in europäischen Terrarien sicherzustellen. Ansprechpartner sind hier:
Testudo hermanni
LAURENS WOLDRING
De La Reijstraat 124
2987 XG Ridderkerk
Niederlande
E-Mail: testudo-hermanni-hermanni@studbooks.org

ADRESSEN

Testudo boettgeri, Testudo hercegovinensis
RUURD VAN DONKELAAR
Laantje 1
4251 EL Werkendam
Niederlande
E-Mail: testudo-hermanni-boettgeri@studbooks.org
Internet: www.studbooks.org

herpetofauna-Verlags-GmbH
Römerstraße 21
71384 Weinstadt
E-Mail: info@herpetofauna.de
Internet: www.herpetofauna.de
Zeitschrift: herpetofauna
(Erscheinungsweise zweimonatlich)

Internationale Schildkröten Vereinigung
Kirchenplatz 6
3562 Stiefern
Österreich
E-Mail: gerhard.schaffer@isv.cc
Internet: www.isv.cc
Zeitschrift: SACALIA (Erscheinungsweise vierteljährlich)

Natur und Tier Verlag GmbH
An der Kleinmannbrücke 39/41
48157 Münster
E-Mail: verlag@ms-verlag.de
Internet: www.ms-verlag.de
Zeitschriften: REPTILIA (Terraristik-Fachmagazin, Erscheinungsweise zweimonatlich), DRACO (Terraristik-Themenheft, Erscheinungsweise vierteljährlich), MARGINATA (Schildkröten-Fachmagazin, Erscheinungsweise vierteljährlich)

Nederlandse Schildpadden Vereniging
Lumeystraat 11c
3039 ZM Rotterdam
Niederlande
E-Mail: voorzitter@schildpaddenvereniging.org
Internet: www.trionyx.nl
Zeitschrift: TRIONYX (Erscheinungsweise zweimonatlich)

O AETOS
Artemidos 50
60065 Platamonas/Pieria
Griechenland
E-Mail: eagles-club@kat.forthnet.gr
Internet: www.oaetos.de

Österreichische Gesellschaft für Herpetologie – Fachgruppe Schildkröten
Robert-Stolz-Straße 28
2301 Neuoberhausen
Österreich
E-Mail: egretzberger@netzundplan.at
Internet: www.nhm-wien.ac.at/nhm/herpet/
Zeitschrift: HERPETOZOA (Erscheinungsweise vierteljährlich)

Schildkrötenfreunde Österreich
Maria Ponsee 32
3454 Sitzenberg-Reidling
Österreich
E-Mail: h.artner@pgv.at
Internet: www.sfoe.at
Zeitschrift: EMYS (Erscheinungsweise vierteljährlich)

Schildkröten Interessen-Gemeinschaft Schweiz
Postfach
4416 Bubendorf
Schweiz
E-Mail: info@sigs.ch
Internet: www.sigs.ch
Zeitschrift: TESTUDO (SIGS) (Erscheinungsweise vierteljährlich)

Terrariengemeinschaft Berlin e. V.
Planetenstraße 45
12057 Berlin
E-Mail: abo@sauria.de
Internet: www.sauria.de
Zeitschrift: SAURIA (Erscheinungsweise vierteljährlich)

Verlag Eugen Ulmer GmbH & Co
Wollgrasweg 41
70599 Stuttgart
E-Mail: datz@ulmer.de
Internet: www.datz.de
Zeitschrift: DATZ (Erscheinungsweise monatlich)

Village des Tortues – SOPTOM
Centre d'études et de protection des tortues
B.P. 24
83590 Gonfaron
Frankreich
bzw.
Route d'Asco lieu dit Tizzarella
20218 Moltifao
Frankreich
E-Mail: soptom@wanadoo.fr
Internet: www.villagetortues.com
Zeitschrift: La Tortue (Erscheinungsweise 3-4 Hefte jährlich)

ÜBERSICHT DER KLIMASTATIONEN   229

Klimastationen aus den Verbreitungsgebieten von

a) Testudo boettgeri

b) Testudo hercegovinensis

b) Testudo hermanni

KLIMATABELLEN

Nachfolgend einige Klimadaten nach

MÜLLER (1996): Handbuch ausgewählter Klimastationen der Erde – 5. ergänzte und verbesserte Auflage, Universität Trier, Forschungsstelle Bodenerosion Mertesdorf (Ruwertal).

Alle Temperaturangaben in °C
Niederschlagsmengen in mm
relative Feuchte in %
Sonnenscheindauer in h

Bei der Auswahl der Stationen wurde darauf geachtet, dass möglichst viele Teile der Verbreitungsgebiete der drei Arten vertreten sind.

Griechische Landschildkröte

Klimastation I
Constanta/Constanta/Rumänien
Lage: 44°10′N / 28°37′O, 52 m über NN
Warmgemäßigtes, subozeanisches, immerfeuchtes Regenklima ohne ausgesprochene Trockenzeit, mit mäßig warmen bis warmen und langen Sommern und milden bis mäßig kalten Wintern; Vegetationsdauer länger als 200 Tage, Niederschlagsmaximum im Sommer und Herbst; subozeanische Falllaub- und Mischwälder

	J	F	M	A	M	J	J	A	S	O	N	D	Jahr
Mittl. Temp.	0,8	0,5	3,8	9,1	14,9	19,5	22,2	22,0	17,8	12,8	7,2	2,1	10,9
Mittl. Max. d. Temp.	3,0	4,3	7,9	13,2	18,7	23,7	27,0	26,5	22,6	17,4	10,7	5,9	15,1
Mittl. Min. d. Temp.	-3,7	-2,5	0,6	5,7	11,1	15,6	17,6	17,3	13,8	9,2	4,3	-0,5	7,3
Absol. Max. d. Temp.	16,7	19,6	30,4	29,4	36,6	36,4	35,6	36,2	35,0	29,4	24,4	20,4	36,6
Absol. Min. d. Temp.	24,7	-20,2	-11,6	-4,5	1,0	3,8	7,6	7,0	1,0	-5,4	-12,8	-18,6	-24,7
Mittl. rel. Feuchte	88	86	83	80	81	77	74	74	78	82	86	88	80
Mittl. Niederschlag	30	26	24	32	37	49	35	32	27	40	44	37	413
Tage mit Niederschlag	10	9	8	7	9	8	6	4	4	6	9	10	90
Sonnenscheindauer	81	102	135	188	236	292	342	320	240	166	82	74	2.258

Klimastation II
Korfu/Ionische Inseln/Griechenland
Lage: 39°37´S / 19°55´O, 25 m über NN
Warmgemäßigtes, mediterranes Regenklima mit trockenen, heißen Sommern und feuchten Wintern; meist mehr als fünf Regenmonate; subtropische Hartlaub- und Nadelgehölze

	J	F	M	A	M	J	J	A	S	O	N	D	Jahr
Mittl. Temp.	10,0	10,4	11,8	14,5	18,2	22,5	25,3	25,4	22,5	18,8	14,9	11,8	17,2
Mittl. Max. d. Temp.	14,0	14,6	16,0	19,1	23,3	28,2	31,4	31,5	27,8	23,4	19,1	15,9	22,0
Mittl. Min. d. Temp.	5,9	6,1	7,5	9,9	13,1	16,8	19,2	19,2	17,2	14,2	10,7	7,7	12,3
Absol. Max. d. Temp.	20,0	21,4	23,8	28,7	32,1	36,6	40,2	40,7	37,8	33,2	25,0	21,0	40,7
Absol. Min. d. Temp.	-4,4	-3,3	-2,8	-0,1	3,6	10,2	12,0	13,0	6,8	3,8	-2,5	-2,5	-4,4
Mittl. rel. Feuchte	74	73	73	74	71	65	62	62	71	71	74	76	70
Mittl. Niederschlag	196	132	100	70	41	14	4	20	95	184	237	259	1.352
Tage mit Niederschlag	15	14	12	10	6	3	1	2	6	11	15	17	112

Klimastation III
Lárissa/Thessalien/Griechenland
Lage: 39°37´N / 22°15´O, 76 m über NN
Warmgemäßigtes, mediterranes Regenklima mit trockenen, heißen Sommern und feuchten Wintern; meist mehr als fünf Regenmonate; subtropische Hartlaub- und Nadelgehölze

	J	F	M	A	M	J	J	A	S	O	N	D	Jahr
Mittl. Temp.	5,8	7,4	9,2	13,7	19,7	25,4	28,0	27,8	22,4	16,2	11,4	7,4	16,2
Mittl. Max. d. Temp.	10,0	12,9	15,1	20,4	25,7	31,3	34,4	34,0	29,1	23,1	16,3	12,1	22,0
Mittl. Min. d. Temp.	0,5	1,3	3,4	6,5	10,7	15,1	18,1	17,7	14,3	10,4	6,9	3,0	9,0
Absol. Max. d. Temp.	21,0	24,0	31,8	31,8	38,5	41,8	45,0	45,0	40,0	36,6	26,0	22,6	45,0
Absol. Min. d. Temp.	-11,8	-9,5	-7,0	-2,6	3,1	7,0	10,6	10,6	6,0	0,3	-6,0	-14,0	-14,0
Mittl. rel. Feuchte	81	74	74	71	65	52	47	45	58	73	82	82	67
Mittl. Niederschlag	51	40	49	35	45	30	15	13	31	88	64	61	522
Tage mit Niederschlag	10	8	8	7	9	6	3	2	4	9	10	10	86
Sonnenscheindauer	104	129	156	228	272	295	339	326	259	170	130	83	2.491

232 KLIMATABELLEN

Klimastation IV
Patras/Westgriechenland/Griechenland
Lage: 38°15´N / 21°45´O, 43 m über NN
Warmgemäßigtes, mediterranes Regenklima mit heißen, trockenen Sommern und feuchten Wintern; meist mehr als fünf Regenmonate; subtropische Hartlaub- und Nadelgehölze

	J	F	M	A	M	J	J	A	S	O	N	D	Jahr
Mittl. Temp.	9,7	10,4	11,9	15,6	19,6	23,8	26,3	26,4	23,1	18,7	14,4	10,9	17,6
Mittl. Max. d. Temp.	14,3	15,2	16,5	19,8	23,4	27,5	30,6	31,1	28,2	24,2	19,8	16,2	22,2
Mittl. Min. d. Temp.	5,3	5,6	6,3	9,2	12,5	15,8	17,9	17,8	15,6	12,9	9,7	7,0	11,3
Absol. Max. d. Temp.	20,8	25,3	31,0	33,6	36,0	37,8	38,8	40,0	37,5	34,5	27,8	23,0	40,0
Absol. Min. d. Temp.	-4,1	-5,0	-1,3	1,0	5,8	9,5	11,5	10,5	8,0	3,0	-1,5	-3,8	-5,0
Mittl. rel. Feuchte	74	71	69	68	67	64	61	62	67	71	74	74	69
Mittl. Niederschlag	123	87	72	50	27	13	1	6	27	82	113	148	749
Tage mit Niederschlag	14	11	11	8	6	3	<1	1	4	8	12	14	92
Sonnenscheindauer	133	136	182	233	286	295	358	338	281	219	156	108	2.725

Klimastation V
Skopje/Skopje Stadt/Mazedonien
Lage: 42°0'N/21°6'O, 245 m über NN
Warmgemäßigtes, subozeanisches, immerfeuchtes Regenklima ohne ausgesprochene Trockenzeit, mit mäßig warmen bis warmen und langen Sommern und milden bis mäßig kalten Wintern; Vegetationsdauer länger als 200 Tage, Niederschlagsmaximum im Sommer und Herbst; subozeanische Falllaub- und Mischwälder

	J	F	M	A	M	J	J	A	S	O	N	D	Jahr
Mittl. Temp.	1,1	2,9	6,5	12,1	17,0	21,6	23,8	23,7	18,6	11,9	7,2	2,9	12,4
Mittl. Max. d. Temp.	4,7	8,3	11,9	19,3	23,3	28,0	30,8	31,1	26,0	18,5	11,7	7,4	18,4
Mittl. Min. d. Temp.	-2,9	-2,5	0,6	5,3	10,1	13,4	15,2	14,3	11,1	5,9	2,9	-1,1	6,0
Absol. Max. d. Temp.	19,0	18,1	25,0	30,2	33,5	37,0	41,2	40,5	38,5	34,2	24,8	19,4	41,2
Absol. Min. d. Temp.	-23,0	-23,9	-18,4	-4,5	-0,6	3,6	5,5	5,7	-3,2	-4,4	-9,7	-21,8	-23,9
Mittl. rel. Feuchte	85	79	73	66	69	63	58	57	67	80	85	87	72
Mittl. Niederschlag	46	41	38	34	52	49	35	37	42	58	71	43	546
Tage mit Niederschlag	7	6	8	8	11	8	4	5	4	8	6	11	86
Sonnenscheindauer	66	116	135	197	220	285	318	306	220	153	72	60	2.128

KLIMATABELLEN 233

Klimastation VI
Sofia/Sofia Stadt/Bulgarien
Lage: 42°42′N/23°20′O, 550 m über NN
Warmgemäßigtes, subozeanisches, immerfeuchtes Regenklima ohne ausgesprochene Trockenzeit, mit mäßig warmen bis warmen und langen Sommern und milden bis mäßig kalten Wintern; Vegetationsdauer länger als 200 Tage, Niederschlagsmaximum im Sommer und Herbst; subozeanische Falllaub- und Mischwälder

	J	F	M	A	M	J	J	A	S	O	N	D	Jahr
Mittl. Temp.	-1,7	0,6	4,6	10,6	15,5	19,0	21,3	20,7	17,0	11,1	5,5	0,7	10,4
Mittl. Max. d. Temp.	1,8	4,1	10,4	15,8	20,7	24,4	27,1	26,0	22,1	17,4	9,1	3,5	15,2
Mittl. Min. d. Temp.	-4,0	-2,9	0,8	5,3	10,2	13,5	15,6	14,9	11,3	7,9	2,5	-2,1	6,1
Absol. Max. d. Temp.	16,9	20,7	30,9	28,5	32,1	34,0	36,7	37,3	37,5	33,2	24,2	20,0	37,5
Absol. Min. d. Temp.	-27,5	-24,5	-14,9	-4,8	-1,5	2,5	6,9	6,1	-1,5	-3,3	-10,7	-20.3	-27,5
Mittl. rel. Feuchte	84	78	72	66	68	67	62	61	68	75	83	85	72
Mittl. Niederschlag	42	31	37	55	71	90	60	43	42	55	52	44	622
Tage mit Niederschlag	14	13	14	15	17	15	11	9	8	11	13	14	154
Sonnenscheindauer	55	91	138	187	221	261	314	304	233	155	75	49	2.083

Klimastation VII
Thessaloníki/Zentralmakedonien/Griechenland
Lage: 40°39′N/23°7′O, 2 m über NN
Warmgemäßigtes, mediterranes Regenklima mit heißen, trockenen Sommern und feuchten Wintern; meist mehr als fünf Regenmonate; subtropische Hartlaub- und Nadelgehölze

	J	F	M	A	M	J	J	A	S	O	N	D	Jahr
Mittl. Temp.	5,5	7,1	9,6	14,5	19,6	24,7	27,3	26,8	22,5	17,1	12,0	7,5	16,1
Mittl. Max. d. Temp.	9,4	11,7	14,4	19,7	24,8	29,4	32,4	32,1	27,7	21,7	15,9	11,4	20,9
Mittl. Min. d. Temp.	1,9	2,5	5,2	9,5	14,2	18,3	20,9	20,7	17,2	12,6	8,6	4,1	11,3
Absol. Max. d. Temp.	19,5	24,2	30,1	30,0	37,8	37,8	41,8	40,0	37,4	32,7	24,2	21,2	41,8
Absol. Min. d. Temp.	-10,3	-8,9	-4,7	-1,0	5,2	9,7	14,4	10,3	8,1	3,8	-2,8	-7,4	-10,3
Mittl. rel. Feuchte	78	71	69	67	66	56	51	52	60	69	76	78	66
Mittl. Niederschlag	44	34	35	36	40	33	20	14	28	55	56	54	449
Tage mit Niederschlag	6	6	7	7	6	6	4	3	4	6	7	8	70
Sonnenscheindauer	117	149	169	227	277	309	367	345	253	182	119	110	2.624

Klimastation VIII
Trípoli/Peloponnes/Griechenland
Lage: 37°31´N / 22°21´O, 661 m über NN
Warmgemäßigtes, mediterranes Regenklima mit heißen, trockenen Sommern und feuchten Wintern; meist mehr als fünf Regenmonate; subtropische Hartlaub- und Nadelgehölze

	J	F	M	A	M	J	J	A	S	O	N	D	Jahr
Mittl. Temp.	5,3	6,1	7,7	11,5	15,4	20,1	23,1	22,9	19,3	15,5	10,5	7,1	13,7
Mittl. Max. d. Temp.	9,1	10,6	12,8	17,5	22,3	27,5	30,5	30,4	26,0	21,6	15,1	11,0	19,5
Mittl. Min. d. Temp.	1,5	1,6	2,5	5,5	8,5	12,7	15,6	15,4	12,6	9,3	5,8	3,1	7,8
Absol. Max. d. Temp.	18,0	21,0	29,6	29,0	33,2	37,6	39,8	40,2	36,4	33,4	26,0	19,0	40,2
Absol. Min. d. Temp.	-12,4	-16,4	-5,6	-1,0	1,0	5,5	9,0	9,0	4,0	0,6	-5,0	-10,2	-16,4
Mittl. rel. Feuchte	78	74	69	61	57	48	41	42	53	65	75	78	62
Mittl. Niederschlag	127	104	94	62	51	36	20	13	37	82	133	178	932
Tage mit Niederschlag	14	10	11	9	7	5	2	2	4	7	12	15	98

Klimastation IX
Varna/Varna/Bulgarien
Lage: 43°12´N/27°55´O, 3 m über NN
Warmgemäßigtes, subozeanisches, immerfeuchtes Regenklima ohne ausgesprochene Trockenzeit, mit mäßig warmen bis warmen und langen Sommern und milden bis mäßig kalten Wintern; Vegetationsdauer länger als 200 Tage, Niederschlagsmaximum im Sommer und Herbst; subozeanische Falllaub- und Mischwälder

	J	F	M	A	M	J	J	A	S	O	N	D	Jahr
Mittl. Temp.	1,2	2,4	5,0	10,0	15,5	20,2	22,9	22,6	18,9	14,0	8,6	4,1	12,1
Mittl. Max. d. Temp.	5,8	6,2	10,8	15,7	21,6	26,1	29,8	29,3	25,5	20,5	13,0	7,1	17,6
Mittl. Min. d. Temp.	-1,2	-1,1	2,3	6,8	11,9	15,9	18,5	17,9	14,4	10,9	5,9	1,0	8,6
Absol. Max. d. Temp.	20,4	21,4	27,5	29,5	34,7	35,4	38,7	39,4	35,4	32,4	24,2	21,0	39,4
Absol. Min. d. Temp.	-23,5	-15,8	-9,7	-2,3	2,4	7,2	10,1	9,8	0,0	-1,6	-8,2	-12,8	-23,5
Mittl. rel. Feuchte	85	81	78	76	76	73	68	70	73	78	80	84	77
Mittl. Niederschlag	36	31	26	35	40	56	39	38	25	43	49	56	474
Tage mit Niederschlag	10	9	8	9	10	9	6	4	4	7	10	10	96
Sonnenscheindauer	72	96	134	188	255	275	336	311	247	176	91	72	2.253

KLIMATABELLEN 235

Klimastation X
Vlora/Vlora/Albanien
Lage: 40°29′ N/19°30′ O, 10 m über NN
Warmgemäßigtes, mediterranes Regenklima mit heißen, trockenen Sommern und feuchten Wintern; meist mehr als fünf Regenmonate; subtropische Hartlaub- und Nadelgehölze

	J	F	M	A	M	J	J	A	S	O	N	D	Jahr
Mittl. Temp.	9,2	10,2	11,8	14,9	18,7	22,4	24,7	24,6	22,0	18,4	14,6	11,0	16,9
Mittl. Max. d. Temp.	13,1	13,5	15,7	19,1	23,1	27,1	29,6	30,4	27,1	23,1	18,9	15,0	21,3
Mittl. Min. d. Temp.	5,7	5,5	7,5	10,4	13,8	17,3	19,0	19,0	16,2	14,0	11,4	8,0	12,3
Absol. Max. d. Temp.	24,0	26,0	28,1	30,0	36,0	38,8	39,0	41,0	38,0	35,0	32,0	23,5	41,0
Absol. Min. d. Temp.	-7,2	-3,5	-3,0	3,0	5,0	10,8	12,5	12,8	4,0	1,0	-2,6	-4,5	-7,2
Mittl. rel. Feuchte	68	68	67	69	70	63	62	63	67	70	71	67	67
Mittl. Niederschlag	148	102	73	60	49	29	9	25	65	133	167	170	1.028
Tage mit Niederschlag	11	8	8	8	6	3	1	2	4	8	8	12	79
Sonnenscheindauer	132	143	173	226	274	317	369	344	279	211	117	100	2.685

Dalmatinische Landschildkröte

Klimastation XI
Mostar/Föderation Bosnien und Herzegowina/Bosnien und Herzegowina
Lage: 43°20′ N/17°49′ O, 99 m über NN
Warmgemäßigtes, mediterranes Regenklima mit heißen, trockenen Sommern und feuchten Wintern; meist mehr als fünf Regenmonate; subtropische Hartlaub- und Nadelgehölze

	J	F	M	A	M	J	J	A	S	O	N	D	Jahr
Mittl. Temp.	5,4	6,5	9,7	13,8	18,3	22,4	25,4	25,5	21,4	15,8	10,7	7,8	15,2
Mittl. Max. d. Temp.	8,7	10,5	14,3	19,1	24,0	28,4	31,7	32,1	27,2	20,6	14,2	11,1	20,2
Mittl. Min. d. Temp.	2,1	2,5	5,1	8,5	12,6	16,3	19,0	18,8	15,5	10,9	7,1	4,5	10,2
Absol. Max. d. Temp.	18,8	22,2	25,8	29,6	34,8	40,0	43,0	40,2	38,2	30,3	22,9	19,2	43,0
Absol. Min. d. Temp.	-10,2	-6,9	6,0	1,2	3,3	8,4	11,0	9,6	7,1	4,0	-4,0	-4,3	-10,2
Mittl. rel. Feuchte	66	64	60	59	59	56	49	48	56	64	70	71	60
Mittl. Niederschlag	136	131	116	107	104	71	38	52	102	171	201	226	1.455
Tage mit Niederschlag	13	12	11	11	11	9	6	5	8	12	14	16	128
Sonnenscheindauer	109	119	177	192	226	272	340	315	232	160	106	90	2.338

Klimastation XII
Podgorica/Montenegro/Serbien und Montenegro
Lage: 42°26′N/19°16′O, 40 m über NN
Warmgemäßigtes, mediterranes Regenklima mit heißen, trockenen Sommern und feuchten Wintern; meist mehr als fünf Regenmonate; subtropische Hartlaub- und Nadelgehölze

	J	F	M	A	M	J	J	A	S	O	N	D	Jahr
Mittl. Temp.	5,6	6,2	9,5	14,0	18,6	23,5	26,4	26,3	21,6	15,3	10,6	6,7	15,4
Mittl. Max. d. Temp.	9,1	10,6	14,3	19,3	24,3	29,0	32,5	32,6	27,5	21,0	15,0	11,9	20,6
Mittl. Min. d. Temp.	2,3	2,5	5,4	9,3	13,6	17,8	20,8	20,6	17,0	11,7	7,5	4,4	11,1
Absol. Max. d. Temp.	18,0	20,4	26,2	31,0	33,1	37,6	40,6	41,2	39,0	30,0	23,0	19,4	41,2
Absol. Min. d. Temp.	-9,4	-9,7	-5,0	1,5	4,6	9,7	14,2	8,8	9,6	3,4	-5,4	-6,5	-9,7
Mittl. rel. Feuchte	73	74	66	63	63	56	48	48	58	68	77	75	64
Mittl. Niederschlag	179	195	135	98	105	60	40	63	113	202	213	229	1.632
Tage mit Niederschlag	10	9	12	11	12	8	3	5	7	14	12	14	117
Sonnenscheindauer	109	109	180	199	241	296	348	329	245	192	115	107	2.470

Klimastation XIII
Rijeka/Primorje-Gorski kotar/Kroatien
Lage: 45°20′N/14°28′O, 104 m über NN
Warmgemäßigtes, mediterranes Regenklima mit heißen, trockenen Sommern und feuchten Wintern; meist mehr als fünf Regenmonate; subtropische Hartlaub- und Nadelgehölze

	J	F	M	A	M	J	J	A	S	O	N	D	Jahr
Mittl. Temp.	5,9	6,3	8,7	12,8	17,2	21,0	23,5	23,1	19,6	14,9	10,4	8,1	14,3
Mittl. Max. d. Temp.	8,8	9,3	12,0	16,2	21,1	24,9	28,0	27,5	23,9	18,3	13,3	10,7	17,8
Mittl. Min. d. Temp.	3,0	3,2	5,4	9,3	13,2	17,0	19,0	18,7	15,3	11,4	7,5	5,5	10,7
Absol. Max. d. Temp.	18,4	20,0	21,4	26,3	31,2	32,1	36,8	35,8	34,8	28,8	20,1	17,0	36,8
Absol. Min. d. Temp.	-8,3	-12,8	-3,6	0,8	3,0	9,3	12,0	12,0	8,4	2,8	-1,2	-2,5	-12,8
Mittl. rel. Feuchte	64	65	61	60	61	62	56	56	61	66	69	69	63
Mittl. Niederschlag	132	101	110	105	111	102	82	83	171	191	185	175	1.548
Tage mit Niederschlag	10	10	10	10	12	10	8	9	11	13	13	10	126
Sonnenscheindauer	108	107	139	175	222	249	297	263	206	165	86	91	2.108

KLIMATABELLEN

Klimastation XIV
Split/Split-Dalmatien/Kroatien
Lage: 43°31′N/16°26′O, 128 m über NN
Warmgemäßigtes, mediterranes Regenklima mit heißen, trockenen Sommern und feuchten Wintern; meist mehr als fünf Regenmonate; subtropische Hartlaub- und Nadelgehölze

	J	F	M	A	M	J	J	A	S	O	N	D	Jahr
Mittl. Temp.	7,8	8,1	10,3	14,0	18,6	22,9	25,6	25,4	21,6	16,8	12,3	10,1	16,1
Mittl. Max. d. Temp.	9,9	10,8	13,6	17,8	22,8	26,9	30,2	30,1	25,9	20,1	15,1	11,8	19,6
Mittl. Min. d. Temp.	4,9	5,0	7,4	11,1	15,5	18,9	21,8	21,8	18,7	14,0	10,1	7,2	13,0
Absol. Max. d. Temp.	17,7	19,5	21,2	26,8	33,2	36,3	37,8	37,1	34,9	30,8	22,0	17,9	37,8
Absol. Min. d. Temp.	-8,3	-8,1	-3,3	1,9	4,8	10,7	12,2	11,2	7,4	3,0	-4,5	-6,0	-8,3
Mittl. rel. Feuchte	62	63	63	60	60	57	52	50	58	63	66	67	60
Mittl. Niederschlag	76	74	53	62	60	53	40	32	55	71	110	130	816
Tage mit Niederschlag	13	9	11	11	14	9	5	5	8	11	13	13	122
Sonnenscheindauer	148	158	195	206	255	323	354	345	246	185	128	115	2.656

Italienische Landschildkröte

Klimastation XV
Barcelona/Katalonien/Spanien
Lage: 41°24′N/2°9′O, 95 m über NN
Warmgemäßigtes, mediterranes Regenklima mit trockenen, heißen Sommern und feuchten Wintern; meist mehr als fünf Regenmonate; subtropische Hartlaub- und Nadelgehölze

	J	F	M	A	M	J	J	A	S	O	N	D	Jahr
Mittl. Temp.	9,4	9,9	12,3	14,6	17,7	21,6	24,4	24,2	21,7	17,5	13,5	10,2	16,4
Mittl. Max. d. Temp.	12,7	13,7	15,6	18,2	21,4	25,4	27,9	27,7	25,0	20,5	16,4	13,1	19,8
Mittl. Min. d. Temp.	6,3	7,1	8,9	11,0	14,0	18,1	20,7	20,8	18,7	14,5	10,5	7,5	13,2
Absol. Max. d. Temp.	20,8	21,1	24,3	27,8	32,2	34,5	35,4	36,1	32,6	27,5	24,5	20,0	36,1
Absol. Min. d. Temp.	-2,4	-6,7	0,8	3,9	4,8	11,5	14,3	13,2	10,4	5,0	2,8	-2,5	-6,7
Mittl. rel. Feuchte	68	65	68	66	66	64	65	69	73	71	70	67	68
Mittl. Niederschlag	33	42	46	47	52	43	29	48	77	80	49	47	593
Tage mit Niederschlag	5	5	8	8	8	6	4	6	8	9	5	6	79
Sonnenscheindauer	150	164	175	213	252	280	313	274	202	175	150	132	2.480

Klimastation XVI
Bari/Apulien/Italien
Lage: 41°7´N/16°52´O, 12 m über NN
Warmgemäßigtes, mediterranes Regenklima mit trockenen, heißen Sommern und feuchten Wintern; meist mehr als fünf Regenmonate; subtropische Hartlaub- und Nadelgehölze

	J	F	M	A	M	J	J	A	S	O	N	D	Jahr
Mittl. Temp.	8,7	9,5	11,1	14,2	18,1	22,2	24,9	24,5	21,3	17,8	14,1	10,8	16,5
Mittl. Max. d. Temp.	11,5	12,6	14,4	17,7	21,7	25,9	28,5	28,6	25,5	21,0	17,3	13,8	19,9
Mittl. Min. d. Temp.	5,8	6,4	7,8	10,6	14,5	18,4	21,2	21,2	18,3	14,5	10,9	7,8	13,1
Absol. Max. d. Temp.	20,0	21,9	25,7	28,2	35,7	37,9	41,0	41,9	38,8	29,7	26,2	22,0	41,9
Absol. Min. d. Temp.	-2,8	-2,0	-3,1	2,0	5,0	11,2	13,6	13,2	11,0	5,8	2,6	-2,8	-3,1
Mittl. rel. Feuchte	75	70	68	66	65	60	60	60	67	73	74	75	68
Mittl. Niederschlag	68	57	57	42	39	29	25	24	46	73	79	70	609
Tage mit Niederschlag	9	6	7	6	5	4	3	3	4	6	8	8	69
Sonnenscheindauer	120	145	195	235	310	325	355	320	265	210	140	105	2.725

Klimastation XVII
Bastia/Korsika/Frankreich
Lage: 42°33´N/9°29´O, 10 m über NN
Warmgemäßigtes, mediterranes Regenklima mit trockenen, heißen Sommern und feuchten Wintern; meist mehr als fünf Regenmonate; subtropische Hartlaub- und Nadelgehölze

	J	F	M	A	M	J	J	A	S	O	N	D	Jahr
Mittl. Temp.	7,9	8,6	10,3	12,7	16,2	20,2	23,0	23,0	20,4	16,0	11,9	9,1	14,9
Absol. Max. d. Temp.	23,6	22,0	23,8	24,2	29,7	32,5	35,8	36,0	34,0	27,6	23,8	24,0	36,0
Absol. Min. d. Temp.	-4,6	-5,0	-3,8	0,5	1,3	8,2	10,2	11,8	7,8	3,0	1,2	-1,8	-5,0
Mittl. Niederschlag	75	65	60	65	50	20	10	25	65	110	95	95	735
Tage mit Niederschlag	10	80	10	9	9	4	1	2	6	10	11	11	91
Sonnenscheindauer	137	132	188	223	258	306	364	313	249	197	128	110	2.603

KLIMATABELLEN 239

Klimastation XVIII
Cagliari/Sardinien/Italien
Lage: 39°13′N/9°6′O, 75 m über NN
Warmgemäßigtes, mediterranes Regenklima mit trockenen, heißen Sommern und feuchten Wintern; meist mehr als fünf Regenmonate; subtropische Hartlaub- und Nadelgehölze

	J	F	M	A	M	J	J	A	S	O	N	D	Jahr
Mittl. Temp.	9,4	9,9	11,8	14,2	17,8	21,7	24,5	24,7	22,1	18,3	14,0	11,0	16,6
Mittl. Max. d. Temp.	14,2	14,6	16,5	19,1	23,4	27,1	30,3	29,9	27,2	23,3	18,8	15,6	21,7
Mittl. Min. d. Temp.	6,9	7,4	8,6	10,6	13,7	17,7	20,7	20,8	18,7	15,1	11,3	8,7	13,3
Absol. Max. d. Temp.	21,2	21,2	24,5	28,1	35,0	37,4	40,2	37,9	35,2	28,8	26,2	24,2	40,2
Absol. Min. d. Temp.	-2,0	-1,2	0,7	4,2	6,9	10,1	14,2	15,4	11,7	7,7	4,2	-1,0	-2,0
Mittl. rel. Feuchte	80	78	77	76	75	70	70	72	74	77	77	80	76
Mittl. Niederschlag	50	50	45	31	26	13	1	10	32	54	72	67	451
Tage mit Niederschlag	8	7	7	5	4	1	0	1	3	6	9	9	60
Sonnenscheindauer	128	122	187	206	269	274	327	304	229	193	122	105	2.466

Klimastation XIX
Catania/Sizilien/Italien
Lage: 37°30′N/15°6′O, 45 m über NN
Warmgemäßigtes, mediterranes Regenklima mit trockenen, heißen Sommern und feuchten Wintern; meist mehr als fünf Regenmonate; subtropische Hartlaub- und Nadelgehölze

	J	F	M	A	M	J	J	A	S	O	N	D	Jahr
Mittl. Temp.	10,9	11,5	13,0	15,3	19,3	23,4	26,6	26,6	24,0	19,8	16,0	12,6	18,3
Mittl. Max. d. Temp.	14,1	15,1	16,6	19,0	23,3	27,5	30,8	30,7	27,7	23,2	19,2	15,7	21,9
Mittl. Min. d. Temp.	7,7	7,9	9,3	11,6	15,2	19,3	22,3	22,5	20,2	16,3	12,7	9,4	14,5
Absol. Max. d. Temp.	22,7	24,6	28,5	29,0	34,0	36,0	44,0	40,6	38,2	31,3	27,2	22,7	44,0
Absol. Min. d. Temp.	-0,8	0,6	1,2	4,4	8,2	13,5	18,2	17,0	14,1	9,8	4,4	2,4	-0,8
Mittl. rel. Feuchte	79	73	74	74	71	64	66	66	69	76	76	78	72
Mittl. Niederschlag	93	54	102	60	37	8	3	12	41	171	113	92	786
Tage mit Niederschlag	9	5	6	4	3	2	1	1	3	7	7	8	56
Sonnenscheindauer	123	128	172	199	241	287	319	291	247	186	170	39	2.493

Klimastation XX

Genua/Ligurien/Italien

Lage: 44°25´N/8°55´O, 54 m über NN

Warmgemäßigtes, subozeanisches, immerfeuchtes Regenklima ohne ausgesprochene Trockenzeit, mit mäßig warmen bis warmen und langen Sommern und milden bis mäßig kalten Wintern; Vegetationsdauer länger als 200 Tage, Niederschlagsmaximum im Sommer und Herbst; subozeanische Falllaub- und Mischwälder

	J	F	M	A	M	J	J	A	S	O	N	D	Jahr
Mittl. Temp.	7,9	8,3	11,0	13,7	17,5	21,3	23,7	24,1	21,2	16,8	12,0	9,2	15,6
Mittl. Max. d. Temp.	10,5	11,2	13,9	17,1	20,8	23,9	26,7	26,5	24,2	20,3	14,8	12,1	18,5
Mittl. Min. d. Temp.	5,1	5,9	8,1	11,1	14,6	17,9	20,6	20,4	18,2	14,5	9,9	7,9	12,8
Absol. Max. d. Temp.	18,7	19,9	23,7	26,7	30,2	32,6	36,9	35,0	34,0	29,2	23,7	20,4	36,9
Absol. Min. d. Temp.	-5,2	-8,0	-1,0	3,1	7,3	11,0	14,3	11,9	11,0	3,3	-1,0	-2,8	-8,0
Mittl. rel. Feuchte	64	65	68	69	70	70	67	69	69	67	68	66	68
Mittl. Niederschlag	99	108	144	94	77	72	49	53	110	181	174	136	1.297
Max. Niederschlag	435	340	452	286	247	250	216	344	440	776	733	646	2.451
Min. Niederschlag	1	0	0	6	4	0	0	0	4	5	3	1	572
Tage mit Niederschlag	7	7	10	9	7	6	3	4	6	9	9	9	86
Sonnenscheindauer	127	126	167	189	236	252	298	270	264	171	105	112	2.217

Klimastation XXI

Neapel/Kampanien/Italien

Lage: 40°51´N/14°15´O, 25 m über NN

Warmgemäßigtes, mediterranes Regenklima mit heißen, trockenen Sommern und feuchten Wintern; meist mehr als fünf Regenmonate; subtropische Hartlaub- und Nadelgehölze

	J	F	M	A	M	J	J	A	S	O	N	D	Jahr
Mittl. Temp.	9,0	9,6	12,0	14,6	18,7	22,2	24,8	25,0	22,1	18,3	13,9	10,9	16,8
Mittl. Max. d. Temp.	11,7	12,6	14,8	18,2	22,2	26,3	29,1	29,0	26,0	21,7	17,0	13,6	20,2
Mittl. Min. d. Temp.	4,3	4,8	6,4	8,9	12,3	16,0	18,1	18,1	15,9	12,4	9,0	6,4	11,1
Absol. Max. d. Temp.	18,3	21,5	24,7	27,5	32,2	35,2	37,9	36,6	33,8	29,6	24,9	20,8	37,9
Absol. Min. d. Temp.	-4,4	-4,0	-3,8	0,9	2,9	7,1	11,0	12,7	8,0	3,1	-1,8	-4,4	-4,4
Mittl. rel. Feuchte	73	73	71	72	71	67	65	66	69	71	75	76	71
Mittl. Niederschlag	93	82	75	67	45	46	16	19	71	130	114	137	895
Max. Niederschlag	190	197	201	99	198	99	73	115	202	211	276	267	1.188
Min. Niederschlag	9	7	3	4	11	0	0	0	4	10	26	43	520
Tage mit Niederschlag	10	11	10	9	7	5	2	3	9	10	11	13	98
Sonnenscheindauer	118	128	161	198	254	279	322	307	243	198	123	93	2.422

Klimastation XXII
Nizza/Provence-Alpes-Côte d'Azur/Frankreich
Lage: 43°40′ N/7°12′ O, 5 m über NN
Warmgemäßigtes, mediterranes Regenklima mit heißen, trockenen Sommern und feuchten Wintern; meist mehr als fünf Regenmonate; subtropische Hartlaub- und Nadelgehölze

	J	F	M	A	M	J	J	A	S	O	N	D	Jahr
Mittl. Temp.	7,5	8,5	10,8	13,3	16,7	20,1	22,7	22,5	20,3	16,0	11,5	8,2	14,8
Mittl. Max. d. Temp.	12,5	13,3	14,8	17,1	20,4	23,9	26,5	26,6	24,8	20,7	16,5	13,2	19,2
Mittl. Min. d. Temp.	4,2	4,6	6,7	9,0	12,5	16,0	18,2	18,0	16,3	12,0	8,0	5,0	10,9
Absol. Max. d. Temp.	22,2	21,0	21,2	26,0	29,9	31,2	34,0	35,8	32,0	28,6	22,8	22,6	35,8
Absol. Min. d. Temp.	-1,6	-4,6	-1,5	3,2	5,1	10,6	12,8	11,4	10,0	4,2	1,2	-2,2	-4,6
Mittl. rel. Feuchte	68	68	73	75	75	75	72	74	73	72	70	69	72
Mittl. Niederschlag	68	61	73	73	68	35	20	27	77	124	129	107	862
Max. Niederschlag	200	208	195	160	157	150	160	95	211	279	317	270	1.211
Min. Niederschlag	0	0	0	0	3	1	0	0	2	10	7	5	503
Tage mit Niederschlag	9	7	8	9	8	5	2	4	7	9	9	9	86
Sonnenscheindauer	148	165	196	243	272	312	362	324	263	200	153	137	2.775

Klimastation XXIII
Rom/Latium/Italien
Lage: 41°54′ N/12°29′ O, 46 m über NN
Warmgemäßigtes, mediterranes Regenklima mit heißen, trockenen Sommern und feuchten Wintern; meist mehr als fünf Regenmonate; subtropische Hartlaub- und Nadelgehölze

	J	F	M	A	M	J	J	A	S	O	N	D	Jahr
Mittl. Temp.	6,9	7,7	10,8	13,9	18,1	22,1	24,7	24,5	21,1	16,4	11,7	8,5	15,6
Mittl. Max. d. Temp.	11,1	12,6	15,2	18,8	23,4	27,6	30,4	29,8	26,3	21,5	16,1	12,6	20,5
Mittl. Min. d. Temp.	4,5	5,4	7,2	9,8	13,3	17,2	19,6	19,4	16,9	12,8	9,3	6,4	11,8
Absol. Max. d. Temp.	18,1	20,7	25,3	29,8	32,8	34,9	40,1	39,2	34,2	28,2	24,6	19,3	40,1
Absol. Min. d. Temp.	-5,0	-5,4	-1,2	0,3	2,1	9,2	11,9	13,2	8,0	2,1	-2,4	-5,0	-5,4
Mittl. rel. Feuchte	77	73	71	70	67	62	58	59	66	72	77	79	69
Mittl. Niederschlag	76	88	77	72	63	48	14	22	70	128	116	106	874
Max. Niederschlag	179	189	157	144	130	86	55	66	138	425	254	246	1.056
Min. Niederschlag	12	1	0	10	5	0	0	0	0	19	21	12	369
Tage mit Niederschlag	6	6	8	8	6	4	2	2	5	6	8	8	70
Sonnenscheindauer	133	132	205	210	267	282	335	307	243	198	123	102	2.537

ACKERMAN (1997): The Biology, Husbandry and Health Care of Reptiles. – Neptune City (TFH Publications), 1068 pp.

ACKERMAN (2000): Atlas der Reptilienkrankheiten. – Ruhmannsfelden (bede-Verlag): 37, 57, 137, 141, 143, 210, 212-213, 238-239, 250-252, 254, 256, 457.

ACKLIN (2003): Schildkrötengeschichte. – Testudo (SIGS), Wimmis, **12** (3): 5.

ADAM (1993a): Überwinterung von europäischen Landschildkröten in einem Kühlschrank. – elaphe (N. F.), Rheinbach, **1** (4): 13-14.

ADAM (1993b): Überwinterung von europäischen Landschildkröten in einem Kühlschrank. – Journal der AG Schildkröten & Panzerechsen der DGHT, Bürstadt, **2** (3): 11-13.

ADAM (1996): Überwinterung von europäischen Landschildkröten in einem Kühlschrank. – DATZ, Stuttgart, **49** (9): 583-584.

ADAM (1997): Ein einfacher Inkubator für Schlangeneier – mit Bemerkungen zur Zeitigung von Schildkröteneiern. – elaphe, **5** (1): 20-23.

ADAMS (2001): Die Kennzeichnungsregelungen der Bundesartenschutzverordnung sind seit dem 1. Januar 2001 in Kraft. – BNA-aktuell, Hambrücken, **2**: 17-23.

ADANSON (1845): Cours d'Histoire Naturelle fait en 1772. – 2, Paris.

D'ADDA (1990): Biologia ed ecologia della testuggine terrestre, Testudo hermanni hermanni GM., 1789 nel Parco Naturale della Maremma (GR). – Dissertation, Univ. di Molino, Milan.

ADLAM (1980): The trade in Mediterranean tortoises. – British Chelonia Group Newsletter, **19**: 9-10.

ADRIAN (1983): Schildkröten. – Stuttgart (Franckh'sche Verlagshandlung): 7, 9, 18, 28, 30, 40-41.

ADRIAN (1986): Unsere Landschildkröte. – Stuttgart (Franckh'sche Verlagshandlung): 15-18, 37, 54-55.

AGUILAR (1990): La protecció de les tortugues terrestres i marines a les Balears. – Govern Balear, Direcció General d'Estructures Agràries i Medi Natural, Servei de Conservació de la Naturalesa, Documents Tècnics de Conservació, Palma de Mallorca, **6**, 50 pp.

AGUILAR (1997): Situación actual de las poblaciones de Testudo graeca y Testudo hermanni en las Baleares. – Jornadas de conservación de la tortuga mediterránea, Consellería de Medio Ambiente, Generalitat Valenciana: 50-61.

AHNE (1992): Viruses of Chelonia. – In: SOPTOM (Eds.): Proceedings of the First International Congress of Chelonian Pathology, Gonfaron, France, 25-27 April 1992. – Gonfaron (SOPTOM): 58-78.

AHNE (1993): Viruses of Chelonia. – Journal of Veterinary Medicine, B, **40** (1): 35-45.

ALCOVER, MOYÁ-SOLÁ & PONS-MOYÁ (1981): Les Quimeres del Passat – Els Vertebrats fòssils del Plio-Quaternari de les Balears i Pitiüses. – Palma de Mallorca (Editorial Moll), 260 pp..

ALDERTON (1988): Turtles & Tortoises of the World. – New York & Oxford (Facts on File Publications): 26, 67, 102, 157, 159-160.

ALDERTON (1992): Griechische Landschildkröten schützen sich vor Überhitzung. – DATZ, Stuttgart, **45** (4): 244.

ALLARD (1998): Suivi de pontes et description de populations de tortues d'Hermann. – Situationsbericht an BTSA, Gestion et Protection de la Nature.

ALMERA & BOFILL (1903): Condideraciones sobre los restos fósiles cuaternarios de la caverna de Gracia (Barcelona). – Boletín de la Real Academia de Buenas Letras de Barcelona, Barcelona, **4** (33): 447-459.

ALONSO-ZARAZAGA (1998): Nomenclatura – lista de sinónimos y combinaciones. – In: SALVADOR, SÁNCHEZ, TERCEDOR, BELLÉS I ROS, GOSÁLBEZ I NOGUERA, GUERRA SIERRA, MACPHERSON MAYOL, MARTÍN PIERA, MARINO & GONZÁLEZ (Eds.): Fauna Ibérica, Vol. 10, Reptiles. – Madrid (Museo Nacional de Ciencias Naturales): 645-685.

ALVAREZ LÓPEZ (1934): Los caracteres geográficos de la herpetofauna ibérica (Contribución al estudio de la zoogeografía peninsular). – Boletín de la Real Sociedad Española de Historia Natural, Sección Biología, Madrid, **34**: 327-373.

AMBROSINO, PASSADORE, GAMBARI, DELOGU & MAZZOTTI (1997): PCR-mediated amplification of genomic regions of Testudo hermanni GMELIN from Bosco Della Mesola (northern Italy). – Abstracts of the 3rd World Congress of Herpetology: 5.

AMIRANASHVILI (2000): Differences in shell morphology of Testudo graeca and Testudo hermanni, based on material from Bulgaria. – Amphibia-Reptilia, Leiden, **21** (1): 67-81.

AMIRANASHVILI (2001): Peculiarities of postembryonic development of the epiplastrons in recent terrestrial tortoises of the Palearctic. – In: ANANJEVA, DAREVSKY, DUNAYEV, IORDANSKY, KUZMIN und ORLOVA (Eds.): The Problems of Herpetology. – Moscow (Pushchino): 13-15.

AMORI, ANGELICI, FRUGIS, GANDOLFI, GROPPALI, LANZA, RELINI & VICINI (1993): Vertebrata. – In: MINELLI, RUFFO & LA POSTA (Eds.): Checklist delle specie della Fauna d'Italia. Vol. 110. – Bologna (Ed. Calderini & Ministero dell'Ambiente e Comitato Scientifico per la Fauna d'Italia), IV + 83 pp.

AMOS (1980): Knaurs Tierleben auf Inseln. – Gütersloh (Bertelsmann-Club): 171.

ANDERS (1994): Beiträge zur vergleichenden Anatomie des Verdauungstraktes bei Reptilien. – Thesis, Universität München, Munich.

ANDEWEG (2003): Verslag najaarslanddag. – Trionyx, Eindhoven, **1** (4): 110-113.

ANDRADA (1980): Guia de campo de los anfibios y reptiles de la Península Ibérica. – Barcelona (Ediciones Omega), 159 pp.

ANDRÉN & NILSON (1975): Observations on the Herpetofauna of Turkey in 1968-1973. – British Journal of Herpetology, London, **5**: 575-584.

ANDREU & LÓPEZ-JURADO (1998): Testudo hermanni GMELIN, 1789. – In: SALVADOR, SÁNCHEZ, TERCEDOR, BELLÉS I ROS, GOSÁLBEZ I NOGUERA, GUERRA SIERRA, MACPHERSON MAYOL, MARTÍN PIERA, MARINO & GONZÁLEZ (Eds.): Fauna Ibérica, Vol. 10, Reptiles. – Madrid (Museo Nacional de Ciencias Naturales): 117-123.

ANDREU & PASCUAL (1978): Informe sobre los Reptiles catalogados de especies protegidas en el territoria español. – Bol. Est. Cen. Ecología, **7**: 53-58.

ANDRINOS (1987): L'Aigle royal en Grèce. – In: L'Aigle royal en Europe. Premier Colloque international sur L'Aigle royal en Europe, 13-15 juin 1986, Arvieux. – Besançon (Maison de la Nature): 18-22.

ANGEL (1946): Faune de France. Vol. 45: Reptiles et Amphibiens. – Paris (Lechevalier), 204 pp.

ANON. (19??a): Merkblatt über die Pflege von Landschildkröten. – Berlin (DGHT-Landesverband Berlin), 6 pp.

ANON. (19??b): Deine Schildkröten. – Bremen (Kapust Verlag): 6, 8, 13, 16-17, 27, 31.

ANON. (19??c): Mediterranean Tortoises Testudo graeca & hermanni. – Care Sheet, British Chelonia Group, 8 pp.

ANON. (1907): Collections du Musée d'Histoire Naturelle de Son Altesse Royale Ferdinand I, Prince de Bulgarie (Amphibia et Reptilia). – Naturhistorisches Museum, Sofia: 251, 258.

ANON. (1969a): Tortoises of the World: Testudo hermanni. – International Turtle and Tortoise Society Journal, Los Angeles, **3** (1): 29.

ANON. (1969b): 1969 California Turtle and Tortoise Club Exibit. – International Turtle and Tortoise Society Journal, Los Angeles, **3** (4): 21-25, 37.

ANON. (1969c): Tortoises. – International Turtle and Tortoise Society Journal, Los Angeles, **3** (5): 37-38.

ANON. (1969d): Fewer tortoises in Britain. – Nature, London, **223**: 1302-1303.

ANON. (1971): Courtship and Mating. – International Turtle and Tortoise Society Journal, Los Angeles, **5** (6): 36-37.

ANON. (1978a): Tortoises becoming extinct. – Bristol Chelonia Group Newsletter, Bristol, 8: 2-3.

ANON. (1978b): The Tortoise Trade. – British Chelonia Group Newsletter, 11: 1-2.

ANON. (1978c): The tortoise trade. – British Chelonia Group Newsletter, 12: 1-4.

ANON. (1979a): The tortoise trade. – Testudo, **1** (2): 5.

ANON. (1979b): The tortoise trade – A report on an investigation carried out by The Royal Society for the Prevention of Cruelty to Animals (RSPCA). – Horsham (The Royal Society for the Prevention of Cruelty to Animals), 15 pp.

ANON. (1979c): Schildkrötenimport = Schildkrötenmord? – Die Schildkröte, Haar, **1** (1): 26-33.

ANON. (1980): Schildkröten brauchen mehr als nur Salat. – Das Tier, Leinfelden-Echterdingen, **21** (4): 63.

ANON. (1983): A 'Wildtrack' Film (1978) on the Yugoslav Tortoise Trade. – Testudo, **2** (2): 22.

ANON. (1987a): Heinsberg: Student züchtet winzige Schildkröten. – BILD, 09.01.1987: 3.

ANON. (1987b): Wakey, wakey, rise and shine. – British Chelonia Group Newsletter, 56: 11-12.

ANON. (1987c): »Tiger haben wir bis jetzt noch nicht registriert«. – Mainzer Allgemeine Zeitung, 11./12.07.1987.

ANON. (1988a): Waking up hints. – British Chelonia Group Newsletter, 62: 4.

ANON. (1988b): Das Schildkrötendorf. – Das Tier, Leinfelden-Echterdingen, **29** (12): 39.

ANON. (1989): The B.C.G. 1989 Appeal: Conservation of the Tortoises and Terrapins of Europe. – British Chelonia Group Newsletter, 67: 10.

ANON. (1990a): Verheerende Waldbrände gefährden Frankreichs Schildkrötenbestand. – Westfalen-Blatt, Bielefeld, Oktober.

ANON. (1990b): Tortoise fingerprinting. – British Chelonia Group Newsletter, 74: 2-5.

ANON. (1990c): Das Jahr der Schildkröte. – Das Tier, Leinfelden-Echterdingen, **31** (6): 57.

ANON. (1990-1994a): How to Tell the Age of Your Tortoise. – In: HIGHFIELD (Ed.): Tortoise Trust Caresheet Collection, London (The Tortoise Trust): 3.

ANON. (1990-1994b): General Care of Mediterranean Tortoises. – In: HIGHFIELD (Ed.): Tortoise Trust Caresheet Collection, London (The Tortoise Trust): 8-10.

ANON. (1990-1994c): Rearing Healthy Hatchlings. – In: HIGHFIELD (Ed.): Tortoise Trust Caresheet Collection, London (The Tortoise Trust): 11-12.

ANON. (1990-1994d): Outdoor (Natural) Hibernation. – In: HIGHFIELD (Ed.): Tortoise Trust Caresheet Collection, London (The Tortoise Trust): 13.

ANON. (1990-1994e): Easy Vivarium Design for Small Tortoises. – In: HIGHFIELD (Ed.): Tortoise Trust Caresheet Collection, London (The Tortoise Trust): 17-18.

ANON. (1990-1994f): Post-Hibernation Problems in Mediterranean Tortoises. – In: HIGHFIELD (Ed.): Tortoise Trust Caresheet Collection, London (The Tortoise Trust): 23-24.

ANON. (1991a): From other sources. – British Chelonia Group Newsletter, 79: 8-9.

ANON. (1991b): Kontrollierter Schildkröten-Import. – Das Tier, Leinfelden-Echterdingen, **32** (10): 28-29.

ANON. (1991c): Aktuelle Adresse: S.O.P.TO.M., das Dorf der Schildkröten. – Das Tier, Leinfelden-Echterdingen, **32** (11): 32.

ANON. (1992a): Digest of the Turtles: 11, 85.

ANON. (1992b): Extract from a reptile survey undertaken by B. DEVAUX for SOPTOM magazine »La Tortue«. – British Chelonia Group Newsletter, 86: 6-10.

ANON. (1992c): News from France. – British Chelonia Group Newsletter, 92: 9.

ANON. (1992d): Mairies et SOPTOM – même combat. – La Tortue, Gonfaron, 19: 14-17.

ANON. (1992e): La plaine de Maures – Etat et lieux. – La Tortue, Gonfaron, 19: 20-21.

ANON. (1992f): Travaux d'hiver. – La Tortue, Gonfaron, 19: 21.

ANON. (1992g): Les nouveaux Permanents. – La Tortue, Gonfaron, 19: 22-23.

ANON. (1992h): Sponsor – 1. – La Tortue, Gonfaron, 19: 24-25.

ANON. (1992i): Sponsor – 2. – La Tortue, Gonfaron, 19: 25.

ANON. (1992j): Brice Lalonde. – La Tortue, Gonfaron, 19: 25.

ANON. (1992k): La TORMED est née. – La Tortue, Gonfaron, 20: 5-6.

ANON. (1992l): Comité scientifique. – La Tortue, Gonfaron, 20: 19.

ANON. (1992m): Assemblée Générale. – La Tortue, Gonfaron, 20: 20-21.

ANON. (1992n): Moltifao. – La Tortue, Gonfaron, 20: 21-22.

ANON. (1992o): Retour au pays. – La Tortue, Gonfaron, 20: 23-24.

ANON. (1992p): Nouveaux programmes de lâchers. – La Tortue, Gonfaron, 21: 15-17.

ANON. (1992q): À quoi servent les médias?. – La Tortue, Gonfaron, 21: 20.

ANON. (1992r): Incendies en Corse. – La Tortue, Gonfaron, 21: 20-21.

ANON. (1992s): Bilan de l'été. – La Tortue, Gonfaron, 21: 21.

ANON. (1992t): Sponsor. – La Tortue, Gonfaron, 21: 22.

ANON. (1992u): Plaine des Maures. – La Tortue, Gonfaron, 21: 22-23.

ANON. (1992v): Travaux en Corse. – La Tortue, Gonfaron, 21: 23.

ANON. (1992w): Étude sur les téguments. – La Tortue, Gonfaron, 21: 23-24.

ANON. (1992x): Île du Levant. – La Tortue, Gonfaron, 21: 24.

ANON. (1992y): Courrier. – La Tortue, Gonfaron, 21: 25-26.

ANON. (1992z): Leben mit Tieren – Terrarienbewohner. – Rastatt (Verlagsunion Erich Pabel-Arthur Moewig): 85-86.

ANON. (1992aa): Waking up! – Tortoise Trust Newsletter, London, 7 (1): 12-13.

ANON. (1992bb): Question Box. – Tortoise Trust Newsletter, London, 7 (1): 15.

ANON. (1992cc): Question Box. – Tortoise Trust Newsletter, London, 7 (2): 6.

ANON. (1992dd): Hermann's tortoise disease – the latest. – Tortoise Trust Newsletter, London, 7 (3): 1-2.

ANON. (1993a): Tortoises hibernation hints. – British Chelonia Group Newsletter, 95: 19.

ANON. (1993b): Tortues sans drontières. – La Tortue, Gonfaron, 23: 3.

ANON. (1993c): Le 15 Mai, la Corse..... – La Tortue, Gonfaron, 23: 29.

ANON. (1993d): Courrier. – La Tortue, Gonfaron, 23: 30.

ANON. (1993e): La »flamme« de Gonfaron. – La Tortue, Gonfaron, 23 b: 33.

ANON. (1993f): Examen des tortues-duc. – La Tortue, Gonfaron, 23 b: 34.

ANON. (1993g): Nourrissage. – La Tortue, Gonfaron, 24: 28.

ANON. (1993h): Corse. – La Tortue, Gonfaron, 24: 30-31.

ANON. (1993i): Plaine des Maures...suite. – La Tortue, Gonfaron, 24: 31-32.

ANON. (1993j): Bilan de l'été. – La Tortue, Gonfaron, 24: 33.

ANON. (1994a): Etudes et Recherches. – La Tortue, Gonfaron, 25: 27-30.

ANON. (1994b): ESCOTA nous aide. – La Tortue, Gonfaron, 25: 31.

ANON. (1994c): Les tortues de St. Tropez. – La Tortue, Gonfaron, 25: 33.

ANON. (1994d): Une aide du B.C.G.. – La Tortue, Gonfaron, 25: 33-34.

ANON. (1994E): Le Village des Tortues s'agrandit. – La Tortue, Gonfaron, 26: 24-26.

ANON. (1994f): Un centre en Espagne. – La Tortue, Gonfaron, 26: 29.

ANON. (1994g): Nouvelles de la Corse. – La Tortue, Gonfaron, 26: 29-30.

ANON. (1994h): Vétérinaire pour tortues; une spécialité rare. – La Tortue, Gonfaron, 27: 2-7.

ANON. (1994i): Retour en Ligurie. – La Tortue, Gonfaron, 27: 8.

ANON. (1994j): Plaine des Maures, suite. – La Tortue, Gonfaron, 27: 37.

ANON. (1994k): Does the common tortoise lay eggs? – British Chelonia Group Newsletter, 10: 7.

ANON. (1994l): Steckbriefe der europäischen Landschildkröten. – Schildkröten, Linden, **1** (2): 3-6.

ANON. (1994m): The Albera tortoise breeding centre. – Tortoise Trust Newsletter, London, **8** (6): 7.

ANON. (1994n): On the management of land tortoises in captivity. – British Chelonia Group Newsletter, 100: 6.

ANON. (1994o): Tortoise Fingerprinting. – Care Sheet, London (British Chelonia Group), 4 pp.

ANON. (1994p): Schildkröten – Winterschlaf muss nicht immer sein. – Ein Herz für Tiere, Ismaning, 11: 26.

ANON. (1995a): Pilzbefall. – Das Tier, Leinfelden-Echterdingen, **36** (2): 43.

ANON. (1995b): KARL LAPP – Schonzeit für Schildkröten. – Das Tier, Leinfelden-Echterdingen, **36** (5): 29-31.

ANON. (1995c): Winterschlaf. – Das Tier, Leinfelden-Echterdingen, **36** (10): 45.

ANON. (1995d): Schnabelpflege. – Das Tier, Leinfelden-Echterdingen, **36** (11): 44.

ANON. (1995e): Test your tortoise's health statistics – The Jackson Ratio. – Care Sheet, London (British Chelonia Group), 4 pp.

ANON. (1995f): Winter hints. – British Chelonia Group Newsletter, 103: 17.

ANON. (1995g): Jung und alt – Farnhams Schildkröten. – Das Tier, Leinfelden-Echterdingen, **36** (12): 70.

ANON. (1995h): Hibernating juvenile tortoises. – Tortoise Trust Newsletter, London, **10** (3): 8.

ANON. (1995i): Members' questions. – Tortoise Trust Newsletter, London, **10** (3): 10.

ANON. (1995j): Réintroduction de la tortue d'Hermann. – CITS bulletin, Bramois, 4: 2

ANON. (1995k): Rejoignez la S.H.F. – La Tortue, Gonfaron, 30: 34-35.

ANON. (1995l): Etude sur les »tortues-duc«. – La Tortue, Gonfaron, 30: 40.

ANON. (1995m): Une solution pour la Corse. – La Tortue, Gonfaron, 30: 40-41.

ANON. (1995n): La tortue »écorchée«. – La Tortue, Gonfaron, 31: 14-17.

ANON. (1995o): Effets pervers d'une loi. – La Tortue, Gonfaron, 31: 26.

ANON. (1995p): Tortues-ducs en question. – La Tortue, Gonfaron, 31: 28.

ANON. (1995q): Enfin! – La Tortue, Gonfaron, 31: 29.

ANON. (1995r): TORMED, un grand pas en avant. – La Tortue, Gonfaron, 31: 30.

ANON. (1995s): Pincés! – La Tortue, Gonfaron, 31: 30-31.

ANON. (1995t): Avec le CEEP. – La Tortue, Gonfaron, 31: 31.

ANON. (1995u): Methusalem trifft junge Hüpfer. – Ein Herz für Tiere, Ismaning, 7: 56.

ANON. (1995v); Madame Hermann. – La Hulotte, Boult-aux-Bois, 58: 18.

ANON. (1995w): EC Regulation 3626/82 – Sales Exemptions. – British Chelonia Group Newsletter, 106: 19.

ANON. (1996a): Digest of the Turtles III: 8, 79, 85.

ANON. (1996b): Der große Reibach mit geschützten Schildkröten. – Mainzer Allgemeine Zeitung, Mainz, 09.07.1996.

ANON. (1996c): Current law on tortoise sales within the UK. – Tortoise Trust Newsletter, London, **11** (1): 13.

ANON. (1996d): SOPTOM (Station d'Observation et de Protection des Tortues des Maures). – British Chelonia Group Newsletter, 112: 19-20.

ANON. (1996e): Le cas Heidmann. – La Tortue, Gonfaron, 32/33: 48-49.

ANON. (1996f): Bilan très positif pour 1995. – La Tortue, Gonfaron, 32/33: 49.

ANON. (1996g): Le pays des Maures et les tortues d'Hermann. – La Tortue, Gonfaron, 34: 4-11.

ANON. (1996h): Les débuts de la SOPTOM. – La Tortue, Gonfaron, 34: 34-39.

ANON. (1996i): Neige sur les tortues. – La Tortue, Gonfaron, 34: 43.

ANON. (1996j): Reprises des stages SOPTOM. – La Tortue, Gonfaron, 34: 44.

ANON. (1996k): Acquérir pour protéger. – La Tortue, Gonfaron, 35: 10-11.

ANON. (1996l): Etude pathologique. – La Tortue, Gonfaron, 35: 36.

ANON. (1996m): Réseau NATURA 2000. – La Tortue, Gonfaron, 35: 36-37.

ANON. (1996n): Trafic démantelé. – La Tortue, Gonfaron, 35: 37-38.

ANON. (1996o): Un bon été pour les tortues. – La Tortue, Gonfaron, 36: 45.

ANON. (1996p): Dans les Albères. – La Tortue, Gonfaron, 36: 45-46.

ANON. (1996q): A la découverte..... – La Tortue, Gonfaron, 36: 50.

ANON. (1996r): Sale of hatchlings and juvenile tortoises from pet shops and garden centres – how widespread is it? – British Chelonia Group Newsletter, 114: 18-19.

ANON. (1996s): Schildkröte gequält. – Odenwälder Zeitung, 05.09.1996.

ANON. (1996t): Nachzuchtprojekt 95 der SIGS. – SIGS-Info, Siblingen, **5** (1): 13-14.

ANON. (1996u): Die Griechische Landschildkröte (*Testudo hermanni*) – Merkblatt zur Haltung und Nachzucht. – Sankt Pölten (Schildkrötenfreunde Österreich), 2 pp.

ANON. (1996v): When a tortoise stops feeding in the autumn ... – Tortoise Trust Newsletter, London, **11** (3): 9.

ANON. (1996w): Dear Tortoise Trust ... – Tortoise Trust Newsletter, London, **11** (3): 10-11.

ANON. (1996x): A gentle reminder on dietary management for Mediterranean tortoises ... – Tortoise Trust Newsletter, London, **11** (4): 7.

ANON. (1996y): ROGER BOUR, des locomotives ... aux tortues! – La Tortue, Gonfaron, **34**: 18-22.

ANON. (1997a): Schildkrötendiebstahl. – elaphe (N. F.), Rheinbach, **5** (1): 31.

ANON. (1997b): 38. Internationales Symposium über die Erkrankungen der Zoo- und Wildtiere. – SIGS-Info, Siblingen, **6** (2): 34-36.

ANON. (1997c): Der Winterschlaf – Schlüpflinge wollen auch schlafen. – SIGS-Info, Siblingen, **6** (3): 10-11.

ANON. (1997d): Overwintering tortoises. – Tortoise Trust Newsletter, London, **12** (3): 11.

ANON. (1997e): Tortoise hatchlings. – British Chelonia Group Newsletter, 115: 11.

ANON. (1997f): Deux pour le prix d'une! – CITS bulletin, Bramois, **8**: 2.

ANON. (1997g): Un hiver bien rude. – La Tortue, Gonfaron, **37**: 34.

ANON. (1997h): Enfin, Moltifao est ouvert. – La Tortue, Gonfaron, **39**: 10-11.

ANON. (1997i): Le Congrès S.H.F. – La Tortue, Gonfaron, **39**: 34.

ANON. (1997j): Inauguration en Espagne. – La Tortue, Gonfaron, **39**: 37.

ANON. (1997k): La passion n'excuse pas tout. – La Tortue, Gonfaron, **39**: 39.

ANON. (1997l): Retours au Sénégal et en Grèce. – La Tortue, Gonfaron, **40**: 12-17.

ANON. (1997m): Séquence »irritation«. – La Tortue, Gonfaron, **40**: 37.

ANON. (1997n): Importante découverte en Corse. – La Tortue, Gonfaron, **40**: 38.

ANON. (1997o): Crottes de lion!. – La Tortue, Gonfaron, **40**: 40.

ANON. (1997p): Amélioration au VILLAGE. – La Tortue, Gonfaron, **40**: 40.

ANON. (1997q): Tortoise sales – new regulations. – Tortoise Trust Newsletter, London, **12** (1): 13.

ANON. (1997r): Restaurant-bound tortoises released into wild. – Tortoise Trust Newsletter, London, **12** (3): 9.

ANON. (1997s): Ich habe eine Schildkröte. – SIGS-Info, Siblingen, **6** (3): 2-6.

ANON. (1997t): Die Griechische Landschildkröte. – SIGS-Info, Siblingen, **6** (4): 13-14.

ANON. (1997u): Illegal import and sale of tortoises. – British Chelonia Group Newsletter, 115: 8.

ANON. (1997v): SOPTOM – Station d'Observation et de Protection des Tortues des Maures. – British Chelonia Group Newsletter, 117: 23.

ANON. (1998a): Le VILLAGE va avoir 10 ans. – La Tortue, Gonfaron, **41**: 35.

ANON. (1998b): En Corse, réunion du Comité Scientifique. – La Tortue, Gonfaron, **41**: 38.

ANON. (1998c): Vol à frontière. – La Tortue, Gonfaron, **42**: 41-42.

ANON. (1998d): Dernier lâcher au Levant. – La Tortue, Gonfaron, **42**: 45.

ANON. (1998e): Bon Anniversaire! – La Tortue, Gonfaron, **43**: 40.

ANON. (1998f): Le VILLAGE poursuit sa croissance. – La Tortue, Gonfaron, **43**: 40.

ANON. (1998g): Rien n'est trop beau pour les tortues!. – La Tortue, Gonfaron, **43**: 41.

ANON. (1998h): Etrange animal. – La Tortue, Gonfaron, **43**: 41.

ANON. (1998i): Entrée en fonction de la Responsable Scientifique de la SOPTOM. – La Tortue, Gonfaron, **43**: 42.

ANON. (1998j): La TORMED à Majorque. – La Tortue, Gonfaron, **44**: 28.

ANON. (1998k): Deux autres »monstres«. – La Tortue, Gonfaron, **44**: 30.

ANON. (1998l): SOPTOM – Station d'Observation et de Protection des Tortues des Maures. – British Chelonia Group Newsletter, 121: 18.

ANON. (1998m): SOPTOM (Station d'Observation et de Protection de Tortues des Maures) – The Tortoise Village. – British Chelonia Group Newsletter, 122: 23.

ANON. (1998n): SOPTOM (Station d'Observation et de Protection de Tortues des Maures) – The Tortoise Village in France. – British Chelonia Group Newsletter, 123: 22-23.

ANON. (1980): SOPTOM (Station d'Observation et de Protection de Tortues des Maures). – British Chelonia Group Newsletter, 126: 21-22.

ANON. (1998p): Ostrasse und Westrasse der Griechischen Landschildkröte. – SIGS-Info, Siblingen, **7** (1): 26-27.

ANON. (1998q): For new members ... – Tortoise Trust Newsletter, London, **13** (1): 13.

ANON. (1998r): To ensure success, reliable temperature control is essential ... – Tortoise Trust Newsletter, London, **13** (2): 6, 11.

ANON. (1998s): Sie fragen, wir antworten. – Fachmagazin Schildkröte, Rothenfluh, **1** (6): 26-27.

ANON. (1998t): 18 essential »dos and dont's« to ensure that your tortoise has a safe hibernation. – Tortoise Trust Newsletter, London, **13** (3): 5.

ANON. (1998u): How to overwinter tortoises. – Tortoise Trust Newsletter, London, **13** (3): 12.

ANON. (1998v): Members write. – Tortoise Trust Newsletter, London, **13** (4): 10.

ANON. (1999a): Vom Mundraub einer Schildkröte. – Öffentlicher Anzeiger Bad Kreuznach, 10.08.1999: 11.

ANON. (1999b): Autumn feeding behaviour. – Tortoise Trust Newsletter, London, **14** (2): 4.

ANON. (1999c): The Jackson Ratio Graph – Inappropriate Use. – Tortoise Trust Newsletter, London, **14** (3): 4.

ANON. (1999d): What should I do immediately after hibernation? – Tortoise Trust Newsletter, London, **14** (3): 5.

ANON. (1999e): Hibernation Q & A. – Tortoise Trust Newsletter, London, **14** (3): 15.

ANON. (1999f): So your child wants... a tortoise! Do you realise the pitfalls? – British Chelonia Group Newsletter, 131: 16-17.

ANON. (1999g): CITES Identification Guide – Turtles & Tortoises. – Ottawa (Minister of Supply and Services Canada): Grün 19, Gelb 16, Grau A3, B24.

ANON. (1999h): TORMED – l'âge de raison!. – La Tortue, Gonfaron, 46/47: 18-19.

ANON. (1999i): Du nouveau à Gonfaron. – La Tortue, Gonfaron, 46/47: 40-41.

ANON. (1999j): Pas d'indencies cette année. – La Tortue, Gonfaron, 48: 5.

ANON. (1999k): Tortue sur pneus. – La Tortue, Gonfaron, 48: 53.

ANON. (1999/2000): Temperaturbedürfnisse von Schildkröten. – Fachmagazin Schildkröte, Rothenfluh, **2** (5): 18-21.

ANON. (2000a): Succès pour le gala TORMED. – La Tortue, Gonfaron, 49: 5.

ANON. (2000b): Congrès International sur le Genre *Testudo*. – La Tortue, Gonfaron, 49: 20-21.

ANON. (2000c): Braconniers en Bulgarie. – La Tortue, Gonfaron, 49: 51.

ANON. (2000d): Très bonne année au Levant. – La Tortue, Gonfaron, 50/51: 24.

ANON. (2000e): Notre équipe se renforce. – La Tortue, Gonfaron, 50/51: 62.

ANON. (2000f): Hibernation over. – British Chelonia Group Newsletter, 134: 16-17.

ANON. (2000g): Mediterranean tortoises – Vital steps for success. – Tortoise Trust Newsletter, London, **15** (1): 12-13.

ANON. (2000h): Managing juvenile growth – How much to feed? – Tortoise Trust Newsletter, London, **15** (3): 15.

ANON. (2000i): Landschildkröte sucht neue Freunde. – Öffentlicher Anzeiger Bad Kreuznach, 14.07.2000: 23.

ANON. (2000j): Winterschlaf – leicht gemacht. – SIGS-Info, Siblingen, **9** (3): 14.

ANON. (2001a): Natural Hibernation. – Tortoise Trust Newsletter, London, **16** (2): 13.

ANON. (2001b): Your Questions. – Tortoise Trust Newsletter, London, **16** (3): 10-11.

ANON. (2001c): Histoire d'une tortue d'Hermann. – Manouria, Mezzavia, 10: 6.

ANON. (2001d): Congrès International sur le Genre *Testudo*. – La Tortue, Gonfaron, 53: 10-11.

ANON. (2001e): Un Corse atypique. – La Tortue, Gonfaron, 53: 62.

ANON. (2001f): Premier Congrès International sur le Genre *Testudo*. – La Tortue, Gonfaron, 54: 6-7.

ANON. (2001g): Etrange pouvoir de la calcification!. – La Tortue, Gonfaron, 55: 62.

ANON. (2001h): Sur le Net. – La Tortue, Gonfaron, 55: 65.

ANON. (2001i): La recensement de la tortue d'Hermann – 10 ans après. – La Tortue, Gonfaron, 56: 54-59.

ANON. (2001j): Autobus bulgare. – La Tortue, Gonfaron, 56: 67.

ANON. (2001k): Berichtigung zum Beitrag »Änderung der Bundesartenschutz-Verordnung in Aussicht gestellt«. – elaphe (N. F.), Rheinbach, **9** (2): 29.

ANON. (2001l): Trafficking in tortoises – the great »captive-bred« deception revealed. – Tortoise Trust Newsletter, London, **16** (2): 3-5.

ANON. (2001m): Identification guide – *Testudo hermanni hermanni*. – Tortoise Trust Newsletter, London, **16** (2): 18.

ANON. (2001n): The Conservation Appeal 2002 – CARAPAX European Centre for Chelonia Conservation. – British Chelonia Group Newsletter, 144: 4-6.

ANON. (2001o): Réintroduction de tortues dans la nature. – Manouria, Mezzavia, 11: 3-4.

ANON. (2002a): The Conservation Appeal 2002 – »CARAPAX« (European Centre for Chelonia Conservation). – British Chelonia Group Newsletter, 145: 3-5.

ANON. (2002b): Durée de vie – quatre ans. – La Tortue, Gonfaron, 57: 4.

ANON. (2002c): La tortue d'Hermann – Un programme »musclé« pour la sauvegarder. – La Tortue, Gonfaron, 58/59: 8-13.

ANON. (2002d): Zusammenfassung einiger Vorträge vom 2. Workshop der DGHT-AG Schildkröten in Norddeutschland. – Minor, Haan, 1 (1): 6-10.

ANON. (2002e): Repfile – Vol. 02. – Tokyo (PISCES Publishers): 12, 33, 41.

ANON. (2002f): Weicher Kern unter Schale. – Öffentlicher Anzeiger, Bad Kreuznach, 14.-15.12.2002: 9.

ANON. (2002g): Du nouveau sur l'Herpesvirus des *Testudo hermanni*. – Manouria, Mezzavia, 14: 3-4.

ANON. (2002h): Schildkröten nicht im Karton. – Öffentlicher Anzeiger Bad Kreuznach, 15./16.06.2002: 8.

ANON. (2002i): Appetit auf Salat muss da sein. – Öffentlicher Anzeiger Bad Kreuznach, 28.10.2002: 8.

ANON. (2002j): Weicher Kern unter Schale. – Öffentlicher Anzeiger Bad Kreuznach, 14./15.12.2002: 9.

ANON. (2003a): Sommer-Überraschung. – Testudo (SIGS), Wimmis, 12 (4): 43.

ANON. (2003b): Herpetologische Änderungen der CITES-Anhänge. – elaphe (N. F.), Rheinbach, 11 (1): 11.

ANON. (2003c): Das Schildkrötendorf Gonfaron in Frankreich. – Schildkröten, Linden, 10 (2): 13-14.

ANON. (2003d): News from CARAPAX. – British Chelonia Group Newsletter, 155: 4.

ANON. (2003e): Reptilia Responds. – Reptilia (GB), Barcelona, 29: 12-13.

ANON. (2003f): Reptilia Responde: »Mantengo una tortuga terrestre que encontré hace 30 años«– Reptilia (E), Barcelona, 42: 12-13.

ANON. (2003g): Verschwundene Schildkröte. – Reptilia (D), Münster, 44: 4.

ANON. (2003h): De pen van...ROB VERHOEKS. – Trionyx, Eindhoven, 1 (3): 77-79.

ANON. (2003i): Letters to the editor. – Tortoise Trust Newsletter, 18 (1): 8-10.

ANON. (2003j): Désastre pour la tortue d'Hermann. – La Tortue, Gonfaron, 63/64: 4.

ANON. (2003k): Une aide de la Fondation 30 Millions d'Amis. – La Tortue, Gonfaron, 63/64: 5.

ANON. (2003l): Un »Plan d'urgence pour la tortue d'Hermann«. – La Tortue, Gonfaron, 63/64: 5.

ANON. (2003m): Record chez les Hermann. – La Tortue, Gonfaron, 63/64: 81.

ANON. (2004a): 100 Jahre Reptilienhalle – Geschichte der Reptilienhaltung im Zoo Frankfurt. – Frankfurt (Zoo Frankfurt): 6.

ANON. (2004b): Les autres reptiles de la garrigue. – La Tortue, Gonfaron, 66: 52-59.

ANON. (2004c): Après les incendies. – La Tortue, Gonfaron, 66: 68-69.

ANON. (2004d): Golf de Vidauban; K.O. débout! – La Tortue, Gonfaron, 66: 70.

ANON. (2004e): Bravo les Forestiers-Sapeurs. – La Tortue, Gonfaron, 67: 5.

ANON. (2004f): Digestion et parasites. – La Tortue, Gonfaron, 67: 72-73.

ANON. (2004g): Réintroductions réussies en Espagne. – La Tortue, Gonfaron, 67: 78.

ANON. (2004h): Merci Maxime! – La Tortue, Gonfaron, 67: 80.

ANON. (2004i): Entr'aide pour les tortues d'Hermann. – La Tortue, Gonfaron, 67: 81.

ANON. (2004j): Retour de flammes. – La Tortue, Gonfaron, 67: 82.

ANON. (2004k): Les mystères de la natalité. – La Tortue, Gonfaron, 68: 81.

ANON. (2004l): La tortue de ZÉNON. – La Tortue, Gonfaron, 68: 82.

ANON. (2004m): Voleur démasqué. – La Tortue, Gonfaron, 68: 71.

ANON. (2004n): La Catalogne toujours dynamique. – La Tortue, Gonfaron, 68: 72.

ANON. (2004o): *Testudo hermanni boettgeri* – Eastern Hermann's Tortoise – MOJSISOVICS, 1889. – Reptilia (GB), 35: 39-42.

ANON. (2004p): Frau kidnappte Schildkröte. – Öffentlicher Anzeiger, Bad Kreuznach, 07.10.2004: 24.

ANON. (2004q): Schildkröte entführt. – Öffentlicher Anzeiger, Bad Kreuznach, 06./07.11.2004, Journal zum Wochenende: 7.

ANON. (2004r): Questions & Answers. – World Chelonian Trust Newsletter, Owatonna, 2 (3): 11-12.

ANON. (2004s): Questions & Answers. – World Chelonian Trust Newsletter, Owatonna, 2 (4): 11-12.

ANON. (2004t): Amphibien und Reptilien – Arten, Lebensräume, Verhalten. – Köln (VEMAG Verlags- und Medien Aktiengesellschaft): 70.

ANON. (2004u): Bei 30 Grad werden Schildkröten munter. – Öffentlicher Anzeiger, Bad Kreuznach, 05.08.2004: 11.

ANON. (2004v): Sachkundenachweis VDA & DGHT. 4. überarbeitete und erweiterte Auflage. – Bochum & Rheinbach (Verband Deutscher Vereine für Aquarienkunde e.V./ Deutsche Gesellschaft für Herpetologie und Terrarienkunde e.V.).

ANON. (2005a): ANTOINE CATARD, du CEEP. – La Tortue, Gonfaron, 69/70: 68-73.

ANON. (2005b): Une initiative en Bulgarie. – La Tortue, Gonfaron, 69/70: 74-75.

ANON. (2005c): Une réserve dans les Maures? – La Tortue, Gonfaron, 71/72: 3.

ANON. (2005d): La tortue d'Hermann dans le Var – études et conservation. – La Tortue, Gonfaron, 71/72: 68-79.

ANON. (2005e): Le courrier des lecteurs. – La Tortue, Gonfaron, 71/72: 88-89.

ANON. (2005f): 7000 Tierarten weltweit in Gefahr. – Öffentlicher Anzeiger, Bad Kreuznach, 17.01.2005: 5.

ANON. (2006a): Eine interessante Initiative in Bulgarien. – Sacalia, Stiefern, 4 (10): 27-31.

ANON. (2006b): Une ferme qui nous inquiète. – La Tortue, Gonfaron, 73: 4.

ANON. (2006c): Pleine forme. – La Tortue, Gonfaron, 73: 5.

ANON. (2006d): Etrangetés. – La Tortue, Gonfaron, 73: 79.

ANON. (2006e): Nouvelles du TGV. – La Tortue, Gonfaron, 73: 80.

ANTENBRINK-VETTER & VETTER (1996): Der Panzer der Schildkröten. – Schildkröten, Linden, 3 (4): 3-24.

APELT (1993): Die Anwendung von Tiletamin-Zolazepam zur Injektionsanästhesie und Prämedikation einer Isoflurannarkose bei der Schildkröte. – Dissertation, Tierärztliche Hochschule Hannover.

APPLEBY & SILLER (1960): Some cases of gout in reptiles. – Journal of Pathology and Bacteriology, Chichester, 80: 427-430.

APREA (1996): Testuggine comune, Testudo hermanni GMELIN, 1789. – In: SCILLITANI, RIZZI & GIOIOSA (Eds.): Atlante degli Anfibi e dei Rettili della Provincia di Foggia. – Monogr. Museo Prov. Stor. nat., Centr. Studi. Nat., Foggia: 68-69.

ARDIZZONI (1996): Bemerkungen zu den Eiern von mediterranen Landschildkröten. – Emys, Sankt Pölten, 3 (2): 20-22.

ARILLO (1968): Acido G amminobutirrico in encefalo di Testudo hermanni GMELIN sottposta ad anossia. – Bolletino Musei Istituti Biol. Univ., Genua, 36 (234-248).

ARILLO & CHERCHI (1971): Relazioni intercorrenti tra produzione di acido lattico, capacita di resistenza agli stress anossici ed ipertermici, e filogenia. – Bolletino Musei Istituti Biol. Univ., Genua, 39 (270): 39-54.

ARILLO & DEGUILI (1968): Aspartato, aparagini ed anossa; Bolletino Musei Istituti Biol. Univ., Genua, 36 (234-248): 53-58.

ARILLO & DEGUILI (1970a): Variazioni del ciclo di Krebs in anaerobiosi – I. Studi su Testudo hermanni GMELIN (Reptilia, Testudinidae). – Bolletino Musei Istituti Biol. Univ., Genua, 38 (261): 43-63.

ARILLO & DEGUILI (1970b): Variazioni del contenuto di GABA in Vertebrati sottoposti ad anossia. – Bollettino di Zoologia, Modena, 37.

ARILLO & DEGUILI (1972): Anaerobic synthesis of succinic acid in Testudo hermanni and Eisenia foetida. – Bollettino di Zoologia, Modena, 38 (4): 489-490.

ARILLO & NEVIANI (1968): Alanina ed anossia. – Bolletino Musei Istituti Biol. Univ., Genua, 36 (234-248): 47-51.

ARILLO, BALLETTO & CHERCHI (1972): The effect of anaerobiosis on free amino acid concentrations in tissues: first observation on the brain of Testudo hermanni (Reptilia, Testudinidae). – Boll. Musei Istituti Biol. Univ., Genua, 40: 5-13.

ARILLO, BALLETTO & CHERCHI (1974): Anoxia in the vertebrates: Preliminary studies on free aminoacids of the liver. – Bollettino die Zoologia, Modena, 41.

ARILLO, BALLETTO & CHERCHI (1975): Environmental adaptation of free amino acidsin the liver of anoxic vertebrates. – Bolletino Musei Istituti Biol. Univ., Genua, 43: 115-121.

ARILLO, BALLETTO & CHERCHI (1977): Quantitative variations of some compounds of the tricarboxylic acid cycle in specimens of Testudo hermanni GMELIN after exposure to hyperthermic conditions. – Journal of Thermal Biology, 2 (3): 131-134.

ARILLO, BALLETTO, CHERCHI, DEGUILI & MELODIA (1970): Glicerolo e a-Glicerofosfato in Alcune Specie di Vertebrati ed Invertebrati Sottoposti ad Anossia. – Bolletino Musei Istituti Biol. Univ. Genua, 38 (263): 73-84.

ARNOLD & BURTON (1983): Pareys Reptilien- und Amphibienführer Europas. – Hamburg & Berlin (Verlag Paul Parey): 91-92, 96, plate 13, map 45.

ARNOLD & OVENDEN (2002): A field guide to the reptiles and amphibians of Britain and Europe. – London (Harper Collins Publishers), 288 pp.

ARNOLD, BURTON & OVENDEN (1978): Field guide to the reptiles and amphibians of Britain and Europe. – London (Collins), 272 pp.

ARNOULT (1958): Présence de Testudo hermanni F. G. GMELIN (Chélonien) en Normandie. – Bulletin de la Muséum National d'Histoire Naturelle, Paris, 2 (30): 123-124.

ARRAS (1996): Haltung von Landschildkröten, Terrarienbeheizung und -beleuchtung sowie Hygiene und Ernährung. – Schildkröten, Linden, 3 (2): 5-11.

ARTNER (1995): Die Überwinterung Europäischer Landschildkröten. – Emys, Sankt Pölten, 2 (5): 17-18.

ARTNER (1997): Rezension: GERHARD und KARIN POLASCHEK (1997): Die Griechische Landschildkröte. – Emys, Sankt Pölten, 4 (6): 36-37.

ARTNER (2000): Zur Frage des Unterartstatus der Ostrasse der Griechischen Landschildkröte Testudo hermanni boettgeri MOJSISOVICS, 1889. – Emys, Sitzenberg-Reidling, 7 (2): 4-8.

ARTNER (2003): Nomenklatur aktuell. Die rezenten Schildkrötenarten der Erde. – Emys, Sitzenberg-Reidling, 10 (6): IV–XXXVIII.

ARTNER & ARTNER (1997): Freilandbeobachtungen zum Vorkommen und zur Habitatwahl der drei Landschildkrötenarten Testudo hermanni boettgeri, Testudo graeca ibera und Testudo marginata in Griechenland. – Emys, Sankt Pölten, 4 (3): 5-15.

ARTNER, BUDISCHEK & FROSCHAUER (2000): Freilandbeobachtungen, Haltung und Nachzucht der Griechischen Landschildkröte Testudo hermanni boettgeri MOJSISOVICS, 1889. – Emys, Sitzenberg-Reidling, 7 (2): 9-27.

ARVY & FERTARD (2001): Pathologie des Tortues – Étude synthétique. – Bulletin de la Société Herpétologique de France, Paris, 100 (4): 7, 12, 19, 25, 29, 32-33, 37-38, 52-53, 58, 61, 63, 72, 74, 76, 80-82, 84, 93, 100, 125, 127-130, 132, 136, 138, 140-142, 144, 148-150.

ASIMAKOPOULOS (1990): On the legal status concerning the protection of amphibians and reptiles in Greece. – Herpetological Review, New Haven, 21: 30-32.

ASTUDILLO & ARANO (1995): Europa y su herpetofauna: responsibilidades de cada país en lo referente a su conservación. – Boletín de la Asociación Herpetológica Española, Leganés, 6: 14-45.

ATATÜR (1995): A preliminary report on the present status of Turkey's terrestrial and fresh-water turtles from the viewpoint of conservation. – In: BALLASINA (Ed.): Red Data Book on Mediterranean Chelonians. – Bologna (Edagricole): 183-190.

ATATÜR & YILMAZ (1986): A Comparison of the Amphibian Fauna of Turkish Thrace with that of Anatolia and Balkan States. – Amphibia-Reptilia, Leiden, 7: 135-140.

AUER, REIMANN & TAPKAVAK (2004): Siamesische Zwillinge bei der Maurischen Landschildkröte Testudo graeca ibera PALLAS, 1814 und der Griechischen Landschildkröte Testudo hermanni boettgeri MOJSISOVICS, 1889. – elaphe (N. F.), Rheinbach, 12 (1): 63-66.

AUFFENBERG (1966): The carpus of land tortoises (Testudinidae). – Bulletin of the Florida State Museum, Gainesville, 10 (5): 159-191.

AUFFENBERG (1974): Checklist of Fossil Land Tortoises (Testudinidae). – Bulletin of the Florida State Museum, Biological Sciences Series, Gainesville, 18 (3): 196, 201, 203-204.

AURAHS (1996): Aus dem Schulgarten wurde eine Arche Noah. – Ein Herz für Tiere, Ismaning, 3: 14-15.

AVANZI (2002): Les tortues terrestres. – Paris (Editions de Vecchi), 127 pp.

AVERY (1990): Parasites and the Biology of Chelonians. – Testudo, 3 (2): 3-8.

BACESCU (1934): Contributions à la faune des Reptiles de Dobrodgea. – Ann. Sci. Univ. Jassy, Jassy, 19: 317-330.

BACHMANN (1994): Ferienbericht von Korfu und Kerkyra. – SIGS-Info, Siblingen, 3 (1): 21-22.

BACHMANN (1996): Was ich schon immer fragen wollte, aber nie zu fragen wagte. – Schildkröten, Linden, 3 (2): 28-29.

BÄCHTOLD-STÄUBLI (Ed.) (2000): Handwörterbuch des deutschen Aberglaubens. Band 7. – 3. Auflage, Berlin & New York (Walter de Gruyter).

BADER & RIEGLER (2004): Herpetologische Beobachtungen auf Rhodos (Griechenland). – ÖGH-Aktuell, Vienna, 13: 6-9.

BAGNOLI (1985): Anfibi e Rettili della Provincia di Roma. – Rome (Assessorato Sanità e Ambiente WWF Lazio).

BAILLIEN (1961): Le pool intracellulaire des acides amines libres de l'Epithelium intestinal de la tortue grecque, Testudo hermanni J. F. GMELIN. – Annales de la Société Royale Zoologique de Belgique, Brussels, 92: 187-190.

BAILLIEN & SCHOFFENIELS (1961): Origin of the potential difference in the intestinal epithelium of the turtle. – Nature, London, 190: 1107-1108.

BAILLIEN & SCHOFFENIELS (1963): Difference de potential, acides amines et calcium au niveau de l'intestin grêle de la tortue grecque. – Arch. int. Physiol. Biochim., 70: 286-288.

BAILON, BOUR & RAGE (1988): Quand les espèces de l'Herpétofaune française sont-elles apparues? – Bulletin de la Société Herpétologique de France, Paris, 45: 1-8.

BALL (1987): The chelonian trade. – Zoo Reptile News, 2: 14-18.

BALLASINA (1982a): Le seul et dernier voyage des tortues terrestres ... – Nos Meilleurs Amis, 74 (1): 13-15.

BALLASINA (1982b): Stoffel de schildpad bedreigd! – De Wielewaal, Lier.

BALLASINA (1982c): L'herpétofaune européenne menacée – Les tortues terrestres. – L'Homme et l'Oiseau, Brussels.

BALLASINA (1983): Belgie en de handel in schildpadden ... – Mens en Vogel, Sint-Niklaas, 21: 34-38.

BALLASINA (1990): The CARAPAX project: objectives, biological and socio economic aspects. – Résumés du IV Symposium Europaeum Chelonologicum, Massa Marittima.

BALLASINA (1992a): Report on the repatriation of tortoises to Greece by the Carapax Centre (Italy). – British Herpetological Society Bulletin, London, 40: 2-4.

BALLASINA (1992b): Health care and management of terrestrial and fresh water chelonians based upon their ecological needs and techniques of stress reduction. – Proceedings of the 1st International Congress of Chelonian Pathology, Gonfaron (SOPTOM).

BALLASINA (1995a): Distribuzione e situazione delle tartarughe terrestri in Italia. – In: BALLASINA (Ed.): Red Data

Book on Mediterranean Chelonians. – Bologna (Edagricole): 147-160.

BALLASINA (1995b): Salviamo le tartarughe! – Bologna (Edagricole), 216 pp.

BALLASINA (1996): Conservation and reproduction techniques at the Carapax Center, Italy. – In: SOPTOM (Eds.): International Congress of Chelonian Conservation – Proceedings. –Gonfaron (Editions SOPTOM): 210-213.

BALLASINA (2003): Report from CARAPAX 2002: this was the year that was. – British Chelonia Group Newsletter, 151: 6.

BALLASINA & WILLEMSEN (1990): Morphological aspects of *Testudo hermanni hermanni* in Tuscany, compared with individuals coming from southern Italy. – Abstracts of IV Symposium Europaeum Chelonologicum, Massa Marittima.

BALLASINA, VANDEPITTE, CAPECCHI & WILLEMSEN (1992): *Testudo hermanni hermanni*, dix ans de recherche, élevage et réintroduction au centre CARAPAX. – Chelonii, Gonfaron, 3: 315.

BALLASINA, VAN DER KUYL, DEKKER, MAAS, WILLEMSEN & GOUDSMIT (2002): Phylogenetic relationships among the species of the genus *Testudo* (Testudines: Testudinidae) inferred from mitochondrial 12S rRNA gene sequences. – Chelonii, Gonfaron, 3: 117-129.

BALLET, BERTOLERO, AGUIOLO GISBERT & CONESA GUILLES (2002): Haematological parameters in the Hermann's tortoise *Testudo hermanni hermanni* anf their application to conservation projects. – Chelonii, Gonfaron, 3: 346-348.

BALLETTO & CHERCHI (1970): Biosintesi di acidi grassi in *Testudo hermanni* GMELIN sottoposta ad anossia. – Bollettino di Zoologia, Modena, 37.

BALLETTO, CHERCHI, ARILLO, DORIA-LAMBA, MELODIA & MENSI (1978): Gamma-amino-butyric acid synthesis in erythrocytes of *Testudo hermanni*. – Comparative Biochemistry and Physiology, C, Comparative Pharmacology, Vancouver, 61 (2): 281-282.

BALZEREIT (1979): Nachzucht der Griechischen Landschildkröte. – DATZ, Stuttgart, 32 (2): 64-65.

BANNIKOV & DROZDOV (1997): Family Testudinidae. – In: The Life of Animals, IV (2), Amphibians and Reptiles. – Moscow (Ed. Prosveshtenye), 486 pp.

BANTOCK (1994): Members' letters. – British Chelonia Group Newsletter, 97: 9-10.

BÄNZIGER (2005): Afrastering van het buitenverblijf. – Trionyx, Eindhoven, 3 (4): 110-111.

BARAN (1986): Biblio of the Amphibians and Reptiles of Turkey. – In: KASPAREK (Ed.): Zoological Biblio of Turkey. – Heidelberg: 79-118.

BARAN & ATATÜR (1998): Turkish Herpetofauna (Amphibians and Reptiles). – Ankara (Ministry of Environment), 214 pp.

BARBADILLO (1987): La Guía de Incafo de los Anfibios y Reptiles de la Península Ibérica, Isolas Baleares y Canarias. – Madrid (INCAFO), 694 pp.

BARBADILLO, LACOMBA, PÉREZ-MELLADO, SANCHO & LÓPEZ-JURADO (1987): Anfibios y Reptiles de la Península Ibérica, Isolas Baleares y Canarias. – Barcelona (Editorial Planeta).

BARBIERI, DORIA & SINDACO (1996): Atlante provvisorio degli Anfibi e dei Rettili Italiani. – Annali Mus. Civ. Storia Naturale »G. Doria«, Societas Herpetologica Italica, Genua, XCI: 95-178.

BARNAGAUD (1993): Prospections herpétologiques. Complément à l'Atlas national de 1989. – La Gazette de l'Eure et Loir, No. Spécial SI-93: 14-18.

BARNES (2004): Member's letters. – British Chelonia Group Newsletter, 160: 3, 17.

BARROWS (2001): Nutrition and nutritional disease in chelonians. – *Testudo*, 5 (3): 10-15.

BARTLETT (1995): Small Tortoises in the Home Collection. – Reptiles Magazine, Boulder, 4: 52-69.

BARTLETT (2003): Where Have All the Europeans Gone? – Reptiles Magazine, Boulder, 7: 30-38.

BARTLETT & BARTLETT (1996): Turtles and Tortoises. – Hauppauge (Barron's Educational Series): 97, 106.

BARUS & JOHNSON (1973): Notes on *Mehdiella microstoma* (new record) from *Testudo hermanni*. – Folia Parasitologica, Ceské Budejovice, 20 (2): 139-140.

BASILE (1989): Faszinierende Schildkröten – Landschildkröten. – Stuttgart (Verlag Stephanie Naglschmid): 16-21, 122-131, 140.

BASILE (2003): In jedem Sommer … – turtles press international, Rodenbach, 1 (1): 20-21.

BASOGLU & BARAN (1977): Türkiye Sürüngenleri. Kisim I. Kaplumbaga ve kertenkeleler. – Ege Üniversitesi Fen Fakültesi Kitaplar Serisi, Bornova-Izmir, 76: 18, 32, 36, 194, 198, 230, plate 1.

BASSU, CORTI, FRESI, SATTA & ZUFFI (2003): Body size differences between insular populations in the Hermann's tortoise, *Testudo hermanni hermanni* from two Western Mediterranean islands. – In: SOCIETAS EUROPAEA HERPETOLOGICA (Eds.): Programme & Abstracts, 12th Ordinary General Meeting Societas Europaea Herpetologica (SEH). – Saint Petersburg (Zoological Institute of the Russian Academy of Sciences): 36-37.

BAUER (2003): Wie die Jungfrau zum Kind. – *Testudo* (SIGS), Wimmis, 12 (4): 44.

BAUMGÄRTNER (2000): Schildkröten-Ruhe. – Das Tier, Leinfelden-Echterdingen, 41 (2): 54.

BAUR (2000): Physiologie und Pathologie der Fortpflanzung bei Schildkröten. – In: ARTNER & MEIER (Eds.): Schildkröten. – Münster (Natur und Tier-Verlag): 165.

BAUR (2003): Untersuchungen zur vergleichenden Morphologie des Gastrointestinaltraktes der Schildkröten. – Frankfurt am Main (Edition Chimaira): 56, 64, 79, 96, 102, 109-110, 116, 120, 201, 226, 329, 333

BAUR & HOFFMANN (1999): HERPES – in aller Munde – oder längst verdrängt. – Radiata, Bennstedt, **8** (3): 3-10.

BAUR & HOFFMANN (2000): Europäische Landschildkröten – Haltung, Ernährung, Krankheiten. – BNA-aktuell, Hambrücken, 1: 67-71.

BAUR & HOFFMANN (2004): Winterruhe bei Europäischen Landschildkröten. Naturnahe, physiologische Vorbereitung und »Aufwachphase«. – Marginata, Münster, **1** (1): 48-54.

BAUR, HOFFMANN & SCHLECHT (2002): Mineralstoffwechselbedingte Erkrankungen und Deformationen des Panzers bei Schildkröten. – Schildkröten, Linden, **9** (2): 21-35.

BAUR, HOFFMANN, KÖLLE, BLAHAK & VON HEGEL (2001): Kennzeichnung von Reptilien des Anhangs A mittels Transponder aus fachtierärztlicher Sicht. – Radiata, Haan, **10** (1): 15-19.

BECHTEL (1978): Terrarientiere II – Schildkröten, Krokodile, Echsen. – Hannover (Landbuch-Verlag): 9, 28-31.

BECK, RAPAPORT, STANLEY PRICE & WILSON (1994): Reintroduction of captive-born animals. In: OLNEY, MACE & FEISTNER (Eds.): Creative conservation – Interactive management of wild and captive populations. – London (Chapman & Hall): 265-286.

BECKER (1960): Lautäußerungen einer Schildkröte. – DATZ, Stuttgart, **13** (8): 254.

BEDRIAGA (1881/1882): Die Amphibien und Reptilien Griechenlands. – Bull. Soc. Imp. Nat. Mus., Moscow, **56** (2): 242-310, (3): 13-103, 278-344.

BEDRIAGA (1883a): Die Amphibien und Reptilien Griechenlands. Berichtigungen und Nachträge. – Zoologischer Anzeiger, **6**: 216-220.

BEDRIAGA (1883b): Beiträge zur Kenntniss der Amphibien und Reptilien der Fauna von Korsika. – Archiv für Naturgeschichte, Berlin, **49** (1): 124-273.

BELCHEVA, BISSERKOV, ILIEVA & BESHKOV (1992): Karyological study on four species of turtles. – Ann. Univ. Sofia »Kliment Ohridski«, Fac. Biol., Sofia, **80**: 212-219.

BELL (1828): Characters of the Order, Families, and Genera of the Testudinata. – Zoological Journal, London, **3** (12): 513-516.

BELLAIRS (1971): Die Reptilien. – Lausanne (Editions Rencontre): 469, 474, 608, 647, 651.

BELON (1553): Les observations de plusieurs singularitez et choses mémorables, trouvés en Grèce, Asie, Judée, Egypte, Arabie ... – Paris (G. Cauellar), XXII + 211 pp.

BENDER (2000): DGHT-Projekt »Individualerkennungsmethoden für Reptilien«. – Radiata, Bennstedt, **9** (1): 21-24.

BENDER (2001a): Fotodokumentation von geschützten Reptilien. – Rheinbach (Deutsche Gesellschaft für Herpetologie und Terrarienkunde): 6-9, 13.

BENDER (2001b): Weiterführung des Projekts »Fotodokumentation«. – Radiata, Haan, **10** (2): 18-19.

BENDER (2001c): Individualerkennung von Anhang A-Reptilien mittels Fotodokumentation. – BNA-aktuell, Hambrücken, **2**: 29-33.

BENDER (2002): Teilnehmer gesucht – Fotodokumentation von jungen europäischen Landschildkröten (*Testudo graeca*, *T. hermanni*, *T. marginata*). – elaphe (N. F.), Rheinbach, **10** (3): 22-23.

BENDER (2003a): Neuster Stand bei der Fotodokumentation junger europäischer Landschildkröten (*Testudo graeca*, *T. hermanni*, *T. marginata*). – Minor, Haan, **2** (1): 24-25.

BENDER (2003b): Aktuelle Informationen aus der Untersuchung zur Fotodokumentation junger europäischer Landschildkröten (*Testudo graeca*, *T. hermanni*, *T. marginata*). – Minor, Lingenfeld, **2** (3): 21-22.

BENDER (2004): Ein Streifzug durch den Schildkrötenpark »A Cupulatta« auf Korsika. – elaphe (N. F.), Rheinbach, **12** (3): 45-49.

BENDER (2005a): Identificatie van beschermde reptielen m.b.v. foto's. – Trionyx, Eindhoven, **3** (3): 66-72.

BENDER (2005b): Photodocumentation of Protected Reptiles. – Rheinbach (Deutsche Gesellschaft für Herpetologie und Terrarienkunde): 6-9, 13.

BENDER & DAUBNER (2001): Zwischenstand Jungtierprojekt – Suche weiterer Anhang-A Reptilien. – Radiata, Haan, **10** (3): 28.

BENDER & HENLE (2001a): Können Sie sich ausweisen? Forschungsvorhaben weist individuelle Identifizierbarkeit geschützter Reptilienarten nach. – Natur und Landschaft, **76** (4): 168-170.

BENDER & HENLE (2001b): Individuelle fotografische Identifizierung von Landschildkröten-Arten (Testudinidae) des Anhangs A der europäischen Artenschutzverordnung. – Salamandra, Rheinbach, **37** (4): 193-204.

BENNETT (1972): Turtles of Yugoslavia. – International Turtle and Tortoise Society Journal, Los Angeles, **6** (2): 15-34

BENNETT (1978): Turtles of Yugoslavia. – Testudo, **1** (1): 14-16.

BENYR, GEMEL & SCHWEIGER (2003): Weiterführende kritische Betrachtungen zur Veröffentlichung der Royal Society for the Prevention of Cruelty to Animals und Pro Wildlife über »Morbidity and mortality in private husbandry of reptiles« von S. ALTHERR und D. FREYER (2001). – ÖGH-Aktuell, Vienna, 11: 11-14.

BERGER, COLLEAU, DUVAL, MANDIGOUT & TROTTEREAU (1985): Herpétologie, Batrachologie, Répartition. – Naturaliste Orléanais, Orléans, **4** (11): 1-50.

BERGIER & CHEYLAN (1980): Statut, succès de reproduction et alimentation du vautour percnoptère *Neophron percnopterus* en France méditerranéenne. – Alauda, Paris, 48: 75-97.

BERGMANN (2003): »Schildkröten sterben niemals«. – Münster Westfälische Tageszeitung, 01.03.2003.

BERGMANS (1967): Gesjacher II. – Lacerta, Zoetermeer, 4: 33.

BERGOUNIOUX (1935): Contribution à l'étude paléontologiques de Chéloniens – Chéloniens fossiles du Bassin d'Aquitaine. – Mémoires de la Société géologique de France (N. S.), Paris, 11 (25): 7-215.

BERGOUNIOUX (1958): Les Reptiles fossiles du Tertiaire de la Catalogue. – Estud. Geol., Madrid, 14 (39): 129-219.

BERGTHALER (1991): Landschildkröten naturgemäß gepflegt. – DATZ, Stuttgart, 56 (5): 337.

BERNER (1955): Amphibiens et reptiles des environs de Marseille. – Bulletin de la Société Linnéenne de Provence, Marseille, 20: 45-46.

BERTOLERO (1991): La reintroducción de *Testudo hermanni* en el Parque Natural del Delta del Ebro. – Bulletin Parc Natural Delta de l'Ebre, 6: 22-25.

BERTOLERO (2002a): What has happened with the Hermann's tortoise thirteen years after its introduction in the Ebro delta (NE Spain). – Chelonii, Gonfaron, 3: 320.

BERTOLERO (2002b): Biología de la Tortuga mediterránea *Testudo hermanni* aplicada a su conservación. – Dissertation, Univ. Barcelona.

BERTOLERO (2003): Assessment of reintroduction projects: the case of the Hermann's tortoise. – Proceedings of the IUCN Turtle Survival Alliance 2003 Conference.

BERTOLERO (2006): La Tortue d'Hermann *Testudo hermanni* sur les îles de Majorque et de Minorque. – Chéloniens, Saint Auban, 1: 12-19.

BERTOLERO & CHEYLAN (2004): *Testudo hermanni* GMELIN, 1798. – Manouria, Mezzavia, 22: 21-22.

BERTOLERO & DONOYAN (2002): Le projet de conservation de la tortue d'Hermann dans le Parc Naturel du Delta de l'Ebre (Espagne). – Manouria, Mezzavia, 17: 22-28.

BERTOLERO & MARÍN (2000): Detección de huevos en la tortuga Mediterránea mediante palpado inguinal. – Boletín de la Asociación Herpetológica Española, Leganés, 11 (2): 93-95.

BERTOLERO & MARÍN (2002): Paramètres reproducteurs de la Tortue d'Hermann *Testudo hermanni hermanni*. – Chelonii, Gonfaron, 3: 134.

BERTOLERO & MARÍN (2005): Efficacy of inguinal palpation for detecting oviductal eggs in Hermann's tortoise, *Testudo hermanni*. – Amphibia-Reptilia, Leiden, 26 (4): 523-526.

BERTOLERO & MARTÍNEZ-VILALTA (1994): Presencia histórica de *Testudo hermanni* en las comarcas del Baix Ebre y Montsià (Sur de Catalunya). – Boletín de la Asociación Herpetológica Española, Leganés, 5: 2-3.

BERTOLERO & MARTÍNEZ-VILALTA (1997): Diseño de proyectos de reintroducción. – Jornadas de conservación de la tortuga mediterránea.

BERTOLERO & PRETUS (2004): Caracteristiques de les poblacions de tortuga mediterrània a Menorca. – In: PONS (Ed.): IV. Jornades de Medi Ambient de les Illes Balears. Ponències i Resums. – Palma de Mallorca (Soc. Hist. Nat. Balears): 110.

BERTOLERO, CARRETERO & LLORENTE (2005): An assessment of the reliability of growth rings counts for age determination in the Hermann's Tortoise *Testudo hermanni*. – Amphibia-Reptilia, Leiden, 26 (1): 17-23.

BERTOLERO, CARRETERO, LLORENTE & MARTÍNEZ-VILALTA (1996): Dominios vitales en una población de tortuga mediterránea (*Testudo hermanni*) en el Delta del Ebro. – IV Congreso Luso-Español de Herpetologia, Porto: 19.

BERTOLERO, CARRETERO, LLORENTE, MARTÍNEZ-VILALTA & MONTORI (1996): The importance of introduction in species conservation – the case of *Testudo hermanni* in the Ebro Delta Natural Park (NE Spain). – In: SOPTOM (Eds.): International Congress of Chelonian Conservation – Proceedings. – Gonfaron (Editions SOPTOM): 187-191.

BERTRAND (2006): Questions au vétérinaire. – Chéloniens, Saint Auban, 1: 47.

BESHKOV (1960): La tortue terrestre. – Turist, Sofia, V (XLVI), 3: 28.

BESHKOV (1961a): Beitrag zur zoogeographischen Untersuchung der Herpetofauna in Bulgarien. – Bull. Inst. Zool. Mus., Sofia, 10: 373-380.

BESHKOV (1961b): Über die Helminthenfauna einiger Lurche und Kriechtiere aus der Gegend von Burgas und dem Strandûagebirge. Vorläufige Mitteilung. – Natural Centres of disease in the Strandza area, Sofia: 141-145.

BESHKOV (1962): Über die Helminthenfauna einiger Lurche und Kriechtiere aus den Gebieten von Petric und Goce Delcev – Vorläufige Mitteilung. – Natural Centres of disease in the Petrich and Gotse Delchev areas, Sofia: 185-189.

BESHKOV (1984a): On the distribution, relative abundance and protection of tortoises in Bulgaria. – Ekologiya, Sofia, 14: 14-34.

BESHKOV (1984b): Znacenieto na Stara planina za razprostranenieto na herpetofaunata v Balgarija. – Acta Zoologica Bulgarica, Sofia, 25: 9-15.

BESHKOV (1985): Amphibians and reptiles. – In: Red Data Book of Bulgaria, Band 2, Animals. – Ed. Bulg. Acad. Sci., Sofia: 32-41.

BESHKOV (1993): On the distribution, relative abundance and protection of tortoises in Bulgaria. – Chelonian Conservation and Biology, Lunenburg, 1 (1): 53-62.

BESHKOV (1997): Record-sized tortoises *Testudo graeca ibera* and *Testudo hermanni boettgeri* from Bulgaria. – Chelonian Conservation and Biology, Lunenburg, 2 (4): 593-596.

BESHKOV & BERON (1964): Catalogue et Bibliographie des Amphibiens et Reptiles en Bulgarie. – Acad. Bulg. Sci., Sofia, 39 pp.

BESHKOV & NANEV (2002): Amphibians and reptiles in Bulgaria. – Sofia & Moscow (Pensoft), 120 pp.

BESHKOV, UNDSHIAN, SIMEONOV & DARAKCIEV (1967): Neue Angaben über die Verbreitung einiger Amphibien und Reptilien in Bulgarien. – Bull. Inst. Zool. Mus., Sofia, **25**: 5-10.

BESSON (1975): La réintroduction de la tortue d'Hermann *Testudo hermanni robertmertensi* (WERMUTH) à Port-Cros. – Trav. Sci. Parc national Port-Cros, **1**: 37-40.

BETREMIEUX & SCHILLIGER (2006): Travaux préliminaires: Correlation entre hyperazotemie (urémie) et insuffisance rénale chez les Chéloniens. Et si l'urémie était bien un marqueur de l'insuffisance rénale chez les tortues? – Manouria, Mezzavia, **9** (30): 21-29.

DE BETTA (1868): I rettili ed anfibi del regno della Grecia con alcune notizie sulla deistribuzione geografica delle specie. – Atti del Reale Istituto Veneto di Scienze, Lettere ed Arti, Venedig, **13** (3): 1-91.

DE BETTA (1874): Fauna d'Italia. IV. Rettili ed Anfibi.

BEVAN (1986): Representations of Animals in Sanctuaries of Artemis and other Olympian Deities. – British Archaeological Reports, International Series, Oxford, **315**: 164.

BEVAN (1988): Ancient Deities and Tortoise-Representations in Sanctuaries. – **BSA**, 83: 1-6.

BIANCHI, REPETTO, GIORDANA & CAPRARO (1972): Serosal and mucosal permeability coefficients for acetamide and thio urea in turtle *Testudo hermanni* jejunum. – Comparative Biochemistry and Physiology, A, Comparative Physiology, Vancouver, **43** (2): 337-340.

BIBRON & BORY DE SAINT-VINCENT (1833): Reptiles. – In: GEOFFROY SAINT-HILAIRE, GEOFFROY SAINT-HILAIRE, DESHAYES, BIBRON & BORY DE SAINT-VINCENT (Eds.): Travaux de la Section des Sciences Physiques 3 (1) (Zoologie – 1e section. Animaux vertébrés, Mollusques et Polypes). – In: BORY DE SAINT-VINCENT, PEYTIER, PUILLON, BOBLAYE, SERVIER, BRULLÉ, VIRLET, GEOFFROY SAINT-HILAIRE, GEOFFROY SAINT-HILAIRE, BRONGNIART, BIBRON, DESHAYES, GUÉRIN, CHAUBARD & FAUCHÉ (Eds.): Expédition scientifique en Morée. – Paris & Strasbourg (F. G. Levrault): 57-76.

BIDMON (2001): Regulation der Ruhephasen bei Schildkröten: Was ist bekannt und welche Konsequenzen ergeben sich für die erfolgreiche Haltung? – Radiata, Haan, **10** (4): 3-19.

BIDMON (2004): Die Inkubation von beschädigten Eiern und die Versorgung bei Schlupfproblemen. – Schildkröten im Fokus, Bergheim, **1** (1): 12-19.

BIDMON (2006): Eine kostengünstige Methode zur Inkubation von Landschildkrötengelegen. – Schildkröten im Fokus, **3** (1): 25-31.

BIEDERMANN (1998): Knaurs Lexikon der Symbole. – Munich & Zürich (Droemer Knaur), 592 pp.

BIEGLER (1966): A survey of recent longevity records for reptiles and amphibians in zoos. – International Zoo Yearbook, London, **6**: 487-493.

BIERMANN (1995): Isolierung und Charakterisierung von Herpesviren bei Landschildkröten. – Dissertation, Justus-Liebig-Universität, Gießen.

BIERMANN & BLAHAK (1993): First isolation of herpesvirus from tortoises with diphtheroid necrotising stomatitis. – Second World Congress of Herpetology, Adelaide: 27.

BIGOT DU CHAPELET (1960): Notes sur les Chéloniens français. – Bulletin Mayenne-Sciences, Rennes: 38-48.

BLACKWELL (1959): Seasonal weight of a European tortoise. – Naturalist, **870**: 92.

BLAHAK (1996): Repatriierung von Reptilien. – elaphe (N. F.), Rheinbach, **4** (4): 61-64.

BLAHAK (1998): Herpes! Wie geht es weiter? Oder: Der Stomatitis-Rhinitis-Komplex der Landschildkröten. – Fachmagazin Schildkröte, Rothenfluh, **1** (5): 60-61.

BLAHAK (1999): Stiftungsnachrichten. – SIGS-Info, Siblingen, **8** (1): 42-43.

BLAHAK (1999/2000): Herpes. – Fachmagazin Schildkröte, Rothenfluh, **2** (1): 64.

BLAHAK (2000): Virusinfektionen bei Reptilien. – Der praktische Tierarzt, Hannover, **81** (2): 92-112.

BLAHAK (2001): Erste Ergebnisse zum Vorkommen von *Mycoplasma agassizii* bei Landschildkröten. – SIGS-Info, Siblingen, **10** (3): 28.

BLAHAK (2004a): Vergleich von 35 Herpesvirus-Isolaten von 6 unterschiedlichen Landschildkrötenspecies. – Arbeitstagung AGARK Düsseldorf, 12.-13. Juni 2004.

BLAHAK (2004b): Herpesvirus im Schildkrötenbestand – was ist zu tun? Übertragungsprophylaxe und Desinfektion. – Schildkröten im Fokus, Bergheim, **1** (3): 17-20.

BLAHAK (2006): Infectious diseases in turtles and tortoises. – In: ARTNER, FARKAS & LOEHR (Eds.): Turtles. Proceedings: International Turtle & Tortoise Symposium Vienna 2002. – Frankfurt am Main (Edition Chimaira): 593-612.

BLAHAK & BIERMANN (1996): Herpesvirus infection in land tortoise as a problem of Chelonian conservation. – In: SOPTOM (Eds.): International Congress of Chelonian Conservation – Proceedings. – Gonfaron (Editions SOPTOM): 240-243.

BLAHAK & TORNEDE (2004): Comparison of 35 herpesvirus strains from 6 different species of tortoises. – Path. Med. Rep. Amph. 7th Int. Symp.

BLAKE, SHERRIFF & HAYWARD (1994): Husbandry of the Baltic Race of *Testudo hermanni boettgeri*. – NYTTS NewsNotes, New York, **5** (2): 9-11.

BLANC, SQUALLI-HOUSSAINI & BLANC (1989): Diversité génétique de la population de tortues du Massif des Maures (France) *Testudo hermanni hermanni* GMELIN, 1789. – Mésogée, Marseille, **48**: 7-11.

BLANCK (2006): Unterscheidungsmerkmale der drei Unterarten von *Testudo hermanni*. – Sacalia, Stiefern, **4** (10): 49-56.

BLANCK & ESSER (2004): Zur Kenntnis von *Testudo hermanni hercegovinensis* (WERNER, 1899) oder Neues Licht auf eine »alte« Art. – Sacalia, Stiefern, **2** (2): 17-31.

BLAS & COSTELLO (1978): Guía ecológica de Baleares. – Madrid (INCAFO), 205 pp.

BLATT & MÜLLER (1974): Die Mortalitätsrate importierter Schildkröten im Saarland. – Salamandra, Frankfurt am Main, **10** (3/4): 115-125.

BLUM (1971): Die Reptilien und Amphibien Europas. – Hallwag Taschenbuch 96 (Zoologie), Bern & Stuttgart (Hallwag Verlag): 24, 48-49.

BNA (Eds.) (2000): BNA-Artenschutzbuch – Teil I – Wirbeltiere. – Hambrücken (Bundesverband für fachgerechten Natur- und Artenschutz): 76, 287.

BOCK (1994): Voyage en Toscane et visite du centre CARAPAX. – CITS bulletin, Bramois, **3**: 13-14.

BODDINGTON (1994): Members' letters. – British Chelonia Group Newsletter, **99**: 7-8.

BODENHEIMER (1944): Introduction into the knowledge of the Amphibia and Reptilia of Turkey. – Rev. Fac. Sci. Univ. Istanbul, Ser. B Sci. Nat., Istanbul, **9**: 1-93.

BOESSNECK (1973): Die Tierknochenfunde aus dem Kabirenheiligtum bei Theben (Böotien). – Munich (Institut für Palaeoanatomie, Domestikationsforschung und Geschichte der Tiermedizin der Universität München): 26.

BOETTGER (1881): Beitrag zur Kenntnis der Reptilien und Amphibien Spaniens und der Balearen. – Abhandlungen der Senckenbergischen Naturforschenden Gesellschaft, Frankfurt am Main, **12**: 371-392.

BOETTGER (1888): Verzeichnis der von E. v. OERTZEN aus Griechenland und aus Kleinasien mitgebrachten Batrachier und Reptilien. – Sitzungsberichte der Preußischen Academie der Wissenschaften, Berlin, **5**: 139-186.

BOETTGER (1889): Herpetologische Miscellen – I. Epirus – II. Corfu. – Berichte der Senckenbergischen Naturforschenden Gesellschaft, Frankfurt am Main, 1888-1889: 267-276.

BOETTGER (1893): Katalog der Reptilien-Sammlung im Museum der Senckenbergischen Naturforschenden Gesellschaft in Frankfurt am Main – I. Teil (Rhynchocephalen, Schildkröten, Krokodile, Echsen, Chamäleons). – Frankfurt (Knauer), X + 160 pp.

BOHNSTEDT (1956): Lautäußerung einer griechischen Landschildkröte. – DATZ, Stuttgart, **9** (10): 278.

BOLKAY (1919): Prinosi herpetologiji zapadnoga dijela Balkanskog poluostrva. – Glasnik zemaljsk. Muz. Bosn. Hercegov., Sarajevo, **31** (1), 38 pp., 5 plates.

BOLKAY (1924): Popis vodozemaza i gmizavaza, koje se nalaze u bos.-herc. zemaljskom muzeju u Sarajevu s morfoloskim, bioloskim i zoogeografskim biljeskama. – Spomenik Srp. Kralj. Akad., Belgrade, **61** (11), 39 pp., 7 plates.

BOLKAY (1928): Die zoogeographische Bedeutung des Neretva- (Narenta-) Tales. – Glasnik zemaljsk. Muz. Bosn. Hercegov., Sarajevo, **40** (1): 35-44.

BOLKAY (1929): Die Amphibien und Reptilien von Sarajewo und Umgebung. – Glasnik zemaljsk. Muz. Bosn. Hercegov., Sarajevo, **41**: 57-77.

BOLOGNA (Eds.) (1999): Studi propedeutici ai piani delle aree naturali protette gestite da Roma-Naura. – Technischer Bericht, Università degli Studi di Roma Tre, 11 Bände, 1243 pp.

BOLOGNA & LA POSTA (2004): The conservation status of threatened Amphibian and Reptile species of Italian fauna. – Italian Journal of Zoology, Modena, **71** (Suppl. 1), 183 pp.

BOLOGNA, CAPULA & CARPANETO (2000): Anfibi e rettili del Lazio. – Rome (Fratelli Palombi Editori), 159 pp.

BOLOGNA, CAPULA, CARPANETO, CIGNINI, MARANGONI, VENCHI & ZAPPAROLI (2003): Anfibi e rettili a Roma – atlante e guida delle spcie presenti in città. – Rome (Comune di Roma), 112 pp.

BOMMELI (1894): Die Thierwelt. – Stuttgart.

BONAPARTE (1835): Iconografia della fauna Italica per le quattro classi degli animali vertebrati – Tomo II – Amfibi. – Rome (Typografia Salviucci), 65 pp., 54 plates.

BOND (1998): Young Mediterranean tortoises. – British Chelonia Group Newsletter, **126**: 11.

BONE (1992): Gastrointestinal system. – In: BEYNON, LAWTON & COOPER (Eds.): Manual of reptiles. – Cheltenham (BSAVA): 101-116.

BONFIGLIO & INSACCO (1992): Paleoenvironmental, paleontologic and stratigraphic significance of vertebrate remains in Pleistocene limnic and alluvial deposits from southeastern Sicily. – Palaeogeogr., Palaeoclimatol., Palaeoecol., **95**: 195-208.

BONFIGLIO & LATINO (1986): Primo rinvenimento di un vertebrato fossile (*Testudo* cfr. *hermanni*) nell'Isola di Lipari (Isole Eolie, Messina, Sicília). – Atti Soc. italiana Sci. Nat. Mus. Civ. Stor. Nat., Milan, **127** (3/4): 301-308.

BONIN (1991): Les Chéloniens – classification, caractères généraux, reproduction, pathologie et thérapeutique. – Dissertation, Univ. Lyon.

BONIN, DEVAUX & DUPRÉ (1996): Toutes les Tortues du Monde. – Lausanne & Paris (Delachaux et Niestlé): 108-110.

BONS, CHEYLAN & GUILLAUME (1984): Les reptiles méditerranéens. – Bulletin de la Société Herpétologique de France, Paris, **29**: 7-17.

BORRI, AGNELLI, CESARACCIO, CORTI, FINOTELLO, LANZA & TOSINI (1988): Preliminary notes on the herpetofauna of the satellite islands of Sardinia. – Boll. Soc. Sarda Sci. Nat., Sassari, **26**: 149-165.

BOSCÁ (1880): Catalogue des reptiles et amphibiens de la Peninsule Ibérique et des Iles Baléares. – Bulletin de la Société Zoologique de France, Paris, **5**: 240-287.

BOSCÁ (1881a): Catálogo de los Reptiles y Anfibios observados en España, Portugal y Islas Baleares. – Anales de la Sociedad Española de Historia Natural, Madrid, **24**: 39-64.

BOSCÁ (1881b): Correciones y adiciones al catálogo de los Reptiles y Anfibios de España, Portugal y las Islas Baleares. – Anales de la Sociedad Española de Historia Natural, Madrid, **24**: 89-112.

BOSSCHERE & ROELS (2003a): *Tachygonetria bainae* in a Hermann's tortoise (*Testudo hermanni boettgeri*). – Tortoise Trust Newsletter, London, **18** (1): 3-5.

BOSSCHERE & ROELS (2003b): *Balantidium* sp. and *Nyctotherus* sp.: two common members of the digestive-tract flora in Mediterranean tortoises. – Tortoise Trust Newsletter, London, **18** (2): 9-11.

BOSSUTO, GIACOMA, ROLANDO & BALLETO (2000): Caratteristiche delle aree familiari in una poolazione di *Testudo hermanni* GMELIN del Parco Nazionale della Maremma (GR). – In: GIACOMA (Eds.): Atti I Congressa Societas Herpethologica Italica. – Turin (Museo Regionale Scienze Naturali): 543-551.

BOULENGER (1889): Catalogue of the Chelonians, Rhynchocephalians, and Crocodiles in the British Museum (Natural History). – London (Taylor and Francis): 177.

BOUNHIOL & LAHARGUE (1956): Nouvelle récolte à Bordeaux d'œufs fécondés de Tortue grecque. – P. V. Soc. Linn., Bordeaux, **96**: 25-26.

BOUR (1980): Essai sur la taxinomie des Testudinidae actuels (Reptilia, Chelonii). – Bulletin de la Muséum National d'Histoire Naturelle, Paris, 4, **2 A** (2): 541-546.

BOUR (1984): Les Tortues terrestres du Paléarctique. – In: DE BEAUFORT (Ed.): Espèces menacées et exploitées dans le Monde, Guide pratique pour leur connaissance et leur identification, 28. – Secrétariat de la Faune et de la Flore, Muséum National d'Histoire Naturelle, Inventaires de Faune et de Flore, Paris, **24**: 1-11.

BOUR (1987): L'identité des Tortues terrestres européennes: spécimens-types et localités-types. – Revue française d'Aquariologie, Nancy, **13** (4): 111-122.

BOUR (1989a): Caractères diagnostiques offerts par le crâne des tortues terrestres du genre *Testudo*. – Mésogée, Marseille, **48**: 13-19.

BOUR (1989b): *Testudo hermanni*. – In: CASTANET & GUYETANT (Eds.): Atlas de répartition des amphibiens et reptiles de France. – Paris (Société Herpétologique de France): 110-111.

BOUR (2002): Gravures et lithographies anciennes figurant des tortues terrestres du genre *Testudo*. – Chelonii, Gonfaron, **3**: 12-27.

BOUR (2004a): A new character for the identification of populations of the Hermann's tortoise, *Testudo hermanni* GMELIN, 1789 (Chelonii, Testudinidae). – Salamandra, Rheinbach, **40** (1): 59-66.

BOUR (2004b): *Testudo boettgeri* MOJSISOVICS, 1889. – Manouria, Mezzavia, **22**: 9-10.

BOUR, CADI, GUYOT, LOUCHART, MARAN, MAGNAN, MÉTRAILLER, MOSIMANN & SCHILLIGER (2002): Atlas de la terrariophilie – Volume 2 – Les tortues. – Campsegret (Animalia Éditions): 10, 14, 31, 33, 35, 45, 55, 76-78, 118, 144-145.

BOURDEAUX (1988): Pathologie des Tortues. – Maisons-Alfort (Editions du Point Vétérinaire), **20** (117): 761-775, **20** (118): 871-884, **21** (119): 45-62.

BOURDEAU & TRONCO (1992): Pathologie des tortues de compagnie: bilan des consultations à Maisons-Alfort. – Proceedings of the 1st International Congress of Chelonian Pathology, Gonfaron (SOPTOM): 136-154.

BOUSBOURAS & BOURDAKIS (1997): The amphibians and reptiles of some mountaineous areas of West Macedonia (Greece). – Biologia gallo-hellenica, **24** (1): 5-22.

BOUSBOURAS & IOANNIDES (1994): Amphibien und Reptilien des Prespa-Nationalparks und der Gebirgsregion um Florina (Mazedonien, Griechenland). – Salamandra, Rheinbach, **30** (3): 209-220.

BOUSSAC (1992): Herpétophilatélie. – La Tortue, Gonfaron, **19**: 27.

BOUSSAC (1994): Herpétophilatélie. – La Tortue, Gonfaron, **26**: 34-35.

BOUSSAC (1997): Herpétophilatélie. – La Tortue, Gonfaron, **40**: 42-43.

BOUSSAC (2000): Herpétophilatélie. – La Tortue, Gonfaron, **50/51**: 67-68.

BOUSSAC (2004): Consommer avec modération. – La Tortue, Gonfaron, **66**: 76-79.

BOUVARD (1992): Contribution à l'étude des affections tégumentaires des tortues terrestres méditerranéennes. Observations personnelles dans le village des tortues de Gonfaron (Var-France). – Dissertation, Alfort.

BOYCOTT, TAYLOR & DOUGLAS (1953): Salmonella in tortoises. – Journal of Pathology and Bacteriology, Chichester, **65**: 402-411.

BOYER (1965): Ecology of the basking habit in turtles. – Ecology, Ithaca, **46**: 99-118.

BRABENETZ, LUTTENBERGER & SCHWAMMER (1996): Haltungsrichtlinien, Mindestansprüche für Schildkröten. – Vienna (Literas Universitätsverlag): 22, 38.

BRANDSTÄTTER (1990): Das »Village des Tortues« – Ein Projekt zur Erhaltung der letzten südfranzösischen Landschildkröten. – Vortragszusammenfassungen der DGHT-Jahrestagung, Bonn.

BRANDSTÄTTER (1993): The lost tortoise. – British Chelonia Group Newsletter, 94: 3-4.

BRANDSTÄTTER (1995): Behavioural und Environmental Enrichment bei Landschildkröten. – Journal der AG Schildkröten & Panzerechsen, Bürstadt, 4 (1): 22-25.

BRANDSTÄTTER (1996): Behavioural und Environmental Enrichment bei Landschildkröten. – Emys, Sankt Pölten, 3 (3): 20-23.

BRANDSTÄTTER & REDL (1994): Explanations of the scientific names of some common pet chelonia. – British Chelonia Group Newsletter, 102: 10-12.

BRANDSTETTER-HALBERSTADT (1994): Überwinterung von Landschildkröten im Kühlschrank. – Schildkröten, Linden, 1 (2): 31-33.

BRATISLAV (1988): The golden eagle (*Aquila chrysaetos chrysaetos*) in south-eastern Yugoslavia. – Larus, Zagreb, 38/39: 95-135.

BRATTSTROM (1965): Body temperature of reptiles. – American Midland Naturalist, Notre Dame, 73: 376-422.

BRATTSTROM & COLLINS (1972): Thermoregulation. – International Turtle and Tortoise Society Journal, Los Angeles, 6 (5): 15-19.

BRAUER (1980): Allgemeines über Landschildkröten. – Sauria, Berlin, 2 (1): 8-11.

BRAUN (1998a): Schildkrötendiebstahl. – Schildkröten, Linden, 5 (3): 11-15.

BRAUN (1998b): Schildkrötenüberwinterung im Kühlschrank. – Schildkröten, Linden, 5 (4): 29-33.

BRAUN (1999): Schildkröte und Hund – nicht immer ein gutes Gespann. – Schildkröten, Linden, 6 (1): 36-39.

BRAUN (2003): Große Ereignisse im Frühbeet. – Schildkröten, Linden, 10 (4): 38-44.

BRAUN (2004): »Naturbrut« von *Testudo hermanni boettgeri*. – Minor, Lingenfeld, 3 (2): 32-34.

BRAUNE, GEISS & THIEL (1989): Eine neue durch Herpesviren verursachte Erkrankung bei Landschildkröten. – Die Tierärztliche Praxis, Stuttgart, 17 (4): 416-419.

BRELIH & DZUKIC (1974): Catalogus Faunae Jugoslaviae. – Consil. Acad. Sci. Rei Publ. Soc. Foed. Jugosl., Acad. Sci. Art. Slovenica, Ljubljana, 33 pp.

BREHM (1927): Brehms Tierleben – Band I – Kriechtiere. Nach der zweiten Originalausgabe bearbeitet von OTTO EVERS. – Hamburg (Uhlenhorst-Verlag Curt Brenner): 43-46, plate 1.

BRELIH & DZUKIC (1974): Catalogus Faunae Jugoslaviae. Reptilia. – Acad. Sci. Art. Sööv., Ljubljana, 4 (2): 1-33.

BRESSOUS (1993): Einzigartige Tierklinik – Letzte Zuflucht für Schildkröte Hermann. – Auf einen Blick, 16: 4-5.

BRIDLE (1984): The Bridle tortoise family. – British Chelonia Group Newsletter, 41: 1.

BRINGSØE (1986): A check-list of Peloponnesian amphibians and reptiles, including new records from Greece. – Annales Musei Goulandris, Kifissia, 7: 271-318.

BRÖDEMANN (1991): Futterneid. – Das Tier, Leinfelden-Echterdingen, 32 (10): 57.

BROGARD (2002): Les maladies des reptiles. 2. Auflage. – Maisons-Alfort (Editions du Point Vétérinaire), 320 pp.

BROGGI (1994): Feldherpetologische Beobachtungen und Bemerkungen zu schützenswerten Biotopen auf griechischen Inseln. – Herpetozoa, Vienna, 7 (1/2): 29-34.

BROGHAMMER (1998): Albinos – Farb- und Zeichnungsvarianten bei Schlangen und anderen Reptilien. – Frankfurt am Main (Edition Chimaira): 85.

DE BROIN (1977): Contribution à l'Étude des Chéloniens – Chéloniens Continentaux du Crétacé et du Tertiaire de France. – Mémoires du Muséum National d'Histoire Naturelle (Nouvelle Série), Série C, Sciences de la Terre, Paris (Éditions du Muséum), 38, 366 pp., 38 plates.

BROSE (1925): Naturkundliche Streifzüge an den Ufern des Ochridsees. – Blätter für Aquarien- und Terrarienkunde, Stuttgart, 36 (16): 417-430, (17): 462.

BROUARD (1995): La tomodensimétrie – Application aux Chéloniens. Atlas tomodensimétrique et étude statistique comparative de 2 espèces de Chéloniens – une espèce aquatique, *Chrysmeys scripta elegans* (GRAY, 1844) et une espèce terrestre, *Testudo hermanni hermanni* (GMELIN, 1789). – Dissertation, Univ. Nantes.

BRUEKERS (1986): Waarnemingen aan de Grieske landschildpad (*Testudo hermanni robertmertensi*) in Zuid-Frankrijk. – Lacerta, Zoetermeer, 44 (4): 63-65.

BRUEKERS (1995): De Landschildpadden van Mallorca, deel 1. – De Schildpad, Eindhoven, 21: 1.

BRUEKERS (1998a): Hardy exotic plants for outdoor vivariums in temperate zones. – Tortoise Trust Newsletter, London, 13 (1): 3-4.

BRUEKERS (1998b): Palmen und andere exotische Pflanzen für das Schildkröten-Freilandterrarium. – Reptilia (D), Münster, 14: 58-61.

BRUEKERS (2000): Palmen im Freilandterrarium für Landschildkröten – einige Anregungen für ein Experiment. – Radiata, Haan, 9 (3): 23-29.

BRUEKERS (2003a): Palms and other exotic plants for outdoor tortoise enclosures. – Reptilia (GB), Barcelona, 29: 35-38.

BRUEKERS (2003b): Palmeras y otras plantas exóticas para recintos al aire libre de tortugas terrestres. – Reptilia (E), Barcelona, 42: 39-42.

BRUEKERS (2004): Een Testudo hermanni hermanni met een snotneus. – Trionyx, Eindhoven, **2** (3): 70-72.

BRUEKERS (2005a): Griechische Landschildkröte (Testudo hermanni hermanni) im Habitat als Beute von Vögeln. – Schildkröten im Fokus, Bergheim, **2** (1): 33-34.

BRUEKERS (2005b): Rampen en schildpadden. – Trionyx, Eindhoven, **3** (2): 52-54.

BRUGAROLAS (1995): Centre de Reproducció de Tortugues de l'Albera in Spain. – Chelonian Conservation and Biology, Lunenburg, **1** (3): 249.

BRÜGGEMANN (2000): Zuchtbücher in den Niederlanden – ein Beitrag zur Arterhaltung. – Radiata, Haan, **9** (4): 17-20.

BRUINS (1999): Terrarien Enzyklopädie. – Erlangen (Karl Müller Verlag, Erlangen): 11, 258-262.

BRÜNNER (1950): Überwinterung subtropischer Landschildkröten. – DATZ, **3** (10): 157-158.

BRUNO (1968): Gli anfibi e i rettili dell'isola di Montecristo. – Atti della Società Toscana di Scienze Naturali, Ser. B, Pisa, **75**: 31-71.

BRUNO (1970): Anfibi e Rettili di Sicília (Studi sulla Fauna Erpetologica Italiana IX). – Atti Accad. Gioenia Sci. Nat., Ser. Settima, Catania, **2** (7): 185-326.

BRUNO (1971a): Gli Anfibi e i Rettili dell'Appennino abruzzese con particolare riferimento alle specie del parco nazionale d'Abruzzo. – Lavori Soc. Italiana Biogeografia (N. S.), **5** (2): 697-783.

BRUNO (1971b): Red Book – Testudo hermanni GMELIN. – Notiz. Unione Erpetologica Italiana, **1** (2): 30.

BRUNO (1973): Problemi di conservazione nel campo dell' erpetologia. – Atti 3rd Simp. Naz. Conserv. Nat. Bari, **2**: 117-226.

BRUNO (1975): Note riassuntive sull'erpetofauna dell'isola di Montecristo (Arcipelago Toscano, Mare Tireno). – Lavori Soc. Ital. Biogeogr. (N. S.), **5**: 743-838.

BRUNO (1980): L'Erpetofauna delle isole di Cres, Trstnik, Plavnik e Krk (Kvarner, Jugoslavija). – Atti Mus. civ. Stor. nat., Triest, **31** (3): 249-282.

BRUNO (1981): Ricerche ecologiche, floristiche e faunistiche sulla fascia costiera mediotirrenica italiana. – Rome (Accademia Nazionale Lincei), **254**: 31-76.

BRUNO (1986): Guida a Tartarughe e Sauri d'Italia. – Florence (Giunti-Martello), 256 pp.

BRUNO (1988a): L'Erpetofauna delle isole di Cres, Krk e Ada (Jugoslavia, Albania). – Bulletin d'Ecologie, Paris, **19** (2/3): 265-281.

BRUNO (1988b): Considerazioni sull'erpetofauna della Sicília. – Bulletin d'Ecologie, Paris, **19** (2/3): 283-303.

BRUNO (1989a): Introduzione a uno studio sull' erpetofauna del Monte Conero. – R.A.N.A., Italia: 23-44.

BRUNO (1989b): Introduction to a study of the herpetofauna of Albania. – British Herpetological Society Bulletin, London, **29**: 16-41.

BRUNO & GUACCI (1993): Appunti di erpetofauna Molisana. – Ann. Mus. civ. Rovereto, Sez. Arch., St., Sci. nat., **8**: 249-332.

BRUNO & MAUGERI (1976): Rettili d'Italia. I: Tartarughe e Sauri. – Florence (Giunti-Martello), 160 pp.

BRUNO & MAUGERI (1979): Rettili d'Italia. I: Tartarughe, Sauri, Serpenti. – Florence (Giunti Martello), 363 pp.

BRUNO, DOLCE, SAULI & VEBER (1973): Introduzione a un studio sugli Anfibi e Rettili del Carso Triestino. – Atti Mus. civ. Stor. nat. Trieste, Triest, **28** (2): 487-576.

BRUNS (1979): Behaucht von Jahrmillionen: Landschildkröten (Die Pflege von Testudo hermanni und Testudo graeca). – aquarien magazin, Stuttgart, **13** (2): 68-72.

BUCK (1897): Einiges über meine griechische Landschildkröte (Testudo graeca). – Der Zoologischer Garten, Berlin, **38**: 293-294.

BUDISCHEK (2000): Schildkrötenpudding für europäische Landschildkröten. – Emys, Sitzenberg-Reidling, **7** (4): 26-28.

BUDISCHEK (2001): Keeping and breeding of Testudo hermanni boettgeri. – International Turtle & Tortoise Symposium, Vienna, Austria, January 17-20, 2002, Final Program with Abstracts: 54.

BUDISCHEK (2006): Haltung und Nachzucht der Griechischen Landschildkröte Testudo hermanni boettgeri MOJSISOVICS 1889. – Sacalia, Stiefern, **4** (10): 5-26.

BUDÓ & MASCORT (2001): El cangrejo de río americano (Procambarus clarkii), alimento ocasional de la tortuga mediterránea (Testudo hermanni hermanni). – Boletín de la Asociación Herpetológica Española, Leganés, **12** (2):87-88.

BUDÓ, CAPELLERAS, FÉLIX & MASCORT (1996): The population status of Testudo hermanni hermanni in northeastern Spain and management by l'Albera Captive Breeding Centre (C.R.T. l'Albera). – In: SOPTOM (Eds.): International Congress of Chelonian Conservation – Proceedings. – Gonfaron (Editions SOPTOM): 196-197.

BUDÓ, CAPELLERAS, FÉLIX & MASCORT (2002): Western Hermann's tortoise (Testudo hermanni hermanni) in Catalonia, state of conservation and recovery projects. – Chelonii, Gonfaron, **3**: 321-322.

BULSING (2002a): Kweekresultaten. – De Schildpad, Eindhoven, **28** (1): 10-12.

BULSING (2002b): Waaschuwing bij het gebruik van graszoden. – De Schildpad, Eindhoven, **28** (3): 133.

BULSING (2002c): Schildpaddencommunicatie, daar durf je niet over te praten! – De Schildpad, Eindhoven, **28** (5): 219-222.

BULSING (2005): Microchiptransponders in schildpadden. – Trionyx, Eindhoven, **3** (2): 34-47.

BUNDESMINISTERIUM FÜR ERNÄHRUNG, LANDWIRTSCHAFT UND FORSTEN (Eds.) (1997): Gutachten über Mindestanforderungen an die Haltung von Reptilien. – Rheinbach (DGHT): 67.

BURCKHARDT (1960): Siena – The City of the Virgin. – Oxford: 117-121.

BURESH & TSONKOV (1933a): Untersuchungen über die Verbreitung der Reptilien und Amphibien in Bulgarien und auf der Balkanhalbinsel. 1. Teil: Schildkröten (Testudinata) und Eidechsen (Sauria). – Izv. Tsarsk. Prirodonausch. Inst., Sofia, **6**: 150-207.

BURESH & TSONKOV (1933b): Untersuchungen über die Verbreitung der Reptilien und Amphibien in Bulgarien und auf der Balkanhalbinsel. Teil II. Schlangen. – Izv. Tsarsk. Prirodonausch. Inst., Sofia, **7**: 106-188.

BÜRKI & REPOND (1998): Garriguella, Centre de reproduction des tortues de l'Albera (Espagne). – Manouria, Mezzavia, **2**: 8-9.

BURTON (1972): The role of the pet trade in the extinction of reptiles. – International Turtle and Tortoise Society Journal, Los Angeles, **6** (3): 29-31.

BURTON & LAMBERT (1977): Reptiles – tortoises come to Britain. – In: SITWELL (Ed.): The World of Wildlife. – London (Hamlyn).

BUSKIRK (1990): More on tortoises in Greece. – Tortoises & Turtles, **5**: 7-8.

BUSTARD (1999): Identifying individual tortoises. – British Herpetological Society Bulletin, London, **69**: 50-51.

BUSTARD (2002a): UK captive-breeding of European tortoises 1997-2000: background and potential problems. – Herpetological Bulletin, London, **79**: 2-4.

BUSTARD (2002b): UK captive-breeding of European tortoises 1997-2000: supply and demand. – Herpetological Bulletin, London, **79**: 4-6.

BUTTLE (1987): Observations on some of the herpetofauna of the Peloponnese. – British Herpetological Society Bulletin, London, **20**: 22-28.

BUTTLE (1988): Further notes on reptiles and amphibians of the Peloponnese. – British Herpetological Society Bulletin, London, **26**: 14-20.

BUTTLE (1989): Notes on reptiles and amphibians of northeastern Greece and the island of Samothraki. – British Herpetological Society Bulletin, London, **29**: 49-53.

BUTTLE (1995): An Introduction to Reptiles & Amphibians of the Greek Islands. – International Reptilian Magazine, **3** (7): 16-27.

BUXTON (1996): A tale of two dear friends. – British Chelonia Group Newsletter, 113: 7-9.

CAGLE (1944): Home range, homing behaviour and migration in turtles. – Miscellaneous Publications of the Museum of Zoology, University of Michigan, 6i: 1-34.

CALABRESI (1932): Anfibi e Rettili d'Albania. – Atti Accad. Sci. Ven.-trent.-istr., Padua, **23**: 83-86.

CALCARA (1847): Descrizione dell'isola di Lampedusa. – Palermo (R. Pagano), 25 pp.

CALINESCU (1931): Contributuni sistematice si zoogeograficala studiul Amphibiilor si Reptilelor din România. – Acad. Rom. Mem. Sect. stiintifice, Ser. III, Bukarest, **7**: 119-291.

CALMONTE (1968): Zwei bemerkenswerte Schildanomalien bei *Testudo hermanni hermanni* GMELIN 1789, der Griechischen Landschildkröte. – Aquarien Terrarien, Leipzig, Jena & Berlin, **5**: 34-36.

CALOI & PALOMBO (1978): Anfibi, rettili e mammifera di Torre del Pagliaccetto (Torre in Pietra, Roma). – Quaternaria, **20**: 315-428.

CALOI, KOTSAKIS & PALOMBO (1988): La faune a Vertebrati terrestri del Pleistocene delle isole del Mediterraneo. – Bull. Ecol., Paris, **19**: 131-151.

CALOI, KOTSAKIS, PALOMBO & PETRONIO (1981): Il giacimento a vertebrati del Pleistocene superiore di San Giovanni in Sinis (Sardegna occidentale). – Rome (Accademia Nazionale Lincei), **8** (69): 185-197.

CALZOLAI & CHELAZZI (1991): Habitat use in a central Italy population of *Testudo hermanni* GMELIN (Reptilia Testudinidae). – Ethol. Ecol. Evol., **3** (2): 153-166.

CAMPANA (1917): Resti di »*Testudo*« del miocene superiore di Capudjlar presso Salonica. – Bolletino della Società Geologica Italiana, Rome, **36**: 69-78.

CAMPBELL (2002): Members' letters. – British Chelonia Group Newsletter, 145: 13.

CAMPI (1996): Wilma, eine griechische Landschildkröte (T. H. *Boettgerie*, Ostrasse) aus Albanien. – Schildkröten, Linden, **3** (4): 28-33.

CAMPI (1997a): Wie eine gute Absicht sich in ihr Gegenteil verkehren kann. – Schildkröten, Linden, **4** (3): 38-41.

CAMPI (1997b): Bavaria, eine deutsche Landschildkröte, fährt zur Kur nach Italien. – Schildkröten, Linden, **4** (4): 19-21.

CAMPI (1997c): Panzergrüße aus dem Süden. – Schildkröten, Linden, **4** (4): 24-29.

CAMPI (1998a): Plötzlicher Tod einer einjährigen Landschildkröte. – Schildkröten, Linden, **5** (1): 22-23.

CAMPI (1998b): Vom Eierlegen und von Sorgen mit Schlüpflingen. – Schildkröten, Linden, **5** (1): 32-33.

CAMPI (1998c): Weiche Panzer bei Nachzuchten. – Schildkröten, Linden, **5** (2): 21-26.

CAMPI (1998d): Lungenentzündung oder was sonst? – Schildkröten, Linden, **5** (4): 3-6.

CAMPI (1999a): Hallo, wir haben ausgeschlafen! – Schildkröten, Linden, **6** (2): 39-40.

CAMPI (1999b): Manchmal sollte man viel Geduld haben. – Schildkröten, Linden, **6** (3): 21-25.

CAMPI (1999c): Skandal – »Carapax-Zentrum«. – elaphe (N. F.), Rheinbach, **7** (2): 35-37.

CAMPI (2000a): Züchterglück oder reiner Zufall. – Schildkröten, Linden, **7** (1): 34-35.

CAMPI (2000b): Hurra – der Frühling ist da. – Schildkröten, Linden, **7** (2): 33-34.

CAMPI (2000c): Zoppi. – Schildkröten, Linden, **7** (4): 25-26.

CAMPI (2001): Schildkröten im Gehege und in der Natur sind uns immer ein Rätsel. – Schildkröten, Linden, **8** (1): 36-38.

CAMPI (2002a): Kinder und Schildkröten. – Schildkröten, Linden, **9** (2): 42-43.

CAMPI (2002b): Bastarde, Hybriden, Kreuzungen und die Folgen. – Schildkröten, Linden, **9** (3): 11-19.

CAMPI (2002c): Winterschlaf – ja oder nein? – Schildkröten, Linden, **9** (4): 26-29.

CAMPI & CAMPI (1997): Bemerkungen zu Freilandhaltung und Nachzuchten von Testudo hermanni boettgeri (Griechische Landschildkröte) in Italien. – elaphe (N. F.), Rheinbach, **5** (1): 7-10.

CAPECCHI (1994): 5 years of reproduction – more than 2.000 hatchlings! – R.A.N.A News, **1**: 16-17.

CAPECCHI (1995): Analisi quantitativa e qualitativa sulla riproduzione della Testudo hermanni hermanni in Toscana. – Master's thesis, Universitá di Pisa, 129 pp.

CAPULA (1989): Anfibi e Rettili. – Milan (Ed. Arnoldo Mondadori), 255 pp.

CAPUTO (1989): Gli anfibi e i rettili del cratere degli Astroni (Campi Flegrei, Napoli). – Bol. R.A.N.A. Italia: 45-49.

CAPUTO & GUARINO (1992): L'erpetofauna del Cilento. – Atti Soc. italiana Sci. Nat. Mus. Civ. Stor. Nat., Milan, **132** (22): 273-292.

CAPUTO & GUARINO (1993): Primo contributo per la realizzazione dell'Atlante erpetologico della Campania. – Suppl. Ric. Biol. Selvaggina, Ozzano dell'Emilia, **21**: 393-406.

CAPUTO, KALBO & DE FILIPPO (1985): Gli Anfibi e i Rettili del massicio degli Alburni (Appennino Campano-Lucano). – Natura, Milan, **76** (1-4): 94-104.

CARBONE (1988): Caratteristiche della popolazione di Testudo hermanni GMELIN del parco naturale della Maremma. – Dissertation, Università di Genova, 124 pp.

CARBONE & PAGLIONE (1991): Metodi di censimento e di studio delle popolazioni di Testudinidae. – In: FASOLA (Ed.): Atti II Seminario italiano Censimenti faunistici Vertebrati, Brescia 1989. – Suppl. Biol. Selvaggina, Ozzano dell'Emilia, **16**: 149-156.

CARRETERO, BERTOLERO & LLORENTE (1995): Thermal ecology of a population of Testudo hermanni in the Ebro Delta (NE Spain). – In: LLORENTE, MONTORI, SANTOS & CARRETERO (Eds.): Scientia Herpetologica. – Barcelona (Societas Europaea Herpetologica/Asociación Herpetológica Española): 208-212.

CARTER (1993): Members letters. – British Chelonia Group Newsletter, **94**: 5.

CASARES (1995): Untersuchungen zum Fortpflanzungsgeschehen bei Riesenschildkröten (Geochelone elephantopus und G. gigantea) und Landschildkröten (Testudo graeca und T. hermanni) anhand von Ultraschalldiagnostik und Steroidanalysen im Kot. – Der Zoologische Garten (N. F.), Jena, **65** (1): 50-76.

CASTA (1982): Les Agriates – Étude préalable à l'aménagement. – Ed. Ass. Amis Parc Nat. Régio. Corse et Conser. Esp. Litt. et Riv. Lac, 103 pp.

CASTANET & CHEYLAN (1979): Bone and scale growth marks as age indicators in Testudo hermanni and Testudo graeca (Reptilia, Chelonia, Testudinidae). – Canadian Journal of Zoology, Ottawa, **57** (8): 1649-1665.

CASTANET, MEUNIER & RICQLÈS (1977): L'enregistrement de la croissance cyclique par le tissu osseux chez les vertébrés poikilothermes – Données comparatives et essai de synthèse. – Bulletin Biologique de la France et de la Belgique, **111** (2): 183-202.

CEI (1943): Sopra una piccola raccolta erpetologica fatta dal Sig. L. CARDINI nei dintorni di Butrinto (Albania). – Soc. Trosc. Sci. Nat. Proc. Verb., Pisa, **52**: 35-39.

CERNY (1959): Ein Beitrag zur Zeckenfauna Bulgariens. – Acta Acad. Sci. Cechoslov, Basis Brunensis, Brno, **XXXI** (7): 361-364.

CESARECCIO & LANZA (1984): Nuovi dati sull'erpetofauna dell'Arcipelago della Maddalena (Sardegna NE). – Boll. Soc. Sarda Sci. Nat., Sassari, **23**: 137-143.

CHABANAUD (1920): Contribution à l'étude des Reptiles de France. – Bulletin de la Société Zoologique de France, Paris, **44**: 287-289.

CHABANAUD (1925): La tortue grècque dans le Midi de la France. – Mém. 1er Congrès. Prot. Nat., Paris, 1923.

CHAPELLE & GILLES-BAILLIEN (1981): Variation in the lipids in the intestinal membranes of active and hibernating tortoises Testudo hermanni hermanni. – Biochemical Systematics and Ecology, **9** (2/3): 233-240.

CHAPMAN (1991): Excerpts from members' letters. – British Chelonia Group Newsletter, **80**: 14.

CHAPMAN (1998): Hibernation temperature management in mild weather. – Tortoise Trust Newsletter, London, **13** (1): 13.

CHATELAIN-BURKHARDT (1989): Schildkröteneier auf dem Kühlschrank. – Das Tier, Leinfelden-Echterdingen, **30** (5): 55.

CHATFIELD (1987): Basic Nutrition and Feeding in Aquatic and Terrestrial Chelonia. – Testudo, **3** (1): 46-53.

CHATFIELD (1993): SOPTOM – the tortoise village. – British Chelonia Group Newsletter, 92: 3-4.

CHATFIELD (2000): Tortoises and the solar eclipse, 1999. – Testudo, 5 (2): 42-47.

CHELAZZI & CALZOLAI (1986): Thermal benefits from familiarity with the environment in a reptile. – Oecologia, 68 (4): 557-558.

CHELAZZI & CARLÁ (1986): Mechanisms allowing home range stability in Testudo hermanni GMELIN (Reptilia, Testudinidae). Field study and simulation. – Monitore Zoologico Italiano (N. S.), Florence, 20 (3): 349-370.

CHELAZZI & DELFINO (1986): A field test on the use of olfaction in homing by Testudo hermanni. – Journal of Herpetology, New Haven, 20 (3): 451-455.

CHELAZZI & FRANCISCI (1979): Movement patterns and homing behaviour of Testudo hermanni GMELIN (Reptilia, Testudinidae). – Monitore Zoologico Italiano (N. S.), Florence, 13 (2/3): 105-127.

CHELAZZI & FRANCISCI (1980): Homing in Testudo hermanni GMELIN. – Monitore Zoologico Italiano (N. S.), Florence, 14: 102.

CHELAZZI, CALFURNI, GRANDINETTI, CARLÀ, DELFINO & CALLONI (1981): Modification of homing behaviour in Testudo hermanni GMELIN (Reptilia, Testudinidae) after intranasal irrigation with zinc sulfate solution. – Monitore Zoologico Italiano (N. S.), Florence, 15: 306-307.

CHELIUS (1999): Aufgeschnappt – im wahrsten Sinne. – SIGS-Info, Siblingen, 8 (1): 29-30.

CHERCHI (1956): Termoregolazione in Testudo hermanni GMELIN. – Bolletino Musei Istituti Biol. Univ., Genua, 26: 5-46.

CHERCHI (1960a): Microvariazioni di temperatura in Testudo hermanni GMELIN. – Bolletino Musei Istituti Biol. Univ., Genua, 30: 35-60.

CHERCHI (1960b): Ulteriori ricerche sulla termoregolazione in Testudo hermanni GMELIN. – Bolletino Musei Istituti Biol. Univ., Genua, 30: 35-60.

CHERCHI & ARILLO (1964a): Resistenza di Testudo hermanni GMELIN a ipossia e suo comportamento cardiaco. – Bolletino Musei Istituti Biol. Univ., Genua: 95-107.

CHERCHI & ARILLO (1964b): Variazioni de quoziente respiratorio in Testudo hermanni GMELIN. – Bolletino Musei Istituti Biol. Univ., Genua: 127-148.

CHERCHI & ARILLO (1966): Considerazioni sulla capacita di resistenza di alcune specie di Testudinati all'ipossia. – Bolletino Musei Istituti Biol. Univ., Genua, 34 (209): 135-138

CHERCHI & ARILLO (1968): Effetti del monoiodoacetato dissodio su Testudo hermanni GMELIN trattata con una sostanza ipermetabolizzante. – Bolletino Zoologico, Rome, 35: 445-446.

CHERCHI & BANDIERA (1961): Effetto delle variazioni di temperatura sull'elettrocardiogramma in Testudo hermanni GMELIN. – Bolletino Musei Istituti Biol. Univ., Genua, 31 (184):37-46.

CHERCHI, ARILLO & ACQUARONE (1966): Ipossia e variazioni del glicogeno in Testudo hermanni GMELIN (Nota I a). – Bolletino Musei Istituti Biol. Univ., Genua, 34: 193-200.

CHERCHI, ARILLO & VALENTINI (1967): Note sul metabolismo anaerobio di Testudo hermanni GMELIN. – Bolletino Musei Istituti Biol. Univ., Genua, 35: 101-104.

CHERCHI, BALLETTO & DEGUILI (1970): Biosintesi di acidi grassi in Testudo hermanni GMELIN sottoposta ad anossia (Nota II). – Bolletino Musei Istituti Biol. Univ., Genua, 38 (259): 19-25.

CHERCHI, BALLETTO & MELODIA (1972): Biosynthesis of L-levo-glycerol-1-phosphate in anoxic and high temperature stressed specimens of Testudo hermanni. – Bolletino Zoologico, Rome, 38 (4): 506.

CHERCHI, HOLZER, SCORTECCI & SERRATO (1958): Microvariazioni di temperatura in Testudo hermanni GMELIN. – Bolletino Musei Istituti Biol. Univ., Genua, 28: 9-77.

CHERCHI, ARILLO, BALLETTO, MENSI & GAINO (1987): The seasonal cycle in tortoise mitochondria: evidence for a role in the control of circannual activity. – Bolletino Zoologico, Rome, 4: 319-324.

CHEREPANOV (1985): Development of the horny shell in the Grecian tortoise. – Vestn. Leningr. Univ. Biol., Saint Petersburg, 1: 22-28.

CHEYLAN (1973a): The genus Testudo in the Mediterranean basin. – Bulletin de la Société Zoologique de France, Paris, 98 (4): 594-595.

CHEYLAN (1973b): Les tortues préhistoriques de Boucoiran (Gard) preuve de l'indigénat de la tortue terrestre dans le sud de la France. – Bulletin de la Société des Études des Sciences Naturelles de Nîmes, Nîmes, 53: 23-35.

CHEYLAN (1978): Testudo hermanni. – In: CASTANET (Ed.): Atlas Préliminaire des Reptiles et Amphibiens de France. – Montpellier (Société Herpétologique de France): 76.

CHEYLAN (1981a): Actual status and future of Hermann's Tortoise in western Europe. – 2nd European Chelonian Symposium, Oxford.

CHEYLAN (1981b): Biologie et écologie de la Tortue d'Hermann Testudo hermanni GMELIN, 1789 – Contribution de l'espèce à la connaissance des climats quaternaires de la France. – Mémoires et Travaux de l'Institut de Montpellier de l'Ecole Pratique des Hautes Etudes, Montpellier, 13, 404 pp.

CHEYLAN (1983): Statut actuel des Reptiles et Amphibiens de l'archipel des îles d'Hyères (Var, S.E. de la France). – Trav. Sci. Parc Nation., Port-Cros, 9: 35-51.

CHEYLAN (1984): The true status and future of Hermann's tortoise Testudo hermanni robertmertensi WERMUTH 1952 in Western Europe. – Amphibia-Reptilia, Leiden, 5 (1): 17-26.

CHEYLAN (1989): La Tortue. – In: CAMPS (Ed.): Terrina et le Terrinien, Recherches sur la chalcolithique de la Corse. – Rome (Ecole Fran‚aise de Rome, Palais Farnèse).

CHEYLAN (1992): La Tortue d'Hermann, *Testudo hermanni* GMELIN, 1789. – In: DELAUGERRE & CHEYLAN (Eds.): Atlas de répartition des batraciens et reptiles de Corse. – Pamplona & Paris (Parc Naturel Régional de Corse & École Pratique des Hautes Études): 43-46.

CHEYLAN (1995): Les tortues d'Hermann et cistude en Corse – Situation actuelle et mesures de sauvegarde. – In: BALLASINA (Ed.): Red Data Book on Mediterranean Chelonians. – Bologna (Edagricole): 69-93.

CHEYLAN (2001): *Testudo hermanni* GMELIN, 1789 – Griechische Landschildkröte. – In: FRITZ (Ed.): Handbuch der Reptilien und Amphibien Europas, Band 3/IIIA, Schildkröten (Testudines) I (Bataguridae, Testudinidae, Emydidae). – Wiebelsheim (Aula-Verlag): 179-289.

CHEYLAN, CONDAMINE, BOYER & MANIÈRE (1993): Plan d'action pour la protection des tortues d'Hermann et Cistude. – Aix en Provence (Espaces Naturels de Provence).

CHISZAR, TOMLINSON, SMITH, MURPHY & RADCLIFFE (1995): Behavioural consequences of husbandry manipulations: indicators of arousal, quiescence and environmental awareness. – In: WARWICK, FRYE & MURPHY (Eds.): Health and welfare of captive reptiles. – London (Chapman & Hall): 186-204.

CHKHIKVADZE (1970): O prois'chosdenii sowremennych suchoputnych cerepach paleoarktiki. – Soobsceniia Akademii Nauk Gruzinskoi SSR, Tiflis, **57** (1): 245-247.

CHKHIKVADZE (1973): Treticnye cerepachi Zajsanskoj kotlowiny. – Metzniereba, Tiflis, 100 pp.

CHKHIKVADZE (1983): Iskopajemyje cerepachi Kawkasa i Sewernogo Pricernomorja. – Metzniereba, Tiflis, 149 pp.

CHKHIKVADZE (1989): Neogenowyje cerepachi SSSR. – Metzniereba, Tiflis, 104 pp.

CHLEBICKI (1985): Some notes on the amphibians and reptiles in Sakar Mountains, Thrace, Greece. – Przegl. Zool., Warsaw, **29** (2): 193-198.

CHRISTEN (2005): Die posthibernale Anorexie – ein häufig gesehenes Problem in der Tierarztpraxis. – *Testudo* (SIGS), Wimmis, **14** (1): 5-8.

CHRISTIANSEN (1973): Iagttagelser og erfaringer med skildpadder i frilandsterrarium. – Nordisk Herpetologisk Forening, **16**: 137-148.

CHRISTOPHEL (19??): Freude mit Terrarientieren. – Hamburg (Verlagsgesellschaft R. Glöss + Co.): 124-127.

CHRYSSOU (2000): From the Hellenic Wildlife Hospital. – Tortoise Trust Newsletter, London, **15** (2): 4.

CIHAR (1979): Taschenatlas der Terrarien. – Hanau (Verlag Werner Dausien): 100-101.

CIMATTI (2002a): Herpetofauna of Sardinia. – Reptilia (GB), Barcelona, **23**: 60-64.

CIMATTI (2002b): Herpetofauna de Cerdeña – Reptilia (E), Barcelona, **36**: 60-64.

CLARK (1967): Herpetofauna of the islands of the Argo-Saronic Gulf, Greece. – Proceedings of the California Academy of Sciences, San Francisco, **35** (2): 23-36.

CLARK (1970): A further contribution to the herpetological fauna of the islands of the Argo-Saronic Gulf, Greece. – British Journal of Herpetology, London, **4**: 185-188.

CLARK (1972): New locality records for Greek reptiles. – British Journal of Herpetology, London, **4**: 311-312.

CLARK (1989): A Check List of the Herpetofauna of the Argo-Saronic Gulf District, Greece. – British Herpetological Society Bulletin, London, **28**: 8-24.

CLARK & CLARK (1973): Report on a collection of amphibians and reptiles from Turkey. – Occasional Papers of the California Academy of Sciences, San Francisco, **104**: 1-62.

CLARO & BOURDEAU (1994): Tortues d'eau douce et tortues terrestres – élevage et soins. – Maisons-Alfort (Editions du Point Vétérinaire): 10, 14, 18-19, 29-30, 41, 44-45, 49-51, 53, 80, 89-95.

CLAUSEN (1981): Wurmbefall von Landschildkröten und Therapieversuche mit neueren Anthelminthika. – Dissertation, Univ. München, Munich.

VON CLAUSSEN & FORSTNER (1981): Untersuchungen über die Helminthen der Landschildkröten und Versuche zur medikamentellen Entwurmung. – Berliner und Münchener Tierärztliche Wochenschrift, Berlin & Munich, **94**: 411-414.

COBB (1989): Tortues terrestres et aquatiques. – Lüttich (Humblet).

COBORN (1993): The Proper Care of Turtles. – Neptune City (T. F. H. Publications): 23, 218-219.

COBORN (1997): Turtles – Keeping & Breeding Them in Captivity. – Neptune City (T. F. H. Publications): 58-59.

COBORN (1998): Turtles yearBOOK. – Neptune City (yearBOOKS): 47-48.

COGALNICEANU & VENCZEL (1993): Considerations regarding the present status of amphibians and reptiles in Romania. – Ocrot. nat. med. înconj., Bukarest, **37** (2): 109-114.

COLBOURNE (1981): Hand feeding tortoises. – British Chelonia Group Newsletter, **24**: 3.

COLEMAN (2000): Life in the cooler. – British Chelonia Group Newsletter, **138**: 7-10.

COLLINS (1980a): The general husbandry of Mediterranean tortoises in captivity. – *Testudo*, **1** (3): 27-40.

COLLINS (1980b): The Captive Breeding of Mediterranean Tortoises in Britain. – In: TOWNSON, MILLICHAMP, LUCAS & MILLWOOD (Eds.): The Care and Breeding of Captive Reptiles. – London (British Herpetological Society); 21-36.

COLOM (1957): Biogeografía de las Baleares. – Palma de Mallorca, 568 pp.

COMPANYO (1863): Histoire naturelle du département des Pyrénées-orientales. – **3**, Perpignan, 942 pp.

CONNOR (1993): Hermann's tortoise, *Testudo hermanni*. – the Tortuga Gazette, Van Nuys, **29** (8): 1-3.

CONNOR (1996): Hermann's tortoise *Testudo hermanni*. – Tortoise Trust Newsletter, London, **11** (2): 3-4.

COOPER (1983): Preliminary Studies on the Eggs of Three Species of Chelonians. – *Testudo*, **2** (2): 33-36.

COOPER (1994): Viral Diseases of Reptiles. – British Herpetological Society Bulletin, London, **47**: 9-11.

COOPER (2000a): Tortoise news from other sources. – British Chelonia Group Newsletter, **134**: 14-15.

COOPER (2000b): A happy ending for Homer. – British Chelonia Group Newsletter, **135**: 10.

COOPER, GSCHMEISSNER & BONE (1988): Herpes-like virus particles in necrotic stomatitis of tortoises. – Journal of Comparative Pathology, **98**: 117; The Veterinary Record, London, **123**: 544.

COOPER, JACKSON & HARSHBARGER (1983): A neurilemmal sarcoma in a tortoise (*Testudo hermanni*). – Journal of Comparative Pathology, **93** (4): 541-546.

COOPER, LAWTON, JACOBSON & ZWART (1991): Deaths in tortoises. – The Veterinary Record, London, **128** (15): 364.

CORBETT (Ed.) (1989): Conservation of European reptiles and amphibians. – London (Christopher Helm), 274 pp.

CORBETT (1995): Protection of the herpetofauna. – Naturopa, Strasbourg, **79**: 12-13.

CORBETTA & PETTENER (1976): Lineamenti vegetazionali del Bosco della Mesola. – Giornale Botanico Italiano, Florence, **110**: 448-449.

CORSETTI & CAPULA (1992): The Amphibians and Reptiles of the Lepini Mountains (Latium, Central Italy): Checklist and provisional Atlas. – British Herpetological Society Bulletin, London, **39**: 8-16.

CORTI & ZUFFI (2003): Aspects of population ecology of *Testudo hermanni hermanni* from Asinara Island, NW Sardinia (Italy, western Mediterranean Sea) – preliminary data. – Amphibia-Reptilia, Leiden, **24** (4): 441-447.

CORTI, MASSETI & DELFINO (1997): The herpetofauna of anthropochorous origin of the Mediterranean islands. – In: ROCEK & HART (Eds.): Abstracts of the Third World Congress of Herpetology, Prague: 44.

CORTI, MASSETI, DELFINO & PEREZ-MELLADO (1999): Man and herpetofauna of the mediterranean islands. – Revista Española de Herpetología, Leganés, **13**: 83-100.

CORTI, NISTRI, POGGESI & VANNI (1991): Biogeographical analysis of the Tuscan herpetofauna (Central Italy). – Revista Española de Herpetología, Leganés, **5**: 51-75.

COSTA, NOUGARÈDE & CHEYLAN (2005): Les tortues de Porto-Vecchio. – Stantari, Ajaccio, **1** (1): 10-17.

COTTE (1909): Sur la ponte de *Testudo graeca*. – Bulletin de la Société Linnéenne de Provence, Marseille, **1**: 42.

COTTE (1912): Observations sur »*Testudo graeca*«. – Bulletin de la Société Linnéenne de Provence, Marseille, **1**: 58-59.

COTTE (1930): Indigénat de la tortue grecque en Provence. – Ann. Mus. Hist. Nat., Marseille, **22**: 83-93.

COUTARD (2005): Reproduction en captivité de la Tortue d'Hermann, *Testudo hermanni* GMELIN, 1789. – Manouria, Mezzavia, **27**: 16-26.

COUTARD (2006): La sortie d'hibernation chez les tortues terrestres méditerranéennes. – Manouria, Mezzavia, **30**: 2-3.

COUTARD (2006): L'accouplement chez les tortues terrestres méditerranéennes. – Manouria, Mezzavia, **30**: 4-6.

COUTARD (2006): La ponte chez les tortues terrestres méditerranéennes. – Manouria, Mezzavia, **30**: 7-9.

CRAMP & SIMMONS (1980): Handbook of the Birds of Europe, the Middle East and North Africa – Volume 2 – Hawks to Bustards. – Oxford (Oxford University Press), 695 pp.

CRNOBRNJA-ISAILOVIC & DZUKIC (1995): First report about conservation status of herpetofauna in the Lake Skadar region (Montenegro): Current situation and perspectives. – In: LLORENTE, MONTORI, SANTOS & CARRETERO (Eds.): Scientia Herpetologica. – Proceedings of the 7th Ordinary General Meeting of S.E.H. in Barcelona 1993. – Barcelona (Asociación Herpetológica): 373-380.

CROSS (1978): Unwanted tortoises discarded. – British Chelonia Group Newsletter, **11**: 2.

CROSS (1979): The rearing of hatchling European tortoises – *Testudo hermanni* and *Testudo graeca*. – *Testudo*, **1** (2): 21-22.

CROUDACE (1989): The Husbandry, Management and Reproduction of the European Tortoises *Testudo graeca* and *T. hermanni*. – *Testudo*, **3** (1): 25-44.

CRUCE (1978): Structure et dynamique d'une population de *Testudo hermanni hermanni* GMEL. (Reptilia). – Trav. Mus. Hist. Nat. »Grigore Antipa«, Bukarest, **19**: 325-328.

CRUCE & NIEUWENHUYS (1974): The cell masses in the brain stem of the turtle *Testudo hermanni* – a topographical and topological analysis. – The Journal of Comparative Neurology, **156** (3): 277-306.

CRUCE & RADUCAN (1975): Activity cycle in the land tortoise (*Testudo hermanni hermanni* GMEL.). – Rev. Roum. Biol., Sér. Biol. Anim., Bukarest, **20** (4): 285-289.

CRUCE & RADUCAN (1976): Reproducerea la broasca testoasa de uscat (*Testudo hermanni hermanni* G.). – Stud. Cercet. Biol., Ser. Biol. Anim., Bukarest, **28** (2): 175-180.

CRUCE & SERBAN (1971): Contributii la studiul broastei testoase de uscat (*Testudo hermanni hermanni* G.). – Stud. si Cercet. Subcom. mon. nat. Dolj, Bukarest: 179-184.

CRUCITTI & TRINGALI (1986): The genus *Testudo* in Greece (Reptilia, Testudines, Testudinidae). – Istituto Lombardo

Accademia di Scienze e Lettere, Rendiconti Chimiche e Fisiche, Geologiche, Biologiche e Mediche, B, **120**: 27-44.

CRUMLY & SÁNCHEZ-VILLAGRA (2004): Patterns of Variation in the Phalangeal Formulae of Land Tortoises (Testudinidae): Developmental Constraint, Size, and Phylogenetic History. – Journal of Experimental Zoology (Molecular and developmental evolution), **302B**: 134-146.

CSIKI (1923): Explanations zoologieae in Albanie peraetae. – Budapest.

CUNNINGHAM (2000): Emerging infectious diseases and amphibian declines. – Proceedings of the British Veterinary Zoological Society, London: 35-37.

CYRÉN (1909): Herpetologisches von einer Balkanreise. – Zoologischer Beobachter (Zoologischer Garten), Frankfurt am Main, **50**: 265-271, 295-300.

CYRÉN (1935): Herpetologisches vom Balkan. – Blätter für Aquarien- und Terrarienkunde, Stuttgart, **46**: 129-135.

CYRÉN (1941): Beitrag zur Herpetologie der Balkanhalbinsel. – Bull. Inst. R. Hist. Nat., Sofia, **14**: 36-125.

DÄMMRICH (1967): Pathomorphologische Befunde am Panzer der Schildkröten. – Verhandlungsbericht über Erkrankungen der Zootiere, **9**: 271-274.

DÄMMRICH (1985): Bewegungsorgane – Knochen, Gelenke und Skelett. – In: IPPEN, SCHRÖDER & ELZE (Eds.): Handbuch der Zootierkrankheiten, Band 1, Reptilien. – Berlin (Akademie-Verlag): 215-240.

DANI (1970): Fauna e amfibëve në Myzeqe. – Bul. Shkenc. Nat, Tirana, **1**: 39-43.

DANILOV (2005): Die fossilen Schildkröten Europas. – In: FRITZ (Ed.): Handbuch der Reptilien und Amphibien Europas, Band 3/IIIB, Schildkröten (Testudines) II (Cheloniidae, Dermochelyidae, Fossile Schildkröten Europas). – Wiebelsheim (Aula-Verlag): 329-419.

DASZAK & CAWTHRAW (1991): A Review of the Reptiles and Amphibians on Turkey, including a Literature Survey and Species Checklist. – British Herpetological Society Bulletin, London, **36**: 14-26.

DATZBERGER (2005): Schildkröten in Athen. – Sacalia, Stiefern, **3** (8): 43-45.

DAUBNER (2001): Wissenschaftliche Untersuchung zur Fotodokumentation von Jungtieren in den ersten Lebensjahren. – Schildkröten, Linden, **8** (4): 25-29.

DAUM (1998): Europäische Landschildkröten. – Hannover (Landbuch-Verlag): 9, 16-22, 32, 42, 47-48, 50, 52, 55, 59-60.

DAUNER (1988): Tortues Terrestres et Aquatiques. – Paris (Editions de Vecchi S. A.): 113, 120.

DAVENPORT (1995): Regeneration of the Tail Spur in Testudo hermanni Part Two. – Testudo, **4** (2): 79-80.

DAVID (1976): Chirurgische Intervention bei einer Torsio oviducti sin. einer Griechischen Landschildkröte (Testudo hermanni); Kleintier-Praxis, **21**: 57-59

DAVID (1994): Liste des reptiles actuels du monde – I – Chelonii. – Dumerilia, Paris, **1**: 46.

DAVIS (1984): Feral tortoises – (again). – British Chelonia Group Newsletter, **42**: 7.

DAVYDOVA & GONCHAROVA (1978): Comparative analysis of neuronal and synaptic organization of the mesencephalic visual center in the Grecian tortoise and Horsfield's terrapin. – Arkh. Anat. Gistol. Embriol., Moscow, **75** (12): 40-45

DECKERT, DECKERT, FREYTAG, GÜNTHER, PETERS & STERBA (1991): Urania Tierreich – Fische-Lurche-Kriechtiere. – Leipzig, Jena & Berlin (Urania-Verlag): 488-490.

DEFLEUR, BEZ, CRÉGUT-BONNOURE, DESCLAUX, ONORATINI, RADULESCU, THINON & VILETTE (1994): Le niveau moustérien de la grotte de l'Adaouste (Jouques, Bouches-du-Rhne) – Approche culturelle et paléoenvironnements. – Bulletin du musée d>Anthropologie préhistorique de Monaco, Monaco, **37**: 11-48.

DELAUGERRE (1988): Les amphibiens et les reptiles de la montagne corse: le massif du Monte Cinto. – Travaux Scinetifiques du Parc Naturel Régional du Corse, Ajaccio, **14**: 1-29.

DELAUGERE & CHEYLAN (1992): Atlas de répartition des Batraciens et Reptiles de Corse. – Ajaccio (Parc. Natur. Rég. Corse, Ecole Pratique des Hautes Etudes), 128 pp.

DELFINO (1997): Italian Palaeoherpetofauna Database: Neogene-Quaternary. – In: Abstracts of the 3rd World Congress of Herpetology, Prague: 51-52.

DELFINO, BIGAZZI & CHELAZZI (1986): Olfactory mucosa of Testudo hermanni GMELIN (Reptilia, Testudinidae) occurrence of paracrystalline inclusions in supporting cells. – Zeitschrift für Mikroskopisch-Anatomische Forschung, Leipzig, **100** (6): 867-880.

DELLBRÜGGER (2001): Überwinterung von Testudo hermanni boettgeri im Freiland. – Schildkrötenfreunde intern, Gelsenkirchen, **4** (1): 4-11.

DELLBRÜGGER (2002a): Nagerüberfall. – Vereinszeitschrift der Schildkrötenfreunde Horst, Gelsenkirchen, **1**: 7-9.

DELLBRÜGGER (2002b): Illegale Jagd im Pinios-Delta oder ein klarer Fall von Amtsmissbrauch. – Vereinszeitschrift der Schildkrötenfreunde Horst, Gelsenkirchen, **1**: 26-29.

DELLBRÜGGER (2003): Jahrestagung AG Schildkröten. – Turtle-News, **1**: 5-12.

DELORME (1995): Les tortues de nos jardins et bassins. – Gerona (Jeanne Delorme).

DEMETROPULOS & HADJICHRISTOPHOROU (1982): Chelonians of Cyprus. – Biological Society of Cyprus, Bulletin No. 1, Nikosia.

DEMETROPULOS & HADJICHRISTOPHOROU (1995): Distribution of Chelonians. – In: BALLASINA (Ed.): Red Data

Book on Mediterranean Chelonians. – Bologna (Edagricole): 21-23.

DENNERT (1997): Untersuchung zur Fütterung von Schuppenechsen und Schildkröten. – Dissertation, Tierärztliche Hochschule Hannover, 189 pp.

DENNERT (1999): Ernährung Europäischer Landschildkröten. – Reptilia (D), Münster, 17: 32-39, 18: 51-58.

DENNERT (2000a): Verwendung von Heucobs als Ergänzungsfutter für Landschildkröten. – elaphe (N. F.), Rheinbach, 8 (2): 23-24.

DENNERT (2000b): Verwendung von Heucobs als Ergänzungsfutter für Landschildkröten. – Draco, Münster, 2: 52-55.

DENNERT (2000c): Die Entwurmung der Landschildkröte vor dem Winterschlaf. – Radiata, Haan, 9 (3): 20-22.

DENNERT (2001): Ernährung von Landschildkröten. – Münster (Natur und Tier-Verlag): 9, 28-29, 33, 52, 64, 70-71, 93, 96-96, 98-99, 109, 115.

DENNERT (2004): Was Sie beim Kauf einer Landschildkröte beachten sollten. – Schildkröten im Fokus, Bergheim, 1 (2): 30-34.

DEPERET (1906): Los vertebrados del Oligoceno inferior de Torrega (Prov. de Lerida). – Memorias de la Real Academia de Ciencias y Artes de Barcelona, Barcelona, Ser. 3, 5 (21): 1-31.

DESPOTT (1918): Excavations conducted at Ghar Dalam (Malta) in the summer of 1917. – Journal of the Royal Anthropological Institute, London, 48: 214-221.

DEVAUX (1988): Le centre de repeuplement des tortues d'Hermann. – Courrier de la Nature, Paris, 115: 16-21.

DEVAUX (1990): Réintroduction de tortues d'Hermann (*Testudo hermanni hermanni*) dans le Massif des Maures. – Revue d'Ecologie (Terre et Vie), Supplément 5: 291-297.

DEVAUX (1992a): Tortues françaises et méditerranéennes. – Annales S.S.N.A.T.V., Toulon, 44: 275-277.

DEVAUX (1992b): L'Autoroute A57 – des engagements tenus. – La Tortue, Gonfaron, 19: 5-7.

DEVAUX (1992c): 7.000 Tortues sous la terre … – La Tortue, Gonfaron, 19: 8-11.

DEVAUX (1992d): Du nouveau chez *Testudo*. – La Tortue, Gonfaron, 21: 3-4.

DEVAUX (1992e): Les mystères de »l'adaptologie«. – La Tortue, Gonfaron, 21: Essai, 7 pp.

DEVAUX (1993): Différenciation des *Testudo*. – La Tortue, Gonfaron, 24: 4-10.

DEVAUX (1994a): Des hauts et des bas. – La Tortue, Gonfaron, 25: 1.

DEVAUX (1994b): Monstres et curiosités. – La Tortue, Gonfaron, 26: 3-6.

DEVAUX (1995): Les Tortues. – Paris (Éditions Sang de la terre), 189 pp.

DEVAUX (1996a): Fin de règne?. – La Tortue, Gonfaron, 32/33: 2.

DEVAUX (1996b): La croissance. – La Tortue, Gonfaron, 36: 4-9.

DEVAUX (1997a): Ten years of conservation of *Testudo hermanni* in France – evaluation and results. – Abstracts of the 3rd World Congress of Herpetology: 52-53.

DEVAUX (1997b): BERNARD PALISSY au Louvre. – La Tortue, Gonfaron, 38: 8-11.

DEVAUX (1997c): A propos de réintroduction. – La Tortue, Gonfaron, 40: 4-11.

DEVAUX (1998a): La Tortue Martyre. – Gonfaron (Editions SOPTOM): 18-19, 46, 203, 210-213, 216, 220.

DEVAUX (1998b): La passion des tortues. – Paris (Éditions Sang de la terre), 214 pp.

DEVAUX (1999a): La tortue sauvage ou tortue d'Hermann. – Paris (Éditions Sang de la terre), 182 pp.

DEVAUX (1999b): Terrariophile ou terrariophobe?. – La Tortue, Gonfaron, 45: 7-12.

DEVAUX (1999c): Un concept neuf – le Village des Tortues. – La Tortue, Gonfaron, 45: 13-14.

DEVAUX (1999d): Risques et Conservation. – La Tortue, Gonfaron, 48: 44-47.

DEVAUX (2000a): Le Panda sort ses griffes. – La Tortue, Gonfaron, 49: 34-37.

DEVAUX (2000b): Entropie et conservation. – La Tortue, Gonfaron, 50/51: 2.

DEVAUX (2000c): Pour ou contre les N.A.C. – La Tortue, Gonfaron, 50/51: 50-55.

DEVAUX (2001a): L'Hibernation des Tortues. – Gonfaron (Editions SOPTOM): 1-3, 5-17, 19-28.

DEVAUX (2001b): L'arbre à palabres. – La Tortue, Gonfaron, 55: 46-49.

DEVAUX (2001c): David Stubbs – La fidélité. – La Tortue, Gonfaron, 56: 6-11.

DEVAUX (2001d): Aux Pays-Bas, un centre de soins exemplaire!. – La Tortue, Gonfaron, 56: 60-61.

DEVAUX (2002): Symbolisme et figuration des chéloniens, et plus particulièrement du genre *Testudo*. – Chelonii, Gonfaron, 3: 28-31.

DEVAUX (2003a): Incendies et Déraison. – La Tortue, Gonfaron, 63/64: 3.

DEVAUX (2003b): Brände und Schildkrötenschutz in der Provence. – Radiata, Lingenfeld, 13 (4): 23-29.

DEVAUX (2004a): Devoir de mémoire. – La Tortue, Gonfaron, 67: 3.

DEVAUX (2004b): La tortue du Péloponnèse. Une espèce très fragile. – La Tortue, Gonfaron, 67: 8-17.

DEVAUX (2004c): JEAN HERMANN. – La Tortue, Gonfaron, 67: 70-71.

DEVAUX (2005a) Bonne année pour la tortue d'Hermann. – La Tortue, 71/72: 3.

DEVAUX (2005b): SOPTOM – Station d'Observation et de Protection des Tortues des Maures. – Minor, Lingenfeld, 4 (3): 23-25.

DEVAUX & MADEC (1998): Plan de conservation pour les tortues des Albères. – La Tortue, Gonfaron, 42: 4-9.

DEVAUX & STUBBS (1997): Species Recovery Programme for Hermann's Tortoise in Southern France. – In: VAN ABBEMA (Ed.): Proceedings – Conservation, Restoration, and Management of Tortoises and Turtles – An International Conference. – New York (New York Turtle and Tortoise Society): 330-332.

DEVAUX, POUVREAU & STUBBS (1986): Programme de sauvegarde de la tortue d'Hermann dans le Massif des Maures (France). – La Station d'Observation et de Protection des Tortues des Maures, Gonfaron.

DE VILLENEUVE (1821): Statistique du département des Bouches-du-Rhne. – Marseille (Ricard, Marseille), 944 pp.

DIESENER & REICHHOLF (1995): Lurche und Kriechtiere. – Munich (Mosaik Verlag), 288 pp.

DIESSELHORST & FECHTER (1981): Knaurs Tierleben von A-Z. – Gütersloh (Bertelsmann-Club): 353

DIESSENBACH (1986): Testudo hermanni in Jugoslawien. – Die Schildkröte (N. F.), Heinsberg, 1 (1/2): 25-29.

DIETHELM (2002): Tagebuch einer Griechenlandreise. – Testudo (SIGS), Wimmis, 11 (1): 10-20.

DIETIKER & HERZOG (2000): Heiri oder Henriette? – SIGS-Info, Siblingen, 9 (4): 25-26.

DIETRICH (1996): Betr. »Winterkatastrophe bei Landschildkröten«. – DATZ, Stuttgart, 49 (10): 675.

VAN DIJK (2004): CITES Handelsregulierungen für Schildkröten – Hilfe oder Hindernis für den Artenschutz? – Schildkröten im Fokus, Bergheim, 1 (4): 19-28.

DIMOV (1965): Über die Dauer der fäkalen Salmonellenausscheidung bei den Landschildkröten der Gattung Testudo graeca und Testudo hermanni. – Zeitschrift für Hygiene und Infektionskrankheiten, medizinische Mikrobiologie, Immunologie und Virologie, Berlin, Göttingen & Heidelberg, 151: 326-330.

DIMOV (1966a): Versuche, Landschildkröten der Arten Testudo graeca und Testudo hermanni mit Salmonella-Bakterien zu infizieren. – Zentralblatt für Bakteriologie, I. Abteilung Originale, Stuttgart, 199: 181-184

DIMOV (1966b): Die Verbreitung der fäkalen Salmonella- und Arizona-Daueraussscheidung bei den freilebenden Schildkröten Testudo graeca und Testudo hermanni. – Zeitschrift für medizinische und mikrobiologische Immunologie, 152: 198-203.

DIMOV (1966c): Über den Charakter der fäkalen Arizona-Daueraussscheidung bei den Landschildkröten Testudo graeca und Testudo hermanni. – Zeitschrift für medizinische und mikrobiologische Immunologie, 152: 204-210.

DIMOV (1966d): Über den Charakter der fäkalen Salmonella-Daueraussscheidung bei den Landschildkröten Testudo graeca und Testudo hermanni. – Zentralblatt für Bakteriologie, I. Abteilung Originale, Stuttgart, 201: 201-206.

DIMOV (1968): Die epidemiologische Bedeutung der Ausscheidung von Salmonellabakterien bei Reptilien. – Zentralblatt für Bakteriologie, I. Abteilung Originale, Stuttgart, 214: 627-634.

DIMOV & ROHDE (1965): Die Verbreitung der Arizona-Bakterien unter den freilebenden Landschildkröten der Arten Testudo graeca und Testudo hermanni. – Zeitschrift für Hygiene und Infektionskrankheiten, medizinische Mikrobiologie, Immunologie und Virologie, Berlin, Göttingen & Heidelberg, 151: 107-110.

DIMOV, WESSELNIKOFF & ROHDE (1961): Salmonellenbefall von Landschildkröten (Testudo graeca) in Bulgarien I. – Zeitschrift für Hygiene und Infektionskrankheiten, medizinische Mikrobiologie, Immunologie und Virologie, Berlin, Göttingen & Heidelberg, 148: 135-141.

DIMOVSKI (1959): Prilog kon herpetofauna na Makedonija. I. – Fragmenta Balcanica, Skopje, 3 (1): 1-4.

DIMOVSKI (1963): Herpetofauna na Skopska kotlina. I. Zoogeografski i ekoloski pregled. – Godisen zbornik, Biologija, Skopje, 14 (12): 188-224.

DIMOVSKI (1964): Prilog kon herpetofauna na Makedonija. II. – Fragmenta Balcanica, Skopje, 5 (4): 19-22.

DINKEL (1979): Auf Schildkrötenjagd in Griechenland. – herpetofauna, Weinstadt, 3: 6-7.

DIVERS (1995): Gastro-Intestinal Nematode Parasites of Mediterranean Tortoises. – Reptilian Magazine, 4 (7): 47-50.

DIVERS (1996a): The structure and disease of the Chelonia Shell. – Reptiles Magazine, Boulder, 13: 51-56.

DIVERS (1996b): Certain Aspects of the Veterinary Care of Chelonia. – Testudo, 4 (3): 21-32.

DIVERS (1997): Thermoregulation in Chelonia. – British Chelonia Group Newsletter, 118: 13-15.

DIVERS (1998): Emergency care of the critically ill tortoise. – Testudo, 4 (5): 16-27.

DODSON (1980): My experience of reptiles and how I started to keep chelonians. – British Chelonia Group Newsletter, 19: 11-13.

DOLDER (1997): Tiere sehen dich an. – Bergisch Gladbach (HONOS Verlagsgesellschaft): 140-141.

DONHAUSER (1997): Blutreferenzwerte Europäischer Landschildkröten (Testudo hermanni, Testudo graeca, Testudo marginata, Agrionemys horsfieldi). – Dissertation, Ludwig-Maximilians-Univ., Munich.

DONOGHUE (1996): Nutrition of the tortoise. – Proceedings of the Association of Reptilian and Amphibian Veterinarians, Chester Heights: 21-30.

DORIA & SALVIDIO (Eds.) (1994): Atlante degli Anfibi e Rettili della Liguria. – Cataloghi die beni naturali N°2, Mus. civ. Stor. Nat., Genua, 151 pp.

DOTTRENS (1963): Batraciens et Reptiles d'Europe. – Neuchâtel (Delachaux & Niestlé), 261 pp.

DOWLER & BICKHAM (1982): Chromosomal relationships of the tortoises (family Testudinidae). – Genetica, Dordrecht, **58**: 189-197.

DRAAIJER & DRAAIJER (2002): Populaire pagina's. Zomaar een verhaaltje van een paar 'schildpaddengenieters'. – De Schildpad, Eindhoven, **28** (6): 280-283.

DRAAIJER & DRAAIJER (2004): De pen van ... GERARD en IRENE DRAAIJER. – Trionyx, Eindhoven, **2** (6): 180-183.

DRENSKI (1924): Nos et étrangers Reptiles au Musée Royal Priroda. – Sofia, **XXV** (3): 37-39.

DRENSKI (1934): La faune des régions de Lovec et de Trojan. – Lovec i Lovcansko, Sofia, **VI**: 107-125.

DRENSKI (1955): Artbestand und Verbreitung der Zecken (Ixodoidea) in Bulgarien (im Hinblick auf ihre medizinische und tierärztliche Bedeutung). – Bull. Inst. Zool., Sofia, **IV/V**: 109-168.

DREWES (2002): Faszination Terraristik. – Wachtberg-Berkum (Wachtberg Verlag): 136-139, 355, 394.

VON DEN DRIESCH & BOESSNECK (1990): Die Tierreste von der mykenischen Burg Tiryns bei Nauplion/Peloponnes. – In: JANTZEN (Ed.): Tiryns. Forschungen und Berichte. – Mainz, **11**: 116.

DRIGGERS (2001): Causes and Prevention of URTD in Grazing Tortoises. – the Tortuga Gazette, Van Nuys, **37** (1): 4-5, 9.

DRURY (2000): Viruses, herpesviruses, and the detection of herpesvirus infections in tortoises. – Testudo, **5** (2): 4-12.

DRURY, GOUGH, MCARTHUR & JESSOP (1998): Detection of herpevirus-like and papillomavirus-like particles associated with diseases of tortoises. – The Veterinary Record, London, **143**: 639.

DUBBELDAM (1978): Geslaagde kweek van Griekse landschildpad, *Testudo hermanni*. – Lacerta, Zoetermeer, **36** (5): 68-71.

DUBBELDAM (1982): *Testudo hermanni*, de Griekse landschildpad. – Lacerta, Zoetermeer, **40** (10/11): 264-266.

DUCKWORTH (1984): Notes from Hereford. – British Chelonia Group Newsletter, 41: 6-7.

DUCOTTERD (1996): Maintenance des tortues terrestres européennes – les serres de jardins. – CITS bulletin, Bramois, 6: 15-18.

DUCOTTERD (1997): Protection et récupération des tortues de Chavornay (PRT) inaugure ses bassins d'acclimatation. – CITS bulletin, Bramois, 8: 12-14.

DUCOTTERD (1999a): Conseils sur l'hibernation. – Manouria, Mezzavia, 4: 10-13.

DUCOTTERD (1999b): Sortie d'hibernation – un moment difficile. – Manouria, Mezzavia, 5: 9-12.

DÜHR (1995): Legen Sie die Schildkröteneier in einen Brutkasten. – Ein Herz für Tiere, Ismaning, 6: 26-27.

DUMAS (2002): L'insertion écologique de l'autoroute. – Chelonii, Gonfaron, 3: 324.

DUMÉRIL & BIBRON (1835): Erpétologie générale ou Histoire naturelle complète des Reptiles. II. – Paris (Roret), **2**, II + 680 pp.

DUMONT (1972): Les chéloniens de France – Leur avenir, leur protection. – Naturaliste Orléanais, Orléans, **3** (5): 10-12.

DUMONT (1974): Les chéloniens de France – Leur avenir, leur protection. – Courrier de la Nature, Paris, **33**: 224-227.

DUMONT (1979): Halte aux importations des tortues. – Courrier de la Nature, Paris, **61**: 20-22.

DUMOULIN (1992): Die Chelys – Ein altgriechisches Saiteninstrument. – Archiv für Musikwissenschaft, Berlin, **49**, 2/3: 85, 225.

DUMOULIN (1994): Antike Schildkröten. – Würzburg (Verlag Königshausen & Neumann): 1, 3-6, 12-14, 16-19, 89, 155-158.

DUPRÉ (1995): Les tortues de Vienne. – La Tortue, Gonfaron, 30: 28-29.

DUPRÉ (1997): Les tortues au Louvre. – La Tortue, Gonfaron, 38: 4-7.

DUPRÉ (1998): »Qui va piano, va sano«. – La Tortue, Gonfaron, 41: 26-29.

DURHAM (1997): Albanian tortoises. – In: MCNAMEE & URREA (Eds.): A World of Turtles. – Boulder (Johnson Books): 68-69.

DURRELL (1956): My Family and Other Animals. – Harmondsworth (Penguin books): 52-55.

DZUKIC (1972): Herpetoloska zbirka Prirodnajackog muzeja u Beogradu. – Glasnik Prir. muz., Belgrade, Ser. B, **27**: 165-180.

DZUKIC (1974): Prilog herpetofauni Srbije. – Glasnik Prir. muz., Belgrade, Ser. B, **29**: 105-110.

DZUKIC (1991): Fauna Durmitora, 4: Vodozemci i gmizavci. Gradja za faunu vodozemaca i gmizavaca Durmitora (Amphibia-Reptilia). – Crnog. Akad. Nauk. Umet. Pos. Izd., knj. 24, Odelj. prir. nauk., knj. 15, Podgorica: 9-78.

DZUKIC (1995): Diverzitet vodozemaca (Amphibia) i gmizavaca (Reptilia) Jugoslavije sa pregledom vrsta od medjunarodnog znacaja. – In: STEVANOVIC & VASIC (Eds.): Biodiverzitet Jugoslavije sa pregledon vrsta od medjunarodnog znacaja. – Bioloski fakultet i Ecolibri, Belgrade: 447-469.

DZUKIC & KALEZIC (2001): The Biodiversity of Amphibians and Reptiles in the Balkan Peninsula. – In: GRIFFITHS, KRYSTUFEK & GRIFFITHS (EDS.): Balkan Biodiversity, Papers from the ESF Exploratory Workshop on Balkan Biodiversity, Koper, September 2001. – Amsterdam (Kluwer).

DZUKIC, KALEZIC, PETKOVSKI & SIDOROVSKA (2001): General remarks on batracho- and herpetofauna of the Balkan Peninsula. – In: BOSKOVA (ED.): 75 years Maced. Mus. of Nat. Hist., Skopje (Prirodonaucen Muzei na Makedonija): 195-204.

EADE (1886): Tortoises. – Transactions of the Norfolk and Norwich Naturalists' Society, 4: 316-322.

EADY (1990a): Egg laying with a difference. – British Chelonia Group Newsletter, 74: 8.

EADY (1990b): A bumper year for tortoise eggs. – British Chelonia Group Newsletter, 76: 4-6.

EADY (1992): Some general suggestions for good tortoise husbandry. – British Chelonia Group Newsletter, 88: 2-3.

EADY (1993): Second generation. – British Chelonia Group Newsletter, 93: 7.

EADY (1997): Alternative method for hibernating *Testudo graeca ibera*, *T. hermanni* and *T. marginata*. – British Chelonia Group Newsletter, 115: 17-18.

EADY (1998a): Some observations on the durability of Mediterranean tortoise eggs. – British Chelonia Group Newsletter, 122: 9.

EADY (1998b): Members' letters. – British Chelonia Group Newsletter, 123: 18.

EADY (1999): Members' letters. – British Chelonia Group Newsletter, 127: 8-9.

EATWELL (2005): Seasonal and gender variation in serum levels of isolated calcium and 25-hydroxycholercaciferol in *Testudo* species. – Exotic DVM Veterinary Magazine, 7 (4): 17-22.

EBNER (1913): Beiträge zur Herpetologie von Griechenland. – Verhandlungen der zoologisch-botanischen Gesellschaft Wien, 63: 307-314.

EDEL (1997): Asyl für Exoten. – Leinfelden-Echterdingen, 38 (8): 38-39.

VAN DEN EECKHOUDT (1954): Quelques aspects de la faune provencale. – Naturalistes Belges, Rhode-Sainte-Genèse, 35 (4/5): 81-103.

EENDEBAK (1988): De Griekse landschildpad (*Testudo hermanni*) in het buitenterrarium. – Lacerta, Zoetermeer, 49: 87-90.

EENDEBAK (1995): Incubation period and sex ratio of Hermann's tortoise *Testudo hermanni boettgeri*. – Chelonian Conservation and Biology, Lunenburg, 1 (2): 227-231.

EENDEBAK (2001): *Testudo hermanni boettgeri* and *Testudo marginata* – A sustainable breeding program. – International Turtle & Tortoise Symposium, Vienna, Austria, January 17-20, 2002, Final Program with Abstracts: 53.

EENDEBAK (2002): Incubation period and sex ratio of *Testudo hermanni boettgeri*. – Chelonii, Gonfaron, 3: 257-267.

EENDEBAK (2006): *Testudo hermanni boettgeri* and *Testudo marginata*, a sustainable breeding program. – In: ARTNER, FARKAS & LOEHR (Eds.): Turtles. Proceedings: International Turtle & Tortoise Symposium Vienna 2002. – Frankfurt am Main (Edition Chimaira): 531-539.

EGER (2005): Gemeinsame Haltung von *Testudo hermanni boettgeri* und *Testudo (hermanni) hercegovinensis* – Erfahrungen eines Züchters über einen längeren Zeitraum und Auswertung der Nachzuchtdaten. – Schildkröten im Fokus, Bergheim, 2 (2): 25-30.

EGGENSCHWILER (1992): Die Ost- und Westrasse der Griechischen Landschildkröte. – SIGS-Info, Siblingen, 1 (3): 15-17.

EGGENSCHWILER (1993a): Eggi's Leserseite. – SIGS-Info, Siblingen, 2 (2): 12-13.

EGGENSCHWILER (1993b): Unterschiede zwischen *Testudo graeca* und *Testudo hermanni*. – SIGS-Info, Siblingen, 2 (2): 13-15.

EGGENSCHWILER (1994a): Der Tierschutz und die Schildkröte – Wo bleibt die Lobby?. – SIGS-Info, Siblingen, 3 (3): 22-25.

EGGENSCHWILER (1994b): Vergleich der Körpertemperaturen zwischen der Griechischen Landschildkröte (*Testudo hermanni*) und der Breitrandschildkröte (*Testudo marginata*) in ihrem natürlichen Biotop. – SIGS-Info, Siblingen, 3 (4): 5-7.

EGGENSCHWILER (1995): Die Ost- und Westrasse der Griechischen Landschildkröte. – Emys, Sankt Pölten, 2 (5): 12-14.

EGGENSCHWILER (1996a): Die Legenot der Schildkröte. – Emys, Sankt Pölten, 3 (3): 15-17.

EGGENSCHWILER (1996b): Die Landschildkröten in der tierärztlichen Praxis. – Siblingen (privately printed): 6, 21, 56.

EGGENSCHWILER (1996c): Die Vorbereitung und Durchführung des Winterschlafes. – SIGS-Info, Siblingen, 5 (3): 19-23.

EGGENSCHWILER (1997a): Über die Ernährung von pflanzenfressenden Landschildkröten – Der Einfluss auf Wachstum und Entwicklung. – SIGS-Info, Siblingen, 4 (2): 25-31.

EGGENSCHWILER (1997b): Über die Ernährung von pflanzenfressenden Landschildkröten. – Schildkröten, Linden, 4 (3): 20-27.

EGGENSCHWILER (1998a): Die Ernährung von Landschildkröten. – Merkblatt 6, SIGS, 4 pp.

EGGENSCHWILER (1998b): Winterschlaf Europäischer Landschildkröten. – Merkblatt 7, SIGS, 4 pp.

EGGENSCHWILER (1998c): Frühjahrserwachen europäischer Landschildkröten. – Fachmagazin Schildkröte, Rothenfluh, 1 (1): 52-54.

EGGENSCHWILER (1998d): Bebrütung von Eiern von mediterranen Landschildkröten. – SIGS-Info, Siblingen, 5 (2): 25-27.

EGGENSCHWILER (1998e): Todesfälle bei Schildkröten. – SIGS-Info, Siblingen, 5 (3): 3-10.

EGGENSCHWILER (1998f): Bissverletzung bei einer jungen Griechischen Landschildkröte. – SIGS-Info, Siblingen, 5 (3): 31-32.

EGGENSCHWILER (1999): Die verflixte Jackson Kurve. – SIGS-Info, Siblingen, 6 (1): 34-39.

EGGENSCHWILER (2000a): Wärme – wieviel, wie und warum. – SIGS-Info, Siblingen, 6 (2): 27.

EGGENSCHWILER (2000b): Die Schildkröte in der tierärztlichen Praxis. – Siblingen (Schöneck Verlag): 5-6, 15, 19, 21-22, 35-36, 47, 62, 76, 81, 83-84, 86, 91-92, 97, 101, 107-108, 115, 119, 122, 125.

EGGENSCHWILER (2001): Wie erkenne ich, ob meine Schildkröte gesund ist? – SIGS-Info, Siblingen, 7 (4): 4-11.

EGGENSCHWILER (2004a): Respiratory Diseases in Turtles – Recognition, treatment,and prevention. – Reptilia (GB), Barcelona, 34: 70-73.

EGGENSCHWILER (2004b): Patologías respiratorias en tortugas. Diagnóstico, tratamiento y profilaxis. – Reptilia (E), Barcelona, 47: 10-14.

EGGENSCHWILER & HERSCHE (1995): Aufzucht von europäischen und aus dem Mittelmeerraum stammenden Landschildkröten. – SIGS-Informationsblatt, 3, 2 pp.

EGGENSCHWILER & JOST (1998): Die Griechische Landschildkröte (Testudo hermanni). – Merkblatt 1, SIGS, 2 pp.

EGGENSCHWILER-LEU (1994): Auswertung der Jungtierausfälle. – SIGS-Info, Siblingen, 1 (4): 17-19.

EGGENSCHWILER-LEU (1999): Die ausbleibende Eiablage – Ursachen, Diagnose, Therapie, Konsequenz. – SIGS-Info, Siblingen, 6 (3): 33-40.

EGGERS (1985): Naturschutz – Artenschutz. – DATZ, Stuttgart, 38 (4): 267-269.

EGLIS (1962): Tortoise Behavior: a Taxonomic Adjunct. – Herpetologica, Emporia, 18: 1-8.

EGLIS (1967): Tortoise Behavior: a Taxonomic Adjunct. – International Turtle and Tortoise Society Journal, Los Angeles, 1 (2): 6-9, 33.

EGRETZBERGER (1995): Eindrücke aus Griechenland. – Emys, Sankt Pölten, 2 (4): 4-6.

EGRETZBERGER (1996): Vermessen von Schildkröten in Griechenland. – Informationsblatt der Fachgruppe Schildkröten der ÖGH, Vienna, 2 (3): 20-21.

EGRETZBERGER (1997a): Superlative. – Informationsblatt der Fachgruppe Schildkröten der ÖGH, Vienna, 3 (3): 9-18. – SIGS-Info, Siblingen, 4 (3): 18-25.

EGRETZBERGER (1997b): Buchbesprechung: Prof. Dr. WALTER KIRSCHE (1997): Die Landschildkröten Europas. – Informationsblatt der Fachgruppe Schildkröten der ÖGH, Vienna, 3 (3): 19-22.

EGRETZBERGER (1997c): Außergewöhnlich großes Gelege einer Griechischen Landschildkröte Testudo hermanni boettgeri. – Informationsblatt der Fachgruppe Schildkröten der ÖGH, Vienna, 3 (3): 23-24.

EGRETZBERGER (1998): Buchbesprechung: URSULA FÖHR-CAMPI (1997): Europäische Landschildkröten. – Informationsblatt der Fachgruppe Schildkröten der ÖGH, Vienna, 4 (2): 33-37.

EHLERS, BORCHERS, GRUND, FRÖHLICH, LUDWIG & BIHK (1999): Detection of New DNA Polymerase Genes of Known and Potentislly Novel Herpesviruses by PCR with Degenerate and Deoxyinosine Substituted Primers. – V. Gen., 18: 211-220.

EHRENGART (1971): Zur Pflege und Zucht der Griechischen Landschildkröte (Testudo h. hermanni). – Salamandra, Frankfurt am Main, 7 (2): 71-80.

EHRENGART (1976): Brutanlagen für Schildkröten-Eier. – Salamandra, 12 (1): 27-31.

EISELT (1961): Catalogus Faunae Austriae XXI ab: Amphibia, Reptilia. – Vienna (Springer-Verlag).

EISELT & SPITZENBERGER (1967): Ergebnisse zoologischer Sammelreisen in der Türkei: Testudines. – Annalen des Naturhistorischen Museums Wien, Ser. B, 70: 357-378.

EISENBERG (2004a): Prophylaxe statt Therapie. – Reptilia (D), Münster, 45: 16-25

EISENBERG (2004b): Avoiding Health Problems Associated with Captive Maintenance. Prevention Rather Than Treatment. – Reptilia (GB), Barcelona, 33: 12-20.

EISENBERG (2004c): Más vale prevenir que curar. Profilaxis de las patologías relacionadas con el cautiverio. – Reptilia (E), Barcelona, 46: 16-24.

ELIASSEN & REITE (1974): Metabolism of carbon-14 histamine in amphibians (Bufo bufo) and reptiles (Pseudemys scripta and Testudo hermanni). – Acta Physiologica Scandinavica, 90 (1): 52-56.

ENCKE (2001): Neues aus dem Allwetterzoo Münster. – Reptilia (D), Münster, 29: 13.

ENDANGERED SPECIES IMPORT AND EXPORT MANAGEMENT OFFICE (Eds.) (2002): Identification Manual For Common Turtles and Tortoises. – Beijing (China Forestry Publishing House): 128-129.

ENGELMANN (1846): Index Librorum Historiam Naturalem – Verzeichniss der Bücher über Naturgeschichte. Pars 1. – Leipzig (W. Engelmann), VIII + 786 pp.

ENGELMANN, FRITZSCHE, GÜNTHER & OBST (1993): Lurche und Kriechtiere Europas. – Radebeul (Neumann Verlag): 37, 49, 200-202.

ENGERT (1992): Besuch des CARAPAX-Zentrums in der Toskana. – Journal der AG Schildkröten & Panzerechsen der DGHT, Bürstadt, **1** (2): 8-9.

ERLER (2003): Saisonale Veränderungen hämatologischer und blutbiochemischer Werte bei europäischen Landschildkröten (*Testudo graeca*, *Testudo hermanni*, *Testudo marginata*). – Dissertation, Ludwig-Maximilians-Univ., Munich, 295 pp.

ERNST & BARBOUR (1989): Turtles of the World. – Washington & London (Smithsonian Institution Press): 265-268.

ERNST & NICHOLS (1974): Internal Ciliates of Tortoises. – British Journal of Herpetology, London, **5** (3): 450-451.

ERNST, ALTENBURG & BARBOUR (2000): Turtles of the World. – CD-ROM, Amsterdam (ETI).

ESTEBAN (1982): Estudio de la reproducción de *Testudo hermanni* (GMELIN) en cautividad. – Aquamar, Madrid, **27**: 12-20.

ESTEBAN & PÉREZ (1988): Contribución al conocimiento de los testudínidos españoles. – Dissertation, Univ. Complutense, Madrid.

ESTEBAN, FILELLA, GARCÍA PARÍS, MENORCA, MARTÍN, PÉREZ MELLADO & ZAPIRAIN (1994): Atlas provisional de la distribución geográfica de la herpetofauna de Menorca (Islas Baleares, Espaa). – Revista Española de Herpetología, Leganés, **8**: 19-28.

ESZTERLE (2001): Wer hat hier die Hosen an? – Schildkröten, Linden, **8** (2): 9-10.

EUROPEAN COUNCIL (Eds.) (1998): Seminar on implementation of Action Plans for Amphibians and Reptiles. – Strasbourg (European Council), T-PVS (98), 28, 69 pp.

EVANS (1979): Breeding Mediterranean tortoises in an English garden. – British Herpetological Society Newsletter, London, 20: 16.

EVANS (1980): *Testudo graeca* v *T. hermanni*. – British Chelonia Group Newsletter, 23: 3.

EVANS (1982): Egg-laying with a difference. – *Testudo*, **2** (1): 39.

EVANS (2004): Member's letters. – British Chelonia Group Newsletter, 160: 4.

EWALD (1983): Sue quelques Reptiles et Amphibiens du Péloponnèse oriental (Grèce). – Riviera Scient., Nizza, IX, **67** (III-IV): 2-14.

DI FABRIZIO (1992): Aree prottete d'Abruzzo. – Penne (Cogecstre), 233 pp.

FASOLA, GALEOTTI, BALLASINA & PEDRAZZOLI (2002): »Le chant des tortues« – la fonction des vocalisations pendant le comportement reproducteur des *Testudo*. – Chelonii, Gonfaron, 3: 133.

FEHRINGER (1996a): Das Schildkrötenzentrum in Massa Marittima. – Informationsblatt der Fachgruppe Schildkröten der ÖGH, Vienna, **2** (2): 4-6.

FEHRINGER (1996b): Nach Griechenland der Schildkröten wegen. – Informationsblatt der Fachgruppe Schildkröten der ÖGH, Vienna, **2** (3): 7-13.

FEHRINGER (1997): Temperaturhaushalt eines Wintergartens und eines überdachten Freilandteiches. – Informationsblatt der Fachgruppe Schildkröten der ÖGH, Vienna, **3** (1): 12-20.

FEILER (2002): Ein Loch im Schildkrötenpanzer. Gedanken über die Gestaltung eines Freilandgeheges für mediterrane Landschildkröten. – *Testudo* (SIGS), Wimmis, **11** (4): 12-24.

DE FÉJERVÁRY (1923): Explorationes zoologicae ab E. CSIKI in Albania peractae. Pars I. Batrachians and Reptiles. – Mag. Tudom. Akad. Balkan-Kutat. Tudom. Eredm., Budapest, **1** (1): 7-65.

FÉLIX (1984): Les tortugues continentals del Empordá – Proposició d'estació zoològica a la serra de la Balmeta. – Figueras (IAEDEN), 40 pp.

FÉLIX (1985): Grave peligro de extinció de la tortuga mediterránea en la península Ibérica. – Quercus, **17**: 10-12.

FÉLIX, BUDÓ, CAPALLERES & FARRÉ (1990): Conseqüencies dels incèndis forestals en una població de tortuga mediterrània (*Testudo hermanni hermanni* GMELIN, 1789) de l'Albera. – Annals de l'Institut d'Estudis Empordanesos, Institut d'Estudis Empordanesos, Ed. Figueres, **23**: 13-36.

FÉLIX, CAPALLERES, BUDÓ & FARRÉ (1989): Estructura de una població de tortuga mediterránea (*Testudo hermanni robertmertensi*, WERMUTH), antes y despues de un incendio forestal. – Treb. Soc. Catal. Ictiol. Herpetol., **2**: 210-223.

FENWICK (1982): Taking Care of Your Pet Tortoise. – Kingston (privately printed).

FENWICK (1984): Response to ROB HARPER's article in newsletter 40 »European tortoises – what now?«. – British Chelonia Group Newsletter, 42: 4-5.

FENWICK (1986): Breeding Tortoises in Captivity – Has Nature a Way of Protecting Its Own? – *Testudo*, **2** (4): 60-64.

FENWICK (1987): Landschildpadden kweken in gevangenschap – Bewchermt de natuur zichzelf? – De Schildpad, Eindhoven, **13** (4): 30-36.

FENWICK (1989): Feeding in Captivity. – *Testudo*, **3** (1): 58-74.

FENWICK (1990): Influences of the Food Choice of Hatchling Tortoises with Relation to Colour, Smell and Size of Food. – *Testudo*, **3** (2): 69-84.

FENWICK (1991): CARAPAX Review. – British Chelonia Group Newsletter, 83: 16.

FENWICK (1995): Taking Care of Tortoises, Their Eggs and Hatchlings. – Kingston (privately printed): 5, 9, 11, 15, 37, 56, 63, 73, 76-78, 88, 90.

FENWICK (1996a): Husbandry of Terrestrial Tortoises. – Testudo, **4** (3): 13-20.

FENWICK (1996b): Conservation – in a cold climate. – In: SOPTOM (Eds.): International Congress of Chelonian Conservation – Proceedings. – Gonfaron (Editions SOPTOM): 237-239.

FENWICK (2002a): Egg formation and development. – Chelonii, Gonfaron, **3**: 240-241.

FENWICK (2002b): Hibernation of Mediterranean tortoises. – Testudo, **5** (4): 25-30.

FERGER & HOHL (1992): Die Zucht von Testudo hermanni hermanni (Westrasse der griechischen Landschildkröte) in Gefangenschaft. – SIGS-Info, Siblingen, **1** (2): 12.

FERRI (1993): Les tortues terrestres et aquatiques. – Paris (Editions De Vecchi SA), 156 pp.

FERRI (1994): Le grand livre des tortues terrestres et aquatiques. – Paris (Editions De Vecchi SA), 193 pp.

FERRI (1999): Tartarughe e testuggini. – Milan (Mondadori): 17, 19, 25, 30, 34, 38, 58, 68-71.

FERRI (2002): Turtles & Tortoises. – Willowdale & Buffalo (Firefly Books): 17, 19, 25, 30, 34, 38, 58, 68-71.

FERTARD (1989): La rétention d'œufs chez les reptiles (Chéloniens, ophidiens). – Maisons-Alfort (Editions du Point Vétérinaire), **21** (120): 153-168.

FERTARD (1992): Étude des caractéristiques radiographiques et chronologiques de la ponte chez Testudo hermanni en semi-liberté. – In: Proceedings of the First International Congress of Chelonian Pathology, Gonfaron, France, 25-27 April 1992. – Gonfaron (SOPTOM): 190-199.

FERTARD (1999a): Recherches en pathologie à Gonfaron. – La Tortue, Gonfaron, **48**: 10-15.

FERTARD (1999b): Rétention d'oeufs chez une tortue. – Point Vétérinaire, N° spécial NAC, **30**: 219-221.

FERTARD & DEVAUX (1997): Quelles recherches...et dans quels buts?. – La Tortue, Gonfaron, **38**: 12-13

FIACCHINI (2004): Il progetto »Atlante degli Anfibi e dei Rettili della Provincia di Ancona«. – In: ZUFFI (Ed.): V° Congresso Nazionale della Societas Herpetologica Italica, 29 settembre - 3 ottobre 2004, Calci (Pisa). – Turin (Societas Herpetologica Italica): 20-21.

FIACCHINI, SCOTTI, ANGELINI, BURATTINI & FUSCO (2004): Aspetti naturalistici del Parco naturale regionale Gola della Rossa e di Frasassi (Marche), con particolare riferimento alla comunità erpetologica. – In: ZUFFI (Ed.): V° Congresso Nazionale della Societas Herpetologica Italica, 29 settembre - 3 ottobre 2004, Calci (Pisa). – Turin (Societas Herpetologica Italica): 28.

FILELLA-I-SUBIRÀ (1996a): Gaudí und die Herpetologie. – Reptilia (D), Münster, **1**: 58-63.

FILELLA (1996b): Gaudí y la Herpetología. – Reptilia (E), Barcelona, **7**: 58-64.

FILELLA (2001c): Gaudí and Herpetology – Reptilia (GB), Barcelona, **14**: 70-75

FILELLA-I-SUBIRÀ (2002): On the morphometry of the Hermann's tortoise of the Empordà, Mallorca and Menorca (Catalan countries). – Chelonii, Gonfaron, **3**: 368.

FILIP & KÜBBER-HEISS (2005): Ein Update zur Herpesvirose bei Schildkröten. – Marginata, Münster, **2** (3): 36-43.

FINLAYSON (1965): Spontaneous arterial disease in exotic animals. – Journal of Zoology, London, **147**: 239-243.

FIRMIN (1996): La consultation des Tortues. – Maisons-Alfort (Editions du Point Vétérinaire), **28** (177): 223-232.

FIRMIN (1997): Cours de base du GENAC. – Prat. Med. Chir. An. Comp., Paris.

FISCHBACHER (1999): Erste Erfahrungen mit dem Brutapparat. – Schildkröten, Linden, **6** (3): 16-21.

FISCHBACHER (2002a): Schilderanomalien bei griechischen Landschildkröten. – Schildkröten, Linden, **9** (2): 9-11.

FISCHBACHER (2002b): Der Rollwagen. – Schildkröten, Linden, **9** (2): 38-39.

VON FISCHER (1884): Das Terrarium – seine Bepflanzung und Bevölkerung. – Verlag von Mahlau & Waldschmidt, Frankfurt am Main: 120-123.

FISCHER & HOMUTH (2006): Herpesvirusinfektion bei Landschildkröten – Erkrankung, Diagnose und Prophylaxemöglichkeiten. – Reptilia (D), Münster, **57**: 56-63.

FITZGERALD (1989): International Wildlife Trade – Whose Business Is It? – Washington (World Wildlife Fund).

FITZINGER (1826): Neue Classification der Reptilien nach ihren natürlichen Verwandtschaften. – Vienna (Verlag J. G. Heubner): 44.

FITZINGER (1835): Entwurf einer systematischen Anordnung der Schildkröten nach den Grundsätzen der natürlichen Methode. – Annalen des Wiener Museums der Naturgeschichte, Vienna, **1** (1): 122.

FITZINGER (1843): Systema Reptilium. Fasciculis primus. Amblyglossae. – Wien (Braumüller und Seidel), 106 + VI pp.

FITZINGER (1853): Versuch einer Geschichte der Menagerien des Österreichisch-kaiserlichen Hofes mit besonderer Berücksichtigung der Menagerie zu Schönbrunn nebst einer Aufzählung der in denselben gehaltenen Thiere von der ältesten bis auf die neueste Zeit. – Vienna (W. Braumüller).

FITZINGER (1864): Bilder-Atlas zur wissenschaftlich-populären Naturgeschichte der Amphibien in ihren sämmtlichen Hauptformen. – Vienna (Hof- und Staatsdruckerei), 107 plates.

FLANK (1997): The Turtle – An Owner's Guide to a Happy Healthy Pet. – Foster City (Howell Book House): 115.

FLEISSIG & JAKOB (2002): Diebstahl von 58 wertvollen Landschildkröten bei Privat-Züchter! – Schildkröten, Linden, **9** (4): 35-36.

FLETCHER (1993): Cases from Veterinary Practice. – Testudo, **3** (5): 26-28.

FLOERICKE (1912): Kriechtiere und Lurche fremder Länder. – Stuttgart (Kosmos, Franckh'sche Verlagshandlung): 74-76.

FLOERICKE (1927): Der Terrarienfreund. – Stuttgart (Kosmos, Franckh'sche Verlagshandlung), 222 pp. + 16 plates.

FLOWER (1925): Contributions to our knowledge of the duration of life in vertebrate animals. III. Reptiles. – Proceedings of the Zoological Society of London, London: 931.

FLOWER (1926): Species of land tortoises of the genus *Testudo* found in the countries bordering the Mediterranean Sea. – Copeia, Lawrence, 150: 133.

FÖHR-CAMPI (1997): Europäische Landschildkröten. – Porto Mantovano (privately printed), 160 pp.#

FORLANI, CRESTANELLO, MANTOVANI, LIVOREIL, ZANE, BERTORELLE & CONGIU (2005): Identification and characterization of microsatellite markers in Hermann's tortoise (*Testudo hermanni*, Testudinidae). – Molecular Ecology Notes, **5**: 228-230.

FORMAN & FORMAN (1981): Herpetologische Beobachtungen auf Korsika. – herpetofauna, Weinstadt, **10**: 12-16.

FOX (1977): The urogenital system of reptiles. – In: GANS & PARSONS (Eds.): Biology of the Reptilia, Morphology E, Vol. 6. – New York (Academic Press): 1-157.

FOXWELL (1980a): Tortoise eggs laid early. – British Chelonia Group Newsletter, **20**: 8.

FOXWELL (1980b): The tortoise trade. – British Chelonia Group Newsletter, **21**: 11.

FRAIR (1967): Blood group studies with turtles. – International Turtle and Tortoise Society Journal, Los Angeles, **1** (2): 30-32.

FRANCH, BUDÓ, CAPALLERAS, CARBONELL, FELIX, MASCORT & LLORENTE (2002a): Consequences of the forest fire of the 6th of August 2000 on a population of Western Hermann's tortoise (*Testudo hermanni*) from Masif de l'Albera; Northern Iberian peninsula. – Chelonii, Gonfaron, **3**: 226-229.

FRANCH, BUDÓ, CAPALLERAS, CARBONELL, FELIX, MASCORT & LLORENTE (2002b): Comparison of movements and growth rate of wild and captive bred juveniles of the Western Hermanns tortoise at Serra de l'Albera, northeastern Iberia. – Chelonii, Gonfaron, **3**: 316-319.

FRANCK (1987): Schildkröten in Frankreich. – Die Schildkröte (N. F.), Heinsberg, **1** (3): 28-35.

FRANÇOIS-FRANCK (1906): Etudes de mécanique respiratoire comparée – III – Resumé des résultats fournis par les expériences antérieures sur le mécanisme de la respiration des Chéloniens (*Testudo graeca*); Comptes-Rendus de la Société de Biologie, Paris, **61**: 127-129.

FRANÇOIS-FRANCK (1908): Etudes critiques et expérimentales sur la mécanique respiratoire comparée des reptiles – I Chéloniens (Tortue grecque). – Arch. Zool. Experi. et Gen., **4** (9): 31-187.

FRANK (1988): Amphibien und Reptilien als Hobbytiere. – Deutsche Tierärztliche Wochenschrift, Hannover, **95**: 69-72.

FRANZE (2001): Die griechische Landschildkröte *Testudo hermanni boettgeri* als Streitgegenstand vor dem Amts- und Landgericht. – BNA-aktuell, Hambrücken, **1**: 25-27.

DE FRESCHEVILLE (1965): Les Amphibiens et Reptiles corses. – Bull. Soc. Sci. Hist. Nat. Corse, **576**: 50-69.

FRETEY (1975): Guide des Reptiles et Batraciens de France. – Paris (Hatier), 239 pp.

FRETEY (1986): Les reptiles de France – Tortues et lézards. – Paris (Hatier).

FRETEY (1987): Guide des Reptiles de France. – Paris (Hatier), 255 pp.

FRETEY (1996): État de santé des populations de chéloniens de l'Europe et du Moyen-Orient. – In: SOPTOM (Eds.): International Congress of Chelonian Conservation – Proceedings. – Gonfaron (Editions SOPTOM): 164-166.

FRETEY & NOUTET (1979): Commentaires à »Attention, tortues!«. – Bulletin de la Société Herpétologique de France, Paris, **10**: 35-37.

FREYER (1842): Fauna der in Krain bekannten Säugetiere, Vögel, Reptilien und Fische. – Ljubljana.

FRIEDL (1984): Tierknochenfunde aus Kassope/Griechenland: (4.-1. Jh. v. Chr.): 189.

FRIEDMAN (1970): Orpheus in the Middle Ages. – Cambridge (Harvard University Press).

FRIEDMANN (1903): Spontane Lungentuberkulose bei Schildkröten und die Stellung des Tuberkelbazillus im System. – Zeitschrift für Tuberkulose, Leipzig, **4**: 430-457.

FRIEMEL (1995): Oh, diese Schildkröten. – Schildkröten, Linden, **2** (4): 33-34.

FRIEMEL (1996a): Beobachtungen über das Verhalten meiner Schildkröten – drei Geschichten. – Schildkröten, Linden, **3** (1): 38-40.

FRIEMEL (1996b): Julchen, steinreich. – Schildkröten, Linden, **3** (3): 30-31.

FRIEMEL (1997): Zwei Episoden. – Schildkröten, Linden, **4** (3): 41-42.

FRIEMEL (1998): Fressgier. – Schildkröten, Linden, **5** (2): 36-37.

FRIEMEL (2000): Drei Begebenheiten mit unseren Schildkröten. – Schildkröten, Linden, **7** (4): 29-31.

FRIESLEBER (2005): Überwinterung von Europäischen Landschildkröten im Freigehege – ein Erfahrungsbericht. – Schildkröten im Fokus, Bergheim, **2** (4): 27-32.

FRINGS (1996): Das Simonsche Schildkrötenparadies. – elaphe (N. F.), Rheinbach, **4** (4): 67-73.

FRISENDA (1988): Situazione attuale delle testuggini terrestri e palustri in Italia con particolare riferimento alle regioni meridionali. – Bolletino dello Gruppo R.A.N.A. Italia, Bari: 13-18.

FRISENDA & BALLASINA (1988): Statut et protection des tortues en Italie. – Société Herpétologique de France, IIIme Symposium Europaeum Chelonologicum, Marseille.

FRISENDA & BALLASINA (1990): Le statut des Chéloniens terrestres et d'eau douce en Italie. – Bulletin de la Société Herpétologique de France, Paris, **53**: 18-23.

FRITZ (1995a): Schildkröten-Hybriden – 2. Halsberger-Schildkröten (Cryptodira). – herpetofauna, Weinstadt, **95**: 19-34.

FRITZ (1995b): Wie heißt die Griechische Landschildkröte denn nun wirklich? – DATZ, Stuttgart, **48** (12): 811-812.

FRITZ (1996): Nomen est Omen, auch bei Hermanns. – SIGS-Info, Siblingen, **5** (3): 31.

FRITZ (2001): Der Arbeitskreis europäische Landschildkröten stellt sich vor. – Radiata, Haan, **10** (3): 33-34.

FRITZ (2002): Arbeitskreis Europäische Landschildkröten. – Minor, Haan, **1** (1): 28-29,

FRITZ & CHEYLAN (2001): Testudo LINNAEUS, 1758 – Eigentliche Landschildkröten. – In: FRITZ (Ed.): Handbuch der Reptilien und Amphibien Europas, Band 3/IIIA, Schildkröten (Testudines) I (Bataguridae, Testudinidae, Emydidae). – Wiebelsheim (Aula-Verlag): 113-124.

FRITZ & PFAU (2002): Die Griechische Landschildkröte – ideal für das Freilandterrarium. – DATZ-Sonderheft Schildkröten, Stuttgart (Verlag Eugen Ulmer): 14-20.

FRITZ, PETTERS, MATZANKE & MATZANKE (1996): Zur Schildkrötenfauna Nordsardiniens. – herpetofauna, Weinstadt, **99**: 29-34, **100**: 14-20.

FRITZ, IROKY, KAMI & WINK (2005): Environmentally caused dwarfism or a valid species – Is *Testudo weissingeri* BOUR, 1996 a distinct evolutionary lineage? New evidence from mitochondrial and nuclear genomic markers. – Molecular Phylogenetics and Evolution, **37** (2): 389-401.

FRITZSCHE (1952): Über den Umgang mit Schildkröten. – DATZ, Stuttgart, **5** (3): 75-78.

FROLOV & ZWETKOVA (1997): Die Überwinterung von zentralasiatischen und Mittelmeerschildkröten in Gefangenschaft. – Schildkröten, Linden, **4** (3): 14-16.

FROMMHOLD (1957): Wie werde ich Terrarianer? – VII – Schildkröten und Echsen. – Aquarien Terrarien, Leipzig, Jena & Berlin, **4** (5): 11-13.

FROMMHOLD (1959a): Wir bestimmen Lurche und Kriechtiere Mitteleuropas. – Radebeul (Neumann Verlag), 219 pp.

FROMMHOLD (1959b): Als Tiergärtner und Herpetologe in Albanien. – Aquarien Terrarien, Leipzig, Jena & Berlin, **6**: 115-118, 144-147, 179-182, 214-217.

FROMMHOLD (1965): Sorgen um Landschildkröten. – Aquarien Terrarien, Leipzig, Jena & Berlin, **12**: 224-228.

FROST & SCHMIDT (1997): Serological evidence for susceptibility of various tortoise species to herpesvirus infection. – 38. Internationales Symposium über Erkrankungen der Zoo- und Wildtiere, 7.-11. Mai 1997, Zürich: 25-27.

FRÜHAUF (2005): Ach du dickes Ei ... Die Ablage eines »Rieseneis« durch ein Weibchen von *Testudo hermanni boettgeri*. – Marginata, Münster, **2** (3): 54.

FRYE (1981): Biomedical and surgical aspects of captive reptile husbandry. – Edwardsville (Veterinary Medicine Publishing Company), 456 pp.

FRYE (1991a): Biomedical and surgical aspects of captive reptile husbandry. 2. Auflage. – Malabar (Krieger Publishing Company), 712 pp.

FRYE (1991b): Reptile Care – An Atlas of Diseases and Treatments – Nutrition – A Practical Guide for Feeding Captive Reptiles – Volume 1. – Neptune City (T. F. H. Publications): 41-100.

FRYE (1993): A Practical Guide for Feeding Captive Reptiles. – Malabar (Krieger Publishing), 171pp.

FRYE (2003): Reptilien richtig füttern. – Stuttgart (Verlag Eugen Ulmer): 37.

FUHN (1956): Specie Mediterraneene de Broasce Testoase de Uscat in R. P. R. (*Testudo graeca ibera* PALLAS, *Testudo hermanni* GMELIN). – Ocrotirca Nat. Bukarest, **2**: 178-180.

FUHN (1969): Broaste, Serpi, Sopirle. – Bukarest (Natura si Omul Editura Stiintifica), 246 pp.

FUHN (1970): Aspects on the current situation of the fauna of the Hagieni Forest Nature Reserve, Constantza Department, Romania. – Ocrotirca Nat. Bukarest, **14** (1): 65-69.

FUHN (1981): Rare and endangered amphibians and reptiles in Romania, proposal for conservation. – Vienna (Societas Europaea Herpetologica)

FUHN & VANCEA (1961): Fauna Republicii Populare Romîne. Reptilia (Testoase, Sopirle, Serpi). – Bukarest (Editura Academiei Republicii Populare Romîne), **14** (2), 352 pp.

FUNKE (2005): Die LSA. – Minor, Lingenfeld, **4** (3): 30.

FURIERI (1965): Osservazioni ultrastrutturali suo spermio di *Testudo hermanni* GMELIN. – Boll. Soc. ital. Biol. sper., **41**: 144-145.

FURNWEGER (1970): The Dime Store Turtle. – International Turtle and Tortoise Society Journal, Los Angeles, **4** (2): 13.

FURRER (1972): Wiederbelebungsversuche an ertrunkenen Landschildkröten. – DATZ, Stuttgart, **25** (8): 287.

GABRISCH (1984): Die häufigsten Schildkrötenkrankheiten in der tierärztlichen Praxis. – Der Praktische Tierarzt, Hannover, **65**: 483-489.

GABRISCH & ZWART (1995): Kapitel Schildkröten, Schlangen. – In: GABRISCH & ZWART (Eds.): Krankheiten der Heimtiere. – 3. Auflage, Hannover (Schlütersche Verlagsanstalt): 663-807.

GABRISCH & ZWART (2005): Krankheiten der Schildkröten. – In: FEHR, SASSENBURG & ZWART (Hrsg.): Krankheiten der Heimtiere. – 6. Auflage, Hannover (Schlütersche Verlagsanstalt): 681-682.

GAGNO (2001): Parasitologie intestinale chez les tortues d'élevage et les tortues sauvages. – La Tortue, Gonfaron, **55**: 58-59.

GAGNO (2002): Préparation aux réintroductions de *Testudo hermanni hermanni* – contrle parasitologique intestinal – premiers résultats. – Chelonii, Gonfaron, **3**: 157-160.

GALEOTTI, SACCHI, FASOLA & BALLASINA (2004): Vocalizzazioni dei maschi e scelta femminile in *Testudo hermanni* – un approccio sperimentale. – In: ZUFFI (Ed.): V° Congresso Nazionale della Societas Herpetologica Italica, 29 settembre - 3 ottobre 2004, Calci (Pisa). – Turin (Societas Herpetologica Italica): 33-34.

GALEOTTI, SACCHI, ROSA & FASOLA (2005a): Female preference for fast-rate, high-pitched calls in Hermann's tortoises *Testudo hermanni*. – Behavioral Ecology, **16**: 301-308.

GALEOTTI, SACCHI, FASOLA, ROSA, MARCHESI & BALLASINA (2005b): Courtship displays and mounting calls are honest, condition-dependent signals that influence mounting success in Hermann's tortoises. – Canadian Journal of Zoology, Ottawa, **83**: 1306-1313.

GANNON (1992a): Press Release MOT for Tortoises. – The Peoples Dispensary for Sick Animals, Head Office, Telford.

GANNON (1992b): Tortoises and Terrapins – PDSA advice leaflet to the public. – The Peoples Dispensary for Sick Animals, Head Office, Telford.

GANNON (1992c): Treatment of tortoises at PDSA centres – Internal memo of 152 animals treated over 12 months. – The Peoples Dispensary for Sick Animals, Head Office, Telford.

GARDINER (1978): Differentiation of *Testudo graeca* and *Testudo hermanni*. – British Herpetological Society Newsletter, London, **18**: 15-16.

GARDINER (1980a): *Testudo hermanni* in France. – British Chelonia Group Newsletter, **22**: 3-4.

GARDINER (1980b): The hibernation of young tortoises. – Testudo, **1** (3): 24-26.

GARDINER (1982): Is this a record?. – British Chelonia Group Newsletter, **32**: 4.

GARDINER (1990): Successes and Failures in Rearing Captive-Bred Mediterranean Tortoises. – Testudo, **3** (2): 46-51.

GARDINER & GARDINER (1990): Further Notes on *Testudo hermanni* in Corfu. – Testudo, **3** (2): 42-45.

GARROD, BUXTON, SMITH & BATE (1928): Excavation of a Mousterian rock-shelter at Devil's Tower, Gibraltar. – Journal of the Royal Anthropological Institute of Great Britain and Ireland, London, **58**: 34-113.

GASC, CABELA, CRNOBRNJA-ISAILOVIC, DOLMEN, GROSSENBACHER, HAFFNER, LESCURE, MARTENS, MARTÍNEZ-RICA, MAURIN, OLIVEIRA, SOFIANIDOU, VEITH & ZUIDERWIJK (Eds.) (2004): Atlas of Amphibians and Reptiles in Europe. – Second Edition, Paris (Muséum National d'Histoire Naturelle): 12, 177-179, 411, 500.

GAVANELLI, GEROSA & SCARAVELLI (1996a): Protection and care activities for chelonians in Romagna, Italy. – In: SOPTOM (Eds.): International Congress of Chelonian Conservation – Proceedings. – Gonfaron (Editions SOPTOM): 325-327.

GAVANELLI, GEROSA & SCARAVELLI (1996b): »The turtle and the man« – a research and teaching laboratory at Imola (Italy); In: SOPTOM (Eds.): International Congress of Chelonian Conservation – . – Gonfaron (Editions SOPTOM): 328.

GAYDA (1940): Su alcuni anfibi e rettili dell'Albania esistenti nel Museo Zoologico di Berlino. – Atti Soc. italiana Sci. Nat. Mus. Civ. Stor. Nat., Milan, **79**: 263-272.

GEE (1991): Excerpts from members' letters. – British Chelonia Group Newsletter, **80**: 12-13.

GEIER (2005): Fester Panzer – weiches Herz. – Biebertal (LSK-Verlag), 82 pp.

GEINECKER (1999): Über meine Erfahrungen mit fünf Landschildkröten. – Schildkröten, Linden, **6** (2): 36-39.

GEJVALL (1969): Lerna: The Fauna (Lerna I). – Athens (The American School of Classical Studies at Athens): 6, 49.

GENÉ (1838): Synopsis reptilium Sardinia indigenorum. – Mem. R. Accad. Sci. Torino, Turin, **1/2**: 257-285.

GENIEZ & CHEYLAN (1987): Atlas de distribution des Reptiles et Amphibiens du Languedoc-Roussillon. – Montpellier (Laboratoire Biogéographie et Écologie des Vertébrés E.P.H.E./G.R.I.V.E.), 114 pp.

GERIQUE & ALBERT (1997): Manejo de quelonios en el Centro de Protección y Estudio del Medio Natural. – Proceedings Jornadas de Conservación de la Tortuga Mediterránea, Benicassim: 89-95.

GERLACH (1960): Salamandrische Welt. Amphibien und Reptilien. – Frankfurt am Main (Büchergilde Gutenberg): 76-79.

GERLACH (1973): Die Geheimnisse im Reich der Amphibien und Reptilien. – Munich (König Verlag): 84-87.

GÉROUDET (1965): Les Rapaces diurnes et nocturnes d'Europe. – Neuchâtel (Delachaux et Niestlé), 426 pp.

GERRITS & VOOGD (1973): The distribution of the purkinje cells in the cerebellum of *Testudo hermanni* turtle. – Acta Morphologica Neerlando-Scandinavica, **11** (4): 357.

GESSNER (1554): Conradi Gesneri Medici Tigurini – Historiae animalium liber II. de quadrupedibus oviparis – Adjunctae sunt etiam oviparorum quorundam appendiae. – Zürich (C. Froschoverus), VI + 110 pp.

GEYER (19??): Katechismus der Terrarienkunde. – Magdeburg (Creutz'sche Verlagsbuchhandlung): 92.

GHIRA & STUGREN (1988): Verteilung von Amphibien und Reptilien auf die Höhenzonen im Retezat-Gebirge. – Studia Univ. Babes Bolyai Biol., Cluj-Napoca, **33** (2): 69-75.

GIGLIOLI (1879): Beiträge zur Kenntniss der Wirbelthiere Italiens. – Archiv für Naturgeschichte, **45**: 93-99.

GIL (1995): Conservación de la tortuga mora en Murcia; In: BALLASINA (Ed.): Red Data Book on Mediterranean Chelonians. – Bologna (Edagricole): 41-49.

GILBERTAS (1999): Das Schildkrötenkrankenhaus. – Das Tier, Leinfelden-Echterdingen, **40** (12): 34-35.

GILLES-BAILLIEN (1966): L'hibernation de la tortue grecque. – Arch. Int. Physiol. Biochim., **74**: 328-329.

GILLES-BAILLIEN (1967): Action de la L-Bvasopressine sur certain caractères de permeabilité de la vessie isolée de la tortue grecque. – Annals of Endocrinology, **28**: 716-719.

GILLES-BAILLIEN (1968): The extracellular space of the isolated intestinal epithelium of the Greek tortoise. – Arch. Int. Physiol. Biochim., **76**: 731-739.

GILLES-BAILLIEN (1969a): Intracellular inorganic ions and amino-acid pool in the isolated intestinal mucosa of the tortoise *Testudo hermanni hermanni* GMELIN. – Arch. Int. Physiol. Biochim., **77**: 305-313.

GILLES-BAILLIEN (1969b): Seasonal changes in the permeability of the isolated vesical epithelium of *Testudo hermanni hermanni*. – Biochimica et Biophysica Acta, **193** (1): 129-136.

GILLES-BAILLIEN (1969c): Seasonal variations in blood and urine constituents of the tortoise *T. hermanni hermanni*. – Arch. Intern. Physiol. Biochim., **77**: 427-440.

GILLES-BAILLIEN (1970a): Permeability characteristics of the intestinal epithelium and hibernation in *Testudo hermanni*. – Arch. Int. Physiol. Biochem., **78**: 327-338.

GILLES-BAILLIEN (1970b): Modifications of the intracellular inorganic ion content in the presence of L-alanine in the jejunum mucosa of *Testudo hermanni hermanni*. – Life Sciences Part 1, Physiology, Pharmacology, **9** (10): 585-590.

GILLES-BAILLIEN (1972): Inexchangeable fraction of the cationic content in the intestinal epithelium of the tortoise *Testudo hermanni hermanni* and its modification during hibernation. – Arch. Int. Physiol. Biochim., **80** (4): 789-797.

GILLES-BAILLIEN (1973): Seasonal variations in weight and hematological data of *Testudo hermanni hermanni*. – Arch. Int. Physiol. Biochim., **81** (4): 723-732.

GILLES-BAILLIEN (1976): Sodium ion compartmentation in the jejunal mucosa of the tortoise. – In: ROBINSON (Ed.): Intestinal ion transport. – Proceedings of the International Symposium, Titisee, Mai 1975, University Park Press, Baltimore, Vol. XIII: 75-77.

GILLES-BAILLIEN (1979): Sodium potassium atpase activity and hibernation in tortoise *Testudo hermanni hermanni* intestinal mucosa. – Annual Meeting of the American Society of Zoologists, Society of Systematic Zoology and the American Microscopical Society, Tampa, 27.-30.12.1979.

GILLES-BAILLIEN (1980): Trans-epithelial fluxes of amino-acids and metabolism in the tortoise *Testudo hermanni hermanni* intestinal mucosa. – Arch. Int. Physiol. Biochim., **88** (1): 15-24.

GILLES-BAILLIEN (1981a): Osmoregulation in reptiles. – Acta Zoologica et Pathologica Antverpiensia, Antwerp, **76**: 29-33.

GILLES-BAILLIEN (1981b): Sodium cyclo-leucine and insulin compartments in tortoise *Testudo hermanni hermanni* intestinal mucus – possible role of the mucus in intestinal absorption processes. – Molecular Physiology, **1** (5): 265-272.

GILLES-BAILLIEN (1981c): Seasonal changes in the inorganic ion content of various tissues in the tortoise *Testudo hermanni hermanni* GMELIN. – Life Sciences, **2**: 763-766.

GILLES-BAILLIEN & BOUQUEGNEAUX-TARTE (1972): Cationic distribution within the bladder mucosa of the tortoise *Testudo hermanni* and its modification during hibernation. – Arch. Int. Physiol. Biochim., **80** (3): 563-572.

GILLES-BAILLIEN & SCHOFFENIELS (1961): Origin of the potential difference in the intestinal epithelium of the turtle. – Nature, London, 190: 1107-1108.

GILLES-BAILLIEN & SCHOFFENIELS (1965a): Site of action of L-alanine and D-glucose on the potential difference across the intestine. – Arch. Int. Physiol. Biochim., **73**: 355-357.

GILLES-BAILLIEN & SCHOFFENIELS (1965b): Variations saisonnières dans la composition du sang de la tortue grecque *Testudo hermanni* J. F. GMELIN. – Annales de la Société Royale Zoologique de Belgique, **95**: 75-79.

GILLES-BAILLIEN & SCHOFFENIELS (1967a): Action of L-alanine on the fluxes of inorganic ions across the intestinal epithelium of Greek tortoise. – Life Sciences, **6**: 1257-1262.

GILLES-BAILLIEN & SCHOFFENIELS (1967b): Bioelectric potentials in the intestinal epithelium of the Greek tortoise. – Comparative Biochemistry and Physiology, Vancouver, **23**: 95-104.

GILLES-BAILLIEN & SCHOFFENIELS (1967c): Fluxes of inorganic ions across the isolated intestinal epithelium of the Greek tortoise. – Arch. Int. Physiol. Biochim., **75**: 754-762.

GILLES-BAILLIEN & SCHOFFENIELS (1968): Amino acids and bioelectric potentials in the small intestine of the Greek tortoise. – Life Sciences, **7**: 53-63.

GILLES-BAILLIEN & SCHOFFENIELS (1970): Changes in the inorganic ion content of the jejunum mucosa in conditions causing modifications of the transfer of L-alanine (*Testudo hermanni hermanni*). – Life Sciences, Part 1, Physiology, Pharmacology, **9** (10): 591-599.

GILLES-BAILLIEN & SCHOFFENIELS (1971): Bio-electric potential profiles in the bladder mucosa of the tortoise *Testudo hermanni hermanni*. – Life Sciences, Part 1, Physiology, Pharmacology, **10** (6): 309-316.

GILLES-BAILLIEN & VERBERT (1978): Seasonal changes in the electrical parameters of the small intestine, colon, and bladder mucosa of land tortoises (*Testudo hermanni hermanni*). – Experientia, Bangor, **34** (9): 1174-1175.

GILLES-BAILLIEN, AGUILAR-PERIS & FERNANDEZ-TEJERO (1978): Analysis of a model of biological membrane transport intestinal – transport of cyclo-leucine. – Rev. Esp. Fisiol., **34** (1): 25-32.

GIRTANNER (1892): Die Griechische Landschildkröte im Garten. – Der Zoologischer Garten, Berlin, **33**: 349-350.

GLAESSNER (1933): Die Tertiärschildkröten Niederösterreichs. – Neues Jahrbuch für Mineralogie, Geologie und Paläontologie, Abteilung 3, Stuttgart, **69**: 353-387.

GMELIN (1789): Caroli a Linné ... Systema Naturae per regna tria naturae, secundum classes, ordines, genera, species; cum characteribus, differentiis, synonymis, locis. Editio decimo tertia, aucta, reformata. Tom I. Pars III. – Leipzig (Georg Emanuel Beer): 1041.

GMIRA (1993a): Une nouvelle espèce de tortue Testudininei (*Testudo kenitrensis* n. sp.) de l'Inter Amirien-Tensiftien de Kénitra (Maroc). – Comptes Rendus de l'Académie des Sciences, Paris, Série II, **316**: 701-707.

GMIRA (1993b): Nouvelles données sur les espèces actuelles du Testudo (Chelonii, Testudinidae). – Bulletin de la Société Herpétologique de France, Paris, **65**: 49-56.

GMIRA (1995): Étude des Chéloniens Fossiles du Maroc – Anatomie, Systématique, Phylogénie. – Cahiers de Paléontologie, Paris (C.N.R.S Éditions), 140 pp.

GÖBEL (1986): Clinical use of fluoroquinolones in exotic animals and small mammals. – Proceedings of second international veterinary symposium on Baytril®, Leverkusen, **18**: 53-55.

GÖBEL & SPÖRLE (1991): Blood collecting technique and selected reference values for Herman's tortoise (*Testudo hermanni hermanni*). – Proceedings 4th International Colloquium on Pathology and Medicine of Reptiles and Amphibians, Bad Nauheim (Deutsche Tierärztliche Vereinigung): 129-134.

GÖBEL & SPÖRLE (1992): Blutentnahmetechnik und Serumnormalwerte wichtiger Parameter bei der griechischen Landschildkröte (*Testudo hermanni hermanni*). – Die Tierärztliche Praxis, Stuttgart, **20**: 231-234.

GÖBEL, SCHILDGER & SPÖRLE (1990): Propädeutik und diagnostische Verfahren bei Reptilien. – Der Praktische Tierarzt, Hannover, **71**: 14-25.

GOMILLE (1991): Jugoslawien – Der Ausverkauf der Schildkröten. – Das Tier, Leinfelden-Echterdingen, **32** (7): 69.

GOMIS (2004): Anatomie de la Tortue, ses applications à la pratique vétérinaire. – CD-ROM, Mulhouse (Parque zoologique).

GORSEMANN (1968): Het houden van Europese landschildpadden en huis. – Lacerta, Zoetermeer, **26** (1): 6.

GOTCH (1995): Latin names explained, a guide to the scientific classification of Reptiles, Birds and Mammals. – London (Blandford): 56.

GOTTSCHALK (1996): Ungewöhnliche Überwinterung einer *Testudo h. boettgeri*. – DATZ, Stuttgart, **49** (10): 675.

GRANIT (1940-1941): The »Red« Receptor of *Testudo*. – Acta Physiologica Scandinavica, Stockholm, **1**: 386-388.

GRANO & GRANO (2006a): Herpetofauna de la Capocotta sand dunes. – Reptilia (GB), Barcelona, **44**: 47-51.

GRANO & GRANO (2006b): Herpetofauna de las dunas de Capocotta. – Reptilia (E), Barcelona, **57**: 51-55.

GRANO & GRANO (2006c): L'erpetofauna delle dune di Capocotta. – Reptilia (It), Barcelona, **6**: 47-51.

GRAY (1869): Notes on the families and genera of tortoises (Testudinata), and on the characters afforded by the study of their skulls. – Proceedings of the Zoological Society of London, London: 165-225.

GRAY (1870): Supplement to the Catalogue of Shield Reptiles in the Collection of the British Museum. Part 1. Testudinata (Tortoises). – London (Taylor and Francis): 8.

GRAY (1872): Appendix to the Catalogue of Shield Reptiles in the Collection of the British Museum. Part 1. Testudinata (Tortoises). – London (Taylor and Francis): 4.

GRILLITSCH (1993): Freilandnachzucht der Griechischen Landschildkröte, *Testudo hermanni* GMELIN, 1789, unter den Klimabedingungen des unteren Inntales (Oberösterreich). – Herpetozoa, Vienna, **6** (3/4): 145.

GROLET (1996): Techniques et procédés de rapatriement – Bilan de six années d'expérience. – In: SOPTOM (Eds.): International Congress of Chelonian Conservation – Proceedings. – Gonfaron (Editions SOPTOM): 214-220

GROLET (1999): Opération »Apalone«. – La Tortue, Gonfaron, **48**: 36-39.

GROLET (2002): Operation Apalone – *Testudo* part. – Chelonii, Gonfaron, **3**: 277-287.

GROOMBRIDGE (1982): The IUCN Amphibia-Reptilia Red Data Book – Part 1 – Testudines, Crocodylia, Rhynchocephalia. – Gland (IUCN): 127-131.

GROOMBRIDGE (1988): Hermann's tortoise. – In: GROOMBRIDGE & BROODS (Eds.): Significant Trade in Wildlife – A

Review of Selected Species in CITES Appendix II, Vol. 2. – Gland (IUCN): 23-29.

GROSS (1995): Landschildkröten – Die Pflege nach der Winterruhe. – DATZ, Stuttgart, **48** (7): 446-448.

GROSSI (2003): Autopsie d'une forêt meurtrie. – Manouria, Mezzavia, 21: 21-23.

GRUBAC (1987): L'Aigle royal en Macédoine. – In: L'Aigle royal en Europe, Premier Colloque international sur L'Aigle royal en Europe (13-15 juin 1986, Arvieux). – Briançon (Maison de la Nature): 37-39.

GRUBER (1982): Herpetofauna Griechenlands. – Karlsruhe (Hellenic Society for the Protection of Nature).

GRUBER (1999): Landschildkröten – Altersbestimmung möglich? – Ein Herz für Tiere, Ismaning, 2: 56.

GRUNDKE (1988): Reptilien auf Korfu. – DATZ, Stuttgart, **41** (5): 426-428.

GUERIN & WALLON (1975a): Effect of 2-4 dinitro-phenol and ouabain on the ability of cesium ions to substitute for intracellular potassium ions in isolated and perfused turtle heart. – The Journal of Physiology, London, **70** (4): 467-477.

GUERIN & WALLON (1975b): Effets de la substitution du césium au potassium dans le milieu de perfusion du coeur isolé de tortue – 1 – Vitesse de pénétration du césium et de fuite du potassium. – C. R. Séanc. Soc. Biol., Paris, **163**: 313-319.

GUERIN & WALLON (1979): The reversible replacement of internal potassium by cesium in isolated turtle (Testudo hermanni) heart. – The Journal of Physiology, London, **293**: 525-538.

GULIA (1914): Uno sguardo alla zoologia delle »Isole Maltese«. – In: IX. Congrès intern. Zool., Monaco, 25-30 mars 1913, Monaco: 545-555.

GUMPENBERGER (1996a): Steroidhormongehalt in Kot von Griechischen und Maurischen Landschildkröten im Jahresgang und Kontrolle der Ovarien mit Ultraschalluntersuchungen. – Dissertation, Veterinärmedizinische Univ. Wien, Vienna.

GUMPENBERGER (1996b): Untersuchungen am Harntrakt und weiblichen Genitaltrakt von Schildkröten mit Hilfe bildgebender Diagnostik. – Dissertation, Veterinärmedizinische Univ. Wien, Vienna.

GUNDACKER (2006): Kühlschranküberwinterung europäischer Landschildkröten – ein Erfahrungsbericht. – Sacalia, Stiefern, **4** (10): 32-36.

GÜRTLER (1994): Landschildkrötenanlage im Ruhr-Zoo. – DATZ, Stuttgart, **47** (9): 552.

GUSSONE (1839): Notizie sulle isole Linosa, Lampione, et Lampedusa e descrizione di una nuova specie di Stapeliache che trovasi in questa ultima – lette nell'anno 1832. – Atti R. Accad. Sci., Sez. R. borbon., Sez. Bot., **4**: 74-97.

GUYOT (1996a): Biologie de la conservation chez la tortue d'Hermann française. – Dissertation, Univ. Pierre et Marie Curie, Paris, 156 pp.

GUYOT (1996b): État d'une population de tortues d'Hermann après perturbation du site par la construction d'une autoroute. – In: SOPTOM (Eds.): International Congress of Chelonian Conservation – Proceedings. – Gonfaron (Editions SOPTOM): 184-185.

GUYOT (1996c): Biologie de la conservation chez la tortue d'Hermann française. – La Tortue, Gonfaron, 38: 14-17.

GUYOT (1997a): Étude d'impact sur la zone du centre d'élevage et d'information du Village des Tortues. –; SOPTOM Report, Gonfaron, 15 pp.

GUYOT (1997b): Conservation measures for a population of Hermann's tortoise Testudo hermanni in southern France bisected by a major highway. – Biological Conservation, **79** (2/3): 251-256.

GUYOT (1999a): Quelques aspects de la dynamique des populations chez Testudo hermanni hermanni dans le sud-est de la France – Conséquences pour sa conservation. – Bulletin de la Société Herpétologique de France, Paris, **89**: 5-16.

GUYOT (1999b): La tortue face aux infrastructures routières – problèmes et aménagements expérimentés en France et à l'étranger. – In: Actes des troisièmes Rencontres »Routes et Faune Sauvage«, Ministère de l'Equipement, des Transports et du Logement und Ministère de l'Aménagement du Territoire et de l'Environnement, Strasbourg: 123-131.

GUYOT (2000): Un symposium consacré aux espèces de tortues vivant en Floride. – Manouria, Mezzavia, 6: 9-10.

GUYOT (2001a): La tortue d'Hermann française, étude écologique et perspectives. – Manouria, Mezzavia, 12: 10-22.

GUYOT (2001b): Du nouveau sur la tortue d'Hermann et les herbicides. – Manouria, Mezzavia, 13: 3-4.

GUYOT (2002): Some Biological Comments on Hermann's Tortoise, Testudo hermanni. – Reptile & Amphibian Journal, www.kingsnake.com, **3**: 9-15.

GUYOT JACKSON (2004): Les cris de la Tortue d'Hermann, un moyen de sélection reproductive. – Manouria, Mezzavia, 25: 6.

GUYOT & CLOBERT (1997): Conservation measures for a population of Hermann's tortoise Testudo hermanni in southern France bisected by a major highway. – Biological Conservation, **79**: 251-256.

GUYOT & DEVAUX (1997a): Variation in shell morphology and color of Hermann's tortoise, Testudo hermanni, in southern Europe. – Chelonian Conservation and Biology, Lunenburg, **2** (3): 390-395.

GUYOT & DEVAUX (1997b): Variation de la morphologie de la carapace et des colorations chez la tortue d'Hermann. – La Tortue, Gonfaron, 38: 22-25.

GUYOT & LESCURE (1994): Etude préliminaire du comportement alimentaire en enclos semi-naturel chez la tortue d'Hermann (Testudo hermanni hermanni GMELIN, 1789). – Bulletin de la Société Herpétologique de France, Paris: 69-70.

GUYOT & PRITCHARD (1999): First record of introduced eastern Mediterranean tortoises, Testudo hermanni boettgeri, in southern France. – Chelonian Conservation and Biology, Lunenburg, 3 (3): 518-520.

GUYOT, PIEAU & RENOUS (1994): Développement embryonnaire d'une tortue terrestre, la tortue d'Hermann, Testudo hermanni GMELIN, 1789. – Annales des Sciences Naturelles, Zoologie, Paris, 13e Serie, 15: 115-137.

GUYOT JACKSON (2003): Chers lectrices et lecteurs. – Manouria, Mezzavia, 20: 1.

GUYOT JACKSON (2004): Manouria 22. Numéro Spécial Testudo. – CD-ROM, Mezzavia (SARL MANOURIA editions).

HAACKER (1960): Zoologische Beobachtungen in der Camargue und an der Cte d'Azur, Varoise. – DATZ, Stuttgart, 13 (4): 221-223.

HAAG (1996): Tortoise news from Romania. – British Chelonia Group Newsletter, 114: 6-7.

HAAS (1968): Freude an Schildkröten. – Bremen (Heimtier-Bücherei): 14, 31.

HABSBURG-LOTHRINGEN (1894): Die Liparischen Inseln – Allgemeiner Teil. – Prague (H. Merey), X, 159 pp.

HACKETHAL (1993): Haltungsrichtlinien für Schildkröten in menschlicher Obhut. – Journal der AG Schildkröten & Panzerechsen der DGHT, Bennstedt, 2 (3): 23-27.

HACKETHAL (1994): Ergänzungen der Haltungsrichtlinien für Schildkröten. – Journal der AG Schildkröten & Panzerechsen der DGHT, Bennstedt, 3 (3): 13.

HACKETHAL (1995a): Zusammenfassung des AG S & P Workshops in Dresden vom 25. bis 27.11.1994. – Journal der AG Schildkröten & Panzerechsen der DGHT, Bennstedt, 4 (1): 11-12.

HACKETHAL (1995b): Diskussion zur temperaturabhängigen Geschlechtsausbildung bei Schildkröten wird gewünscht! – Journal der AG Schildkröten & Panzerechsen der DGHT, Bürstadt, 4 (1): 13.

HADZI (1935): Kurze zoogeographische Übersicht Jugoslaviens. – Verhandlungen der Internationalen Vereinigung für theoretische und angewandte Limnologie, Kiel, 7: 36-45.

HÄFELI & RYTZ (1991): Therapiemöglichkeiten der Unterkieferfraktur bei Landschildkröten. – Proceedings of the 4th International Colloquium for Pathology and Medicine of Reptiles and Amphibians, Bad Nauheim: 251-254.

HÄFELI & ZWART (2000): Panzerweiche bei jungen Landschildkröten und deren mögliche Ursachen. – Der praktische Tierarzt, Hannover, 81 (2): 129-132. – SIGS-Info, Siblingen, 7 (1): 29.

HAFFNER (1994): Les Reptiles. – In: MAURIN (Ed.): Inventaire de la faune menacée en France. – Paris (Editions Nathan/MNHN/WWF): 88-99.

HAGIST (1963): Salat als Todesursache bei Schildkröten. – DATZ, Stuttgart, 16 (9): 349.

HAHN (1996): Schildkröten-Kauf. – Ein Herz für Tiere, Ismaning, 9: 73.

HAILEY (1988a): Population ecology and conservation of tortoises: the estimation of density and dynamics of a small population. – The Herpetological Journal, London, 1: 263-271.

HAILEY (1988b): Tortoise Conservation in Greece. – Testudo, 2 (6): 57-68.

HAILEY (1989): How far do animals move? Routine movements in a tortoise. – Canadian Journal of Zoology, Ottawa, 67: 208-215.

HAILEY (1990): Adult survival and recruitment and the explanation of an uneven sex ratio in a tortoise population. – Canadian Journal of Zoology, Ottawa, 68: 547-555.

HAILEY (1991): Regulation of a Greek tortoise population. – British Ecological Society Bulletin, London, 22: 119-123.

HAILEY (1999): Variation of adult body size of the tortoise Testudo hermanni in Greece: proximate and ultimate causes. – Journal of Zoology, London, 248: 379-396.

HAILEY (2000a): Assessing body mass conditions in the tortoise Testudo hermanni. – The Herpetological Journal, London, 10 (2): 57-61.

HAILEY (2000b): Implications of high intrinsic growth rate of a tortoise population for conservation. – Animal Conservation, London, 3: 185-189.

HAILEY (2000c): The effects of fire and mechanical habitat destruction on survival of the tortoise Testudo hermanni in northern Greece. – Biological Conservation, 92: 321-333.

HAILEY (2001): Home range area in the tortoise Testudo hermanni in relation to habitat complexity: implications for conservation and biodiversity. – Biodiversity and Conservation, 10: 1131-1140.

HAILEY & COULSON (1999): The growth pattern of the African tortoise Geochelone pardalis and other chelonians. – Canadian Journal of Zoology, Ottawa, 77: 181-193.

HAILEY & GOUTNER (1991): Villas, villagers and tortoises in Greece – a sequel. – Oryx, Cambridge & Washington, 25 (3): 169-171.

HAILEY & GOUTNER (1991): Changes in the Alyki Kitrous wetland in northern Greece: 1990-1999, and future prospects. – Biodiversity and Conservation, 11: 357-377.

HAILEY & LOUMBOURDIS (1988): Egg size and shape, clutch dynamics, and reproductive effort in European tortoises. – Canadian Journal of Zoology, Ottawa, 66: 1527-1536.

HAILEY & LOUMBOURDIS (1990): Population ecology and conservation of tortoises: demographic aspects of reproduction in Testudo hermanni. – The Herpetological Journal, London, 1: 425-434.

HAILEY & THEOPHILIDIS (1987): Cardiac responses to stress and activity in the armored legless lizard *Ophisaurus apodus* in comparison with snake and tortoise. – Comparative Biochemistry and Physiology, A, Comparative Physiology, Vancouver, **88** (2): 201-206.

HAILEY & WILLEMSEN (1988): Status and conservation of tortoises in Greece. – The Herpetological Journal, London, **1**, 315-330.

HAILEY & WILLEMSEN (2000): Population density and adult sex ratio of the tortoise *Testudo hermanni* in Greece: evidence for intrinsic population regulation. – Journal of Zoology, London, **251** (3): 325-338.

HAILEY & WILLEMSEN (2003): Changes in the status of tortoise populations in Greece 1984-2001. – Biodiversity and Conservation, **12**: 991-1011.

HAILEY, PULFORD & STUBBS (1984): Summer activity patterns of *Testudo hermanni* GMELIN in Greece and France. – Amphibia-Reptilia, Leiden, **5** (1): 69-78.

HAILEY, WRIGHT & STEER (1988): Population ecology and conservation of tortoises: the effects of disturbance. – The Herpetological Journal, London, **1**: 294-301.

HALLMEN (2004): Reptilienhaltung in der Schule. – DATZ, Stuttgart, **57** (11): 6-11.

HANGER (1984): Some reptiles of Corfu. – British Herpetological Society Bulletin, London, **10**: 39-42.

HANSBACH (1995a): Der Tierarztbesuch. – Schildkröten, Linden, **2** (3): 6-9.

HANSBACH (1995b): Regenzeit statt Legezeit. – Schildkröten, Linden, **2** (4): 24-26.

HANSBACH (2001): Eigrube ist nicht gleich Eigrube. – Schildkröten, Linden, **8** (3): 25.

HANSEN (1990): So lebt die Schildkröte. – Luzern (Kinderbuchverlag Luzern), 40 pp.

HARCOURT-BROWN (1997): The Effects of Captivity on Tortoise Behaviour. – Testudo, **4** (4): 19-25.

HARLESS & MORLOCK (Eds.) (1979): Turtles – Perspectives and Research. – New York (John Wiley & Sons): 16, 140, 193, 210, 334-335, 361, 366, 369, 372, 385, 409, 425, 490, 511, 543, 557, 559.

HARPER (1983): European tortoises – what now? – British Chelonia Group Newsletter, 40: 4-5.

HARPER (1986): Hibernating tortoise. – The Veterinary Record, London, **118**: 408.

HARRISON (1989): Regeneration of the Tail Spur in *Testudo hermanni*. – Testudo, **3** (1): 81-83.

HARTL (1999): Ernährung europäischer Landschildkröten. – Ein Herz für Tiere, Ismaning, 1: 28.

HARTMANN (1977): Zeitigung von Landschildkröteneiern. – Aquarien Terrarien, Leipzig, Jena & Berlin, **24** (5): 152-153.

HAWES (1998): Sale of juvenile tortoises in UK. – Tortoise Trust Newsletter, London, **13** (2): 10.

HAXHIU (1979): Përcaktues i reptileve te Shqipërise. – Shtepia botuese e Universitetit Tiranë, Tirana, 144 pp.

HAXHIU (1981): Emërtime popullore të zvaranikeve. – Studime Filologjike, Tirana, **4**: 209-217.

HAXHIU (1982): Mbi gjarprinjtë giysëm helmues dhe helmues të vendit tonë. – Buletin Shkencave Mjeksore, Tirana, **1**: 57-65.

HAXHIU (1985): Rezultate të studimit të breshkavetë ne vendit tonë (Rendi Testudines). – Buletin Shkencave Natyres, Tirana, **39** (2): 99-104.

HAXHIU (1986): Studim për bretkosat e gjelbra të vendit tonë. – Buletin Shkencave Natyres, Tirana, **40** (3): 47-55, (4): 79-84.

HAXHIU (1987): Studim për bretkosat e gjelbra të vendit tonë. – Buletin Shkencave Natyres, Tirana, **41** (1): 106-114.

HAXHIU (1995a): Results of studies on the chelonians of Albania. – Chelonian Conservation and Biology, Lunenburg, **1** (4): 324-326.

HAXHIU (1995b): Current data on the chelonians of Albania. – Chelonian Conservation and Biology, Lunenburg, **1** (4): 326-327.

HAXHIU (1998): The Reptilia of Albania: species composition, distribution, habitats. – Bonner Zoologische Beiträge, Bonn: **48**: 35-57.

HAXHIU & ORUÇI (2002): Current status of *Testudo* genus in Albania. – Chelonii, Gonfaron, 3: 190-192.

HAYNES (1996): Story from the stock officer. – British Chelonia Group Newsletter, 114: 20.

HAYWOOD (2001): A veterinary treatment experience. – Tortoise Trust Newsletter, London, **15** (4)/**16** (1): 8.

HEATHCOTE (1994): Some Notes to Aid Successful Hibernation for the Mediterranean Tortoise. – Reptilian Magazine, 10: 33-35.

HEDIGER (1958): Zum Überwinterungs-Verhalten der Griechischen Landschildkröte. – Natur und Volk, Frankfurt am Main, **88** (4): 121-123.

VON HEGEL (1997): Möglichkeiten der Kennzeichnung von im Anhang A der EU-Verordnung genannten Reptilienarten. – BNA-aktuell, Hambrücken, 4: 69-70.

HEIMANN (1986): Zur Aufzucht junger Landschildkröten. – elaphe, Berlin, **8** (2): 30-31.

HEIMANN (1987-1988): Vorschläge zur zweckmäßigen Haltung und effektiven Zucht europäischer Landschildkröten. – Aquarien Terrarien, Leipzig, **34** (11): 386-391, **34** (12): 414-416, **35** (1): 23-27.

HEIMANN (1989): Betr. »Aktivität von Landschildkröten-Weibchen bei der Paarung« (DATZ 9/88). – DATZ, Stuttgart, **42** (2): 125.

HEIMANN (1990): Testudo hermanni GMELIN. – Sauria Supplement, Amphibien-Reptilien-Kartei, Berlin, **12** (3): 175-178.

HEIMANN (1991): Europäische Landschildkröten – Haltung, Zucht. – Vortragszusammenfassung der DGHT-Jahrestagung, Bonn: 20-21.

HEIMANN (1992): Eine F2-Generation bei Testudo hermanni boettgeri MOJSISOVICS 1889 in Gefangenschaft. – Sauria, Berlin, **14** (2): 19-22.

HEIMANN (2000): Eine F3-Generation bei Testudo hermanni boettgeri MOJSISOVICS 1889 in menschlicher Obhut. – Sauria, Berlin, **22** (3): 41-44.

HEISSENBÜTTEL (1993): Diebstahl von Landschildkröten aus Freilandanlage in Bremen. – Journal der AG Schildkröten & Panzerechsen der DGHT, Bürstadt, **2** (3): 7-8.

HELDREICH (1878): La faune de Grèce – 1er part – Animaux vertébrés. – Philocalie, Athens, 113 pp.

HELDSTAB & BESTETTI (1982): Spontaneous viral hepatitis in a spur-tailed Mediterranean land tortoise (Testudo hermanni); Journal of Zoo Animal Medicine, 13: 113-120.

HELDSTAB & BESTETTI (1984): Herpesviridae causing glossitis and meningoencephalities in land tortoises (Testudo hermanni). – Proc. Int. Coll. Pathol. Rept. Amphib., Nottingham.

HELDSTAB & BESTETTI (1989): Herpesviridae causing glossitis and meningoencephalities in land tortoises (Testudo hermanni). – Herpetopathologia, Angers, **1** (2): 5-9.

HELLWING (1990): Testudo hermanni – Wer hat die größte im ganzen Land? – DATZ, **43** (5): 313.

HELMER, STRIJBOSCH & SCHOLTE (1988): Two addenda to the Greek herpetofauna and some new distributional data on mainland Greece. – Amphibia-Reptilia, Leiden, **9**: 421-422.

HELMER & SCHOLTE (1985): Herpetological research in Evros, Greece – proposal for a biogenetic reserve. – Societas Europaea Herpetologica, Conservation Committee, Bonn, 142 pp.

HELLMICH (1956): Die Lurche und Kriechtiere Europas. – Winters naturwissenschaftliche Taschenbücher, Heidelberg (Carl Winter, Universitätsverlag), 26: 84.

HENIN, BIANCHI & LIPPE (1969): Active transport of Cl- across the isolated intestinal mucosa of Testudo hermanni. – Experientia, Bangor, **25**: 701-702.

HENKEL & SCHÖNE (Eds.) (1967): Emblemata – Handbuch zur Sinnbildkunst des XVI. und XVII. Jahrhunderts. – Stuttgart (Metzler), 1045 pp.

HENLE (1980): Herpetologische Beobachtungen in der Umgebung Rovinjs (Jugoslawien). – herpetofauna, Weinstadt, **2** (6): 6-10.

HENLE (1999): Die Kennzeichnung von Reptilien. – In: BUNDESMINISTERIUM FÜR UMWELT, NATURSCHUTZ UND REAKTORSICHERHEIT (Eds.): Methoden der Kennzeichnung lebender Wirbeltierarten nach der künftigen Bundesartenschutzverordnung und der EG-Durchführungsverordnung Nr. 939/97 vom 26.05.1997. – Bonn (Bundesministerium für Umwelt, Naturschutz und Reaktorsicherheit): 44-46.

HENNEN (2000): Optimierung von Freilandanlagen für europäische Landschildkröten. – Radiata, Bennstedt, **9** (1): 9-16.

HENNIG (1966): Phylogenetische Systematik. – Berlin & Hamburg (Parey-Verlag), 246 pp.

HENRY, NOUGARÈDE, PRADEL & CHEYLAN (1998): Survival rates and demography of the tortoise Testudo hermanni in Corsica. – In: MIAUD & GUYÉTANT (Eds.): Current Studies in Herpetology. – Proceedings of the 9th Ordinary Meeting of the Societas Europaea Herpetologica, Le Bourget du Lac: 189-196.

HERBEL (2003): Schildkrötenbeobachtung auf der Peloponnes. – Radiata, Lingenfeld, **12** (2): 31-34.

HERMANN (1804): Observationes zoologicae. – Strasbourg & Paris.

HERON (1968): Tortoises in a French Garden. – International Turtle and Tortoise Society Journal, Los Angeles, **2** (1): 18-19, 30-33, 39-40.

HERSCHE (1991): Merkblatt zur Haltung von europäischen Landschildkröten. – SIGS, 2 pp.

HERSCHE (1992): Merkblatt zur Aufzucht Europäischer Landschildkröten. – SIGS, 2 pp.

HERSCHE (1995): Haltung von europäischen und aus dem Mittelmeerraum stammenden Landschildkröten; SIGS-Informationsblatt, 1, 2 pp.

HERSCHE (1996): Buchbesprechung: BRIAN PURSALL: Ratgeber Europäische Landschildkröten. – SIGS-Info, Siblingen, **5** (3): 23-24.

HERSCHE (1998a): Problem Winterschlaf. – Fachmagazin Schildkröte, Rothenfluh, **1** (1): 43.

HERSCHE (1998b): Schutzhaus für mediterrane Landschildkröten. – Fachmagazin Schildkröte, Rothenfluh, **1** (3): 48-53.

HERSCHE (1998c): Wer ist die größte Griechin? – Fachmagazin Schildkröte, Rothenfluh, **1** (3): 58.

HERSCHE (1998d): Schildkröten auf Sardinien. – Fachmagazin Schildkröte, Rothenfluh, **1** (4): 16-23.

HERSCHE (1999/2000a): Temperaturbedürfnisse von Schildkröten. – Fachmagazin Schildkröte, Rothenfluh, **2** (1): 18-21.

HERSCHE (1999/2000b): Aufzuchtbehälter für Schildkröten. – Fachmagazin Schildkröte, Rothenfluh, **2** (1): 30-31.

HERSCHE (1999/2000c): Sie fragen, wir antworten. – Fachmagazin Schildkröte, Rothenfluh, **2** (2): 23.

HERSCHE (1999/2000d): Testudo hermanni, Griechische Landschildkröte. – Fachmagazin Schildkröte, Rothenfluh, **2** (3): 56-57.

HERSCHE (1999/2000e): Schildkrötenausstellung – Die Vielfalt der Schildkröten. – Fachmagazin Schildkröte, Rothenfluh, **2** (4): 12-23

HERSCHE & BAUR (1998): Herpes – tatsächlich noch nie was davon gehört? – Fachmagazin Schildkröte, Rothenfluh, **1** (4): 50-52.

HERSCHE & HOHL (1999/2000): Die Aufzucht mediterraner Landschildkröten. – Fachmagazin Schildkröte, Rothenfluh, **2** (1): 52-61.

HERVET (2000): Tortues du Quaternaire de France. Critères de détermination, répartitions chronologique et géographique. – Marseille (Mésogée), **58**: 3-47.

HERVET (2001): Etude du peuplement chélonien de la Corse à partir de la répartition des tortues fossiles de la Méditerranée occidentale. – Bul. Soc. Sciences Hist. et Nat. de la Corse, Ajaccio, **696-669**:147-163.

HERZ (1994): Beobachtungen an Breitrandschildkröten Testudo marginata SCHOEPFF, 1792 in freier Natur. – Sauria, Berlin, **16** (1): 27-30.

HERZ (2002): Testudo hermanni boettgeri MOJSISOVICS, 1889 in Norddalmatien. – Sauria, Berlin, **24** (4): 19-22.

HERZ (2005): Unerwartete Nachzucht von Testudo hercegovinensis WERNER, 1899. – Radiata, Lingenfeld, **14** (4): 13-19.

HERZOG (2000): Und noch eine Schildkrötengeschichte ... – SIGS-Info, Siblingen, **9** (4): 26-27.

HEWITT (1999): Post-glacial re-colonization of European biota. – Biological Journal of the Linnean Society, London, **68**: 87-112.

HIBBERD (1980): Hibernation difficulties in a Hermann's tortoise. – Testudo, **1** (3): 22-23.

HIEDELS (2001a): Schildkröten in Griechenland. – Schildkrötenfreunde intern, Gelsenkirchen, **4** (1): 12-13, (2): 32-33.

HIEDELS (2001b): Der Vergleich zwischen Griechenland und hier!!! – Schildkrötenfreunde intern, Gelsenkirchen, **4** (1): 13-15.

HIGHFIELD (1985): Incubation of eggs and care of hatchlings. – Journal of Chelonian Herpetology, London: 1-24.

HIGHFIELD (1986): Safer Hibernation and Your Tortoise. – Tortoise Trust, Norwich.

HIGHFIELD (1987a): Recommended diet for captive tortoises. – Tortoise Trust, Norwich.

HIGHFIELD (1987b): Causal Factors of Mortality in Captive Collections. – Testudo, **2** (5): 15-17.

HIGHFIELD (1988a): Practical dietary recommendations for hatchling tortoises. – Tortoise Trust technical bulletin, London, 18.

HIGHFIELD (1988b): A new size record for T. hermanni GMELIN 1789? – The Rephibearly, Burford, **132**: 5-6.

HIGHFIELD (1989a): Diagnostic characters of tortoises (1) – Division of the supracaudal scute in Testudo and its relevance as a taxonomic diagnostic character. – British Herpetological Society Bulletin, London, **30**: 14-18.

HIGHFIELD (1989b): Revision of Taxonomic Status and Nomenclature, Genus Testudo – A brief chronology. – The Rephiberary, Banbury: 141.

HIGHFIELD (1989c): Feeding Your Tortoise. – Tortoise Trust, Norwich.

HIGHFIELD (1989d): General Care of Tortoises. – Tortoise Trust, Norwich.

HIGHFIELD (1989e): Notes on dietary constituents for herbivorous terrestrial chelonia and their effects on growth and development. – ASRA Journal, Burford, **3** (3): 7-20.

HIGHFIELD (1990a): Keeping and Breeding Tortoises in Captivity. – Portishead (R & A Publishing): 2, 4-5, 9, 26, 36-37, 58, 97-101.

HIGHFIELD (1990b): Artificial incubation techniques in relation to Testudo graeca and Testudo hermanni with notes on embryonic anoxia as a possible factor in hatchling mortality. – Testudo, **3** (3): 2-4.

HIGHFIELD (1990c): Observations on the incidence and taxonomic significance of divided supracaudal scutes in Mediterranean tortoises genus Testudo. – Tortoise Trust Newsletter, London, **5** (1): 8-9.

HIGHFIELD (1992): New disease problems in Hermann's tortoises? – Tortoise Trust Newsletter, London, **7** (1): 6-7.

HIGHFIELD (1994): Tortoise Trust Guide to Tortoises & Turtles. – London (Carapace Press): 6-8, 10, 16-17, 25-28, 50.

HIGHFIELD (1996a): Practical Encyclopedia of Keeping and Breeding Tortoises and Freshwater Turtles. – London (Carapace Press): 5, 9, 29, 33-34, 36-38, 51, 237-241, plates X-XV, XXIV.

HIGHFIELD (1996b): Tortoises – do they need to drink? – Tortoise Trust Newsletter, London, **11** (1): 10-11.

HIGHFIELD (1996c): Shell disease (»shell-rot«) in tortoises. – Tortoise Trust Newsletter, London, **11** (4): 15.

HIGHFIELD (1996d): Observations on the incidence and taxonomic significance of divided supracaudal scutes in Mediterranean tortoises genus Testudo. – Tortoise Trust Newsletter, London, **11** (2): 8-9.+

HIGHFIELD (1997a): An effective method of artificial incubation for Mediterranean tortoise eggs. – Tortoise Trust Newsletter, London, **12** (1): 6-7.

HIGHFIELD (1997b): Bebrüten von eiern von mediterranen Landschildkröten. – SIGS-Info, Siblingen

HIGHFIELD (1998): When tortoises won't feed. – Tortoise Trust Newsletter, London, **13** (4): 6-7.

HIGHFIELD (1999): Shell rot revisited. – Tortoise Trust Newsletter, London, **14** (1): 15.

HIGHFIELD (2000): The Tortoise and Turtle Feeding Manual. London (Carapace Press): 3-5, 7, 9, 29, 37-38, 51, 237-240, plate XXIV.

HIGHFIELD (2001a): Critical care – when hatchlings arrive! – Tortoise Trust Newsletter, London, **16** (2): 17.

HIGHFIELD (2001b): Tortoises – do they need to drink? – the Tortuga Gazette, Van Nuys, **37** (6): 7.

HIGHFIELD (2002): Natural and artificial nest sites for terrestrial tortoises. – Tortoise Trust Newsletter, London, **17** (3/4): 19-20.

HIGHFIELD (2003): Caring for juvenile tortoises: basic guidelines. – Tortoise Trust Newsletter, London, **18** (2): 8, 12.

HIGHFIELD (2005): Tortoises: do they need to drink? – the Tortuga Gazette, Van Nuys, **41** (3): 8-10.

HIGHFIELD & MARTIN (1989): A revision of the Testudines of North Africa, Asia and Europe. – Journal of Chelonian Herpetology, London, **1** (1): 1-12.

HILL (1981): Success at last – hatching of T. hermanni and T. graeca. – British Chelonia Group Newsletter, 24: 3-5.

HILL (1984): Breeding success in Southampton. – British Chelonia Group Newsletter, 41: 4-5.

HILL (2003): Bemerkungen zur Herpetofauna von Korfu (Griechenland). – ÖGH-Aktuell, Vienna, 12: 10-13.

HILLER (2002): Schildkröten in der Literatur des 19. Jahrhunderts. – Radiata, Haan, **11** (4): 45-47.

HILLER (2005): Schildkröten im Zweiten Weltkrieg. – Minor, Lingenfeld, **4** (3): 28-29.

HOARE (2002): Homeopathy. – Testudo, **5** (4): 17-24.

HOCHLEITNER (1990): Papillom im Bereich der Kloake bei einer Griechischen Landschildkröte (Testudo hermanni). – Wiener Tierärztliche Monatsschrift, Vienna, **77** (7): 234-235.

HOFER (1967): Beiträge zur Herpetologie Korfus. – Unveröffentlichtes Manuskript, Universität Innsbruck, 9 pp.

HOFER (2004): Freilandbeobachtungen an der Griechischen Landschildkröte Testudo hermanni boettgeri. – Sacalia, Stiefern, **2** (4): 37-40.

HOFF (1937): Méditation in solitude. – Journal of the Warburg Institute, London, **1** (4): 292-294.

HOFFMANN & BAUR (1999/2000a): Die Verdauung bei Landschildkröten unter Berücksichtigung der anatomischen Strukturen. – Fachmagazin Schildkröte, Rothenfluh, **2** (2): 17-21.

HOFFMANN & BAUR (1999/2000b): AGROBS – Biofutter für Landschildkröten. – Fachmagazin Schildkröte, Rothenfluh, **2** (2): 24-25.

HOHL & HERSCHE (1999/2000): Briefkasten. – Fachmagazin Schildkröte, Rothenfluh, **2** (2): 48-49.

HOLFERT & HOLFERT (1999): Europäische Landschildkröten im Freilandterrarium. Langjährige Erfahrungen mit Haltung und Vermehrung. – Reptilia (D), Münster, 17: 24-31.

HOLMAN (1998): Pleistocene Amphibians and Reptiles in Britain and Europe. – Oxford Monographs in Geology and Geophysics, Oxford (Oxford University Press), X, 254 pp.

HOLT (1978): Radiological studies of the alimentary tract in two Greek tortoises. – The Veterinary Record, London, **103**: 198-200.

HOLT (1980): Worm infestations in tortoises – Part 1 – Diagnosis. – Testudo, **1** (3): 10-14.

HOLT & COOPER (1976): Stomatitis in the Greek tortoise. – The Veterinary Record, London, **98**: 156.

HOLT, COOPER & NEEDHAM (1979): Diseases of tortoises: a review of seventy cases. – Journal of Small Animal Practice, **20**: 269-286.

HONEGGER (1974): The reptile trade. – International Zoo Yearbook, London, **14**: 47-52.

HONEGGER (1975a): Breeding and maintaining reptiles in captivity. – In: MARTIN (Ed.): Breeding endangered species in captivity. – London (Academy Press).

HONEGGER (1975b): The public aquarium and terrarium as a consumer of wildlife. – International Zoo Yearbook, London, **15**: 269-271

HONEGGER (1978): Threatened amphibians and reptiles in Europe. – Strasbourg (European Council), 123 pp.

HONEGGER (1980a): Testudo hermanni (GMELIN, 1789) – Code A-301.011.010.002. – In: DOLLINGER (Ed.): Convention on International Trade in Endangered Species of Wild Fauna and Flora Identification Manual, Band 3, Reptilia, Amphibia, Pisces. – Lausanne & Paris (Secretariat for the Convention): 1-2.

HONEGGER (1980b): Breeding endangered species of amphibians and reptiles – some critical remarks and suggestions. – British Journal of Herpetology, London, **16** (6): 113-118.

HONEGGER (1981): Threatened Amphibians and Reptiles in Europe – Handbuch der Reptilien und Amphibien Europas, Ergänzungsband. – Wiesbaden (Akademische Verlagsgesellschaft): 5, 14, 24-26, 29-30, 40-42, 44, 51, 99-102.

HONEGGER (1982): Schildkröten – verehrt und begehrt. – Natur und Museum, Frankfurt am Main, **112** (9): 294-302.

HORSTHUIS (1965): Waarnemingen bij Testudo graeca en T. hermanni. – Lacerta, Zoetermeer, **23** (7): 50, (10-11): 87..

HRABE, OLIVA & OPATRNY (1973): Klic Nasich Ryb, Obojzivelniku a Plazu. – Statni Pedagogicke Nakladatelstvi, Prague, 347 pp.

HRISTOVIC (1892): Matériaux pour l'étude de la faune bulgare. – Sbornik za narodni umotvorenija, Sofia, **VII**: 413-428.

HUBER (1999): Würmchen inbegriffen. – Ein Herz für Tiere, Ismaning, 7: 58-59.

HUMMEL (2004a): Das Carapax Center in Massa Marittima. – Reptilia (D), Münster, 47: 14-15.

HUMMEL (2004b): Naturkundliche Einrichtungen in Berlin und Potsdam. – Sacalia, Stiefern, 2 (3): 24-31.

HUMMEL (2004c): Urlaubsgrüße aus Griechenland. – Sacalia, Stiefern, 2 (3): 41-44.

HUMMEL (2006): Zu den Unterschieden der Europäischen Landschildkröten. – Sacalia, Stiefern, 4 (10): 46-48.

HUOT-DAUBREMENT (1996): Contribution à l'étude écophysiologique de differents aspects du cycle annuel de la tortue d'Hermann (Testudo hermanni hermanni) dans le Massif des Maures (Var). – Dissertation, Univ. du Tours, Tours, 180 pp.

HUOT-DAUBREMENT (1997): Contribution à l'étude écophysiologique de differents aspects du cycle annuel de la tortue d'Hermann dans le Massif des Maures. – La Tortue, Gonfaron, 38: 18-21

HUOT-DAUBREMENT (2002): Étude de la thermorégulation de la Tortue d'Hermann (Testudo hermanni hermanni) au cours de son cycle annuel, à l'aide d'une sonde intracorporelle – rythme nycthéméral et échelle thermobiologique. – Chelonii, Gonfaron, 3: 145-154.

HUOT-DAUBREMONT & GRENOT (1996a): Thermoregulation study of the Hermann tortoise (Testudo hermanni hermanni) by radio-telemetry – first results. – In: SOPTOM (Eds.): International Congress of Chelonian Conservation – Proceedings. – Gonfaron (Editions SOPTOM): 324.

HUOT-DAUBREMENT & GRENOT (1996b): Suivi de la thermorégulation de la Tortue d'Hermann (Testudo hermanni hermanni), à l'aide d'une sonde intracorporelle – étude préliminaire. – Bulletin de la Société Herpétologique de France, Paris, 78: 35-41.

HUOT-DAUBREMENT & GRENOT (1997): Rythme d'activité de la tortue d'Hermann (Testudo hermanni hermanni) en semi-liberté dans le massif des Maures (Var). – Terre Vie, Rabat-Agdal, 52: 331-344.

HUOT-DAUBREMENT, GRENOT & BRADSHAW (1996): Temperature regulation in Hermann's tortoise, Testudo hermanni, studied with indwelling probes. – Amphibia-Reptilia, Leiden, 17: 91-102.

HUOT-DAUBREMENT, BRADSHAW, BRADSHAW & KUCHLING (2002): Testosterone and progesterone levels during the activity period of Hermann's tortoise (Testudo hermanni hermanni) in captivity and in the wild. – Chelonii, Gonfaron, 3: 331.

HUOT-DAUBREMONT, BRADSHAW, BRADSHAW, KUCHLING & GRENOT (2003): Variation of plasma sex steroid concentrations in wild and captive populations of Hermann's tortoise (Testudo hermanni hermanni) in southern France. – General and Comparative Endocrinology, 130 (3): 299-307.

HUSBAND (1980): Tortoises and veterinary surgeons. – Testudo, 1 (3): 73-75.

IFTIME (2002): Testudo hermanni GMELIN, 1789 in Dobroudja (SE Romania), with comments on conservation. – Herpetozoa, Vienna, 15 (3/4): 183-186.

IGALFFY, MLADINOV & PAVLETIC (1965): Contribution à l'étude de la faune de l'île de Pag. – Rapp. P.-v. Réun. Comm. Int. Explor. Scient. Mer. Méditerr., XVIII (2): 531-535.

INNES (1988): The protection of reptiles in Bulgaria. – British Chelonia Group Newsletter, 62: 12.

INNIS (1994): Considerations in formulating captive tortoise diets. – Bulletin of Association of Reptilian and Amphibian Veterinarians, Chester Heights, 4 (1): 8-11.

INNIS (1995): Per cloacal worming of tortoises. – Journal of Herpetological Medicine and Surgery, Chester Heights, 5 (2): 4.

INNIS (1997): Observations on urinalyses of clinically normal captive tortoises. – Proceedings of the Association of Reptilian and Amphibian Veterinarians: 109-112.

INSTITUTO NACIONAL PARA LA CONSERVACIÓN DE LA NATURALEZA (1992): Libro rojo de los vertebrados Españoles. – Publicaciones del Ministerio de Agricultura, Pesca y Alimentación, Madrid.

IONEV (1999): Temps difficiles en Bulgarie! – La Tortue, Gonfaron, 46/47: 16.

IPPEN (1962): Die spontane Tuberkulose bei Kaltblütern. – Verhandlungsbericht über Erkrankungen der Zootiere, 4: 183-192.

IPPEN (1972): Ein Beitrag zu Spontantumoren bei Reptilien. – Verhandlungsbericht über Erkrankungen der Zootiere, 14: 409-418.

IPPEN (1978): Ein Beitrag zu den Thyreopathien bei Reptilien. – Verhandlungsbericht über Erkrankungen der Zootiere, 20: 357-371.

IPPEN (1992): General review of parasites in turtles and tortoises. – Congrès international sur la pathologie des chéloniens, Gonfaron.

IRCHEK (1899): Principality of Bulgaria – II – Journey to Bulgaria. – 942 pp.

ISENBÜGEL (1981): Hautveränderungen bei Landschildkröten unbekannter Ursache. – Tagungsbericht der 1. Arbeitstagung der Zootierärzte im deutschsprachigen Raum: 20-21.

ISHII & ISHII (1986): Glossopharyngeal innervation of chemo- and baroreceptors in the dorsal carotid artery of the tortoise Testudo hermanni. – Respiratory Physiology, 65 (3): 295-302.

ISHII, ISHII & DEJOURS (1986): Activity of vagal afferent fibers innervating carbon dioxide sensitive receptors in the tortoise Testudo hermanni. – The Japanese Journal of Physiology, Tokyo, 36 (5): 1015-1026.

ISHII, ISHII & KUSAKABE (1987): Baroreceptor and chemoreceptor areas in tortoise. – 64th Annual Meeting of the Physiological Society of Japan, Tokyo, 01.-03.04.1987.

IUCN (Eds.) (1991): Tortoises and Freshwater Turtles – An Action Plan for their Conservation. – Gland (IUCN): 6, 12, 15-16, 40.

IUCN (Eds.) (1996): 1996 IUCN Red List of Threatened Animals. – Gland & Cambridge (IUCN): 166.

IUCN (1998): Guidelines for Re-introduction. – Gland & Cambridge (IUCN SSC Reintroduction Specialist Group).

IUCN (2001): IUCN Red List Categories and Criteria – Version 3.1. – Gland & Cambridge (IUCN Species Survival Commission), 30 pp.

IUCN (2003): Guidelines for Application of IUCN Red List Criteria at Regional Levels – Version 3.0. – Gland & Cambridge (IUCN Species Survival Commission), 26 pp.

IVANOV (1936): Nos tortues. – Priroda i Nauka, Sofia, **VI** (8/9): 131-133.

IVERSON (1982): Biomass in turtles (order Testudines) – a neglected subject. – Oecologia, **55**: 69-76.

IVERSON (1985): Checklist of the Turtles of the World with English Common Names. – Society for the Study of Amphibians and Reptiles, Athens, Herpetological Circular No. 14: 10.

IVERSON (1990): Patterns of survivorship in turtles (order Testudines). – Canadian Journal of Zoology, Ottawa, **69**: 385-391.

IVERSON (1992): A Revised Checklist with Distribution Maps of the Turtles of the World. – Richmond (privately printed): 288.

JACKSON (1978a): A method of assessing the health of European and North African tortoises. – British Veterinary Zoological Society, London: 25-26.

JACKSON (1978b): A method of assessing the health of European and North African tortoises. – Testudo, **1** (1): 6-7.

JACKSON (1980a): The results of weights and measurements on healthy and sick tortoises, both Testudo graeca and T. hermanni. – Testudo, **1** (3): 15-19.

JACKSON (1980b): Weight and measurement data on tortoises (Testudo graeca and Testudo hermanni) and their relationship to health. – Journal of Small Animal Practice, **21**: 409-416.

JACKSON (1981): The sick chelonian. – In: COBORN (Ed.): Proceedings of the 1980 European Herpetological Symposium, Oxford, Cotswold Wild Life Park, Burford: 1-4.

JACKSON (1982): Chelonian diets. – Testudo, **2** (1): 17-21.

JACKSON (1985): The clinical examination of reptiles. – In: TOWNSON & LAWRENCE (Eds.): Reptiles: breeding, behaviour and veterinary aspects. – London (British Herpetological Society): 91-97.

JACKSON (1987): Carapace & Other Bone Injuries in Chelonians. – Testudo, **2** (5): 18-21.

JACKSON (1990a): Diagnosis and Treatment of Diseases in Captive Chelonians. – Testudo, **3** (2): 9-17.

JACKSON (1990b): Tortoises and hibernation. – The Veterinary Record, London, **119**: 244.

JACKSON (1991a): The Jackson Ratio. – British Chelonia Group Newsletter, 84: 15.

JACKSON (1991b): Chelonians. – In: BEYNON & COOPER (Eds.): Manual of exotic pets. – Cheltenham (BSAVA Publications): 221-243.

JACKSON & LAWTON (1997): Untersuchung des Patienten und Diagnosestellung. – In: BEYNON, LAWTON & COOPER (Eds.): Kompendium der Reptilienkrankheiten: Haltung – Diagnostik – Therapie. – Hannover (Schlütersche Verlagsanstalt): 39-46.

JACKSON & NEEDHAM (1983): Rhinitis and virus antibody titres in chelonians. – Journal of Small Animal Practice, **24**: 31-36.

JACOBSON (1994): Causes of mortality and diseases in tortoises – a review. – Journal of Zoo and Wildlife Medicine, Media, **25** (1): 2-17.

JACOBSON, WEINSTEIN, BERRY, HARDENBROOK, TOMLINSON & FREITAS (1993): Problems with using weight versus carapace length relationships to assess tortoise health. – The Veterinary Record, London, **132**: 222-223.

JAHANDIEZ (1914): Les îles d'Hyères. – Carqueiranne (privately printed), 447 pp.

JAHN (1963): Kleine Terrarienkunde. – Minden (Albrecht Philler Verlag): 106.

JAHN (1981): Schildkröten. – Minden (Albrecht Philler Verlag): 57-59, Fotos 1, 4.

JAHN (1995): Schildkröten. – Hannover (Landbuch-Verlag): 82-92.

JAKOB (2002): Neue Rubrik »Gestohlen/Gefunden«. – Minor, Haan, **1** (1): 5.

JAKUBOWICZ (2002): Le commerce des tortues du genre Testudo en Belgique. – Chelonii, Gonfaron, 3: 288-292.

JAROFKE & LANGE (1993): Reptilien – Krankheiten und Haltung. – Berlin und Hamburg (Verlag Paul Parey): 50-51, 55, 59-60, 71.

JAROSCH (2002): Eine artgerechte Schildkrötenanlage. – Schildkröten, Linden, **9** (2): 40-41.

JENNEMANN (2003): Panzergangrän bei Europäischen Landschildkröten – Ein Fallbeispiel zur Diagnose, Ursachenanalyse und Behandlung. – Radiata, Lingenfeld, **12** (2): 23-30.

JEPSON (2006): Mediterranean Tortoises. – Havant (Kingdom Books): 6-7, 11, 23-24, 33, 43, 51-52, 54, 59, 62-64, 76-77, 79, 90.

JEROEN (2004): Herpetological trip in northern Greece 30 April – 14 May 2004. – http://users.skynet.be/stefanie.delarue/greece2004.htm.

JESU (1994): Testuggine comune, Testudo hermanni GMELIN, 1789. – In: DORIA & SALVIDIO (Eds.): Atlante degli anfibi e rettili della Liguria. – Genua (Museo Civico di Storia Naturale), 74-75.

JIMÉNEZ & GUILLEM (1997): Diseño y resultados previos del proyecto de (re-)introducción de la tortuga mediterránea (Testudo hermanni) en el Paraje Natural del Desert de les Palmes (Castellón). – Proceedings Jornadas de Conservación de la Tortuga Mediterránea, Benicassim: 80-88.

JIMÉNEZ-FUENTES & MARTÍN (1989): Quelonios fósiles de la cuenca de Guadix-Baza (Granada). – In: ALBERDI & BONADONNA (Eds.): Geología y paleontología de la cuenca de Guadix-Baza. – Trabajos sobre Neógeno/Cuaternario, Museo Nacional de Ciencias Naturales, Madrid, **11**: 167-171.

JIMÉNEZ-FUENTES & MARTÍN (1991): Ejemplares-tipo de Quelonios fósiles españoles. – Revista Española de Paleontología, Madrid, **6**: 98-106.

JIMÉNEZ-FUENTES, CARDOSO & CRESPO (1998): Presencia de *Agrionemys* (= *Testudo*) *hermanni* (GMELIN, 1789) en el Paleolítico medio de la Gruta Nova da Columbeira (Bombarral, provincia de Estremadura, Portugal). – Studia Geologica Salmanticensia, Salamanca, **34**: 123-139.

JIMÉNEZ-FUENTES, GIL & POLLOS (1995): Quelonios del Pleistoceno medio de Las Grajas (Archidona: Málaga). – Studia Geologica Salmanticensia, Salamanca, **31**: 55-62.

JOCHER (1967): Schildkröten. – Stuttgart (Franckh'sche Verlagshandlung): 10, 12, 24-25, 34-35, 57-60.

JOHNSON (1973a): Remarks on the nematode species *Atractis dactyluris* from tortoises from Afghanistan and Albania. – Vestn. Cesk. Spo. Zool., Prague, **37** (4): 265-272.

JOHNSON (1973b): Some oxyurid nematodes of the genera *Mehdiella* and *Thaparia* from the tortoise *Testudo hermanni*. – Folia Parasitologica, Prague, **20** (2): 141-148.

JOHNSON (1983): Cheers! – British Chelonia Group Newsletter, 37: 5.

JOHNSON (1989): Excerpts of members' letters. – British Chelonia Group Newsletter, 71: 12.

DE JONG (1987): Waarnemingen in het Massif des Maures in Zuid-Frankrijk. – Lacerta, Zoetermeer, **45** (7): 108-110.

DE JONG (1998): In search of historical biogeographic patterns in the western Mediterranean terrestrial fauna. – Biological Journal of the Linnean Society, London, **65**: 99-164.

JOST (1994): Referatezusammenfassung des 4. Nationalen Schildkrötentages vom 22. Oktober 1994 in Emmenbrücke. – SIGS-Info, Siblingen, **3** (4): 11-17.

JOST (1995): Bau von Freilandanlagen zur Haltung von europäischen Landschildkröten. – SIGS-Informationsblatt 6, 4 pp.

JOST (1996): Wer denkt denn jetzt ans Überwintern. – SIGS-Info, Siblingen, **5** (1): 24-26.

JOST (1998a): Die Schildkrötenfauna Südost-Korsikas und Bemerkungen zur weiteren Herpetofauna der Insel. – Emys, Sitzenberg-Reidling, **5** (2): 5-23

JOST (1998b): Die Schildkrötenfauna Südostkorsikas. – SIGS-Info, Siblingen, **7** (2): 4-19.

JOST (1999): Die Freilandanlage für Europäische Landschildkröten. – Merkblatt 10, SIGS, 4 pp.

JOST (2004): A *Cupulatta* – das Schildkrötenzentrum auf Korsika. – Testudo (SIGS), Wimmis, **13** (4): 18-27.

JOUBERT & CHEYLAN (1989): La tortue d'Hermann de Corse – résultats des recherches menées en 1985 et 1986. – Travaux Scinetifiques du Parc Naturel Régional du Corse, Ajaccio, **22**: 1-54.

JUNG (1990): Ein Blumentopf als Gartenhaus. – Das Tier, Leinfelden-Echterdingen, **31** (8): 60.

JUNGE (1995): Unsere Kröten halten Winterschlaf. – Schildkröten, Linden, **2** (3): 14-16.

JUNGE (1996): Holzhütte oder Luxusvilla. – Schildkröten, Linden, **3** (1): 19-23.

JUNGNICKEL (1983a): Etwas über das Verhalten von Landschildkröten. – elaphe, Berlin, **5** (3): 36.

JUNGNICKEL (1983b): Aufzucht von jungen *Testudo h. hermanni*. – elaphe, Berlin, **5** (4): 56-57.

JUNGNICKEL (1984a): Behandlung einer Zwischengewebserkrankung bei *Testudo h. hermanni*. – elaphe, Berlin, **6** (2): 36.

JUNGNICKEL (1984b): Zur Überwinterung von Landschildkröten. – elaphe, Berlin, **6** (4): 66.

JUNGNICKEL (1985a): Aufzucht von jungen *Testudo h. hermanni*. – elaphe, Berlin, **7** (1): 13-14.

JUNGNICKEL (1985b): Beobachtungen bei der Futteraufnahme von Landschildkröten. – elaphe, Berlin, **7** (2): 24-25.

JUNGNICKEL (1986): Bemerkungen zur Problematik der Höckerbildung bei der Aufzucht von Schildkröten. – Sauria, Berlin, **8** (1): 19-22.

JUON & DOVAT (1977): Observations sur les Tortues terrestres, Grèce 1977. – Unveröffentlicher Bericht, Geneva, 10 pp.

KAADEN (2001): Viruskrankheiten der Tiere. – In: ROLLE & MAYR (Hrsg.): Medizinische Mikrobiologie, Infektions- und Seuchenlehre. – 7. Auflage, Stuttgart (Enke): 147.

KABISCH (1990): Wörterbuch der Herpetologie. – Jena (VEB Gustav Fischer Verlag): 423.

KABISCH & FROST (1994): Isolation of herpesvirus from *Testudo hermanni* and *Agrionemys horsfieldii*. – Verhandlungsbericht über Erkrankungen der Zootiere, **36**: 241-245.

KAHL, GAUPP & SCHMIDT (1980): Das Terrarium. – Niedernhausen (Falken-Verlag): 99, 104, 106.

KAHN (1968): Herpetology in Kindergarten. – International Turtle and Tortoise Society Journal, Los Angeles, **2** (6): 6-8.

KALMES (2001): Dickie und Kapitän Hook. – Schildkröten, Linden, **8** (3): 26-29.

KALMES (2003): Testudos Weihnachtsgedanken. – Schildkröten, Linden, **10** (4): 53-55.

KAMMERER (1908a): Schildkrötenzucht. – Blätter für Aquarien- und Terrarienkunde, Stuttgart, **19**: 757-763.

KAMMERER (1908b): Über gefangene Landschildkröten. – Blätter für Aquarien- und Terrarienkunde, Stuttgart, **19**: 737-742.

KANELLIS & LEGAKIS (1979): Bibliographia faunae Graecae 1967-1978 et supplementum. – Thessaloníki, 70 pp.

KANTZ (1983): Zufallstreffer? Nachzucht von Testudo hermanni hermanni. – Sauria, Berlin, **5** (4): 5-6.

KANTZ (1984): Ergänzung zum Nachzuchtbericht Testudo h. hermanni. – Sauria, Berlin, **6** (4): 23.

KANTZ (1986): Wurmbefall an Testudo hermanni hermanni. – Sauria, Berlin, **8** (1): 11-12.

KAPLAN (1996): Bürgermeister im Schildkrötendorf. – Das Tier, Leinfelden-Echterdingen, **37** (1): 64.

KARAMAN (1921): Beiträge zur Herpetologie von Jugoslavien. – Glasnik Hrvatskog Prirodoslovnog druëtva, Zagreb, **33**: 194-209.

KARAMAN (1922): Beiträge zur Herpetologie von Mazedonien. – Glasnik Skopsk. Naucn. Drust., Skopje, **4**: 129-143.

KARAMAN (1928): III. Prilog cherpetologiji Jugoslavije. – Glasnik skopsk. naucn. drust., Skopje, **4**: 129-143.

KARAMAN (1939): Über die Verbreitung der Reptilien in Jugoslavien. – Ann. Mus. Serb. Merid., Skopje, **1** (1): 1-20.

KARBE, KARBE & NIEHAUS-OSTERLOH (1991): Bunte Terrarienwelt. – Melle (Tetra-Verlag): 83, 92-93.

KASPAREK (1997): Rückführungsaktion für geschmuggelte Schildkröten in Südosteuropa. – elaphe (N. F.), Rheinbach, **5** (4): 28.

KÄSTLE (1969): Ein Beitrag zur Haltung von Babyschildkröten. – DATZ, Stuttgart, **22** (7): 219-221.

KATALAN-GATEVA & DIMITROV (1961): Recherches sur les Nemathelminthes infestant des tortues de la région de Petric. – Bull. Lab. Helm. Centr., Sofia, **VI**: 109-118.

KATHARINER & ESCHERICH (1895): Beitrag zur Biologie der Landschildkröten. – Biologische Centralblätter, **15**: 815-816.

KATTINGER (1972): Beiträge zur Reptilienkunde der südwestlichen Balkanhalbinsel. – Berichte der Naturforschenden Gesellschaft Bamberg, **47**: 42-75.

KELLER (1897): Die Schildkröte im Altertum. – Prague.

KELLER (1913): Die antike Tierwelt. Band 2. – Leipzig (W. Engelmann).

KEYMAR (1984): Vorläufige Ergebnisse herpetologischer Aufsammlungen auf den Ionischen Inseln – I – Korfu und Paros. – Annalen des Naturhistorischen Museums, Vienna, **86** (B): 285-286.

KEYMAR (1986a): Liste der Amphibien und Reptilien der Peloponnes-Halbinsel, GR. – ÖGH-Nachrichten, Vienna, **6/7**: 3-26.

KEYMAR (1986b): Die Amphibien und Reptilien der ionischen Region (Griechenland). Analyse ihrer rezenten Ausbreitungsmuster und Überlegungen zu ihrer Ausbreitungsgeschichte. – ÖGH-Nachrichten, Vienna, **8/9**: 8-44.

KEYMAR (1988): Vorläufige Ergebnisse herpetologischer Aufsammlungen auf den Ionischen Inseln. II. Zakynthos und Marathonisi. – Annalen des Naturhistorischen Museums, Vienna, **90** (B): 17-25.

KEYMER (1978): Diseases of chelonians: (1) Necropsy survey of tortoises. – The Veterinary Record, London, **103**: 548-552.

KIESEWALTER, RUDAT & SEIDEL (1960): Salmonellen aus Reptilien. – Zbl. Bakt., I. Abt. Orig., **180**: 503-509.

KILIAN & WERNER (1986): Fallbericht – Ein ungewöhnlich großer Fremdkörper bei einer Griechischen Landschildkröte (T. hermanni). – Kleintierpraxis, Alfeld, **31**: 401-405.

KING & BURKE (1989): Crocodilian, Tuatara, and Turtle Species of the World. – Washington (Association of Systematics Collections): 100.

KIRSCH & VIVIEN-ROELS (1984): Oxygen consumption in the tortoise Testudo hermanni subjected to sudden temperature changes in summer and autumn. – Comparative Biochemistry and Physiology, A, Comparative Physiology, Vancouver, **79** (4): 513-518.

KIRSCHE (1967): Zur Haltung, Zucht und Ethologie der griechischen Landschildkröte (Testudo hermanni hermanni). – Salamandra, Frankfurt am Main, **3** (3): 36-66.

KIRSCHE (1969): Frühzeitigung bei Testudo hermanni hermanni GMELIN. – Der Zoologische Garten (N. F.), Jena, **37** (1/3): 1-11.

KIRSCHE (1971): Metrische Untersuchungen über das Wachstum der Griechischen Landschildkröte (Testudo hermanni hermanni) in Beziehung zum jahreszeitlichen Rhythmus. – Der Zoologische Garten (N. F.), Jena, **40** (1/2): 47-71.

KIRSCHE (1972): Über Panzeranomalien bei Landschildkröten. – Aquarien Terrarien, Leipzig, Jena & Berlin, **19** (8): 259-261.

KIRSCHE (1979): The housing and regular breeding of Mediterranean tortoises in captivity. – International Zoo Yearbook, London, **19**: 42-49.

KIRSCHE (1980a): Conservation of Tortoises by breeding. – Proceedings of the European Herpetological Symposium, Oxford: 125.

KIRSCHE (1980b): Conservation of Tortoises by breeding. – ASRA Journal, Burford, **1** (3): 27-44.

KIRSCHE (1983): Über einen besonderen Typus von Carapax-Missbildungen aus 3 Gelegen (1979-1981) einer Testudo hermanni hermanni. – In: VAGO & MATZ (Eds.): Proceedings of the First International Colloquium on Pathology of Reptiles and Amphibians, Angers: 239-244.

KIRSCHE (1984a): An F2-generation of *Testudo hermanni hermanni* GMELIN bred in captivity with remarks on the breeding of Mediterranean tortoises 1976-1981. – Amphibia-Reptilia, Leiden, **5** (1): 31-35.

KIRSCHE (1984b): Bastardierung von *Testudo horsfieldii* (GRAY) und *Testudo h. hermanni* GMELIN. – Amphibia-Reptilia, Leiden, **5** (3/4): 311-322.

KIRSCHE (1986): Zucht von Landschildkröten und Artenschutz. – Der Zoologische Garten (N. F.), Jena, **56** (6): 389-402.

KIRSCHE (1993): Haltung und Nachzucht von Landschildkröten im Zusammenhang mit dem Natur- und Artenschutz. – DATZ, Stuttgart, **46** (3): 172-178.

KIRSCHE (1997): Die Landschildkröten Europas. – Melle (Mergus Verlag): 5-6, 14, 17-22, 37-42, 44-55, 57-58, 60-75, 78, 80, 82-84, 88-93, 95.

KIRSCHE (1999): Zur Biologie europäischer Landschildkröten. – Radiata, Bennstedt, **8** (3): 20-25.

KIRSCHEY (1995): Betr.: »Landschildkröten – Die Pflege nach der Winterruhe«. – DATZ, Stuttgart, **48** (12): 813.

KIRSCHNER, SEUFER & KIRCHHAUSER (1991): Vorläufige Empfehlungen zur Haltung von Reptilien und Amphibien bei Händlern und Privatpersonen. – Tierärztliche Umschau, Konstanz, **46**: 213-222.

KIRSCHEY (1996): Winterkatastrophe für Landschildkröten. – DATZ, Stuttgart, **49** (7): 412.

KLAPTOCZ (1910): Beiträge zur Herpetologie der europäischen Türkei. – Zoologische Jahrbücher für Systematik, Jena, **29** (3/4): 415-421.

KLEE (1969): Ungeschlachte Ungetüme? Die Griechischen Landschildkröten – und ihre Pflege. – aquarien magazin, **3**: 396-401.

KLEE (1979): Nachzucht von *Testudo hermanni*. – DATZ, Stuttgart, **32** (1): 34.

KLEINSCHMIDT (1956): Lautäußerungen bei einer griechischen Landschildkröte. – DATZ, Stuttgart, **9** (6): 166-167.

KLEMENS (Ed.) (2000): Turtle Conservation. – Washington & London (Smithsonian Institution Press): 9, 16, 22, 34, 54, 187, 191-192, 195-196, 201, 237-238.

KLENK (2006): Leserbriefe. – Marginata, Münster, **3** (1): 3.

KLERKS (2006): De Dalmatische landschildpad, een »oude« bekende. – Trionyx, Eindhoven, **4** (1): 2-10.

KLINGELHÖFFER & SCHERPNER (1955): Terrarienkunde – Band I – Allgemeines und Technik. – 2., vollständig neubearbeitete Auflage, Stuttgart (Alfred Kernen Verlag): 145, 156.

KLINGELHÖFFER & SCHERPNER (1959): Terrarienkunde – Band IV – Schlangen, Schildkröten, Panzerechsen, Reptilienzucht. – 2., vollständig neubearbeitete Auflage, Stuttgart (Alfred Kernen Verlag): 193, 197-202, 208, 213-214.

KLINGENBERG (1993): Understanding Reptiles Parasites. – Lakeside (Advanced Vivariums Systems), 54 pp.

KNOEPFFLER (1961): Contribution à l'étude des Amphibiens et des Reptiles de Provence. I + II. Géneralités. – Vie et Milieu, Banyuls-sur-Mer, **12** (1/3): 67-76, 517-528.

KNOEPFFLER (1979): *Testudo hermanni robertmertensi* WERMUTH, 1952 (Chéloniens, Testudinoidea, Testudinidé), la tortue de MERTENS. – Doc. Atlas Zoogéogr. Languedoc-Roussillon, Montpellier, **15**, 4 pp.

KNOEPFFLER & SOCHUREK (1956): Amphibien und Reptilien zwischen Banyuls und Mentone. – Aquarien Terrarien, Leipzig & Jena, **3** (5/6): 147-151, 181-183.

KNON (2004): Von allen Schildkrötenhaltern gefürchtet: Herpes. – Minor, Lingenfeld, **3** (1): 27-33.

KNORR (1766-1768): Deliciae naturae selectae; oder auserlesenes Naturalien-Cabinet welches aus den drey Reichen der Natur zeiget: was von curiösen Liebhabern aufbehalten und gesammelt zu werden verdienet / Ehemals herausgegeben von G. W. KNORR ... fortgesetzt von dessen Erben, beschrieben von P. L. S. MÜLLER... und ins Französische übersetzet von M. VERDIER DE LA BLAQUIÈRE [Délices physiques choisies, etc.]. II. – Nuremberg (G. W. Knorr).

KNOTEK, FISCHER, JEKL & KNOTKOVA (2005): Fatal myiasis caused by *Calliphora vicina* in Hermann's tortoise (*Testudo hermanni*). – Acta Veterinaria Brno, Brno, **74** (1): 123-128.

KOCH (1932): Sammeltage auf der Insel Korfu, Oktober/ November 1929. – Blätter für Aquarien- und Terrarienkunde, Stuttgart, 43: 200-203, 230-232.

KOEN & MATEVA (1962): Rare *Salmonella* species and wildlife from the region of Petrich – B – Natural source of infections in Petrichko and Gotsedelchevsko. – Bulgarian Academy of Science, Sofia: 60-64.

KÖHLER (1996): Krankheiten der Amphibien und Reptilien. – Stuttgart (Verlag Eugen Ulmer): 20, 25-26, 103, 105-106, 108, 135, 138.

KÖHLER (2004): Inkubation von Reptilieneiern. – 2. erweiterte überarbeitete Neuauflage, Offenbach (Herpeton, Verlag Elke Köhler): 26, 31, 36, 67, 109, 115, 163, 176.

KÖHLER (2005): Incubation of Reptile Eggs. – Malabar (Krieger Publishing), 214 pp.

KÖHLER (2006): *Testudo graeca* – The Mediterranean Spur-Thighed Tortoise on the Turkish Riviera. – Reptilia (GB), Castelldefels, **44**: 52-58.

KOKOSCHA (2002): Geschützte Schildkröten. – DATZ-Sonderheft Schildkröten, Stuttgart (Verlag Eugen Ulmer): 67-69.

KÖLLE (1994): Blutparameter als Hilfe in der Diagnostik von Reptilienkrankheiten. – Tagungsunterlagen (Berlin Juni 1994) der AG Reptilienkrankheiten der DGHT, Rheinbach.

KÖLLE (2002): Reptilienkrankheiten. – Stuttgart (Franckh-Kosmos Verlag): 16, 23, 25, 27, 34, 44-45, 60, 62-63, 65-66, 70, 75-76, 80, 90-91, 101, 105-106.

KÖLLE, BAUR & HOFFMANN (1996): Ernährung von Schildkröten. – DATZ, **49** (5): 292-294, (6): 380-382.

KÖLLE, BAUR & HOFFMANN (1997): Ernährung von Schildkröten. – Journal der AG Schildkröten & Panzerechsen der DGHT, Bürstadt, **6** (1): 21-33.

KÖLLE, BAUR & HOFFMANN (1998/1999): Elf Kardinalfehler bei der Landschildkrötenpflege. – DATZ, **51** (12): 796-799, **52** (1): 38-41.

KÖLLE, HOFFMANN & BAUR (1995): Betr.: »Landschildkröten – Die Pflege nach der Winterruhe«. – DATZ, **48** (12): 812-813.

KÖLLE, BAUR, OIDTMANN & HOFFMANN (1997): Kritische Stellungnahme zu: Haltungsrichtlinien, Mindestansprüche für Schildkröten (E. BRABENETZ, H. SCHWAMMER & F. LUTTENBERGER), Literas-Verlag, Wien. – Emys, Sitzenberg-Reidling, **4** (1): 24-29.

KÖLLE, DONHAUSER, KRAUSE & HOFFMANN (2001): Blutwerte bei europäischen Landschildkröten (*Testudo hermanni*, *Testudo graeca*, *Testudo marginata*, *Agrionemys horsfieldii*). – Die Tierärztliche Praxis, Stuttgart, **29**: 386-391

KOLOMBATOVIC (1882): Mammiferi anfibi e rettili della Dalmazia. – Spalato.

VAN KOOLWIJK (1987): Collection, trade and protection of European herpetofauna. – Traffic report, **4**, 101 pp.

KOPSTEIN & VON WETTSTEIN (1921): Reptilien und Amphibien aus Albanien. – Verhandlungen der zoologisch-botanischen Gesellschaft Wien, **70**: 387-409.

KORSÓS & CORBETT (1998): IUCN Action Plan of European Reptiles and Amphibians. – In: Drafting and implementing action plans for threatened species. – Environmental encounters, Strasbourg, **39**: 87-93.

KOTSAKIS (1978): I resti di anfibi e rettili pleistocenici della grotta di Spinagallo (Siracusa, Sicília). – Geol. Rom., Rome, **16**: 211-229.

KOTSAKIS (1980a): Anfibi e rettili del Plio-Pleistocene. – In: I vertebrati fossili italiani. – Verona (Catalogo della Mostra): 205-208.

KOTSAKIS (1980b): I resti di anfibi e rettili Pleistocenici della grotta di Dragonera (Capo Caccia, Sardegna). – Geol. Rom., Rome, **19**: 85-90.

KOTSAKIS (1980c): Révision des tortues (Emydidae, Testudinidae, Trionychidae) du Plio-Pléistocène de Valdarno supérieur (Toscane, Italie); Quaternaria, **22**: 11-37.

KOTSAKIS (1980d): Osservazioni sui vertebrati quaternari della Sardegna. – Bolletino della Società Geologica Italiana, Rome, **99**: 151-165.

KOTSAKIS (1981a): Resti di anfibi e rettili pleistocenici a Loreto di Venosa (Potenza, Italia meridionale). – Rome (Accademia Nazionale Lincei), **8** (69): 61-70.

KOTSAKIS (1981b): Gli anfibi e i rettili del Pleistocene del Lazio (Italia centrale). – Geol. Rom., Rome, **20**: 57-67.

KOUZMANOV, STOYANOV & TODOROV (1996): Sur la biologie et la protection de l'Aigle royal *Aquila chrysaetos* en Bulgarie. – In: MEYBURG & CHANCELLOR (Eds.): Eagle Studies, WWGBP, Berlin, Paris & London: 505-516.

KOVACEV (1905): Contribution à l'étude des Amphibiens et des Reptiles en Bulgarie. – Sbor. Nat. umotvor. Sofia, **21**: 1-13.

KOVACEV (1912): Cherpetologicnata fauna na Bulgarija. – Pecatniza Chr. G. Danov, Plovdiv, 90 pp.

KRADOLFER (1995): Paarungsverhalten der Schildkröten in Gefangenschaft. – SIGS-Info, Siblingen, **4** (4): 9-12.

KRADOLFER (1996): Das Paarungsverhalten von Landschildkröten in Gefangenschaft. – Emys, Sankt Pölten, **3** (2): 23-26.

KRADOLFER (1997a): Schildkröten sind nicht langweilig! – SIGS-Info, Siblingen, **6** (1): 37-39.

KRADOLFER (1997b): Begegnungen mit Wildschildkröten. – SIGS-Info, Siblingen, **6** (4): 24-27.

KRADOLFER (2001): Leben mit Schildkröten. – SIGS-Info, Siblingen, **10** (2): 21-24.

KRAGH (1981): Report on the destruction of the Alyki heath in Macedonia. – British Chelonia Group Newsletter, **28**: 4-5.

KRAGH (1981): Alyki heath fires. – British Chelonia Group Newsletter, **29**: 1-2.

KRAGL (1988): Zuchterfolg bei Landschildkröten. – Das Tier, Leinfelden-Echterdingen, **29** (6): 55.

KRAMER (1995): Tortoises and Terrapins on Mallorca. – In: BALLASINA (Ed.): Red Data Book on Mediterranean Chelonians. – Bologna (Edagricole): 35-40.

KRAMER & VICKERS (1983): *Testudo hermanni robertmertensi* WERMUTH on Mallorca (Balearic Is.). – *Testudo*, **2** (2): 7-11.

KRAUT (1995): Endoskopie bei Schildkröten unter Praxisbedingungen. – Dissertation, Univ. München, Munich.

KREBS (1960): Schildkröten. – Perlen-Reihe, Band 117, Vienna, Munich & Zürich (Verlag A. Pechan): 15-18, 66, 75.

KREFFT (1949): Die Schildkröten. – Braunschweig (Verlag Gustav Wenzel & Sohn): 68, 81.

KREINDL (1995): Bericht über ein unangenehmes Schlupferlebnis. – Emys, Sankt Pölten, **2** (6): 20-21.

KREINDL & ARTNER (1996): Hilfe bei einem Fall von Legenot bei *Testudo hermanni*. – Emys, Sankt Pölten, **3** (5): 20-21.

KRIEGER & KRIEGER (1995): Observations sur la croissance des jeunes tortues terrestres. – CITS bulletin, Bramois, **4**: 19-21.

KRÜGER & PIER (1994): Fallbericht – Futterverweigerung durch einen intestinalen Fremdkörper (Stein) bei einer Griechischen Landschildkröte (*Testudo hermanni hermanni*). – Kleintierpraxis, Alfeld, **39**: 117-119.

KÜBBER-HEISS (1999): Herpesvirusinfektion bei Landschildkröten in Österreich. – Wiener Tierärztliche Monatsschrift, Vienna, **86**: 78-82.

KÜCHLER (1979): Herpetologische Ferien auf Korfu. – DATZ, Stuttgart, **32** (3): 211-215.

KUCHLING (1979): Zur Steuerung der Gonadenaktivität und der Winterruhe der männlichen Griechischen Landschildkröte (*Testudo hermanni hermanni* GMELIN). – Dissertation, Univ. Wien, Vienna.

KUCHLING (1981a): Le cycle sexuel mâle de la tortue *Testudo hermanni hermanni* GMELIN dans une population naturelle et en captivité. – Bulletin de la Société Herpétologique de France, Paris, **19**: 29-35.

KUCHLING (1981b): Seasonal variations of the oxygen consumption and the blood glucose concentration under low temperature conditions in the male tortoise (*Testudo hermanni hermanni*). – Amphibia-Reptilia, Leiden, **2** (3): 235-242.

KUCHLING (1982a): Effect of temperature and photoperiod on spermatogenesis in the tortoise *Testudo hermanni hermanni* GMELIN. – Amphibia-Reptilia, Leiden, **2** (4): 329-341.

KUCHLING (1982b): Environmental temperature spermatogenesis and plasma testosterone concentration in the tortoise *Testudo hermanni hermanni*. – Acta Endocrinologica, **99** (Supplementum 246): 29-30.

KUCHLING (1986): Diurnal fluctuations of the plasma testosterone concentration in the male tortoise, *Testudo hermanni hermanni* GMELIN – the role of temperature and season. – In: ASSENMACHER & BOISSIN (Eds.): Endocrine regulations as adaptive mechanisms to the environment. – Paris (Centre National de la Recherche Scientifique): 103-108.

KUCHLING (1997): Restoration of epidermal scute patterns during regeneration of the chelonian carapace. – Chelonian Conservation and Biology, Lunenburg, **2** (4): 500-506.

KUCHLING (1999): The Reproductive Biology of the Chelonia. – Berlin, Heidelberg & New York (Springer-Verlag): 29, 52-65, 775, 109-110, 115-116, 125-129, 135-136, 138, 146, 165-166, 169, 191.

KUCHLING, SKOLEK-WINNISCH & BAMBERG (1981): Histochemical and biochemical investigation on the annual cycle of testis, epididymis, and plasma testosterone of the tortoise, *Testudo hermanni hermanni* GMELIN. – General and Comparative Endocrinology, **44** (2): 194-201.

KÜHNE (1996): Betr.: »Winterkatastrophe für Landschildkröten«. – DATZ, Stuttgart, **49** (11): 743.

KÜHNEMANN (1981): Fachexkursion in die VR Bulgarien. – elaphe, Berlin, **3** (2): 23-26.

KUIPERS (2004): Winterslaap bij *Testudo*'s. – Trionyx, Eindhoven, **2** (4): 108-112.

KUNDERT (2002): Schildkröten im Internet: Schildkröten-Schutzprogramme. – *Testudo* (SIGS), Wimmis, **11** (4): 6-8.

KUNDERT (2003a): Schildkröten im Internet: Gehegebau für Schildkröten. – *Testudo* (SIGS), Wimmis, **12** (1): 16-18.

KUNDERT (2003b): Naturbruten im Jahrhundert-Sommer. – *Testudo* (SIGS), Wimmis, **12** (4): 41-43.

KUNDERT (2005): Buchbesprechung: Sardinien, die Insel der europäischen Schildkröten. – *Testudo* (SIGS), Wimmis, **14** (1): 29-33.

KUNZ (1995): Odysseus – ein griechischer Held. – Schildkröten, Linden, **2** (3): 9-11.

KUSAKABE, ISHII & ISHII (1988): Dense granule-containing cells in arterial chemoreceptor areas of the tortoise *Testudo hermanni*. – Journal of Morphology, **197** (2): 183-192.

VAN DER KUYL, BALLASINA, DEKKER, MAAS, WILLEMSEN & GOUDSMIT (2002): Phylogenetic relationships among the species of the genus *Testudo* (Testudines: Testudinidae) inferred from mitochondrial 12S rRNA gene sequences. – Molecular Phylogenetics and Evolution, **22**: 174-183.

LABENDA (2003): Climate & Outdoor Enclosures. – Tortoise Trust Newsletter, London, **18** (3/4): 7-9.

LABORDE (2001): Zuflucht für bedrohte Schildkröten. – auf einen Blick, November: 20-21.

LABORDE (2003): Eine Klinik für gepanzerte Patienten. – auf einen Blick, August: 17.

LAFRANCO (1955): Reptiles, amphibians of the Maltese islands. – Malta Year Book, Valletta: 198-203.

LAFRANCO (1957): Reptiles of Malta – I – The tortoise and turtle. – Sunday Times of Malta, Valletta, **314**.

LAMBERT (1967): Some observations on the herpetofauna of Corsica. – British Journal of Herpetology, London, **3** (42): 303-306

LABENDA (2000): Housing Your Turtles and Tortoises Otdoors. – Homestead (Green Nature Books): 21, 31, 55, 57, 88-89.

LABENDA (2001): Separation of Tortoise Species in Outdoor Habitats. – Reptile & Amphibian Hobbyist, Neptune, **3**: 38-42.

LAMBERT (1977): Mediterranean tortoises and captive breeding as a tool for their conservation in the wild – Mediterranean tortoise information, successful management and captive breeding in Britain. – British Herpetological Society Newsletter, London, **16**: 21-25.

LAMBERT (1978): Captive breeding of Mediterranean tortoises – Letter to Editor. – British Journal of Herpetology, London, **5**: 749.

LAMBERT (1979): Trade and the Mediterranean tortoises. – Oryx, Cambridge & Washington, **15**: 81-82.

LAMBERT (1984): Threats to Mediterranean (West Palearctic) tortoises and their effects on wild populations – an overview. – Amphibia-Reptilia, Leiden, **5** (1): 5-15.

LAMBERT (1986a): On growth of captive-bred Mediterranean *Testudo* in Europe. – In: ROCEK (Ed.): Studies in Herpetology, Karls-Universität, Prague: 309-314.

LAMBERT (1986b): Natural Bioclimatic Range and the Growth of Some Home-Bred Mediterranean Tortoises in Northern Europe – Implications for Conservation Farming. – Testudo, **2** (4): 41-43.

LAMBERT (1988): Natural Bioclimatic range and the growth of captive-bred Mediterranean Testudo L. in Northern Europe – Implications für conservation farming. – British Herpetological Society Bulletin, London, **24**: 6-7.

LAMBERT & COGALNICEANU (1999): Preliminary observations addressing herpetofaunal diversity in southern Romania (August 1997). – British Herpetological Society Bulletin, London, **69**: 31-35.

LAMBERT, COLLINS & EVANS (1988): Report on Growth and Survivorship of Home-Bred Mediterranean Tortoises (Testudo) in Southern England. – Testudo, **2** (6): 31-56.

LANCASTER (1997): Safety comes first. – Tortoise Trust Newsletter, London, **12** (2): 7.

LANDWEER (1992): Otto – die Geschichte eines Schildkrötenlebens. – SIGS-Info, Siblingen, **1** (3): 7-8.

LANDWEER (1993): Fragebogen zur Überwinterung unserer Landschildkröten. – SIGS-Info, Siblingen, **2** (3): 9-10.

LANDWEER (1999): SIGS Schildkröten-Schlupfstatistik 1998, 1993-1998. – SIGS-Info, Siblingen, **8** (2): 25-31.

LANG (2001): Das Schildkrötendorf »A Cupulatta« (Centre d'Élevage et de protection de la tortue). – Radiata, Haan, **10** (1): 23-28.

LANGE (1984): Endocrinology of Reproduction in Male Reptiles. – Symposium of the Zoological Society of London, **52**: 357-383.

LANGE, HERBST, WIECHERT & SCHLIESSER (1989): Elektronenmikroskopischer Nachweis von Herpesviren bei einem Massensterben von Griechischen Landschildkröten (Testudo hermanni) und Vierzehenschildkröten (Agrionemys horsfieldii) . – Die Tierärztliche Praxis, Stuttgart, **17**: 319-321.

LANGTON (1989a): Conservation Corner. – British Chelonia Group Newsletter, 68: 9-11.

LANGTON (1989b): Conservation Corner. – British Chelonia Group Newsletter, 69: 3-4.

LANGTON (1989c): Conservation Corner. – British Chelonia Group Newsletter, 71: 10-12.

LANGTON (1990): Conservation Corner. – British Chelonia Group Newsletter, 75: 6.

LANGTON (1991): Conservation Corner. – British Chelonia Group Newsletter, 79: 7.

LANGTON (1993): Conservation Corner. – British Chelonia Group Newsletter, 91: 2-4.

LANGTON (1994a): Conservation Corner. – British Chelonia Group Newsletter, 97: 4.

LANGTON (1994b): Conservation Corner. – British Chelonia Group Newsletter, 99: 2.

LANGTON (1994c): The British Chelonia Group and the Conservation of Chelonia Worldwide. – Testudo, 4 (1): 4-9.

LANGTON (2002): Interview with BERNARD DEVAUX, founder of the tortoise village, Gonfaron, France. – British Chelonia Group Newsletter, 150: 9-11.

LANGTON (2004): Member's letters. – British Chelonia Group Newsletter, 157: 15-16.

LANKA & VÍT (1984): Lurche und Kriechtiere. – Prague (Artia): 86-87.

LANKA & ZAVADIL (1985): Amphibians and reptiles. – Prague (Artia), 224 pp.

LANKES (1932): Herpetologisches aus Bulgarien. – Blätter für Aquarien- und Terrarienkunde, Stuttgart, **18**: 129-131.

LANZA (1955): Notizie su alcuni Anfibi e Rettili dell'Italia centrale e della Sardegna. – Monitore Zoologico Italiano, Florence, **63**: 300-308.

LANZA (1968): Rettili. – In: TORTONESE & LANZA (Eds.): Piccola fauna italiana – Pesci, Anfibi e Rettili. – Milan (Martello Editore): 135-174.

LANZA (1972): The natural history of the Cerbicales islands (southeastern Corsica) with particular reference to their herpetofauna. – Milan (Natura), **63**:345-407.

LANZA (1973): Gli Anfibi e i Rettili delle isole circumsiciliane. – Lavori della Società italiana di Biogeografia (N. S.), **3**: 755-804.

LANZA (1983a): Ipotesi sulle origini del popolamento erpetologico della Sardegna. – Lavori della Società italiana di Biogeografia (N. S.), **8**: 723-744.

LANZA (1983b): Guide per il riconoscimento delle specie animali dell acque interne italiane.27. Anfibi, Rettili (Amphibia, Reptilia). – AQ/1/205, Verona (Consiglio Nazionale delle Ricerche), 196 pp.

LANZA (1986): I Rettili e gli Anfibi. – In: CAMARDA, FALCHI & NUDDA (Eds.): L'ambiente naturale in Sardegna (Elementi di base per la conoscenza e la gestione del territorio). – Sassari (Ed. Delfino): 289-321, 549-550.

LANZA (1988): Hypothèses sur les origines de la faune herpétologique corse. – Bull. Ecol., **19**: 163-170.

LANZA & BRUZZONE (1960): Reptilia. – In: ZAVATTARI (Ed.): Biogeografia delle isole Pelagie. – Rendiconti della Accademia Nazionale delle Scienze detta dei XL, Memorie di Scienze Fisiche e Naturali, Serie V, Parte II, Rome, **11** (4): 288-328.

LANZA & CORTI (1993): Erpetofauna italiana: »Acquisizioni« ed estinzioni nel corso del novecento. – Supplemento Ricerche Biologia Selvaggina, **21**: 5-49.

LANZA & CORTI (1996): Evolution of knowledge on the Italian herpetofauna during the 20th century. – Bollettino del Museo Civico di Storia Naturale di Verona, Verona, **20**: 373-436.

MCARTHUR (1998): Lymphoproliferative disease in *Testudo hermanni* and *Geochelone pardalis* tortoises associated with herpesvirus-like infection. – Testudo, **4** (5): 33-40.

MCARTHUR (1999): A health survey of captive chelonia and a serological survey of plasma herpesvirus neutralising antibody status. – Tortoise Trust Newsletter, London, **14** (1): 8-9.

MCARTHUR (2001): Emerging viral-associated diseases of chelonians in the United Kingdom. – Proceedings ARAV, Orlando: 103-116.

MCARTHUR (2004): Post-hibernation anorexia (PHA) (*Testudo* species). – Testudo, **6** (1): 1-9.

MCARTHUR, WILKINSON & MEYER (2004): Medicine and Surgery of Tortoises and Turtles. – Oxford, Ames & Carlton (Blackwell Publishing): 18-19, 29-30, 38, 40, 46-48, 50, 52-55, 57, 59-62, 64-65, 75-76, 78, 82, 85, 87, 90-91, 99, 102, 105, 115, 125-126, 133-134, 138-139, 142-143, 148, 155-158, 160, 162-166, 168-170, 177, 179-183, 203, 219, 221, 223, 226, 235-236, 249, 270-271, 277, 282, 284-286, 289, 291-292, 296-297, 300, 315-316, 321, 339-340, 349, 351, 371-372, 395, 443, 456-457, 471, 481, 492-493, 502, 514-516, 521, 525, 527-529, 531, 533, 535-538.

MCARTHUR, BLAHAK, KÖLLE, JACOBSON, MARSCHANG & ORIGGI (2002): Chelonian Herpesvirus (Roundtable). – Journal of Herpetological Medicine and Surgery, **12** (2): 14-31.

MCGRATTAN (1982a): Importation of Mediterranean tortoises. – British Chelonia Group Newsletter, 31: 2.

MCGRATTAN (1982b): Egg retention in *Testudo hermanni*. – British Chelonia Group Newsletter, 34: 3.

MEBAN (1980): Physical properties of surfactant from the lungs of the tortoise *Testudo hermanni*. – Comparative Biochemistry and Physiology, A, Comparative Physiology, Vancouver, **67** (2): 253-258.

MEBAN (1981): Evaporative resistance of pulmonary surfactant films. – Experientia, Bangor, **37** (8): 867-868.

MEBS (1964): Eine seltene Schildkrötenkrankheit. – DATZ, Stuttgart, **17** (1): 39.

MEEK (1982): Allometry in chelonians. – British Journal of Herpetology, London, **6**: 198-199.

MEEK (1984a): Amphibians and reptiles in Montenegro, Yugoslavia. – British Herpetological Society Bulletin, London, **9**: 43-49.

MEEK (1984b): Thermoregulatory behaviour in a population of Hermann's tortoise (*Testudo hermanni*) in southern Yugoslavia. – British Journal of Herpetology, London, **6**: 387-391.

MEEK (1985): Aspects of the ecology of *Testudo hermanni* in southern Yugoslavia. – British Journal of Herpetology, London, **6**: 437-445.

MEEK (1988a): The thermal ecology of Hermann's tortoise (*Testudo hermanni*) in summer and autumn in Yugoslavia. – Journal of Zoology, London, **215**: 99-111.

MEEK (1988b): Thermal loads experienced by a nesting *Testudo hermanni*. – Amphibia-Reptilia, Leiden, **9**: 311-312.

MEEK (1989): The comparative population ecology of Hermann's tortoise, *Testudo hermanni* in Croatia and Montenegro, Yugoslavia. – The Herpetological Journal, London, **1** (9): 404-414.

MEEK (1995): Reptiles, Thermoregulation and the Environment. – Testudo, **4** (2): 56-78.

MEEK & AVERY (1988): Mini Review: Thermoregulation in Chelonians. – The Herpetological Journal, London, **1**: 253-259.

MEEK & INSKEEP (1979): Observations on the herpetofauna of a costal region of southern Yugoslavia. – Herptile, London, **4** (1): 18-28.

MEEK & INSKEEP (1981): Aspects of the field biology of a population of Hermann's Tortoise (*Testudo hermanni*) in southern Yugoslavia. – British Journal of Herpetology, London, **6**: 159-164.

MEHRING (1972): Light microscopic and electron microscopic investigation of the pineal organ of *Testudo hermanni*. – Anatomischer Anzeiger, Jena, **131** (3/4): 184-203.

MEIER (2000): Aus Fehlern lernt man, oder? – SIGS-Info, Siblingen, **9** (4): 17-18.

MEIJIDE (1985): Localidades nuevas o poco conocidas de Anfibios y Reptiles de la España continental. – Doñana Acta Vertebrata, Sevilla, **12** (2): 318-323.

MEJÍAS GARCÍA & AMENGUAL RAMIS (2000): Llibre Vermell dels Vertebrats de les Balears. – Documents Tècnics de Conservació, II època, núm. 8, Govern de les Illes Balears, Conselleria de Medi Ambient.

MELLADO, VALAKOS, GIL, GUERRERO, LULCH, NAVARRO & MARAGOU (1999): Herpetological notes from mainland and insular Greece. – British Herpetological Society Bulletin, London, **67**: 33-38.

MÉNARD (1999): Détermination et étude des sites potentiels à la réintroduction de la tortue d'Hermann dans le Massif de l'Estérel. – Unveröffentlichter Bericht, BTS GPN Legta Arras/CRCC Soptom, 41 pp.

MENDT (1995): Das »Schildkrötendorf«. – elaphe (N. F.), Rheinbach, **3** (3): 70-73.

MENDT & BENDER (2001): Änderung der Bundesartenschutz-Verordnung in Aussicht gestellt. – elaphe (N. F.), Rheinbach, **9** (1): 21-23.

MENZEL-TETTENBORN (Ed.) (1973): Das neue Tierreich nach Brehm. – Gütersloh, Berlin, Munich & Vienna (Verlagsgruppe Bertelsmann GmbH/Bertelsmann Lexikonverlag): 227-228.

MENZEL-TETTENBORN (1967): Das bunte Terrarien-Buch. – Gütersloh (C. Bertelsmann Verlag): 104, 125.

MERCHÁN & MARTÍNEZ (1999): Tortugas de España Biología, patología y conservación de las especies ibéricas, baleares y canarias. – Madrid (Ediciones Antiquaria): 8, 15-16,

18, 71-73, 92-111, 130-131, 134-135, 138-139, 142, 221-225, 236-237, 240-241, 244-245, 255, 259-264, 267, 275-278, 280-282, 284-288, 291, 294, 296-300, 303-308, 310, 312-313, 315, 317, 325, 329, 332-334, 337, 342, 350-351.

MERREM (1820): Versuch eines Systems der Amphibien. Tentamen Systematis Amphibiorum. – Marburg (Kreiger): 29.

MERTENS (1921a): Die Amphibien und Reptilien der Walachei und der Dobrudscha. II. Die Reptilien. – Senckenbergiana Biologica, Frankfurt am Main, **3**: 21-23.

MERTENS (1921b): Zoologische Streifzüge in Rumänien. – Blätter für Aquarien- und Terrarienkunde, Stuttgart, **32**: 247-252, 311-314, 323-327.

MERTENS (1923): Beiträge zur Herpetologie Rumäniens. – Senckenbergiana Biologica, Frankfurt am Main, **5** (5/6): 207-227.

MERTENS (1925): Amphibien und Reptilien aus dem nördlichen und östlichen Spanien, gesammelt von Dr. F. HAAS. – Abhandlungen der Senckenbergischen Naturforschenden Gesellschaft, Frankfurt am Main, **39** (1): 27-129.

MERTENS (1926a): Herpetologische Mitteilungen. XV. Nachträge zu: »Amphibien und Reptilien aus dem nördlichen und östlichen Spanien«. – Senckenbergiana Biologica, Frankfurt am Main, **8**: 137-155.

MERTENS (1926b): Zoologische Ergebnisse einer Reise nach den Pelagischen Inseln und Sizilien. – Senckenbergiana Biolica, Frankfurt am Main, **8** (5/6): 225-271.

MERTENS (1927): Eine zoologische Sammelreise nach den Pelagischen Inseln. – Blätter für Aquarien- und Terrarienkunde, Stuttgart, **38**: 385-396.

MERTENS (1946a): Die Warn- und Drohreaktionen der Reptilien. – Abhandlungen der Senckenbergischen Naturforschenden Gesellschaft, Frankfurt am Main, 471: 1-103.

MERTENS (1946b): Über einige mediterrane Schildkröten-Rassen. – Senckenbergiana, Frankfurt am Main, **27** (4/6): 111-118.

MERTENS (1947): Die Lurche und Kriechtiere des Rhein-Main-Gebietes. – Frankfurt am Main (Verlag Dr. Waldemar Kramer): 22, 101.

MERTENS (1949): Medaestia WUSSOW, 1916, a synonym of Testudo LINNAEUS, 1758. – Copeia, Lawrence, 3: 232.

MERTENS (1952a): Amphibien und Reptilien aus der Türkei. – Istanbul Üniv. Fen Fac. Mecm., Ser. B, **17** (1) 41-75.

MERTENS (1952b): Nachtrag zu »Amphibien und Reptilien aus der Türkei«. – Istanbul Üniv. Fen Fac. Mecm., Ser. B, **17** (4): 353-355.

MERTENS (1955): Unterlagen zu einer »Herpetologia tyrrhenica«. III. Die Amphibien und Reptilien der Insel Elba. – Senckenbergiana Biologica, Frankfurt am Main, **36**: 287-296.

MERTENS (1957a): Die Amphibien und Reptilien Korsikas. – Senckenbergiana Biologica, Frankfurt am Main, **38** (3/4): 175-192.

MERTENS (1957b): Tierleben im Donaudelta. 1. Lurche und Kriechtiere. – Natur und Volk, Frankfurt am Main, **87** (5): 160-168.

MERTENS (1957c): Unterlagen zu einer »Herpetologia tyrrhenica« – V – Die Amphibien und Reptilien Korsikas. – Senckenbergiana Biologica, Frankfurt am Main, **38** (3/4): 175-192.

MERTENS (1958): Wie orientieren sich Schildkröten? – Natur und Volk, Frankfurt am Main, **88** (4): 116-121.

MERTENS (1960): Zoologische Wandertage auf Korfu, der Insel der Phäaken. – Natur und Volk, Frankfurt am Main, **90**: 321-333, 356-366.

MERTENS (1961): Die Amphibien und Reptilien der Insel Korfu. – Senckenbergiana Biologica, Frankfurt am Main, **42** (1/2): 1-29.

MERTENS (1964): Über Reptilienbastarde III. – Senckenbergiana Biologica, Frankfurt am Main, **45** (1): 33-49.

MERTENS (1968a): Über Reptilienbastarde IV. – Senckenbergiana Biologica, Frankfurt am Main, **49** (1): 1-12.

MERTENS (1968b): Nachträge zur Reptilienfauna der Insel Korfu. – Senckenbergiana Biologica, Frankfurt am Main, **49** (3/4): 173-180.

MERTENS (1970): Über die Lebensdauer einiger Amphibien und Reptilien in Gefangenschaft. – Der Zoologische Garten (N. F.), Jena, **39** (1/6): 193-209.

MERTENS (1972): Über Reptilienbastarde V. – Senckenbergiana Biologica, Frankfurt am Main, 53 (1/2): 1-19.

MERTENS & MÜLLER (1928): Liste der Amphibien und Reptilien Europas. – Abhandlungen der Senckenbergischen Naturforschenden Gesellschaft, Frankfurt am Main, **41** (1): 1-62.

MERTENS & MÜLLER (1940): Die Amphibien und Reptilien Europas – Zweite Liste, nach dem Stand vom 1. Januar 1940. – Abhandlungen der Senckenbergischen Naturforschenden Gesellschaft, Frankfurt am Main, 451: 1-56.

MERTENS & WERMUTH (1955): Die rezenten Schildkröten, Krokodile und Brückenechsen. – Zoologische Jahrbücher für Systematik, Jena, **83**: 379.

MERTENS & WERMUTH (1960): Die Amphibien und Reptilien Europas (Dritte Liste, nach dem Stand vom 1. Januar 1960). – Frankfurt am Main (Verlag Waldemar Kramer): 66.

MERWALD (1977): Tiere der Welt. – Linz (Rudolf Trauner Verlag): 21-22, plate 7.

MERTZANIS (1992): Aspects biogéographiques et écologiques des populations helléniques d'ours brun (Ursus arctos L.). Cas d'une sous-population du Pinde – application à la conservation de l'espèce et de son habitat. – Dissertation, Univ. de Montpellier, Montpellier, 247 pp.

MÉTRAILLER (1994): Graeca ou hermanni? – CITS bulletin, Bramois, 2: 8.

MÉTRAILLER (1997): Distinguer les deux sous-espèces de Testudo hermanni. – CITS bulletin, Bramois, 9: 23-25.

METTLER, PALMER, RÜBEL & ISENBÜGEL (1982): Gehäuft auftretende Fälle von Parakeratose mit Epithelablösung der Haut bei Landschildkröten. – Verhandlungsbericht über Erkrankungen der Zootiere, 24: 245-248.

MEYER (1748): Angenehmer und nützlicher Zeitvertreib mit Betrachtung curioser Vorstellungen allerhand kriechender, fliegender und schwimmender, auf dem Land und im Wasser sich befindender und nährender Thiere, sowohl nach ihrer Gestalt und äusserlichen Beschaffenheit als auch nach der Accuratest davon verfertigten Structur ihrer Scelete oder Beincörper, nebst einer Beschreibung derselben nach der Natur gezeichnet, gemahlet, in Kupfer gestochen und verlegt von Johann Daniel Meyer... I. – Nuremberg (Mahler), IV + 56 pp., 100 plates.

MEYER (1985): Die Reptilienfauna des südlichen Peloponnes. – Sauria, Berlin, 7 (1): 13-16.

MEYER (1996): Röntgenologische, computertomographische und kernspintomographische Untersuchungen zum Verdauungstrakt der Griechischen Landschildkröte (Testudo hermanni). – Dissertation, Univ. Wien, Vienna, 196 pp.

MEYER (1998): Erfahrungen bei der Haltung und Nachzucht der Griechischen Landschildkröte Testudo hermanni. – Journal der AG Schildkröten der DGHT, Bennstedt, 7 (1): 11-15.

MEYER (2001): Schildkrötenernährung. – Frankfurt am Main (Edition Chimaira): 9-11, 19-22, 40, 42, 49, 57, 75, 77-78, 88, 91-93, 102, 104-105, 108, 115.

MEYER (2003): Artgerechte Ernährung von Landschildkröten. – DATZ, Stuttgart, 56 (6): 60-64.

MICHELOT (1980): Quelques notes sur la faune herpétologique de la Corse. – Bulletin de la Société Herpétologique de France, Paris, 15 (3): 27-44.

MICHELOT (1984): Le peuplement herpétologique de la Corse. – Bulletin de la Société Herpétologique de France, Paris, 29: 18-23.

MICHELUCCI (1962): Ricerche autoradiografiche sul corpo ultimobranchiale du cheloni (Testudo hermanni) (Nota preliminare). – Atti della Società Toscana di Scienze Naturali, Ser. B, Pisa, 68: 195-196.

MICHELUCCI (1969): Il corpo ultimobranchiale nei cheloni (Testudo hermanni). – Archo Ital. Anat. Embriol., 74: 161-176.

VAN MIDDELKOOP (1999): Centraal kweekarchief. Een overzicht van gekweekte dieren in 1995/1996/1997/1998. – De Schildpad, Ijsselstein, 25 (1): 79-80.

MILTSCHEV & GEORGIEVA (1992): Eine Studie zum Bestand, zur Brutbiologie und Ernährung des Steinadlers, Aquila chrysaetos (L.), im Strandsha-Gebirge. – Beiträge zur Vogelkunde, Leipzig, 38: 334-357.

MINCH (2005a): Futterpflanzen im Überblick: Wilde Malve (Malva sylvestris). – Radiata, Lingenfeld, 14 (3): 33-34.

MINCH (2005b): Futterpflanzen im Überblick: Wegwarte (Cichorium intybus). – Radiata, Lingenfeld, 14 (4): 33-34.

MINCH (2006a): Futterpflanzen im Überblick: Knoblauchsrauke (Alliaria petiolata). – Radiata, Lingenfeld, 15 (1): 33-34.

MINCH (2006b): PraxisRatgeber Freilandanlagen für Schildkröten. – Frankfurt am Main (Edition Chimaira), 158 pp.

MIRIMIN, VERNESI, BERTOLUCCI, MAZZOTTI & BERTORELLE (2004):' Mitochondrial DNA variation and divergence in three Hermann's tortoise (Testudo hermanni) populations. – Italian Journal of Zoology, Modena, 71 (Suppl. 2): 199-201.

MIRLACH (2002a): Zusammenfassung der wichtigsten Unterscheidungsmerkmale der Europäischen Landschildkröten. – Schildkröten, Linden, 9 (3): 20-26.

MIRLACH (2002b): Über die Haltung europäischer Landschildkröten. – Schildkröten, Linden, 9 (4): 3-11.

MIRLACH (2003): Bau eines Frühbeetes für Europäische Landschildkröten. – Schildkröten, Linden, 10 (1): 8-11.

MITCHELL (2004): An eggs-traordinary summer! – Tortoise Trust Newsletter, London, 19 (1): 4-5.

MITTENZWEI (2004): Der Tierarzt hilft. Die Seite für die Gesundheit der Schildkröten. – turtles press international, Rodenbach, 2 (2): 22-23.

MLYNARSKI (1955): Zolwie z pliocenu Polski. – Acta Geologica Polonica, Warsaw, 5 (2): 161-214, Consp.: 46-62.

MLYNARSKI (1956): Studies on the morphology of the shell of recent and fossil tortoises – I-II. – 'Acta Zoologica Cracoviensia, Krakow, 1 (1): 1-14.

MLYNARSKI (1962): Notes on the amphibians and reptilian fauna of the Polish Pliocene and early Pleistocene. – Acta Zoologica Cracoviensia, Krakow, 15: 177-192.

MLYNARSKI (1969): Tortoises in the Zoological Gardens. – Przegl. zool., Warsaw, 13: 122-133.

MLYNARSKI (1976): Handbuch der Paläoherpetologie – Teil 7 – Testudines. – Stuttgart & New York (Gustav Fischer Verlag): 97.

MLYNARSKI (1980): The Pleistocene turtles of central and eastern Europe – determination key. – Folia Quartern., Krakow, 52: 1-44.

MLYNARSKI & WERMUTH (1980): Die Schildkröten. – In: GRZIMEK (Ed.): Grzimeks Tierleben, Band 6, Kriechtiere. – Munich (Deutscher Taschenbuch Verlag): 20, 82, 102-104, 115, 123-124, 127, 500, 546.

MOCCI DEMARTIS (1987): Isole sarde: vi abita anche il corso. – Airone, Milan, 7 (76): 120-127.

MODLMAYR (2001): Johnny ist weg! – Schildkröten, Linden, 8 (4): 30-31.

MOJSISOVICS (1889): Zoogeographische Notizen über Süd-Ungarn aus den Jahren 1886-1888. Zugleich ein III. Nachtrag zur »Fauna von Béllye und Darda«. – Mitteilungen des Naturwissenschaftlichen Vereins der Steiermark, Graz, **25**: 233-269.

MONDINI (1990): Les tortues de France – images et utilisations d'hier et d'aujourd'hui. – Bulletin de la Société Herpétologique Française, **56**: 39-47.

MONDOR (2001): Mariage de tortues! – La Tortue, Gonfaron, **55**: 64.

MONTORI (1996): Amfibis i rèptils del massís de Garraf. – La Sentiu, Quaderns de Divulgació, 22, Gavà (Museu de Gavà), 65 pp.

MONTORI & LLORENTE (Hrsg.) (2005): Lista patrón actualizada de la herpetofauna española: Conclusiones de nomenclatura y taxonomía para las especies de anfibios y reptiles de España. – Leganés (Asociación Herpetológica Española),

MONTORI, LLORENTE & FÉLIX (1993): Estado y gestión de la poblaciones de *Testudo hermanni hermanni* del nordeste de la peninsula Iberica. – In: EUROPEAN COUNCIL (Eds.): Seminar on Recovery Plans for Species of Amphibians and Reptiles. – El Hierro, T-PVS (93), **34**: 72-83.

MÖRCK (1998): Untersuchungen über die bakterielle Zusammensetzung der Rachen- und Darmflora von gesunden in Süddeutschland gehaltenen Landschildkröten. – Dissertation, Univ. München, Munich.

MÖSEL (1997): Urlaubsüberraschung. – Schildkröten, Linden, **4** (2): 6-8.

MÖSEL (1999): Eine phantasievolle Terrarienvergrößerung. – Schildkröten, Linden, **6** (3): 28-30.

MOXLEY (1987): Breeding Mediterranean tortoises at Whipsnade. – Zoo Reptile News, 2: 25.

MRSIC (1978): A contribution to the knowledge of the taxonomy, zoogeography and ecology of the reptiles of the Velebit mountain-chain. – Dissertation, Academia Scientiarum et Artium Slovinica, Classis IV, 21, Ljubljana, 43 pp.

MRSIC (1997): Plazilci Slovenije. – Zavod Republika Slovenije za šolstvo, Ljubljana, 167 pp.

MRSIC, NEMESCHKAI, POFOCNIK, SCHWAMMER & SCHWAMMER (1989): Ein Beitrag zur Herpetofauna der Quarner-Inseln (Jugoslawien – Croatien). – Biol. Vestn., Ljubljana, **37**: 57-74.

MÜHLSTEIN (1994): Überraschende Nachzucht. – Schildkröten, Linden, 1 (4): 22-25.

MÜLLER (1932/1934): Beiträge zur Herpetologie der südosteuropäischen Halbinsel. Herpetologisch Neues aus Bulgarien. – Zoologischer Anzeiger I **100**: 299-309, II **104**: 1-14, III **107**: 273-284.

MÜLLER (1940): Über die von den Herren Dr. V. JORDANS und Dr. WOLF im Jahre 1938 in Bulgarien gesammelten Amphibien und Reptilien. – Bull. Inst. Roy. Hist. Natur. Sofia, **13**: 1-17.

MÜLLER (1975): Schildkröten sind kein Kinderspielzeug. – Das Tier, Leinfelden-Echterdingen, **16** (7): 48-50.

MÜLLER (1995a): Eine Urlaubsüberraschung: *Testudo hermanni* am Wegrand. – DATZ, Stuttgart, **48** (7): 452-453.

MÜLLER (1995b): Schildkröten. – Stuttgart (Verlag Eugen Ulmer): 15, 34, 148-150.

MÜLLER (1995c): Verlust von juvenilen Landschildkröten durch Steinmarder. – Emys, Sankt Pölten, **2** (6): 18-19.

MÜLLER (1996): Nachtrag zum Merkblatt (Beilage zur EMYS 3/2) über die Haltung und Nachzucht von *Testudo hermanni*. – Emys, Sankt Pölten, **3** (3): 34.

MÜLLER (1998): Turtles in the Terrarium. – Neptune City (T. F. H. Publications): 37, 52-53, 137, 140.

MÜLLER (1999): Spaß mit Schildkröten. – Schildkröten, Linden, **6** (3): 5-9.

MÜLLER & NIEDERHUBER (1996): Eindrücke vom Winter-Quartalstreffen in Salzburg am 3.12.1995. – Emys, Sankt Pölten, **3** (1): 10-11.

MÜLLER & SCHMIDT (1995): Landschildkröten. – Münster (Natur und Tier-Verlag): 12, 36-37, 41-42, 45, 48, 53, 56, 58, 67, 71-72, 81, 84, 170-174.

MÜLLER & SCHWEIGER (1998): Winterruhe europäischer Schildkröten. – Emys, Sitzenberg-Reidling, **5** (6): III-IV.

MÜLLER & SCHWEIGER (1999a): Auswinterung von Land- und Wasserschildkröten. – Emys, Sitzenberg-Reidling, 6 (2): III-V.

MÜLLER & SCHWEIGER (1999b): Inkubation (Ausbrüten) von Eiern der europäischen und mediterranen Land- und Wasserschildkröten. – Emys, Sitzenberg-Reidling, 6 (3): I-IV.

MÜLLER & SCHWEIGER (1999c): Die Ernährung Europäischer Landschildkröten. – Emys, Sitzenberg-Reidling, 6 (4): I-III.

MÜLLER & SCHWEIGER (1999d): Vorbereitung zur Winterruhe europäischer Land- und Wasserschildkröten. – Emys, Sitzenberg-Reidling, 6 (5): I-III.

MÜLLER & SCHWEIGER (1999/2000): Bau einer Freilandanlage (nicht nur) für Europäische Landschildkröten. – Emys, Sitzenberg-Reidling, **6** (6): I-V, **7** (1): I-IV.

MÜLLER & SCHWEIGER (2000): Auswinterung europäischer (mediterraner) Landschildkröten. – Emys, Sitzenberg-Reidling, 7 (2): I-II.

MÜLLER & SCHWEIGER (2002): Die Jackson-Kurve – Eine kritische Verifikation. – Radiata, Haan, **11** (1): 23-30.

MÜLLER, SACHSSE & ZANGGER (1990): Herpesvirus-Epidemie bei der Griechischen (*Testudo hermanni*) und der Maurischen Landschildkröte (*Testudo graeca*) in der Schweiz. – Schweizerisches Archiv für Tierheilkunde, Bern, **132** (1): 199-203.

MÜLLER, ZANGGER & DENZER (1988): Iridovirus-Epidemie bei der Griechischen Landschildkröte (*Testudo her-*

manni hermanni). – Verhandlungsbericht des 30. Internationalen Symposiums über die Erkrankungen der Zoo- und Wildtiere, Sofia, **30**: 271-274.

MURAKAMI, MATSUBA, UNE, NOMURA & FUJITANI (2001): Deevelopment of species-specific PCR techniques for the detection of tortoise herpesvirus. – J. Vet. Diagn. Invest., **13**: 513-516.

MURPHY & COLLINS (1983): A Review of the Diseases and Treatments of Captive Turtles. – Lawrence (AMS Publishing): 28-29, 31.

MURRAY (1987): The cure worse than the disease. – British Chelonia Group Newsletter, **56**: 6.

MUSQUERA, MASSEGÚ & PLANAS (1976): Blood proteins in turtles (*Testudo hermanni*, *Emys orbicularis* and *Caretta caretta*). – Comparative Biochemistry and Physiology, A, Comparative Physiology, Vancouver, **55** (3): 225-230.

MUTZ (1995): Die Herpetofauna von Korsika. – elaphe (N. F.), Rheinbach, **3** (1): 35-36.

NARVESTAD (1991): First tortoises bred in Norway by Tortoise Trust member. – Tortoise Trust Newsletter, London, **6** (5/6): 11.

NARVESTAD (1995): Breeding tortoises in Norway. – Tortoise Trust Newsletter, London, **9** (1): 8.

NEDERLOF (2002): Toon en Joepie. – De Schildpad, Eindhoven, **28** (2): 101-103.

NEMURAS (1970): Creatures on Land. – International Turtle and Tortoise Society Journal, Los Angeles, **4** (4): 18-19, 30-31.

NEUBERT (1997): Das kleine Wunder. – Schildkröten, Linden, **4** (2): 29-31.

NEUMANN (2004): *Testudo hermanni* – Schlupf in freier Natur in Deutschland. – elaphe (N. F.), Rheinbach, **12** (3): 43-44.

NICKEL-HIEDELS (2002a): Ein Naturschutzgebiet in Griechenland. – Turtle-News, 2: 9-13.

NICKEL-HIEDELS (2002b): Unsere Patenschildkröten in Griechenland; Turtle-News, 2: 34-38.

NIESSEN (1996): »Höckerbildung« bei Landschildkröten. – Journal der AG Schildkröten & Panzerechsen der DGHT, Bürstadt, **5** (3): 16-18.

NIETZKE (1984): Die Terrarientiere 1. – 3., überarbeitete und verbesserte Auflage, Stuttgart (Verlag Eugen Ulmer): 225, 302-303, 336.

NIETZKE (1984): Fortpflanzung und Zucht der Terrarientiere. – Hannover (Landbuch-Verlag): 42, 57, 104, 165, 181-183, 187-189.

NIETZKE (1988): Die Terrarientiere 1. – 4., neubearbeitete und neugestaltete Auflage, Stuttgart (Verlag Eugen Ulmer): 260-261.

NIETZKE (1998): Die Terrarientiere 2. – 4., neubearbeitete und neugestaltete Auflage, Stuttgart (Verlag Eugen Ulmer): 49-50, 68, 73, 78, 80-81, 161-166.

NIETZKE (2002): Die Terrarientiere 3. – 4., neubearbeitete und neugestaltete Auflage, Stuttgart (Verlag Eugen Ulmer): 330.

NIJS (1984): Pseudomannelijk gedrag bij twee vrouwelijke landschildpadden (*Testudo graeca* en *T. hermanni*). – Lacerta, Zoetermeer, **42** (12): 240-243.

NILSSON (1906): Griechische Feste von religiöser Bedeutung mit Ausschluss der attischen. – Leipzig, 98 pp.

VAN NISPEN (2005): De pen van ... ANKIE VAN NISPEN. – Trionyx, Eindhoven, **3** (2): 59-61.

NOACK (1956): Lautäußerungen bei Griechischen Landschildkröten. – DATZ, Stuttgart, **9** (9): 250.

NOËL-HUME & NOËL-HUME (1954): Tortoises, Terrapins & Turtles. – London (W. & G. Foyle): 8-11, 20-21, 24-26, 111.

NÖLLERT (1972): Über einige Panzeranomalien bei Schildkröten (Reptilia, Testudines). – Der Zoologische Garten (N. F.), Jena, **50**: 271-276.

NÖLLERT (1984): Einige Bemerkungen zur Kälteresistenz bei Schildkröten. – elaphe, Berlin, **6** (3): 42-43.

NÖLLERT (1992): Schildkröten. – Hannover (Landbuch-Verlag): 18, 29, 31, 42-43, 49-50, 53-54, 57, 72, 81, 84, 155-158, 180.

NÖLLERT & NÖLLERT (1981): Einige Bemerkungen zu den Landschildkröten Bulgariens. – Die Schildkröte, Haar, **4** (1): 5-15.

NÖLLERT, NÖLLERT & RITTER (1986): Einige Beobachtungen zur Herpetofauna der bulgarischen Schwarzmeerküste und Südwestbulgariens (Teil 2 – Die Reptilien). – herpetofauna, Weinstadt, **8** (44): 30-34.

NOUGARÈDE (1998): Principaux traits d'histoire naturelle d'une population de tortue d'Hermann (*Testudo hermanni*) dans le sud de la Corse. – Dissertation, École Pratique des Hautes Études, Montpellier, 344 pp.

VAN NUNEN (2003): Goois pardijsje voor Griekse gasten. – Trionyx, Eindhoven, **1** (6): 171-173.

NUSSEAR, SIMANDLE & TRACY (2000): Misconceptions about colour, infrared radiation, and energy exchange between animals and their environments. – The Herpetological Journal, London, **10**: 119-122.

OBST (1980): Schildkröten. – Leipzig, Jena & Berlin (Urania-Verlag): 22, 59.

OBST (1985): Die Welt der Schildkröten. – Rüschlikon-Zürich, Stuttgart & Vienna (Albert Müller Verlag): 23, 52, 94, 192, 212, 215, 219.

OBST (1992): Wasser- und Landschildkröten. – In: COGGER & ZWEIFEL (Eds.): Reptilien & Amphibien. – Gütersloh (Bertelsmann Club): 121.

OBST & AMBROSIUS (1971): Taxonomische Studien an europäischen Landschildkröten (Reptilia: Testudinidae) mit serologisch-immunologischen Methoden. – Zoologische Abhandlungen des Staatlichen Museums für Tierkunde, Dresden, **30** (22): 297-331.

OBST & MEUSEL (1963): Die Landschildkröten Europas und der Mittelmeerländer. – Die Neue Brehm-Bücherei, Band 319, Wittenberg Lutherstadt (A. Ziemsen Verlag): 3-6, 12-13, 16, 19, 21, 24-26, 28-33, 35, 39-40, 43, 45, 48-50, 53, 65, 67.

OBST, RICHTER & JACOB (1984): Lexikon der Terraristik und Herpetologie. – Hannover (Landbuch-Verlag): 420.

ODDY (1985): Breeding tortoises. – Ratel, Edinburgh, **12** (6): 184-190.

OETTLE, STETYTLER & WILLIAM (1990): High mortality in a tortoise colony. – South African Journal of Wildlife Research, Bloubergstrand, **20** (1): 21-25.

O'MEARA (2002): BCG trip to CARAPAX 12th-17th September 2002. – British Chelonia Group Newsletter, 150: 5-8.

O'MEARA (2004a): Tortoises together? That is the question. – British Chelonia Group Newsletter, 158: 18-19.

O'MEARA (2004b): Tortoises on towels – that is the question. – British Chelonia Group Newsletter, 159: 7-10.

ONDRIAS (1968): Liste des Amphibiens et des Reptiles de la Grèce. – Biologia Gallo-Hellenica, Toulouse, **1** (2): 111-135.

OOSTERBROEK & ARNTZEN (1992): Area-cladograms of Circum-Mediterranean taxa in relation to Mediterranean palaeogeography. – Journal of Biogeography, **19**: 3-20.

ORENSTEIN (2001): Turtles, Tortoises & Terrapins – Survivors in Armor. – Buffalo (Firefly Books): 9, 102, 115, 117-118, 195.

ORIGGI (2001): Enzyme-Linked Immunosorbent Assay for detecting Herpesvirus exposure in mediterranean tortoises (spur-thighed tortoise [*Testudo graeca*] and hermann's tortoise [*Testudo hermanni*]. – Journal of Clinical Microbiology, Washington, **39**: 3156-3163.

ORIGGI & JACOBSON (1999): Development of an ELISA and an immunoperoxidase based test for herpesvirus exposure detection in tortoises. – Proceedings of the A.R.A.V., **6**: 65-67.

ORIGII & JACOBSON (2000): Disease of the respiratory tract of chelonians. – Vet. Clin. North Am. Exot. Anim. Pract., **3** (2): 537-549.

ORIGGI, JACOBSON, ROMERO & KLEIN (2000): Diagnostic tools for herpesvirus detection in chelonians. – Proceedings of the A.R.A.V., **7**: 127-129.

ORLANDELLA (1967): Ricerche sui serbatoi' di *Salmonella* indagini sulla tartaruga (*Testudo hermanni* Gm.) sulla lacertola (*Lacerta sicula sicula* RAF.) e sul ricco (*Erinaceus europaeus* L.). – Atti della Societa Peloritana di Scienze Fisiche Matematiche e Naturali, Messina, **13** (3/4): 193-199.

ORLANDELLA & ALOSI (1968): Prime ricerche zul ruolo epidemio-epizootologico della tartaruga (*Testudo hermanni* GM.) nella diffusione di *Salmonella* e *Arizona*. – Zooprofilassi, **23**: 119-146.

ORÓS, RODRÍGUEZ & DÉNIZ (1998): Cutaneous poxvirus-like infection in a captive Hermann's tortoise (*Testudo hermanni*). – The Veterinary Record, London, **143**: 508-509.

OSTADAL & SCHIEBLER (1971): The terminal blood bed in the heart of the turtle *Testudo hermanni*. – Zeitschrift für Anatomie und Entwicklungsgeschichte, Berlin, **134** (1): 111-116.

OTTIS (2001a): Besprechung ausgewählter Krankheitsbilder anhand von Bildern aus der Röntgendiagnostik – Verstopfung (Koprostase). – Schildkröten, Linden, **8** (3): 12-16.

OTTIS (2001b): Interessante Beispiele aus der tierärztlichen Praxis – Röntgenologische Darstellung von Fremdkörpern. – Schildkröten, Linden, **8** (4): 10-12.

OTTIS (2002): Angeborene Missbildungen bei Landschildkröten. – Schildkröten, Linden, **9** (2): 5, 7.

OTTIS & GERBIG (1982a): Legenot bei Landschildkröten – Diagnose, Therapie und Prophylaxe. – Die Tierärztliche Praxis, Stuttgart, **10**: 257-260.

OTTIS & GERBIG (1982b): Legenot bei Landschildkröten – Diagnose, Therapie und Prophylaxe. – Die Schildkröte, Haar, **4** (1/2): 36-41.

OTTO (1956): Theophania. Der Geist der altgriechischen Religion. – rowohlts deutsche enzyklopädie 15, Hamburg (Rowohlt Taschenbuch Verlag), 134 pp.

OVTSCHAROFF (1972): Histochemistry and electron microscopy of the red nucleus of the turtle *Testudo hermanni*. – Histochemie, **29** (3): 240-247.

PACHL (1990a): Keine Muschelschalen für Schildkröten. – Das Tier, Leinfelden-Echterdingen, **31** (10): 60.

PACHL (1990b): Der richtige Terrarienboden. – Das Tier, Leinfelden-Echterdingen, **31** (12): 60.

PACHL (1991): Am besten mit Augenwatte. – Das Tier, Leinfelden-Echterdingen, **32** (3): 57.

PAGE & MAUTINO (1990): Clinical management of tortoises. – Cont. Educ., **12** (2): 221-228.

PAGLIONE (1988): Comportamento termico e ritmi stagionali in una popolazione di *Testudo hermanni* del Parco Naturale della Maremma. – Università di Genova, Genua, 68 pp.

PAGLIONE & CARBONE (1990): Biologia di popolazione di *Testudo hermanni* nel Parco della Maremma (GR). – In: Atti VI Convegno Naz. Ass. »Alessandro Ghigi«. – Turin (Museo Regionale Scienze Naturali): 197-199.

PALIKA (2001): Turtles & Tortoises for Dummies. – New York, Cleveland und Indianapolis (Hungry Minds): 40, 115-116, 204, 259.

PALLAS (1814): Zoographia Rosso-Asiatica. Tom III. Animalia monocardia seu frigidi sanguinis imperii Rosso-Asiatici. – Saint Petersburg, VII, 428, 125 pp.

PALMER (1984): Experimentell erzeugte Hautveränderungen bei Landschildkröten durch hohe parenterale Gaben von Vitamin A. – Zentralblatt für Veterinär-Medizin, Berlin & Hamburg, A (**31**): 625-633.

PALMER (1998): The hibernation of a late 1997 hatchling T. hermanni boettgeri. – Tortoise Trust Newsletter, London, **13** (3): 6.

PALMER, RÜBEL, METTLER & VOLKER (1984): Experimentell erzeugte Hautveränderungen bei Landschildkröten durch hohe parenterale Gaben von Vitamin A; Zentralblatt für Veterinärmedizin, **31**: 625-633

PALOMEQUE, SESÉ & PLANAS (1977): Respiratory properties of the blood of turtles. – Comparative Biochemistry and Physiology, A, Vancouver, **57**: 479-483.

PANAGIOTA & VALAKOS (1992): Contribution to the thermal ecology of Testudo marginata and Testudo hermanni (Chelonia: Testudinidae) in semi-captivity. – The Herpetological Journal, London, **2**: 48-50.

PARELLADA (1997): Proyecto de reintroducción de la tortuga mediterránea (Testudo hermanni) en el macizo de Garraf. – Jornadas de Conservación de la tortuga mediterránea, Conselleria de Medi Ambient, Generalitat Valenciana: 28-32.

PARENT (1976): Remarques à propos d'une récente faune herpétologique française. – Naturalistes Belges, Rhode-Sainte-Genèse, **57**: 64-68.

PARENT (1981): Matériaux pour une herpétofaune de l'Europe occidentale. Contribution à la révision chorologique de l'herpétofaune de la France et du Benelux. – Bulletin Mensuel de la Société Linneenne de Lyon, **50** (3): 86-111.

PARENT (1982): Bibliographie de l'Herpétofaune française. – Inv. Faune Flore, **17/18**, 431 pp.

PARENZAN (1932): Revisione delle specie delle Gen. Testudo della Balcania. – Atti del Reale Istituto Veneto di Scienze, Lettere ed Arti, Venedig, **91** (2): 1149-1169, plates XXX-XXXIII.

PARENZAN (1933): Relazione su due spedizioni scientifiche in Albania (1929-1930). – Riv. Fis. Mat. Sci. Nat., Naples, **7** (8-10), 43 pp.

PARHAM, MACEY, PAPENFUSS, FELDMAN, TÜRKOZAN, POLYMENI & BOORE (2006): The phylogeny of Mediterranean tortoises and their close relatives based on complete mitochondrial genome sequences from museum specimens. – Molecular Phylogenetics and Evolution, **38** (1): 50-64.

PARKER (1995): Members' letters. – British Chelonia Group Newsletter, 108: 14.

PARKER & BELLAIRS (1972): Die Amphibien und Reptilien. – Lausanne (Editions Rencontre): 312.

PARLANTI, LANZA, POGGESI & SBORDONI (1988): Anfibi e rettili delle isole del Mediterraneo: un test dell'ipotesi dell'equilibrio insulare. – Bulletin d'Ecologie, Paris, **19** (2/3): 335-348.

PAULER (2000): Kranke Schildkröten ausgesetzt. – elaphe (N. F.), Rheinbach, **8** (3): 25.

PAULER (2001a): Liebe Mitglieder. – elaphe (N. F.), Rheinbach, **9** (3): 25.

PAULER (2001b): Liebe Mitglieder. – elaphe (N. F.), Rheinbach, **9** (4): 25.

PALAUS (1974): Nuevos datos sobre la distribución geográfica de los anfibios y reptiles ibéricos. – Doñana Acta Vertebrata, Sevilla, **1** (1): 19-27.

PARRY (1986): Tortoise recovery after submersion. – British Chelonia Group Newsletter, 49: 4.

PAULL (1997): The Small and Medium-Sized Tortoises. – Homestead (Green Nature Books): 154-157, 198.

PAUNOVIC (1983): Kopnene kornjace roda Testudo LINNÉ, 1758 iz pleistocenskih naslaga crvene stijene kod Petrovi°a u Crnoj Gori. – Rad. Jugoslavenska Akademija Znanosti i Umjetnosti, Zagreb, **404**: 109-123.

PAUNOVIC (1984): Fische, Amphibien und Reptilien aus oberpleistozänen Ablagerungen von Sandalja bei Pula (Istrien, Kroatien). – Palaeontologia Jugoslavica, Zagreb, **31**: 5-44.

PAUNOVIC (1990): Grundzüge der Herkunft und das Alter der Herpetofauna Jugoslawiens. – Rad JAZU 449, Razred za prirodne znanosti, **24**: 309-317.

PAVLETIC (1962): Prilog istrazivanju herpetofaune otoka Paga. – VI. Plenum Prirodoslovne Sekcije Saveza Muzeijskih Drustava Jugoslavije, Zagreb: 26-29.

PAWLOWSKI & KRÄMER (2006): Schildkrötenhaltung in Zoogeschäften und Fachmärkten im Großraum Rhein-Neckar. – elaphe (N. F.), **14** (1): 58-66.

PAWLOWSKI, JAKOB, PATZEWITZ, ANNOSOVA & SAUER (2004): Ein herpetologischer Eindruck von der italienischen Insel Elba im Frühjahr 2003. – Sauria, Berlin, **26** (2): 23-30.

PELAZ (1988): Aspectos históricos para la actual corología de Testudo hermanni en el Mediterráneo Occidental. – Vida Silvestre, **64**: 28-35.

PENEDER & PENEDER (1998): Zur Verbreitung von Testudo marginata, Testudo weissingeri und Testudo hermanni boettgeri in Griechenland. – Informationsblatt der Fachgruppe Schildkröten der ÖGH, Vienna, **4** (3): 3-13.

PARHAM, MACEY, PAPENFUSS, FELDMAN, TÜRKOZAN, POLYMENI & BOORE (2006): The phylogeny of Mediterranean tortoises and their close relatives based on complete mitochondrial genome sequences from museum specimens. – Molecular Phylogenetics and Evolution, **38** (1): 50-64.

PERÄLÄ (2001): A new species of Testudo (Testudines: Testudinidae) from the Middle East, with implications for conservation. – Journal of Herpetology, New Haven, **35**: 567-582.

PERÄLÄ (2002a): The genus Testudo (Testudines: Testudinidae) – phylogenetic inferences. – Chelonii, Gonfaron, 3: 32-39.

PERÄLÄ (2002b): Biodiversity in relatively neglected taxa of Testudo L., 1758 s. l.. – Chelonii, Gonfaron, 3: 40-53.

PERÄLÄ (2002c): The genus Testudo LINNAEUS, 1758 sensu lato (Testudines: Testudinidae): Phylogeny, taxonomy, conservation. – Dissertation, School of Biological Sciences, Bristol, 328 pp.

PERÄLÄ (2004a): Testudo hercegovinensis WERNER, 1899. – Manouria, Mezzavia, 22: 19-20.

PERÄLÄ (2004b): Tortoise systematics: a critique of a recent paper by VAN DER KUYL et al. (2002). – The Herpetological Journal, London, 14: 51-53.

PERRIER (1954): La faune de la France illustrée. Band X: Vertébrées. – Delagrave, Paris, 214 pp.

PERRY (1980): A home for tortoises. – British Chelonia Group Newsletter, 21: 9-10.

PERSCHMANN (1956): Über die Bedeutung der Nierenpfortader insbesondere für die Ausscheidung von Harnstoff und Harnsäure bei Testudo hermanni GML. und Lacerta viridis LAUR. sowie über die Funktion der Harnblase bei Lacerta viridis LAUR. – Zoologische Beiträge, Berlin, 2: 447-480.

PESCHKES-KESSEBOHM (2003): Fundtiere und der Artenschutz. – Minor, Haan, 2 (1): 31-32.

PESHEV & BOEV (1962): Fauna de Bulgarie – clé succincte des Vertébrés. – Sofia (Narodna Prosveta): 71-105.

PETERS (1967): Klasse Reptilia – Kriechtiere. In: Urania Tierreich – Fische, Lurche, Kriechtiere. – Leipzig, Jena & Berlin (Urania-Verlag).

PETIT & KNOEPFFLER (1959): Sur la disparition des amphibiens et reptiles méditerranéens. – Revue d'Ecologie (Terre et Vie), Supplément Colloque U.I.C.N., Animaux et végétaux rares de la région méditerranée, Athens: 50-53.

PETROV (2002): Review of the reptiles (Reptilia) in the Eastern Rhodopes. – In: Project report, Assessment of existing information on biodiversity in the Eastern Rhodopes. – Sofia (Bulgarian Society for the Protection of Birds), UN Development Program: 12.

PETROV (2004): The herpetofauna (Amphibia and Reptilia) of the Eastern Rhodopes (Bulgaria and Greece). – In: BERON & POPOV (Eds.): Biodiversity of Bulgaria. 2. Biodiversity of Eastern Rhodopes (Bulgaria and Greece). – Sofia (Pensoft & Nat. Mus. Natur. Hist.): 863-879.

PETROV, STOEV & BESHKOV (2001): Review of the species composition and distribution of Amphibians (Amphibia) and Reptiles (Reptilia) in the Eastern Rhodopes Mt. – Hist. Nat. bulg., Sofia, 13: 127-153.

PETROV, BESHKOV, POPGEORGIEV & PLACHIISKI (2004): Action plan for conservation of tortoises in Bulgaria. – Sofia (Bulgarian Society for the Protection of Birds), Bulgarian Biodiversity Foundation, National Museum of Natural History, 58 pp.

PETTER (1966): Equilibre des espèces dans les populations de nématodes parasites du colon des tortues terrestres. – Mémoires du Muséum National d'Histoire Naturelle Paris, N. S., 39 (A), 252 pp.

PETZOLD (19??): Kurze Anleitung zur Pflege europäischer Land- und Wasserschildkröten. – Tierpark-Merkblatt Nr. 1, Tierpark Berlin, 12 pp.

PETZOLD (1966): Kleine herpetologische Notizen von der montenegrinischen Adriaküste. – Aquarien Terrarien, Leipzig, Jena & Berlin, 13 (7): 236-239.

PETZOLD (1981): AT Terrarientierlexikon Testudo hermanni GMELIN 1789 – Griechische Landschildkröte. – Aquarien Terrarien, Leipzig, Jena & Berlin, 28 (2): 72.

PETZOLD (1982): Aufgaben und Probleme der Tiergärtnerei bei der Erforschung der Lebensäußerungen der Niederen Amnioten (Reptilien). – Milu, Berlin, 5 (4/5): 528, 612, 620, 623, 635, 724-725.

PFEIFFER (1996): Gebrauchsanweisung für Schildkröten. – Journal der AG Schildkröten & Panzerechsen, Bürstadt, 5 (2): 7-10.

PHILIPPE (1953): Zum Vorkommen von Testudo hermanni robertmertensi WERMUTH. – DATZ, Stuttgart, 6 (9): 238-239.

PHILIPPEN (1986a): Protokoll eines Schildkröten-Schicksals. – Die Schildkröte (N. F.), Heinsberg, 1 (1/2): 17-23.

PHILIPPEN (1986b): Hinweise zum Aufspüren mediterraner Landschildkröten. – Die Schildkröte (N. F.), Heinsberg, 1 (3): 3-4.

PHILIPPEN (1997): Rezension: BRABENETZ, E., H. SCHWAMMER & F. LUTTENBERGER (Eds.): Haltungsrichtlinien – Mindestansprüche für Schildkröten. – Emys, Sitzenberg-Reidling, 4 (3): 20-28.

PHILIPPEN (2003): Aktuelle Checkliste der bis heute bekannt gewordenen Schildkrötenhybriden – Eine Literaturstudie, inklusive unveröffentlichter Hinweise – Teil 2. – Schildkröten, Linden, 10 (1): 13-23, 25.

PHILIPPEN (2005): ShellShock-Naturschutzkampagne. Umsetzung der Schildkrötenschutzkampagnen in den Zoologischen Gärten und Aquarien. – Marginata, Münster, 2 (3): 55-59.

PIANKA (1970): On r- and K-selection. – The American Naturalist, Chicago, 104: 592-597.

PICARIELLO, SCILLITANI, FRITZ, GÜNTHER & MUTSCHMANN (1993): Zur Herpetofauna Süditaliens. Teil 2. Die Amphibien und Reptilien des Picentini-Gebirges (Appennin, Kampanien). I. Allgemeines und Amphibien. – herpetofauna, Weinstadt, 15 (85): 19-26.

PICCOLI, GERDOL & FERRARI (1983): Carta della vegetazione del Bosco della Mesola (Ferrara). – Atti Istituto Botanico Laboratorio Crittogamico Ferrara, 2: 3-23.

PIEAU (1971): Sur la proportion sexuelle chez les embryons deux Chéloniens (Testudo graeca L. et Emys orbicularis) issus d'Oeufs incubés artificiellement. – Comptes Rendus de l'Académie des Sciences, Série D, Sciences Naturelles, Paris, 277: 3071-3074.

PIEAU (2001): Affaire S.O.P.T.O.M. .... suite et fin. – Bulletin de la Société Herpétologique de France, Supplément, 90: 14-17.

PIEAU (2002): Temperature-dependent sex determination in Testudo graeca and Testudo hermanni. – Chelonii, Gonfaron, 3: 144.

PIEAU & DORIZZI (2004): Temperaturabhängige Geschlechtsfixierung bei Sumpf-, Wasser- und Landschildkröten. Teil 2. – Marginata, Münster, 2 (1): 36-40.

PIEH (2000): Arten und Unterarten der Landschildkröten des Mittelmeergebietes. – Draco, Münster, 2: 4-17.

PIEH & SÄTTELE (2002): Die Herpetofauna Mallorcas. – DATZ, Stuttgart, 55 (2): 68-72.

PIEPER (1970): Neue Beiträge zur Kenntnis der Herpetofauna der südägäischen Inseln. – Senckenbergiana Biologica, Frankfurt am Main, 51: 55-65.

PIROTTA (1999): Tartarughe Terrestri. – Bologna (Edagricole): 2, 4-5, 9, 12-14, 16-17, 19-27, 34-36, 38, 44-45, 52, 54, 56-57, 58-66, 74-75, 79, 87.

PISAPIA (1998): Ritmi di attività di Testudo hermanni nel Bosco della Mesola (FE). – Master's Thesis, Università degli Studi di Milano, Milan.

PITZER (2000): O AETOS – Der Adler – Unser 1996 gegründeter Verein für Tier- und Umweltschutz in Griechenland steht vor einem schwierigen Problem! – Radiata, Haan, 9 (2): 22-24.

PITZER & TRAPP (2003): Das Schildkröten-Projekt. – M & S Reptilien Katalog 4/2003, Villingen-Schwenningen: 66-67.

PLATEL, BECKERS & NIEUWENHUYS (1973): The cortical areas of Testudo hermanni (Reptilia, Chelonia) and Caiman crocodilus (Reptilia, Crocodylia). – Acta Morphologica Neerlando-Scandinavica, 11 (2): 121-150.

PLEGUEZUELOS, MÁRQUEZ & LIZANA (Eds.) (2004): Atlas y libro rojo de los anfibios y reptiles de España. Dirección General de Conservación de la Naturaleza. – Leganés (Asociación Herpetológica Española), 587 pp.

PLETSCHER (1997): Der Brief des Präsidenten. – SIGS-Info, Siblingen, 6 (2): 2-3.

PLETSCHER (1998): Gehegebau für Europäische Landschildkröten. – Fachmagazin Schildkröte, Rothenfluh, 1 (5): 61.

PLIENINGER (1847): Verzeichnis der Reptilien Württembergs. – Jahrbuch des Vereins für vaterländische Naturkunde, Stuttgart, 3: 194-208.

PLOUVIER (2002): Schildpaddenpoëzie. – De Schildpad, Eindhoven, 28 (4): 172-173.

PODLOUCKY (1987): Frankreich – Spendenaktion für ein Schutzprogramm für die Griechische Landschildkröte. – DGHT-Rundbrief, Bonn, 95: 3132.

PODLOUCKY (1988): S.O.P.T.O.M. – Spendenaktion erfolgreich, Schutzprojekt macht Fortschritte. – DGHT-Rundbrief, Bonn, 97: 3.

PODLOUCKY (1989): S.O.P.T.O.M. – DGHT finanziert Quarantäne-Gehege für Schildkröten. – DGHT-Rundbrief, Bonn, 100: 7-8.

PODLOUCKY (2002): International efforts for the conservation of European tortoises (genus Testudo) – legislation and conservation strategies. – Chelonii, Gonfarob, 3: 302-311.

POINTET (1998): Courrier des lecteurs. – Manouria, Mezzavia, 1: 7.

POLASCHEK & POLASCHEK (1997): Die Griechische Landschildkröte (Testudo hermanni) – Artbeschreibung sowie Tips zur Pflege, Haltung und Zucht. – Eichgraben (G. & K. Verlag), 124 pp.

POLLS (1985): The herpetofauna of the Alto Ampurdan, Spain – Faunistic. – Misc. Zool., 9: 295-314.

PONS, FELIX & BUDÓ (1996): Caracterización morfológica de la tortuga mediterránea (Testudo hermanni hermanni GMELIN) – Método PIT de aplicación de técnicas de procesado de imagen. – IV Congreso Luso-Espaol de Herpetologia, Porto.

PORLIER (1989a): La tortue d'Hermann. – Bibliothèque de Travail 1008, Publications de l'Ecole moderne française, Cannes (La Bocca).

PORLIER (1989b): Das Dorf der Schildkröten. – Das Tier, Leinfelden-Echterdingen, 30 (8): 32-34.

PORTIS (1890): I Rettili pliocenici del Valdarno superiore e di alcune altre località plioceniche di Toscana. – Florence (Le Monnier): 1-32.

POSTHAUS (1996a): Herpesvirusinfektion bei Landschildkröten. – SIGS-Info, Siblingen, 5 (2): 13-15.

POSTHAUS (1996b): Neues über Herpes. – SIGS-Info, Siblingen, 5 (3): 9-11.

POSTHAUS (1997): Herpesvirusinfektion bei Landschildkröten. – Emys, Sitzenberg-Reidling, 4 (2): 25-28.

POZIO & FRISENDA (1980): Gli Anfibi e i Rettili della Regione Puglia. – In: SCALERI LIACI (Ed.): Atti del VII Simposio Nazionale sulla Conservazione della Natura, Cacucci, Bari: 233-257.

POZZI (1966): Geonemia e catalogo ragionato degli Anfibi e dei Rettili della Jugoslavia. – Natura, Milan, 57 (1): 1-55.

PRASCHAG (1995): Schildkröten – die handlichen Heimtiere – DATZ, Stuttgart, 48 (8): 531-535.

PRASCHAG (2002): Landschildkröten. – Stuttgart (Verlag Eugen Ulmer): 1, 4-5, 7, 10, 18, 32-33, 36-42, 45-49, 52, 58-61, 65-66, 70-71, 80-81, 83, 88-89.

PREISER (1990a): S.O.P.T.O.M. – Schutzprojekt macht weiter gute Fortschritte. – DGHT-Rundbrief, Bonn, 104: 19.

PREISER (1990b): S.O.P.T.O.M. – Projekt expandiert, deutscher Tochterverein geplant. – DGHT-Rundbrief, Bonn, 105: 17.

PREISER (1991): Das Schildkrötendorf. – Ökowerkmagazin, Berlin, **5**: 32-33.

PREISER (1993): Das Schildkröten-Schutzprojekt S.O.P.T.O.M. – Journal der AG Schildkröten & Panzerechsen der DGHT, Bürstadt, **2** (3): 14-16.

PRENZEL (1997): Kiki, die Ausreißerin. – Schildkröten, Linden, **4** (2): 23-26.

PRENZEL (1998): Freud und Leid mit Schildkröten – Erinnerungen einer alten Dame. – Schildkröten, Linden, **5** (3): 19-23.

PRESTREAU (2001): Alimentation naturelle et équilibrée pour les tortues terrestres méditerranéennes.– Manouria, Mezzavia, 13: 10-15.

PRIETO (1996): Metodologia bàsica per la deteccio de Paràsits helmints a partir de femtes de reptils. – L'Entorn natural, COMAM. 10.

PRITCHARD (1979): Encyclopedia of Turtles. – Neptune City (T. F. H. Publications): 348, 402-403, 406-407, 566.

PRITCHARD (1988): A survey of neural bone variation among recent chelonian species, with functional interpretations. – Acta Zoologica Cracoviensia, Krakow, **31** (26): 625-686.

PRITCHARD (2002): Overview of the genus Testudo. – Chelonii, Gonfaron, 3: 10-11.

PRUKSARAJ (1967): Unteruchungen über das Vorkommen von Salmonellen bei Landschildkröten der Arten Testudo graeca und Testudo hermanni. – Dissertation, Univ. Hannover, Hannover.

PUCHADES LLORIS (1996): Notas sobre la reproducción de una población semicautiva de tortuga mediterránea Testudo h. hermanni en Valencia (E. España). – Doñana Acta Vertebrata, Sevilla, **23**: 99-103.

PUDDU, VIARENGO & ERMINIO (1988): Animali di Sardegna. Gli anfibi e i rettli. Cagliari.

PULFORD, HAILEY & STUBBS (1984): Thermal relations of Testudo hermanni robertmertensi WERMUTH in S. France. – Amphibia-Reptilia, Leiden, **5** (1): 37-41.

PURSALL (1995): Europäische Landschildkröten. – Ruhmannsfelden (bede-Verlag): 5, 10-11, 13-15, 18, 22, 29, 32, 35, 41, 44-45, 51-52, 55-56, 58-59, 73, 75, 81, 88, 94.

PURSALL & PURSALL (1987): Case History of a Sick Testudo hermanni. – Testudo, **2** (5): 22-24.

RADOVANOVIC (1941): Zur Kenntnis der Herpetofauna des Balkans. – Zoologischer Anzeiger, Leipzig, **136** (7/8): 145-159.

RADOVANOVIC (1951): Vodozemci i gmizavci nase zemlje. – Belgrade (Srpsko Biolosko Drustvo), 250 pp.

RADOVANOVIC (1961): Résultats des recherches faites dans les îles Adriatiques sous le jour de l'evolutionnisme. – Bull. T. XXVI, Acad. Serbe Sc., **8**.

RADOVANOVIC (1964): Die Verbreitung der Amphibien und Reptilien in Jugoslawien. – Senckenbergiana Biologica, Frankfurt am Main, **45** (3-5): 553-561.

RAGNI, DI MURO, SPILINGA & MANDRICI (2004): L'Atlante degli Anfibi e dei Rettili dell'Umbria. – In: ZUFFI (Ed.): V° Congresso Nazionale della Societas Herpetologica Italica, 29 settembre - 3 ottobre 2004, Calci (Pisa). – Turin (Societas Herpetologica Italica): 21-22.

RAMIREZ, VARGAS & GUERRERO (1992): Distribution patterns and diversity in European reptiles. – In: KORSOS & KISS (Eds.): Proceedings of the 6th Ordinary General Meeting of the Societas Europaea Herpetologica. – Budapest: 371-376.

R.A.N.A. INTERNATIONAL FOUNDATION (1994): R.A.N.A. News, **1**.

RANZI (1971): Ricerche zoologichenelle isole di Tavolara e Molara. – In: PASQUINI (Ed.): Relazione preliminare delle ricerche sulle popolazioni insulari compiute nel triennio 1965-1968. – Quaderni de »La Ricerca Scientifica«, Rome, **73**: 25-28.

RATHBAUER (2002): Feldherpetologische Exkursion nach Cres (2002). – ÖGH-Aktuell, Vienna, **10**: 6-10.

RAU (1966): Schildkröten-Verluste durch Ratten beim Überwintern. – DATZ, Stuttgart, **19** (1): 23-25.

RAU (1981): Erstaunliche Genesung einer Griechischen Landschildkröte (Testudo hermanni hermanni). – DATZ, **34** (7): 245-246.

RAUH (2000): Grundlagen der Reptilienhaltung. – Münster (Natur und Tier-Verlag): 30, 95, 115, 129, 132, 142, 191-193.

RAXWORTHY (1984): Hermann's Tortoise (Testudo hermanni robertmertensi WERMUTH) on Menorca, Balearic Islands. – British Journal of Herpetology, London, **6**: 385-386

RAZNOSANU (1900): On the Romanian species (T. graeca, ibera, marginata). – Bull. Soc. Bucuresti, **9**: 278.

RAZZETTI, BADER, BILEK, DELFINO, DI CERBO, DUDA, HILL, RATHBAUER, RIEGLER & SACCHI (2004): A contribution to the knowledge of the herpetofauna of the Greek island of Corfu. – In: ZUFFI (Ed.): V° Congresso Nazionale della Societas Herpetologica Italica, 29 settembre - 3 ottobre 2004, Calci (Pisa). – Turin (Societas Herpetologica Italica): 22.

REBUFFEL (1999): Projet de réintroduction de la tortue d'Hermann dans la forêt domaniale de l'Estérel – Etude Botanique (systématique et couvert végétal). – Unveröffentlichter Bericht, Gonfaron (SOPTOM), 17 pp.

RECHINGER-MOSER, WETTSTEIN & BEIR (1959): Was finde ich in Italien, an den Mittelmeerküsten Frankreichs, Spaniens und des Balkans? – Stuttgart (Franckh'sche Verlagshandlung), 220 pp.

RECKLIES (1989): Krankheiten der Schildkröten – Eine Literaturstudie. – Dissertation, Freie Univ. Berlin, Berlin: 5, 28-29, 39, 52-53, 58-60, 80, 83, 90, 110, 123, 139, 149-150, 158, 160, 168, 174, 180-181, 184, 196, 208, 211, 213-214, 216-217, 288.

REDROBE (1996): Shell Diseases in Chelonia. – Reptilian Magazine, 12: 51-56.

REDROBE (1997): An Introduction to Chelonian Radiography and Ultrasonography. – Testudo, 4 (4): 41.

REESE (1985): Appendix VIII(E): The Kition Tortoise Carapace. – In: KARAGEORGHIS (Ed.): Excavations at Kition. – Nicosia (Department of Antiquities), 5 (2): 411.

REGENSBURGER (1982): Untersuchungen über die Entwurmung von Landschildkröten mit Flubenol®, Panacur® und Rintal®. – Dissertation, Univ. München, Munich.

REICHENBACH-KLINKE & ELKAN (1963): Krankheiten der Reptilien. – Stuttgart (Gustav Fischer Verlag): 119, 124, 126.

REISS (2004): Doppelköpfiger Schlüpfling einer Testudo hermanni boettgeri MOJSISOVICS, 1889. – elaphe (N. F.), Rheinbach, 12 (2): 46-49.

RENGIFO (1991): Activité et déplacements de la tortue d'Hermann (Testudo hermanni h.) après lâcher dans la région des Maures. Programme radiotracking SOPTOM Mars-Juillet 91. – Gonfaron (SOPTOM).

RENGIFO (1994): Activité et déplacements de la tortue d'Hermann après lâcher dans la région des Maures. – Editions SOPTOM, Gonfaron.

RIABININ (1915): Sur les tortues des dépts méotiens de Bessarabie. –Trudy Geol. Min. Muz. Petra Velikago Imper. Akad. Nauk, Saint Petersburg, 1: 1-16.

RICHARDS & RICHARDS (1990): A Field Study of Testudo hermanni hermanni Tortoises on Corfu, June 1989. – Testudo, 3 (2): 33-41.

RIEMERSMA & VAN DER STAAY (2002): Op locatie in...'s Gravendeel. – De Schildpad, Eindhoven, 28 (2): 80-85.

RIERA (1999): Rien ne sert de courir ... – La Tortue, Gonfaron, 48: 40-43.

RISCH (1979): Les tortues terrestres paléarctiques (Testudo spp.) en France. Présence à l'état sauvage, maintien et réproduction en captivité, protection (Reptilia, Testudines, Testudinidae). – Bulletin de la Société Zoologique de France, Paris, 103 (4): 524-527.

RIVAL (2000): Rhinite des tortues terrestres. – Maisons-Alfort (Editions du Point Vétérinaire), 208: 57-58.

RIVERA & ARRIBAS (1993): Anfibios y reptiles introducidos de la fauna espaola. – Quercus, 84: 12-16.

ROCHESTER (2002): The visit. – British Chelonia Group Newsletter, 145: 14.

RODAMER (1998): Mit ein wenig Liebe geht alles. – Schildkröten, Linden, 5 (4): 18-20.

RÖDEL (1994): Beiträge zur Kenntnis der Verbreitung, Habitatwahl und Biologie griechischer Amphibien und Reptilien. Daten aus 7 Exkursionen von 1987 bis 1991. – Faunistische Abhandlungen des Staatlichen Museums für Tierkunde Dresden, 19 (29): 227-246.

ROGNER (1987): Die Reptilien auf Korsika – Schildkröten und Schlangen. – DATZ, Essen, 40 (10): 564-566.

ROGNER (1989a): Probleme beim Zeitigen von Schildkröten-Eiern. – DATZ, Stuttgart, 42 (2): 148-150.

ROGNER (1989b): Herpetologisches aus der Umgebung von Ulcinj. – DATZ, Stuttgart, 42 (12): 748-749.

ROGNER (1995): Zur Herpetofauna der Insel Korfu. – Das Aquarium, Wuppertal, 315: 39-42.

ROGNER (1996): Schildkröten 2. – Hürtgenwald (Heidi-Rogner-Verlag): 109-110, 116-117.

ROGNER (2001): Landschildkröten. – Stuttgart (Franckh-Kosmos): 8, 18-19, 32, 36, 44-45, 48, 72, 82-83, 88-90, 94, 97, 100, 102-103, 106, 108, 112.

ROGNER (2005): Griechische Landschildkröten (Testudo hermanni hermanni, T. h. boettgeri, T. h. hercegovinensis). Verbreitung, Lebensräume, Haltung und Vermehrung. – Münster (Natur und Tier-Verlag), 167 pp.

ROHR (1970): Die Bedeutung des Wärmefaktors für die Fortpflanzungsperiodik und Eiablageverhalten südeuropäischer Landschildkröten im Terrarium. – Salamandra, Frankfurt am Main, 6 (3/4): 99-103.

ROOCK (1952): Die westliche Rasse von Testudo h. hermanni GMELIN. – DATZ, Stuttgart, 5 (12): 326-327.

ROSCHER (1884): Ausführliches Lexikon der Griechischen und Römischen Mythologie. – Leipzig.

ROSENBERG (1970): Excitation and inhibition of motoneurons in the tortoise. – The Journal of Physiology, London, 221: 715-730.

ROSENBERG (1986): Carapace and plastron sensitivity to touch and vibration in the tortoise Testudo hermanni and Testudo graeca. – Journal of Zoology, London, 208 (3): 443-456.

RÖSSEL (2001a): Die neue Bundesartenschutzverordnung mit der Kennzeichnungsregelung. – BNA-aktuell, Hambrücken, 2: 11-15.

RÖSSEL (2001b): Die neue Bundesartenschutzverordnung mit der Kennzeichnungsregelung. – Reptilia (D), Münster, 30: 14, 16.

RÖSSLER (1903): Verzeichnis der Reptilien und Amphibien der kroatischen Fauna, welche an das zoologische Nationalmuseum in Zagreb bis zum Schluß des Jahres 1900 eingesendet wurden. – Glasnik hrvatskoga Naravoslovnoga drustva, Zagreb, 15: 221-224.

ROTTNER & NEUBERT (2003): Überwinterung von Schlüpflingen der Griechischen Landschildkröte. – Schildkröten, Linden, 10 (1): 3-8.

ROZHAJA, RIZANOLLI & BERISHA (1977): Nitrogen gas exchange in turtles in hypoxia and hypercapnia under confinement conditions. – Acta Biol. Med. Esp., **21** (1): 33-36.

ROZHAJA, DERMAKU, HALILI & BERISHA (1980): Some biochemical characteristics of the blood sera of the turtle *Testudo hermanni* from the immediate surrounding of lead and zinc foundry in Zvecan, Yugoslavia. – Acta Biol. Med. Esp., **5** (1): 43-46.

ROZYLOWICZ, TETELEA & POPESCU (2003): Assessing the distribution of Hermann's tortoise (*Testudo hermanni boettgeri* MOJSISOVICS, 1888) in the Iron Gates Natural Park, Romania. – Proceedings of the First International Conference on Environmental Research and Assessment, Bukarest.

RÜCK (1965): Nachzucht bei der griechischen Landschildkröte. – DATZ, Stuttgart, **18** (4): 117-119.

RUDLOFF (1990): Schildkröten. – Leipzig, Jena & Berlin (Urania-Verlag): 46, 70, 114, 121-122, 150.

RUGIERO (2004): Composition of the reptile communities in five urban protected areas of different isolation degrees. – Herpetozoa, Vienna, **16** (3/4): 151-155.

RUMPF (1892): Aus dem Leben der griechischen Landschildkröten. – Der Zoologische Garten, Berlin, **33**: 260-264.

RUST (1941): Gestaltung von Freilandanlagen für Schildkröten und Panzerechsen in Zoologischen Gärten. – Das Aquarium, Wuppertal, 15: 11-12, 22-23.

RUTSCHKE, KOEPE & DEICHSEL (2004): Beobachtungen zu anthropogenen Einflüssen auf die Reptilienfauna des Peloponnes (Griechenland). – herpetofauna, Weinstadt, 143: 17-28.

RYSAVY & JOHNSON (1979): On some oxyurid nematodes of the genus *Tachygonetria* parasitizing tortoises in Afghanistan and Albania. – Vestn. Ceskoslov. Spolec. Zool., Prague, 2: 148-160.

SACCHI, GALEOTTI & FASOLA (2004): Meccanismi di produzione e diffusione delle vocalizzazioni nei Cheloni. – In: ZUFFI (Ed.)· V° Congresso Nazionale della Societas Herpetologica Italica, 29 settembre - 3 ottobre 2004, Calci (Pisa). – Turin (Societas Herpetologica Italica): 36.

SAHRHAGE (1976): Erlebnisse mit Griechischen Landschildkröten. – DATZ, Stuttgart, **29** (5): 174-175.

SAILER, PYCZAK & HARTMANN (1997): Siamesische Zwillinge bei *Testudo hermanni boettgeri*. – herpetofauna, Weinstadt, 106: 12-13.

SAINT-GIRONS (1971): Catalogue des reptiles. – In: La grande encyclopédie de la nature, Volume 10, Reptiles. – Paris & Montréal (Bordas): 639-761.

SAINT-GIRONS (1975): Sperm survival and transport in the female genital tract of reptiles. – In: HEFEZ & THIBAULT (Eds.): The Biology of Spermatozoa. – Basel (S. Karger A.G.): 105-113.

SAINT-GIRONS (1982a): Influence des climats de type méditerranéen sur l'écophysiologie et la répartition des Reptiles. – Eco. Mediter., Marseille, **8** (1/2): 245-252.

SAINT-GIRONS (1982b): Remarques générales sur la biogéographie des reptiles méditerranéens. – P. Cent. Pir. Biol. exp., **13**: 111-115.

SAINT-GIRONS & DUGUY (1963): Notes de cytologie sanguine comparée sur les reptiles de France. – Bulletin de la Société Zoologique de France, Paris, **88**: 613-624.

SAJOVIC (1911): Zelve v lubljanski okolici – Testudines, quae prope Labacum inventae sunt. – Carniola (N. F.), Ljubljana, 2: 178-180.

SAJOVIC (1914): Beiträge zur Reptilienkunde Krains. – Verhandlungen der zoologisch-botanischen Gesellschaft Wien, **64**: 150-175.

SALOTTI, BAILON, BONIFAY, COURTOIS, DUBOIS, FERRANDINI, LA MILZA, MOURER-CHAUVIRÉ, POPELARD, QUINIF, RÉAL-TESTUD, MINICONI, PEREIRA & PERSIANI (1997): Castiglione 3, un nouveau remplissage fossilifère d'âge Pléistocène moyen dans le karst de la région d'Oletta (Haute-Corse). – Comptes Rendus de l'Académie des Sciences, Série II a, Paris, **324**: 67-74.

SALVADOR (1974): Guía de los anfibios y reptiles españoles. – Madrid (Icona), 282 pp.

SALVADOR (1985): Guía de Campo de los Anfibios y Reptiles de la Península Ibérica, Islas Baleares y Canarias. – León (Santiago García), 212 pp., 128 plates, 78 maps.

SALVADOR & PÉREZ MELLADO (1984): The amphibians and reptiles of the Pityusic Islands. – In: KUBBIER (Ed.): Biogeography and Ecology of the Pityusic Islands. – Alcover (Guerau d'Arellano Tur): 429-439.

SALVADOR & PLEGUEZUELOS (2002): Reptiles Españoles. Identificación, historia natural y distribución. – Talavara de la Reina (Canseco Editores), 490 pp.

SALZBERG (1996): Report on import / export turtle trade in the United States. – In: SOPTOM (Eds.): International Congress of Chelonian Conservation – Proceedings. – Gonfaron (Editions SOPTOM): 314-322.

SÄNGER (1934): Eigenartiges Benehmen zweier *Testudo graeca* im Freien. – Blätter für Aquarien- und Terrarienkunde, Stuttgart, **45**: 134-135.

SARA (1996): Uomo e Fauna Nelle Isole Mediterranee. – Palermo (Medical Books).

SART (1966): Resultados de una expedición zoológica a las islas Pitiusas – I – Vertebrados. – Boln. R. Soc. Esp. Hist. Nat. (Sec. Biol.), **64**: 15-46.

SATORHELYI & SRETER (1993): Studies on internal parasites of tortoises. – Parasit. Hung., Budapest, **26**: 51-55.

SASSENBURG (1983): Beiträge zur Physiologie und Pathologie der Fortpflanzung in Gefangenschaft gehaltener Reptilien aus der Sicht des praktischen Tierarztes. – Dissertation, Humboldt Univ., Berlin.

SASSENBURG (2000): Schildkrötenkrankheiten. – Ruhmannsfelden (bede-Verlag): 6, 12, 16, 21-23, 25-27, 30, 32-33, 36, 46, 52-56, 69, 72-73, 75-79, 81, 84-87, 91, 93.

SASSENBURG (2005): Handbuch Schildkrötenkrankheiten. – Ruhmannsfelden (bede-Verlag): 7, 14, 20, 27-28, 31-34, 38, 40, 46, 58-59, 68-70, 72-73, 83, 91, 96, 98, 100, 104-105, 109-111, 119-121, 123.

SAVELLI & BRIFFAUT (2004): Réhydratation d'une *Testudo hermanni* repêchée en mer, soins apportés pour le rétablissement de l'animal. – Manouria, Mezzavia, 25: 14-16.

SCALERA (2003): Anfibi e Rettili italiani, Elementi di tutela e conservazione. Collana Verde, 104. – Rome (Corpo Forestale dello Stato & Ministero per le politiche agricole e forestali), 232 pp.

SCHADEWALDT (1956): Die Sternsagen der Griechen. – Frankfurt am Main (Fischer), 192 pp.

SCHAFFER (2006): Futterpflanzen von der Wiese. – Sacalia, Stiefern, 4 (10): 40-45.

SCHAMBONY (1994): Fuchs, du hast die ... gestohlen – Ein unerwartetes Problem bei der Freilandhaltung von Landschildkröten. – Schildkröten, Linden, 1 (4): 33-35.

SCHÄR (1995): Betr.: »Landschildkröten – Die Pflege nach der Winterruhe«. – DATZ, Stuttgart, 48 (12): 812.

SCHEFFER (1995): De griekse landschildpad (*Testudo hermanni boettgeri* en *Testudo hermanni hermanni*). – In: VAN BAKEL, BRUEKERS, DE BRUIN, KELDERMANN & WIEBERDINK (Eds.): Special ter gelegenheid van het 20-jarig bestaan van de Nederlandse Schildpadden Vereniging 1975-1995: 54-58.

SCHEFFER (1996a): SOPTOM has a tenth anniversary. – British Chelonia Group Newsletter, 113: 23-24.

SCHEFFER (1996b): The biotope of *Testudo hermanni hermanni*. – British Chelonia Group Newsletter, 114: 20-21.

SCHELER (1986): Unsere »Salatschildkröten«. – Die Schildkröte (N. F.), Heinsberg, 1 (1/2): 32-34.

SCHENKELDIJK & SCHENKELDIJK (2002): Op locatie in... Apeldoorn. – De Schildpad, Eindhoven, 28 (5): 215-218.

SCHILDE (2001): Nachzuchtstatistik 2000. – Radiata, Haan, 10 (4): 33-34.

SCHILDE (2003): Nachzuchtstatistik 2001. – Minor, Lingenfeld, 2 (2): 8-9.

SCHILDE (2004a): Nachzuchtstatistik 2002. – Minor, Lingenfeld, 3 (2): 17.

SCHILDE (2004b): Nachzuchtstatistik 2003. – Minor, Lingenfeld, 3 (4): 12-13.

SCHILDE (2005): Nachzuchtstatistik 2004. – Minor, Lingenfeld, 4 (4): 27-29.+

SCHILDGER & HÄFELI (1989): Chirurgische Therapie der Legenot bei Reptilien. – Die Tierärztliche Praxis, Stuttgart, 17: 420-425.

SCHILDGER & HERZBERGER (1993): Einige blutchemische Parameter von Echsen und Schildkröten. – Reflotron Vet-Info 17, Mannheim (Prämix Wirkstoff GmbH).

SCHILDGER & TAYLOR (1998): Endoscopy in birds, reptiles, amphibians and fish. – Tuttlingen (Endo-Press).

SCHILLIGER (1990): Les affections parasitaires chez les reptiles – étude bibliographique et expérimentale. Applications prophylactiques et thérapeutiques en terrariophilie. – Master's thesis, École vétérinaire de Nantes, Nantes.

SCHILLIGER (2001): Fiche vétérinaire 3 – Les maladies respiratoires (partie 2). – Manouria, Mezzavia, 13: 6-9.

SCHILLIGER (2003): Hibernation. – Manouria, Mezzavia, 21: 6-9.

SCHILLIGER (2004a): Les affections hépatiques des chéloniens. – Manouria, Mezzavia, 25: 18-25.

SCHILLIGER (2004b): Guide Pratique des Maladies des reptiles en captivité. – Paris (éditions Med'Com), 224 pp.

SCHIPPAN (2004): Das Verhältnis von Größe zu Alter und Gewicht bei der Griechischen Landschildkröte (*Testudo hermanni boettgeri*). – Minor, Lingenfeld, 3 (2): 30-31.

SCHIPPERIJN (2000): Kwekers aan het woord over – de Griekse landschildpad (*Testudo hermanni*). – De Schildpad, Eindhoven, 26 (5): 188-192.

SCHLAGER (Ed.) (2003): GRZIMEK'S Animal Life Encyclopedia – Volume 7 – Reptiles. – Farmington Hills (Gale): 145, 148-149.

SCHLEFF (1996): Der Einfluß der Inkubationstemperatur auf das Geschlechterverhältnis bei europäischen Landschildkröten. – Bremer Schildkröten-Interessen-Gemeinschaft Info, Bremen, 4: 5-9.

SCHLEFF (1998): Die Schildkrötenfreunde der Balearen A.D.L.T. – Amigos de las tortugas. – Journal der AG Schildkröten der DGHT, Bennstedt, 7 (1): 23-25.

SCHLEICH (1981): Jungtertiäre Schildkröten Süddeutschlands unter besonderer Berücksichtigung der Fundstelle Sandelzhausen. – Courier Forschungsinstitut Senckenberg, Frankfurt am Main, 48, 378 pp., 19 plates.

SCHLEICH (1998): Die ewig Verdammten – Wissenswertes aus der Welt der Amphibien und Reptilien. – Wuppertal (Fuhlrott-Museum): 13.

SCHLÜTER (2005): Die Herpetofauna der bulgarischen Schwarzmeerküste – Teil 1: Naturraum und Schildkröten. – elaphe (N. F.), Rheinbach, 13 (3): 48–56.

SCHMIDT (1981): Geschützte Amphibien und Reptilien in Freundesland 3. VR Bulgarien. – Aquarien Terrarien, Leipzig, Jena & Berlin, 28: 104-105.

SCHMIDT (1989): Wehenspritze für Schildkröte. – Das Tier, Leinfelden-Echterdingen, 30 (1): 57.

SCHMIDT (1995a): Herpes – Ein Virus wirft Fragen über Fragen auf! – SIGS-Info, Siblingen, 4 (1): 14-17.

SCHMIDT (1995b): Eine männliche Schildkröte legt befruchtete Eier. – Schildkröten, Lingen, **2** (2): 11-13.

SCHMIDT (1995c): Die Eiablage bei unseren griechischen Landschildkröten. – Schildkröten, Lingen, **2** (3): 3-6.

SCHMIDT (1995d): Überwinterung von Landschildkröten. – Schildkröten, Lingen, **2** (4): 16-18.

SCHMIDT (1999): Testudos auf Menorca. – Schildkröten, Lingen, **6** (4): 30-32.

SCHMIDT (2000a): Testudo hermanni hermanni auf Menorca. – Radiata, Haan, **9** (3): 16-18.

SCHMIDT (2000b): Schildkröten auf Menorca – 2. Teil. – Radiata, Haan, **9** (4): 13-16.

SCHMIDT (2004a): Testudo hermanni hermanni auf Menorca – Teil 3. – Radiata, Lingenfeld, **13** (1): 31-33.

SCHMIDT (2004b): Testudo hermanni hermanni auf Menorca – Teil 4. – Radiata, Lingenfeld, **13** (2): 25-30.

SCHMIDT (2006): 30 Jahre Reptilienzoo HAPP. – Reptilia (D), Münster: 81-83.

SCHMIDT & HENKEL (1998): Terrarientiere. – Stuttgart (Verlag Eugen Ulmer): 58, 98, 140.

SCHMIDT & INGER (1957): Knaurs Tierreich in Farben – Band II – Reptilien. – Munich & Zürich (Droemersche Verlagsanstalt Th. Knaur Nachf.): 27-28, 38.

SCHMIDTGEN (1907): Die Cloake und ihre Organe bei den Schildkröten. – Zoologische Jahrbücher, Abteilung für Anatomie, Jena, **24**: 357-414.

SCHMIDT-RÖGER (1999): Urvieh für Einsteiger. – Das Tier, Leinfelden-Echterdingen, **40** (8): 44-47.

SCHMITT (1948): Beobachtungen über das Verhalten gezähmter Schildkröten. – Zeitschrift für Tierpsychologie, Berlin & Hamburg, **6**: 274-283.

SCHMITZ (1995): O Schreck, o Schreck – die Kröt ist weg. – Schildkröten, **2** (1): 38-39.

SCHMITZ (1997): Terrarientiere. – Munich (BLV Verlagsgesellschaft): 77-81.

SCHNEIDER (1783): Allgemeine Naturgeschichte der Schildkröten nebst einem systematischen Verzeichnisse der einzelnen Arten und zwey Kupfern. – Leipzig (J. G. Müller): 348.

SCHNEIDER (1971): Das Tyrrhenisproblem. Interpretation auf zoogeographischer Grundlage. Dargestellt an Amphibien und Reptilien. – Dissertation, Univ. des Saarlandes, Saarbrücken, VI + 362 pp.

SCHNEIDER (2005): Überlegungen zur Gehegebepflanzung für Landschildkröten. – Schildkröten im Fokus, Bergheim, **2** (3): 13-20.

SCHOEPFF (1793): Historia Testudinum Iconibus Illustrata. – Erlangen (J. J. Palm): 38, plates VIII, IX.

SCHOMBURG & STEFFENS (1988): Rhythmic motor activity and phase dependent reflex transmission in the spinal tortoise (Testudo graeca, Testudo hermanni). – Journal of Comparative Physiology, A, Sensory, Neural, and Behavioral Physiology, **163** (4): 537-548.

SCHONEBOOM (2002): Schildpadden wel en wee. – De Schildpad, Eindhoven, **28** (4): 173.

SCHOOLDERMAN & SCHOOLDERMAN (1986): Griekse landschildpadden (Testudo hermanni) in de tuin. – Lacerta, Zoetermeer, **47** (3): 67-71.

SCHRAMM (1993): Über die allgemeine Anatomie und das Repirationssystem der Landschildkröten (Testudinidae). – Thesis, Universität Basel, Basel.

SCHREIBER (1875): Herpetologia Europaea. – Braunschweig (F. Viehweg und Sohn), XVII + 639 pp.

SCHREIBER (1912): Herpetologia Europaea. – 2. Auflage, Jena (Fischer Verlag), X + 960 pp.

SCHRÖDER (1973): Lurche und Kriechtiere in Farben. – Ravensburg (Otto Maier Verlag): 116, plate 40.

SCHÜRGERS (2004): Zo kweek ik mijn Testudo's op. – Trionyx, Eindhoven, **2** (2): 40-43.

SCHWARDMANN (1986): Unbekanntes Krankheitsbild bei Testudo h. hermanni. – Die Schildkröte (N. F.), Heinsberg, **1** (1/2): 30-31.

SCHWEIGER (1989): Über die Auswirkungen der Hitzewelle 1988 auf einige Schildkrötenpopulationen in Griechenland. – herpetofauna, Weinstadt, **58**: 24-26.

SCHWEIGER (1992a): Das Stachelschwein Hystrix cristata LINNAEUS, 1758 als populationslimitierender Faktor von Testudo hermanni hermanni GMELIN, 1789. – Salamandra, Bonn, **28** (1): 86-88.

SCHWEIGER (1992b): Testudo hermanni hermanni in der Toscana (Festland) – Verbreitung, Lebensraum und Status. – Vortragszusammenfassungen der DGHT-Jahrestagung, Bonn: 7.

SCHWEIGER (2005): Ile Of Walls – Herpetologische Beobachtungen auf der Kroatischen Insel Pag – 2. Teil: Amphibien und Schildkröten. – ÖGH-aktuell, Vienna, **15**: 4-6.

SCHWEIZER (1955): Wie werden europäische Landschildkröten überwintert? – DATZ, Stuttgart, **8** (12): 331.

SEBA (1734): Locupletissimi rerum naturalium thesauri accurata descriptio, et iconibus artificiosissimus expressio, per universam physices historiam. Opus, cui, in hoc rerum genere, nullum par existit. Ex toto terrarum orbe collegit, digessit, descripsit, et depingendum curavit. Tomus I. – Amsterdam (Janssonio-Waesbergios, J. Wetstenium & Gul. Smith), XXXII + 178 pp., 111 plates.

SÉCRETARIAT DE LA FAUNE ET DE LA FLORE (1983): Livre rouge des espèces menacées en France. Tome I: Vertébrés. – In: BEAUFOURT (Ed.): Inventaires de faune et de flore. – Paris (Sécretariat de la Faune et de la Flore): 19-23.

SEDLAG (1995): Urania Tierreich – Tiergeographie. – Leipzig, Jena & Berlin (Urania-Verlag): 326.

SEEGER (1998): Landschildkröten. – Augsburg (Naturbuch Verlag): 1, 6-7, 9, 11-12, 18, 20, 22, 30-32, 36-39, 45-46, 48-57.

SEHNAL & SCHUSTER (1999): Herpetologische Beobachtungen auf der Kvarnerinsel Cres, Kroatien – Ergebnisse von fünf Exkursionen. – Herpetozoa, Vienna, **12** (3/4): 163-178.

SEMENZATO (1985): Osservazioni sull' erpetofauna dell' entroterra veneziano. – Natura, Milan, **76**: 53-62.

SENN (1992): Eine Naturgeschichte der Schildkröten. – »Fortkommen« Schriften im R + R Verlag Nr. 14, Bottmingen: 50.

SHERRARD (1996): Don't get into a mix. – Tortoise Trust Newsletter, London, **11** (4): 11.

SHKORPIL (1897): Sur la flore de Plovdiv (avec des remarques géologiques et faunistiques). – Otchetna Plovdivsketa Gimnaziya »Alexander I« za 1896-1897 Uchebna Godina, Plovdiv: 3-23.

SICKENBERG (1971): Revision der Wirbeltierfauna der Höhle Petralona (Griech. Mazedonien). – Ann. Géol. Pays Hellén., Athens, **23**: 230-264, plates 39-40.

SIEBENROCK (1903): Über zwei seltene und eine neue Schildkröte des Berliner Museums. – Sitzungsberichte der Akademie der Wissenschaften Wien, Mathematisch-naturwissenschaftliche Klasse, Vienna, **112** (1): 439-445.

SIEBENROCK (1906): Zur Kenntnis der mediterranen Testudo-Arten und über ihre Verbreitung in Europa. – Zoologischer Anzeiger, Leipzig, **30** (25): 847-854.

SIEBENROCK (1909): Synopsis der rezenten Schildkröten, mit Berücksichtigung der in historischer Zeit ausgestorbenen Arten. – Zoologische Jahrbücher, Jena, Supplement **10**: 542.

SIEBENROCK (1910): Schildkröten aus Süd- und Südwestafrika. – Sitzungsberichte der Akademie der Wissenschaften Wien, Vienna, **119** (1): 693-720.

SIEBENROCK (1913): Schildkröten aus Syrien und Mesopotamien. – Annalen des Naturhistorischen Museums Wien, Vienna, **27**: 171-225, plates 10-12.

SIEBENROCK (1916): Die Schildkröten Niederösterreichs vor der Eiszeit. – Blätter für Naturkunde und Naturschutz in Niederösterreich, Vienna, **3**: 1-7.

SIERING (1979): Über die Ökologie der mediterranen Landschildkröten. – Die Schildkröte, Haar, **2** (1): 30-35.

SIMON (2000): Planung und Bau einer Freilandanlage für europäische Landschildkröten. – Draco, Münster, **2**: 42-47.

SIMONETTA (1960): Distribuzione e significata dell'organo paratimpanico del Vitali. – Atti della Società Toscana di Scienze Naturali, Ser. B, Pisa, **66**: 39-55.

SINGER (1991): Griechische Landschildkröten naturgemäß gepflegt. – DATZ, Stuttgart, **44** (2): 97-99.

SJØSTRAND (1969): Noradrenaline containing cells in the epididymis and vas deferens of the tortoise *Testudo hermanni*. – Acta Zoologica, **50** (3): 271-275.

SLAVENS (1980): Inventory of live reptiles and amphibians in North American collections. – Seattle (privately printed), 156 pp.

SLAVENS (1985): Inventory of live reptiles and amphibians in captivity. – Seattle (privately printed), 341 pp.

SLAVENS (1989): Reptiles and amphibians in captivity – breeding-longevity and inventory. – Seattle (privately printed), 474 pp.

SLAVENS & SLAVENS (1994): Reptiles and amphibians in captivity – breeding-longevity and inventory current January 1, 1994. – Seattle (Slaveware), 536 pp.

SLAVENS & SLAVENS (1998): Reptiles and amphibians in captivity – breeding-longevity and inventory current January 1, 1998. – Seattle (Slaveware), 423 pp.

VAN DER SLOOT (1968): Termination of dorsal root fibres in the spinal cord of the turtle *Testudo hermanni*. – Acta Morphologica Neerlando-Scandinavica, **7** (2): 200-201.

VAN SLOUN (2004): De bouw van een buitenverblijf. – Trionyx, Eindhoven, **2** (6): 186-189.

SMART & BRIDE (1993): The UK Trade in Live Reptiles and Amphibians – A Report to the RSPCA on the Nature and Status of the Reptile and Amphibian Pet Trade between 1980 and 1992. – Canterbury (Durrell Institute of Conservation and Ecology, University of Kent).

SMITH (1986): Anatomy of Male and Female Genitalia of Tortoises (specifically *Testudo graeca* and *Testudo hermanni*). – Testudo, **2** (4): 1-7.

SMOLIK (1968): rororo Tierlexikon – Band 4 – Kriechtiere, Lurche, Fische. – Reinbek (Rowohlt Taschenbuch Verlag): 15.

SMOLIK (1982): Weltreich der Tiere. – Munich & Mönchengladbach (Naturalis): 395.

SOARES, CHALKER, ERLES, HOLTBY, WATERS & MCARTHUR (2004): Prevalence of *Mycoplasma agassizii* and Chelonian herpesvirus in captive tortoises (*Testudo sp.*) in the United Kingdom. – Journal of Zoo and Wildlife Medicine, Media, **35** (1): 25-33.

SOCHUREK (1954): Amphibien- und Reptilienleben auf Elba. – Aquarien Terrarien, Leipzig & Jena, **1** (7): 213-214.

SOCHUREK (1955): Herpetologische waarnemingen in Noord-Sardinien. – Lacerta, Zoetermeer, **14** (1): 13.

SOCHUREK (1985): Krk – ein herpetologischer Überblick. – elaphe, Berlin, 7 (1): 13.

SOCIETAS EUROPAEA HERPETOLOGICA (Eds.) (1990): Threatened reptiles in Europe requiring special conservation measures. – Strasbourg (European Council), T-PVS (90), **57**, 51 pp.

SOCIETAS EUROPAEA HERPETOLOGICA (Eds.) (1994): Threatened amphibians and reptiles of eastern Europe requiring special conservation measures. – Strasbourg (European Council), T-PVS (94), **3**, 87 pp.

SOFIANIDOU (1996): Tetrapoda of Greece. – In: Systematics of Tetrapoda, with appendix of the Greek species. – Thessaloníki (Giachudis Giapulis), 384 pp.

SOFSKY (1982): Freilandbeobachtungen an der Griechischen Landschildkröte. – DATZ, Stuttgart, **35** (2): 119.

SOKOLOV (Ed.) (1988): Dictionary of animal names in five languages – Amphibians and Reptiles. – Moscow (Russy Yazik Publishers), 557 pp.

SOLER (1995): Distribución geográfica de la *Testudo hermanni hermanni* en la Peninsula Ibérica. – In: BALLASINA (Ed.): Red Data Book on Mediterranean Chelonians. – Bologna (Edagricole-Edizioni Agricole Calderini): 50-58.

SOLER (2002): Estat actual de la població reintroduida de tortuga mediterrània (*Testudo hermanni hermanni*) al Parc Natural del Garraf. – Trobades d›Estudiosos del Garraf, VI: 25.

SOLER & MARTÍNEZ (1999): Europäische Landschildkröten. – Reptilia (D), Münster, 17: 18-23.

SOLER & MARTÍNEZ (1999a): European tortoises. – Reptilia (GB), Barcelona, 8: 43-48.

SOLER & MARTÍNEZ (1999b). Las tortugas terrestres europeas. – Reptilia (E), Barcelona, 21: 43-47.

SOLER & MARTÍNEZ (2001): Des de fa 26 milions d›anys: el cicle vital de la tortuga mediterrània. – Descobrir Catalunya, 47: 15.

SOLER & MARTÍNEZ (2005): La tortuga mediterrània a Catalunya. – Tarragona (Edicions l'Agulla de Cultura Popular), 196 pp.

SOLER, MARTÍNEZ, & SOLÉ (2000): Estatus y conservación de la tortuga mediterranea en Mallorca. – Animalia, 116: 52-55.

SOLER, MARTÍNEZ, PARELLADA & BALLUS (2005): Participacio ciutadana en la conservació de *Testudo hermanni hermanni* a Catalunya. – Jornades de formació i divulgació de resultats sobre fauna, Flora i Animals de Companyia, II: 12.

SOLER, MARTÍNEZ, TARÍN & PARELLADA (2002): Premiers résultats de la réintroduction de la Tortue d'Hermann (*Testudo hermanni hermanni*) dans le Massif du Garraf (Catalogne, Espagne). – Chelonii, Gonfaron, 3: 230-232.

SOLER, MARTÍNEZ, TARÍN & PARELLADA (2003): Evolució de la població reintroduïda de tortuga mediterrània (*Testudo hermanni hermanni*) al Parc del Garraf. – Jornades d›Estudiosos del Garraf, IV: 93-97.

SOLER, SAMPERE, MARTÍNEZ & MEDINA (2002): Nuevos datos sobre la distribucion de *Testudo hermanni hermanni* en la comarca de l›Anoia (Barcelona). – Boletín de la Asociación Herpetológica Española, Leganés, **13** (1-2): 7-11.

SOLER, VALLESPIR, MARTÍNEZ, MEDINA, & SOLÉ, R. (2001): Patrón melánico en una población de *Testudo her-*

manni hermanni del sudoeste de Mallorca. – Boletín de la Asociación Herpetológica Española, Leganés, **12** (1): 19-21.

SOPTOM (Eds.) (1985): Plan de sauvegarde de la Tortue d'Hermann. – Gonfaron (Editions Soptom), 41 pp.

SOPTOM (Eds.) (2002): Programme de conservation de la tortue d'Hermann *Testudo hermanni hermanni* en France continentale. – Gonfaron (Editions Soptom), 44 pp.

SPANGENBERG (1996): Exoten gehören nicht in die Wohnung. – Mainzer Allgemeine Zeitung, 03./04.10.1996.

SPEAKE, SURAI & GORE (2001): Lipid composition, fatty acid profiles, and lipid-soluble antioxidants of eggs of the Hermann's tortoise (*Testudo hermanni boettgeri*). – Zoo Biology, **20**: 75-87.

SPÖRLE (1992): Untersuchungen zu den Blutspiegelverläufen der Antiinfektiva Ampicillin, Doxycyclin und Enrofloxacin bei der Griechischen Landschildkröte (*Testudo hermanni*). – Dissertation, Univ. Gießen, Gießen.

SPÖRLE, GÖBEL & SCHILDGER (1991): Blood-levels of some anti-infectives in the Hermann's Tortoise (*Testudo hermanni hermanni*). – Proceedings of the 4th International Colloquium for Pathology and Medicine of Reptiles and Amphibians, Bad Nauheim: 120-128.

SPÖRRI (1999): Auffangstation der Sektion Zentralschweiz erweitert. – SIGS-Info, Siblingen, **8** (3): 31-32.

SPÖRRI (2000a): Sind unsere Pfleglinge Überlebenskünstler? – SIGS-Info, Siblingen, **9** (3): 22.

SPÖRRI (2000b): Aufzucht von Landschildkröten aus dem Mittelmeerraum. – Merkblatt 13, SIGS, 4 pp.

SQUALLI-HOUSSAINI & BLANC (1990): Genetic variability of four species of the genus *Testudo* (LINNAEUS, 1758). – Journal of the Herpetological Association of Africa, Johannesburg, **37** (5): 1-12.

STAESCHE (1961): Beobachtungen am Panzer von *Testudo graeca* und *Testudo hermanni*. – Stuttgarter Beiträge zur Naturkunde, Stuttgart, **74**: 1-16.

STANZEL (1991): Die Tierreste aus dem Artemis-/Apollon-Heiligtum bei Kalapodi in Böotien. – Dissertation, Ludwig-Maximilians-Univ., Munich: 15, 131, 162.

STAROSTA (2004): La tortue – Etonnante centenaire. – Toulouse (Éditions Milan-Jeunesse), 32 pp.

STAUFFER (1983): Landschildkröten im Garten – ja oder nein? – Das Tier, Leinfelden-Echterdingen, **24** (4): 52.

STEEHOUDER (1987): Over bultvorming in het schild bij de opkweek van landschildpadden. – Lacerta, Zoetermeer, **48** (3): 89-95.

STEFANI (1971): Ricerche zoologiche e botaniche nelle isole sarde di S.E. e S.O. – In: PASQUINI (Ed.): Relazione preliminare delle ricerche sulle popolazioni insulari compiute nel triennio 1965-1968. – Quaderni de »La Ricerca Scientifica«, Rome, **73**: 30-36.

STEFFEN (2001): Schildkrötenurlaub auf Menorca. – Schildkrötenfreunde intern, Gelsenkirchen, **4** (2): 23-28.

STEFFENS, SCHOMBURG & BEHRENDS (1978): Segmental reflex pathways from cutaneous afferents to alpha motor neurons in the tortoise *Testudo graeca* and *Testudo hermanni*. – Neuroscience Letters, Supplement 1: 104.

STEFFENS, SCHOMBURG & KOEHLER (1979): Spinal locomotion in the tortoise *Testudo hermanni*. – Third European Neuroscience Association Meeting, Rome, 11.-14.9.1979.

STEFFENS, SCHOMBURG & KOEHLER (1985): Spinal reflex pattern in the tortoise (*Testudo graeca, Testudo hermanni*). – Journal of Comparative Physiology, A, Sensory, Neural, and Behavioral Physiology, **156** (2): 153-164.

STEINLE (1977): Ein rätselhaftes Gelege – Eier von *Testudo horsfieldii* durch T. *hermanni* befruchtet? – DATZ, Stuttgart, **30** (1): 33-34.

STEMMLER (1957): Schildkröten in Griechenland. – Zeitschrift für Vivaristik, Mannheim, **3** (11): 159-164.

STEMMLER (1959): Sardische Schildkröten. – Zeitschrift für Vivaristik, Mannheim, **5** (1): 42-50.

STEMMLER (1968a): Zur Kenntnis von *Testudo hermanni* im tyrrhenischen Gebiet. – Aqua-Terra, Solothurn, **5** (6): 41-47, (7): 49-52.

STEMMLER (1968b): Herpetologische Beobachtungen auf den Inseln Elba, Topi, Ortano, Palmajola, Cerboli und dem Monte Massoncello (Italien). – Revue Suisse Zoologique, Geneva, **75** (4): 883-926.

STEMMLER & MATZ (1967): Les tortues terrestres. – Aquarama, **1** (3): 21-24.

STEMMLER-MORATH (1953): Ein weiterer Fundort von *Testudo hermanni robertmertensi*. – DATZ, Stuttgart, **6** (3): 71-72.

STEMMLER-GYGER (1963): Ein Beitrag zur Brutbiologie der mediterranen Landschildkröten. – DATZ, Stuttgart, **16** (3): 181-183.

STEMMLER-GYGER (1964a): Zur Brutbiologie der mediterranen Landschildkröten – II. – Aqua Terra, Solothurn, **1** (9): 65-68.

STEMMLER-GYGER (1964b): Zur Brutbiologie der mediterranen Landschildkröten – III. – Aquaria, Sankt Gallen, **11** (3): 164-169.

STEPÁNEK (1944): Zur Herpetologie Griechenlands. – Vestnik Ceskoslov. Spolecnosti Zool., Prague, **9**: 123-147.

STEVENS (1994): Notes on the herpetofauna of two geographically separate Greek islands. – Reptilian Magazine, **3** (3): 26-32.

STOCK (1972): Karyological relationships in turtles (Reptilia: Chelonia). – Canadian Journal of Genetics and Cytology, Ottawa, **14**: 859-868.

STOEV (2000): On the distribution, biology and ecology of amphibians and reptiles in the Derventski Heights and the Sakar Mountain, South-East Bulgaria. – Historia naturalis bulgarica, Sofia, **12**: 59-69.

STOEV (2003): Diversity and Conservation Significance of the Amphibians and Reptiles in Rila Monastery Nature Park. – In: PEEV (Ed.): Rapid Ecological Assessment of Rila Monastery Nature Park. – Burlington (United States Agency for International Development): 139-142.

STOYCHEV & PETROVA (2003): Protectes areas in Eastern Rhodopes and Sakar mountains. – Sofia (Bulgarian Society for the Protection of Birds), Conservation Series, Band 7, 49 pp.

STRATHEMANN (1986): Herpetologische Beobachtungen westlich des Prespasees in Südjugoslawien. – Sauria, Berlin, **8** (2): 19-21.

STREET (1979): The Reptiles of Northern and Central Europe. – London (B. T. Batsford), 268 pp.

STREET (1980): Pet tortoises (*Testudo graeca* and *hermanni*). – British Chelonia Group Newsletter, 20: 5-7.

STREJCKOVA & SERVIT (1973): Isolated head of the turtle – a useful experimental model in the physiology and pathophysiology of the brain. – Physiologica Bohemoslovenica, Bratislava, **22** (1): 37-41.

STRIEGL (1996): Erworbener Augenfehler bei einer Schildkröte. – Schildkröten, Linden, **3** (4): 34.

STRIEGL (1997a): Nachzuchtbericht 1996. – Schildkröten, Linden, **4** (1): 19.

STRIEGL (1997b): Ich Johanna – oder das Ei der Johanna. – Schildkröten, Linden, **4** (2): 20.

STRIEGL (1997c): Der Sache auf den Knochen gehen!! – Schildkröten, Linden, **4** (2): 21.

STRIEGL (1998): Das Terrarium. – Schildkröten, Linden, **5** (1): 17-18.

STRIEGL (2001): Überwinterung. – Schildkröten, Linden, **8** (3): 11-12.

STRIEGL (2003): Mallorca – einmal ganz anders! – Schildkröten, **10** (4): 49-53.

STRIJBOSCH (1985): Determinatielabel van de amfibieÄn en reptielen op Corsica. – Lacerta, Zoetermeer, **44** (3): 44-51.

STROMMER (1996): Betreff – »Beipacktext« für Nachzuchten unserer griechischen Landschildkröten. – Informationsblatt der Fachgruppe Schildkröten der ÖGH, Vienna, **2** (2): 3.

STUBBS (1981a): University of London Union Natural History Society Expedition to Greece 1980. – Bulletin of the Hellenic Society for the Protection of Nature, Athens, **9** (119): 49-50.

STUBBS (1981b): Villas, villagers and tortoises in Greece. – Oryx, Cambridge & Washington, **16** (2): 176-178.

STUBBS (1981c): Wildlife of the Alyki heaths – I – Destruction by fire and plough. – Animals, 8: 10-11.

STUBBS (1981d): Wildlife of the Alyki heaths – II – Before and after the fire. – Animals, 9: 14-16.

STUBBS (1984): Alyki revisited – Wildlife of the Alyki heaths Part 3 – Recovery. – RSPCA Today, London, 1: 16-17.

STUBBS (1986a): Tortoise trade post-mortem. – BBC Wildlife, London, 2: 78.

STUBBS (1986b): Action program for protecting *Testudo hermanni* in southern France. – Environment Conservation, 13 (2): 167.

STUBBS (1987a): La plaine au nord des Maures – la dernière plaine basse sauvage et naturelle en Provence – Notes sur la flore et faune.

STUBBS (1987b): French tortoise village appeal. – British Chelonia Group Newsletter, 58: 4-5

STUBBS (1988): Action programme for protecting *Testudo hermanni* in southern France. – British Herpetological Society Bulletin, London, 24: 5-6.

STUBBS (1989): *Testudo hermanni* – Hermann's Tortoise. – In: SWINGLAND & KLEMENS (Eds.): The Conservation Biology of Tortoises. – Occasional Papers of the IUCN Species Survival Commission, No. 5, Gland (IUCN): 34-36.

STUBBS (1990): Care of Chelonia in Their Natural Environment – The French Tortoise Village. – Testudo, 3 (2): 21-24.

STUBBS (1995): *Testudo hermanni* in France. – In: BALLASINA (Ed.): Red Data Book on Mediterranean Chelonians. – Bologna (Edagricole: 94-102.

STUBBS & SWINGLAND (1985): The ecology of a Mediterranean tortoise (*Testudo hermanni*): a declining population. – Canadian Journal of Zoology, Ottawa, 63 (1): 169-180.

STUBBS & SWINGLAND (1986a): Recent developments in the conservation of *Testudo hermanni* in France. – In: ROCEK (Ed.): Studies in Herpetoloy. – Proceedings of the European Herpetological Meeting (3rd Ordinary General Meeting of Societas Europaea Herpetologica), Prague: 739-742.

STUBBS & SWINGLAND (1986b): Recent developments in the conservation of *Testudo hermanni* in France. – Testudo, 2 (4): 31-36.

STUBBS, DEVAUX & BOUR (1991): Recensement tortue d'Hermann continentale (plaine et massif des Maures). Campagne 87-88-89-90. – Gonfaron (Editions SOPTOM).

STUBBS, ESPIN & MATHER (1979): Report on an expedition to Greece 1979. – London (University of London Union Natural History Society), 130 pp.

STUBBS, HAILEY, PULFORD & TYLER (1984): Population ecology of European tortoises: review of field techniques. – Amphibia-Reptilia, Leiden, 5 (1): 57-68.

STUBBS, HAILEY, TYLER & PULFORD (1981): University of London Natural History Society Expedition to Greece 1980 – A report. – London (University of London Union Natural History Society), 136 pp.

STUBBS, SWINGLAND, HAILEY & PULFORD (1985): The ecology of the Mediterranean tortoise *Testudo hermanni* in northern Greece (The effects of a catastrophe on population structure and density). – Biological Conservation, 31 (2): 125-152.

STUGREN & KAVVADIAS (1989): Infraspezifische Systematik der Griechischen Landschildkröte (*Testudo hermanni* GMELIN) aus Korfu. – Stud. Univ. Babes-Bolyai, Biologia, Cluj-Napoca, 34 (2): 78-83.

STUMPEL, PODLOUCKY, CORBETT, ANDRÉN, BEA, NILSON & OLIVEIRA (1992): Threatened reptiles in Europe requiring special conservation measures. – In: KORSÓS & KISS (Eds.): Proceedings of the Sixth Ordinary General Meeting of the Societas Europaea Herpetologica, Budapest 1991: 25-34.

STUMPEL-RIENKS (1992): Handbuch der Reptilien und Amphibien Europas – Ergänzungsband – Nomina Herpetofaunae Europaeae. – Wiesbaden (AULA-Verlag): 111, 121, 123-124, 127, 131, 135, 137, 141, 144, 149, 152, 157, 162-164, 169, 172, 175, 180, 182, 184, 187, 190, 193, 195, 248.

STURGREN (1958): Noi contributii la problema originii faunei herpetologice din Republica Populare Romina in Lumina glaciatiunilor. – Bul. Stintific, Biol. Stiinte Agric. Zool., Bukarest, 9 (1): 35-47.

VAN SUCHTELEN & VAN SUCHTELEN (2002): Eerst denken dan doen – schildpadden thuis. – De Schildpad, Eindhoven, 28 (2): 98-101.

SUNDERLAND & VEAL (2001): An investigation into the faecal flora of clinically healthy tortoises. – Testudo, 5 (3): 23-34.

SURA (1981): Notes on the reptiles of Bulgaria. – British Herpetological Society Bulletin, London, 3: 25-28.

SUSEBACH (1956): Lautäußerungen bei griechischen Landschildkröten. – DATZ, Stuttgart, 9 (11): 308.

SÜSS & MALTER (1991): Vom Mythos der Schildkröte – Das Urtier als Glücksbringer. – Dortmund (Harenberg Edition); 35, 51, 58, 73-74, 77-80, 82, 89-91, 105-108, 117, 122-123, 129-140, 167-170.

SUTTNER (2005): Günter – unsere Griechische Landschildkröte. – Aquarien-Praxis, Stuttgart, 5: 2-5.

SWINGLAND (1984a): Dietary preferences of free-living chelonians. – British Chelonia Group Newsletter, 42: 2-3.

SWINGLAND (1984b): The ecology of the Mediterranean tortoise – a long term study. – British Veterinary Zoological Society, London, 17: 12-14.

SWINGLAND (1986): Movement patterns in *Testudo hermanni* and implications for management. – In: ROCEK (Ed.): Studies in Herpetoloy. – Proceedings of the European Herpetological Meeting (3rd Ordinary General Meeting of Societas Europaea Herpetologica), Prague: 573-578.

SWINGLAND & STUBBS (1985): The ecology of a Mediterranean tortoise *Testudo hermanni*: reproduction. – Journal of Zoology, London (A), 205 (4): 595-610.

SWINGLAND, STUBBS, NEWDICK & WORTON (1986): Movement patterns in *Testudo hermanni* and implications for management. – In: ROCEK (Ed.): Studies in Herpetoloy. – Proceedings of the European Herpetological Meeting (3rd Ordinary General Meeting of Societas Europaea Herpetologica), Prague: 573-578.

SWINGLAND, STUBBS, NEWDICK & WORTON (2001): Bewegungsmuster von *Testudo hermanni* und Folgerungen für die Haltung. – Schildkrötenfreunde intern, Gelsenkirchen, **4** (1): 23-33.

SZERBAK & SHARPILO (1966): Data on the systematics, ecology, and parasitofauna of the Black Sea coast of Bulgaria. – In: Ecology and history of the vertebrate fauna of the Ukraine, Kiev: 160-168.

TAKÁCS (1987): Exploitation of tortoises in Eastern Europe. – British Herpetological Society Bulletin, London, **19**: 27-28.

TEIFKE, LOHR, MARSCHANG, OSTERREIDER & POSTHAUS (2000): Detection of chelonid herpesvirus DNA by nonradioactive in situ hybridization in tissue from tortoises suffering from stomatitis-rhinitis complex in europe and North America. – Veterinary Pathology, **37**: 377-385.

TELECKY (2001): United States Import and Export of Live Turtles and Tortoises. – Turtle and Tortoise Newsletter, Lunenburg, 4: 8-13.

TEMBROCK (1961): Diskussionsbemerkungen zu: Können Schildkröten und Schlangen hören? – Aquarien Terrarien, Leipzig, Jena & Berlin, **8**: 383.

TERRILL (1994): Harrington »Houdini« Tortoise. – British Chelonia Group Newsletter, 101: 16.

TEYNIÉ (1987): Observations herpétologiques en Turquie. 1ère partie. – Bulletin de la Société Herpétologique de France, Paris, **43**: 9-18.

TEYNIÉ (1991): Observations herpétologiques en Turquie. 2ème partie. – Bulletin de la Société Herpétologique de France, Paris, **58**: 21-30.

THALMANN (2005): Schildkrötenanlagen in Südfrankreich. – Testudo (SIGS), Wimmis, **14** (4): 24-27.

THEIL (1958): Licht- und elektronenmikroskopische Studie über das Nierenkörperchen der Griechischen Landschildkröte (*Testudo hermanni*). – Zeitschrift für Zellforschung und mikroskopische Anatomie, Berlin, **47**: 288-319.

THEILE (2002): International trade in live Testudinidae – review of trade levels and trends over two decades. – Chelonii, Gonfaron, 3: 268-276.

THIBAULT, DELAGUERRE, CHEYLAN, GUYOT & MINICONI (1987): Les Vertébrés terrestres non domestiques des îles Lavezzi (sud de la Corse). – Bulletin Mensuel de la Société Linneenne de Lyon, **56**: 117-152.

THIEL, GEISS & BRAUN (1988): A new herpes-virus induced in tortoise. – Proceedings of the European Society of Veterinary Pathology, San Remo.

THIEME (1986): Die Amphibien- und Reptilienfauna der südostbulgarischen Küste – III – Reptilien III. – Sauria, Berlin, **8** (1): 7-9.

THIERFELDT (2004): Der 3. Rheinische Workshop der DGHT-AG Schildkröten am 15. Mai im *Aquazoo* Düsseldorf. – Minor, Lingenfeld, **3** (2): 8-13.

THIERFELDT & HÖFLER-THIERFELDT (2002): Überwinterung von Schildkröten im Kühlschrank. – Radiata, Haan, **11** (4): 42-44.

THINÈS (1968): Activity regulation in the tortoise *Testudo hermanni* GMELIN. – Psychologica Belge, Brussels, **8** (2): 131-138.

THOMAS (1969): Fortpflanzungsverhalten bei jungen Griechischen Landschildkröten (*Testudo h. hermanni*). – Salamandra, Frankfurt am Main, **5** (3/4): 147-148.

THOMSON (1932): The anatomy of the tortoise. – Science Proceedings of the Royal Dublin Society, Dublin, **20**: 359-461.

THOMPSON (2001): A walk on the wild side with *Testudo hermanni*. – Tortoise Trust Newsletter, London, **15** (4)/**16** (1): 21.

THOMPSON (2004): A first time breeding experience with *Testudo hermanni*. – Tortoise Trust Newsletter, London, **19** (1): 3-4.

TIEDEMANN (1978): Herpetologische Aufsammlungen in Nordsardinien. – Annalen des Naturhistorischen Museums Wien (Ser. B), **81**: 447-463.

TILLEY (1999): Virology in Chelonia. – British Chelonia Group Newsletter, 132: 11-12.

TILLEY (2006): Know your tortoise – Part 3: The skin. – British Chelonia Group Newsletter, 169: 8.

TIPPMANN (1998a): Zusammenfassung der Jahrestagung der Schildkrötenfreunde Österreich in Wien. – Journal der AG Schildkröten der DGHT, Bennstedt, **7** (1): 4-9.

TIPPMANN (1998b): Datenerhebung zur Größe und dem Gewicht von in Menschenhand gepflegten Landschildkröten der Gattung *Testudo*. – Journal der AG Schildkröten der DGHT, Bennstedt, **7** (2): 4.

TIPPMANN (1998c): Jahrestagung der DGHT-AG Schildkröten 1998 in Gera – Zusammenfassung einiger Vorträge. – Journal der AG Schildkröten der DGHT, Bennstedt, **7** (2): 5-9.

TIPPMANN (2000): Die europäischen und mediterranen Landschildkröten der Gattung *Testudo* und ihre Nachzucht. – In: ARTNER & MEIER (Eds.): Schildkröten. – Münster (Natur und Tier-Verlag): 9-20.

TOMASETTI (1997): Indagini morfometriche ed ecologiche su una popolazione di *Testudo hermanni hermanni* GMELIN di Monti Nebrodi (Sicilia). – Dissertation, Univ. Studi, Catania.

TOMASINI (1894): Skizzen aus dem Reptilienleben Bosniens und der Hercegovina. – Wissenschaftliche Mitteilungen des Bosnisch-Herzegovinischen Landesmuseums Sarajevo, Vienna, **2**: 560-661.

TOME (1996): Pregled razsirjenosti plazilcev v Sloveniji. – Ann. istr. mediter. stud., Koper, **9**: 217-228.

TORTONESE (1941/1942): Gli anfibi e i rettili italiani del R. Museo Zoologico di Torino. – Boll. Musei Zool. Anat. comp. R. Univ. Torino, Turin, **49** (127): 203-222.

TORTONESE & LANZA (1968): Piccola fauna italiana. Pesci, Anfibi e Rettili. – Milan (Martello), 185 pp.

TÓTH, KRECSÁK, MADSEN & ÚJVÁRI (2002): Herpetofaunal locality records on the Greek island of Corfu. – Herpetozoa, Vienna, **15** (3/4): 149-169.

TRABUCCO (1899): L'isola di Linosa – Studio geofisico. – Atti III Congr. Geogr. Ital., **2**: 148-162.

TRAPP (2002): Über Naturschutz und Drachenfliegen: Das Schildkrötenprojekt am Olymp. – Reptilia (D), Münster, **38**: 7-9.

TRAPP (2004a): Schildkröten und Olympia 2004. – Reptilia (D), Münster, **46**: 6.

TRAPP & VALVERDE (2004a): Testudo hermanni boettgeri MOJSISOVICS, 1889 – Griechische Landschildkröte. – Reptilia (D), Münster, **46**: 51-54.

TRAPP & VALVERDE (2004b): Testudo hermanni boettgeri MOJSISOVICS, 1889 – Eastern Hermann's Tortoise. – Reptilia (GB), **35**: 39-42.

TRAPP & VALVERDE (2004c): Fichas de especies y póster – Testudo hermanni boettgeri. Reptilia (E), **48**: 43- 46.

TRAUTWEIN & PRUKSARAJ (1967): Über Amyloidose bei Schildkröten. – Deutsche Tierärztliche Wochenschrift, Hannover, **74**: 184-186.

TREPTE (1993): Lebensräume der Griechischen Landschildkröte Testudo h. hermanni in der Toskana. – Journal der AG Schildkröten und Panzerechsen der DGHT, Bürstadt, **2** (2): 11-16.

TRIPEPI, ROSSI & TRECROCI (1993): Situazione dell'erpetofauna in Calabria con particolare riguardo alle specie minacciate. – Suppl. Ric. Biol. Selvaggina, Ozzano dell'Emilia, **21**: 407-413.

TRONCO (1992): Importance des conditions d'entretien dans la pathologie des chéloniens en captivité. – Proceedings of the 1st International Congress on Chelonian Pathology, Gonfaron (SOPTOM): 8-18.

TRUTNAU (1975): Europäische Amphibien und Reptilien. – Stuttgart (Belser Verlag): 137-138, 42-43.

TRUTNAU (1994): Terraristik. – Stuttgart (Verlag Eugen Ulmer): 65, 239.

TULESHKOV (1955): Les tortues – monument naturel. – Priroda Znanie, Sofia, **VIII** (8): 14-17.

TUR (1981): Paralysis in the back legs of a tortoise. – British Chelonia Group Newsletter, **25**: 3.

TUR & TUR (1982): Observations of the behaviour of European tortoises. – Testudo, **2** (1): 33-36.

TURRISI & VACCARO (1998): Anfibi e Rettili del Monte Etna (Sicilia orientale). – Boll. Accad. Gioenia Sci. Nat., Catania, **36** (363): 5-103.

TURTLE CONSERVATION FUND (2002): A Global Action Plan for Conservation of Tortoises and Freshwater Turtles – Strategy and Funding Prospectus 2002-2007. – Washington (Conservation International & Chelonian Research Foundation): 14, 24.

ULLRICH (1999): Landschildkröten. – Niedernhausen (Falken Verlag): 9, 15-17, 28, 32-33, 39, 48-49, 75-76, 96-97, 118.

UNE, MURAKAMI, UEMURA, FUJITANI, ISHIBASHI & NOMURA (2000): Polymerase chain Reaction (PCR) for the Detection of herpesvirus in Tortoises. – Journal of Veterinary Medicine Science, **62** (8): 905-907.

URBANSKI (1962): The new legislation relating to the protection of animals in the Bulgarian People's Republic. – Chronmy Przyr. Ojezsta (N. S.), Sofia,, **18** (6): 31-39.

URECH (2001): Schlupferfolg einer Jungzüchterin aus dem Tessin. – SIGS-Info, Siblingen, **10** (4): 15.

UVA & VALLARINO (1982): Renin angiotensin system and osmoregulation in the terrestrial Chelonian Testudo hermanni. – Comparative Biochemistry and Physiology, A, Comparative Physiology, Vancouver, **71** (3): 449-452.

UVA, VALLARINO, MANDICH & ISOLA (1982): Plasma aldosterone levels in the female tortoise Testudo hermanni in different experimental conditions. – General and Comparative Endocrinology, **46** (1): 116-123.

VALAKOS & MYLONAS (1992): Distribution and ecological aspects of the herpetofauna of Strofadhes Islands (Ionian Archipelago, Greece). – Herpetozoa, Vienna, **5** (1): 33-39.

VALLARINO (1984): Seasonal kidney and plasma renin concentration in Testudo hermanni; Comparative Biochemistry and Physiology, A, Comparative Physiology, Vancouver, **79** (4): 529-532.

VALLARINO, UVA & ISOLA (1985): Effect of hypophysectomy on plasma electrolytes and adrenal mineralocorticoid secretion in the terrestrial Chelonian Testudo hermanni. - Comparative Biochemistry and Physiology, A, Comparative Physiology, Vancouver, **81** (2): 283-286.

VARGA (1995): Geographical patterns of biological diversity in the Palearctic region and the Carpathian basin. – Acta Zoologica Academiae Scientiarum Hungaricae, **41**: 71-92.

VASILIU & SOVA (1968): Fauna Vertebratica Romaniae (Index) II. Amphibia. III. Reptilia. – Studii si comunicari, Muzeul Judetean Bacau, Sectia Stiintele Naturii, Bacau.

VEIDT & FRITZ (2001): Bastarde der Griechischen Landschildkröte. – DATZ, **54** (2): 57-59.

VEITH (1991): Die Reptilien Bosniens und der Herzegowina – Teil I. – Herpetozoa, Vienna, **4** (3); 107-194

VENTO, ROCA, PRADES, QUERALT & SÁNCHEZ (1992): Atlas provisional de los Anfibios y Reptiles de la Comunidad Valenciana: mitad septentrional. – Revista Española de Herpetología, Leganés, **6**: 119-128.

VENTURA (1985): The fossil herpetofauna of the Maltese Islands – a review. – Naturalista Siciliana, Palermo, **8** (3/4): 93-106.

VERHOEKS (2006): Identificatie bij landschildpadden op lijst A. – Trionyx, Eindhoven, **4** (2): 44-47.

VETTER (1986): Verstopfung bei Schildkröten. – Das Tier, Essen, **39** (1): 53.

VETTER (2002a): Schildkröten der Welt – Band 1 – Afrika, Europa und Westasien. – Frankfurt am Main & Rodgau (Edition Chimaira & Verlag ACS): 6-7, 13, 64-65, 69-70.

VETTER (2002b): Schildkröten auf Briefmarken und ihr Vorkommen in den jeweiligen Ländern. – Schildkröten, Linden, **9** (1): 4-43.

VEYSSET (1999): Minorque et ses tortues. – La Tortue, Gonfaron, **48**: 20-21.

VIGNE (1989): Les Mammifères post-glaciaires de Corse et leurs rapports avec l'Homme. – 26ème supplément à Gallia-Préhistorique, CNRS, Paris, 334 pp.

VIGNE & ALCOVER (1985): Incidence des relations historiques entre l'Homme et l'Animal dans la composition actuelle du peuplement amphibien, reptilien et mammalien des îles de Méditerranée occidentale. – 11ème Congrès Sociétés Savantes, Montpellier, **2**: 79-91.

VILELLA (1979): Herpetofauna of Catalonia: Preliminary note on the Herpetofauna of Vidra (Gerona). – Miscellànea Zoológica, Barcelona, **5**: 180-183.

VILLENEUVE (1821): Statistique du département des Bouches-du-Rhne. – Marseile (Ricar), 944 pp.

VINKE & VINKE (1997): Schildkröten lieben es warm. – Journal der AG Schildkröten der DGHT, Bennstedt, **6** (3): 4-8.

VINKE & VINKE (2001a): Projekt »Fotodokumentation von Jungtieren« angelaufen. – Radiata, Haan, **10** (4): 23.

VINKE & VINKE (2001b): Kleine Pflegeanleitung für Europäische Landschildkröten. – Haan (DGHT-AG Schildkröten), 4 pp.

VINKE & VINKE (2001c): Aktueller Stand bei der Umsetzung der Kennzeichnungspflicht in der BartSchVO. – Radiata, Haan, **10** (2): 15-17.

VINKE & VINKE (2002a): Europäische Landschildkröten. – M & S Reptilien, Villingen-Schwenningen, **3**: 74-75 57-58.

VINKE & VINKE (2002b): Vom Niedergang eines Schildkrötenbiotops. – Radiata, Haan, **11** (3): 44-49.

VINKE & VINKE (2003): Betrifft: Ernährung von Schildkröten. – DATZ, Stuttgart, **56** (8): 560.

VINKE & VINKE (2004a): Vermehrung von Landschildkröten. – Offenbach (Herpeton, Verlag Elke Köhler): 6, 11-13, 15, 20, 26-29, 32-33, 36-38, 45, 59-60, 63-64, 72, 79-80, 85-86, 89-90, 98, 104, 108, 111, 115, 122-124, 133-134, 163, 166, 176-177, 179, 181.

VINKE & VINKE (2004b): Testudo hercegovinensis WERNER, 1899 – die Dalmatinische Landschildkröte. – Schildkröten im Fokus, Bergheim, **1** (1): 22-34.

VINKE & VINKE (2004c): Die Rolle ungesättigter Fettsäuren in der Landschildkrötenernährung – eine Annäherung an einen vernachlässigten Aspekt. – Schildkröten im Fokus, Bergheim, **1** (2): 11-15.

VINKE & VINKE (2006): Ist die Abschaffung der EU-Bescheinigung und/oder der Meldepflicht bei Europäischen Landschildkröten wirklich sinnvoll? – Reptilia (D), Münster, **57**: 6-8.

VINTER & GREEN (1961): Notes on the common tortoise – 1 – The trade in tortoises. – The Veterinary Record, London, **73**: 313-314.

VISINESCU (1968): Influenta temperaturii scazute asupra metabolismului energetic al unor specii de animale heteroterme si poikiloterme. – Studii si cercetari de Biologie, Seria Zoologie, Bukarest, **20**: 501-506.

VISSENAEKENS (2005): De pen van ... HILDE VISSENAEKENS. – Trionyx, Eindhoven, **3** (6): 191–194.

VISSER (2002): Schildpadden op enkele Griekse eilanden. – De Schildpad, Eindhoven, **28** (6): 243-246.

VISSER (2005): Heucops. – Trionyx, Eindhoven, **3** (2): 62.

VIVES-BALMAÑA (1982): Contribución al conocimiento de la fauna herpetológico del NE de la Península Ibérica. – Master's thesis, Universitat de Barcelona, Barcelona.

VIVES-BALMAÑA (1984a): Els Amfibis i els Rèptils de Catalunya. – Barcelona (Ketres Editora), 229 pp.

VIVES-BALMAÑA (1984b): Herpétofaune de Catalogne: Aspects biogéographique et écologique. – Bulletin de la Société Herpétologique de France, Paris, **29**: 33-34.

VIVES-BALMAÑA (1990): Contribució al coneixement de la fauna herpetológica de Catalunya. – Barcelona (Institut d'Estudis Catalans).

VIVES-BALMAÑA & GOSALBEZ (1987): Història Natural dels Països Catalans – Vol. 13 – Amfibis, Reptils i Mamifers. – Enciclopèdia Catalana, Barcelona, 498 pp.

VIVIEN-ROELS (1976): Differentiation of secretory photoreceptors in the embryonic epiphysis of *Testudo hermanni* (Reptilia, Chelonia). – J. Microscopy, **26** (2/3): 30 A.

VIVIEN-ROELS & ARENDT (1979): Circadian and circannual fluctuations of pineal melatonin content in *Testudo hermanni* (Reptilia, Chelonia) under natural conditions of photoperiod and temperature. – Annals of Endocrinology, Paris, **40** (1): 73-94.

VIVIEN-ROELS & ARENDT (1981a): Relative roles of environmental factors, photoperiod and temperature in the control of serotonin and melatonin circadian variations in the pineal organ and plasma of the tortoise *Testudo hermanni*. – In: BIRAU & SCHLOOT (Eds.): Melatonin – current status and perspectives, International Symposium, Bremen, 28.-30.9.1980. – Pergamon Press: 401-406

VIVIEN-ROELS & ARENDT (1981b): Environmental control of pineal and gonadal function in reptiles – preliminary results on the relative role of photoperiod and temperature. – In: Photoperiodism and Reproduction, Colloque I.N.R.A., 6: 273-288.

VIVIEN-ROELS & ARENDT (1983): How does the indoleamine production of the pineal gland respond to variations of the environment in a nonmammalian vertebrate Testudo hermanni. – Psychoneuroendocrinology, 8 (3): 327-332.

VIVIEN-ROELS & HUMBERT (1977): The lipo pigments of the pineal gland of Testudo hermanni reptile Chelonian microprobe analysis and physiological significance. – Journal of Ultrastructural Research, 61 (1): 134-139.

VIVIEN-ROELS & PETIT (1975): Spectro fluorometric measurement of serotonin 5 Hydroxy tryptamine in the pineal gland of reptiles – seasonal variations of pineal 5 Hydroxy tryptamine rate in the turtle Testudo hermanni. – Comptes Rendus de l'Académie des Sciences, Série D, Sciences Naturelles, Paris, 280 (4): 467-470.

VIVIEN-ROELS & PEVET (1983): The pineal gland and the synchronisation of reproductive cycles with variations of the environmental climatic conditions, with special reference to temperature. – Pineal Research Review, 1: 91-143.

VIVIEN-ROELS, ARENDT & BRADTKE (1979); Circadian and circannual fluctuations of pineal indolamines (serotonin and melatonin) in Testudo hermanni GMELIN (Reptilia, Chelonia) – I. Under natural conditions of photoperiod and temperature. – General and Comparative Endocrinology, 37 (2): 197-210.

VIVIEN-ROELS, FÈVRE-MONTANGE & ARENDT (1984a): Long-term effect of environmental factors on indolic synthesis in the pineal gland and on the functioning of male gonads in Testudo hermanni. – In: Fourteenth Colloquium of the Société de Neuroendocrinologie Experimentale, Besan͵on, 27.28.9.1984.

VIVIEN-ROELS, FÈVRE-MONTANGE & ARENDT (1984b): Long-term effect of environmental factors on pineal and gonadal function in the male tortoise Testudo hermanni. – In: Satellite Symposia of the Seventh International Congress of Endocrinology, Québec, 1.-7.7.1984.

VLACHOS & PAPAGEORGIOU (1996): Breeding biology and feeding of the lesser spotted eagle Aquila pomarina in Dadia Forest, north-eastern Greece. – In: MEYBURG & CHANCELLOR (Eds.): Eagle Studies, WWGBP, Berlin, Paris & London: 337-347.

VLACHOS, PAPAGEORGIOU & BAKALOUDIS (1996): Effects of the feeding station establishment on the Egyptian Vulture Neophron percnopterus in Dadia forest, north-eastern Greece. – In: MEYBURG & CHANCELLOR (Eds.): Eagle Studies, WWGBP, Berlin, Paris & London: 197-207.

VODDEN (1983): The R.S.P.C.A. and the Tortoise Trade. – Testudo, 2 (2): 23-26.

VOGEL (1963): Wunderwelt Terrarium. – Leipzig, Jena & Berlin (Urania-Verlag): 122-123, 198, Abb. 228-229.

VOGEL (1966): Apollinisch und Dionysisch: Geschichte ines genialen Irrtums. – Regensburg (Gustav Bosse).

VOGEL (1994a): Die Schildkröte in der griechischen Mythologie. – Schildkröten, Linden, 1 (2): 10-12.

VOGEL (1994b): Ein wildes Tier. – Schildkröten, Linden, 1 (2): 24.

VOGEL (1994c): Hans. – Schildkröten, Linden, 1 (2): 25-26.

VOGEL (1994d): Erstaunliche Verhaltensweise bei einer Griechischen Landschildkröte. – Schildkröten, Linden, 1 (4): 36-37.

VOGEL (1995): Bau eines Freilandgeheges. – Schildkröten, 2 (1): 39-42.

VOGEL (1998): Die Futterpflanzen für Landschildkröten. – Schildkröten, 5 (2): 26-32.

VOGEL (1999): Möglichkeit der Überwinterung von Schlüpflingen der Griechischen Landschildkröte Testudo hermanni. – Radiata, Bennstedt, 8 (2): 3-6.

VOGEL (2000a): Ein Besuch auf dem Rauscherhof in Degerndorf. – Schildkröten, Linden, 7 (1): 46-48.

VOGEL (2000b): Überwinterung einer zweijährigen Testudo hermanni im Freiland. – SIGS-Info, Siblingen, 9 (4): 41.

VOGEL (2001a): Einiges zur Farbsehfähigkeit der Schildkröten. – Schildkröten, Linden, 8 (1): 29-36, 2: 15-23.

VOGEL (2001b): Auf Schildkrötensuche im Urlaub. – SIGS-Info, Siblingen, 10 (3): 18-19.

VOGEL (2005a): Futterpflanzen für Landschildkröten. Teil 1. – Marginata, Münster, 2 (2): 35-41.

VOGEL (2005b): Futterpflanzen für Landschildkröten. Teil 2. – Marginata, Münster, 2 (3): 45-50.

VOGEL (2005c): Futterpflanzen für Landschildkröten. Teil 3. – Marginata, Münster, 2 (4): 46-51.

VOGEL (2006): Futterpflanzen für Landschildkröten. Teil 4. – Marginata, Münster, 3 (1): 35-40.

VOGRIN (1997a): An overview of the herpetofauna of Slovenia. – British Herpetological Society Bulletin, London, 58: 26-35.

VOGRIN (1997b): On the herpetofauna of Lake Vrana and its vicinity (Dalmacia, Croatia). – Herpetozoa, Vienna, 10 (1/2): 85-88.

VOGT (1998): Wie man junge Landschildkröten richtig hält. – Schildkröten, Lingen, 5 (2): 12-21.

VOGT (2002): Kennzeichnungspflicht. – M & S Reptilien, Villingen-Schwenningen, 3: 77-79.

VOGT & WERMUTH (1980): Knaurs Aquarien- und Terrarienbuch. – Munich & Zürich (Droemersche Verlagsanstalt Th. Knaur Nachf.): 222-223, 232.

DE VOSJOLI (1996): General Care and Maintenance of Popular Tortoises. – Santee (Advanced Vivarium Systems): 4-5, 34.

VROOM (1979a): Schildpadden in Montenegro. – Verenigingsblad Nederlandse Schildpadden Vereniging, Eindhoven, 3 (5): 1-8.

VROOM (1979b): Schildpadden in Ampurias. – De Schildpad, Eindhoven, 5 (1): 16-19.

VROOM (1979c): Herfstreis naar Mallorca. – De Schildpad, Eindhoven, 5 (6): 1-12.

VROOM (1981): Herpetologische Waarnemingen in het gebiet van de Rio Orlina. – De Schildpad, Eindhoven, 7 (1): 21-26.

VROOM (1983): Testudo hermanni robertmertensi WERMUTH and Mauremys caspica leprosa (SCHWEIGGER) in the Monts Alberes habitat, El Ampurdan, NE Spain. – Testudo, 2 (2): 12-17.

VROOM (1984): Herbstreise nach Mallorca. – Die Schildkröte, Haar, 6 (4): 19-30.

WERNER (1899): Beiträge zur Kenntnis der Reptilien- und Batrachierfauna der Balkanhalbinsel. – Wissenschaftliche Mittheilungen aus Bosnien und der Herzegovina, 6: 817-841.

WAGLER (1830): Natürliches System der Amphibien, mit Vorangehender Classification der Säugethiere un Vögel. – Munich, Stuttgart & Tübingen (Cotta'schen): 138.

WAGNER (2005): Zuchtziele und Zuchtmethoden. – Schildkröten im Fokus, Bergheim, 2 (2): 3-20.

WALLACE (1979): Comparisons between the Hermann's and Spur-thighed tortoise. – Testudo, 1 (2): 15.

WALLACE (1995): More tortoises in the wild. – British Chelonia Group Newsletter, 107: 9.

WALLACE & WALLACE (1985a): Observations of a Population of Hermann's Tortoise (Testudo hermanni) in Southern Yugoslavia. – Testudo, 2 (3): 15-25.

WALLACE & WALLACE (1985b): Observations on a Population of Hermann's Tortoise (Testudo hermanni) on Corfu. – Testudo, 2 (3): 56-61.

WALLACE & WALLACE (1986): Observations of Hermann's Tortoise (Testudo hermanni robertmertensi) and Other Reptiles on Menorca, Balearic Islands. – Testudo, 2 (4): 44-53.

WALLACE & WALLACE (2000): Potamos (Corfu) re-visited. – British Chelonia Group Newsletter, 136: 4-5.

WALLACE & WALLACE (2005): Unlikely Hatching. – British Chelonia Group Newsletter, 165: 12-13.

WALLER (1995a): Jacki und Jenni. – Schildkröten, Linden, 2 (3): 18-19.

WALLER (1995b): Ein langer Tag auf kurzen Beinchen. – Schildkröten, Linden, 2 (4): 34-35.

WALLS (1997): Landschildkröten. – Ruhmannsfelden (bede-Verlag): 11, 17-22.

WALSER (2000): Rettungsaktion. – Ein Herz für Tiere, Ismaning, 7: 74.

WALSH (1980): The tortoise trade! – British Chelonia Group Newsletter, 21: 6.

WANDOLLECK (1904): Eine bucklige Testudo graeca L. – Zoologische Jahrbücher für Systematik, Jena, 20: 151-166.

WARMUTH (2002): Schicksalhafte Verbindung. – Testudo (SIGS), Wimmis, 11 (3): 27-28.

WATSON (1962): Notes on copulation and distribution of Aegean land tortoises. – Copeia, Lawrence, 3: 317-321.

WEBB (1980): Notes on some reptiles and amphibians of N. E. Greece. – British Herpetological Society Bulletin, London.

WEBER & GÖBEL (1994): Fallbericht – Bericht über ein Adenokarzinom der Lunge bei einer Griechischen Landschildkröte (Testudo hermanni robertmertensi). – Kleintierpraxis, Alfeld, 39: 117-119.

WEBER & PIETZSCH (1974): Ein Beitrag zum Vorkommen von Salmonellen bei Landschildkröten aus Zoohandlungen und Privathaushalten. – Berliner und Münchener Tierärztliche Wochenschrift, Berlin & Munich, 87: 257-260.

WEGEHAUPT (2003): Die natürliche Haltung und Zucht der Griechischen Landschildkröten. – Kressbronn (Wegehaupt Verlag), 224 pp.

WEGEHAUPT (2004a): Sardinien, die Insel der europäischen Schildkröten. – Sacalia, Stiefern, 2 (2): 5-16.

WEGEHAUPT (2004b): Sardinien, die Insel der europäischen Schildkröten. – Kressbronn (Wegehaupt Verlag): 4-6, 8, 15-16, 31, 38, 40, 42, 50, 53, 55, 57, 60-63, 66, 68-71, 73, 75-79, 84-117, 125-127, 147, 153, 173-185, 192.

WEGEHAUPT (2005): Kroatien-Exkursion – Die Dalmatinische Landschildkröte Testudo (hermanni) hercegovinensis WERNER, 1899. – www.Testudo-farm.de

WEGER (1977): Schildkröten-Zucht im Freiland von Bozen – ein Versuch. – DATZ, Stuttgart, 30 (10): 355-358.

WEGER (1983): Überwinterung von Schildkröten-Gelegen in Südtirol. – DATZ, Stuttgart, 36 (4): 159.

WEHNER (1966): Kleine Terrarienkunde. – Leipzig, Jena & Berlin (Urania-Verlag): 85, 108, 118, Abbildung 28.

WEICHMANN (1989): Extreme Höcker auf dem Panzer einer Landschildkröte. – DATZ, Stuttgart, 42 (10): 585.

WEINDL & KUCHLING (1982): Immunohistochemistry of somatostatin in the central nervous system of the tortoise Testudo hermanni GMELIN. – Verhandlungen der Deutschen Zoologischen Gesellschaft, Munich: 209.

WEINDL, KUCHLING & WETZSTEIN (1983): The distribution of neuro-hypophyseal peptides in the central nervous system of the tortoise Testudo hermanni hermanni. – Acta Endocrinologica, 102 (Supplement 253): 67-68.

WEINDL, TRIEPEL & KUCHLING (1984): Somatostatin in the brain of the turtle Testudo hermanni – an immuno-histochemical mapping study. – Peptides, **5** (Supplement 1): 91-100.

WEINDL, KUCHLING, TRIEPEL & REINECKE (1983): Immunohistochemical localization of substance P in the brain and spinal cord of the tortoise *Testudo hermanni* GMELIN. – In: SKRABANEK & POWELL (Eds.): Substance P. – Dublin (Boole Press): 265-266.

WEISGRAM & SPLECHTNA (1990): Intervertebral movability movability in the neck of two turtle species (*Testudo hermanni hermanni*, *Pelomedusa subrufa*). – Zoologisches Jahrbuch für Anatomie, **120**: 425-431.

WELCH (1994): Turtles, Tortoises and Terrapins – A Checklist. – R & A Research and Information, Taunton: 69, 71.

WELLING (1994): Herr auf dem Haus. – Ein Herz für Tiere, Ismaning, **6**: 47.

WELSCH (2000): Europäische Landschildkröten – Sensible Urviecher. – Ein Herz für Tiere, Ismaning, **9**: 28-30.

WENNING (2004): *Testudo hermanni* – Schlupf in freier Natur in Deutschland. – elaphe (N. F.), Rheinbach, **12** (3): 41-42.

WERMUTH (1952): *Testudo hermanni robertmertensi* n. subsp. und ihr Vorkommen in Spanien. – Senckenbergiana, Frankfurt am Main, **33** (1/2): 157-164.

WERMUTH (1953): Überwinterung Griechischer Landschildkröten. – Fischen und Angeln, Berlin, **5**: 23.

WERMUTH (1954a): Wie die westliche Rasse der Griechischen Landschildkröte, *Testudo hermanni robertmertensi*, »entdeckt« wurde. – Aquarien Terrarien, Leipzig, Jena & Berlin, **1** (2): 83-85.

WERMUTH (1954b): Kann ich Terrarientieren ihren natürlichen Lebensraum ersetzen? – Aquarien Terrarien, Leipzig, Jena & Berlin, **1** (7): 206-209.

WERMUTH (1956): Versuch der Deutung einiger bisher übersehener Schildkröten-Namen. – Zoologische Beiträge (N. F.), Berlin, **2**: 399-423.

WERMUTH (1961): Anomalien bei einer Griechischen Landschildkröte (*Testudo hermanni hermanni* GMELIN). Sitzungsberichte der Gesellschaft der Naturforschenden Freunde Berlin (N. F.), Berlin, **1** (1/5): 139-142.

WERMUTH (1971a): Eine totalalbinotische Landschildkröte (*Testudo hermanni*). – DATZ, Stuttgart, **24** (8): 276.

WERMUTH (1971b): Schildkrötenarten. – In: ZOLL (Ed.): Das neue Heimtierlexikon. – Bergisch Gladbach (Gustav Lübbe Verlag): 294.

WERMUTH (1977): Wie überwintern wir unsere Landschildkröten? – Aquarien-Magazin, Stuttgart, **11** (9): 268-273.

WERMUTH (1985): Neuer Nachweis von *Testudo hermanni robertmertensi* für das spanische Festland. – DATZ, Stuttgart, **38** (1): 39-41.

WERMUTH & MERTENS (1961): Schildkröten – Krokodile – Brückenechsen. – Jena (VEB Gustav Fischer Verlag): 210-212.

WERMUTH & MERTENS (1977): Liste der rezenten Amphibien und Reptilien: Testudines, Crocodylia, Rhynchocephalia. – Das Tierreich, Lieferung 100, Berlin & New York (Walter de Gruyter): 86-87.

WERNER (1891): Beiträge zur Kenntnis der Reptilien und Amphibien von Istrien und Dalmatien. – – Sitzungsberichte der Zoologisch-Botanischen Gesellschaft, Mathematisch-naturwissenschaftliche Klasse, Wien, **41**.

WERNER (1894): Die Reptilien- und Batrachierfauna der Ionischen Inseln. – Sitzungsberichte der Zoologisch-Botanischen Gesellschaft, Mathematisch-naturwissenschaftliche Klasse, Vienna, **44**: 225-237.

WERNER (1897): Die Reptilien und Amphibien Österreich-Ungarns und der Occupationsländer. – Vienna (A. Pichler's Witwe & Sohn), 162 pp.

WERNER (1898): Prilozi poznavanju faune reptilija i batrachija Balkanskog poluostrva. – Glasnik Zem. Mus. U Bosni i Herz, Sarajevo, X: 131-156.

WERNER (1899): Beiträge zur Kenntniss der Reptilien- und der Balkanhalbinsel. – Wissenschaftliche Mitteilungen aus Bosnien und der Hercegowina, Vienna, **6**: 817-841.

WERNER (1902a): Zoologische Reiseabenteuer in Griechenland. – Der Zoologische Garten, Berlin, **43** (1): 1-18.

WERNER (1902b): Reptilien. – In: GALVAGNI (Ed.): Beiträge zur Kenntniss der Fauna einiger dalmatischer Inseln. – Verhandlungen der königlich kaiserlichen zoologisch-botanischen Gesellschaft, Vienna, **52**: 381-388.

WERNER (1912a): Brehms Tierleben. Lurche und Kriechtiere. Erster Band. – Leipzig & Vienna (Bibliographisches Institut), XVI + 572 pp.

WERNER (1912b): Beiträge zur Kenntnis der Reptilien und Amphibien Griechenlands. – Archiv für Naturgeschichte, Berlin, **78** A (5): 169-180.

WERNER (1918a): Zur Kenntnis der Reptilienfauna von Südalbanien. – Blätter für Aquarien- und Terrarienkunde, Stuttgart, **29** (21): 250-251.

WERNER (1918b): Über Reptilien und Amphibien aus Albanien gesammelt von Prof. R. EBNER und Dr. H. KARNY im Sommer 1918. – Archiv für Naturgeschichte, Berlin, **84** (10): 140-150.

WERNER (1920): Zur Kenntnis der Reptilien- und Amphibienfauna Albaniens. – Zoologischer Anzeiger, Leipzig, **51** (1/2): 20-23.

WERNER (1927): Beiträge zur Kenntnis der Fauna Griechenlands (Reptilia – Amphibia – Scorpiones – Orthoptera – Isoptera – Apterygota). – Zoologischer Anzeiger, Jena, **70**: 135-151.

WERNER (1929): Zoologische Forschungsreise nach den Ionischen Inseln und dem Peloponnes – V. Teil – Reptilia, Amphibia, Orthoptera, Embidaria und Scorpiones. – Sitzungsberichte der Akademie der Wissenschaften, mathematisch-naturwissenschaftliche Klasse, Abteilung I, Vienna, **138**: 471-485.

WERNER (1930): Contribution to the Knowledge of the Reptiles and Amphibians of Greece, especially the Aegean Islands. – Occasional Papers of the Museum of Zoology, University of Michigan, Ann Arbor, 211, 34 + VI pp.

WERNER (1933): Ergebnisse einer zoologischen Studien- und Sammelreise nach den Inseln des Ägäischen Meeres. I. Reptilien und Amphibien. – Sitzungsberichte der Östereichischen Akademie der Wissenschaften, mathematisch-naturwissenschaftliche Klasse, Abteilung I, Vienna, **142** (3/4): 103-133.

WERNER (1935): Reptilien der Ägäischen Inseln. – Sitzungsberichte der Östereichischen Akademie der Wissenschaften, mathematisch-naturwissenschaftliche Klasse, Abteilung I, Vienna, **144** (3/4): 81-117.

WERNER (1938): Die Amphibien und Reptilien Griechenlands. – Zoologica, Stuttgart, **35** (94): 1-117.

WERNING (2000): Artenschutzgesetze und Kennzeichnung mediterraner Landschildkröten – aktueller Stand. – Draco, Münster, 2: 89-92.

WERNING (2005): Novellierung der Bundesartenschutzverordnung. – Reptilia (D), Münster, 51: 15.

WESER (1988): Zur Höckerbildung bei der Aufzucht von Landschildkröten. – Sauria, Berlin, **10** (3): 23-25.

WEST (1983): A report on the tortoise symposium held in the department of zoology at the university of Bristol on 12 March 1983. – British Chelonia Group Newsletter, 37: 1-4.

WEST (1984): Identification please. – British Chelonia Group Newsletter, 43: 7.

WETTSTEIN (1953): Herpetologia aegaea. – Sitzungsberichte der Österreichischen Akademie der Wissenschaften, mathematisch-naturwissenschaftliche Klasse, Abteilung I, Vienna, **162** (9/10): 651-833.

WETTSTEIN (1957): Nachtrag zu meiner Herpetofauna aegea. – Sitzungsberichte der Österreichischen Akademie der Wissenschaften, mathematisch-naturwissenschaftliche Klasse, Abteilung I, Vienna, **166** (3/4): 123-164.

WEYL (2000): Was macht der BERND PITZER in Nordgriechenland? – Schildkröten, Linden, **7** (4): 26-29.

WEYL-OFFERMANN (2000): Krank oder gesund – die Ernährung spielt eine große Rolle. Mehr Mut zu einem abwechslungsreichen Pflanzenangebot. – Schildkröten, Linden, **7** (2): 3-7.

WEYL-OFFERMANN (2001): Im Bioladen ins Fettnäpfchen getreten. – Schildkröten, Linden, **8** (1): 38-39.

WHITE & WHITE (1979): The weight loss of tortoises during hibernation. – Testudo, **1** (2): 13-14.

WIARDA (2002): De verzorging van jonge Griekse landschildpadden (Testudo hermanni boettgeri). – De Schildpad, Eindhoven, **28** (5): 198-206.

WICHELHAUS (2002): Kurze Notiz zu einem erstaunlichen Vorfall. – Radiata, Haan, **11** (2): 30.

WICHELHAUS (2004): Eine freudige Überraschung. – Minor, Lingenfeld, **3** (4): 25.

WIECHERT (2000): Die mediterrane Landschildkröte in der tierärztlichen Praxis. – Draco, Münster, 2: 60-71.

WIECHERT, ZWART & MATTHES (2000): Eibenvergiftung in einem Schildkrötenbestand. – Der praktische Tierarzt, Hannover, **81** (2): 129-132. – SIGS-Info, Siblingen, **9** (1): 30.

WIESMANN & WIESMANN (1999): Auf der Suche nach einem Schildkrötenreservat. – Schildkröten, Linden, **6** (1): 39-40.

WIESMANN & WIESMANN (2000): Besuch im Zentrum für mediterrane Schildkröten in der Albera. – Schildkröten, Linden, **7** (1): 40-42.

WIESNER, WIESNER & HEUBECK (1979): Die Gesundheitskontrolle vor der Überwinterung von Europäischen Landschildkröten. – Die Schildkröte, Haar, **1** (2): 51-53.

WILKE (1982): Schildkröten. – Munich (Gräfe und Unzer Verlag): 9, 15.

WILKE (1990): Schildkröten richtig pflegen und verstehen. – Munich (Gräfe und Unzer Verlag): 50-51, 60.

WILKE (1997): Die Schildkröte. – Munich (Gräfe und Unzer Verlag): 10, 18-19, 21-23, 28, 30-31, 48-49, 57-59, 68, 75-76, 80, 88-89, 92-93, 98-99, 105-110, 113-114, 116.

WILKE (1998): Landschildkröten. – Munich (Gräfe und Unzer Verlag): 2-3, 6-7, 9-10, 20-23, 28-30, 33-35, 39-40, 44-45, 47, 49, 54-56, 59, 64-65.

WILKE (2001): Meine Schildkröte. – Munich (Gräfe und Unzer Verlag): 1-3, 6-13, 21-30, 32-38, 40-49, 52-58, 64.

WILKE (2002): Landschildkröten – glücklich & gesund. – Munich (Gräfe und Unzer Verlag): 2, 6, 8-10, 16, 18-21, 25-27, 29-30, 32, 34-35, 37-39, 41-44, 47, 50-53, 56-57.

WILKE (2003): Schildkröten – faszinierend und vital. – Munich (Gräfe und Unzer Verlag): 2, 8, 12, 32, 34, 36-37, 39, 44-45, 47.

WILLEMSEN (1991): Differences in thermoregulation between Testudo hermanni and Testudo marginata and their ecological significance. – The Herpetological Journal, London, **1** (12): 559-567.

WILLEMSEN (1995): Status of Testudo hermanni in Greece. – In: BALLASINA (Ed.): Red Data Book on Mediterranean Chelonians. – Bologna (Edagricole): 110-118.

WILLEMSEN & HAILEY (1989): Review: Status and conservation of tortoises in Greece. – The Herpetological Journal, London, **1** (8): 315-330.

WILLEMSEN & HAILEY (1999a): Variation of adult body size of the tortoise Testudo hermanni in Greece: proximate and ultimate causes. – Journal of Zoology, London, **248**: 379-396.

WILLEMSEN & HAILEY (1999b): A latitudinal cline of dark plastral pigmentation in the tortoise Testudo hermanni in Greece. – The Herpetological Journal, London, **9** (3): 125-132.

WILLEMSEN & HAILEY (2001a): Effect of spraying the herbicides 2,4-D and 2,4,5-T on a population of the tortoise *Testudo hermanni* in southern Greece. – Environmental Pollution, **113**: 71-78.

WILLEMSEN & HAILEY (2001b): Variation in adult survival rate of the tortoise *Testudo hermanni* in Greece: implications for evolution of body size. – Journal of Zoology, London, **255**: 43-53.

WILLEMSEN & HAILEY (2002): Body mass condition in Greek tortoises: regional and interspecific variation. – The Herpetological Journal, London, **12**: 105-114.

WILLEMSEN & HAILEY (2003): Sexual dimorphism of body size and shell shape in European tortoises. – Journal of Zoology, London, **260**: 353-365.

WILLEMSEN, HAILEY, LONGEPIERRE & GRENOT (2002): Body mass condition and management of captive European tortoises. – The Herpetological Journal, London, **12**: 115-121.

WILLIAMS (1952): A New Fossil Tortoise from Mona Island, West Indies, and a Tentative Arrangement of the Tortoises of the World. – Bulletin of the American Museum of Natural History, New York, **99** (9): 541-560.

WILLIAMS (1998): To hibernate or to overwinter your Mediterranean tortoise? – British Chelonia Group Newsletter, 125: 20.

WILLIAMS (2000): »The Terrible Turtle Trade«. – La Tortue, Gonfaron, **49**: 40-45.

WILLIAMS (2001): Ten top tips for hibernation. – British Chelonia Group Newsletter, **144**: 18.

WILLIG (2005): Grundlegendes über Futterpflanzen für Landschildkröten. – Schildkröten im Fokus, Bergheim, **2** (3): 25-34.

WILLS (2003): Turtle of the month. Care sheet Mediterraean tortoises: *Testudo graeca* & *Testudo hermanni*. – the Tortuga Gazette, Van Nuys, **39** (7): 1-4.

WILMS & LÖHR (2000): Hinweise zur Überwinterung mediterraner Landschildkröten. – Draco, Münster, **2**: 48-51.

WILSON, TRACY & TRACY (2003): Estimating age of turtles from growth rings – a critical evaluation of the technique. – Herpetologica, Emporia, **59** (2): 178–194.

WINDOLF (1980a): Bemerkungen zum Vorkommen von *Testudo hermanni hermanni* in Dalmatien und Montenegro. – Chelonologica, **1** (3): 101-106.

WINDOLF (1980b): Zur Biologie, Ökologie und zum Artenschutz der Griechischen Landschildkröte (*Testudo h. hermanni*) in Jugoslawien. – Oecologia, **2** (4): 14-20.

WINDOLF (1982): *Testudo h. hermanni* in Montenegro (Jugoslawien). – Die Schildkröte, Haar, **4** (1/2): 4-21.

WINDOLF (1983): Remarks on *Testudo hermanni hermanni* GMELIN 1789 in Montenegro, Yugoslavia. – Testudo, **2** (2): 18-21.

WINDOLF & SCHLEICH (1994): Die Schildkröten der bronze- und eisenzeitlichen Ausgrabungsstelle Kastanas (Griechenland). – Courier Forschungsinstitut Senckenberg, Frankfurt am Main, **173**: 283-298.

WISSKIRCHEN (2002): Die Zähne der Schildkröten. Ein Katalog nicht nur für Philatelisten. – Munich (privately printed): 22, 49, 62, 76, 86, 132, 145, 171, 205, 210, 224, 226, 251.

WISSOWA (1921): Paulys Realencyclopädie der classischen Altertumswissenschaft. – Stuttgart (J. B. Metzler).

WOLDRING (2003a): Stamboek Griekse landschildpad (*Testudo hermanni hermanni*). – Trionyx, Eindhoven, **1** (3): 66-67.

WOLDRING (2003b): Teilnehmer für das E.S.F.-Zuchtbuch für Griechische Landschildkröten (*Testudo hermanni hermanni*) gesucht. – Minor, Lingenfeld, **2** (4): 28-29.

WOLLENS (1996a): Höckerbildung bei Landschildkröten. – Schildkröten, Lingen, **3** (1): 18-19.

WOLLENS (1996b): CALCIUM – Das Wundermittel gegen Höckerbildung bei *Testudo*arten. – Schildkröten, Lingen, **3** (2): 20-21.

WOLLENS (1997): Von der Eiablage bis zum Schlupf der *Testudos*. – Schildkröten, Lingen, **4** (1): 16-18.

WOLLENS (2002): Erbanlagen der *Testudo h. boettgeri*. – Schildkröten, Lingen, **9** (1): 44-45.

WOOD (1992): Members' letters. – British Chelonia Group Newsletter, **89**: 14.

WORLD CONSERVATION MONITORING CENTRE (1997): Red Data Book of European Vertebrates. – Strasbourg (European Council).

WRIGHT (1969): ... from our Readers. – International Turtle and Tortoise Society Journal, Los Angeles, **3** (6): 28.

WRIGHT (1980): Hibernation. – Testudo, **1** (3): 23-24.

WRIGHT & STEER (1985): UCNW-UEA Exploration Clubs – Tortoise Expedition, Greece.

WRIGHT, STEER & HAILEY (1988): Habitat separation in tortoises and the consequences for activity and thermoregulation. – Canadian Journal of Zoology, Ottawa, **66**: 1537-1544.

WUSSOW (1916): Meine Erfahrungen mit *Testudo horsfieldi*. – Wochenschrift für Aquarien- und Terrarienkunde, Stuttgart, **13**: 170.

WÜTHRICH (2004): Naturbruten im Jahr 2003 in der Schweiz. – Testudo (SIGS), Wimmis, **13** (3): 5-20.

WÜTHRICH (2006): Buchbesprechung: Griechische Landschildkröten von MANFRED ROGNER. – Testudo (SIGS), Wimmis, **15** (1): 30-34.

WÜTSCHERT (1984): Neues über die Reptilienfauna der Insel Korfu. – Salamandra, Frankfurt am Main, **20** (4): 221-228.

YOUNG (2003): Tortoise. – London (Reaktion Books): 9, 38, 62, 64-67, 69, 78-87, 128, 144-145, 164-165, 183.

ZAHND & PORTE (1965) . – Comptes-Rendus de la Société de Biologie, Paris, **157**: 1490-1491.

ZANGGER, MÜLLER & PAGAN (1991): Virale Dermatitis bei der Maurischen (*Testudo graeca*) und der Griechischen (*Testudo hermanni*) Landschildkröte in der Schweiz. – Proceedings of the 4th International Colloquium for Pathology and Medicine of Reptiles and Amphibians, Bad Nauheim: 25-29.

ZAPLETAL (2002): Freudige Überraschung – Unerwarteter Schlupf im Frühbeet. – Radiata, Haan, **11** (1): 12-16.

ZAVATTARI (1960): Biogeografia delle isole Pelagie, Fauna. – Rend. C. Acad. Naz. 40, **11**: 263-281.

ZIMMERMANN (1983): Das Züchten von Terrarientieren; Stuttgart (Franckh'sche Verlagshandlung W. Keller & Co.): 42, 128, 214.

ZIMMERMANN (2000): Höchstlebensdauer von Amphibien und Reptilien, insbesondere von Pfeilgiftfröschen. – herpetofauna, Weinstadt, **127**: 23-25.

ZIMNIOK (1979): Verzauberte Welt der Reptilien. – Vienna & Munich (Meyster Verlag): 243-245.

ZIRNGIBL (1993): Überwintern. – Das Tier, Leinfelden-Echterdingen, **34** (7): 43.

ZIRNGIBL (2000): Griechische Landschildkröten. – Ruhmannsfelden (bede-Verlag), 95 pp.

ZLATANOVA (1991): *Ixodes* ticks (Parasitiformes, Ixodidae) of tortoises (Reptilia, Testudinidae) in Bulgaria. – Acta Zoologica Bulgarica, Sofia, **41**: 77-79.

ZUFFI (2000): La reintroduzione di *Testudo hermanni*: gestione e ricerca nel progretto congiunto Parco di Migliarino-S.Rossore-Massaciuccoli e l'Università degli Studi di Pisa. – Atti del I Congreso Nazionale della Societas Herpetologica Italica (Torino 1996), Boll. Mus. Reg. Sci. Nat. Torino, Turin: 793-798.

ZUFFI, ZINGARELLI, CORTI, BASSU, FRESI & SATTA (2004): Natural shape in *Testudo hermanni* – testing the variability. – In: ZUFFI (Ed.): V° Congresso Nazionale della Societas Herpetologica Italica, 29 settembre - 3 ottobre 2004, Calci (Pisa). – Turin (Societas Herpetologica Italica): 39.

ZUG (1991): Age Determination in Turtles. – Herpetological Circular No. 20, Athens (Society for the Study of Amphibians and Reptiles), 28 pp

ZUG, VITT & CALDWELL (2001): Herpetology – An Introductory Biology of Amphibians and Reptiles. – San Diego, San Francisco, New York, Boston, London, Sydney & Tokyo (Academic Press): 139.

ZWAAL (2005): Reactie op het artikel over chippen. – Trionyx, Eindhoven, **3** (2): 48-49.

ZWART (1981): Atrophic gastritis in a Hermann's tortoise (*Testudo hermanni*) and two red-eared turtles (*Chrysemys scripta elegans*). – American Journal of Veterinary Research, Schaumburg, **42** (12): 2191-2195.

ZWART (1987): Advances in the Veterinary Care of Chelonians Over the Past 20 Years (1967-1987). – Testudo, **2** (5): 1-14.

ZWART (1991): Clinical Diagnostics in Captive Reptiles. – Testudo, **3** (3): 12-23.

ZWART (1993): Reptilian Diseases – a Pathophysiological Approach. – Testudo, **3** (5): 3-13.

ZWART (1997): Pathologie des ovaires, des oviductes et des oeufs de Reptiles. – Bulletin de la Société Herpétologique de France, Paris, **82/83**: 15-20.

ZWART (2000): Nutrition of Chelonians. – In: NUBOER, HATT, KAUMANNS, BEIJNEN & GANSLOSSER (Eds.): Zoo Animal Nutrition. – Fürth (Filander Verlag): 33-44.

ZWART (2002): Panzerweiche bei jungen Landschildkröten – und deren mögliche Ursachen. – Vortragszusammenfassungen der DGHT-Jahrestagung, Rheinbach: 11.

ZWART (2006): Bodembedekking voor jonge landschildpadden. – Trionyx, Eindhoven, **4** (1): 18-21.

ZWART & BUITELAAR (1980): *Candida tropicalis* – Enteric infection and their treatment in chelonians. – Proceedings of the American Association of Zoo Veterinarians: 58-59.

ZWART & VAN DER GAAG (1981): Atrophic gastritis in a Hermann's tortoise *Testudo hermanni* and two red-eared turtles *Chrysemys scripta elegans*. – American Journal of Veterinary Research, Schaumburg, **42** (12): 2191-2195.

ZWART & VAN VORSTENBOSCH (1998): Abweichende Eischalen bei Reptilien. – Salamandra, Rheinbach, **34** (1): 81-92.

ZWART, LAMBRECHTS, DE BATIST, BIJNENS, CLAESSEN, MENNES & VAN RIEL (1997): Außergewöhnliches Wachstum einer Griechischen Landschildkröte (*Testudo hermanni*) und Konsequenzen für die Panzerentwicklung – ein Fallbeschrieb. – SIGS-Info, Siblingen, **6** (3): 8.

INTERNETQUELLEN

Hier sollen nur einige der wichtigsten und interessantesten Links zu den hier behandelten Arten aufgeführt werden; alleine die Eingabe des Suchbegriffs »*Testudo hermanni*« in der Suchmaschine *Google* erbrachte Ende April 2006 nicht weniger als 81.500 Webseiten, davon 33.400 deutschsprachige.

ANONYMUS: Griekse landschildpad. – http://home.hccnet.nl/euro.emys/hermanni.html

ANONYMUS: Griekse landschildpad Testudo hermanni. – www.schildpad.nl/r_allesover_004.html

ANONYMUS: Haltungstipps. – www.dght.de/ag/schildkroeten/haltungstipps.htm

ANONYMUS: La Tortue d'Hermann (*Testudo hermanni hermanni*). – www.espaces-naturels-provence.com/tortue.html

ANONYMUS: Recherche de sites par espèce: Amphibiens et reptiles: Tortue d'Hermann (*Testudo hermanni*) – 1217. – http://natura2000.environnement.gouv.fr/especes/1217.html#FR83

ANONYMUS: Slowcoach Homepage. – www.slowcoach.org.uk

ANONYMUS: Tartarughe.org. – www.tartarughe.org

ANONYMUS: *Testudo hermanni*. – http://testudohermanni.interfree.it

ANONYMUS: *Testudo hermanni boettgeri* – Eastern Hermann's Tortoise. – www.empireoftheturtle.com/testudo_hermanni_boettgeri.htm

ANONYMUS: *Testudo hermanni* GMELIN, 1789. – http://membres.lycos.fr/testudo/testudohermanni.html

ANONYMUS: *Testudo hermanni* GMELIN, 1789 – Hermann's Tortoise. – www.herp.it/indexjs.htm?SpeciesPages/TestuHerma.htm

ANONYMUS: *Testudo hermanni* GMELIN, 1789 – Testuggine di Hermann – Hermann's Tortoise. – www.tartaclubitalia.it/specieterrestri/hermanni/stancher/stancher001.htm

ANONYMUS: *Testudo hermanni hermanni* und *Testudo hermanni boettgeri*. – www.beepworld.de/members36/landschildkroetenseite/index.htm

ANONYMUS: *Testudo hermanni* site. – www.geocities.com/Petsburgh/6356

BECK: schroete.de. – http://home.arcor.de/schroete/arten/index.html

BLANCK: *Testudo hermanni*. – www.geocities.com/landschildkroete/testudo_hermanni.htm

BUDISCHEK: *Testudo hermanni boettgeri*, MOJSISOVICS, 1889. – www.isv.cc/THB/thb.htm

CONNOR: Hermann's Tortoise, *Testudo hermanni*. – www.tortoise.org/archives/herman.html

CONNOR: *Testudo hermanni hermanni*. – http://tortuga.iespana.es/hermanni.htm

DIETHELM: Meine Schildkröten. Haltung und Aufzucht. – www.udena.ch/wilf/schildkroeten.htm

EGER: Villa-Testudo. Die Landschildkröten Europas. – www.villa-testudo.de

EGGENSCHWILER & JOST: Die Griechische Landschildkröte (*Testudo hermanni*, GMELIN 1789). – www.sigs.ch/blatt1.aspx

JENNINGS: The Beginners Guide To Keeping Hermanns Tortoises. – http://greenfield.fortunecity.com/wilderness/446/

KNON: Die Griechische Landschildkröte, andere Landschildkröten und Echsen. – www.t-hermanni.de

LOSSAU: *Testudo hermanni* – Beschreibung. – www.lossau-at-home.de/AndereTiere/Testudo/Beschreibung.htm

MINCH: Schildifutter. – www.schildifutter.de

MÜLLER: Die Schildkröten-Farm – Mediterrane Landschildkröten. – www.schildkroeten-farm.de

MÜLLER: Griechische Landschildkröte – *Testudo hermanni*. – www.ug-mueller.de/landschildkroeten.htm

POPOVIC: Die Griechische Landschildkröte (*Testudo hermanni*). – www.kaspar-p.privat.t-online.de/26868.html?*session*id*key*=*session*id*val*

RENTSCHLER: Elke's Schildkrötenseite. – www.fam-rentschler.de/Intro.htm

SENNEKE: Hermann's Tortoises – *Testudo hermanni*. – www.chelonia.org/Articles/hermannstortoisecare.htm

SONNENDECKER: Die Panzerpiraten. – www.panzerpiraten.de

VAUCHER: La tortue léopard, *Geochelone pardalis*, et la tortue d'Hermann, *Testudo hermanni*. – www.batraciens-reptiles.com/geochelone_pardalis.htm#hermann

VOGT: REHA-Station für Landschildkröten. – www.schildkroete.de

WEGEHAUPT: Testudo-Farm. – www.testudo-farm.de

WÜTHRICH: *Testudo hermanni boettgeri*, Griechische Landschildkröte Ostrasse. – http://home.datacomm.ch/fritz.wuethrich/bilder/testudo_hermanni_boettgeri.html

WÜTHRICH: *Testudo hermanni hermanni*, Griechische Landschildkröte Westrasse. – http://home.datacomm.ch/fritz.wuethrich/bilder/testudo_hermanni_hermanni.html

BILDNACHWEIS 325

Fotos auf der Umschlagvorderseite:
Großes Foto: *Testudo hermanni* (GÉRARD JAKUBOWICZ)
Kleines Foto: Jungtier von *Testudo boettgeri* (H.-U. SCHMIDT)

Fotos auf der Umschlagrückseite:
Großes Foto: Männliche *Testudo hermanni* aus dem Albera-Gebirge in Katalonien (Spanien)
(J. MARAN)
Kleines Foto: Weibchen der Griechischen Landschildkröte von der Peloponnes, Griechenland
(J. MARAN)

Foto, Seite 3: Männliche *Testudo hermanni* auf Sardinien (Italien) (W. WEGEHAUPT)

Kapitelbilder
Systematik (S. 10): Tafel 30 (zeigt *Testudo boettgeri*) aus MEHELYS Herpetologia Hungarica
Beschreibung (S. 19): Griechische Landschildkröte in Bulgarien (G. POPGEORGIEV)
Fossilfunde (S. 58): Fossile Panzerreste von *Testudo antiqua* BRONN, 1831 aus dem Miozän Deutschlands (H.-H. SCHLEICH)
Lebensraum (S. 60): *Testudo hercegovinensis* in Kroatien (W. WEGEHAUPT)
Ernährung (S. 84): Sehr altes Weibchen von *Testudo boettgeri* beim Fressen von Grünfutter
(F. WÜTHRICH))
Fortpflanzung (S. 92): Schlupf einer *Testudo boettgeri* von der Peloponnes (Griechenland)
(J.MARAN)
Wachstum & Lebenserwartung (S. 108): Schlüpfling der Griechischen Landschildkröte
(B. SEEGER)
Krankheiten und Parasiten (S. 112): Herpesbefall bei einer Landschildkröte (S. BLAHAK)
Haltung (S. 116): Freilandanlage für Griechische Landschildkröten (B. SEEGER)
Kulturgeschichte (S. 168): Antikes Saiteninstrument (Chelyes), das aus einem Schildkrötenpanzer hergestellt wurde (B. DEVAUX)
Gefährdung (S. 176): Verbrannte *Testudo hermanni* nach einem Feuer in Südfrankreich
(B. DEVAUX)
Schutzmaßnahmen (S. 201): Wiederansiedelung von *Testudo hermanni* in der Maurenebene in Südfrankreich (B. DEVAUX)

HOLGER VETTER

Panther- und Spornschildkröte

Ffm. 2005, geb., 190 Seiten, 120 Fotos, Verbreitungskarten.

ISBN 3-89973-502-3   22,80 EUR

HOLGER VETTER:

Köhler- und Waldschildkröte

Herbst 2006, gebunden, 178 Seiten, 115 Fotos, Verbreitungskarten.

ISBN 3-89973-503-X   22.80 EUR

Erscheint im Herbst 2006

PraxisRatgeber

MEYER, M.: PraxisRatgeber Schildkrötenernährung, Ffm. 2001, geb., 128 Seiten, 60 Farbfotos und Zeichnungen. In enger Abstimmung mit mehreren Fachleuten hat Dr. Michael Meyer eine praxisnahe und gut verständliche Übersicht zur Ernährung von Schild-kröten vorgelegt. Die Fülle der Informationen reicht von physiologischen Details der Verdauung, über die Zusammensetzung verschiedener Futterarten, bis zu Anschriften von Futtermittelherstellern, selbst Anschriften von Samen-Vertrieben für Wildkräuterwiesen fehlen nicht. Genauso wenig wie verschiedene Rezepte zur Herstellung des für Wasserschildkröten so wichtigen »Puddings«. Die Abbildungen wurden speziell von Felix Hulbert für dieses Buch erstellt und unterstreichen und verdeutlichen die Informationen im Text.

ISBN 3-930612-37-2   15.80 EUR

MINCH, M.: PraxisRatgeber Freilandanlagen für Schildkröten, Ffm., geb., 158 Seiten, 220 Farb- und 20 Schwarz-Weiß-Fotos. Mediterrane oder Tropische Landschildkröten zu pflegen und zu beobachten, zu sehen, wie sie die Umgebung erkunden, Futter suchen oder Kontakt zu Artgenossen herstellen, macht viel Freude. Freiland-Terrarien eignen sich hierfür hervorragend. Dieses Buch soll einige Lösungsansätze zur Gestaltung von Freigehegen aufzeigen. Es handelt sich hierbei um einen Ratgeber zur Planung und Gestaltung von Freilandanlagen für Landschildkröten, nicht jedoch um Haltungsanweisungen für bestimmte Schildkrötenarten. Dieser Ratgeber beruht auf meinen eigenen Erfahrungen, auf dem, was ich tagtäglich mit meinen Tieren erlebe. Von den ersten missglückten Versuchen mit verfaulenden Palisaden bis zu meiner heutigen Anlage war ein weiter Weg, und ich hoffe, dass die Erfahrungen, die mein Mann und ich gesammelt haben, anderen Schildkrötenfreunden helfen werden.

ISBN 3-930612-87-9   19.80 EUR

»Ein wirklich gut geschriebenes Buch, dass mit vielen Fotos und nützlichen Hinweisen für jeden guten Schildkrötenhalter ein ausgezeichneter Ratgeber ist und bei keinem Halter fehlen sollte. Hätte es dieses Buch schon früher gegeben, wären uns viele Fehlkäufe erspart geblieben. Also vor dem Anschaffen von Schildkröten unbedingt lesen!« (CORNELIA JUCHEMS)

Weitere Informationen zu unseren Titeln erhalten Sie unter folgender Anschrift:
Chimaira Buchhandelsgesellschaft mbH
Heddernheimer Landstraße 20 | 60439 Frankfurt am Main
Telefon: +49 (0) 69-49 72 23 | Telefax: +49 (0) 69-49 78 26 | E-Mail: frogbook@aol.de

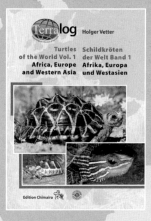

VETTER, H.: **Terralog, Schildkröten der Welt Bd 1: Afrika, Europa, Westasien**, Großformat, 96 S, 440 Farbbilder. Informationen zu den Arten in Symbolform. Texte in Deutsch & Englisch.

ISBN 3-930612-27-5   24.80 EUR

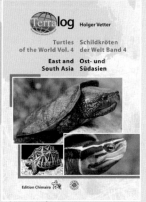

VETTER, H.: **Terralog, Schildkröten der Welt Bd 2: Nordamerika**, Großformat, 127 Seiten, 500 Farbfotos, 40 Verbreitungskarten. Informationen zu den Arten in Symbolform. Texte in Deutsch & Englisch.

ISBN 3-930612-57-7   34.80 EUR

VETTER, H.: **Terralog, Schildkröten der Welt Bd 3: Mittel- und Südamerika**, Ffm. 2005, Großformat, 127 Seiten, 500 Farbfotos, 40 farbige Karten. Informationen zu den Arten in Symbolform. Texte in Deutsch & Englisch.

ISBN 3-930612-82-8   34.80 EUR

VETTER, H.: **Terralog, Schildkröten der Welt Bd 4: Ost- und Südasien**, Ffm. 2006, Großformat, 160 Seiten, 600 Farbfotos, 40 farbige Karten. Informationen zu den Arten in Symbolform mit einem separaten Kapitel zu Hybriden. Texte in Deutsch. & Englisch.

ISBN 3-930612-84-4   39.80 EUR

www.chimaira.de